本书由华中师范大学
"211工程"重点学科建设项目经费资助出版

社会主义建设研究丛书

丛书总编 李会滨

社会主义国家执政党建设的历史、理论与实践

王建国 王洪江 著

中国社会科学出版社

图书在版编目（CIP）数据

社会主义国家执政党建设的历史、理论与实践/王建国、王洪江著．—北京：中国社会科学出版社，2008.11
ISBN 978-7-5004-7395-4

Ⅰ．社…　Ⅱ．①王…②王…　Ⅲ．社会主义国家—执政党—党的建设—研究　Ⅳ．D053

中国版本图书馆 CIP 数据核字（2008）第 180120 号

策划编辑	冯　斌
责任编辑	丁玉灵
责任校对	韩　聪
封面设计	毛国宣
版式设计	戴　宽

出版发行	中国社会科学出版社		
社　　址	北京鼓楼西大街甲 158 号	邮　编	100720
电　　话	010—84029450（邮购）		
网　　址	http://www.csspw.cn		
经　　销	新华书店		
印　　刷	华审印刷厂	装　订	广增装订厂
版　　次	2008 年 11 月第 1 版	印　次	2008 年 11 月第 1 次印刷
开　　本	880×1230　1/32		
印　　张	19.125	插　页	2
字　　数	500 千字		
定　　价	50.00 元		

凡购买中国社会科学出版社图书，如有质量问题请与本社发行部联系调换
版权所有　侵权必究

目　录

绪论 ………………………………………………………… （1）
  （一）什么是执政党建设 ………………………………… （2）
  （二）本书的主线和基本内容 …………………………… （8）
  （三）本书的结构和主要方法 …………………………… （10）
一　列宁时期俄共（布）对执政党建设的探索 ………… （18）
  （一）俄共（布）独立执政地位的确立 ………………… （19）
  （二）列宁时期俄共（布）对执政党建设的探索 ……… （25）
    1. "喘息时期"的执政党建设 ………………………… （25）
    2. "战时共产主义"时期的执政党建设 ……………… （33）
    3. 国内战争结束后执政党建设思路的调整 ………… （51）
    4. 列宁晚年对执政党建设的探索 …………………… （89）
  （三）列宁留下的执政党建设遗产 ……………………… （95）
    1. 对无产阶级执政党与国家政权的关系进行了
       初步的探索 ………………………………………… （96）
    2. 形成了一系列党内民主建设的思想和实践
       经验 ………………………………………………… （98）
    3. 初步探索了执政条件下，如何加强党的作风
       建设，保持党同人民群众的密切联系 ………… （104）

4. 开马克思主义理论创新之先河，强调执政党必须提高自己的理论创新能力 …………… (106)

二 斯大林时期苏联共产党党的建设理论与实践 ……… (110)
　（一）列宁去世后的党内斗争与斯大林领袖地位的确立 ……………………………………………… (113)
　（二）斯大林党建模式的确立与定型 ……………… (159)
　（三）战后斯大林党建模式的进一步强化与扩张 …… (185)
　（四）斯大林执政党建设模式的主要特点及后果 …… (196)
　　　1. 党政关系的变形 ……………………………… (200)
　　　2. 党内民主缺失 ………………………………… (203)
　　　3. 党群关系紧张 ………………………………… (219)

三 中国共产党执政地位的确立与自身建设的曲折发展 ……………………………………………………… (221)
　（一）新中国建立初期党自身建设的加强和执政党建设经验的初步总结 ………………………… (221)
　　　1. 新中国建立初期党自身建设的加强 ………… (221)
　　　2. 党对新中国建立初期执政党建设经验的总结 ……………………………………………… (227)
　（二）党的建设在曲折中前进（1957年至"文化大革命"前） ……………………………………… (232)
　（三）"文化大革命"10年执政党建设的失误与教训 ………………………………………………… (240)

四 赫鲁晓夫时期苏共的执政党建设 ……………………… (244)
　（一）斯大林去世后苏联党和国家权力结构的变化与赫鲁晓夫上台 ……………………………… (244)
　（二）苏共二十大的召开及其影响 ………………… (252)

（三）苏共二十大之后的党内斗争与赫鲁晓夫的
权力垄断 …………………………………………（263）
（四）苏共二十二大及其之后对执政党建设的
改革及其影响 …………………………………（271）
五 勃列日涅夫时期苏共执政党建设的停滞与党的
衰落 ……………………………………………………（300）
（一）勃列日涅夫上台之初对赫鲁晓夫时期执政党
建设理论与实践的调整 …………………………（301）
1. 理论上的调整 ………………………………（301）
2. 实践方面的调整 ……………………………（306）
（二）勃列日涅夫执政中后期斯大林党建模式的
固化与苏共的衰落 ………………………………（315）
1. 由于取消了干部任期制和轮换制，导致干部
队伍老化，党政机构不断膨胀，并形成了一
个庞大的"官僚特权阶层" …………………（315）
2. 与特权现象相伴而生的是腐败盛行 ………（321）
3. 党政不分，以党代政的体制弊端进一步
恶化 …………………………………………（323）
4. 个人集权加强，党内民主缺失 ……………（324）
5. 个人崇拜再度兴起 …………………………（330）
（三）勃列日涅夫去世以后过渡时期苏共的执政党
建设 ………………………………………………（331）
1. 重新认识苏联社会主义发展阶段 …………（331）
2. 整顿纪律，打击腐败 ………………………（333）
3. 加强和改善意识形态工作和政治教育工作 ……（334）
4. 调整和整顿领导班子，为进一步推行改革作
干部组织方面的准备 ………………………（336）

六 苏共的"根本革新"与毁灭 …………………………（337）
　（一）苏共从改革到"根本革新"的演变：戈尔巴
　　　　乔夫的理论与实践 ……………………………（337）
　　　1. 戈尔巴乔夫上台背景 ……………………………（337）
　　　2. 戈尔巴乔夫执政理念评述 ………………………（342）
　（二）苏共内部纷争："毁灭"的助推器 ……………（366）
　（三）苏共灭亡：历史拐点的重合 ……………………（377）
　　　1. 苏共灭亡：组织因素 ……………………………（377）
　　　2. 苏联灭亡：改革技术因素 ………………………（391）
　　　3. 苏联灭亡：领导个人的因素 ……………………（396）

七 东欧各国的执政党建设之路 ……………………（402）
　（一）东欧人民民主时期的政党体制 …………………（403）
　（二）斯大林党建模式在东欧的扩张 …………………（407）
　（三）一波三折的党内民主改革尝试 …………………（414）
　（四）没有边界的民主化改革与执政党的失败 ………（420）

八 改革开放以来中国共产党第二代领导集体对执政党
　　建设的探索 ……………………………………………（433）
　（一）党的建设在徘徊中前进（"文化大革命"结束到
　　　　十一届三中全会之前） ……………………………（433）
　（二）开创党的建设新局面（十一届三中全会以来） …（437）
　　　1. 以拨乱反正为主要内容的执政党建设 …………（437）
　　　2. 开创社会主义建设新局面时期的执政党建设 …（445）
　　　3. 党的第二代领导集体对执政党建设的新贡献 …（460）

九 中国共产党的第三代领导集体聚精会神抓执
　　政党的建设 ……………………………………………（469）
　（一）党的第三代领导集体执政党建设的
　　　　探索历程 …………………………………………（469）

1. 十三届四中全会到十四大期间党的第三代领导集体对执政党的整顿 …………………………… (470)
2. 从党的十四大到十五大：全面部署、重点突破、整体推进有机结合的党建工作新格局的形成 …………………………………… (476)
3. 从党的十五大到党的十六大，全面推进党的建设新的伟大工程 …………………………… (487)

(二) "三个代表"重要思想的提出与党的建设新篇章的展开 ………………………………………… (498)
1. "三个代表"重要思想的形成与发展 ……… (498)
2. "三个代表"重要思想的科学内涵 ………… (504)
3. "三个代表"重要思想是对党的先进性的新概括 …………………………………………… (507)
4. 按照"三个代表"重要思想的要求推进党的建设 ……………………………………………… (510)

十　其他社会主义国家的执政党建设的历史、理论与实践 ……………………………………………………… (517)

(一) 越南共产党自身建设的历史、理论与实践 …… (517)
1. 越南共产党革新开放道路的选择与执政党建设 ……………………………………………… (518)
2. 世纪之交越南共产党党内面临的新情况与执政党建设的全面展开 …………………… (521)
3. 继往开来，越共在新阶段的执政党建设蓝图 ………………………………………………… (528)

(二) 古巴共产党自身建设的历史、理论与实践 …… (533)
1. 坚持社会主义方向不动摇，扩大意识形态的包容性，增强人民群众对执政党的认同感 …… (536)

2. 加强党的各级组织建设，提高党员队伍的质量，
构筑社会主义建设事业的坚强领导力量 …………（539）
3. 加强党内民主建设 ………………………………（541）
4. 坚持党的群众路线，密切党群、干群关系 ……（543）
5. 狠抓党风廉政建设，进一步提高党的威信和
凝聚力 ……………………………………………（547）
（三）朝鲜劳动党自身建设的理论与实践 …………（549）
1. 冷战前的朝鲜劳动党自身建设的理论与实践……（550）
2. 苏东剧变后朝鲜劳动党加强自身建设的
理论与实践 ………………………………………（555）
（四）老挝人民革命党自身建设的理论与
实践 …………………………………………（562）
1. "冷战"前，老挝人民革命党进行自身
建设的理论与实践 ………………………………（563）
2. 苏东剧变后，老挝人民革命党进行自身
建设的理论与实践 ………………………………（565）

结语 ……………………………………………………（573）
1. 应尽快实现由"革命党"向"执政党"的
转变 ………………………………………………（573）
2. 必须不断加强党内民主建设 ……………………（576）
3. 必须加强对执政党的监督 ………………………（585）
4. 必须以改革创新的精神加强执政党的建设 ……（589）

参考书目 ………………………………………………（593）
后记 ……………………………………………………（601）

绪　　论

执政党应该是一个什么样的党，如何建设这个党？这是马克思主义政党取得执政地位以后必须认真思考和研究的重大历史性课题。然而，从马克思主义政党执政历史来看，这又是一个长期以来没有得到很好解决的重大问题。正是这一重大问题得不到很好解决，使得世界上一些共产党在执政多年后失去了执政地位，甚至走向瓦解或变质，世界社会主义因此遭受了严重挫折。历史表明，执政党建设关系着马克思主义政党执政地位的巩固，关系着社会主义事业的生死存亡。今天，中国共产党"已经从一个领导人民为夺取全国政权而奋斗的党，成为一个领导人民掌握着全国政权并长期执政的党；已经从一个在受到外部封锁的状态下领导国家建设的党，成为在全面改革开放条件下领导国家建设的党"。[①] 党执政的环境、历史任务以及党自身的变化，对党的建设提出了更新更高的要求。正确认识社会主义国家执政党建设的历史，总结执政党建设的经验教训，探索执政党建设的规律，对于我们正确认识执政党应该是一个什么样的党，如何建设这个党这一重大问题，加强执政党的建设，探索执政规律，建设中国特

[①]《论党的建设》，中央文献出版社2001年版，第58页。

色社会主义，实现中华民族的伟大复兴意义重大。

（一）什么是执政党建设

执政党是一个什么样的党，怎样建设这个党？是一个看似简单而回答起来并不容易的重大问题。在探讨执政党建设之前，我们必须弄清楚什么是执政党，什么是执政党建设这两个基础性问题。

执政党是指执掌国家政权的政党。政党制度不同，政党取得执政地位以及控制国家政权的方式也不同。在西方议会制国家，如英国、日本，政党在议会选举中获胜，上台执政。而在总统制国家，如美国，政党在总统大选中获胜而成为执政党。在两党制国家，两党轮流执政，执政党只可能是一个，另一个为在野党或者是反对党。而在多党制国家，则有可能一党单独执政或者是几个政党联合执政。在西方三权分立的政治体制之下，执政党主要控制行政权和立法权。社会主义国家的执政党是以马克思主义为指导的无产阶级政党，与西方执政党不同，社会主义国家的执政党是唯一法定的执政党，是居于"领导核心"的政党，它不仅领导国家政权，即执政，而且还领导国家政权之外的经济、政治、文化和其他社会事务。

一般而言，一个政党只要取得了国家政权，它就是执政党。一旦上升为执政党，那么它就具有与执政之前不同的特征和任务。在执政之前，政党的主要目标则是如何采取措施取得政权。在西方资本主义国家，特别是发达资本主义国家，政党通过几年一次的大选，争取更多选民的支持，在选举中获胜，获取执政党的地位。而社会主义国家的执政党，则是通过革命斗争，推翻反动政权，或者是打败侵略者，赢得民族国家的独立和解放，从而建立无产阶级国家政权，取得执政地位。与西方发达国家执政党不同的是，社会主义国家的执政党必须先打碎旧的国家机器，然后重建社会主义的国家政权，是有了执政党，然后才有国家政权。而西方资本主义国家政权一旦建立以后，所有政党都是在认同既有的政治制度和政治体制的基础上，以不同的治国方略和政策赢得选民的支持，从而上台执政。所以，在西方资本主义国家，特别是发达资本主义国家，所谓执政党只是一段时间内通过国家政权来实施自己的政策主张的政党。所以从一般意义上来说，执政党具有一定的共性，如都执掌国家政权，以建设为主要任务，宣称代表不同阶级和阶层的利益等等。但是，社会主义国家的执政党和资本主义国家的执政党又存在重大差别。无产阶级政党一旦取得执政地位，建立自己的无产阶级国家政权，其执政地位就通过宪法的形式予以确认。

第一个取得执政地位的无产阶级政党是俄国布尔什维克党。1917年，俄国布尔什维克党率先突破帝国主义链条的薄弱环节，取得了十月革命的胜利，建立了世界上第一个社会主义国家，社会主义国家执政党的历史从此开始。

需要说明的是，改革开放以来，特别是党的十六大以来，在党的建设研究领域，提出了如何实现从"革命党"向"执政党"转变的命题。这里的"革命党"和"执政党"是就党的治国理念而言的，并不是就党在国家政权中的地位而言。所谓"革命党"表述的是党在取得政权以后，仍然以革命为治国理念，坚持革命斗争时期的思维方式，采用革命斗争的方式来治理国家的政党特征。具体表现为：错误认识社会主义制度建立以后的阶级以及阶级斗争状况，坚持以阶级斗争为纲，将阶级斗争扩大化；习惯于用不断的政治运动来解决社会主义建设中出现的矛盾和问题，用频繁的政治运动不断地冲击经济建设；缺乏制度意识和法律意识,甚至漠视制度建设和法制建设,习惯于用党的政策治国等等。而"执政党"则表述的是党放弃以阶级斗争为纲,将党的工作重心转移到经济建设上来,以经济建设为中心,用主要依法治国逐步取代以政策治国,不断加强制度建设,推动社会全面协调发展的政党特征。从这种意义上来说,实现如何由"革命党"向"执政党"的转变,几乎是所有社会主义国家曾经面临的问题,也是社会主义国家的执政党在自身建设过程中不断探索而又没有很好解决的问题。可以说没有很好地完成这一转变,是苏联东欧国家的执政党失败的重要原因。而成功的实现这一转变则是中国以及现存其他社会主义国家走出困境,取得社会主义建设事业新的发展的关键因素。

在本书中所指的执政党不是从执政理念的上面来判断的,而是以是否取得国家政权为主要判断标准。根据这一标准,我们的探讨起点从"十月革命"后,俄国建立第一个社会主义国家政权开始。①

任何政党要巩固自身的执政地位,实践自己的政策主张,必须不断加强党的建设,推动自身适应社会的进步和发展,而自身也不断的巩固和发展。对于处于唯一执政党地位的社会主义国家的共产党而言,加强执政党建设更为重要。只有不断地加强执政党建设,才能保持生机与活力,有效地领导社会主义建设,完成自己的历史使命。

那么究竟什么是执政党建设?执政党建设的具体内容是什么?执政党建设要达到什么样的目标?执政党建设与执政之前领

---

① 本书研究的社会主义建设的历史、理论与实践侧重于"历史",主要研究中国共产党第十六次代表大会以前的社会主义建设。十六大以来中国特色社会主义的新理论成果和新实践,我们将作为本研究系列的下一步计划专题进行研究。

导革命斗争时期党的建设有何区别和联系？这都是执政党建设过程中必须认识清楚的问题。也是我们在从事执政党建设研究时，必须面对的问题。理论上对这些问题阐述清楚，实践中才会有效地推动执政党的建设。对于本书研究的主题——"社会主义国家执政党建设的历史、理论与实践"而言，也只有弄清这些问题，才能够明晰研究的内容和边界。

广义而言，社会主义执政党建设既包括执政党的自身建设，也包含执政党如何领导和执政。但是，本研究只是"社会主义建设历史、理论与实践"这一大的论题中的一个组成部分，共产党如何领导和执政已有另一本著作《社会主义政治建设的历史、理论与实践》进行专门研究，因此在本书中，执政党建设指狭义上的执政党建设。

我们认为，本书研究的执政党建设，就是执政党围绕巩固执政地位，实践自己的治国方略，从而推动社会发展的战略目标而展开的，自觉地不断自我完善、自我发展的理论与实践活动。对于无产阶级政党而言，在取得执政地位以后，党的建设就是围绕如何巩固社会主义国家政权，建设社会主义社会，最终实现共产主义的远大理想而展开的，自觉的自我发展、自我完善的理论与实践活动。

执政党建设的内容。关于党的建设的内容，学术界已有共识，包括党的思想建设、组织建设、作风建设以及贯穿于这三大建设之中的制度建设。这是就党的建设一般性而言，即无论是领导革命斗争的党，还是取得执政地位，以巩固执政地位，实现建设社会主义历史使命为目的的党，其建设都包括这些方面的内容。但是执政党的建设有不同于领导革命斗争的党的建设的方面。其根本原因是执政党掌握了国家政权，其自身的建设与执掌国家政权紧密相关，因此研究执政党建设就离不开党的执政活动。在社会主义国家共产党的执政史上,相当长时期内存在党政不分的问题。在这种情况下,党政一体,执政党自身的建设与政权建设紧密相关,一定程度上执政党的建设就是国家政权建设,而国家政权建设也主要通过执政党建设来实现。因此在研究社会主义国家执政党建设历史、理论与实践这一问题时,必须把执政党自身的建设与其执政活动结合起来进行研究。一方面不能把执政党的自身建设等同于国家政权的建设,因为国家政权与执政党是不能等同的,更不能将二者合而为一;另一方面又不能完全脱离国家政权建设来谈执政党建设,所谓执政党就是执掌国家政权的党,其自身建设与国家政权建设紧密联系。执政党自身的建设其目的在于巩固国家政权,为民执好政,因此它具有手段性。在此意义上,国家政权建设则具有目的性。所以,研究执政党建设,一方面我们必须研究执政党为完成历史使命对自身不断改革、完善和发展的建设过程,另一方面也必须研究执政党的执政行为。

执政党建设的目标。执政党建设的目标从根本上来说就是保持党的先进性,巩固自己的执政地位,完成党的历史使命。保持党的先进性可以说是执政党建设的逻辑归宿。胡锦涛同志指出:"先进性问题,从来就是马克思主义政党存在与发展的根本前提,是党得到最广大人民群众信任和拥护的根本条件。"[①] 可以说始终保持党的先进性,不仅关系到党的执政能力的提高,关系到执政地位的巩固,而且关系到国家的前途和民族的命运。因此执政党自身的建设必须围绕保持党的先进性而展开,只有这样党的建设才会有正确的方向,才会有持久的动力,才会有良好的效

[①] 《胡锦涛在2002年中共中央党校春季开学典礼上的讲话》,参见《人民日报》2002年3月6日。

果。回顾20世纪80年代末90年代初，以苏共为代表的一批马克思主义执政党像多米诺骨牌一样纷纷丢掉政权并自行瓦解，其重要原因就在于没有在执政条件下始终保持党的先进性。

先进性是一个比较概念，简单地说，就是指某一事物相比较其他事物所具有的长处和优势。政党的先进性就是指政党相比较它赖以建立的阶级基础，相比较群众团体，在组织的内在本质以及其他方面展现出来的长处和优势。[①] 政党的先进性描述的是政党的一种比较状态，而其真正体现则是它在社会发展进程中的作用。在人类社会发展进程中，一个政党能够顺应社会发展的要求，符合社会进步的方向和趋势，推动了他所处时代的社会发展和进步，那么，他就是先进的政党。反之，就不能说这个政党是先进的。而社会的发展进程是一个不断变化的动态过程，因此政党的作用和作为也是一个随着时代发展而不断与时俱进的过程。对于无产阶级政党而言，执政前的主要任务就是通过革命的手段打破旧的已经阻碍生产力发展的生产关系和上层建筑，建立起新的生产关系和上层建筑，为生产力的解放开辟道路。而执政以后其主要任务就在于不断的改革和完善生产关系和上层建筑，促进生产力的发展和社会的全面发展。在执政的不同时期，无产阶级政党的具体任务也不同，比如计划经济条件下与市场经济条件下，执政的共产党所面临的具体任务是有很大差异的。所以党的先进性是具体的、历史的，在不同的历史时期，它与党所面临的环境、党所肩负的任务相适应，有着不同的时代内容。这就决定了执政党建设的具体目标和内容在不同的历史时期是不同的，因此执政党建设的具体内容和具体目标具有很强的时代性。

---

① 参见宋福范著《论执政条件下党的先进性》，广西人民出版社2003年版，第2页。

（二）本书的主线和基本内容

本书研究的是社会主义国家执政党建设的历史理论与实践问题，也就是研究十月革命以来，各社会主义国家工人阶级政党在领导社会主义建设过程中，作为执政党，如何把握自己所处的历史方位，认识自己的历史使命，探索加强自身建设的理论和实践。包括对社会主义国家执政党建设历史的系统梳理，对执政党建设理论的全面概括和对执政党建设经验教训的科学总结。总体而言，本书以历史为线索，探讨各国工人阶级政党成为执政党以后，在不同的历史时期自身建设的理论与实践。贯穿于全书的一个主线就是社会主义国家执政党对于建设一个什么样的党、怎样建设党的问题的探索。

这一问题包括两方面。一是对于执政党的特点与历史使命的认识。掌握了国家政权，领导社会主义建设的党与处在革命斗争时期，以领导革命斗争最终夺取政权为主要任务的党相比，其历史方位和历史使命都发生了变化，因此，作为执政党首先要弄清楚自己在执政条件下的新任务和新要求，并加强自身的建设，以适应新的任务和要求。概括而言，就是要明确执政党应该是一个什么样的党，也就是要明确在执政条件下党的建设所要达到的目标。只有明确了执政党是一个什么样的党，才能探索有效地建设这个党的具体措施。二是在正确认识执政党的历史方位和历史使命的前提下，探索如何将党建设成适应新的历史环境和新的历史使命的党。执政党要完成自己的历史使命，必须根据自身历史方位的变化，不断加强自身的建设，保持自己的先进性，因此执政党必须不断地因时而动，探索加强自身建设的有效措施，也就是要不断探索"如何建设执政党"的问题。

1917年十月革命胜利以后，执政党是一个什么样的党、怎样建设执政党的问题，摆到了工人阶级政党面前。如何认识和解决这一问题，成为社会主义国家执政党的重要任务。是否能正确认识和解决这一问题，也就成为影响社会主义建设成败的重要因素甚至是决定性因素。回顾社会主义制度发展的历史，我们会发现，20世纪社会主义的兴盛与衰落与是否正确认识和解决执政党是一个什么样的党、怎样建设执政党的问题直接相关。20世纪80年代末90年代初出现的苏联东欧社会主义国家纷纷变质甚至解体，一个非常重要的原因也就是因为这些国家长期以来没有弄清执政党是一个什么样的党，如何建设执政党这一问题。或者是错误地认识了这一问题。而20世纪末21世纪初，以中国为代表的一些社会主义国家走出迷谷，取得了社会主义建设的辉煌成就，一个很重要的原因也就是执政党对自己的历史方位和历史使命有了正确的认识，从而采取有效的措施，加强党自身的建设，使党适应了新的历史方位和新的历史使命，从而成为领导建设适合本国特点的社会主义建设事业的坚强核心。特别是中国共产党人在新的历史时期提出了"三个代表"重要思想，在工人阶级政党发展史上第一次初步回答了"建设什么样的党，如何建设党"的问题，开始了党的建设新的伟大工程。

　　因此，在研究社会主义国家执政党建设的历史理论与实践时，我们将紧紧围绕"建设一个什么样的党和如何建设这个党"这一主线而展开。梳理社会主义国家认识和解决这一问题的历史，总结其经验教训。

　　在内容上，本书试图全面系统总结各个时期执政党建设。长期以来在探讨执政党建设的历史理论与实践时，人们习惯于以党的主要领导人特别是党的领袖的党建理论和实践探索为唯一的研究内容，一部执政党建设史往往变成了党的领袖的党的建设理论发展史。这无疑存在着一定的片面性。毫无疑问，一定历史时期党的领袖在推动党的建设的过程中起到了关键性的作用，特别是在对党的建设的经验教训进行理论提升的过程中，党的领袖的思考起到了不可替代的作用，这是无法否认的。比如，列宁在十月革命后对执政党建设的探索与思考，形成了以列宁命名的执政党建设思想。1949年新中国成立以后，毛泽东同志在执政党建设的实践中，不断进行思考与探索，形成了以毛泽东命名的执政党建设思想。但是这并不意味着这一时期就只有党的领袖在进行执政党建设的探索。相反，党的领袖的思考与探索是在全党火热的执政党建设实践的基础上，凝聚全党的智慧进行的，因而党的领袖的执政党建设思想是全党智慧的结晶。即使是在苏共党内高度集权，领袖垄断全党的思想的斯大林时期，苏共党内仍然有其他的人在对执政党的建设小心地进行探索。所以我们必须坚持历史唯物主义的基本观点，坚持人民才是历史的真正创造者。在研究执政党建设的历史、理论与实践时，既要研究党的领袖的探索，也要研究不同历史时期，全党对执政党建设的理论与实践探索，争取全面系统地反映一定历史时期社会主义国家执政党建设理论与实践探索的全貌。当然为了研究问题的方便，在本书中研究某一个国家的执政党建设时，我们将采用以党的领袖为分期标志的历史分期的办法，比如用"斯大林时期的执政党建设"、"赫鲁晓夫时期的执政党建设"等，这并不意味着只研究斯大林的执政党建设思想，或者是只研究赫鲁晓夫的执政党建设思想，而是研究斯大林执政时期苏共执政党建设的历史理论与实践、赫鲁晓夫执政时期的苏共执政党建设的历史、理论与实践。

（三）本书的结构和主要方法

本书以历史为线索，研究不同时期社会主义国家执政党建设的历史、理论与实践,全书包括绪论、正文十个部分和结语共十二个部分,其中绪论部分主要介绍本书有关概念的界定、贯穿于全书的主线和基本内容、本书的基本结构和主要研究方法。

正文包括十个部分,基本按照历史顺序分别研究不同时期的执政党建设的历史理论与实践。

第一部分,列宁时期俄共(布)对执政党建设的初步探索。这一部分主要研究十月革命胜利以后,直到列宁去世这一历史时期,以列宁为首的俄共(布)对执政党建设的探索。

第二部分,斯大林时期苏联共产党①自身建设的理论与实践。这一部分探讨列宁去世以后,直到斯大林去世这一段时间内苏联共产党对执政党建设的探索。包括:列宁去世以后最初几年,以斯大林为首的苏联共产党对列宁执政党建设思想的继承和发展以及具体的执政党建设实践探索;与苏联社会主义模式的形成相一致的苏共党建模式②的形成与强化,以及这一党建模式的特点及影响。

第三部分,中国共产党执政地位的确立与自身建设的曲折发

---

① 在斯大林时期,苏联共产党先后两易其名,1925年12月在党的十四次代表大会上,决定将俄共(布)改称为全苏联共产党(布尔什维克),习惯上简称联共(布);1951年10月在联共布第十九次代表大会上,又通过了关于将党的名称由全苏联共产党(布尔什维克)改为苏联共产党(简称苏共)的决议,为了使标题简洁,这里使用了苏联共产党的概念。在具体行文中,我们将采用不同时期的不同名称。

② 党建模式这一概念是近年来,学术界在研究执政党建设时提出的,例如,山东大学王韶兴教授在《苏共党建模式历史考》一文(载《马克思主义研究》1999年第3期。)中就是用了"党建模式"一词,他认为,从政党学的角度看,党建模式即指政党依据一定的理论原理与策略原理,经由思想、政治、组织、制度、作风等一系列建设过程使政党(客观实体)所呈现出来的表象和特征。中共中央党校王长江在《苏共:一个大党衰落的启示》(河南人民出版社2002年版)一书中使用了"传统党建模式"、"斯大林党建模式"等概念。所谓模式就是某种事物的标准形式或者是可以使他人照着做的标准形式,从这种意义上说,斯大林时期苏共的执政党建设与当时苏联的社会主义建设一样,确实作为一种模式而存在过。

展。研究新中国成立以后,直到"文化大革命"以前,中国共产党对自身建设的探索与曲折。包括新中国建立初期党自身建设的加强和执政党建设经验的初步总结(1949年至党的八大);党的建设在曲折中前进(1957年至"文化大革命"前);"文化大革命"十年党的建设的失误与教训等内容。

第四部分,赫鲁晓夫时期苏共自身建设的改革。主要探讨斯大林去世以后,直到赫鲁晓夫下台这段历史时期,苏联共产党对自身建设的改革与探索。

第五部分,勃列日涅夫时期苏共党建的停滞与党的衰落。主要探讨勃列日涅夫执政时期,苏共传统党建模式的复归与固化,由此而导致的苏共的发展的停滞与衰落。在这一部分还探讨在勃列日涅夫去世之后,直到戈尔巴乔夫上台之前这一过渡时期,安德罗波夫和契尔连科时期无力回天的改革尝试。

第六部分,苏共的"根本革新"与毁灭。主要探讨戈尔巴乔夫上台以后,对苏共进行的"根本革新",最后改革变成改向,导致了苏共的解散和苏联的解体,总结苏共走向毁灭的深刻教训。

第七部分,东欧各国的执政党建设。主要探讨第二次世界大战以后,东欧各个社会主义国家的执政党对执政党建设的探索历程。

第八部分,改革开放以来中共第二代领导集体对执政党建设的探索。主要探讨"文化大革命"结束以后,直到党的第三代领导集体上台之前,中国共产党对自身建设的探索与发展,包括"文化大革命"结束到十一届三中全会之前党的建设在徘徊中前进,十一届三中全会以来开创党的建设新局面,以及对党的第二代领导集体对执政党建设的贡献的总结等内容。

第九部分,中国共产党的第三代领导集体聚精会神抓执政党建设。主要探讨十三届四中全会以来党的第三代领导集体对执政党建设不断改革与创新,重点探讨"三个代表"重要思想的提出与党的建设新篇章。

第十部分,其他社会主义国家的执政党建设的理论与实践。探讨冷战结束以后,世界现存的其他几个社会主义国家执政党对自身建设的探索与发展,包括越南共产党自身建设的理论与实践、古巴共产党自身建设的理论与实践、朝鲜劳动党自身建设的理论与实践、老挝人民革命党自身建设的理论与实践等内容。

结语部分,这是全书的理论总结部分,总结社会主义国家执政党建设的经验教训,归纳执政的共产党自身建设的规律,论证执政党建设对于党的事业,对于社会主义发展的重要意义,并对新的历史时期执政党的建设进行展望。

全书总体结构上按照以下思路安排:传统党建模式的形成、发展与扩张——对传统党建模式的改革——不同的改革道路导致不同的改革结果——新的历史时期执政党建设的创新与发展。苏联共产党作为世界上第一个执政的共产党,其自身建设的模式对以后各社会主义国家的执政党都产生了重要影响,一些国家的共产党取得执政地位以后,其社会主义制度一定程度上就是对苏联模式的复制,执政党的建设模式也就是对苏共传统党建模式的直接搬用,这一点东欧一些社会主义国家更为明显。就是始终提倡把马克思主义与中国实际相结合的中国共产党,在取得执政地位之后,因为种种原因也不得不采用了苏联社会主义模式,在执政党建设方面也受到了苏共传统党建模式的影响。特定的历史时期,苏共党建模式的内容几乎变成了"放之四海而皆准"的绝对真理,在实践中不断教条化因而更僵化。尽管一些社会主义国家,如南斯拉夫早就开始了对这一模式的改革探索,但真正的改革还是开始于斯大林去世以后,苏共二十大开始了所谓的"非斯大林化",受此影响,一些社会主义国家开始对苏联模式进行反思,并开始探索适合本国的社会主义发展道路,在执政党建设方面也开始寻求改革。所以,在全书的结构上,基本上把苏共二十大之前的社会主义国家执政党建设概括为苏共党建模式的形成、发展和扩张时期。应该说这一时期中国共产党看到了苏联模式存在的问题,希望走出苏联模式,并开始探索适合中国的社会主义发展道路,但这种探索受各种原因的影响,反复曲折,直到改革开放之前,许多方面仍然没有能够跳出苏联模式的巢穴。①所以说,苏共党建模式的形成、发展和扩张时期是存在的。苏共二十大以后,对苏联模式的改革缓慢曲折,直到20世纪80年代,社会主义各国才纷纷举起改革的大旗,掀起了改革浪潮,遗憾的是,苏联东欧社会主义国家却在改革中放弃了社会主义制度,其执政党失去了执政地位,变质甚至走向毁灭。由传统苏联模式走向改革并不是某一个社会主义国家特有的现象,而是整个社会主义阵营的一种趋势,甚至是整个社会主义运动中的一种趋势,因而说存在对苏共党建模式的改革时期同样是成立的。

20世纪80年代末90年代初,苏联解体,东欧剧变,这些国家的执政党建设的探索因为偏离方向而以失败告终。但是以中国共产党为代表的一些社会主义国家的执政党,经受住了世纪末的风浪考验,开创了执政党建设的新局面,取得了改革开放事业的成功,促进了世界社会主义的新发展。可以说这是社会主义国家执政党建设的一个新的历史时期,特别是中国共产党提出了"三个代表"重要思想,在社会主义发展史上第一次初步回答了"建设一个什么样的党,如何建设党"的问题,真正实现了由

---

① 参见王长江著《苏共:一个大党衰落的启示》,河南人民出版社2002年版,第3页。

"革命党"向"执政党"的转变。

本书在研究方法上试图克服几种倾向：一是克服实用主义的研究倾向，不用固有的理论去套历史事实。在研究中如果根据自己的需要，为了证明自己的观点，对历史事实、各种事件以及这些事件的影响作用进行裁剪，或者是先认可某种理论，然后就用这种理论去套历史史实，将历史事实进行阉割后塞进"先念"的理论结果中用以证明结果的正确性，必然不能真实的反映历史事实的影响与作用，从而使论证缺乏说服力。二是克服研究中受"非此即彼"的思维方式的影响的趋向。长期以来，受资本主义与社会主义二元对立思想的影响，在研究社会主义问题时，容易受"非此即彼"的思维方式的影响，对于社会主义发展过程中的一些历史事件作片面性的判断，认为其要么坚持了社会主义原则，否则就是违背了社会主义原则，是修正主义的或者是资本主义的。受这种思维的支配是无法全面、准确把握执政党建设过程中每一事件和理论的真正影响和作用的。三是避免研究视野不宽，拘泥于就某一个社会主义国家的执政党建设研究执政党建设的问题，而是从把握社会主义国家执政党建设规律，甚至是共产党执政规律的高度，把执政党建设放到一个大的历史背景中、放到人类政治文明发展的高度进行考察。

因此在研究方法上本书坚持：第一，坚持以马克思主义为指导，坚持辩证唯物主义和历史唯物主义的基本分析方法，这是其他研究方法的起点和应遵循的基本原则。第二，坚持史论结合，不仅认真梳理执政党建设的理论与实践探索的历程，而且坚持以马克思主义为指导，对历史事件和过程进行理论分析和评价。既弄清社会主义国家执政党建设历程的基本脉络，又分析每一历史时期具体历史事件的影响和作用，总结不同历史时期执政党建设的得失。第三，坚持用历史的、系统的方法，把执政党建设放到一个大的历史背景中去观察、去审视,既研究执政党建设本身,也研究执政党建设的社会生态环境。列宁曾说过:"在社会科学问题上有一种最可靠的方法,它是真正养成正确分析这个问题的本领而不致淹没在一大堆细节或大量争执意见之中所必需的,对于用科学眼光分析这个问题来说是最重要的,那就是不要忘记基本的历史联系,考察每个问题都要看某种现象在历史上怎样产生、在发展中经过了哪些主要阶段,并根据它的这种发展去考察这一事物现在是怎样的。"① 这对于我们的研究具有重要的指导意义,本书力求坚持和运用这种方法。

关于本书所使用的文献资料。在信息网络化时代,各种信息以前所未有的数量和速度迅速在全球范围内流动和扩散。一方面,人们可以拥有庞大的信息量,另一方面巨大的信息量也使人们有几分茫然,因为这些庞杂的信息中,既有符合事实因而是真实可靠的,也有一些信息是人们创造的、臆想的、杜撰的,这些信息是不需要与事实相符合的,因而也就无从谈其真实性。这些信息作为人们茶余饭后的谈资笑料尚可,但作为严肃的学术研究,就绝不能用作论证的资料和论据。本书的研究对象是执政党建设的历史理论与实践,在信息网络化条件下其相关信息的数量也是大得惊人,特别是苏联东欧剧变以后,这些国家的共产党已经失去执政地位,有的甚至已经永远退出了历史舞台,因此人们更是可以肆无忌惮地设想、编造有关这些国家共产党及其领导人的奇闻轶事,将复杂的、沉重的、也是非常严肃的历史事实娱乐化,因而也使其严重失真。所以在研究社会主义国家的执政党建设这一问题时,对资料的选择必须严格尊重历史事实。因此,本书文献资料的选择坚持真实性、可靠性的原则,主要运用党的历

---

① 《列宁选集》第4卷,人民出版社1995年版,第26页。

史文献、公开发表的党的领袖人物的著述、已经解密的并已公开发表和出版的解密档案等文献资料。当然还有很多历史事件当事人的自传和回忆录等文献资料，对这些资料的使用，尽可能做到有据可查。

一

列宁时期俄共（布）对执政党建设的探索

1917年十月革命的胜利和俄国苏维埃政权的建立，使俄国共产党（布尔什维克）成为世界上第一个工人阶级执政党。在执政条件下如何加强党的建设，成为无产阶级政党所面临的前所未有的新课题。正如江泽民同志指出："历史和现实表明，执政党的建设和管理，比没有执政的政党要艰难得多。"① 以列宁为首的俄共（布）坚持马克思主义无产阶级政党学说的基本原理，不断根据历史条件的变化和党自身历史使命的变化，在新的实践中对执政党建设进行积极的探索，在理论上提出了一系列关于执政党建设的基本原则，在实践中采取了许多措施以切实加强执政党建设，为社会主义国家执政党建设留下了丰富的实践经验和宝贵的理论遗产。同时也留下了一幅没有绘完的执政党建设蓝图，等待后人去发展和完善。

---

① 《论"三个代表"》，中央文献出版社2001年版，第106页。

(一) 俄共（布）独立执政地位的确立

十月革命胜利以后，苏维埃俄国经历了一个布尔什维克党与左派社会革命党联合执政的时期。

苏维埃俄国由布尔什维克单独执掌国家政权的格局形成于列宁时期。但是这并不是列宁的初衷。实际上，无论在十月革命以前，还是在十月革命胜利初期，列宁都十分重视布尔什维克党与其他革命政党、民主党派的联合与合作。

早在1905年俄国革命产生工人代表苏维埃时，列宁就设想过在苏维埃范围内实行多党合作。列宁认为，苏维埃是新政权的萌芽，布尔什维克不仅要参加，而且要在苏维埃中同其他革命政党和民主党派结成联盟。列宁反对把布尔什维克的纲领和思想强加于苏维埃，赞成使苏维埃成为吸收一切革命政党和民主党派参加的群众性组织。二月革命胜利以后，列宁提出"全部政权归苏维埃"的口号。这实际上意味着要建立一个由布尔什维克党和其他小资产阶级政党参加的多党联合政府。十月革命胜利以后，列宁提出，布尔什维克党不仅表示"随时随地准备接纳左派社会革命党人参加政府"①，而且"甚至有条件地同意容纳彼得格勒市杜马这个科尔尼洛夫分子巢穴的一部分代表"②。列宁还说："我们愿意成立苏维埃联合政府。我们没有把任何人排除于苏维埃之外。"③ 他认为以工农联盟为基础的无产阶级专政并不排除多党合作，相反，它允许左派社会革命党人和布尔什维克

---

① 《列宁全集》第33卷，人民出版社1985年版，第68页。
② 同上书，第70页。
③ 同上书，第31页。

联合执掌政权。列宁认为布尔什维克与左派社会革命党人的联盟"可以成为'真诚的联合'","'真诚的联合'是可能的,也是必要的"①。

即使国内战争结束以后,列宁还提出过多党合作的可能性。在俄共(布)第十次代表大会上所作的《关于以实物税代替余粮收集制的报告的总结发言》中,列宁指出,随着新经济政策的实施,"富农的出现和小资产阶级关系的发展自然会产生相应的政党,在俄国,这些政党是在几十年当中形成起来的,我们对他们都很熟悉,不是不让这些政党发展,因为小资产阶级经济关系必然会产生政党;我们要选择的,而且只能在一定程度上选择的,只是集中和联合这些政党的行动的形式"②。在列宁之后,苏共领导人之中,也有人对苏维埃俄国建立较为科学的政党体制做过探索,比如,1936年,布哈林在得知高尔基曾提出把知识分子联合成一个单独的政党参加选举的设想后,评论道:"某种第二党是必要的,如果只有一个候选人名单,没有竞选,这就和纳粹主义一个样了。为了在俄国人和西方人的眼里使我们和他们有区别,我们应该建立有两个候选人名单的选举制度,作为一党制的对立物。"③

左派社会革命党人是布尔什维克在十月革命中的盟友,十月革命胜利以后,在全俄苏维埃第二次代表大会上,布尔什维克就邀请他们参加苏维埃政府,但是因为左派社会革命党人主张"民主专政",而不赞成布尔什维克所坚持的无产阶级专政,而且他们也害怕因此而引起社会革命党的分裂,因而拒绝参加这个

---

① 《列宁全集》第33卷,人民出版社1985年版,第98页。
② 《列宁全集》第41卷,人民出版社1986年版,第67页。
③ 中国社会科学院马列所编:《论布哈林与布哈林思想》,贵州人民出版社1982年版,第88页。

政府。但是他们参加了全俄中央执行委员会，并支持苏维埃政权。由于左派社会革命党人拒绝参加第一届苏维埃政府，因此第一届苏维埃政府成了清一色的布尔什维克党人的政府。对此，列宁表示"极为遗憾"。列宁说："我们曾经建议，而且还在建议左派社会革命党人同我们分掌政权。他们拒绝了我们的建议，可见并不是我们的过错。"①

但是，布尔什维克政府并没有放弃寻求与左派社会革命党人的联合。而且布尔什维克党与社会革命党人有联合的基础和需要。因为，一方面，布尔什维克政府需要左派社会革命党人的加入来增强政府的民众基础和合法性。十月革命胜利之初，布尔什维克党在农民中的政治影响还比较小，1917年前，布尔什维克达到了2万党员，可是在广大农村只有4个支部、494名党员（约占2%）；到1917年十月革命时期，布尔什维克已发展到30多万党员，可是在广大农村却只建立了203个支部、4122名党员（约占10%）；直到1918年苏维埃中央政权已经建立，布尔什维克人在40%的县级苏维埃不占多数。②而在俄国，一个工业不发达的农业国家，农村人口占绝大多数，仅靠产业工人是不能建成社会主义的。而左派社会革命党人的主要社会基础是农民，他们在农村占有主要地位。布尔什维克党需要左派社会革命党人的支持，从而赢得农民对政权的支持和拥护。另一方面左派社会革命党也只有同布尔什维克党合作才能有所作为，所以双方都有进一步联合的愿望。

这种联合在11月24日至12月8日，全俄农民代表苏维埃

---

① 《列宁全集》第33卷，人民出版社1985年版，第70页。
② 徐天新著：《评左派社会革命党》，载《苏联现代史论文集》，生活·读书·新知三联书店1985年版，第103页。

非常代表大会上得以实现。在这次非常大会上，一方面，布尔什维克与左派社会革命党人经过多次协商，达成了妥协，左派社会革命党人承认成立政府是为了实现全俄苏维埃第二次代表大会的纲领，并同意将农民代表苏维埃执委会同全俄中央执委会合并。这个方案也得到了非常代表大会批准。农民苏维埃与工兵苏维埃实现了"联姻"。此后大会全体代表随即参加了全俄中央执委会、农民代表苏维埃非常代表大会和彼得格勒苏维埃的联席会议。会议承认《和平法令》、《土地法令》以及《工人监督法令》，还通过了左派社会革命党提出的以平均使用土地原则为基础的决议。代表大会还委托主席团于12月9日举行全俄农民代表苏维埃第二次代表大会。在这次代表大会上，右派社会革命党人抵挡不住布尔什维克与左派社会革命党人的联合攻势，退出了大会。代表大会表示赞同苏维埃政府的活动，两党朝着进一步联合的方向迈进。另一方面在此期间，社会革命党彻底分裂。11月12日至22日，社会革命党举行第四次代表大会，把左派社会革命党人开除出党。左派社会革命党人于12月3日召开自己的代表大会，正式宣告左派社会革命党成立。这使它同布尔什维克联合不再有什么顾虑，两党联合的时机成熟了。

1917年12月22日，布尔什维克同左派社会革命党组成联合政府。联合政府建立后，两党都十分注意处理好同盟友的关系，在一些问题上作出让步。比如，左派社会革命党十分重视农民问题，于是特别在全俄中央执委会中设立农民部，由左派社会革命党的著名领袖人物斯皮里多娃任主席；左派社会革命党主张土地社会化，尽管布尔什维克不赞同这个主张，但通过法律时没有反对而是投了弃权票；在对待立宪会议问题上，左派社会革命党同布尔什维克保持相近的立场，当布尔什维克退出立宪会议会场时，左派社会革命党人也随即退出。以至于列宁在全俄工兵代表苏维埃第三次代表大会上总结说:"我们同左派社会革命党人结成的联盟,是建筑在坚固的基础上的,这个联盟不是一天一天地在巩固,而是每时每刻地在巩固。最初我们在人民委员会内还担心派别斗争会妨碍工作,但根据两个月共事的经验,我应该肯定地说,我们在大多数问题上都能作出意见一致的决定。""代表农民的真正愿望和真正利益的政党,是左派社会革命党。"①

但是,两党并不是没有矛盾,例如,在专政问题上,左派社会革命党人反对红色恐怖政策,迫使人民委员会多次讨论司法人民委员会同契卡等强力机关的关系。随着形势的发展,两党的矛盾越来越大。而导致两党联盟最终破裂的最突出、最直接的矛盾主要有两个:一是关于布列斯特和约问题,左派社会革命党人坚决反对签订布列斯持和约;二是农村政策上的矛盾,左派社会革命党人对布尔什维克的农村政策极度不满。他们竭力反对剥夺富农和中农,反对成立贫农委员会。政策上的原则分歧和不可调和最终使两党分道扬镳。

为了退出帝国主义战争,为苏维埃政权赢得喘息机会,列宁主张单方面同德国签订苛刻的布列斯特停战和约,这一主张遭到了布尔什维克党内一部分人和左派社会革命党人的反对。左派社会革命党人虽然积极支持同德国的谈判,并且派遣自己的代表参加俄国谈判代表团,但是左派社会革命党人坚持绝对的国际主义原则,认为同德国的单独媾和会推迟世界革命的到来,因而反对同德国的单独媾和。在全俄苏维埃第四次(非常)代表大会上,左派社会革命党人党团投票反对批准布列斯特和约,并从政府中召回了自己的人民委员,退出了人民委员会,但是仍然留在全俄中央执行委员会、人民委员部部务委员会等机关。这迈出了左派

---

① 《列宁全集》第33卷,人民出版社1985年版,第264、265页。

社会革命党同布尔什维克走向公开分裂的第一步。

此后不久,在农民政策问题上,两党发生了更为严重的分歧。1918年春季苏维埃俄国出现了粮食饥荒,以致危及到了苏维埃政权的生存,为了克服这一危机,1918年5月19日,全俄中央执行委员会通过了由列宁起草要点的粮食专卖法令,授予粮食人民委员特别职权,同隐藏存粮和投机贩卖存粮的农村资产阶级进行斗争,法令重申粮食垄断和粮食固定价格都是不可更改的,必须同粮食投机商进行无情的斗争,宣布所有拥有余粮而不送往收粮站的人,以及浪费存粮酿造私酒的人为人民的敌人,要把他们交给革命法庭审判,处以10年以上徒刑,粮食全部没收。[①] 5月13日,人民委员会发出由列宁签署的粮食专卖法令,授予粮食人民委员部征购和供应粮食的非常权力。5月27日,全俄苏维埃中央执行委员会又通过《改组粮食人民委员部及其地方机构》的法令,加强了国家机关对粮食的控制。而且还在城市工人中抽调人员组成征粮队,到农村征收粮食,在农村则组织贫农委员会。这些非常措施确实有效地打击了富农,但是也侵犯了中农的利益。在这种情况下,反映农民情绪的左派社会革命党同布尔什维克的关系更趋紧张起来。实际上左派社会革命党人同样"混淆"了富农和中农区别,他们笼统地反对粮食垄断制,反对剥夺富农,反对建立贫农委员会,攻击对富农的进攻是对"劳动农民"的进攻。左派社会革命党的这些主张必然会遭到布尔什维克的反对,于是两党的合作气氛彻底消失了。在全俄中央执委会里,只要是布尔什维克提出的动议,左派社会革命党党团就加以反对。

1918年6月28日—7月1日,左派社会革命党举行第三次代表

[①] 参见《苏维埃政权法令汇编》第3卷,第262—263页,莫斯科1957年俄文版。

大会，由于小农对苏维埃政策的不满，大批加入左派社会革命党，使左派社会革命党的党员人数达到8万。大会决定，要采取一切手段"改正苏维埃政策的路线"。在1918年7月4日—10日举行的全俄苏维埃第五届代表大会上，左派社会革命党人强烈攻击布尔什维克，并号召对苏维埃政府投不信任票。他们的动议遭到大会多数派否决后，便开始实施蓄谋已久的刺杀德国驻俄国大使的活动，试图激怒德国，撕毁布列斯特和约，挑起战争，以引发世界革命。阴谋落空以后，左派社会革命党人走向了公开的叛乱，试图推翻布尔什维克领导的苏维埃政府，取而代之。但是，这场被捷尔任斯基称作"小公鸡的叛乱"，第二天就被镇压下去。此后，左派社会革命党人发生了分裂，其中一部分脱离出来加入了布尔什维克，另一部分转入了公开的反革命阵营，还有一部分人在乌克兰、远东、土尔克斯坦等地同白卫军进行斗争，但同时又反对布尔什维克的领导。左派社会革命党作为党派逐渐淡出了俄国的政治舞台，到20世纪20年代初，左派社会革命党就几乎完全消失了。

与左派社会革命党人的联盟彻底破裂，使布尔什维克党开始了在苏维埃俄国一党单独执政，即苏维埃俄国开始了由布尔什维克党单独执政的历史。

（二）列宁时期俄共（布）[①] 对执政党建设的探索

1. "喘息时期"的执政党建设

十月革命胜利以后，直到1918年内战全面爆发这一时期，

[①] 在1918年3月召开的俄共（布）第七次（非常）代表大会上，俄国社会民主工党（布尔什维克）更名为俄国共产党（布尔什维克），简称俄共（布），为了叙述简便，文中直接用俄共（布）这一简称。

尽管反动势力并没有彻底消灭，反革命叛乱持续不断，但是这并不是全局性的，苏维埃国家政权建立以后，经历了一个短暂的相对和平时期。俄共（布）也开始探索执政条件下党的建设。

首先，重新认识执政条件下党的历史使命。十月革命胜利以后，尽管革命任务还没有彻底完成，但是以列宁为首的俄共（布）已经认识到随着执政地位的获得，党的历史使命也发生了变化。在1918年3月上旬俄共（布）第七次（紧急）代表大会上，列宁指出："新的历史时期已经到来"①，因此，社会主义革命"除破坏任务以外，还加上了一些空前的新任务，即组织任务"②。这个组织任务就是"组织计算，监督各大企业，把全部国家经济机构变成一架大机器，变成一个使亿万人都遵照一个计划工作的经济机体"③。列宁还指出，这一任务不同于推翻旧政权的革命任务，列宁说："这个任务无论如何不能像我们从前解决内战任务那样用高呼'乌拉'的方式来解决。任务本身的性质不允许采用这种解决方式。"④ 此后，列宁又向秘书口授了《苏维埃政权当前的任务》一文，更进一步明确规定了"组织任务"的具体内容。列宁说："管理国家的任务现在首先是归结为纯粹经济的任务：医治战争给国家带来的创伤，恢复生产力，调整好对产品的生产和分配的计算和监督，提高劳动生产率，——总之，归结为经济改造任务。"⑤ 其目的是"建设新的即社会主义的社会的基础"，"架设起从资本主义旧社会通往社会主义新

---

① 《列宁全集》第34卷，人民出版社1985年版，第9页。
② 同上书，第4页。
③ 同上书，第4—5页。
④ 同上书，第5页。
⑤ 同上书，第122—123页。

社会的桥梁"①。列宁还指出这一任务是艰巨的、长期的，其原因是：第一，"由于历史进程的曲折而不得不开始社会主义革命的那个国家愈落后，它由旧的资本主义关系过渡到社会主义关系就愈困难"②。第二，当先进的资本主义国家还没有爆发社会主义革命，苏维埃国家还处在资本主义包围的情况下，苏维埃当前只能靠自己的力量来解决这一"组织任务"。第三，这是人类历史上第一次解决这一任务，是在"无论改造的形式或具体改造的发展速度，我们都不可能知道"③的情况下着手进行这一任务的。因此，必须"不因失败而气馁，用一块块基石去奠定社会主义社会的稳固基础"④。

其次，为完成这一历史使命，采取措施加强执政党的纪律和团结。由于历史使命的变化以及新的历史任务的艰巨性，要求布尔什维克党必须加强纪律和团结。尽管面对着艰巨的历史任务，但是此时的布尔什维克党内对于列宁提出的退出帝国主义战争，为苏维埃政权赢得喘息机会的策略，对于如何建设新的社会都没有形成统一的认识，特别是围绕退出帝国主义战争的方式，即单独同德国签订停战和约的问题，党内存在着严重的分歧。不仅是执政的同盟军左派社会革命党人因反对签订布列斯特和约退出了人民委员会，而且在布尔什维克党内，围绕是否接受德国的苛刻条件，签订布列斯特和约也发生了重要分歧。列宁权衡国内外局势，主张接受德国条件，签订和约，以便得到喘息时机，保卫十月革命成果，巩固苏维埃政权；而以布哈林为首的"左派共产主义者"坚决反对签订和约，主张对国际帝国主义宣布革命战争；

---

① 《列宁全集》第34卷，人民出版社1985年版，第145、129页。
② 同上书，第3—4页。
③ 《列宁选集》第3卷，人民出版社1995年版，第545页。
④ 《列宁全集》第34卷，人民出版社1985年版，第75页。

托洛茨基等人则主张苏俄应宣布停战，复员军队，但不签订和约。

最初，以列宁为首的主张签订和约的人在党内只占少数，1918年1月2日召开中央和地方负责人会议，出席会议的有60多人。其中主战派有32人，占绝对多数；不战不和的人数也有16人；以列宁为代表的主和派人数很少，只有15人。列宁的主张未能得到中央多数的支持。在1918年1月24日召开的中央会议上，以托洛茨基为首的"停止战争，但不缔结和约"的一派又占了上风。列宁的主和提案仍未获得多数。他不得不退而求其次，提出"我们竭力拖延和约签订"的提案，结果以12票对1票通过。然而，局势越来越严峻，德国对俄国展开了大规模进军，1918年2月俄共（布）中央委员会就是否签订和约再次举行会议，但是列宁关于签订和约的提案仍未通过，大会不得不就此再次展开激烈的辩论，最后因为托洛茨基转向支持列宁，列宁的提案才获得通过，但是以布哈林为首的"左派共产主义者"仍然反对和约的签订，并采取各种方式予以阻挠。而德国借此提出了更为苛刻的条件，情况更加危急。列宁不得不提出退出政府和党的中央委员会作为最后通牒，但是"左派共产主义者"不为所动，甚至宣称："既然列宁以辞职相威胁，害怕是无用的，应该争取一个没有弗·伊（列宁）的政权。应当开赴前线和尽力而为。"① 党中央面临着分裂，党内危机达到了顶点。为了避免党的分裂，一些中央委员的立场发生了转变，转向不反对（弃权）或者是支持列宁的主张，最后才使列宁的提案获得通过。

布列斯特和约虽然勉强通过，但是党内的危机并没有因此而

---

① 《俄国社会民主工党（布）中央委员会会议记录》，莫斯科1958年，俄文版第214页。转引自邢广程著《苏联高层决策70年——从列宁到戈尔巴乔夫》（第一分册），世界知识出版社1998年版，第100页。

消除,"左派共产主义者"仍然拒绝承认党中央关于签订布列斯特和约的决定,并在由其组成的莫斯科区域局通过了自己的决议,宣称"党在最近的将来恐难避免分裂","为了国际革命的利益,我们认为,作好可能丧失目前完全流于形式的苏维埃政权的准备是合适的"①,并且还以彼得格勒党组织的名义创办了自己的派别报纸《共产主义者报》。

为了统一党的思想,维护党的团结,俄共(布)召开了第七次(紧急)代表大会,在这次会议上,党内就战争与和平问题、布列斯特和约问题展开了激烈的辩论,"左派共产党人"仍然坚持反对和约的立场,对列宁及其支持者大加指责。为此,列宁及其支持者据理力争,对"左派共产主义者"的责难进行了批驳,大会最后通过了列宁关于签订布列斯特和约的主张。但是,"左派共产主义者"仍然认为党的决定"是错误的",并以拒绝担任中央委员和中央候补委员的职务表示抗议。

应该说,俄共(布)第七次(紧急)代表大会以党的决议的形式通过了签订布列斯特和约的决定,"左派共产主义者"在这一问题上彻底失败,但是在有关国内一系列问题上他们仍然同党中央进行对抗,比如,他们反对党的工作重心转移到经济建设上来,主张使生产资料实现"最坚决的社会化";在如何对待资产阶级的问题上,他们主张实行"赤卫队式"的攻击,充分发挥无产阶级的"革命毅力","保持风驰电掣般的革命发展速度",立即完成"历史向正在推翻旧制度的阶级所提出的任务",反对列宁用"管理的方法",即通过对产品的生产和分配实行计算和监督,通过国家资本主义来同资产阶级进行斗争的主张;他们反对工人阶级与农民的联盟,主张在农村实行所谓的"共产

---

① 转引自《列宁全集》第33卷,人民出版社1985年版,第416页。

主义政策"；主张取消商品货币关系甚至是财政制度，反对列宁在过渡时期必须利用商品货币关系的主张；反对列宁提出的用民主集中制的原则领导国民经济建设的主张，反对列宁关于经济管理中的"一长制"的主张等。[①]对此，列宁在同志的范围内展开了针锋相对的批判。面对事实，左派共产主义者最后浪子回头，重新回到了党中央，其领军人物布哈林后来成为列宁新经济政策的坚定支持者和实施者。

针对党内分歧的存在，一方面通过思想上的斗争，批驳党内的错误思想，以达到全党思想上的统一。针对"左派共产党人"的"左倾幼稚"思想，列宁展开了理论批判，从思想上说服他们。另一方面俄共（布）还从组织上采取措施，主要是整顿"左派共产党人"的组织活动基地莫斯科区域局，宣布《共产主义者》杂志停刊，使"左派共产主义者"失去宣传和鼓动的基地。1918年7月，在苏维埃第五次代表大会共产党党团会议上，"左派共产主义者"集团发表声明，表示承认错误，同意党的方针政策。"左派共产主义者"派别正式宣告解散。

为了加强党的纪律和团结，俄共（布）第七次（紧急）代表大会通过的《关于战争与和平的决议》中声明："代表大会认为，我们的党、整个觉悟的无产阶级这一先锋队和苏维埃政权的首要的和基本的任务，是采取最有力、最果断和最严厉的措施来加强俄国工人和农民的自觉和纪律，阐明俄国进行解放战争、卫国战争和社会主义战争的日子愈来愈近的历史必然性，在各处建立有严密联系的并以钢铁般的统一意志团结在一起的群众

[①] 参见邢广程著《苏联高层决策70年——从列宁到戈尔巴乔夫》（第一分册），世界知识出版社1998年版，第133—146页。

组织。"①

通过这些斗争和措施,统一了党的思想,维护了党的团结,为完成新的历史任务准备了组织基础。

最后,继承和发扬党的民主集中制传统。从十月革命胜利到内战全面爆发这一时期内,尽管布尔什维克党面临着比革命时期更为艰巨的任务,国内的反动势力并没有肃清,还在不断地发动叛乱,而苏维埃政权内,各种势力对于革命胜利后如何进行建设意见并不一致,即使布尔什维克党内也存在着分歧甚至是不同的派别,比如围绕是否签订布列斯特和约而形成的主战派、主和派和不战不和派,在国内政策上存在"左派共产主义者"集团等。面对错综复杂的矛盾和问题,布尔什维克党坚持和发扬党的民主集中制传统。在苏维埃政权内,在同左派社会革命党人联合执政时期,布尔什维克党坚持按照少数服从多数的原则,对大政方针甚至是具体政策都严格按照投票表决原则,通过赢得多数来实现党的意图。在党内,更是严格按照民主集中制的原则,充分发扬党内民主。这一时期党内的任何决策都是经过党内充分讨论最后决定的,党内各种意见在决策过程中都得到了充分表达,而且各种主张严格按照多数原则才能通过。最有代表性的事件就是围绕是否签订布列斯特和约而展开的党内争论和斗争。对是否签订和约,党内意见不一,分为主战、主和和不战不和三派。尽管后来的事实使各派认识到了签订这一和约对于新生的苏维埃政权的重要意义,但是在决策过程中,这一主张则反复因为在表决时处于少数而被否决。

对是否签订布列斯特和约的党内表决,先后经历了4次才正式通过。第一次是1918年1月2日召开中央和地方负责人会议,

---

① 《列宁全集》第34卷,人民出版社1985年版,第32页。

出席会议的有60多人。其中主战派有32人，占绝对多数；不战不和派人数也有16人；以列宁为代表的主和派人数很少，只有15人。列宁的主张未能得到中央多数的支持。第二次是在1918年1月24日召开的中央会议上，这一次以托洛茨基为代表的停战但不签约的提案以9票对7票获通过。布哈林则支持托洛茨基的立场。主战提案虽被否定，但列宁的主和提案也未获得多数。他不得不提出"我们竭力拖延和约签订"的提案，结果以12票对1票通过。这显然不是列宁所满意的。第三次是1918年2月18日，党中央委员会为和约问题召开紧急会议。但列宁关于立即签订和约的提案以7票反对、6票赞成又被否决。尽管随后列宁经过反复细致的说服工作，党内在经历了激烈的斗争之后，最后因为托洛茨基终于转向列宁，会议以7票赞成、5票反对、1票弃权通过了列宁的提案。列宁的主张在中央委员会首次获得多数票。但是，"左派共产主义者"仍不承认这一决定。为了使这一决定取得合法性，布尔什维克党不得不召开俄共（布）第七次（紧急）代表大会。在这次大会上，又展开了激烈的辩论，当列宁作了战争与和平问题的报告以后，布哈林针锋相对的作了题为《媾和反对者集团向党的代表大会提出的关于战争与和平的提纲》的副报告。"左派共产主义者"纷纷发言反对布列斯特和约，而列宁及其支持者则据理力争。列宁先后18次发言，回应反对派的责难，试图说服他们。经过列宁及其支持者的艰辛努力，最后，大会进行表决，结果以30票赞成、12票反对、4票弃权批准列宁的主张，从而使列宁立即同德国签订和约的主张成为党的最高机构——代表大会的决议，获得了合法性。整个决策过程中，列宁及其支持者始终坚持党内民主原则，以理服人，通过不断的宣传、辩论、说服，才赢得了党内的多数支持。尽管列宁深知尽早签订和约对于新生的苏维埃政权重要的意义，但是，他始终没有将个人主张强加给党内其他人,更没有运用强制手段迫使他人屈服,而是充分利用党内民主手段,通过党内合法程序赢得多数支持,使自己的主张获得通过。这也成为无产阶级执政党建设史上坚持党内民主原则的典范。

2. "战时共产主义"时期的执政党建设

布列斯特和约的签订为新生的苏维埃俄国赢得了"喘息"的机会,经过不断的努力和激烈的斗争,布尔什维克党内的分歧也逐渐消失,党可以集中精力开展社会主义建设了。但是,建设苏维埃俄国的计划和方案还来不及展开,就被帝国主义和国内反对派的联合武装进攻所打断,俄国人民还没有"喘息"够,又被迫进入了更为残酷的战争状态。苏维埃俄国进入了后来历史所称的"战时共产主义"时期。这一时期党和苏维埃政权的一切工作转向了集中精力打败反动派的武装进攻。整个苏维埃俄国变成了一个军营,指导一切工作的是军事原则。为了领导革命力量打败国内反对派和帝国主义的武装进攻,保卫新生的苏维埃政权,俄共(布)自身也作了适应战时体制的变革,这一时期党的建设始终是为了赢得国内战争的胜利而展开的,因而深深地打上了战争时期的烙印,集中制的加强正是这一时期党的建设的主要趋势。

战争爆发以后,苏维埃俄国在俄共(布)的领导下,将一切工作纳入了抵抗国内外敌人联合武装进攻的战争轨道,以集中所有的人力、物力、财力,赢得战争的胜利。这就要求有一个高度集中甚至是集权的领导体制,特别是作为领导核心的党,必须消除分歧,形成统一的意志和高度团结的组织,坚持铁的纪律。正如列宁指出:"在目前激烈的国内战争时代,共产党只有按照高度集中的方式组织起来,在党内实行近似军事纪律那样的铁的纪律,党的中央机关成为拥有广泛的权力、得到党员普遍信任的权威机构，只有这样，党才能履行自己的职责。"① 在总结布尔什维克党取得胜利的经验时，列宁强调："无产阶级实现无条件的集中和极严格的纪律，是战胜资产阶级的基本条件之一。"② 基于这一认识，也为了与苏维埃国家实行战时共产主义政策相适应，俄共（布）这一时期最大的特点就是：在领导体制上采用"极端集中制"，在工作方法上采用"战斗命令制"。具体采取了以下主要措施：

第一，统一党的组织。

在俄共（布）第八次代表大会上通过的决议规定："必须有统一集中的共产党，并且有领导俄罗斯苏维埃联邦社会主义共和国各个部分的党的一切工作的统一的中央。俄共及其领导机关的一切决议，党的各个部分（不分其民族成分）必须无条件执行。"③ 针对乌克兰等民族地区的共产党试图脱离俄共中央实行自治的倾向，俄共中央进行了批评，并采取了必要的组织手段，改组这些党组织的中央领导机构，在承认这些共和国作为单独的苏维埃共和国存在的前提下，统一这些党组织。为此，俄共（布）第八次代表大会决定："乌克兰、拉脱维亚、立陶宛共产党中央委员会享有党的区域委员会的权利，完全隶属于俄共中央。"④ 大会还决定逐步撤销铁路、邮电和军事等一些党的专门组织，将它们并入一般的共产党组织。通过这些措施，使各民族的党组织和各种类型的党组织都统一于俄共中央的集中领导之下，服从俄共中央的统一领导。

第二，建立党的最高领导机关体系，强化党中央的权威。

---

① 《列宁全集》第39卷，人民出版社1986年版，第202页。
② 《列宁选集》第4卷，人民出版社1995年版，第135页。
③ 《苏共决议汇编》（第一分册），人民出版社1964年版，第567页。
④ 同上。

随着整个国家进入战争状态，越来越需要决策的快速化和处理相应事务的专业化。和平时期的重大方针政策交由党的中央委员会甚至是党的代表大会民主决定的决策模式，很显然与战争状态下的军事原则不相适应，因此必须适应战争的需要，调整党的最高领导机关的内部机构和决策模式。基本思路就是精简决策层次和规模，强化决策的专门性。俄共（布）为了适应战争的需要，在党的八大上建立了新的最高领导机关体系，那就是在中央委员会之下设立了政治局、组织局和书记处。政治局成立之初由5名中央委员组成，其中"包括党政最高领导机关的领导人、最著名的政治活动家"①。从政治局的人员构成来看体现出其最高领导机关的地位。对于其职能，俄共（布）第八次代表大会规定："政治局对不容拖延的问题作出决定，并且就自己两周之内的全部工作情况，向中央委员会定期全体会议作报告。"②事实上，在战争时期，对于最高决策者而言，没有哪一个问题是可以拖延的，这就使得政治局在战时实际上代替中央委员会成为实际的决策者。

组织局由5名中央委员组成，下设若干工作部门，每一个委员领导一个相当的工作部门。"组织局指导党的全部组织工作。"③其具体工作："首先是选拔、培训、注册和分配干部；完善党的组织机构；负责党员的注册、工作报告、情况通报；正确处理党务机关与国家机关、工会、青年团以及其他社会团体的相

---

① K. Y. 契尔年科著：《党和国家机关工作问题》，中国对外翻译出版公司1984年版，第25页。
② 《苏共决议汇编》（第一分册），人民出版社1964年版，第566页。
③ 同上。

互关系。"① 尽管俄共（布）八大通过的决议规定，"党的工作人员的全部分配工作由党中央委员会掌握"②，但是，具体的分配工作则由组织局承担。

中央书记处由一名责任书记、一名中央组织局委员和5名从有经验的党的工作人员中挑选出来的担任日常事务的书记组成，其主要工作是负责检查执行情况和处理其他日常工作。实际上在成立之初，书记处仅仅是一个中央委员会特别是中央组织局的秘书工作机构，但是随着党员队伍的扩大，党的工作越来越复杂，书记处被赋予越来越多的职能，在中央机构中的地位也越来越高，"到1920年书记处已成为中央的一个独立机构"③。在俄共（布）第九次代表大会上书记处的作用得到加强，规定有3名中央委员担任书记，组成一个委员会。并规定："把组织性和执行性的日常问题移交上述的书记处处理，组织局（由5名中央委员组成）则对中央委员会的组织工作进行总的领导。"④ 这样，实际的选拔任用干部的责任就由书记处具体承担了。在俄共（布）第十一次全国代表大会第一次中央全会上，书记处设了总书记一职，而且总书记必须既是政治局委员也是组织局委员。在中央委员会的三个机构中只有总书记是一身兼三职的，足见其地位的重要。而且俄共（布）中央向党的代表大会所作的报告还规定，根据组织工作的需要，往往在组织局开会以前，有些具体问题须由中央书记处先行召开专门会议进行审理。因此，书记处

---

① K. Y. 契尔年科著：《党和国家机关工作问题》，中国对外翻译出版公司1984年版，第25—26页。
② 《苏共决议汇编》（第一分册），人民出版社1964年版，第568页。
③ K. Y. 契尔年科著：《党和国家机关工作问题》，中国对外翻译出版公司1984年版，第26页。
④ 《苏共决议汇编》（第二分册），人民出版社1964年版，第30页。

的决定,只要组织局的成员中无人表示反对,即可认为是组织局的决定。① 这"实际上把组织工作的大权都交给了书记处"②。到斯大林时期,书记处地位进一步上升,甚至取代中央委员会,一跃成为党的最高领导机关,总书记也就成为党的领袖。

第三,强调集中制和铁的纪律。

俄共(布)及其前身俄国社会民主工党(布尔什维克)自诞生以来,就一直处在革命和战争环境中,革命斗争是其主要任务,尽管十月革命胜利以后,有过短暂的和平时期,但是这只是相对和平,革命的任务并没有根本完成,随之而来国内外反动势力的联合武装进攻,使俄共(布)处于更为残酷的武装斗争环境之中。这一切使民主集中制原则无法在党内真正实施。长期以来集中制一直处于支配地位,党内民主因为没有实施的环境而无法落实。长期以来集中原则就成为俄共(布)最基本的组织原则和纪律。列宁也反复强调集中原则对于一个革命政党的重要性。在《火星报》的建党计划中列宁就强调集中制是最基本、最具原则意义的思想,他指出:"《火星报》力求奠定的作为建党基础的基本思想,实际上可以归结为以下两点。第一是集中制思想,它从原则上确定了解决所有局部的和细节性的组织问题的方法。……第一个思想是唯一的原则性思想,应该贯串在整个党章中。"③ 在列宁的党的建设思想中,当然也强调党内民主原则,这一原则甚至是其党建思想的核心原则。但是,在实践中,由于特定的历史环境使得党内民主原则没有条件实施。相反,集中则

---

① 参见 K. Y. 契尔年科著《党和国家机关工作问题》,中国对外翻译出版公司1984年版,第26页。

② 参见王长江著《苏共:一个大党衰落的启示》,河南人民出版社2002年版,第81页。

③ 《列宁全集》第8卷,人民出版社1986年版,第236页。

是革命环境中的最常见也是最有效的做法。面对国内外反动势力的联合武装进攻,需要的更是集中以及与之相适应的铁的纪律。列宁指出:"谁哪怕是把无产阶级政党的铁的纪律稍微削弱一点(特别是在无产阶级专政时期),那他事实上就是在帮助资产阶级来反对无产阶级。"① 在这里,列宁甚至已经把是否捍卫党的无条件集中和铁的纪律原则作为判断政治立场的标准,捍卫这一原则就是无产阶级的,而反对这一原则就是帮助资产阶级,从而是反对无产阶级的。这一主张在内战时期以党的决议的形式得到了肯定,成为特殊时期全党必须遵守的基本原则。在俄共(布)第八次代表大会上通过的《关于组织问题的决议》中强调:"党正处在绝对需要有最严格的集中和最严格的纪律的环境下。"② 因此必须强调绝对的集中原则,表现为:"上级机关的一切决议下级机关绝对必须执行。每个决议首先应当执行,只有在执行以后才可向有关的党机关提出申诉。在这方面,在目前阶段党必须直接实行军事纪律。党的一切事业,可以集中的(出版工作、宣传等)就应当为了事业的利益而加以集中。"③ 不仅如此,《决议》还规定"一切纠纷由相当的上级党机关解决"④。这实际上就是否定了地方党组织和基层组织的任何自主性,变成了一种中央决策,地方和基层党组织必须无条件执行的中央集权模式。随后,这一原则被作为普适性原则,通过共产国际推广到了世界共产党内。列宁在《为共产国际第二次代表大会准备的文件》中指出:"加入共产国际的党,应该是按照民主集中制的原则建立起来的。在目前激烈的国内战争时代,共产党只有按照高度集中

---

① 《列宁选集》第4卷,人民出版社1995年版,第155页。
② 《苏共决议汇编》(第一分册),人民出版社1964年版,第567页。
③ 同上书,第567—568页。
④ 同上书,第568页。

的方式组织起来,在党内实行近似军事纪律那样的铁的纪律,党的中央机关成为拥有广泛的权力、得到党员普通信任的权威性机构,只有这样党才能履行自己的职责。"[1] 不过,严格的集中制和铁的纪律也成为布尔什维克党能够打败敌人取得胜利的一大法宝。正因为有严格的集中和铁的纪律,才使布尔什维克党取得了十月革命的胜利和国内战争的胜利。正如列宁在总结俄国无产阶级专政的胜利的经验时所指出:"无产阶级实现无条件的集中和极严格的纪律,是战胜资产阶级的基本条件之一。"[2]

不过,即使是在严酷的战争环境中,俄共(布)也并没有完全放弃党内民主,比如规定"中央委员会至少每三个月召集一次由省委员会和首都委员会的代表参加的党代表会议。在这些代表会议上讨论党所面临的当前最重要的问题"[3]。这体现出了一定的集体决策和领导的原则。还强调"中央至少每月向党的省委员会和首都委员会送发一次关于自己活动的书面报告。需要普遍宣布的事,尽可能每两周在报刊上登一次"[4]。一定程度上体现了党务公开这一党内民主要求的原则。而且还规定"在一切党和苏维埃的机关刊物上必须开辟'党的生活'栏目"[5]。这无疑是有利于党内民主实现的,这一措施本身就是党内民主的具体体现。从宏观上来看,即使是在残酷的内战环境中,俄共(布)仍然按期召开了党的代表大会和代表会议,这说明党内民主原则在列宁时期始终得到了重视,并没有因为强调集中和铁的纪律就否定党内民主的意义和作用。

---

[1] 《列宁全集》第39卷,人民出版社1986年版,第202页。
[2] 《列宁选集》第4卷,人民出版社1995年版,第135页。
[3] 《苏共决议汇编》(第一分册),人民出版社1964年版,第565页。
[4] 同上书,第566页。
[5] 同上。

第四,用任命制代替选举制,加强对干部的任命和调配。

俄共(布)党内的任命制并不是发端于国内战争时期,布尔什维克党取得政权之前处于沙俄的专制统治之下,是作为沙俄政权的对立物存在的,因而一直受到沙皇专制政权的残酷迫害,大部分时间党的组织和活动都处于地下秘密状态。这种生存状态,使理论上规定的党内民主无法在实际的政治运作中落到实处。列宁在创建无产阶级政党的过程中,反复强调党内民主原则,而且把选举作为党内民主的重要原则和指标,他指出:"现在整个党组织是按民主原则建立的。这就是说,全体党员选举负责人即委员会的委员等等,全体党员讨论和决定无产阶级政治运动的问题,全体党员确定党组织的策略方针。"① 他还指出:"俄国社会民主工党是民主地组织起来的。这就是说,党内的一切事务是由全体党员直接或者通过代表,在一律平等和毫无例外的条件下来处理的;并且,党的所有负责人员、所有领导人员、所有机构都是选举产生的,必须向党员报告工作,并可以撤换。"② 但是,长期处在体制之外的非法地位,面对的是残酷的斗争环境,选举制是无法落实的。正如苏共后来所承认的:"在我们党处于非法时期,党组织被迫保持完全的秘密状态,各级党的委员会都是通过从上到下的指定或指派组成。"③ 即使是在十月革命胜利以后到国内战争爆发之前这一段相对和平时期内,实际上普遍的选举制仍然无法实施。我们知道,布尔什维克党是通过在中心城市武装暴动的方式取得政权的,而布尔什维克党在取得政权之初,在全国范围内党员人数少,地方各级组织不健全,特别是

---

① 《列宁全集》第13卷,人民出版社1985年版,第191—192页。
② 《列宁全集》第14卷,人民出版社1985年版,第249页。
③ 《真理报》1952年12月7日,转引自王长江著《苏共:一个大党衰落的启示》,河南人民出版社2002年版,第80页。

在广大农村，党员人数更少，要有效地掌握政权，在当时最可行的办法就是委派自己的党员到没有或者是党员很少的地方执掌政权。在这种情况下任命制就成为巩固政权行之有效的办法而被广泛使用。

国内战争爆发以后，布尔什维克党处于国内外深刻的危机之中，既有国内外反动势力的联合武装进攻，又有因为实施战时共产主义政策引发的不满情绪。在这种情况下，为巩固新生的革命政权，俄共（布）不得不采取更为直接，更为严厉的任命制。在俄共（布）第八次代表大会上通过的《关于组织问题的决议》中规定："俄国共产党既然执掌了政权，掌握了全部苏维埃机构（及劳动者的一切组织），自然应当使数以万计的党员去管理国家。"[①]因此，当时"党的最重要的任务之一是使自己数千个新的优秀工作人员参加国家管理网（铁路、粮食、监察、军队、法院等等）"[②]。而且认为："目前，合理地分配党的力量，是取得胜利的重要保证和最重要的任务之一。"而"党的工作人员的全部分配工作由党中央委员会掌握。它的决议大家必须执行。在每个省，省的力量由党的省委员会分配，在首都——在中央委员会的领导下由市委员会分配"。并且责成中央委员会最坚决地反对在干部分配问题上的"各种地方主义和分离主义"[③]。这实际上就是建立了一套严格统一和服从于党中央的自上而下的任命制。

这一制度在俄共（布）第九次代表大会上仍然得到了确认。尽管党的九大是在前线战事取得胜利，内战胜利在即的条件下召开的，因此，党又在考虑将工作中心转向经济建设。党的九大通

---

① 《苏共决议汇编》（第一分册），人民出版社1964年版，第565页。
② 同上。
③ 同上书，第568页。

过的《关于组织问题的决议》中认为:"由于转移到经济任务,目前在我们党的面前提出了特殊的组织任务。"① 但是,仍然认为分配党的力量至关重要,因此"特殊的组织任务"就是为适应新的经济工作"整顿队伍,把力量进行彻底的调整"②。很显然这种调整不是通过选举制代替任命制,而是仍然由党的中央控制下的任命制,不同之处在于现在要适应经济建设的需要,将懂经济、懂建设的党员任命到党和苏维埃的各级领导机关。九大甚至更具体地规定了党的分配工作的内容,比如九大通过的《关于组织问题的决议》规定:"全党的主要组织任务就是把党的队伍中的全部60万党员正确地分配到党的各个工作岗位上去。地方组织一般应当按照每个党员的专长或职业分配他们担任党的工作。每个城市、省和工厂在调整党的力量的时候,都应当从如何在生产过程中使用这些力量着眼;首先应当把工人党员分配到最重要的企业,而在这些企业内部分配党员时,则应当考虑到使一切工厂都能有一个强有力的有主动精神的共产党核心。中央委员会应当根据这个观点在全国范围内调整党的力量。"③ 很显然要求在党中央的统一领导下,围绕经济建设这一任务,根据专业和才能将党员分配到需要的经济工作岗位上去,这种分配不是通过选举,而是直接任命。

为了保证上级党组织有足够的党员力量供分配,《决议》还规定:"每一个下级组织每月一次或每两月一次向相当的上级组织呈交一份包括该组织5%—10%人员的名单,注明他们过去担任过什么工作,该组织认为这些同志适于做什么工作。这样的名

---

① 《苏共决议汇编》(第二分册),人民出版社1964年版,第26页。
② 同上。
③ 同上。

单应当定期地由工厂支部呈交区委员会，区委员会呈交省委员会，省委员会呈交中央委员会。"①尽管上级党组织进行分配的力量主要来源于下级党组织的举荐，但是这并没有改变其任命制的本质，说到底，这还是由少数人选人和在少数人中选人。在内战时期，直接任命党和国家的领导干部的做法已经是非常普遍，仅1920年4—11月，俄共（布）中央就任命了37547名干部。②

不过俄共（布）第九次代表大会上已经提出了向党内民主过渡的任务，比如要求尽可能经常召开全体党员大会；公开讨论问题；开展对党和政府的从中央到地方各级机关的监督批评；在党的干部制度上除特殊情况以外，以推荐代替任命等等。对此我们将在下面专门探讨。

除了通过直接任命来分配党的力量以外，在战时，俄共（布）党中央委员会还可以任意调动、调整党的工作人员，党的第八次代表大会通过的《关于组织问题的决议》规定："责成中央委员有步骤地把党的工作人员从一个工作部门调到另一个工作部门，从一个地区调到另一个地区，以最有效地使用他们。"③这一措施一方面是为了根据党的工作人员的特长，通过调整到适宜的工作岗位，以充分发挥其作用，另一方面也是为了避免形成地方主义和小团体主义，以及消除党内个人之间的矛盾和摩擦，维护党的集中和统一。党中央也希望通过这一措施克服党内的官僚主义倾向和现象。

直接任命制的普遍采用，对于集中分配党的力量，从而赢得战争的胜利奠定了坚实的组织基础，这是无法否认的成绩。但

---

① 《苏共决议汇编》（第二分册），人民出版社1964年版，第27页。
② 参见陆南泉等主编《苏联兴亡史论》，人民出版社2002年版，第257页。
③ 《苏共决议汇编》（第一分册），人民出版社1964年版，第568页。

是，这也带来了很多问题和留下了许多隐患。最大的问题就是损害了布尔什维克党和苏维埃政府的合法性。在理论上，布尔什维克党是工人阶级的先锋队，它是代表无产阶级的根本利益的，但这种代表不是自封的，更不是天生的，必须经过无产阶级的委托，而委托的方式就是无产阶级通过选举，授权党来代表自己的利益。只有得到了无产阶级的授权，党才有资格宣称自己是无产阶级利益的代表。也就是说只有经过选举产生，党的执政地位才具有合法性。而且苏维埃制度作为资本主义民主制度的对立物，它是在扬弃资本主义制度的一切弊端的基础上建立的一种新的民主制度。俄共（布）宣称它是一种更高类型的、比资本主义民主制度更真实更先进的民主制度，因此，民主性是其最根本的属性。然而任命制从根本上是与民主相背离的，无论是对于党内还是对于苏维埃政权都是如此。普遍的任命制必然会带来官僚主义盛行，党与人民的关系的疏离，其直接后果就是人们对党和政府的认同感的下降，直接损害党和政府的合法性。实际上这一后果在内战结束前夕就已经显现出来。以至于党的九大"出现了一场反对党内权力过分集中的风暴"。大会的第一个发言者尤烈涅夫的发言内容就是指责党的权力过分集中的问题，他说："在上次代表大会上，中央委员会在集中制问题上做出了'纸上承诺'，但他后来执行的政策……完全与党代表大会的决议相反。"并要求中央委员会是"一个负责的部，而不应是一个不负责任的政府"[①]。而最严重的后果是给苏共留下了走向集中最后变成个人集权的隐患。尽管这是战时不得已的选择，但是战争结束以后，这一做法并没有得到有效地克服，虽然列宁早就认识到这一

---

① 参见［美］罗伯特·文森特·丹尼尔斯著《革命者的良心——苏联党内反对派》，北京出版社1985年版，第181页。

做法的危害，在其晚年也探索了克服这一问题的办法，但是历史给列宁的时间太少。列宁在万分忧心中离开了人世，而其后继者却把这一临时措施当成了经常制度，甚至把它当作社会主义的内容。最后，这一问题演变成了苏联共产党的致命缺陷。

第五，壮大党员队伍的同时纯洁党员队伍。

强调党员队伍的纯洁性和工人阶级属性是列宁建党过程中坚持的重要原则，因此他也十分注重采取措施纯洁党员队伍，其中的重要方法就是清党。在俄国社会民主工党创立之初，列宁就有了通过清党来纯洁党员队伍的思想。在《怎么办？》一文的题记中，列宁引用了拉萨尔在给马克思的信中的一段话即："……党内斗争给党以力量和生气。党本身模糊不清，界限不明，是党软弱的最大证明。党是靠清洗自己而巩固的……"① 由此，我们看得出列宁对通过"清洗"这一措施来巩固党的组织是认可甚至是推崇的。在内战时期，列宁再次指出："徒有其名的党员，就是白给，我们也不要。世界上只有我们这样的执政党，即革命工人阶级的党，才不追求党员数量的增加，而注意党员质量的提高和清洗'混进党里来的人'。"② 而且还说："我们曾不止一次地重新登记党员，以便把这种'混进党里来的人'驱除出去，只让有觉悟的真正忠于共产主义的人留在党内。"③ 在布尔什维克党取得执政地位以后，仅在列宁时期就先后于1919年3月至10月和1921年6月至12月进行了大规模的清党。

在内战时期进行的清党是与壮大党员队伍同时进行的，鉴于残酷的内战使党员队伍损失严重，党急需补充和壮大自己的队

---

① 《列宁选集》第1卷，人民出版社1995年版，第290页。
② 《列宁全集》第37卷，人民出版社1986年版，第215页。
③ 同上。

伍。同时"由于内战,布尔什维克政权被逼到了墙角,作为一个党员得冒个人的生命危险,所以这时认为大发展不会带来吸引坏人的危险"①。俄共(布)第八代表大会通过的《关于组织问题的决议》指出:"只有吸收城乡无产阶级分子加入党的队伍,党的人数才能日益增长。"② 于是决定举行征收党员周。根据这一决定,俄共(布)彼得格勒党组织于1919年8月10—17日,莫斯科省党组织于同年9月20—28日相继举行了征收党员周。俄共(布)中央委员会在初步总结经验后,9月26日决定在全国各城市、农村和军队举行征收党员周。③ 在此次征收党员周中,仅俄罗斯联邦欧洲部分38个省就有20多万人入党,④ 到1920年3月党的第九次代表大会时,党员人数达到了611978人。⑤

尽管俄共(布)在战时采用了非常措施对党员队伍进行充员,但是党仍然坚持维护党员队伍的纯洁性和工人阶级成分优势性。党认为因为"俄共掌握了政权,就不可避免地除了优秀分子以外也吸引追求个人名利的分子进入党来",使"党内涌进了大批共产主义觉悟不够的分子甚至就是混进来的分子"⑥。而"党的组织决不应当以降低党员的质量为代价,来换取党员数量

---

① [英]伦纳德·夏皮罗著:《一个英国学者笔下的苏共党史》,东方出版社1991年版,第260页。
② 《苏共决议汇编》(第一分册),人民出版社1964年版,第564页。
③ 参见《列宁全集》第37卷,人民出版社1986年版,第472页关于"征收党员周"的注释。
④ 数字来源参见《列宁全集》第37卷,人民出版社1986年版,第473页关于"征收党员周"的注释。
⑤ 数字来源《俄共(布)中央通报》1920年3月24日第15期,转引自[英]伦纳德·夏皮罗著《一个英国学者笔下的苏共党史》,东方出版社1991年版,第260页。
⑥ 《苏共决议汇编》(第一分册),人民出版社1964年版,第571页。

的增加"①。因此,"无论是在苏维埃组织内或在党组织内都必须进行认真清洗"②。所以,党的第八次代表大会决定"在全俄范围内对全体党员进行一次普遍登记"③。根据这一决议,俄共(布)于1919年5月—9月进行了党员的重新登记。俄共(布)中央根据党的代表大会"责成党中央委员会在4月10日以前公布实行这种登记的详细办法"④的决定,于1919年4月24日在《真理报》上公布了重新登记的实施细则,指出重新登记党员的目的是为了清除党内的非共产主义分子,主要是那些混入执政党以便利用党员的称号谋取私利的人。具体做法是,全体党员交回原有的党证,重新填写履历表,呈交由两名具有半年以上党龄并被党委认为可靠的共产党员出具的介绍书。在重新登记党员期间,停止接受新党员。清除的对象包括:被揭发有不配党员称号的行为者(酗酒、腐化、以权谋私等)、临阵脱逃者、违反党的决议者、无正当理由不参加党的会议者以及不交纳党费者。⑤

除了采用重新登记的办法清党以外,在战争环境下,俄共(布)采用了动员上前线的办法清除党内那些只愿享受执政党党员好处,而不愿为共产主义而忘我的工作的党员。这一措施起到了明显的效果。列宁在谈到这一措施对于清党的作用时指出:"动员共产党员去作战这件事帮助了我们——胆小鬼和坏蛋逃到党外去了。"而"党员数量上的这种减少意味着党的力量和作用的大大增强"⑥。俄共(布)还通过"共产主义星期六义务劳

---

① 《苏共决议汇编》(第一分册),人民出版社1964年版,第564页。
② 同上书,第571页。
③ 同上书,第565页。
④ 同上。
⑤ 参见《列宁全集》第37卷,人民出版社1986年版,第473页关于清党的注释。
⑥ 《列宁全集》第37卷,人民出版社1986年版,第24页。

动"这个"伟大创举"来清党。列宁认为："1917年10月25日以后入党的一切党员，如果没有特殊的劳动或功绩证明自己绝对忠诚可靠，能够做一个共产党人，都需要经过这样的审查。"①

通过这些措施，使各个党组织清除了不合格分子，一定程度上达到了纯洁党的队伍的目的。据尼·尼·克列斯廷斯基在俄共（布）第九次代表大会上的报告称，经过重新登记，党员人数减少了一半。②《联共（布）党史简明教程》中公布的数字是，1919年的清党清除掉了14万不合格党员。③

及时清除党内的不合格分子，纯洁党的队伍，是无产阶级政党加强党的力量，保持党的先进性的重要手段。无论是在领导推翻旧制度的革命斗争年代，还是在执掌国家政权建设社会主义的实践中，都有必要采取措施及时清除党内的不合格分子，只有这样才能增强党的凝聚力和战斗力，从而使党保持旺盛的生命力。但是，一个把民主作为自己的重要属性的无产阶级政党，究竟采取什么形式达到纯洁党的队伍的目的，特别是在取得执政地位以后，以"建设"为中心任务的条件下如何保持党员队伍的纯洁性，是一个值得探讨的问题。

其中如何界定"纯洁性"本身是一个非常重要的前提性问题，因为这直接决定着究竟要清除什么样的人和保留什么样的人，可以说这是决定清党之前所要明确的一个基本前提。在明确区分敌我的革命战争年代，很显然"纯洁性"是与阶级性或者是说阶级成分优势性紧密相关的。在这种情况下，一定程度上"纯洁性"就是阶级成分的纯洁性。比如俄共（布）在1919年

---

① 《列宁全集》第37卷，人民出版社1986年版，第24页。
② 参见《列宁全集》第37卷，人民出版社1986年版，第473页关于清党的注释。
③ 参见《联共（布）党史简明教程》，人民出版社1975年版，第286页。

清党运动中,就是把"纯洁性"规定为工人阶级成分的优势性,即清党的一个重要目的就是要保持工人阶级党员的比例占党员总数的绝对优势。应该说这一认识在明确划分阶级,存在尖锐的阶级对立的社会条件下,是行之有效的,也是合理的。但是在取得执政地位,以"建设"为行为理念的社会环境中,这种判断就有问题了,因为建设的任务要求执政党整合社会各阶层的力量,因此党纯洁与否并不表现为阶级成分是否纯洁,而是表现为党员是否普遍认同党的纲领路线方针政策,并竭力实现党的纲领路线,自觉执行党的方针政策。社会主义国家执政党建设史上对这一问题的认识经历了非常曲折的过程。长期以来共产党都强调自身阶级成分的纯洁性或者是某一个或某几个阶级、社会阶层党员数量的优势性,人为地将社会中的一部分人拒之于党的大门之外。而在社会主义国家,都坚持一党执政,其他党派和社会团体是不能企及政权的,这就使一部分社会成员失去了利益代表者和表达者,造成对党的不认同甚至是反对,削弱了党执政的社会基础,损害了党执政的合法性。对这一问题的认识以及是否能够正确处理这一问题成为社会主义成败的一个重要因素。前苏联共产党在改革中用政治多元化和多党制来解决这一问题,结果导致党派林立,而执政的共产党的力量却日渐衰落,最后失去执政地位,自己也被解散。而中国共产党则根据社会结构和社会阶层的新变化,在坚持共产党的领导地位和执政地位不动摇的前提下,将社会各阶层的优秀分子吸纳到党内,正如江泽民同志指出:"能否自觉地为实现党的路线和纲领而奋斗,是否符合党员条件,是吸收新党员的主要标准。来自工人、农民、知识分子、军人、干部的党员是党的队伍最基本的组成部分和骨干力量,同时也应该把承认党的纲领和章程、自觉为党的路线和纲领而奋斗、经过长期考验、符合党员条件的社会其他方面的优秀分子吸收到党内来,并通过党这个大熔炉不断提高广大党员的思想政治觉悟,从而不断增强我们党在全社会的影响力和凝聚力。"① 这样在坚持党的阶级基础的同时扩大了党执政的社会基础,从而更进一步巩固了党的执政地位。

确定了什么是"纯洁性"之后,根本问题就在于采取什么方式使党的队伍纯洁。在社会主义国家执政党建设史上,几乎每一个社会主义国家的共产党都采用过清党这一做法。在苏联共产党历史上,执政以后先后经历了4次大的清党运动。列宁时期分别于1919年和1921年实施过2次清党运动,此后在斯大林时期又分别于1929年至1930年和1933年至1934年进行了2次大规模的清党运动。现在看来,这些清党都是采用大规模的政治运动的形式进行的,政治运动本身的局限性与非规范性使得它必然会产生许多发起者意想不到的后果,甚至是完全偏离这一运动的初衷。再者这种运动式的清党缺乏必要的制度规范,主要靠人的主观判断来进行,因而在执行过程中,清党就有可能成为剪除异己,清除政敌的合理理由。在长期的高度集权体制下,这也成为屡试不爽的做法。因此在清除不纯洁分子的同时,也使党内一大批有独立见解、不愿随波逐流的党员被清除出党。而最坏的影响还不在此,而在于毒化了党内的风气,扼杀了党的生机与活力。因为清党使得党内原本有独立思考的力量失去了表达的机会,而得势的却是那些能够迎合领袖意志,附和领袖语录,重复领袖话语,最多按照领袖意志解释领袖思想的人,结果是领袖垄断思想。这无疑扼杀了党内广大党员的创新精神,导致党内一片死气沉沉。这可以说是苏联共产党失去生机与活力的一个根本因素。

第六,反对官僚主义,加强党与人民群众的联系。

---

① 江泽民:《论党的建设》,中央文献出版社2001年版,第513—514页。

俄共（布）认为，"俄国共产党既然执掌了政权，掌握了全部苏维埃机构，自然应当使自己数以万计的党员去管理国家。目前，党的最重要的任务之一，是使自己数千个新的优秀工作人员参加国家管理网（铁路，粮食、监察．军队、法院等等）"。"但是，由于执行这项迫切任务，发生了严重的危险。被派去担任这种国家工作的许多党员，在相当大的程度上脱离群众，沾染上官僚主义。"① 因此必须反对官僚主义，主要措施是，责成共产党员——苏维埃委员无论如何至少每两星期向自己的选民作一次工作报告；纯粹担任苏维埃工作连续三个月以上的工人，至少应回工厂一个月。全体苏维埃工作人员——党员必须在自己的地区内担任某种党的工作；全体共产党员必须是工会会员和参加自己工会的全体大会。这些措施的主要目的就在于切实加强党员，特别是党员干部与人民群众的联系，深入人民群众的工作和生活，接受人民群众的监督。

3. 国内战争结束后执政党建设思路的调整。

经过艰苦的斗争，到1920年上半年，俄共（布）领导人民已基本上赢得了国内战争的胜利，苏维埃俄国又有了喘息的机会。适应国内形势的变化，俄（共）布及时调整自己的工作重心，又回到经济建设这一任务上来。正如列宁在1920年2月给俄共（布）各级组织的信中所指出："目前时局的特点是，苏维埃政权必须实行最困难的转变，即由全力执行军事任务转到执行和平经济建设任务"。② 1920年3月，俄（共）布第九次全国代表大会召开，在这次大会上，通过了《关于组织问题的决议》，

---

① 《苏共决议汇编》（第一分册），人民出版社1964年版，第565页。
② 《列宁全集》第38卷，人民出版社1986年版，第153页。

对党实行工作重心的转移和自身建设的转变做了初步地规划。决议指出："在目前时期,当俄国共产党担负着全国经济生活责任的时候,经济方面的任何最低微最平凡的工作都是最重要和最负责的党的工作。"并指出"由于转移到轻济任务,目前在我们党的面前提出了特殊的组织任务,为了使自己的工作能够适应新的经济任务,党必须整顿队伍,把力量彻底加以调整"①。但是,在这次代表大会上,对党的建设的规划仍然突出集中,表现为在组织上,强调上级组织对党员的分配使用,特别是强调党的中央委员会对党的干部的直接任用和分配。比如强调"全党的主要组织任务就是把党的队伍中的全部60万党员正确地分配到各个党的工作岗位上去"。中央委员会"在全国范围内调整党的力量"等等。要求除党章的规定之外,中央委员会应当制定一个统一的地方组织结构图表,明确规定各级党委员会的任务以及它们之间的相互关系,以统一地方组织及其各部门结构。加强书记处的地位,决定由3名中央委员担负书记处的经常工作,把组织性和执行性的日常问题移交书记处处理,使书记处由最初的秘书工作机构,变成了任务执行机构甚至是拥有一定决定权的决策性机构。同时也加强了组织局的地位和作用,决议规定:"组织局(由6名中央委员组成)则对中央委员会的组织工作进行总的领导。"② 这一规定使组织局成为党内事实上的人事决策机构,掌控了全党除了中央委员以外的各级干部任免权。

1920年下半年,国内战争已基本结束,俄共(布)面对的军事危机已基本结束,但是,苏维埃政权所面临的局势并不乐观。经历了多年的战争,国内工厂倒闭,商品奇缺,出现了大饥

---

① 《苏共决议汇编》(第二分册),人民出版社1964年版,第25、26页。
② 同上书,第30页。

荒、瘟疫等战争之后的病态综合症。苏维埃政权面临着严重的经济危机,而且严重的经济危机的背后还孕育着深刻的政治危机,工农联盟面临着破裂的危险。如何在废墟上恢复和发展经济,及时摆脱面临的危机,已是俄共(布)面临的刻不容缓的任务。正是在这种情况下,俄共(布)第九次全国代表会议于9月22日至25日在莫斯科召开。在这次会议上,通过了《关于党的建设的当前任务的决议》。这个决议的核心内容在于恢复党内民主原则,加强党内民主建设。《决议》分析了苏维埃政权建立之初,由于特殊的战争环境,迫使执政党放弃了一些民主原则,在党内外建立了"若干'重点'(因而实际上是拥有特权的)主管部门和工作人员集团"①。这些措施在战时是非常必要的,但是也带了许多问题,最为严重的就是对党内平等原则的忽视和破坏,随着战争的结束,必须重新恢复党内的平等原则。《决议》指出:"党注意争取进一步实现平等——首先是在党内其次是在无产阶级内部以及一切劳动群众内部,最后是在各个主管部门和各个工作人员集团之间,特别是在'专家'和负责工作人员同群众之间。"并强调"党只能按党员的觉悟、忠诚、坚定、政治上的成熟、革命的经验、自我牺牲的决心的程度来区别党员,而根本反对按任何其他标志(上级和下级、知识分子和工人,民族标志,等等)来区别党员"②。这实际上改变了战时突出强调党员的阶级成分,以阶级性来区分和判断党员先进与否的做法,而把对党的忠诚和贡献作为主要标志。可以说是重视党内平等原则的最根本体现。

为了很好的落实这一思想,《决议》要求主要从以下几个方

---

① 《苏共决议汇编》(第二分册),人民出版社1964年版,第38页。
② 同上。

面着手：

第一，扩大广大党员对党内事务的参与，加强党员对党的领导机关以及党的领导干部的监督。

具体措施就是定期召开全体党员大会，由相应领导机关向全体党员作自己的工作报告。《决议》要求："尽可能经常地召开全体党员大会，组织的一切负责工作人员必须出席这些大会。在这些大会上，必须提出一切有关全党生活、一般政治生活和地方生活的极重要问题。在这些大会上，区委员会、市委员会和省委员会要做关于自己的工作的报告，然后，最好对这些报告进行讨论，除区的大会以外应该每月至少召开一次代表大会，在这些大会上也要讨论党和苏维埃建设中的问题（听取委员会、执行委员会以及党和苏维埃各部门的领导人等的报告）。"①《决议》要求各乡应该每月召开一次全乡大会。在全乡大会上，由乡委员会和县委员会代表做报告，在可能范围内并由省委员会代表以及苏维埃各部门的领导人作报告。县委员会在前后两次代表会议之间应当每月召开一次乡代表的会议（每乡出席1人至3人）。省委员会在前后两次省代表会议之间应当召开县代表的会议，每县派2名至3名代表参加，城市内的区也派同样数目的代表参加。

《决议》要求把这种会议制度化，规定"召开这些会议不应该带有偶然性，而应该严格按照预定的计划进行"。为了保障和扩大党员的知情权，《决议》还要求：有些问题虽经中央委员会和中央苏维埃机关做出决议，还是必须提到党的各种大会上来，以便使全体党员了解通过决议的理由。并决定在莫斯科建立了一种由人民委员定期在全体党员大会和工人大会上做报告的制度。为了吸收普通党员参加党的生活，省代表会议以及省委全体会议

---

① 《苏共决议汇编》（第二分册），人民出版社1964年版，第38页。

和地方各级委员会全体会议最好把一些不需要以秘密会议进行讨论的问题向全体党员公开。必须进一步采取适当的措施，使普通党员能够参加代表会议和全体会议旁听。①

为了使广大党员和非党员群众了解和积极参与党和国家的各项事务，《决议》还要求苏维埃、执行委员会和主席团的全体委员会必须每月至少一次在全体大会上向其选举人做工作报告，还要进行个别谈话，做各种解释和指示等等。为了接近和更密切地联系非党群众，必须在一切企业和工厂里允许非党群众参加支部的公开会议。共产党领导的省执行委员会必须拟定系统的计划向居民报道国民经济各个部门的情况和苏维埃政权机关的政治活动计划，并按计划派遣工作人员到省内的工厂、村和乡等等的大会上作报告。要求重要的经济和政治问题，必须通过会议讨论决定，并对会议进行宣传和报道，使居民注意并了解会议情况。

第二，采取多种措施加强对党的领导机关和领导干部的监督。

一是改变检察委员会的性质，扩大其职权，加强对党的领导机关和领导干部的自上而下地专门监督。《决议》认为："完全需要改变检查委员会的性质"，给检查委员会检查各级组织的工作实权，检查中央委员会指示和代表会议的执行情况、检查各级党的委员会是否迅速地处理事务以及办事机关是否正常进行工作等的权力，要求检查委员会对一切失职行为既向原选举机关报告也向党中央报告。要求党的中央委员会对省委会的工作每年至少进行两次全面检查，而省委员会同样按照上述期限检查县委员会的工作。

二是在党内生活中更广泛地开展对党的地方机关和中央机关

---

① 参见《苏共决议汇编》（第二分册），人民出版社1964年版，第39页。

的批评。为此俄共（布）决定委托中央委员会用通报的方法在全体大会上扩大党内批评的方式。通过设立争论专页等形式，创办能够经常更广泛地批评党的错误、并能在党内进行一般批评的报刊。《决议》还决定在"中央通报"上设立争论专页，而且要求省委出版的"通报"也设立争论专页。

三是决定成立一个同中央委员会平行的监察委员会，专门承担党内的监督工作。监察委员会由党的代表大会选出，在党的代表大会召开之前，俄共（布）第九次全国代表会议决定暂时由捷尔任斯基、穆拉诺夫、普列奥布拉任斯基和莫斯科、彼得格勒、伊万诺沃—沃兹涅先斯克以及下新城的代表各一人组成。而且规定，中央委员会委员不应选入监察委员会，以保证监察委员会的独立性。针对首届监察委员会中捷尔任斯基、普列奥布拉任斯基是中央委员，决议还规定，他们的监察委员会工作不受中央委员会的约束。在监察委员会专门讨论同他们有关的问题时，他们不得参加表决。这些措施的根本目的在于保证监察委员会的独立性和权威性，使其成为直接对党的最高权力机关党的代表大会负责的党内专门监督机构。俄共（布）的这一组织变革开了无产阶级执政党党内权力分立、相互监督的先河，即作为党的权力的最高执行机关的中央委员会与作为党内权力监督机关的监察委员会地位平等、相互独立，而又统一于党的最高权力机关党的全国代表大会的党内权力结构，这是符合权力制衡原则的，是对无产阶级执政党党内权力结构设置和加强党内监督的开创性探索。遗憾的是，这一探索并没有被坚持下来，到斯大林时期，党的监察委员会相对于中央委员会的独立地位逐渐失去，最后成为中央委员会的下属机构，甚至变成了维持和巩固党内高度集权体制的工具。

第三，采取措施提高党员队伍的质量和素质。

一是通过重新登记党员，克服过去党员登记工作中的形式主义倾向，切实纯洁党员队伍；二是加强教育和宣传工作，以便有系统地提高基本党员群众的水平，主要通过整顿各级党校，创办专门的重点学校，加强党的宣传工作等措施来实现。三是严格整顿过去所采用的"党周"、"党日"等运动式的党建方式，与此同时，决定由中央委员会领导，在全俄范围内开展一个加强党的队伍的双周活动。

第四，巩固党的统一和加强党的纪律。

决议针对在战时因为工作需要，在党内设立了诸如政治部等特殊组织，在党的工作中造成了分散现象等问题，决定统一党的组织，加强党的纪律。俄共（布）委托中央委员会拟定一个统一党的工作计划，交下次代表会议或者是代表大会，以便使省委能切实的统一所辖地区内党的一切工作。

第五，加强在苏维埃机关和经济机关中的反官僚主义的斗争。

由于战时采取的高度集权体制和普遍的军事命令工作方式以及旧官僚习气的影响，新生的苏维埃机关甚至是俄共（布）党内官僚主义兴起，对此列宁早有警觉。1920年4月23日，在俄共（布）莫斯科委员会为庆祝列宁50寿辰举行的晚会上，列宁就布尔什维克的任务发表讲话时指出："我们党目前可能陷入十分危险的境地，即陷于骄傲自大的境地。这是十分愚蠢、可耻和可笑的。"① 1920年时任俄共（布）最高书记处书记的普列奥布拉任斯基起草了几份关于官僚主义问题的提纲，这些提纲经过修改后作为中央委员会的通报在党内进行了传阅。通报中指出：革

---

① 《列宁全集》第38卷，人民出版社1986年版，第354页。

命的理想被实用思想、官僚主义例行公事和追求名利所扼杀。①在党的第九次全国代表会议上,也提出了对党内外官僚主义的一系列批评,包括,党的中央组织没有保持与地方组织的足够联系;无计划地调动党的工作人员;没有充分注意引导人民去完成经济任务;党的教育工作缺乏集中领导;组织机构普遍地不能适应向其提出的要求等。② 因此,在会议通过的《关于党的建设的当前任务的决议》中把反对官僚主义作为重要内容。

《决议》建议中央委员会在分配工作人员时,以推荐代替任命。《决议》强调,不允许党的机关和个别同志不根据实际情况而根据任何其他的考虑来动员同志,也不允许采取任何压制手段来对待对党所决定的某些问题持有不同意见的同志。决议还强调,中央和地方必须通过把负责工作人员从一个地方调到另一个地方,使他们有可能更广泛地研究苏维埃的和党的机关工作,从而使他们能够更好地同保守现象进行斗争。在党的中央机构,通过让每个人民委员和部务委员每年至少两次到地方、吸收新提拔的工作人员参加部务委员会以经常改变部务委员会的成员等措施克服官僚主义。针对莫斯科集中了大批苏维埃和当地负责工作人员的情况,俄共(布)委托中央委员会协同莫斯科委员会将这些工作人员调到省里去,并尽可能地吸收新提拔的中级工作人员,首先是莫斯科组织中的男女工人来担任莫斯科的党的和苏维埃的工作。决议还要求担任负责工作的共产党员必须经常参加党的工作,首先是参加基层组织中的党的工作,为此必须把这些负责工作人员派到基层支部去,要求他们出席所有的全体大会,并

---

① 参见俄共(布)中央委员会《消息报》1921年3月7日,第5页。转引自[美]罗伯特·文森特·丹尼尔斯著《革命的良心——苏联党内反对派》(内部发行),北京出版社1985年版,第184页。

② 同上书,第185页。

向大会报告自己的工作。必须同全体党员一样履行党的义务,参加星期六义务劳动。对于不认真履行自己义务的党员按规定给予纪律处分。决议还通过消除党员之间的不平等现象,来克服官僚主义,决议要求党员负责工作人员没有权利领取个人特殊薪金、奖金以及额外的报酬。《决议》还决定成立一个专门委员会采取切实有效的措施来消除专家、负责工作人员同劳动群众之间在生活条件、工资数额等方面的不平等现象。

俄共（布）第九次全国代表会议在无产阶级执政党建设史上有着非常重要的意义,其根本原因在于,在这次会议上对党内民主的充分肯定,以及为了实现党内民主而对党内权力结构进行的调整。此次大会上关于党的建设的探索,特别是关于党内民主建设的探索对于我们今天的执政党建设仍不乏参考价值。比如禁止采取任何压制手段来对待对党所决定的某些问题持有不同意见的同志；在党的机关报上开辟争论专页对党和国家的事务和政策展开讨论和争论；采取措施扩大党员的知情权,扩大党员群众对党内事务的参与；建立拥有与党的中央委员会平等地位和权威的党内专门监督机构等等。纵观苏联共产党的执政史,可以说,除了戈尔巴乔夫上台以后所推行的民主化改革,还没有哪一次代表大会或者是代表会议对党内民主的规定超过这次会议。在这次会议之后,俄共（布）党内民主生活明显加强,党内自由讨论的空气变浓了,比如1920年11月出现的关于工会问题的激烈争论就是很好的例子。与此同时,整个国家的民主氛围也加强了,出现了其他党派如孟什维克党、左派社会革命党人以及从右派社会革命党人分裂出来的"社会革命党少数派",都能合法活动的局面。左派社会革命党人还出版了《旗帜》杂志,而社会革命党人少数派则出版了《人民》杂志。1920年底,孟什维克党和社会革命党人代表还应邀参加了全俄苏维埃第八次代表大会,并在大会上发表了自己的主张。①

但是,随之而来的经济危机和政治危机迫使俄共(布)不得不以加强党的团结与统一为重点,以集中精力克服面对的危机和恢复因战争而遭受破坏的国民经济和社会秩序。俄共(布)在国内战争结束以后面临的主要危机一方面是战争对整个国民经济的破坏。内战结束时,可以说整个俄罗斯大地满目疮痍,国民经济已濒临崩溃。内战结束时就总的生产水平而言,俄国倒退了几十年:1920年煤炭产量为870万吨,只相当于1898年的水平;生铁冶炼量为11.6万吨,比1862年减少一半,棉织品产量只相当于1857年的水平。1920年的工业生产只相当于战前的1/7,交通运输业陷于瘫痪,有7万多公里的铁路和将近一半的机车车辆不能使用。帝国主义的武装干涉和白卫分子的作乱使俄国遭受的经济损失达390亿战前卢布,相当于1913年全国国民收入的1/4。② 另一方面,"战时共产主义"政策随着战争的结束,已经遭遇到危机,特别是余粮收集制,已经遭到了广大农民的普遍反抗,工农联盟面临着分裂的危险。在坦波夫省、伏尔加河流域、乌克兰和西伯利亚等地处处出现了自发的暴动,参加暴动的不仅有富农,还有相当数量的中农。即使没有发生暴动的中部各省、俄国北部和白俄罗斯等地区,农民的不满情绪也日益明显地表现出来。正如坦波夫省的一位红军战士在给列宁的一封信中说:"农民的情绪已达到这样的程度,即如果在我们县不很快根绝这类现象,那就必然爆发暴动,那将不是富农的暴动,而是对

---

① 参见陆南泉等主编《苏联兴亡史论》,人民出版社2002年版,第259—260页。

② 数据来源参见周尚文、叶书宗、王斯德主编《新编苏联史1917—1985》,上海人民出版社1990年版,第66页。

一　列宁时期俄共（布）对执政党建设的探索

正义的胜利丧失了任何希望的劳动居民的暴动。"① 面对这种局面，俄共（布）不得不重新审视自己的社会主义建设政策，并探索新的社会主义建设道路，那就是由"战时共产主义"转向"新经济政策"。另外，党内也面临着许多矛盾和危机，正如俄共（布）第十次全国代表大会通过的《关于党的建设问题的决议》指出："所以集中化就发展了官僚主义化和脱离群众的倾向；战斗命令制往往采取被歪曲了的不必要的压制形式，必要的特权变成了各种舞弊行为的凭借；党机关的必要的紧缩削弱了党的精神生活，如此等等。这一切引起了党内的危机。"② 改变国内战争时期党在组织上的极端集中制和工作方法上的战斗命令制的要求已是非常迫切的任务。于是以列宁为首俄共（布）在探索新的社会主义建设道路的同时，也开始探索对党进行以强调民主化和加强监督为核心内容的改革。

1921年3月8日至16日，俄共（布）第十次全国代表大会在莫斯科召开，这次代表大会通过了《关于党的建设问题的决议》、《关于监察委员会的决议》和《关于党的统一的决议》，对新的环境下执政党建设进行了新的规划。

第一，强调了执政党建设的方法论原则。

《关于党的建设问题的决议》指出："革命的马克思主义政党根本否认能找到一种绝对正确的，对革命过程中的一切阶段都适合的党的组织形式和工作方法。相反，组织形式和工作方法应当完全取决于具体的历史环境的特点以及由这种环境直接产生的任务。"③ 因此"随着革命发展的客观条件的变化，任何组织形

---

① 转引自［苏］埃·鲍·根基娜著《列宁的国务活动（1921—1923）》（内部发行），中国人民大学出版社1982年版，第50页。
② 《苏共决议汇编》（第二分册），人民出版社1964年版，第52页。
③ 同上书，第49页。

式和相应的工作方法都可能由党的组织的发展形势变成这种发展的障碍。反之,在相当的客观条件重新具备的情况下,已经不适用的组织形式可能重新变成必需的和唯一适合的形式。"[1] 强调执政党的建设必须适应党所处的历史环境和承担的历史使命的变化而变化,根据具体的历史任务调整组织形式和改革工作方法。执政党不可能一劳永逸地解决党的组织问题和工作方法,必须不断根据执政环境和所肩负的使命的变化,对自己的组织结构和工作方法作适应性调整和变革。这是执政党应遵循的原则,也是执政党建设的重要任务。

以此为标准,俄共(布)还分析了内战时期党的组织形式和工作方法在特定历史时期的必要性和作用。同时也指出这种高度集中的组织形式和军事命令式的工作方法存在的问题,以及同俄共(布)当前任务的不适应性。《关于党的建设问题的决议》指出:在内战时期"党组织的军事化就必然成为党的组织形式"。其特点是"表现为组织上的极端集中制和党组织的集体机关的紧缩"[2]。而"正是由于有了这样的结构,党才战胜了敌人的反抗,取得了斗争的胜利"。因此,"这种结构对于军事时期来说是最适宜的"[3]。但是,这种组织形式和工作方法也产生了许多矛盾,表现为:党员数量大幅度增加,但是由于党的主要精力在于集中力量从军事上战胜敌人,因此忽视了对党员的教育;几乎是最落后的党员都被动员起来积极参加党的工作,党员的主动性和积极性得到了巨大的发挥,但是另一面又是党的极端集中制和战斗命令制;一方面由于战争的巨大消耗,造成了普遍的贫

---

[1] 《苏共决议汇编》(第二分册),人民出版社 1964 年版,第 50 页。
[2] 同上书,第 51 页。
[3] 同上。

穷，另一方面又不得不支持重点的主管部门和工作人员集团，结果造成了"在普遍地日益贫困的条件下党员彼此的物质待遇日趋悬殊"①；一大批非无产阶级成分的党员进入党内，而且在党内占据了一些重要的职位，但是他们的觉悟和政治素质又达不到无产阶级先锋队的要求；由于需要极端集中化的机构，结果又造成了臃肿的官僚主义机构，并使这种机构产生特殊化的倾向等等。这些矛盾的存在"引起了党内的危机"②。削弱了党与非党群众的密切联系。战争结束以后，在向和平状态过渡的过程中，党所面临的中心任务是："提高党员水平、吸收党员积极参加全党生活"、"加强党对非党群众的影响，接近非党群众，并使党保持同反革命势力进行斗争的战斗准备"③。而在保存旧的组织形式的情况下，这项中心任务是不能解决的。因此党必须寻求新的组织形式和工作方法。这种组织形式和工作方法的主要支点就是加强党内民主和监督，维护党的团结和统一。

第二，把恢复和发展党内民主作为新的历史条件下执政党的建设的核心内容。

《关于党的建设问题的决议》指出："目前形势迫切要求新的组织形式，这种形式就是工人民主制的形式。"④ 这是一种"能保证全体党员甚至最落后的党员都积极地参加党的生活，参加讨论党所面临的一切问题和解决这些问题，并且积极参加党的建设"的民主的组织形式，它"排斥一切委任的制度，它的表现就是从下到上的一切机关都实行普遍选举制，报告制和监督制

---

① 《苏共决议汇编》（第二分册），人民出版社1964年版，第51—52页。
② 同上书，第52页。
③ 同上书，第53页。
④ 同上。

等等"①。这种民主的组织形式要求的工作方法是:"对一切最重要的问题,在全党必项遵守的党的决议未经通过以前展开广泛的讨论和争论,充分自由地进行党内批评,集体制定全党性的决议。"新的组织形式和工作方式是以民主为核心的。

为了切实恢复和发展党内民主,《关于党的建设问题的决议》还要求完成相关的制度建设,包括建立和完善党的各级代表大会和代表会议制度,党内的民主议事和民主决策制度。对于中央委员会,《关于党的建设问题的决议》要求:全俄党代表会议应按期每年召开两次。中央全会应当定期召开,每两个月至少一次。列入全俄代表大会和代表会议议程的各项问题的提纲,至迟应在代表大会或代表会议召开前一个月印出。中央委员会要按月向党报告自己的工作。扩大中央委员的规模,将中央委员会人数增加到25人,并安排其中至少5人专门从事党的工作,他们的工作应当包括视察各地方组织、参加地方组织的工作等。中央委员会还应当按月向各省委员会发送专门的秘密函件,向它们说明国内和国际的政治形势、党内状况以及中央委员会交给省委员会的最近任务。《关于党的建设问题的决议》还规定:在党员大会直到支部大会上,经常广泛讨论有关全党生活、一般政治生活和地方生活的一切最重要的问题。而且这种讨论应当根据相当的党委员会定期作出的一定的计划进行。在这个计划中应当既包括对于该地具有特殊重要意义的一般问题,也包括党的政治生活提出的新问题;既包括党机关的报告,也包括苏维埃政权机关的报告。同时,党委员会应该注意使这种讨论不仅限于城市组织内,而且有步骤地把它扩大到全省去。决议还要求按照规定的计划,轮流派遣负责工作人员到各地区去进行视察。从而达到系统地阐

---

① 《苏共决议汇编》(第二分册),人民出版社1964年版,第54页。

明上述的一切问题，使全体党员群众对这些问题采取更加自觉的态度，以提高党的生活的总的水平。这种方法必须制度化，而且还必须仔细的安排这些会议的议程，使每个与会的党员都能够切实参与党内的事务。要建立完善的党内汇报制度，有关党委会不仅要向上级组织汇报工作，而且要向下级组织汇报工作，具体办法是：省委员会定期在市或区的代表大会或全体大会上以及在县的代表会议上作报告，县委员会定期在乡的大会上作报告。城市中的区委员会和县里的乡委员全定期在党的支部的大会上报告自己的工作。党内的这种汇报制度，使党的各级委员会不仅要对党的上级组织负责，而且更重要的是必须对选举自己的党员和党员代表负责，从而切实保证每一个党员的民主权利落到实处。

《关于党的建设问题的决议》还对党内的上下级关系作了规定和安排，其主要思路就是在保证中央和党的上级组织的权威的前提下，充分发挥下级党组织和基层党组织的自主性和积极性。《决议》要求："上级党机关只有在下级组织机关公然违反党代表大会的决议以及根据代表大会决议进一步作出的指示或命令时，才能解散下级组织。在任何其他情况下，上级机关应召开相当的代表会议或代表大会来解决迫切需要解决的问题或纠纷。在问题没有按照这种方式解决以前，下级机关不得停止执行上级机关的决议。"[1]

第三，为了适应新的组织形式和新的工作方法，必须加强对党员的教育，提高党员的素质。

《关于党的建设问题的决议》强调，为了适应新的组织形式和新的工作方法，在新的历史时期"党内总的任务不是在数量上扩充党的队伍，而是改善它的质量，提高全体党员的觉悟，加

---

[1] 《苏共决议汇编》（第二分册），人民出版社1964年版，第57页。

强他们的共产主义教育,发挥他们的积极性、主动性和创造性,并在这一基础上达到全党队伍的绝对的统一"。在内战期间,由于党处于恶劣的战争环境中,每个党员几乎都得冒个人生命危险,所以俄共(布)认为党的大发展不会带来吸引坏人的危险,而且残酷的战争使党的力量受到了重大的损失,党也需要进行大规模充员。在1919年10月到12月间举行的"党周"中,就有20万新党员入党,到1920年党的第九次代表大会召开时,俄共(布)的党员人数达到了611978人,而到党的第十次代表大会召开时,党员人数约达到了75万人。① 在新增加的这些党员中包括部分"旧有的阶级集团的分化(特别是知识分子的分化)以及持反对立场的社会党(孟什维克和社会革命党人)的分化"分子,②"一部分小资产阶级分子以及没有受过共产主义教育、没有受过党的锻炼的小市民知识分子和半知识分子"③。另外,党员中农民的比重上升而工人的比重下降。到1920年9月,在农村支部中共有18万多名正式和候补党员,比1919年10月增加了近4倍,而工人党员的比重则从1918年的57%下降到1921年的41%,同期农民的比重从14.5%上升到28%。④ 俄共(布)认为党员队伍的这种状况无法适应新的历史任务,也不适应新的组织形式和工作方式,因此,必须采取措施改变这种状况,其主要措施包括两个方面,一是加强对党员的宣传和教育,二是通过

---

① 数据来源参见〔英〕伦纳德·夏皮罗著《一个英国学者笔下的苏共党史》(内部发行),东方出版社1991年版,第260页。
② 《苏共决议汇编》(第二分册),人民出版社1964年版,第52页。
③ 同上书,第54页。
④ 数据来源:《俄共(布)中央通报》第8期,1919年12月2日、第22期,1920年9月18日;《苏联大百科全书》第11卷,第531页,转引自〔英〕伦纳德·夏皮罗著《一个英国学者笔下的苏共党史》(内部发行),东方出版社1991年版,第260页。

清党，清除党内的非共产主义分子，纯洁党员队伍。

为了加强对党员的宣传和教育，党的第十次代表大会还专门通过了《关于政治教育总局和党的宣传鼓动任务》、《关于设立马克思主义研究班》等多个决议，对党的教育宣传工作进行了较为详细的安排，规定政治教育总局及各机关的工作重心一方面要加强非党群众的教育宣传，同时也应当尽量提高党员的觉悟水平；各级党委员会的宣传鼓动部除了领导相应的政治机关以外，其工作重心也应该放在提高党员的觉悟和对他们进行共产主义教育的党内工作上来。要求由最著名的党员作家来编著有关广大人民群众关心的重点问题和苏维埃建设的当前问题的小册子，对党和人民群众进行宣传教育；要求党动员中央和地方的优秀宣传鼓动人员深入到党的基层组织和人民群众之中进行宣传；通过办培训班、负责工作人员和老党员参与教育等方式加强对新党员的教育；创办两年制的党的大学、高级党校苏维埃和党务干部学校等专门承担党的教育任务的学校体系，编著新的共产主义教育教材，选派优秀的教师专门从事党的教育工作。为了加强党的宣传教育工作，大会还建议中央委员会指派中央委员会、共产主义大学、政治教育总局和社会主义学院的代表组成一个委员会负责在社会主义学院之下设立一个系统地研究马克思主义的理论、历史和实践的研究班，并动员必要数量的年轻党员参加研究班。

在清党方面，为了指导和支持清党，列宁专门发表了《关于清党》的重要文章。文章指出："清党工作显然已经发展为一项极为重要的严肃的工作了。"要求"要把1918年以后即在布尔什维克可望胜利以及后来必胜无疑的时候参加俄国共产党的孟什维克的大约百分之九十九都清除出党"。"必须把欺骗分子、不忠诚分子和不坚定的共产党员以及'改头换面'但内心里依然故我的孟什维克从党内清除出去。"①

在俄共（布）十大之前，尽管也有过几次清党，但是由于处于战争条件下，清党在实践中并没有大规模展开，俄共（布）十大以后根据决议的基本精神，经过缜密的准备，1921年6月5日俄共（布）中央委员会和中央监察委员会召开联席会议，专门讨论和落实清党的问题，并通过了《关于审查、复核和清党问题》的重要决议，清党工作随后展开，从1921年8月1日持续到10月1日，清洗重点放在十月革命后加入俄共的前其他政党成员、前官吏以及现任党和苏维埃机关领导人员。

这次大规模清党的结果是，有17.4万余名党员被清洗出党，占党员总数的1/4，其中有1.7万人自觉不够党员条件，主动申请退党。被清洗者的出身情况是：工人占20.4%，农民占44.8%，职员占23.8%；从被清洗的原因来看，对党的生活消极厌倦、不起党员作用的占33.8%；因入党动机不纯、表现恶劣的占24.7%，其中占据各级领导岗位的占8.7%，反革命历史者占3.7%。在全部被清洗者中，前其他党派成员占8000余人。②经过这次大规模的清党，使俄共（布）中工人党员的百分比从41%上升到44%。③在俄共（布）第十一次全国代表大会上充分肯定了这次清党的成果，而且认为，"为了使党避免让这些'混入党内的人'钻进党内来，党在今后还必须采取类似的清党措施"④。这实际上就是将清党作为今后纯洁党员队伍的常

---

① 《列宁全集》第42卷，人民出版社1987年版，第145、146—147页。
② 数据来源参见苏共中央社会科学院党史教研室编《在苏维埃最初年代的列宁和党的建设》，莫斯科1965年俄文版，第234—235页。
③ 数据来源参见刘克明、金挥主编《苏联政治经济体制七十年》，中国社会科学出版社1990年版，第82页。
④ 《苏共决议汇编》（第二分册），人民出版社1964年版，第173页。

态措施。

第四，反对官僚主义，加强党同人民群众的联系。

反对官僚主义，加强党同人民群众的联系也是党的第十次代表大会的一个重要议题。大会认为，战时高度集中的组织形式和军事命令的工作方法"发展了官僚主义化和脱离群众的倾向"①。列宁在大会的政治工作报告中也指出："官僚主义的脓疮无疑是存在的，这是大家公认的，必须同它作有效的斗争。"②而且认为反对官僚主义的斗争"也像同小资产阶级自发势力作斗争的任务一样复杂"③。为了进一步反对官僚主义，《决议》要求逐步实现早在党的第八次代表大会上通过的关于把长期担任苏维埃或党的工作的工作人员派到生产一线去工作的决议；经常地把一些工作人员从一个部门调到另一个工作部门，以预防和消除"本位主义"的发生；责成中央委员会和监察委员会对党员滥用自己的地位和物质特权的现象进行坚决的斗争，并采取措施使党员在物质待遇方面趋于平等；把接近广大无产阶级和农民群众作为党的一项基本工作任务，重视和加强党在基层中和非党群众中的工作，要求负责党员必须深入无产阶级生活进行组织和宣传工作。

第五，建立党内独立的监察机构，完善党内监督制度。

在党的第九次全国代表会议上，决定设立独立于中央委员会的监察委员会，专门负责党内的监督工作，并组织了临时监察委员会。1920年10月26日，列宁在为政治局起草的决议草案中又强调指出，要"使监察委员会确实成为真正体现党和无产阶

---

① 《苏共决议汇编》（第二分册），人民出版社1964年版，第52页。
② 《列宁全集》第41卷，人民出版社1986年版，第25页。
③ 同上书，第25—26页。

级良知的机构"。在俄共（布）第十次代表大会上，进一步肯定了第九次全国代表会议的决定的正确性，并通过了《关于监察委员会的决议》，把临时监察委员会正式定名为中央监察委员会，建立起了党内独立的监察制度。具体包括：（1）健全了监察制度体系。监察委员会包括中央、区域和省委员会3级，分别由党的全国代表大会、区域代表会议和省的代表会议选举产生。中央监察委员会由委员7人和候补委员3人组成，中央监察委员党龄必须在10年以上；区域监察委员会由委员3人至5人、候补委员2人至3人组成，区域监察委员的党龄必须在5年以上；省的监察委员会由委员3人和候补委员2人组成，监察委员必须是1917年二月革命以前入党的党员。（2）明确了监察委员会目的和任务。目的是"巩固党的统一和威信"，任务是"同侵入党内的官僚主义和升官发财思想，同党员滥用自己在党内和苏维埃中的职权的行为，同破坏党内的同志关系，散布毫无根据的侮辱党或个别党员的谣言，以及其他诸如此类的破坏党的统一和威信的流言飞语的现象作斗争"。要求"监察委员会不但应当仔细审查向它提出的申诉，而且应当成为主动消除那些造成或促成第一条中所指出的各种不能容忍的现象的原因的机关。同时监察委员会要注意进行监督，使对党员的罪行和过失提出的一切控诉和申诉都得到适当的处理和解决"①。（3）确立了监察委员会相对于同级党的委员会和苏维埃机关的独立地位和监督权威。党的十大通过的《关于监察委员会的决议》再次强调监察委员会的地位同中央委员会平行，二者共同对本级代表会议和代表大会负责并报告工作；决议规定监察委员不得兼任党的委员会委员和行政职务，可以出席本届党委会和苏维埃委员会的一切会议以及同级党

---

① 《苏共决议汇编》（第二分册），人民出版社1964年版，第70—71页。

一　列宁时期俄共（布）对执政党建设的探索　71

组织的其他各种会议，并享有发言权。决议要求各级监察委员会必须有专职的监察委员，以保证监督工作落到实处。决议还规定了监察委员会的决定，同级党的委员会必须执行而不得加以撤销，如果有不同意见，可以把问题提交中央委员会和中央监察委员会联席会议解决，如果同中央委员会不能达成协议，可以把问题提交党的代表大会解决。如果是区域或省监委与同级党委不能取得协议，可以把问题提交同级代表会议解决。在紧急情况下，还可以把问题提交上一级监察委员会解决。而且中央监察委员会可以利用中央委员会的机构开展工作，并有权给所有的党员和党组织委托业务；中央监察委员会有权把定期向党组织做的报告发表在报刊上。

俄共（布）第十次代表大会标志着俄共（布）党内独立监察制度的正式建立。

第六，重视基层组织—党支部的建设。

俄共（布）第十次代表大会通过的《关于党的建设问题的决议》还专门突出党的基层组织——党支部的建设问题。[①]《决议》指出："为了适应国家转入经济建设的情况，为了接近群众，必须特别注意加强工厂中的共产党支部"、"应当把支部工作看成是党的工作的一个极重要的方面"，因此"党支部的工作应当成为省委员会和县委员会特别注意的对象"，要求制定支部工作计划，并规定支部工作的总的计划应当在有工会机关党团的代表参加的全省的书记和组织指导部部长的专门会议上制定。计划的内容应当考虑到本省经济上的特点和它所担负的经济任务。

[①] 参见俄共（布）第十次代表大会通过的《关于党的建设问题的决议》中"支部及其工作"部分，见《苏共决议汇编》（第二分册），人民出版社1964年版，第57—60页。

农村支部和城市支部应当分别制定不同的计划。每个县要根据全省的计划制定适合于本县的特殊情况的县的计划。应当派遣一些从事党务工作的优秀的同志直接去做支部工作，同时应当有系统地和坚定不移地将负责同志编入支部并监督他们完成自己所担负的工作。加强党支部的方法除了增加支部的人数之外，还应当不断丰富支部活动的内容。支部工作的内容不应当局限于宣传教育工作，还应当变成党进行经济工作的基本的战斗机关，同时必须注意使在工厂和农业企业中工作的共产党员尽可能多的直接从事生产工作，而不是仅仅从事行政管理方面的工作。支部应该加强对本支部所有党员的考核，加强对党员的教育，保证每个党员都能担负党的某种工作。党支部应积极参与苏维埃、工会的建设，关心企业状况和职工生活等方面的问题。支部还必须承担起联系非党人民群众的工作，为此，支部应当在全体党员的帮助下在非党群众中进行宣传鼓动工作，组织报告会、讨论会和工作报告等等。《决议》还要求选出模范支部和落后支部，经常举例说明支部的这种或那种工作对企业的生产率起了怎样的影响，从而促进支部不断进步。并建议支部最好在每星期中确定一天专门用来进行党的工作（党日），在这一天不召开其他任何会议。

第七，取消党内派别，加强党的统一。

在党的十大上，还通过了一个《关于党的统一的决议》，其核心内容就是取消党内一切派别活动，以保证党的高度统一。这一决议在苏联共产党历史上影响深远，同时也是颇有争议的。决议认为"在目前许多情况使国内小资产阶级居民更加动摇的时候，特别需要保持党的队伍的统一和团结"。但是，党内并没有达成这种团结和统一。不仅如此，决议认为，"还在全党争论工会问题以前，党内就已经显露出派别活动的某些征兆"，而"派别活动事实上必然要削弱齐心协力的工作"、"加深党的分裂"。

因此，"代表大会责成中央委员会彻底消灭任何派别活动"，"责令立即毫无例外地解散一切不论按何种政纲组成的集团，并责成所有的组织密切注意，禁止任何派别活动"。对于不执行党的这项决议的，规定了"立即无条件地开除出党"的重罚措施。为了取消党内派别，切实加强党的统一，代表大会授权中央委员就"在遇到违反纪律、恢复或进行派别活动的情况发生时，可以采取党内的一切处分办法，直至开除出党"，"对于中央委员就把它降为候补中央委员，甚至采取极端措施，把它开除出党"。决议最后规定如果对中央委员、候补中央委员和中央监察委员采取这种极端措施时，"应当召开中央委员会全体会议，并请全体候补中央委员和全体中央监察委员参加，在这种党内最高领导者的全体会议上，如果有三分之二票数认为必须把某个中央委员降为候补中央委员或开除出党，那末这项措施就应当立即实行"①。

我们知道，俄共（布）党的十大关于党的建设的规划，主要是为了适应社会主义建设道路的转型，即由战时共产主义转向新经济政策，而对党的组织形式和工作方法作的重新安排，其核心在于恢复和发展党内民主，但是又通过了一个客观上可以强化党的权力高度集中的决议，这似乎是自相矛盾。仔细审视做出这一决议的背景，我们也许可以理解其中的缘由。俄共（布）自其前身俄国社会民主工党创立以来，党内就存在着不同的派别，"在俄国党的历史上，几乎围绕每一个重要的、有时甚至是不重要的问题，都出现过派别"②。因而党内的派别斗争也就没有停止过，斗争的结果也使党发生过严重分裂，比如分裂为布尔什维

---

① 参见俄共（布）第十次代表大会通过的《关于党的统一的决议》，见《苏共决议汇编》（第二分册），人民出版社1964年版，第63—66页。
② 王长江著：《苏共：一个大党衰落的启示》，河南人民出版社2002年版，第75页。

克派和孟什维克派；内战期间由于面对严峻的生存环境，在军事命令体制之下，党内基本上保持了高度的统一，但是，随着内战的结束，围绕着社会主义建设方略选择问题，党内又出现了严重分歧，特别是党的第九次全国代表会议召开，强调恢复党内民主原则以后，党内的分歧显得更为复杂。围绕工会问题的争论，一时间党内出现了"托洛茨基派"、"缓冲集团"、"十人纲领派"、"民主集中派"、"工人反对派"、"伊格纳托夫派"、"诺根派"、"梁赞诺夫派"等多个派别。围绕工会问题，党内爆发了一场规模空前的大辩论，各派各抒己见争论不休，最初还仅限于党的高层，最后全党都卷入了这场争论漩涡。甚至形成了党内不同派别的严重对立，党内出现了严重的政治危机。

这场争论表面上是围绕工会的地位和职能问题展开的，实际上是内战结束后在选择什么样建设方略上的分歧。对此列宁万分焦急，认为"党生病了"。"党在发高烧。"① 觉得这是在"党处在整个资本主义世界的联合起来的十分强大的敌人包围之中，又肩负着空前的重任"的条件下的"奢侈行为"②。列宁认为在当时的处境中，"这种奢侈行为确实是完全不允许的"，进行这场辩论"无疑是犯了错误"，因为它在关键时期"大大转移了对紧要的、严重的、迫在眉睫的危机问题的注意力"③。

列宁的这一判断是准确的。内战结束后百废待兴，危机重重，而俄共（布）却在大辩论中白白地浪费掉了近半年时间。就在布尔什维克党的争论不断激化之时，苏维埃俄国的国内局势也在急剧恶化，工人罢工、农民起义层出不穷，战时共产主义政

---

① 《列宁全集》第40卷，人民出版社1986年版，第231页。
② 《列宁全集》第41卷，人民出版社1986年版，第2页。
③ 同上书，第11页。

策引起工人和农民强烈不满,工农联盟出现严重裂痕。而布尔什维克党却全力投入无谓的争论,使党内外的危机进一步恶化。最后出现了针对布尔什维克党的喀琅施塔得暴动,这个十月革命时布尔什维克的坚强堡垒却因为布尔什维克的政策不得人心发生了针对布尔什维克的武装暴动。这对于俄共(布)是一声惊雷,也是警钟,给党发出的一个危险信号。正如列宁所指出的那样:"错误总是由小到大的。分歧总是从小的地方开始的。人人都免不了会受伤,但是,如果这个伤口已经开始溃烂,那就会变成不治之症。"而当时党内的大争论"正表明伤口在溃烂"①。工会问题分歧实际上只是一些小的分歧和矛盾,但是,"一些小的矛盾和分歧变成了大的矛盾和分歧",争论中"坚持小的错误并且竭力不让这个小的错误得到纠正","犯了大错误的人紧紧抓住一个人或几个人的小错误不放"②。

工会问题的争论和喀琅施塔得暴动使党和列宁看到了在党面临重重危机时派别的危害性和危险性。列宁警告,"有辩论就有争执,有争执就有纠纷,有纠纷共产党人就会削弱,所以要抓住时机,趁他们削弱的时候压他们一下"正是党的敌人的口号,③也就是说,党内派别及其争论的只会削弱党的力量,因而给敌人带来机会,"任何派别活动都是有害的,都是不能容许的,因为即令是个别集团的代表人物满心想要保持党的统一,派别活动事实上也必然会削弱齐心协力的工作,使混进执政党内来的敌人不断加紧活动来加深党的分裂,并利用这种分裂来达到反革命的目的"④。为此列宁大声疾呼:"我们不仅要在形式上比过去团结一

---

① 《列宁全集》第40卷,人民出版社1986年版,第247页。
② 同上书,第231页。
③ 《列宁全集》第41卷,人民出版社1986年版,第3页。
④ 同上书,第78页。

致,而且再也不能有一点派别活动了,不管过去派别活动表现在哪里,表现得怎么样,也要使派别活动完全绝迹"①。并在给党的第十次代表大会起草的关于党的统一决议的草案中写入了这样的内容:"代表大会宣布毫无例外地解散一切按这个或那个纲领组成的派别(如'工人反对派'、'民主集中派'等等),并责令立即执行。凡不执行代表大会这项决议者,应立即无条件地开除出党。"②

导致列宁和布尔什维克党做出取消派别,加强统一的决定的还有一个重要因素,那就是对新经济政策的认识。对新经济政策的认识有一个过程,最初列宁并没有把新经济政策作为社会主义建设的方略来看待,而是把它作为一种应对危机的应急措施,这是一种退却。列宁认为退却是充满危险的,因此必须是相当有秩序的,他指出:"在伟大的胜利进攻之后,实行退却是一件极其困难的事情;退却的时候,情况是完全不同的;进攻的时候,即使维持不了纪律,大家也会自动向前飞奔;但在退却的时候,就必须自觉地遵守纪律,百倍地需要纪律,因为在全军退却的时候,它不清楚,也看不见退到哪里为止,看见的只是退却,所以有时只要有一点惊慌的喊叫,就会使大家逃跑。这里的危险是很大的。真正的军队在实行这种退却的时候,就架起机关枪,一旦正常的退却发生混乱,就下令'开枪!'这样做是对的。"他强调,"正是在这种关头,退却要有秩序,要准确规定退却的限度,不要惊慌失措,这是最主要的事情"③。这实际上就是强调,在实行新经济政策的过程中,党要保持高度的团结和集中,只有

---

① 《列宁全集》第41卷,人民出版社1986年版,第3页。
② 同上书,第83页。
③ 《列宁全集》第43卷,人民出版社1987年版,第87、88页。

这样才能保证"退却"中的秩序。

从以上分析我们可以做出这样的判断,在俄共(布)第十次代表大会上作出的取消派别,加强党的统一的决定是一个针对性很强,带有明显的应急性特征的非常措施,并不具有制度化、永久性的特性,因而不能把它看成与党的十大所强调的恢复和发展党内民主的主题具有同等地位。这一点我们从列宁自己对这一措施的认识可以得以证明。列宁强调:"党必须团结,党内不容许有反对派存在——这就是从目前形势中得出的政治结论。"①"现在不应当有反对派,现在不是时候!不管怎么说,现在需要的是步枪,而不是反对派。这是客观情况造成的,没有什么可以抱怨的。"② 而在党的第九次代表大会时,列宁却强调:"党内各派,只要是正确地,它们之间结成联盟永远是需要的。这应该始终是实行正确政策所必不可少的条件。"③ 直到1921年党的十大之前,列宁还认为"各个不同的派别联合起来(特别是在代表大会之前),自然是可以允许的(追求选票也是允许的)"④。很显然列宁强调取消党内派别是形势所迫。特别是对采用《关于党的统一的决议》第七条规定的内容,即"代表大会授权中央委员会在遇到违反纪律、恢复或进行派别活动的情况发生时,可以采取党内的一切处分办法,直至开除出党","对于中央委员就把它降为候补中央委员,甚至采取极端措施,把它开除出党"。列宁作了严格限定,规定采取这一措施必须"召开非常会议,中央委员、候补中央委员和中央监察委员参加,并且都有同

---

① 《列宁全集》第41卷,人民出版社1986年版,第28页。
② 同上书,第36页。
③ 《列宁全集》第38卷,人民出版社1986年版,第303页。
④ 《列宁全集》第40卷,人民出版社1986年版,第241—242页。

等的表决权"①。而且只有有 2/3 票数认为必须把某个中央委员降为候补中央委员或开除出党,才能够采取这一措施。并反复强调这是一种极端措施,只有察觉到情况十分危险,才能例外使用。甚至希望不去用它。

为了防止取消党内派别的规定被滥用,列宁对派别进行了非常严格的定义。认为派别是"具有特别的纲领,力求在某种程度上自成派别和规定自己的集团纪律的集团"。这里面实际上包括了判定派别的几个主要条件:第一,有特别的纲领;第二,规定自己的派别纪律;第三,主观上认定自己是一个派别。从他的定义本身看,3 个条件是相辅相成、缺一不可的。事实上尽管列宁提出了取消派别的问题,但实际上列宁在世时,并没有把任何不同意见作为派别来处理。足见列宁对这一决议的慎重。关于第七条的内容,为了慎重起见,根据代表大会的决议甚至没有公布出来,直到党的十三大斯大林才搬出这一规定,把它作为打击权力竞争者的有力武器。

另外,我们可以看到,一方面列宁提出了取消党内一切派别;另一方面,列宁坚持认为党内的不同意见必须有足够的反映渠道,才能充分体现党内民主。在没有找到更好地反映渠道的情况下,列宁甚至认为俄共党内由来已久的派别活动形式,仍不失为表达党内不同意见的有效形式之一。列宁自己也采取过组织派别的措施以赢得党内的多数。据米高扬回忆,在召开俄共(布)十大期间,列宁甚至组织了一次自己一派的严格保密的会议,连会议的请柬都是私下印制的。斯大林当时表示怀疑说,这个会议会不会被托洛茨基分子利用来指责列宁的拥护者搞派别活动。列宁和蔼地微笑着,开玩笑地回答说:"我是在听一个老练的派别

---

① 《列宁全集》第 41 卷,人民出版社 1986 年版,第 97 页。

活动分子在说话吗?"①。列宁还特别强调,应当尽量把派别中健康的成分和不健康的成分区分开来,认为"我们还不能十分有效地反对官僚主义,充分贯彻民主制,因为我们还软弱无力;谁能够在这方面帮助我们,那就应当吸收他"②。正因为如此,当梁赞诺夫在讨论关于党的统一的决议过程中,提议应该在谴责派别活动的同时要禁止按不同的纲领进行代表大会的选举时,列宁表示反对,因为他看到,一旦在重大问题上发生分歧,按不同纲领进行选举是无法禁止的。他说:"如果在根本问题上发生了意见分歧,我们决不能剥夺党和中央委员会向全党申诉的权利。""如果发生了根本的意见分歧,是不是能够禁止把分歧意见提交全党来裁决呢?不能!这是一种奢望,是无法实现的,因此我提议加以否决。"③由此可见,在党内发生重大意见分歧时,列宁并不反对出现不同的政纲。

尽管列宁非常严肃地提出了禁止党内派别存在问题,但是在第十次代表大会上及会后,他对派别活动的领导人并没有歧视。比如,就在俄共(布)第十次代表大会上,"工人反对派"的领导人施略普尼科夫仍然被选进了中央委员会,并要求代表大会通过决议反对"工人反对派"的领导人物辞去党内职务。对于反对派提出的正确的意见,列宁也能认真采纳,在谈到"工人反对派"的重要成员库图佐夫的发言时,列宁充分肯定他"有一部分话是实事求是地指出了我们机关中的丑恶的官僚主义现象"。并指出:应当更好地吸收库图佐夫这样的同志参加反对官

---

① 《编译参考》编辑部:《苏联持不同政见者论文选译》,外文出版局1980年版,第168页。
② 《列宁全集》第41卷,人民出版社1986年版,第32页。
③ 同上书,第101页。

僚主义的工作,并把它们放在比较负责的岗位上去。① 试图把"必要的策略上的一致和统一同必要的辩论自由结合起来"②。事实上,十大后,党内派别仍然存在,不仅工人反对派作为民主集中派的集团还存在,而且在边缘地区的党组织中还出现了一些新的小集团,如"工人团"、"工人真理派"、"社会主义工农党"等,③ 这表明列宁也没有急于致党内派别于死地。

可见,对于取消党内一切派别,列宁是非常慎重的,特别是对于采取开除出党的极端措施来处理派别及其领导人,列宁更是慎之又慎,《关于党的统一的决议》的第七条内容,更多的只是一个威慑条款,在列宁那里,他根本没有想到去采用。但是,尽管列宁对这一决议给定了许多限定,其影响却是非常复杂的,可以说列宁本人也心存顾虑,这也正是他要对使用这一决议作种种限定的原因。对于决议第七条的内容当时党内也有很多人深感不安。如党内著名活动家的卡·伯·拉狄克在谈到为什么会支持通过这一决议,特别是第七条的内容时,一方面肯定了这一决议在当时的必要性,他说:"在这样一个时刻——不管利剑对准谁,通过这项决议是必要的,并且让中央委员会在危急时刻采取这种最严厉的措施。如果它认为有必要的话,也可以针对最好的同志,决定性的是,中央委员会要有一条明确的路线。最好的中央委员也可能犯错误,但这总比我们现在看到的动荡状态所具有的危险性要小些。"但是他又对这一决议授予中央委员会和中央监察委员会开除中央委员的权力感到不安,他说:"我觉得,这里

---

① 《列宁全集》第41卷,人民出版社1986年版,第47页。
② 同上书,第94页。
③ 参见《消息报》1922年3月,第11页。转引自〔美〕罗伯特·文森特·丹尼尔斯著《革命的良心——苏联党内反对派》(内部发行),北京出版社1985年版,第249页。

采用了一项不知将来用来反对什么人的规则。因为，当中央委员会一经选举产生，多数派的同志为能保证其统治地位就会拟定一个可靠人员的名单。每个同志都知道，这时党内意见分歧也就开始了。今天我们不知道这一规则将如何贯彻，将可能出现什么复杂情况。而提出这一规则的同志们认为，它是反对有不同看法的同志的一把利剑。尽管我赞成这一决议，但我感觉到，它也可能被用来针对我们。"① 这可以说代表了当时很大一批党代表的想法，他们之所以投赞成票支持通过了这一决议，可以说是在非常时期，"两害相衡取其轻"的选择。

另一方面还因为这些党代表充分相信提出这一决议草案的列宁，他们认为，列宁不会利用这个决议对党内同志进行镇压。英国著名苏联问题研究学者伦纳德·夏皮罗曾说："列宁为达到自己的目的而准备采用的方法是任何人也自愧弗如的。不过他本人在这过程中经常保留着某些理想主义的火花。他有一种不为权力腐蚀的天生的禁欲品质，他可以在做坏事的时候也联想到他所信仰的最终的善良目的。他像大多数理想主义者一样，对他的追随者也抱有同样的希望。"② 这一评价也许过于尖刻，但是也道出了实情，那就是列宁本人确实具有良好的个人素养，能够正确对待党内的反对派，这是不争的事实。问题是列宁的后继者并不都具有良好的素养。因此，采取极端措施以维护党的统一，这一依赖于执行者个人素养的决议其消极影响就是不可避免的。列宁去世不久，这一决议正如拉狄克所说，成为反对有不同看法的党内

---

① 卡·伯·拉狄克在俄共（布）第十次代表大会上的发言，转引自［美］罗伯特·文森特·丹尼尔斯著《革命的良心——苏联党内反对派》（内部发行），北京出版社1985年版，第233—234页。

② ［英］伦纳德·夏皮罗著：《一个英国学者笔下的苏共党史》（内部发行），东方出版社1991年版，第248页。

同志的利剑，由党代表自己铸造的用以维护党的统一的利剑成为党内权力斗争的杀手锏。

俄共（布）第十次全国代表大会在执政党建设史上有着特殊意义。这次大会对转入新经济政策之后加强执政党建设进行了意义深远的探索，决定实行由战时军事命令制向党内民主制转变，但是党内外的重重危机，使党无法顺利完成这一转变。党的十大所提出的用工人民主制取代党内高度集权的军事命令制的任务并没有像新经济政策中的经济政策一样得以实现，在民主与集中的问题上，重心仍然在集中。也就是说并没有从根本上改变战时党内高度集中甚至是高度集权的状况。而《关于党的统一的决议》，特别是第七条的内容，客观上对集权体制的进一步发展还起到了推动作用。结果使得高度集权成为苏联共产党的一大痼疾，甚至是社会主义国家执政党长期都无法消除的痼疾。

俄共（布）十大以后，党集中精力实现由战时共产主义向新经济政策的转变，在党的建设方面则积极采取措施贯彻和落实党的十大所通过的有关党的建设的决议精神，正如俄共（布）在党的第十一次全国代表会议通过的《关于根据审查党员的经验巩固党的问题》的决议所指出："目前的任务与其说是寻求新的措施，不如说是保证贯彻引进制定的决议。"① 而重点又在于加强党的集中统一领导。可以说从党的十大开始，尽管党的决议以及其他文献中尽管反复强调党内民主原则，强调工人民主制，但是，党内外的政治实践中，集中却是一个明显的趋势。党的第十次代表大会之后，随后召开的党的第十次代表会议，又通过了一个《俄共（布）中央委员会的工作计划》，该计划的核心内容就是集中注意力以合理分配党的力量。为此，要求"改进党的全部组织机构"，

---

① 《苏共决议汇编》（第二分册），人民出版社1964年版，第147、145页。

包括更新和加强各级党委员会的组织部,加强登记分配机关的工作,实行省委书记定期向中央书记处报告党组织的工作的制度,将共和国划分为若干直属中央委员会的地区,派中央委员直接进行监督和指导,加强中央委员会的情报工作等等。这实际上就是强化中央委员会的各种权力,加强中央委员会对全党的集中统一领导。特别是仍然通过普遍的任命制来加强中央的控制力。

党的第十一次全国代表会议通过的《关于根据审查党员的经验巩固党的问题》的决议在肯定清党的成就的基础上,进一步强调党员和党员干部的阶级成分优势性甚至是纯洁性,特别是对党的中高级领导干部,更是把阶级性作为重要任用标准。决议要求要"防止再度发生党员成分不纯的危险"、"党组织应当特别注意省委书记和县委书记的成分",[1] 而且把党的团结和纪律作为党员教育的重要方面。决议还要求:"应当特别注意向党员、尤其是向年轻党员解释党的团结和纪律的意义和作用。这个问题在党的宣传鼓动工作中应当占有重要的地位,应当用我们在党的全部历史发展过程中的胜利和失败的实例来阐明纪律的必要性。"[2] 在党的十大通过了《关于党的统一的决议》的背景下,这里的"纪律"最关键的无疑就是针对反对派别,维护党的绝对统一。

为了有效地同党内存在的派别作斗争,党的第十次代表大会闭会不到一个月,中央委员会就认为有必要责成刚刚加强了的中央监察委员会调查工人反对派的活动情况。针对乌拉尔地区彼尔姆市工人反对派的代表人物米雅斯尼科夫不听列宁和党中央的规劝,坚持从事派别活动的情况,中央委员会在组织一个专门委员会对他的活动情况进行了详尽的调查之后,于1922年2月将其

---

[1] 《苏共决议汇编》(第二分册),人民出版社1964年版,第145页。
[2] 同上书,第146页。

开除出党。① 在党的第十次全国代表大会上被选入中共中央委员会的工人反对派代表人物施略普尼科夫，由于没有放弃工人反对派的立场，在1921年8月攻击苏维埃政府的新经济政策为"与工人为敌"的政策，列宁对其破坏党的统一的行为进行了公开谴责，并要求中央委员会行使《关于党的统一的决议》的第七条即中央委员会可以开除其委员的权力。② "只是由于采取这种极端措施需要有三分之二的中央委员和候补中央委员的票数，而当时与这个数字相差一票，他才没有被开除"③。1922年初，工人反对派在没有通知俄共（布）领导人的情况下，把党内的分歧提交给共产国际代表大会，企图通过共产国际向俄共（布）中央施压。针对这一情况，党的第十一次代表大会成立了一个由19位地方组织的代表组成的专门委员会，对工人反对派的活动进行了专门调查，并做出了："根据一些事实无疑能得知一个秘密的派别组织还被维持着，施略普尼科夫、梅德维捷夫和柯伦泰同志作为鼓动者和首领站在它的最前列"的结论。④ 对此，党的第十一次代表大会要求他们服从党的决议，"并责成中央委员会一旦发现这些同志继续采取类似的反党态度时就把他们开除出党"⑤。并将米亭、库兹涅佐夫开除出党。

针对工人反对派一次次在党内挑起争论，直接影响到新经济政策的有效实施，列宁再次强调要严惩党内的派别活动，以维护

---

① 参见俄共中央《消息报》，1922年3月，第71—72页。转引自［美］罗伯特·文森特·丹尼尔斯著《革命的良心—苏联党内反对派》（内部发行），北京出版社1985年版，第249—250页。
② 同上书，第253页。
③ 《苏共决议汇编》（第二分册），人民出版社1964年版，第212页。
④ 转引自［美］罗伯特·文森特·丹尼尔斯著《革命的良心——苏联党内反对派》（内部发行），北京出版社1985年版，第255页。
⑤ 《苏共决议汇编》（第二分册），人民出版社1964年版，第214页。

党的团结和统一。列宁指出:"如果有人散布惊慌情绪,即使是出于好意,我们对这种稍微破坏纪律的人也必须严厉地、残酷地、无情地惩罚。不仅对于我们党内的某些事情如此,而且对于孟什维克或第二半国际的所有先生们更应该如此。"① 党的第十一次全国代表大会通过的《关于党的建设的组织问题的实际建议——对关于在清党以后巩固党的决议的补充》则进一步强调:"必须利用全党及各地组织的全部威信同瓦解党组织的各种现象进行坚决斗争。"要求"全党今后应当把在党内生活和组织生活中进行这种争吵和摩擦的行为,以及有意无意地把整个组织或组织的一部分引上这种道路的行为,看做是瓦解党的队伍和破坏党的团结、协调和统一的最严重的反党罪行。这些党员应当被看做是把自己个人的局部的意图和利益置于全党的目的和利益之上的人,把局部原因引起的党内摩擦和纠纷置于党的团结、内部协调和组织统一之上的人;因此,这种党员和个别集团应当受到最严厉的党内处分,如果坚决不改,应当受到直至开除出党的处分"②。"对于在有些地方使党的工作完全处于停滞状态的纠纷和'派别活动'应当无情的加以制止,代表大会责成中央委员会在同这种现象作斗争时不惜采取开除出党的手段。"③ 可见列宁和党都把派别活动看做是影响党的团结、协作和统一的最严重危险,而且主张对这些活动者采取最严厉的组织惩罚手段。一方面,这些认识和措施在当时党所面临的复杂环境和艰巨任务的情况下,是合理的,也是必要的。但是,另一方面,这又会对党内民主造成负面影响,甚至限制党内民主的发展。特别是把党内的

---

① 《列宁全集》第43卷,人民出版社1987年版,第87页。
② 《苏共决议汇编》(第二分册),人民出版社1964年版,第188、189页。
③ 同上书,第181页。

摩擦、纠纷、争吵等现象一概作为危害党的团结、和谐和统一的行为进行批判甚至是采取严厉的组织处罚措施，势必影响党员意见的自由表达和党内的必要讨论和争论。党内的讨论、争论和所谓的摩擦、纠纷、争吵本身就缺乏明确的界限，而对摩擦、纠纷、争吵采取批判甚至是采取严厉的组织处罚措施，就会使得党员不敢在党内进行讨论和必要的争论，而这又是党内民主的必然要求，这不得不说会对党内民主产生了消极影响，甚至严重阻碍了党内民主的实现。尽管党的决议仍然强调党内民主的重要性，但是在这种情况下，党内民主很显然是受到了限制的，这就使得党内的集中趋势更为明显，步伐也不断加快。事实上，在列宁晚年，特别是在其生病期间，政治活动受到限制的时候，俄共（布）党内的集中趋势就越来越明显，致使列宁不得不在病床上重新审视党的组织形式和运行机制，对党和国家存在的问题忧心忡忡，并试图改变这种局面。遗憾的是，列宁还来不及将自己的思想和方案变成必要的制度和机制就离开了人世。

党的第十次代表大会后，由于党的工作重心转向实行新经济政策，党一方面必须投入具体的经济工作，另一方面，党还必须掌握党的力量的分配和调配，也就是在组织上保证新经济政策能够得到落实。这样"在党领导着全国政治生活和经济生活的情况下，每一个党组织都必须通过某种方式积极参加过渡时期的一切异常复杂的经济生活、行政生活、文化生活和政治生活。因此党组织的周围就经常会出现为党组织服务的庞大的机构"。而这种机构在不断的扩大，结果是这些机构和党组织本身都"蒙上了一层官僚主义的灰尘，而且占用了过多的人力"[1]。也就是说党的官僚主义化的倾向变得十分明显，以至于成为党内反对派经

---

[1] 《苏共决议汇编》（第二分册），人民出版社1964年版，第175页。

常攻击的问题。党的十一大不得不再次把反官僚主义作为重要任务。党的十一大指出:"党的最重要的任务之一就是裁减为党服务的机构的官僚主义部分。"① 而且试图通过划分党的机关和苏维埃的机关的职能,以减轻甚至是消除党内的官僚主义倾向。会议认为,如果不严格的区分党组织与苏维埃机关的职能,就"会在党组织内部滋长官僚主义"。因此,会议要求,"当前极重要的任务是规定党的机关和苏维埃机关之间的正确分工,明确划清两者在权利和职责方面的界限"。要求"党组织无论如何不应当干预经济机关的日常工作"、"不要发布在苏维埃工作方面的行政命令"等等。② 应该说这里看到了党政不分与官僚主义的内在联系,也表明俄共(布)对执政党的地位和职能有了较深刻的认识。会议也要求"党组织应当保证对苏维埃机关和经济机关实行坚定的领导",而且要求"党组织要把自己的优秀工作者调去直接作经济机关中的工作",尽管规定了"只有在某一方面的经济问题真正要求党作出原则性的决定的情况下,党组织才能亲自解决这方面的经济问题"③。但是这一规定并不足以克服党组织的行政化。首先,我们知道,新经济政策是以列宁为首的俄共(布)用以代替战时共产主义的新的社会主义建设方略,其直接推行者是各级党组织,而不是苏维埃机关,因此不可能把党组织与直接的经济活动、行政活动分离开来。其次,新经济政策尽管已经开始实施,但是并没有形成全党的共识,甚至是在党中央也还有人持怀疑、不理解甚至是反对的态度。为了确保新经济政策的落实,党必须集中力量,全力以赴,在实践中必然会存在

---

① 《苏共决议汇编》(第二分册),人民出版社1964年版,第175页。
② 同上书,第182页。
③ 同上书,第182、183页。

党组织直接介入经济和行政事务的情况,这甚至是较为普遍的情况。因此,所谓党的机关和苏维埃机关的职能划分问题几乎不可能,这就为党内的官僚主义发展提供了温床,铺设了道路。这也是列宁晚年非常担忧的问题。

党的十大以后,俄共(布)进一步健全党内的监察制度,以加强党内监督。党的第十一次代表大会通过了《监察委员会条例》,重申了党的十大规定的监察委员会职权的各项基本原则,同时就地方监察机关、监察委员会的机构和报告制度等问题作了具体的补充规定,使党的十大所制定的关于监察委员会的有关制度更具体化,从而健全了党的监察制度。党的十一大还制定了《中央检查委员会条例》,这标志着俄共(布)已经建立了较为完善的党内监督制度。不过我们也看到,就是在党的十一大上通过的《关于监察委员会的任务和目的》的决议中,将党的监察委员会的任务和目的规定为"防止发生无谓的纠纷和派别活动并同这些现象进行斗争"[1],也就是说监察委员会的主要任务和目的就是为了维护党的团结和统一。尽管规定了监察委员会与同级党的委员会的平等地位,但是也没有明确规定如何对同级党的委员会进行监督,而主要要求维护党的团结和统一。因而还不具有分权制衡的意义,甚至相反,监察委员会是作为维护党中央的权力和权威的机构而存在的。这就决定了这一制度发展方向的不明确性,也使其作为监督机构的权威大打折扣,甚至可能出现职能的错位,即这一制度本应该是用来加强对党的权力的监督,发展党内民主的,结果却变成了党的委员会集中权力,排除和打击异己的重要工具。在斯大林时期,监察委员会之所以能够被轻松的改变为中央委员会的下设机构,不能不说与这一制度建立之

---

[1] 《苏共决议汇编》(第二分册),人民出版社1964年版,第193页。

初的先天不足有很大的关系。

党的十大以后党内出现了很多新的问题,尽管在党的十一大上针对这些问题作出了解决问题的初步探索,但是,一方面党的主要精力在于全力推进新经济政策的落实,对党自身的转变和建设的关注相对较弱;另一方面,有些问题是随着新经济政策的推行而新出现的,对其产生的根本原因,党还没有较为明确的认识,因而也不可能有立竿见影的解决方案,使得很多问题没有得到很好的解决,有些问题甚至越来越严重,比如党内普遍的官僚主义问题、权力越来越向党中央甚至是向总书记个人集中的问题、党的领导人的不良个性给党带来的严重危险等等,这些问题引起了党内外的不满,也引起了列宁的高度关注。尽管党的十一大以后不久列宁就病倒了,但是如何改变这种现状,使党能够健康发展,就成为列宁晚年[①]的夙愿和艰辛探索、孜孜以求的目标。

4. 列宁晚年对执政党建设的探索

党的十一大以后不久,列宁就因病不得不离开了工作岗位,列宁病休以后在俄共(布)中央实际形成了以托洛茨基、季诺维也夫和斯大林三人领导小组。而党的十一大之后,1922年4月斯大林被任命为党的总书记,莫洛托夫和古比雪夫被任命为斯大林的副手,为斯大林掌控党的人事组织权创造了条件。趁列宁病休之机,斯大林充分利用手中的权力,对党的机关进行了较大规模的改组和更新,开始在党内实施新的机制和结构,并建立了

[①] 关于列宁的晚年时期学术界有不同的认识,有学者认为所谓列宁的晚年是指从新经济政策开始实施一直到他去世这一段时间,而有的学者则认为所谓列宁的晚年时期指的是党的十一大以后列宁第一次病倒直到列宁去世这一段时间,本书采用后一种观点,即认为所谓的列宁晚年时期是指1922年5月列宁第一次中风到列宁去世这一段时间。

配套的规章制度。

斯大林的这些做法导致了党内官僚主义迅速发展，同时也引起了党内一些同志的不满。当 1922 年 10 月列宁的身体暂时好转，短期回到工作岗位时，他非常焦虑的看到俄共（布）党内民主缺失，官僚主义盛行。这迫使他不得不以生命为代价，试图寻求使俄共（布）走出困境的有效途径。1922 年 12 月列宁再次中风，此后他一直在病榻上殚精竭虑的为俄共（布）和苏联寻找克服困境的道路。而重点又放在如何加强执政党建设，加强对党和苏维埃国家机关的权力监督，克服越来越严重的官僚主义方面。主要思想包括以下几个方面：

第一，建议增加俄共（布）中央委员的人数，把它增加到 50—100 人，同时强调吸收第一线的工人参加中央委员会，以增强中央委员会的代表性和稳定性。

列宁认为："增加中央委员人数的重大好处在于减少中央委员会决策时的个人的、偶然的因素，为决策作更多的准备，更精细地检查在这些会议上作出的所有决定，从而使我们中央委员会具有更大的稳定性，就是说，既能保持它工作得继承性，又能防止在这个机构与群众联系不够的情况下可能引起的分裂。"[①] 列宁要求来自生产第一线的工人"出席中央委员会的一切会议，出席政治局的一切会议，阅读中央委员会的一切文件，能够成为忠诚拥护苏维埃制度的骨干。他们，第一，能使中央委员会本身具有稳定性。第二，能真正致力于革新和改善机关"[②]。不仅如此，列宁还认为"几十个工人参加中央委员会就能比其他任何

---

① 《列宁全集》第 43 卷，人民出版社 1987 年版，第 437—438 页。
② 同上书，第 341、342 页。

一　列宁时期俄共（布）对执政党建设的探索

人更好地检查、改善和改造我们的机关"①。也就是说让生产第一线的工人参加中央委员会有利于加强对中央委员会的监督。列宁试图通过这些措施加强中央委员会的集体领导，增强中央委员会的代表性。同时列宁认为这样还可以避免因为党内个人恩怨导致党的分裂。

第二，加强党的专门监督机关中央监察委会的监督职能，改组工农检察院，加强对党和国家权力机关的监督。

列宁认为当时苏联的国家机关"除了外交人民委员部，在很大程度上是旧事物的残余，极少有重大的改变。这些机关仅仅在表面上稍微粉饰了一下，而从其他方面来看，仍然是一些最典型的旧式国家机关"②。这些旧式机关也将官僚主义和官僚作风沿袭下来了。不仅如此，"官僚不仅在苏维埃机关里有，而且在党的机关里也有"③。要克服这些状况，必须加强对党和国家机关的监督。

一是要加强党的专门监督机关中央监察委员会的监督职能。列宁首先重申了中央监察委员会在党内权力结构中与中央委员会的平行地位。列宁认为要"把中央全会完全变成党的最高代表会议，每月开会一次，有中央监察委员会参加"，这样"中央委员会就会同中央监察委员会一起最终走上变成党代表会议的道路"④。这样中央监察委员会就成为和中央委员会一样直接对党的代表大会负责，与党的中央执行机构中央委员会地位平等，肯定了监察委员会的地位与权威，保证它能够对党的中央委员会、政治局、组织局以及书记处等中央机关进行监督和监察。列宁认

---

① 《列宁全集》第43卷，人民出版社1987年版，第341页。
② 同上书，第373页。
③ 同上书，第385页。
④ 同上书，第374页。

为:"有一定的人数必须出席政治局每次会议的中央监察委员会的委员们,应该形成一个紧密的集体,这个集体应该'不顾情面',应该注意不让任何人的威信,不管是总书记,还是某个其他中央委员的威信,来妨碍他们提出质询,检查文件,以至做到绝对了解情况并使各项事务严格按照规定办事。"①"中央监察委员会委员必须在自己主席团的领导下经常检查政治局的一切文件。同时他们应当恰当地分配自己做检查工作的时间,以便对我们的机关(从最小的分支机关到最高的国家机关)的办文制度进行检查。"② 为了有效监督中央委员会及中央委员,列宁还认为:"凡与政治局会议有关的文件,一律应在会议前24小时送交中央委员会和中央监察委员会的各委员,刻不容缓的事情除外,这类事情要通过特别程序通知中央委员会委员和中央监察委员会委员并加以解决。"③ 为了加强监察委员会的监督职能,提高其威望,列宁还建议提升监察委员的素质,他说:"代表大会从工人和农民中选出75—100名(这当然是大致的数字)新的中央监察委员。当选者也像一般中央委员一样应该经过党的资格审查,因为他们也应享有中央委员的一切权利。"④ 并认为"我们吸收来当中央监察委员的工人,应当是无可指责的共产党员","为了使他们学会工作方法和胜任工作任务,还应该对他们进行长期的培养"⑤。

二是改组工农检察院,把工农检察院同中央监察委员会合并,以提高工农检察院的威望。列宁认为现有的工农检察院并没

---

① 《列宁全集》第43卷,人民出版社1987年版,第377页。
② 同上书,第385页。
③ 同上书,第376页。
④ 同上书,第374页。
⑤ 同上书,第382页。

有履行其应有的职能，也缺乏应有的威信，"它实际上不能胜任，只是成了这些中央委员的'附属品'，或者在一定条件下成了他们的助手"①。因此必须对其进行改组，基本思路就是精简其人员，提高工农检查委员的素质，并与党的专门监督机关监察委员会合并。列宁建议，一方面充实党的监察委员会的力量，从工人和农民中选出75—100名新的中央监察委员。另一方面"应该把工农检察院的职员缩减到300—400人，这些职员要经过专门考查，看他们是否认真负责，是否了解我们的国家机关，同时还要经过专门考验，看他们是否了解科学组织劳动特别是管理、办公等方面劳动的原理"②。要求凡是准备"破例立刻委派为工农检察院职员的公职人员，应符合下列条件；第一，他们必须有几名共产党员推荐；第二，他们必须通过关于我们国家机关知识的考试；第三，他们必须通过有关我们国家机关问题的基本理论、管理科学、办文制度等等基础知识的考试；第四，他们必须同中央监察委员和本院秘书处配合工作，使我们能够信赖整个机关的全部工作"③。为了保证新的工农检察院委员和中央监察委员会委员的质量，列宁还建议成立一个筹备委员会，专门物色中央监察委员会委员的候选人，成立一个委员会来草拟工农检察院职员候选人和中央监察委员会委员候选人的考试的初步纲要。

列宁认为把工农检察院同中央监察委员会合并"对于两个机关都有好处。一方面工农检察院因此能获得很高的、至少不亚于我们外交人民委员部的威信。另一方面，我们的中央委员会就会同中央监察委员会一起最终走上变成党的最高代表会议的道

---

① 《列宁全集》第43卷，人民出版社1987年版，第341页。
② 同上书，第374页。
③ 同上书，第382页。

路，实际上中央委员会已经走上这条道路，而为了在以下两方面正确地完成自己的任务它应当沿着这条道路走到底：一方面，使它的组织和工作有计划、有目的、有系统，另一方面通过我国工农中的优秀分子同真正广大的群众联系起来"[1]。这样就能够真正"把作为改善我们机关的工具的工农检察院改造成真正的模范机关"[2]。

第三，列宁还建议党中央适度分权，维持党中央权力格局的相对平衡，以防止权力过度集中和被滥用。

斯大林成为党的总书记之后，列宁非常担忧，认为斯大林权力太大。列宁忧心忡忡地说："斯大林同志当了总书记，掌握了无限的权力，他能不能永远十分谨慎地使用这一权力，我没有把握。"[3] 特别是斯大林粗暴的个性使列宁更为担忧，因此列宁在《给代表大会的信》中专门作了补充，建议党的第十二次代表大会"仔细想个办法把斯大林从这个职位上调开，任命另一个人担任这个职位"[4]。

第四，进行文化革命，提升全民素质特别是执政党的党员和党组织的素质，增强党的执政能力。

列宁晚年逐步认识到，在一个经济文化都比较落后的国家，加强文化建设是走向社会主义的重要保证。列宁认为新经济政策是对社会主义建设道路"整个看法"的"根本改变"，之所以是根本改变就在于："从前我们是把中心放在而且也应该放在政治斗争、革命、夺取政权等方面，而现在重心改变了，转到和平的

---

[1] 《列宁全集》第43卷，人民出版社1987年版，第374页。
[2] 同上书，第380页。
[3] 同上书，第339页。
[4] 同上书，第340页。

'文化'组织工作上去了。"① 列宁认为，在俄国文化上的落后性不仅根深蒂固，而且广泛地存在于包括执政党的党员在内的整个社会中。因此列宁反复提醒全党："俄国完成了三次革命，但奥勃洛摩夫们仍然存在，因为奥勃洛摩夫们不仅是地主，而且是农民，不仅是农民，而且是知识分子，不仅是知识分子，而且是工人和共产党员。"② 列宁认为无产阶级政党党内的官僚主义正是根源于这种旧的文化，而且认为这种旧的文化影响如果得不到克服，革命的成果就会被吞没掉。因此必须加强文化建设，特别是要加强对执政党自身的文化建设。列宁给全党提出了这样的任务："第一是学习，第二是学习，第三还是学习。"③ 只有这样才能够有效克服旧文化的影响，充分发挥"无产阶级及其先锋队的文化力量"④，领导俄国人民走向社会主义。

（三）列宁留下的执政党建设遗产

在十月革命胜利后的短短六年中，以列宁为首的俄共（布）领导苏俄人民在捍卫新政权、进行社会主义建设的过程中，也开始积极探索执政条件下党自身的建设。这些探索为我们留下了弥足珍贵的理论遗产和实践经验，直至今天这些遗产和经验仍然是我们的执政党建设可资借鉴的宝贵财富。可以说在执政党建设的每一个方面，我们都可以在列宁那里总结出几条经验，在众多的经验中我们认为以下几个方面意义更为重大：

---

① 《列宁选集》第4卷，人民出版社1995年版，第773页。
② 《列宁全集》第43卷，人民出版社1987年版，第12页。
③ 同上书，第380页。
④ 同上书，第63页。

1. 对无产阶级执政党与国家政权的关系进行了初步的探索

十月革命的胜利,使第一个无产阶级政党登上了执政地位,同时也提出了一个全新的问题,那就是无产阶级政党如何从领导革命战争转向领导社会主义建设,如何由一个以推翻旧政权为主要任务的"革命党"转向一个以建立和巩固新政权为主要任务的"执政党"。这其中如何处理执政党与国家权力机构的关系又是核心问题,简单地说就是如何处理党政关系的问题。而这一问题在整个社会主义建设史上,可以说是一个没有得到解决的问题。难能可贵的是,在短期的执政实践中,列宁对这一问题作出了自己的探索,特别是列宁晚年的探索,给我们留下了许多极有价值的启示。

在列宁关于党政关系的论述中有两个主要之点。一是执政党必须坚持对国家政权的领导。列宁认为:"只有工人阶级的政党,即共产党才能团结、教育和组织无产阶级和全体劳动群众的先锋队","并领导全体无产阶级的一切联合行动"[①]。在列宁看来,执政的工人阶级政党与社会主义国家政权在阶级性质上是高度一致的,党是有组织的无产阶级先锋队,是无产阶级的领导者和组织者,而苏维埃这一新型的国家机关是无产阶级专政的形式。但是,阶级通常是由政党来领导的,只有在政党的领导下,无产阶级才能统一意志、统一行动。无产阶级专政的新型国家建立以后,无产阶级必须通过自己的先锋队共产党来实现对国家政权的领导。因此,坚持共产党的领导是社会主义国家党政关系的一个最基本的准则,是正确处理党政关系的前提和基础。

二是在坚持党的领导的前提下,必须正确处理党政关系。列

---

① 《列宁全集》第41卷,人民出版社1986年版,第85页。

宁认为，执政党对国家政权的全部政治经济工作的领导必须通过苏维埃政权来实现。在列宁看来党的机关内部官僚主义滋长的一个重要原因就是党政关系没有理顺，党政不分导致执政党把大量的精力花在具体的琐碎的日常事务中，而无法进行自身的建设。这种官僚主义足以毁掉执政党。同时党政不分还扼杀了苏维埃机关和苏维埃工作人员的责任心和主动性，导致苏维埃机关及其工作人员工作效率低下，官僚主义盛行，这将对于社会主义建设事业造成极大的危害，甚至会断送社会主事业。所以执政党必须处理好党政关系。为此列宁指出："必须十分明确地划分党（及其中央）和苏维埃政权的职责；提高苏维埃工作人员和苏维埃机关的责任心和独立负责精神，党的任务则是对所有国家机关的工作进行总的领导，不是像目前那样进行过分频繁的、不正常的、往往是琐碎的干预。"[①] 列宁在这里提出了"总的领导"这一概念，包括两层含义：（1）党对国家机关实行政策上的领导，即制定党的路线、方针、政策，保证国家的发展方向，从而保证社会主义建设事业顺利发展。（2）党的领导必须在苏维埃国家法律规定的范围之内进行，不能越权行使本应由国家机关行使的职权。党的领导主要应该靠"这个先锋队所实行的政治领导正确，靠它的政治战略和策略正确，而最广大的群众根据切实经验也确信其正确"来实现。[②] 因此，"任何一个代表着未来的政党的第一任务，都是说服大多数人民相信其纲领和策略的正确"[③]。列宁还认为，要真正保证党的领导是"总的领导"就必须保证和加强国家机关职权的独立行使，为此列宁先后提出了一系列具体

---

① 《列宁全集》第43卷，人民出版社1987年版，第64页。
② 《列宁全集》第39卷，人民出版社1986年版，第5页。
③ 《列宁全集》第34卷，人民出版社1986年版，第154页。

措施,包括:提高人民委员会的威信和各人民委员部的独立自主精神和责任心;加强全俄中央执行委员会的权力和立法职能,保障其常委会能够正常地举行;恢复地方苏维埃原有的权威,加强省执行委员会的权力,提高区域经济会议的威信,扩大并发挥他们的自主权和职能等等。①

2. 形成了一系列党内民主建设的思想和实践经验

可以说列宁在整个建党历程中都坚持无产阶级政党必须是民主政党的原则,不断地根据党所处的历史环境和承担的历史任务的变化,探索工人阶级政党党内民主建设的有效途径,这些探索给我们留下了许多宝贵的理论与实践经验遗产。

(1) 初步形成了符合民主原则的党内权力结构。

在建党过程中,列宁领导布尔什维克党初步形成了符合民主原则的党内权力结构,那就是以党的代表大会为党最高权力机关,由党的代表大会选举产生其他党的机关,由党员选举产生的党的代表大会具有最高权力,其他党的机关由党的代表大会选举产生并对党的代表大会负责。列宁指出:"党的最高权力机关应当是代表大会,即一切享有全权的组织的代表的会议,这些代表作出的决定应当是最后的决定。……党的中央机关(或党的各个中央机关)的选举必须是直接选举,必须在代表大会上进行。……党的一切出版物,不论地方或中央的,都必须绝对服从党代表大会,绝对服从相应的中央或地方组织。"②

为了保证党的最高权力机关党的代表大会更好地履行其职

---

① 参见《列宁全集》第 43 卷,人民出版社 1987 年版,第 111—112、246、419 页。

② 《列宁全集》第 11 卷,人民出版社 1987 年版,第 154—155 页。

能，列宁很重视党的代表大会年会制。早在1903年俄国社会民主工党第二次代表大会前夕，列宁在提交的党的章程草案中就提出了："党的最高机关是党代表大会。代表大会由党中央委员会召开（尽可能至少每两年召开一次）。"① 在布尔什维克单独召开的党的三大通过的新党章中则规定："党的最高机关是党代表大会。代表大会由党中央委员会召开，每年一次。"② 正式决定了实行党的代表大会年会制。这一规定后来也为孟什维克派所接受。十月革命胜利以后，布尔什维克党成为执政党，在列宁的领导下，仍然坚持党的代表大会年会制，即使在帝国主义武装干涉和国内反动势力武装叛乱的恶劣环境下，列宁也始终坚持党的代表大会年会制。从1918年到1923年，俄共（布）共召开了从七大到十二大共六次代表大会，召开了45次党中央全会。

这一权力结构还包括党内权力分解并相互制约的制度设置。列宁领导的布尔什维克党党内形成了党的决策权、执行权和监督权分别由党的代表大会、党的中央委员会和党的中央监察委员会承担的党内权力分解制度。在这三种权力中，决策权由党的代表大会承担，因而党的代表大会是党的决策机关，而执行权和监督权分别由党的代表大会选举产生的党的委员会和监察委员会承担，党的委员会和监察委员会在党内权力结构中地位是平等的。党的监察委员会承担监督中央委员会及党的其他机关的职能。而党的中央委员会和党的中央监察委员会必须接受党的代表大会的监督并对它负责。

（2）提出了党内民主的最根本组织制度民主集中制。

民主集中制作为一个科学概念是由列宁在创建俄国工人阶级

---

① 《苏联共产党章程汇编》，求实出版社1982年版，第1页。
② 《苏联共产党代表大会、代表会议和中央全会决议汇编》（第一分册），人民出版社1964年版，第103页。

政党的过程中提出来的。这一概念的提出经历了一个发展过程。

在1905年民主集中制概念提出来以前，列宁用"集中制"来表述民主集中制的思想。1898年3月俄国社会民主工党建立，但此时的俄国社会民主工党还不是一个统一的无产阶级政党，也没有自己的党纲和党章。为了在俄国建立一个统一的无产阶级政党，列宁进行了大量的理论探索和组织工作。1899年，列宁在《我们的当前任务》一文中谈到党的组织原则时指出："社会民主党地方性活动必须完全自由，同时又必须成立统一的因而也是集中制的党。"[①] 1904年，列宁在《进一步，退两步》一文中把"党组织的基础"表述为"集中制思想"，他指出："集中制思想，它从原则上确定了解决所有局部的和细节的组织问题的方法。"它"是唯一的原则性思想，应该贯穿在整个党章中"[②]。在这里列宁把"集中制"作为党的组织原则。但是，列宁所说的集中制是以民主为基础的集中制。列宁在为《无产阶级斗争报》撰写的《德国社会民主工党耶拿代表大会》一文中指出了"实行彻底的集中制和坚决扩大党组织内的民主制"[③] 的原则。1905年7月，列宁在谈到布尔什维克和孟什维克"实行合并所必须承认的基本的组织原则"时指出："我们认为实现合并必须承认的基本的组织原则：（1）少数服从多数……（2）党的最高机关应当是代表大会，即一切享有全权的组织的代表的会议，这些代表作出的决定应当是最后的决定……（3）党的中央机关（或党的各个中央机关）的选举必须是直接选举，必须在代表大会上进行……（4）党的一切出版物，不论是地方的或中央的，都必

---

① 《列宁全集》第4卷，人民出版社1986年版，第147页。
② 《列宁全集》第8卷，人民出版社1986年版，第236页。
③ 《列宁全集》第11卷，人民出版社1987年版，第325页。

须绝对服从党代表大会,绝对服从相应的中央或地方党组织。不同党保持组织关系的党的出版物是不存在的。(5)对党员资格的概念必须作出极其明确的规定。(6)对党内任何少数人的权利同样应在党章中做出明确的规定。"① 可见,列宁在这里使用的"集中制"概念,与后来所提出的民主集中制的概念在基本思想上是完全一致的;他所主张的"集中制",始终是以民主或民主制为前提和基础的,因而他所强调的"集中制"也就是民主集中制。

1905年俄国革命爆发,到10月下旬,以全俄总罢工的形式革命达到了高潮,人民革命运动风起云涌。沙皇为了挽救专制制度,被迫在政治上做出让步,许诺在政治大罢工结束之后,可以组织政党。针对这一情况,俄国社会民主工党内的孟什维克派和布尔什维克派都在根据新的形势调整策略和组织制度。与此相联系,"民主集中制"概念应运而生,几乎同时出现在孟什维克和布尔什维克的正式文件中,得到两派的公认。1905年11月,俄国社会民主工党内的孟什维克召开了代表大会。会议估计了新的形势,并以此为依据制定了党的策略。大会通过的决议提出:"俄国社会民主工党必须按照民主集中制的原则组织起来。"同年12月,列宁主持召开了俄国社会民主工党(布尔什维克)代表会议。会议通过的决议指出:"代表会议确认民主集中制原则是不容争论的。认为必须实行广泛的选举制度,赋予选举出来的各中央机构以进行思想领导和实际工作领导的全权。同时,各中央机构可以更换,具有最广泛的公开性和严格的报告工作制度。"② 基于对民主集中

---

① 《列宁全集》第11卷,人民出版社1987年版,第154—155页。
② 《苏联共产党代表大会、代表会议和中央全会决议汇编》(第一分册),人民出版社1964年版,第119页。

制这一组织原则的"一致公认",使孟什维克和布尔什维克实现合并,从而建立统一的俄国社会民主工党具有共同的组织基础。1906年3月,列宁在《提交俄国社会民主工党统一代表大会的策略提纲》中明确指出:"党内民主集中制的原则是现在一致公认的原则。"① 1906年4月,俄国社会民主工党第四次代表大会,根据列宁的提议,第一次把"民主集中制"原则明确写入党章。大会通过的"组织章程"规定:"党的一切组织是按民主集中制原则建立起来的。"② 民主集中制作为党的组织原则和制度,通过党内的最高"法律"——党章予以确认。

1919年3月,共产国际建立以后,共产国际及其所属支部（各国无产阶级政党）都实行民主集中制的组织原则。《共产国际章程》规定,共产国际及其支部是按民主集中制原则建立起来的。1920年,列宁起草的《加入共产国际的条件》明确规定:"加入共产国际的党,应该是按照民主集中制原则建立起来的。"③ 此后,民主集中制成为各国马克思主义政党公认的根本组织原则和组织制度。④

（3）确立了党内平等的原则。

列宁指出:"民主意味着形式上承认公民一律平等,承认大家都有决定国家制度和管理国家的平等权利。"⑤ 党内民主更需要承认全体党员一律平等。早在1906年俄国还处在沙皇封建专制统治之下,列宁就强调:俄国社会民主工党（布尔什维克派）

---

① 《列宁全集》第12卷,人民出版社1987年版,第214页。
② 《苏联共产党代表大会、代表会议和中央全会决议汇编》（第一分册）,人民出版社1964年版,第165页。
③ 《列宁选集》第4卷,人民出版社1995年版,第254页。
④ 李会滨:《关于民主集中制的几个问题》,载《社会主义研究》1995年第1期。
⑤ 《列宁全集》第31卷,人民出版社1960年版,第96页。

"现在整个党组织是按民主原则建立的。这就是说,全体党员选举负责人即委员会的委员等等,全体党员讨论和决定无产阶级政治运动的问题,全体党员确定党组织的策略方针"①。突出了在选举、议政和决策等党内事务的关键环节都由全体党员参与。他还指出:"俄国社会民主工党是民主地组织起来的。这就是说,党内的一切事务是由全体党员直接或者通过代表,在一律平等和毫无例外的条件下来处理的;并且,党的所有负责人员、所有领导成员、所有机构都是选举产生的,必须向党员报告工作,并可以撤换。"② 充分肯定了无产阶级政党的党员在党内生活中的主体地位,肯定了党员享有平等的民主权利。

(4) 确立了党内选举的原则。

选举,从古至今,都是民主生活的重要组成部分。它是民主的起点也是民主的基础,有选举不一定有民主,但没有选举是绝对没有民主的。在党内,选举是党内民主的一项重要的制度安排,是党的代表大会和委员会得以产生、运行的合法性基础和力量源泉。列宁指出:"在自由的政治条件下,选举原则可能而且必须居于完全的支配地位……就是在专制制度下也有可能在比现在更加广泛得多的范围内运用选举制度。"③ 在谈到俄国社会民主工党第三次代表大会的任务时,列宁认为就是"通过一系列组织上的改革为以后的代表大会准备条件,以便在党内生活中尽可能真正实行选举原则……"④

(5) 确立了党务公开,接受舆论监督的原则。

列宁强调:"没有公开性而谈民主是可笑的",党内必须"多

---

① 《列宁全集》第13卷,人民出版社1987年版,第191—192页。
② 《列宁全集》第14卷,人民出版社1988年版,第249页。
③ 《列宁全集》第10卷,人民出版社1987年版,第166页。
④ 同上。

一些阳光,要让党知道一切"①。1920年,党的第九次全国代表会议通过的决议明确指出,允许普通党员旁听党的代表会议。1921年,在党的十大作出的《关于党的建设》的决定中重申:"必须使召开党的领导机关的公开会议成为一种制度,同时应仔细选择会议的议程,以便使出席这些会议的普通党员能够获得最大的益处。"② 要求"在全党必需遵守的党的决议未经通过以前展开广泛的讨论和争论,充分自由地进行党内批评,集体制定全党性的决议"③。讨论的议题是"有关全党生活、一般政治生活和地方生活的一切最重要的问题"。包括"党的政治生活提出的新问题,既包括党机关的报告,也包括苏维埃政权机关的报告"④。列宁时期还形成了在党的代表大会上工作与政治报告不一致、甚至是对立的副报告的做法,使党内的各种意见都能够在党的代表大会上公开发表和辩论。另外列宁时期布尔什维克党还在自己的机关报上设立了争论专页,为党务公开并接受舆论监督设立了一个较好的平台。

3. 初步探索了执政条件下,如何加强党的作风建设,保持党同人民群众的密切联系

如何密切同广大人民群众的联系是列宁在探索执政党建设时最为关注的一个问题。列宁认识到,革命的胜利使无产阶级政党成为执政党,党的地位的变化使党内不少人丢掉了革命时期的优良传统和作风,开始脱离群众,高高在上。他认为这种状况是非常危险的,因此他强调:"对于一个人数不多的共产党来说,对

---

① 《列宁全集》第11卷,人民出版社1960年版,第178页。
② 《苏联共产党代表大会、代表会议和中央全会决议汇编》(第二分册),人民出版社1964年版,第57页。
③ 同上书,第54页。
④ 同上书,第56页。

于一个作为工人阶级先锋队来领导一个大国在暂时没有得到较先进国家直接援助的情况下向社会主义过渡的共产党来说,最严重最可怕的危险之一,就是脱离群众。"① 他认为:"在人民群众中,我们毕竟是沧海一粟。只有我们正确地表达人民的想法,我们才能管理。否则共产党就不能率领无产阶级,而无产阶级就不能率领群众,整个机器就要散架。"② 为了加强同人民群众的密切联系,列宁要求全体党员必须克服因革命胜利而产生的骄傲自大的情绪和倾向;要求全党要不断地反对官僚主义,改善党和国家机关的工作作风;要求执政党坚持批评与自我批评的优良作风,他认为:"一个政党对自己的错误所抱的态度,是衡量这个党是否郑重,是否真正履行它对本阶级和劳动群众所负义务的一个最重要最可靠的尺度。公开承认错误,揭露错误的原因,分析错误产生的环境,仔细讨论改正错误的方法——这才是一个郑重的党的标志。"③ 为了加强同人民的密切联系,列宁还注意始终从维护群众的切身利益的角度去确定和调整执政党的目标和任务,及时地根据各方面的利益去修正党的政策和目标,比如新经济政策就是把广大农民的利益和党的目标相结合而做出的社会主义建设道路选择。不仅如此,列宁还认为党和国家在制定政策和确定目标时,必须考虑到人民群众的认识水平,注意是否能够被人民群众所接受。他认为"我们的准则应该是尽量少卖弄聪明,尽量少耍花样"。而应该像制定新经济政策那样,使党的政策和目标"适合最普通的农民的水平"。④ 针对当时苏俄人民文化素质普遍较低的状况,要保证党和国家的政策和目标能够为人民群

---

① 《列宁全集》第42卷,人民出版社1988年版,第372页。
② 同上书,第109页。
③ 《列宁全集》第39卷,人民出版社1988年版,第37页。
④ 《列宁全集》第43卷,人民出版社1988年版,第364页。

众所接受,列宁晚年还提出了文化革命的命题,通过长期的文化革命来提高人民群众的文化水平,使他们能够理解和接受党的目标和政策。这实际上就是充分尊重人民群众在社会主义建设中的主体地位,以充分发挥他们的自主性、积极性和创造性。这对于我们今天的社会主义建设事业仍具有重要的启发意义。

4. 开马克思主义理论创新之先河,强调执政党必须提高自己的理论创新能力

十月革命胜利以后,第一个社会主义国家建立,此时的社会主义是前所未有的事业,没有现成的经验可资借鉴,必须不断创新。这就要求执政党党内必须建立能够促进发展和创新的机制,因而提高创新能力就成为执政党建设的一个任务。列宁可以说开马克思主义理论创新之先河,十月革命的胜利就是列宁在把马克思主义与俄国的实际相结合的基础上,大胆创新的结果。在领导社会主义建设实践中,列宁更加强调执政党必须摆脱教条主义,根据实践发展,不断创新。列宁认为:"我们并不苛求马克思或马克思主义者知道走向社会主义的道路上的一切具体情况。这是痴想。我们只知道这条道路的方向,我们只知道引导走这条道路的是什么样的阶级力量;至于在实践中具体如何走,那只能在千百万人开始行动以后由千百万人的经验来表明。"① 正是在这一思想的指导下,列宁领导的俄共(布)在十月革命胜利后,迅速由战时共产主义转向新经济政策,并提出了根据实践来认识社会主义的命题。他指出:"现在一切都在于实践,现在已经到了这样一个历史关头:理论在变为实践,理论由实践赋予活力,由

---

① 《列宁全集》第32卷,人民出版社1987年版,第111页。

实践来修正,由实践来检验。"① "对俄国来说,根据书本争论社会主义纲领的时代也已经过去了,我深信已经一去不复返了。今天只能根据经验来谈论社会主义。"② "根据实践来认识社会主义"就意味着社会主义建设必须在实践中不断创新,要求执政党摆脱在书本中寻求社会主义建设道路和方法的教条主义,不断进行理论和实践创新,只有这样执政党才能站在时代发展的前列,推动社会主义向前发展。

当然,列宁时期对执政党建设的探索还只是初步的,因而,列宁留下的是一幅还来不及绘完的党的建设蓝图,需要后人去发展和完善。加之这些成果都是特定历史时期的产物,深深地打上了时代的烙印,而且列宁英年早逝,很多方面仅仅提出了初步的构想,还来不及具体化,更谈不上落到实处,因此这些成果也不可避免地存在着历史局限性。

首先,由于列宁时期真正意义上的执政党建设时间很短,因而俄共(布)并没有完成由领导革命战争的政党转型为领导社会主义建设的党。十月革命胜利以后,很快就爆发了国内战争,俄共(布)不得不转入战时体制,尽管总体上已取得执政地位,但是执政党的首要任务却无法转入社会主义建设,而是必须领导革命战争来捍卫新生的工人阶级政权,执政党遵循的是革命和战争的逻辑,因而并不是真正意义上的执政党。内战结束之初,列宁又试图利用战时的经验,通过战时共产主义过渡到社会主义,直到战时共产主义遭遇人民的反抗,布尔什维克党面临着严重的政治经济危机,才不得已转向新经济政策。就执政党而言,这也是一个根本性的转变,那就是"把工作重心放在而且也应该放

---

① 《列宁全集》第33卷,人民出版社1987年版,第208页。
② 《列宁全集》第34卷,人民出版社1987年版,第466页。

在政治斗争、革命、夺取政权等等方面，……转到和平的'文化'组织工作上去"①。可以说这是布尔什维克党由"革命党"向"执政党"转变的开始。也只有从这里开始，党的建设才是真正意义上的执政党建设。但是，这一事业的开创者——列宁又太早地离开了政治舞台，一方面他没有足够的时间来思考和探索布尔什维克党如何及时转向执政党。另一方面其晚年关于执政党建设的一些思考也来不及实施，更不可能将这些有利于布尔什维克党转型的思想具体化为相应的体制和机制。列宁在政治舞台上的时候，可以凭借其自身的民主素养及其影响，在党内营造必要的民主氛围和作风，使党内生活基本正常。这种依赖于领袖人物个人的民主素养而得以维系的党内正常生活，因为没有相应的制度、体制和机制的保障，随着列宁离开人世，也就逐步被改变。此后党的领袖的个人素质、喜好就成为左右党的关键因素。

其次，由于列宁时期俄共（布）面临着非常复杂的国际、国内形势，而且对于什么是执政党、如何建设执政党，俄共（布）还没有明确而全面的认识，因此对执政党建设的探索在很多方面是不自觉的，而是面对危机的一种应急性措施。既然是应急措施，有很多方面就带有临时性的特征，必然存在一些不足，在许多方面还存在着理论与现实的相互矛盾，这在苏联共产党以后的发展中已充分表现出来。比如，在俄共（布）十大上提出了向"工人民主制"转变的任务，但是又通过了一个有悖民主原则的《关于党的统一的决议》，赋予党中央开除并不是由其选举产生的中央委员的权力，尽管列宁反复强调这是万不得已的做法，但它却是有悖民主原则，留下了破坏党内民主的"正当"理由。再比如，一方面反复强调民主性对于布尔什维克党的重要

---

① 《列宁全集》第43卷，人民出版社1988年版，第367页。

意义，另一方面党内选举这一党内民主的基础原则直到列宁去世并没有很好的执行等等。还比如关于党的专门监督机构的定位问题，特别是关于其职能定位问题。尽管在列宁时期，党的中央监察委员会和党的中央委员会都由党的代表大会选举产生，二者拥有平等的权力和地位，但是把中央监察委员会的首要职能定位于保证中央委员会决议贯彻执行，而不是监督党的中央委员会如何执行党的代表大会的决议，使得中央监察委员会与中央委员会的平等地位大打折扣，这一制度设计的缺陷已经预示了中央监察委员会的最后命运。

瑕不掩瑜，尽管列宁对执政党建设的探索还是初步的，因而不可避免地带有历史局限性，但是他毕竟是开探索工人阶级执政党建设之先河，其理论成果和实践经验对于今天社会主义国家的执政党建设仍是极为宝贵的财富。

二
斯大林时期苏联共产党党的
建设理论与实践

　　列宁去世以后，经过一系列党内斗争，斯大林击败了党内其他对手，一跃成为党内最高的领导者，牢牢控制住了党和国家的权力杠杆，建立了以经济上高度集中、政治上高度集权为突出特点的斯大林模式。苏联进入了所谓的"斯大林时期"。与"斯大林模式"相适应，相应的执政党建设模式也逐步形成，总体来看，这一时期在执政党建设方面，斯大林逐步抛弃了列宁时期初步形成的党内民主制度和作风，走向了个人专权，党内民主不断收缩，直至丧失殆尽。

　　纵览整个斯大林时期，我们大致可将其分为四个阶段：

　　第一个阶段是1924年列宁去世以后到1929年底，这一时期的主要特点是党内不断的权力和政治斗争，斯大林最终战胜党内其他派别和领导人，在党内取得绝对的领导地位。1924年列宁去世以后，苏共党内形成了短期的权力真空，党和国家权力结构严重失衡。而列宁去世之时苏共既没有形成领导人正常交接的制度化形式，列宁也没有对接班人作任何安排。而党内又存在着错综复杂的派别矛盾和斗争，列宁去世以后，这些矛盾和斗争伴随着对党内最高权力的争夺更加尖锐起来。从1923年秋季到1929

年，苏共党内先后经历了"三驾马车"（斯大林、季诺维也夫和加米涅夫）同托洛茨基的斗争；斯大林同新反对派（季诺维也夫和加米涅夫）的斗争；斯大林和"托季联盟"的斗争；斯大林和以布哈林、李可夫为首的所谓"右倾集团"的斗争。这些斗争既有不同路线和政见之争，但其中也有着浓郁的权力斗争的成分，特别是前三次斗争更是如此。在这些党内斗争中，每一场斗争结束后，获胜的一方总是以阶级性质上纲定性，并给失败的一方戴上"反党"的帽子，然后在政治上将失败的一方彻底消灭，此后，一言堂、一种声音、一种调门变成了党内生活的常规，党内民主越来越成为一句空话。

第二阶段是1930年到1941年德国入侵苏联，这一时期是斯大林凭借手中的权力建立和巩固斯大林模式，走向个人专权的阶段。这一阶段的突出特点主要是党的路线急剧左转，党内"阶级斗争"不断，"清洗"成为党内生活的常态，党内民主遭到严重破坏。1929年12月，斯大林击败了以布哈林和李可夫为首的所谓"右倾集团"，宣布进入了所谓的"大转变"时期，[①] 这是急剧左转的信号。这种转变的实质就是对列宁新经济政策的彻底否定，通过这种转变，以清除"右倾分子"的名义，在短期内将14.9万名党员开除出党，这一数目几乎与当时拥护新经济政策的党员数目相当，可以说在组织上从上到下将新经济政策的拥护者悉数清除出党。在经济上开始了高速工业化运动和农村的全盘集体化运动。在思想文化领域则开始了对"敌对的思想意识、各种思潮和传统习惯的斗争"，以消除不同的声音。此后因为高

[①] 1929年为庆祝十月革命12周年，斯大林在《真理报》上发表了题为《大转变的一年》的文章，把过去的一年定义为是"社会主义建设的各条战线上发生大转变的一年"。并且认为："这个转变过去是现在仍然是在社会主义向城乡资本主义分子坚决进攻的标志下进行的。"

速工业化和全盘集体化的需要，国家权力迅速向党集中，党内权力又迅速向党中央甚至是斯大林个人集中。而另一方面超速的工业化发展和强制性的集体化道路又激起了人民特别是广大农民的不满。这种局面无疑使苏共党内遭到批判的"右派"力量为自己的思想和主张找到了合理性论据，也提高了他们的威望，这显然是斯大林不愿看到的。在阶级斗争尖锐化的理论误区中，这一切又与阶级斗争紧密联系起来，再加之国际形势的日趋紧张，以基诺夫被杀为导火索，苏联共产党开始了党内的大清洗。党内关系开始敌对化，国家安全机构介入了党内斗争，党内民主原则几乎是荡然无存。

第三个阶段是卫国战争期间。这一阶段全党和全国人民致力于打败法西斯的侵略，保家卫国。这一时期苏共的一切活动都是围绕着打败侵略者而展开的，党和苏维埃政权都纳入了战争轨道，遵循战争的逻辑，执政党建设也具有明显的战时特色。

第四阶段是卫国战争胜利一直到斯大林去世，这是斯大林模式在社会主义国家扩张期。就苏共党内而言，这一时期一方面在致力于战后恢复国民经济，另一方面阶级斗争仍然没有放松，个人崇拜更加盛行，党内民主丧失殆尽。卫国战争的胜利，使在赢得反法西斯战争中起到决定作用的大国的领袖——斯大林更是罩上了一层"圣光"，使他像救世主一样更被崇拜和神化。而斯大林则借此"东风"，进一步强化了个人权力体制。而为了捍卫这种体制，斯大林重新使用了驾轻就熟的意识形态大批判和政治大清洗运动，在斯大林晚年还出现了"列宁格勒案件"、"医生案件"、"反法西斯委员会案件"等一些骇人听闻的镇压和清洗事件。直至斯大林突然去世，党和国家才刹住了政治清洗这台飞速运转的机器。而且这些做法还被当作社会主义的基本内容在战后东欧一些社会主义国家强行推广，给工人阶级政党建设带来了深重的灾难，也给这些国家工人阶级执政党走向失败种下了祸根。

（一）列宁去世后的党内斗争与斯大林领袖地位的确立

早在列宁因病离开工作岗位时，斯大林就开始了对俄共（布）党的组织结构的调整，开始建立一套以书记处为权力核心的组织体系，不断加强自己所控制的党的机构的权力，逐步掌控了在党内政治和权力斗争的主动权，为最终走向最高权力地位准备了组织基础。

1922年斯大林被任命为总书记之后，采取了一系列措施刷新和改组党的机关。

首先，加强中央书记处的权力，使之成为控制党和国家权力杠杆和枢纽的机关。俄共（布）中央书记处成立之初仅仅是一个负责党内统计事务、干部登记事务和一般人员分配的技术性工作，执行党中央各项决定职能的办事机构，其职能仅限于党务工作，并没有多大的实际权力。斯大林任书记特别是任总书记以后，采取一系列措施开始改变这种状况。首先，斯大林改组和加强了书记处下辖的组织指导部和登记分配部。组织指导部的职权大大加强，开始拥有汇集各地党内情报信息并向各地方党组织下达指示性计划、还负责同宣传鼓动部及有关部门向中央书记处提交需要通过的各项指令和条例草案。而登记分配部的职能则由一般的统计、登录和分配干部，变成了有权考察任命各部门、各地方负责干部，权力被大大加强。这一变革使得书记处控制住了联共（布）干部政策的整个机制。中央书记通过这两个部掌握了制定指令、取得党内情报和人事分配任命的大权，一整套任命制度逐步建立起来，这是后来斯大林党建模式的核心内容。

其次，建立了一套脱离党的监督的、封闭的党内保密制度。任何政治组织都存在一定的保密制度，但是保密的内容和范围应该受到严格限制，特别是一个宣称建立比资本主义民主更高类型的民主的工人阶级执政党，绝不能把保密制度无限扩大，这直接影响到党内民主的发展。而斯大林在被任命为总书记主持联共（布）中央书记处的工作后，却无限强化了党内的保密制度，建立了一套完全脱离党的监督的封闭的三维保密制度。1922年8月联共（布）中央书记处批准了一个机密文件保管制度细则，同年11月中央组织局又批准了《保管俄共（布）中央秘密决议的制度》，这些文件规定了一套极为严格的保密制度，包括：要求所有中央机关，包括工会、企业、工厂都要建立专门机要部门和密码科，由国家保卫局对其保管散发机密文件的情况进行监督和领导；扩大保密范围，不仅涉及国际和外交问题时采用秘密通讯和密码办文制度，而且在国内中央与各地方组织之间，在涉及党内状况，涉及党与工会和苏维埃组织之间的争论和摩擦，涉及其他党派状况、工农和其他居民之间的冲突和骚动，引用党内决议的文件中涉及密码的使用等问题时，都要遵守密码办文、密码通讯制度；严格限定有关秘密决议和文件保存、阅读的范围，该范围依不同机密等级分别由中央书记和各级书记圈定；在中央秘书局设立绝密信箱，规定只有总书记第一助手有权开启寄达中央书记处和秘书局的函件，中央书记处所有的密函交机密档案处保管，机密档案特殊保存，不送中央档案馆，其中一些特殊档案酌情定期焚毁；对于破坏保密制度者，实施严厉的党纪处罚，包括撤职、开除党籍直至判刑事罪。

斯大林几乎把党在地下斗争状态下使用严格的保密制度原封不动地搬到了执政时期，尽管在当时的建设环境中，必要的保密工作非常需要，但是几乎无所不包的保密制度限制甚至剥夺了党

二 斯大林时期苏联共产党党的建设理论与实践

员的知情权,正如前苏共中央一位工作人员所说,"绝对而全面的保密,是斯大林在党的机构工作制度上的出发点和重要原则。这里实行的是全方位、三维度保密:从上到下(从区域党委到全党群众)、从下到上(从党的执行机关到上级领导)和从左到右平级的保密。这样的保密制度甚至向机关官员本身也隐瞒了机关工作的许多方面"①。这一制度破坏了党内民主,也成为苏共后来党内权力斗争的重要工具。

再次,建立了一套国家安全机关介入党内事务的制度。斯大林出任总书记之后,将国家政治保卫局的活动范围扩大到党内,开始利用国家安全机关介入党内机关、党内活动特别是党内斗争,主要包括:党对干部的选拔和任用要征询国家安全机关的意见;国家保卫局有权监督党内机要文件的保管和运转,也有权监督保密制度的实施;由总书记的助手专人负责汇集国家保卫局提供的情报,包括有关党内高层领导人的活动情况。这一做法严重破坏了党内民主,也为苏共后来的权力的过度集中创设了有利的工具,同时也给苏共后来党内生活的畸形发展播下了种子。

书记处的权力不断膨胀,列宁晚年提出的党内民主原则和设想遭到了或明或暗的抵制而无法落到实处,党内民主不但没有加强,而且还有不断收缩的迹象。而列宁去世以后,苏维埃俄国究竟选择什么样的建设道路在俄共(布)党内也没有统一思想。而且列宁的突然去世,使俄共(布)党内出现了"王位空缺",党内很多人觊觎这一最高权力宝座,都在寻求自己问鼎这一宝座的合法理由,使得列宁去世以后俄共(布)党内的理论争论和社会主义建设模式之争与权力斗争纠缠在一起,斗争更加激烈和复杂。理论和模式选择之争甚至仅仅成为权力斗争的载体和

---

① 《真理报》1990年12月4日。

借口。

列宁去世之前,俄共(布)党内的论争就已经开始。列宁病重离开工作岗位期间,斯大林采取措施不断强化书记处的权威,加强对党的其他机关的控制,导致其他一些领导人的不满,1923年10月8日,托洛茨基就党内民主问题致信中央委员会和中央监察委员会,指责党的机关"官僚化"和脱离群众。托洛茨基在信中说:"由于采用挑选书记的办法,党机关的官僚化已经达到了闻所未闻的程度。一个广泛的党的工作人员阶层已经形成并已分布到党和国家机关中,当这个阶层认为等级森严的书记体制就是能代表党的意见和作出党的决定的机关时,它已经放弃了发表自己的看法或者至少放弃公开发表自己的观点的机会。在这个放弃发表自己看法的阶层下面是广大的党员群众,每项决定都是以要求的形式和命令的形式转达给他们。"① 10月15日,俄共(布)党内46名党员又联名向中央政治局递交关于党内形势的声明,声明认为,中央在经济领域,特别是在党内关系方面领导不当。国家面临着严重的经济危机,这将使国内政治复杂化,使党陷入瘫痪和瓦解。声明强调,造成这种严重局面的根本原因,是在党的第十次代表大会之后形成的党内一派专政的制度。党内这一派按照自己的观点和意愿处理一切问题,使党内民主化为乌有。声明认为:"党在很大程度上不再是一个生机勃勃的自己发挥作用的集体,不再是真正进行生动的活动并与各项活动保持千丝万缕的联系的集体。与此相反,我们看到党正在日益分裂为等级森严的书记特权阶层和'普通人',分裂为由上层选定的党的职业官员和不参加他们的派别生活的普通党员群众。"声明

---

① 转引自罗伯特·文森特·丹尼尔斯著《革命的良心——苏共党内反对派》,北京出版社1985年版,第334—335页。

二 斯大林时期苏联共产党党的建设理论与实践

认为党内的这种状况"是完全不能容忍的，它扼杀了党的独立自主精神"[①]。应该说这种批评并不是无中生有，正如普列奥布拉任斯基所指出，在党处在包围之中时，党的生活却比较活跃，组织的自主性也比较大。但是当有了实行党内民主的客观条件，可以给予党的生活以新的活力，并且为适应新任务出现了活跃党的生活的现实必要性时，党却没有从战时共产主义时期的状况向前迈进一步；相反是更加官僚主义，更加僵化了，由上面决定的问题反而增多了；战争时期所实行的党内分工制（即一部分人是负责决策的人们，一部分人是执行党的各项决定而没有参与制定它们的权利的党员群众）却进一步强化了。现在非但没有实行这样的方针：发挥组织的集体智慧和积极性，活跃人民参与制定党的各项决议的气氛，在自觉参与制订各项决议的基础上提高所有党员的思想文化水平，相反，却采取了努力建立一个好的机关和一支好的党的官员队伍的方针。[②]

列宁晚年也极为关注这一问题，并提出了想办法把斯大林调离总书记岗位的建议。但是此时的斯大林已经控制了俄共（布）党的组织系统。很快托洛茨基等人在10月25日有10个党组织的代表参加的俄共布中央委员会和中央监察委员会联席会议上遭到了批判，斯大林指责托洛茨基又像俄共（布）十大前夕一样，再次挑起争论，不利用合法途径帮助中央改正"错误"，而是越过中央直接致信全体党员，制造面临分裂的气氛。他们的行为被定性为"一个严重的政治错误"，客观上具有"派别活动的性质"、"派别分裂的性质"，因而"使党的统一有遭受打击的危险

[①] 转引自罗伯特·文森特·丹尼尔斯著《革命的良心——苏共党内反对派》，北京出版社1985年版，第337—338页。

[②] 同上书，第340—341页。

并造成了党的危机"。"在决定世界革命命运的最严重的关头削弱党"①。斯大林在这次会议上还强调"必须保证这样一种制度,使今后的所有分歧都在委员会内部解决,不得外传"②。12月2日,斯大林在有小组长、争论俱乐部成员和支部委员会委员参加的俄共(布)红色普列斯基尼亚区委员会扩大会议上作关于党的任务的报告。斯大林认为,十月全会面对的问题是,超越一定辩论界限,就意味着建立派别,意味着分裂政府。而分裂政府就意味着毁灭苏维埃政权。辩论是可以的,但不要使辩论发展到组织帮派,使帮派发展到建立派别,因为俄共(布)是执政党,党内的派别将会导致政府的分裂,使党内外敌人欢欣鼓舞。③ 就在这次讲话上斯大林把俄共(布)界定为:"不仅是思想一致者的联盟,而且是行动上一致者的联盟,是在共同思想基础(纲领、策略)上进行斗争的行动一致者的战斗联盟。"并再次强调:"争论一定要有范围,以便防止党这个无产阶级的战斗部队堕落成为争论的俱乐部。"④

尽管托洛茨基等人遭到了批判,但是在12月5日召开的俄共(布)中央政治局和中央监察委员会主席团的联席会议上通过的《关于党的建设的决议》还是比较充分地表达了党内的民主要求,决议认为:"工人民主制就是全体党员有公开讨论党的生活中一切重要问题的自由,有对这些问题展开争论的自由,同时,自下而上的各级领导人员和集体领导机构都应由选举产生。"决议还提出了下一步党内民主建设的一些具体措施,包

---

① 《苏共决议汇编》(第二分册),人民出版社1964年版,第350页。
② 转引自刘彦章、项国兰、高晓慧编《斯大林年谱》,人民出版社2003年版,第274页。
③ 同上。
④ 《斯大林全集》第5卷,人民出版社1957年版,第301、302页。

括：严格实施各级负责人员的选举制，特别注意支部书记应由选举产生；一切问题都必须交给全体党员群众讨论；迅速把新的党务工作人员提拔到负责岗位上去；更好地向全体党员报告中央委员会的工作；加强党的教育工作；省代表大会和全党代表会议每年应召开两次，以使全体党员每年有两次发表意见的可能性。决议还强调监察委员会的任务就是："反对党的机关和党的实际工作中的官僚主义歪风，处分那些阻碍党组织在实际工作中实行工人民主制原则（如限制会议上的发言自由，不按党章规定限制选举等）的党的负责人。"① 遗憾的是这些表述仅仅被当作是为准备反击而采取的一种策略性的退却，甚至被当作是向机会主义分子的让步，是"向托洛茨基作出的一种错误性的让步"②。

托洛茨基也认为《关于党的建设的决议》对党内民主的强调和规定党内民主建设一系列措施，只是在应急情况下为掩饰对他的敌意才作出的。因而他希望进一步向中央委员会施压，使这些措施得到真正贯彻。1923年12月8日，托洛茨基给党组织写了一封题为《新方针》的公开信，信中强调要落实决议的精神和规定，必须充分发挥普通党员的作用，而不是仅仅通过党的机关来落实，他指出："新方针绝不意味着委托党机关在某一时期内颁布和贯彻民主法令，建立民主制度。不，这种民主制度只能由党自己来实现。简单地说：党应当把自己的机关置于自己的控制之下，要始终使自己成为集中化的组织。"③ 不仅如此，托洛茨基还提出要对党的现有领导层进行调整，他说："革新党的机关……就是在于以新人来代替庸碌之辈和官僚主义分子。首先应

---

① 转引自罗伯特·文森特·丹尼尔斯著《革命的良心——苏共党内反对派》，北京出版社1985年版，第342—343页。

② 同上书，第344页。

③ 同上书，第345页。

当把那些一听到批评、反驳和抗议就以开除出党对批评者进行压制的人从党的岗位上清除出去。新方针必须首先使每个人都感到，现在任何人都不敢对党实行暴力统治。"① 不仅如此，俄共（布）党内托洛茨基追随者开始采取实际行动，在普列奥布拉任斯基的领导下，莫斯科市党组织举行大会，普列奥布拉任斯基向大会提出了一份决议草案，要求对党的机关进行全面改革，要求："从上到下普遍实行各级党机关负责人的选举制和适当更新一批担任党的领导工作的同志，因为已经变为党内实际的军事命令制阻碍了向新的党内结构形式实行过渡"。②

这些思想和做法很快遭到了批判。12月13日《真理报》发表社论，谴责反对派是"机会主义的，它主张摧毁党的机关"。12月15日斯大林又撰文批评托洛茨基的《新方针》"损害了政治局的统一"。在1924年1月16日—18日举行的俄共（布）第十三次代表会议上，还专门通过了《关于争论总结和党内小资产阶级倾向》的决议，谴责托洛茨基及其追随者。这个决议不仅继续将托洛茨基及其追随者的思想和行为定义为派别活动，而且在性质上更进一步上纲上线，认为"在我们面前的现在这个反对派不仅企图修正布尔什维克主义，不仅公然背离列宁主义，而且具有十分明显的小资产阶级倾向。丝毫不容怀疑，这个反对派客观地反映着小资产阶级向无产阶级政党的立场和政策的进攻。党内民主原则已经开始被任意地在党的范围以外加以解释，其用意就是要削弱无产阶级专政和扩大新的资产阶级的政治权利"③。实际上已经给托洛茨基及其追随者戴上了"反党"的帽

---

① 转引自罗伯特·文森特·丹尼尔斯著《革命的良心——苏共党内反对派》，北京出版社1985年版，第345—346页。
② 同上书，第346页。
③ 《苏共决议汇编》（第二分册），人民出版社1964年版，第367页。

二 斯大林时期苏联共产党党的建设理论与实践

子。在这个决议中还重申了俄共（布）第十次代表大会关于禁止党内派别决议的精神，并且公开了一直没有公开的《关于党的统一的决议》第七条，即："任何一个中央委员，如果违反党纪或'进行派别活动'，中央委员会和中央监察委员会联席会议有权以三分之二的票数通过将他降为候补中央委员，或者甚至开除出党。"[①] 决议中反复强调要用"最严厉的措施"来惩处破坏党的统一的言行，维护布尔什维克主义铁的纪律。就在此次会议上，斯大林作了《关于党的建设的当前任务的报告》，在谈到党内民主问题时，斯大林说：广泛的民主、完全的民主是不会有的。"民主不是某种在一切时间和一切条件下都一成不变的东西，因为有时候实行民主是不可能和没有意义的"，"应该以条件为转移来看民主，不应该把党内民主偶像化。"[②]

虽然托洛茨基提出党内民主这一问题的目的有争权之嫌，但确是反映了当时党内的现状，而且党内有相当一部分党员都持这种看法，但是这一呼声被冠以派别活动的性质，也就意味着党内再也不愿听到这种民主的呼声，提出所有分歧都在委员会内部解决，限制了党员向党的最高机关——党的代表大会申诉的机会，这就为后来的党内论争结局一边倒打下了基础。而公布俄共（布）十大通过的《关于党的统一的决议》的第七条，更是使党内的一切争论都面临着开除出党这一最严厉的惩处，此后这一条款就成为斯大林清除异己的"杀手锏"。

第十三次代表会议闭幕不久，1924 年 1 月 21 日列宁去世。列宁去世后不久，俄共（布）党内主要领导人之间开始了"列宁主义"的合法继承人之争。列宁去世后不久，托洛茨基出版

[①] 《苏共决议汇编》（第二分册），人民出版社 1964 年版，第 371 页。
[②] 《斯大林全集》第 6 卷，人民出版社 1956 年版，第 8 页。

了《论列宁》和《十月的教训》两本书，系统地阐述了他对列宁、列宁的学说以及十月革命等重大问题的看法。在《十月的教训》中，托洛茨基指名批评了季诺维也夫和加米涅夫在十月革命中所犯的错误，不指名的批评了党内其他领导人的错误。有些地方还不适当地抬高了他自己在十月革命中的地位。尽管托洛茨基声明他这样做是为了总结历史教训，而绝不是为了"攻击当时犯了错误的人"，但是在列宁刚刚去世就抛出这些观点，人们无法不认为他别有用心，他的观点遭到了来自加米涅夫、季诺维也夫和斯大林的联合反对。1924年10月18日，加米涅夫首先对托洛茨基的言论进行批判。他在有积极分子参加的莫斯科市委会会议上作了题为《托洛茨基主义还是列宁主义》的报告，在报告中，加米涅夫历数从1903年到十月革命时期托洛茨基同列宁之间的分歧，认为托洛茨基主义远非个人的偶然现象，而是"一股历史潮流的典型表现"，"是孟什维克主义的代理人，是孟什维克主义为了影响工人阶级的这个或那个阶层而利用的工具，是孟什维主义的奴仆。"① 11月19日，斯大林在全苏工会中央理事会共产党党团会议上发表了题为《托洛茨基主义还是列宁主义？》的演说，将托洛茨基的思想定性为"是同列宁主义不相容的特殊思想体系"，认为在新的历史条件下，托洛茨基"企图恢复托洛茨基主义，'战胜'列宁主义，偷运和培植托洛茨基主义的一切特点……新托洛茨基主义恰好在列宁逝世的时候出现，这个事实决不能认为是偶然的。列宁在世时，它是不敢采取这个冒险步骤的"。而且认为："党的任务就是要埋葬托洛茨基主义这一思潮。"② 季诺维也夫、布哈林等党内领导人都撰文或者发表

---

① 《真理报》，1924年11月26日。
② 《斯大林全集》第6卷，人民出版社1956年版，第304、309页。

演说对托洛茨基进行了批判。

为了批判托洛茨基对列宁主义的阐释，掌握对列宁主义解释的话语权，1924年4月，斯大林在莫斯科斯维尔德诺夫大学作了题为《论列宁主义基础》的报告，对列宁主义作了简明扼要的系统论述。在这篇报告中，斯大林专门论述了列宁的党的学说，他将列宁主义的党的特征概括为6个方面：党是工人阶级的先锋队；党是工人阶级有组织的部队；党是无产阶级阶级组织的最高形式；党是无产阶级专政的工具；党是意志的统一，是和派别组织的存在不相容的；党是靠清洗自己队伍中的机会主义分子而巩固起来的。"铁的纪律"、"意志的统一"、"行动上的完全的绝对的统一"已被斯大林作为党的不可动摇的原则。很显然，斯大林的这一概括是为清洗反对派寻找合法依据，因而他特别突出列宁在革命战争时期对领导革命的布尔什维克党强调集中、纪律的一面。从这篇讲话中引用列宁关于党的论述就可以看出，引用的列宁的论述大多都是十月革命前的。而在十月革命之后，特别是列宁晚年关于工人民主制的论述，斯大林只字不提。特别是把"党是和派别组织的存在不相容的、党是靠清洗自己队伍中的机会主义分子而巩固起来的"两条作为列宁主义政党的特征，很显然是把党在革命时期的特征绝对化为党的一般特征，把革命政党的特征等同于执政党的特征。而列宁对执政党民主特征的概括在斯大林那里已毫无踪影。民主集中制只剩下集中的一面，民主已经缺失。

1924年5月23—31日，俄共（布）第十三次代表大会召开，在代表大会上，批准了党的第十三次代表会议《关于争论总结和党内小资产阶级倾向的决议》。在《关于中央委员会的总结报告》中，强调了无条件的维护党的统一，报告说："代表大会责成中央委员会像过去一样坚定不移地维护党的统一，维护经过考验的布尔什维克主义路线,不使它产生任何偏向。在党失去列宁同志以后,保证党的完全统一比过去更为重要和更为必要了。极其微小的派别活动,都应当受到最严厉的追究。俄国共产党在不可动摇的列宁主义原则的基础上的坚定不移和团结一致,是革命取得进一步成就的最重要的前提。"[①] 托洛茨基和普列奥布拉任斯基在大会发言中对这个决议表示异议。托洛茨基重提1923年12月5日党中央政治局的决议,认为要避免产生"党的机关的官僚主义化和由此发展起来的党脱离群众的危险",不能靠单纯的禁止派别集团活动,而必须建立党内民主制度;同时他声明,无论何时何地,他都反对在党内进行派别集团活动。普列奥布拉任斯基指责党中央没有以列宁式的态度对待反对派,因为列宁总是从反对派那里吸取一切有用的东西,他要求重新审查和取消第十三次代表会议关于小资产阶级倾向的决议。但是已经没有人再理会这种呼声,相反,斯大林坚持认为这是"向党机关的宣战",是"破坏党"[②]。

迫于党内的压力,托洛茨基不得不承认自己是错误的。但是,党的十三大以后,俄共(布)党内并没有停止对托洛茨基的批判,1924年底,一些党组织就提出要给予托洛茨基严厉的处分。以季诺维也夫为首的列宁格勒党组织通过一项决议要求把托洛茨基开除出党,中央委员会没有接受这项要求。不久,季诺维也夫和加米涅夫联名要求解除托洛茨基的政治局委员的职务,也被中央委员会多数同志所否决。在1925年1月17—20日召开的中央委员会和中央监察委员会主席团联席会议上,季诺维也夫和加米涅夫又联名提出要开除托洛茨基的党籍,这一决议再次遭

[①] 《苏共决议汇编》(第二分册),人民出版社1964年版,第413—414页。
[②] 《斯大林全集》第6卷,人民出版社1956年版,第221页。

到否决。斯大林后来说："我们所以没有同意季诺维也夫和加米涅夫的建议,是因为我们知道,割除政策对党是很危险的,割除的方法,流血的方法——而他们正是要求流血——是危险的,是有传染性的;今天割除一个人,明天割除另一个人,后天再割除第三个人,——那我们党内还会留下什么人呢?"①斯大林虽然反对把托洛茨基开除出党,但他主张给托洛茨基必要的组织处分。在这次会上通过了一个专门针对托洛茨基的决议,决定:"给予托洛茨基最严厉的警告。"要求他"完全无条件地放弃任何反对列宁主义思想的斗争"。并认为"托洛茨基不能继续在苏联革命军事委员会中工作"②。1月26日托洛茨基就被苏维埃中央执行委员会主席团宣布解除陆海军人民委员和苏联革命军事委员会主席的职务。在决议中还决定把托洛茨基是否继续留在党中央委员会工作留待下一次代表大会讨论,同时还警告:"一旦托洛茨基重新企图破坏或不执行党的决议时,中央委员会将不等代表大会的召开就不得不认为托洛茨基不能继续留在政治局内,并将向中央委员会和中央监察委员会联席会议提出关于撤销他在中央委员会中的工作的问题。"③列宁去世以后俄共(布)党内的第一次斗争以托洛茨基的失败而告一段落。

在这一次党内的大争论和斗争中,俄共(布)党内的民主作风开始受到限制和破坏。在列宁去世之前,党内也有过多次大规模的争论,但是,每一次争论中,争论的双方都能以平等的地位参与,双方都能平等地发表各自的观点和论据,尽管言辞激烈,针锋相对,但是没有以势压人,即使是在党的十大通过了

---

① 《斯大林全集》第7卷,人民出版社1956年版,第317页。
② 《苏共决议汇编》(第二分册),人民出版社1964年版,第534页。
③ 同上书,第535页。

《关于党的统一的决议》,事实上党内的争论也能够正常进行。而这一次争论不一样,争论的一方一开始就被定性为派别组织、反对列宁主义的机会主义者,因而争论一开始就成了对反对派的大批判,争论变成了党内清算"托洛茨基主义",捍卫列宁主义的斗争,反对派被剥夺了争辩、申诉的权力。在争论的过程中教条主义盛行,争论的双方都在列宁的文本中寻找有利于自己的只言片语,往往断章取义,把列宁在一定条件和环境中的个别观点无限扩大,当作万能的真理,以此赢得在政治上和理论上的列宁主义继承者的地位。特别是在批评"托洛茨基主义"时,为了达到把托洛茨基和列宁完全对立起来的目的,批评者甚至把托洛茨基和列宁各个时期的分歧一一罗列,最后得出托洛茨基是天生的反列宁主义者的结论。此后的每一次争论反对派几乎都遭到了同样手法的攻击。在这次争论中还首次将组织手段引入了党内争论,列宁在世的时候从没有采用组织手段解决党内争论,但是在此次争论中,斯大林不仅搬出了俄共(布)通过的《关于党的统一的决议》第七条,而且还多次以组织决议的形式对争论的一方进行批判和谴责,甚至采取组织措施剥夺反对派的政治职务和政治权利。这次争论又与权力斗争交织在一起,因而更显得复杂激烈,也就是在这次争论中形成了以后党内斗争的基本模式,即先将反对派冠以反党、反列宁主义、反苏联的罪名,最后采用组织手段将反对者一一清除出党的组织和国家机关,直至清除出党。

对托洛茨基的批判告一段落,但是党内的争论和斗争并没有结束。很快党内的"三驾马车"发生了分裂,季诺维也夫和加米涅夫结成了"新反对派"与斯大林为首的党内多数派进行争论和斗争。1924年6月,斯大林在俄共(布)中央县委书记训练班上作报告,在批评托洛茨基反对派的同时,指责加米涅夫犯

二 斯大林时期苏联共产党党的建设理论与实践

了一个理论错误,竟把列宁所说的"新经济政策的"俄国歪曲为"耐普曼的"俄国。斯大林对此作了严厉的批评,说这个奇怪的口号是由于"平常不关心理论问题,不关心确切的理论定义"而造成的。在同一篇报告中,斯大林还不指名地批评了季诺维也夫把无产阶级专政说成"党专政"是"一种胡说"①。这实际上预示着斯大林对党内的另外两位领导人的斗争已经开始。

1924年8月,格鲁吉亚部分农民由于对副业收入减少,工业品价格太高,实际上就是对党所采取的经济政策不满,发生了暴动,同年10月,俄共(布)中央专门召开农村支部书记会议。斯大林在会上总结格鲁吉亚暴动的教训时指出,这些地方的党组织"没有觉察农民中有波动,农民将有所举动,农民中间有不满情绪,这种不满情绪一天天积累起来了,而党却一点也不知道。原来共产党员最多的地方竟是对非党农民的情绪、思想和希望最隔膜的地方。这就是问题的关键所在"②。在讨论如何改变这种状况时,政治局内部发生了分歧。季诺维也夫主张给农民在苏维埃中更多更大的实际管理权,而布哈林等人主张给农民以优惠政策,放弃对富裕农民的敌视和限制,斯大林倾向于赞成布哈林的主张。双方没有达成一致的意见。但为了对付托洛茨基的新挑战,矛盾也没有公开化和进一步扩大。此后在1925年1月,季诺维也夫、加米涅夫与政治局多数派在处理托洛茨基问题上又发生分歧。而到1925年秋天,围绕党的农村政策,季诺维也夫、加米涅夫与政治局多数派之间的分歧越来越大,"新反对派"抓住农村政策问题向中央多数派发起攻击。加米涅夫在党的莫斯科委员会上作报告,提出14%的富农手中掌握着61%的余粮,因

---

① 《斯大林全集》第6卷,人民出版社1956年版,第224页。
② 同上书,第267页。

此，他认为，眼下在农村占统治地位的已不是中农，而是富农，加米涅夫责备党存在忽视富农的危险倾向。与此同时，季诺维也夫也开始就党内状况向中央多数派发出了挑战信号，他在《真理报》发表了题为《论时代的哲学》的文章，提出了实现"平等"和防止"党的蜕化"的口号。在1925年10月召开的中央全会上，由季诺维也夫、加米涅夫、索柯里尼科夫和克鲁普斯卡娅联合署名向党中央发出一封"四人信件"，要求重新审查和讨论党的有关重要政策，直接提出了开展党内争论的要求，但是会议上多数人拒绝进行党内争论。

1925年12月18日，俄共（布）第十四次代表大会召开，会上分歧彻底公开化，反对派不同意斯大林所作的政治报告，推举季诺维也夫作了副报告。大会就"一国建成社会主义问题"、新经济政策和党的农村政策以及党内民主等问题展开了激烈的争论。新反对派重提扩大党内民主的要求，并要求限制和削弱书记处和总书记所拥有的权力。加米涅夫在代表大会的发言中建议中央政治局拥有政治上领导和组织上领导的全权，改组中央书记处，使书记处服从政治局，完成政治局作出的决议的一切技术方面的任务。很显然，加米涅夫的主张是针对斯大林及其掌控的书记处的。甚至表达了解除斯大林总书记职务的意图，这些主张受到了斯大林和党中央多数派的拒绝和驳斥。12月23日代表大会通过了中央委员会政治报告的决议。在决议中有关党内斗争的部分中强调："党的领导作用，只有在党的意志绝对统一、队伍团结一致的条件下，只有在保持和巩固党内布尔什维克的无产阶级纪律的条件下，才能得到充分的保证。"并要求中央委员会"不同列宁格勒组织的某些领导者以及他们在中央委员会内的个别同伙进行公开争论，而力求通过党内办法来消除意见分歧并保证党的集体领导"。责成中央委员会"同破坏党的统一的任何企图进

二 斯大林时期苏联共产党党的建设理论与实践

行坚决的斗争"①。这实际上已经给新反对派提出了含蓄但非常严厉的警告。在12月28日,中央委员会发布了《告列宁格勒组织全体党员书》,认为列宁格勒代表团在代表大会上提出自己的副报告人来对抗中央委员会,发表了由加米涅夫等人署名的特别的"列宁格勒组织的声明"造成破坏党的统一的危险。列宁格勒党的代表团对中央投不信任票,把自己与中央对立起来了。因此,代表大会呼吁列宁格勒全体党员起来粉碎这些破坏党的统一的企图。②代表大会还决定:由中央派人改组《列宁格勒真理报》编辑部;撤销加米涅夫向大会作的《关于当前经济建设的报告》。当晚,中央立即采取措施,委派《消息报》主编改任《列宁格勒真理报》主编。

在党的十四大上,新反对派在政治上以失败告终。但是他们并没有就此放弃抵抗。十四大刚刚结束,季诺维也夫就召开了列宁格勒共青团省委会议,通过了"拒绝服从第十四次党代表大会决议的决议"③。而且还打算召开一次市的党代表会议,来同中央路线相抗衡。而联共(布)中央在派出莫洛托夫、基洛夫、伏罗希洛夫、加里宁等人前往列宁格勒,绕过列宁格勒的地方党机关,直接向基层组织宣传党的十四大的精神。在两个星期内,中央代表先后出席了列宁格勒727个工厂党组织召开的会议,向63000名(占该地区党员的82%)党员作了报告。绝大多数党员表示拥护中央的路线,谴责新反对派在全国党代表大会上的立场。④1926年2月10—12日,列宁格勒省委召开第十二次代表

---

① 《苏共决议汇编》(第三分册),人民出版社1956年版,第84页。
② 同上书,第96—97页。
③ 《联共(布)党史简明教程》,人民出版社1954年版,第368页。
④ 数据来源参见陈之骅主编《苏联史纲(1917—1937)》(下册),人民出版社1991年版,第417页。

会议。会议主要报告人布哈林在会上阐述了新经济政策和资本主义之间的区别，批判了新反对派的各种论调。会议通过决议，谴责新反对派的错误，改组列宁格勒省委会。新当选的省委委员中有斯大林、加里宁、基洛夫、莫格托夫等人。基洛夫当选为省委第一书记和西北局书记。不久，季诺维也夫被解除了列宁格勒苏维埃执行委员会主席的职务。这标志着新反对派在组织上的失败。

托洛茨基反对派和新反对派在党内斗争中失败以后，由于理论主张和具体的政策主张的相近，比如托洛茨基在"不断革命论"中，带有明显的不相信农民的倾向，否认一国建成社会主义的论点；而新反对派也强调新经济政策下资本主义倾向和富农倾向的危险性，攻击中央多数派推行一条右倾的方针和政策。在对工业化的速度、工人工资、城市商业及税收政策方面，双方的意见也比较接近。而且具有相似的地位和命运，面临着相同的党内斗争对手和威胁，于是他们开始寻求妥协与联合。为了取得托洛茨基的谅解，季诺维也夫承认1923年和1924年反对"托洛茨基主义"的整个运动是"三驾马车"制造出来的，他说："斗争是为了争夺权力。整个艺术就在于，将旧的意见分歧与新的问题联系在一起。因此'托洛茨基主义'就制造出来了。"[1] 托洛茨基则表示："在《十月的教训》一书中，我无疑是把党的政策的一些机会主义动向和季诺维也夫、加米涅夫的名字联在一起。中央内部思想斗争的经验表明，这是很大的错误。这一错误的原因在于我不可能了解七人团内部的思想斗争并及时断定机会主义动

---

[1] 转引自罗伯特·文森特·丹尼尔斯著《革命的良心——苏共党内反对派》，北京出版社1985年版，第422页。

二 斯大林时期苏联共产党党的建设理论与实践

向是来自反对季诺维也夫和加米涅夫同志的斯大林为首的那一派。"[1] 1926 年 6 月 26 日，季诺维也夫在中央监察委员会主席团会议上说："有那么一段悲惨的时期，我们两派真正的无产阶级革命者本应团结起来，以反对正在蜕变的斯大林以及他的朋友们。但因为对党内的一些情况的本质不清楚，我们在两年期间内互相攻讦，对此我们深表遗憾，并希望今后不再重演。"[2] 表明季诺维也夫正式向托洛茨基发出了结盟的信号。在随后的七月中央全会上，反对派联盟联合起草了一份《十三人声明》，在这一声明中反对派几乎所有党内外重大问题都提出了自己的主张，实际上《十三人声明》就是"反对派联盟"的政治纲领。也标志着联共（布）党内反对派联盟已正式形成。

在《十三人声明》中，反对派认为党的最高领导层已经蜕化，声明认为，最近一个时期以来，党内危机日益加深，党的最高领导层日趋脱离群众，离开正确路线。党内危机产生的直接原因是，在列宁逝世后的这段时期内，官僚主义骇人听闻地发展起来了，而且还在继续发展。在这种情况下，造成"党员不敢公开表达他们出自内心深处的思想、希望和要求"，"一切讨论都是由上往下贯彻，基层党员只能洗耳恭听，他们只能单独地、偷偷地思考问题"。声明认为，在过去的几年中，党的社会成分确实改善了，然而，"增加党内工人数目，甚至是增加来自车间工人的数目，仅仅这一点并不能保证党避免官僚主义的弊病以及其他危险"。因为"在目前的制度下，普通党员所起的作用极其微小，实际上往往等于零"，"真正的纪律松弛了、削弱了，被代

---

[1] 转引自《斯大林全集》第 8 卷，人民出版社 1954 年版，第 209 页。
[2] 转引自陈之骅主编《苏联史纲（1917—1937）》（下册），人民出版社 1991 年版，第 422 页。

之以对机关中有权势人物的服从"。声明还认为在联共（布）中央内部实际存在着一个由6名政治局委员和中央监察委员会主席古比雪夫组成的"七人"宗派集团，"这个处于最高领导层的宗派集团背着党，事先决定中央委员会和政治局议事日程上的每一个问题，并且独自决定许多问题，根本没有把它们提交政治局讨论"。而这个宗派集团还在那里进行反对"派别"和"小集团"的斗争，致使党内民主遭到践踏，党的统一受到损害。声明认为所谓"拉舍维奇事件"实际上是由于官僚主义扼杀意见自由和压制批评，不可避免地把忠诚的共产党员推上搞秘密活动和派别活动的道路。声明指责中央多数派有计划地打击反对派的核心人物托洛茨基、季诺维也夫和加米涅夫，并企图把"拉舍维奇事件"变成"季诺维也夫事件"，来败坏季诺维也夫的名声，打击反对派。这种情况证明，1923年党内争论中托诺茨基提出的防止日益增长的机关制度的威胁以及领袖人物背离无产阶级路线的行径的危险，是完全正确的。声明呼吁："在党内恢复一种制度，使得一切有争论的问题都能完全按照党的传统以及无产阶级先锋队的感情和思想来加以解决。只有在此基础上，党内民主才是可能的。"①

联合反对派及其声明在七月全会上遭到了严厉的批判，七月全会最后通过了一个题为《关于拉舍维奇等人事件和党的统一的决议》，决议谴责反对派"在进行斗争时并没有保持在党章范围内合法地捍卫自己的观点和立场，并且在最近时期转为直接破坏第十次和第十四次代表大会关于维护联共（布）队伍的统一的决议，企图在反对党的斗争中建立一个非法的、同党对立的并

---

① 参见陈之骅主编《苏联史纲（1917—1937）》（下册），人民出版社1991年版，第423—425页。

二 斯大林时期苏联共产党党的建设理论与实践

且旨在反对党的统一的派别组织"[①]。决议认为这一切都与"季诺维也夫领导的共产国际执行委员会机关密切相关",认为"反对派的活动实际上是由中央政治局委员之一领导的",因而是"决不能容忍的"[②]。因此,全会再次重申了俄共(布)十大通过的《关于党的统一的决议》中的第七条,决定将季诺维也夫开除出中央政治局,反对派的另外一个重要人物拉舍维奇也被开除出中央委员会,并被撤销了中央军事委员会副主席的职务,而且还规定他两年内不得担任党的负责工作。决议最后再次强调,全党必须服从《关于党的统一的决议》精神,并发出了"反对妨碍党领导伟大社会主义建设的派别和派别活动!维护列宁党的统一和团结"的号召。[③]

但是,联合反对派的活动并没有停止。他们一方面酝酿继续向即将到来的党的第十五次代表会议提交阐明其立场的政治纲领,另一方面深入到党的基层组织,通过演讲、发传单等方式,直接向全体党员宣传反对派的纲领。甚至还在莫斯科航空仪器工厂举行了声势浩大的示威游行。《真理报》随后发表社论对这些行为进行了批评,并将其定性为"小资产阶级反对派在从事非法活动,破坏党的统一"。认为它"威胁着党的实际工作,并恫吓党要通过一场新的更加激烈的讨论来搞垮党本身"。因此,"党决不能容忍这种情况"[④]。

事实上,反对派的这些活动和思想,在党的基层组织中也遭到了党员们的抵制,他们在许多场合的宣传鼓动都遭到群众的谴

[①] 《苏共决议汇编》(第三分册),人民出版社1956年版,第181页。
[②] 同上书,第181—182页。
[③] 同上书,第187页。
[④] 转引自罗伯特·文森特·丹尼尔斯著《革命的良心——苏共党内反对派》,北京出版社1985年版,第430页。

责和唾弃。然而，反对派并没有罢休。1926年10月7日，季诺维也夫和一批追随者来到列宁格勒，他们访问一些工厂，其中包括著名的普梯洛夫工厂，想在那里宣传反对派的政纲，结果遭到了前所未有的冷遇和责备，季诺维也夫甚至企图唆使列宁格勒党组织对抗党中央，也遭到了无情的揭露。列宁格勒有关党组织就此进行了表决，结果1375票反对反对派及其纲领，只有25票支持反对派。① 联共（布）中央政治局再次通过决议，谴责季诺维也夫的"分裂演说极其严重地违反了党纪"②。在此情况下，反对派联盟的主要领导人物包括季诺维也夫、加米涅夫、索科里尼科夫、托洛茨基、皮达可夫和叶夫多基莫夫不得已签名并发表了一份声明，承认自己违反了党纪，承认自己超出党所规定的党内思想斗争范围而走上派别活动道路的步骤是绝对错误的，并声明不再用派别方式来捍卫自己的观点，因为这种方法危及党的统一。但是反对派仍然声明"保持自己原来的原则立场"③。

反对派的主动示弱并没有减轻来自中央委员会的批判和制裁，10月23日联共（布）召开中央委员会和中央监察委员会联席全会。会议再次严厉批评了托季联盟的错误言行。斯大林则坚持认为"反对派联盟今后还打算在党内培植消沉情绪和投降主义思想，它今后还打算在党内宣传自己的错误观点"④。并警告反对派不仅要承认组织方面的错误，而且要承认"自己观点的错误"⑤。而反对派拒绝承认自己的观点错误。中央联席全会决

---

① 数据来源参见罗伯特·文森特·丹尼尔斯著《革命的良心——苏共党内反对派》，北京出版社1985年版，第430页。
② 《真理报》，1926年10月9日。
③ 《斯大林全集》第8卷，人民出版社1954年版，第192页。
④ 同上书，第192页。
⑤ 同上书，第205页。

定对托洛茨基、季诺维也夫、加米涅夫等人提出警告，并解除了季诺维也夫代表联共（布）在共产国际中担任的各项工作，撤销托洛茨基的政治局委员和加米涅夫的政治局候补委员的职务。至此，反对派联盟的主要领导人物已完全被清除出党的最高领导层。这也意味着"托季联盟"在组织上已经失败。

1926年11月，联共（布）召开第十五次代表会议，会上反对派联盟继续遭到严厉的谴责和批判。会议通过的《关于联共（布）党内反对派联盟的决议》，对苏联面对的形势作了判断，决议认为当前的特点是："一方面是资本主义各国和我国之间的斗争日益复杂化，另一方面是我国内部社会主义成分和资本主义成分之间的斗争日益复杂化。"① 规定"党的当前任务在于揭露反对派联盟的基本观点的毫无原则根据，说明这些观点和列宁主义基础绝不相容，并和反对派联盟的原则错误进行坚决的思想斗争，以彻底克服这些错误"②。决议历数长期以来托洛茨基与党中央的不一致性，认为："托洛茨基及其同道的观点是完全接近社会民主党的观点。"并将其理论和主张定性为党内的"社会民主主义倾向"③。决议最后要求"党必须特别注意揭穿反对派联盟的'革命的'假面具，揭露它的机会主义本质"。并要求"党必须像保护眼珠一样保护自己队伍的统一"④。

1927年春天，世界上出现了反苏反共高潮，特别是在中国，蒋介石发动了反革命政变，中国的大革命遭受了严重挫折。托季联盟抓住这一机会，再次向联共（布）中央领导人发起攻击，批评斯大林和布哈林等人对中国革命奉行的政策，要他们为中国

---

① 《苏共决议汇编》（第三分册），人民出版社1956年版，第236页。
② 同上书，第237页。
③ 同上书，第239—240页。
④ 同上书，第248页。

革命遭受的挫折承担个人责任,托洛茨基认为中国革命遭受巨大的挫折"不仅是机会主义路线的失败,而且是官僚主义领导方式的失败"①。并通过散发请愿书和传单的方式指责联共(布)中央多数派在中国革命问题上实行了一条错误的路线。5月23日,托季联盟向联共(布)党中央递交了一份有83名党员签名的信。在信中,反对派联盟几乎对党中央的内政外交所有政策和做法进行了批判,把共产国际遭遇的一连串失败都与苏联国内所遇到的困难和所犯的错误密切联系起来,指责以斯大林为首的党内多数派破坏了党内制度,损害了党内民主,遏制了党内争论,对党和工人阶级隐瞒了分歧的真实内容,把有争议的问题提到党面前都被说成是妄图破坏党的团结,这一切,使官僚主义严重滋长,无产阶级专政的基础遭到削弱,党也被削弱了。信中呼吁:"我们需要列宁在世时那样铁的纪律,我们也需要列宁在世时那样的党内民主。"②此后与托季联盟有联系的萨普龙诺夫—斯米尔诺夫集团发表了一份《十五人政纲》。这个政纲以更公开、更激烈的形式表达了反对党中央的观点,不仅要求在党内广泛开展合法的政治斗争,而且号召党外的工人群众起来斗争,直到组织罢工和武装起义。党内斗争不断升级。1927年6月,托洛茨基、季诺维也夫因不满反对派的重要骨干斯米尔加被调往远东工作,借到火车站给其送行之机,领导反对派进行了公开的示威活动,托洛茨基还发表了演说。这一事件很快被定性为"反党的政治示威"③。在1927年7月底8月初召开的中央委员会和中央监察

---

① 转引自罗伯特·文森特·丹尼尔斯著《革命的良心——苏共党内反对派》,北京出版社1985年版,第435—436页。

② 转引自陈之骅主编《苏联史纲(1917—1937)》(下册),人民出版社1991年版,第430页。

③ 《苏共决议汇编》(第三分册),人民出版社1956年版,第306页。

二 斯大林时期苏联共产党党的建设理论与实践

委员会联席会议会上,联共(布)中央又通过了一个题为《关于季诺维也夫和托洛茨基违反党纪的问题的决议》,谴责、批判和处理反对派联盟。决议认为:"反对派由于进行反党的派别活动,在客观上已经成为反党和反苏维埃势力集结的中心,国内外反革命势力现在已经对这个中心所进行的破坏活动寄予很大的希望。"[1] 因此,决议决定使用《关于党的统一的决议》第七条来处罚反对派,讨论将托洛茨基和季诺维也夫清除出中央委员会和开除出党的问题,决议尽管最后决定还是保留他们的中央委员地位和党籍,但是要求他们放弃一切派别活动,解散派别组织,服从于党中央。对此斯大林发出了警告。他说:"如果托洛茨基和季诺维也夫不接受这些条件,我们就不能容许他们留在我们党的中央委员会里。"[2]

面临被清除出中央委员会甚至是被开除出党的危险,反对派联盟不得不发表声明,承认自己的错误,并表示同意联席会议的建议。[3] 但是面对即将召开的联共(布)第十五次代表大会提供的机会,反对派联盟又抛出了一个新的政纲,在这个被称为《反对派政纲》的纲领中,阐述了反对派联盟对当前国内外形势,特别是对社会主义建设的前途、工农业方针、经济工作、军事建设、对苏联工人阶级和工会状况、苏维埃和民族问题、党和共产主义青年团等一系列问题的看法和要求,也谴责了党的领导在工业政策、农民政策、党内民主、有关官僚主义方面的问题、外交政策等领域所犯的错误。指责党的领导犯了机会主义的错误,认为党领导屈服于小资产阶级,党的路线已经偏离了列宁主义。他们要

---

[1] 《苏共决议汇编》(第三分册),人民出版社1956年版,第307页。
[2] 《斯大林全集》第10卷,人民出版社1954年版,第76—77页。
[3] 参见《苏共决议汇编》(第三分册),人民出版社1956年版,第309页。

求更新党的领导,要求党的代表大会选出的中央委员会必须"密切联系群众",而且"不受党的机关的管辖"[1]。反对派联盟还要求中央委员会打印并向党的代表大会分发这一声明。反对派已公开号召党帮助它去推翻现领导,提出"及时地纠正党领导的方针"[2]。这一要求遭到了中央委员会的拒绝。于是托洛茨基在自己的亲信姆拉奇科夫斯基领导下的一个秘密印刷厂开始大量印刷这一政纲。国家政治保安总局在得知这一消息之后,查封了这个地下印刷厂,并逮捕了其工作人员,姆拉奇科夫斯基则被开除出党。声援姆拉奇科夫斯基的普列奥布拉任斯基和谢列布利雅科夫也被开除出党。对此,反对派的领导人则到处组织群众大会,向他们宣讲自己的政纲,批评中央委员会的政策。10月21—23日,联共(布)召开中央委员会和中央监察委员会联席会议,通过了一个决议,将托洛茨基和季诺维也夫清除出中央委员会。

1927年11月7日是十月革命胜利10周年纪念日,反对派联盟的领导人动员其追随者走上街头示威游行。在莫斯科,游行由托洛茨基指挥;在列宁格勒,游行由季诺维也夫指挥。[3] 游行队伍打出了反对中央委员会、拥护托洛茨基和季诺维也夫的标语,高呼口号。党内斗争发展至此,其性质确实已经发生了重大转变,即由党内的争论演变为公开对抗联共(布)党中央的政治事件。对此,党中央迅速发出了一项指示,要求"必须将参加反对党的政策、非法的集会的反对派分子立即开除出党……必须以党和工人阶级的整体力量来解散由反对派召开的地下集会"。

---

[1] 转引自伦纳德·夏皮罗著《一个英国学者笔下的苏共党史》,东方出版社1991年版,第336页。

[2] 转引自罗伯特·文森特·丹尼尔斯著《革命的良心——苏共党内反对派》,北京出版社1985年版,第474页。

[3] 同上书,第480页。

中央监察委员会则认为,反对派的行为"逾越了苏联法律规定的界限,并公开成了反对无产阶级专政制度的那股力量的传声筒"①。11月11日中央监察委员会主席团召开会议,要求托洛茨基、季诺继也夫停止召开非法的反党会议,放弃反对派的宣传鼓动,不要把党内争论扩大到党外去。托洛茨基、季诺维也夫拒绝放弃反对派的宣传鼓动要求,并退出了会场。11月14日,中央委员会和中央监察委员会召开联席全会,决定将托洛茨基、季诺维也夫开除出党。与此同时,将托季联盟骨干分子加米涅夫、斯米尔加、拉柯夫斯基、叶夫多基莫夫、阿夫杰也夫等人开除出中央委员会,将什克洛夫斯基等6人开除出中央监察委员会。并决定将加米涅夫等人的问题提交党的第十五次代表大会审议。1927年12月2—19日,联共(布)第十五次代表大会召开,大会讨论了消灭托季联盟的问题,通过了一个《关于反对派的决议》,对托季反对派联盟的思想、策略和组织问题进行了批判。代表大会认为,"反对派在思想上已同列宁主义决裂,蜕化成了孟什维克主义的集团,走上了向国际和国内资产阶级势力投降的道路,客观上变成了反对无产阶级专政制度的第三种势力的工具"。"鉴于党和反对派之间的意见分歧已从策略上的分歧发展为纲领上的分歧,鉴于托洛茨基反对派在客观上已成为反苏维埃斗争的因素,第十五次代表大会宣布,参加托洛茨基反对派和宣传其观点的行为与留在布尔什维克党内不能相容。"②大会批准了中央委员会和中央监察委员会11月14日联席会议关于把托洛茨基、季诺维也夫开除出党的决定。并决定将加米涅夫等75名反对派

---

① 转引自罗伯特·文森特·丹尼尔斯著《革命的良心——苏共党内反对派》,北京出版社1985年版,第481页。

② 《苏共决议汇编》(第三分册),人民出版社1956年版,第364页。

联盟骨干分子开除出党。与此同时，大会决定将萨普龙诺夫、斯米尔诺夫等 23 名民主集中派的独立反对派集团骨干分子开除出党。至此，反对派联盟彻底失败，反对派内部发生分裂，托洛茨基及其追随着否认自己进行派别活动，声称将继续坚持自己的纲领。而季诺维也夫及其追随者则表示愿意"解除思想武装"，宣布与托洛茨基划清界限、断绝关系。1929 年托洛茨基被驱除出境。

　　回顾列宁去世以后，1924 年到 1927 年这一段时间布尔什维克党内的争论和斗争，我们会发现，斗争的议题无非是因为对社会主义的认识上的差异，对社会主义建设道路和方法选择上的差异，总体来看，这种差异主要还是党内思想认识上的矛盾，尽管在某些问题上确实存在原则上的分歧，但是这些矛盾是可以经过党内的争论得以解决的。而且列宁去世时，布尔什维克党内对于社会主义的认识并没有取得一致，列宁晚年所实行的新经济政策在党内包括党内高层并没有形成共识，所以对于什么是社会主义、如何认识社会主义存在巨大的差异和分歧也属正常。关键是党内必须有一种健全的制度和体制，使各种思潮和主张能够正常表达，并且通过民主的方式由广大党员来选择社会主义建设道路。遗憾的是尽管列宁早在俄共（布）十大就提出了由战斗命令制转向工人民主制的任务，但是由于特定的历史环境使这种转变并没有实现，列宁提出了很多改革党的组织结构，加强党的民主的设想都还没有变为党的实践，致使列宁去世以后党内的不同主张和政策缺乏正常的表达渠道。而且列宁去世的时候，党内也没有形成领导人正常更替的制度，列宁更没有指定自己的接班人，列宁去世以后留下的权力宝座也成为党内重要领导人觊觎的目标，党内的主要领导人都在寻求自己拥有这一权力宝座的合法理由，其结果是党内的思想交锋和政策选择上的差异与权力斗争交织在一起,"共产党领导集团内部争夺领导权的斗争和政策斗争交织在一起,严重影响着事件的进程"①。争论的双方并不是在求同存异,而是在寻求彻底否定对方。这就使得党内的思想斗争错综复杂,斗争越来越偏离正常轨道,反对派对多数派的批评越来越演变为一种别有用心的攻击。而以斯大林为代表的一方,则把反对派的不同观点当作是根本原则上的分歧,是不可调和的,因此必然对其逐条进行批判,并迅速冠以反列宁主义、反布尔什维克甚至是反苏联的罪名。由于权力斗争因素的影响,斗争的手段和方式也很快就超越了党内斗争的范畴,斗争的一方凭借自己对党内机关的控制,频频使用组织手段来压制反对派,使斗争更为尖锐。到最后国家行政力量也介入了党内斗争,特别是国家安全机构的介入,把党内斗争当作敌我矛盾来处理,反对派不仅在思想上遭到了批判和攻击,而且在组织上甚至是人身上都免不了被消灭的命运。斗争只能是以一方被彻底消灭为结果。而另一方则越来越习惯于依赖党的机关甚至是国家行政力量解决党内思想斗争,并且越来越加紧培育有利于自己的党的机关,也使得党内斗争中获胜的一方越来越加强对党的机关的控制,党内的权力结构越来越集中。而党内存在的实际问题却在斗争中被掩盖起来,其结果是党内存在的种种弊端不仅得不到及时克服,反而越来越严重,成为历史沉疴,无法医治。

  列宁逝世以后,在党内的不停的思想和权力斗争中,布尔什维克党内发生了一系列重大变化。"这些变化主要表现在党员队伍和干部成分上,党的权力结构、党内民主和党的作风上。这些变化对党和国家日后的发展道路,对其方针政策和路线的选择,

---

① [美] 西达·斯考切波著《国家与社会革命:对法国、俄国和中国的比较分析》,上海世纪出版集团2007年版,第271页。

都发生了深刻的影响。"①

首先，布尔什维克党党员队伍和干部队伍结构发生了重大变化。

列宁在世时，在俄共（布）第十次代表大会之后进行了最后一次清党，这次清党中，有近1/4的党员被清除出去，经过这次清党，一定程度上纯洁了党的队伍，此后列宁对于执政党发展党员一直比较慎重，一直到他去世之前，俄共（布）党员的数量和结构与清党之后相比没有太大的变化。1924年列宁去世以后，俄共（布）中央委员会召开会议通过了一个《关于吸收产业工人入党的决议》，决定"开展一个广泛而强有力的运动把产业工人吸收到我们党的队伍里来"②。随后一次大规模的集体吸收党员的运动迅速展开。经过这一运动，有24万名产业工人被吸收为党员，使党内"无产阶级成分"从1923年的17%迅速上升到1924年的44%。1925年至1927年间，俄共（布）又在农民中广泛吸收党员，使农民党员在新党员中的比例上升到35%，到1926年党员人数已超过100万人，从1924年到1926年两年间，党员人数增加了一倍多。而到1928年1月1日党员人数更是达到了130万人。③ 突击运动式的大规模吸收产业工人和农民党员，使得党内文化水平受到了一定影响，1927年的统计结果表明，党内受过完整高等教育的党员不足1%，受过中等教育的不到8%，全党有25%的党员是所谓"自学者"，文盲还占2%

---

① 陈之骅、吴恩远、马龙闪主编：《苏联兴亡史纲》，中国社会科学出版社2004年版，第134页。
② 《苏共决议汇编》（第二分册），人民出版社1964年版，第401页。
③ 数据来源参见陈之骅、吴恩远、马龙闪主编《苏联兴亡史纲》，中国社会科学出版社2004年版，第135页。

二 斯大林时期苏联共产党党的建设理论与实践

以上。① 这种状况必然影响到党和国家的领导干部的素质和结构，国内战争时期和列宁逝世之后入党的党员，开始大批走上党的基层和中层领导岗位，与此同时，一大批新吸收的产业工人和农民党员也成为党的基层组织的骨干。党的这批新干部或者深受"战时共产主义"的熏陶，或者文化水平不高，因此不可能对党的方针政策、对社会主义有较为自觉地认识，面对党内连续不断的意识形态和政治论争议题，也不可能作为一支自觉的力量做出理性判断，而是具有很强的盲从性。从党的代表大会和代表会议上代表们的一些表现就可以看出这一点。在党的十四大上，当加米涅夫批评"斯大林同志不能发挥团结布尔什维克司令部的作用"时，大多数党员代表竟在会场上大骂加米涅夫及其追随者，代表大会的速记记录中有这样的描述：

> 会场中喊声："不对"、"胡说"、"原来如此"、"摊牌吧"……有人喊道："我们不会把最重要部门给你们！"、"斯大林！斯大林！"代表们起立并热烈欢迎斯大林同志。暴风雨般的掌声。有人喊道："瞧，党是这样团结起来的！布尔什维克司令部应该团结起来！"、"斯大林同志万岁！"暴风雨般经久不息的掌声、"乌拉"的喊声、喧嚣声。②

在1927年10月底召开的中央委员会和中央监察委员会全会的速记中也有这样的描述：在托洛茨基发言时，这些人不断地拼命狂叫，并对托洛茨基破口大骂，诸如"吹牛大王"、"笨蛋"、

---

① 参见伦纳德·夏皮罗著《一个英国学者笔下的苏共党史》，东方出版社1991年版，第341页。
② 转引自罗伊·梅德韦杰夫著《让历史来审判——论斯大林和斯大林主义》（上册），东方出版社2005年版，第150页。

"叛徒"、"打倒恶棍"、"打倒叛徒"、"十足的无赖"、"撒谎"、"毁谤"、"卑鄙"、"革命的掘墓人"等语言不绝于耳,"口哨声,越来越高的喧闹声,一点听不清楚,主席的铃声,口哨声,喊声'从台上滚下来'……"而季诺维也夫也是在"打倒"、"滚蛋"的喊声中,没有讲完话就离开了讲台。① 连中央委员会委员和中央监察委员会委员都如此,遑论一般党员!

正是这种盲从也使得党内多数派能够轻而易举地利用党的力量将反对派从政治上和组织上彻底消灭,也正是这种盲从使得党和国家的权力越来越集中,最终走向高度集权甚至是领袖个人专权,而全党竟然习以为常,任其发展,无能为力。

其次,党内的权力结构越来越失去平衡,权力越来越向总书记个人集中。

这主要表现为两个方面:

一是书记处越来越成为党内的权力中心。关于斯大林如何逐步扩大书记处的职权,使之成为他控制全党的有力工具,俄国学者沃斯连斯基有一段精辟的论述,他说:"列宁作为一位革命领袖,首创了一个职业革命家的组织;斯大林作为机关的首脑,首创了官职等级名录制。列宁首创的是一种杠杆,他借以把俄国翻转了一个儿……斯大林首创的则是一个机关,他借以驾驭、控制了俄国。"② 俄共(布)中央书记处成立之初只是一个处理党的日常组织工作和其他党务工作的机关。可以说是一个纯技术性的机关。这种情况一直延续到斯大林就任书记处书记之前,并没有实质性的变化。1922年4月,在党的十一大之后的第一次中央

---

① 参见罗伊·梅德韦杰夫著《让历史来审判——论斯大林和斯大林主义》(上册),东方出版社2005年版,第176、177页。

② 转引自冯佩成著《苏联干部制度的形成发展与影响》,华东师范大学2006年博士学位论文,第48页。

全会上，书记处设立了总书记一职，由斯大林担任。而此时的斯大林既是中央政治局委员，又是组织局委员，集政治局委员、组织局委员和书记处总书记三个职务于一身，尽管此时的总书记仍然不是党内的关键、决定性职务，因为书记处还是服从于政治局和组织局，其主要职责也限于准备政治局开会的材料，组织贯彻实施政治局的各项决定，完成政治局交办的事项。书记处实际上就是政治局的一个秘书机构。而斯大林就任总书记以后，凭借他在党内身兼数职的特殊地位，对书记处进行了一系列结构性变革。斯大林首先改组了书记处所辖的组织指导部和登记分配部，组织指导部的职权开始扩大到汇集各地党内情报信息并向各地方组织下达指示性计划，还负责同宣传鼓动部及有关部门准备向中央书记处提交需要通过的各项指令和条例草案。登记分配部的职权则由一般统计、登录、分配干部扩大到有权考察任命各部门、各地方的负责干部。这样，中央书记处的组织指挥的作用迅速提升，而且书记处很快又建立了定期召集各省委书记向中央书记处报告组织工作的制度，并在各级党组织中设立指导员、组织员以传达中央和上级的指示，建立巡视、指导和监督下级组织工作的制度，书记处逐渐成为地方组织与中央联系的枢纽和中心，对地方组织起着一定的领导和监督的作用。这样，书记处就掌握了党内的组织人事大权。而且斯大林还扩大了书记处的秘书职能，书记处为党的代表大会、代表会议、中央全会甚至政治局的某些会议拟定议题和议程，提供相应的资料和情报，起草和修订党的决议及文件，从而使书记处开始在党的重大决策中发挥重要作用。通过一系列的改组，书记处开始掌控党的核心权力，而党的代表大会、中央委员会和政治局在一定意义上说只能是党内最高权力的象征，而实际权力越来越被书记处掌握。列宁晚年极为担忧的一个重要问题就是"斯大林同志当了总书记，掌握了无限的权力，他能不能永远十分谨慎地使用这个权力，我没有把握"①，并建议将斯大林调离总书记这一岗位。而斯大林则充分利用书记处获得的组织人事大权，在党内大力任命、培植、提拔自己的亲信，从而更进一步控制了党内的权力。正如1923年《46人宣言》所指出的那样："如今已经不是由党，也不是由党的广大群众来提升和选拔俄国共产党的中央委员会和各省的成员。相反，党的各级书记在越来越大的程度上决定代表会议和代表大会的组成，后者已经越来越成为书记处的执行大会。"② 列宁去世以后党内的反对派对多数派批评最多的就是书记处这一党的机关的专权以及由此而产生的官僚主义。而反对派一次次失败的最根本原因也就在于多数派掌控着书记处这一党的实际权力机关，因而具有绝对的组织优势，凭借组织手段对反对派进行反击，反对派面对巨大的组织力量的批判，其失败就是不可避免的了。党内的思想斗争不仅没有冲击到书记处的地位与权力，相反书记处在同反对派的斗争中，不断清除异己，其自身的权力却越来越大，地位也越来越稳定。党内的权力天平已经严重向书记处倾斜，党内权力结构严重失衡。

二是党内的专门监督机构的独立地位和监督作用不断被削弱。1920年建立的中央监察委员会，本来是与中央委员会并行、并列、并重的，同样由党代表大会选举产生并向党代表大会报告工作的一个中央监督机关。斯大林上台以后，逐步改变了中央监察委员会的性质和地位。早在苏共第十二次全国代表会议上，党的十大、十一大做出的监察委员会与同级党委地位平等，监察委

---

① 《列宁选集》第4卷，人民出版社1995年版，第745页。
② 转引自［比利时］厄内斯特·曼德尔著《权力与货币——马克思主义的官僚理论》，中央编译出版社2002年版，第94页。

员会委员不得兼任党的委员会和行政职务，任期内不得调离的规定就有所改变。大会将"监察委员会有权出席本级党委员会和苏维埃委员会的一切会议，以及本级党组织的各种会议，并有发言权"改为"各级监察委员会有权出席本级党委会的一切会议和本级党组织的各种会议和大会，有发言权"。同时又把"监察委员会的决议，本级党的委员会必须执行，而不得加以撤销，如果有不同意见，可以把问题提交党委员会和监察委员会的联席会议解决，如果不能取得协议，可以提交本级代表大会解决。在地方上的监察委员会还可以提交上一级监察委员会解决"改为"各级监察委员会的决议，本级党委员会不得加以撤销，但须经党委员会同意后才能发生效力，并由后者付诸实施，遇到不同意见时，将问题提交本级党的代表会议解决"。这一修改从总体上讲，缩小了中央监察委员会的权力和独立性，特别是各级监察委员会的任何决议须经同级党的委员会同意，才能发生效力，并且还要由后者来付诸实施的规定，无疑造成监督者的一切监督须经被监督者的同意，这种有利于被监督者自己来监督自己的体制，不利于监察机关开展工作。在苏共第十三次代表大会上通过的《关于监察委员会的工作的决议》规定："党委员会必须派代表参加监察委员会的各种会议和它们的全部工作。"[1] 使中央监察委员会的独立性受到了削弱，而中央监察委员会的最高领导人古比雪夫对此还非常肯定，他说："有人曾嘲笑我们，说我们的中央监察委员会是中央委员会的附属机关，要求我们持某种独立的路线，某种中立的立场，以使我们能以第三者的身份对待正在发生的这一场争论，并公正地、冷静地评判参加论战的各方，论功过而赏罚。他们奉承我们说：'你们的机关是代表大会选举的，

---

[1] 《苏共决议汇编》（第二分册），人民出版社1964年版，第437页。

和中央委员会拥有同等的权力,你们的政策只对代表大会负责,所以应该有自己的路线,尽量不受中央委员会的制约',我们断然拒绝了这种立场。"① 并再三声明中央监察委员会"过去这段时间对中央委员会及布尔什维克政治路线的无条件地,坚决地支持"②。由此可见,此时苏共中央监察委员会的最高领导人对监察委员会地位的认识也与列宁时期相去甚远。而且党的十三大主席团还不顾部分代表从座位上站起来强烈反对,决定将中央监察委员会的报告提交指定的专门委员会来讨论并通过。而按规定,中央监察委员会的报告应放到党的代表大会全体会议上讨论,这显然是对中央监察委员会权威和地位的漠视,进一步削弱了监察委员会的地位。

1925年12月在苏共第十四次代表大会上,撤去了中央监察委员会委员必须具备10年党龄才能当选的规定,并规定只有中央监察委员会主席团委员和候补委员,才可以出席中央委员会全体会议。中央监察委员会主席团委员中,只有代表3人,副代表3人才可以出席中央政治局会议。只有代表5人和副代表5人才能出席中央组织局和中央书记处的会议,并且只有发言权。还规定监察委员会的全体委员,只能出席"有关"的党委员会的会议、党的代表会议。而不是以前规定的可以参加"一切"党委员会的会议和代表大会。规定监察委员会的任务为:"采取一切措施保证坚持不懈地执行第十四次代表大会的决议。"③ 1926年11月3日,斯大林干脆任命奥尔忠尼启泽担任中央监察委员会主席,同时担任政治局候补委员。严重违反了中央监察委员会成

---

① 《俄共(布)第十三次代表大会》(速记),人民出版社1978年版,第313—314页。

② 同上书,第313页。

③ 《苏共决议汇编》(第三分册),人民出版社1956年版,第85页。

员由代表大会选举产生的规定，损害了中央监察委员会的独立性。此时的中央监察委员会，开始一步步演变为斯大林清除不同意见、进行政治斗争的工具。

这样，列宁时期所建立的由党的代表大会选举产生中央委员会和中央监察委员会，这两个委员会地位、权力对等，都直接对党的代表大会负责的党内权力结构，在列宁逝世以后迅速发生了改变，党内权力迅速向中央委员会集中，而在中央委员会，党的权力又向书记处集中，党内的权力分布越来越失去平衡。

再次，党内的民主作风发生了逆转。

在列宁时期，俄共（布）党内不是没有分歧，有时甚至是原则上的分歧，党内可以说从没有停止过争论。但是，党内的分歧和争论都能够自由展开，各种意见都可以通过党的代表会议和代表大会等舞台充分表达出来，各种意见能够平等地辩论、交锋。从来没有使用过组织手段来对付党内的不同意见和派别，列宁作为党内最具权威的领导人也没有动用自己掌握的党的机关来对付党内的反对力量，而是采用说服的方式，争取党内对自己的方针、政策的支持。即使在俄共（布）十大通过了《关于党的统一的决议》之后，列宁在有生之年也没有真正使用过第七条的组织手段。但是，列宁去世以后，这种状况发生了变化，党内的不同意见和观点越来越不可能平等而自由的发表和争论，争论的双方都想致对方于死地而后快，而掌握党内主要权力机关的多数派，更是频频使用自己掌握的党的机关来对付反对派，党内的民主作风可以说随着一次次争论在逐步消解，党内越来越只有一种声音。

托季反对派联盟被彻底击败之后不久，联共（布）党内争论再起。

联共（布）第十五次代表大会刚刚过去一个月，苏联出现了粮食收购危机。1927年底苏联的粮食收购量只有3亿普特，比1926年的4.28亿普特少了1.28亿普特，这直接影响到城市居民和军队的粮食供应，更是影响到了国民经济各部门。这一危机来得非常突然，此前全党忙于集中精力解决党内斗争和危机，很少有人去关注经济工作中的各种比例关系和价格问题。危机爆发之后，也没有人认真地反思危机爆发的根本原因，中央的第一反应就是采取非常措施，强行收购粮食，解决面临的巨大粮食缺口。危机出现以后，联共（布）中央迅速成立了以总书记斯大林为首的特别委员会，专门负责领导粮食收购工作。随后，斯大林签署了《联共（布）中央就粮食收购给各地方党组织的指令》，以下死命令的方式，对各地领导人以撤换其职务相威胁，"施加布尔什维克压力"。为了贯彻指令，还在各地组织起武装征粮队，到处搜查和没收"余粮"。形成了由党政机关、各地检察司法机关、国家政治保卫局和警察署联合行动，强行收购和没收粮食的大规模粮食收购运动，这一运动立竿见影，在1928年1—3月短短3个月的时间内，收购了2.57亿普特粮食。但是，这种战时共产主义式的非常措施激起了广大农民的普遍不满，有些地方的农民甚至开始公开议论要反抗这种作法，说这种做法"有1920年的味道，看来只有打长矛了……"①在西伯利亚甚至出现了因强行收购粮食而引起的农民骚动。

1928年4月6日至11日，联共（布）中央委员会和中央监察委员会召开联席全会，讨论粮食收购问题，会上通过了《关于本年度的粮食收购和组织——1928—1929年度的粮食收购运动的决议》。会后斯大林和布哈林分别向地方组织传达了这次全会的精神。斯大林断定爆发收购危机的原因是富农利用苏维埃政

---

① 转引自郑异凡著《布哈林论稿》，中央编译出版社2006年版，第266页。

权的困难抬高粮价,破坏收购工作。粮食收购危机是农村资本主义分子"对苏维埃政权发动的第一次严重进攻"①。因此,解决粮食问题必须抓农村的阶级斗争,向富农进攻。布哈林认为粮食收购危机是由不正确的价格政策、不合理的税收政策以及工业品的供应不足造成的。因此解决问题的办法不是继续实行非常措施,而是要增加工业品的产量,调整政策,使谷物同经济作物和畜产品之间在生产上和市场上保持比较正确的比例关系,来平衡经济的基本因素。

可以看出斯大林和布哈林两人在对粮食收购危机产生的原因和解决办法的认识上已经出现分歧。

非常措施的效果是短期的。1928年4月,新的危机出现了,由于第一阶段的强行收购,农民手中的粮食数量锐减,因此进入4月以后,粮食收购数量骤降。4月到6月,粮食收购量还不到1亿普特。而且连农民的"防荒粮"也开始触动了,也就是说,开始强行收购广大农民的基本生存保障粮食了,这必然激起农民的反抗,以至于财政人民委员弗鲁姆金在6月15日的一封信中做出了这样的判断:"农村中除了一小部分贫农,都有反对我们的情绪。"②

再次实行非常措施使本来已存在的分歧趋于尖锐,并且逐渐超出粮食收购和非常措施的范围,终于爆发了一场新的党内斗争。党的领导逐渐形成两派,一派以斯大林为首,主要成员包括莫洛托夫、卡冈诺维奇、伏罗希洛夫等人。一派以布哈林为首,主要成员有人民委员会主席李可夫、全苏工会中央理事会主席托姆斯基,还有莫斯科市委书记乌格兰诺夫和财政人民委员弗鲁姆

---

① 参见《斯大林全集》第11卷,人民出版社1955年版,第232页。
② 同上。

金等人。① 这两派的斗争最初还能够在党内通过正常方式进行，双方主要是在报刊上发表文章，在会议上发表讲话，不点名地批评对方的观点；在党的各种会议上各派也能比较充分地阐述自己的观点，争论的主要问题也还是限于如何解决粮食收购危机，矛盾和斗争并没有公开化。这种局面在1928年7月4—12日联共（布）中央全会召开以后，开始发生变化。

在7月全会上，斯大林作了《论共产国际纲领》、《论工业化和粮食政策》和《论工农结合和国营农场》等3个讲话。在这些讲话中斯大林提出了两个新论点：一是"贡税"②论。即认为苏联工业化所需的资金不可能通过殖民掠夺和奴役性外债来获得，它只能来自本国的农民。为了发展工业，广大农民除了要向国家缴纳正常的税收以外，还必须通过低价出售自己生产的农产品，高价购买工业产品，形成工农产品之间的巨大"剪刀差"来为工业提供"贡税"。斯大林认为，"为了保证并加快工业发展的现有速度，保证工业满足全国的需要，继续提高农村的物质生活水平……不得不暂时征收这种税"③。二是"阶级斗争尖锐化"论。斯大林认为，在苏联无产阶级专政条件下，任何稍微重大的政治或经济事件都反映出城市或农村中的阶级斗争。他说："随着我们的进展，资本主义分子的反抗将加强起来，阶级斗争将更加尖锐"，"从来没有过而且将来也不会有这样的事情：垂死的阶级自愿放弃自己的阵地而不企图组织反抗……向社会主义的前进不能不引起剥削分子对这种前进的反抗，而剥削分子的

---

① 参见郑异凡著《布哈林论稿》，中央编译出版社2006年版，第270页。
② 郑异凡先生将其译作"贡款"，参见郑异凡著《布哈林论稿》，中央编译出版社2006年版，第275页。
③ 《斯大林全集》第11卷，人民出版社1955年版，第140页。

二 斯大林时期苏联共产党党的建设理论与实践

反抗不能不引起阶级斗争的必然的尖锐化"①。而布哈林等人认为,要解决面临的困境,必须终止"非常措施",因为"非常措施"不仅仅是向富农进攻,而且也使中农受到了损失,其后果是严重的,有可能破坏工农联盟。布哈林主张主要通过税收政策、经济手段来解决新经济政策的实施必然带来的富农发展这一矛盾。他认为:"像税收政策这样的杠杆,它使我们有可能几乎剥夺富农,而不伤及中农。"②他反对通过工农业产品"剪刀差"获取工业发展所需的"贡税",他认为:"社会主义工业的积累是一种取决于农业积累的函数",也就是说,工业发展离不开农业的发展,如果不给农民发展生产力的可能性,"归根到底会打击到工业(通过粮食、通过原料、通过市场)"③。他强调发展个体经济的重要性,认为这与建设集体农庄并不矛盾,因为"集体化本身是立足于发展个体经济之上的"④。他也反对人为的加剧阶级斗争,强调加强工农之间的结合。可以看出,布哈林等人认为,必须坚持新经济政策,只有通过发展经济,增加生产才是解决困难的现实之策。

7月全会上的争论,已经超出了粮食收购的具体政策,而是涉及了更为根本的问题。在这次全会上,持不同观点的人已逐渐形成了阵线分明的两个阵营。7月10日中央全会通过了《根据整个国民经济状况而采取的粮食收购政策的决议》,这一决议主要采纳了布哈林的很多提法,斯大林的一些新提法在决议中未被采纳。决议通过以后,党内争论的两派又进一步采取措施,试图

---

① 《斯大林全集》第11卷,人民出版社1955年版,第149、150页。
② 转引自郑异凡著《布哈林论稿》,中央编译出版社2006年版,第277—278页。
③ 同上书,第279页。
④ 同上书,第281页。

使自己的主张成为党的主导政策。7月11日，斯大林在会上又做了题为《论工农结合和国营农场》的讲话，进一步为自己的"贡税论"进行辩护，不点名地批评了托姆斯基指责他的主张是"无止境的退却，不断地把自己的阵地让给资本主义分子"①，并认为要加强工农联盟，"就必须同富农即农村的资本主义分子进行坚决的斗争"②。

因为斯大林在争论中提出的观点和主张与他曾经反对的反对派的观点极为相似，布哈林非常担心斯大林与过去的反对派结盟，于是他会晤了原托季联盟的主要成员加米涅夫，并详细地告诉加米涅夫有关联共（布）7月全会的争论情况，并对当时的形势深表不安。布哈林认为："斯大林的路线对整个革命是灾难性的，它会给我们带来毁灭"，并对当时的形势作了"革命已在危险之中"的判断。他把斯大林的路线概括为三个方面：一是"贡税论"；二是社会主义愈发展，阶级斗争愈尖锐论；三是由此而决定的权力集中论。布哈林认为这样做的后果就是整个国家变成警察统治。不仅如此，布哈林还提到了撤换斯大林总书记职务的问题，甚至将斯大林评价为"没有原则的阴谋家"，是"分裂分子"等等。③这表明布哈林已经与斯大林决裂。这次会晤没有产生任何实际效果，相反，谈话内容被托派力量当作救命稻草，印成传单在莫斯科四处散发，成为斯大林后来把布哈林当作右倾反对派进行批判的重要借口。

1928年9月30日，布哈林在《真理报》发表署名文章《一个经济学家的札记》。在这篇文章中布哈林首先提出了苏维埃国

---

① 《斯大林全集》第11卷，人民出版社1955年版，第169页。
② 同上书，第170页。
③ 中国社会科学院马列主义毛泽东思想研究所编：《论布哈林和布哈林思想》，贵州人民出版社1982年版，第156—170页。

二 斯大林时期苏联共产党党的建设理论与实践

家会出现生产和需求失调的独特危机的可能性，这种危机同资本主义危机不同，其特点是求过于供。因此，他认为必须建立起国民经济各部门之间的"动的经济平衡"，他还警告说，破坏必要的经济比例，就会破坏国内的政治平衡。他批评最大限度地把资金从农业抽调到工业去，以保证工业的最大发展速度的主张，指出工业的高速度必须以农业能有迅速的真正积累为前提。但是目前工业蓬勃发展，而粮食数量却没有增长。因此粮食收购危机并非工业品荒下粮食过剩的表现，而是不合理的政策造成的，粮食问题必须在发展个体经济的基础上得到解决。即使工业品荒也并不是工业落后于农业，因而无法满足农村的需求，而是工业落后于其自身，遇到了自身发展的极限。布哈林特别批评了当时基本建设投资过大，缺乏后备保证，把弦绷得太紧，认为这有点"冒险主义的气味"。布哈林的这篇文章是他在联共（布）七月全会上的讲话的理论化和系统化，其目的在于使全党、全国了解其观点和主张。

这篇文章引起了斯大林的强烈不满，开始对这篇文章进行批判，而且批判不断升级，斯大林再次使用了屡试不爽的组织手段。先是在政治局多数不在的情况下，通过决议，批评布哈林的文章中存在一些有争议的观点，指责《真理报》在未通知中央政治局的情况下发表了布哈林的这篇文章。1928年10月18—19日，在联共（布）莫斯科委员会和莫斯科监察委员会联席全会上，斯大林发表了《论联共（布）党内的右倾危险》的讲话，第一次使用"右倾"的提法，并且立即把右倾同复辟联系起来："右倾在我们党内获得胜利，就会使资本主义在我国恢复所必需的条件增长起来。"① 而到1929年1月中央政治局和中央监察委

---

① 《斯大林全集》第11卷，人民出版社1955年版，第195页。

员会主席团联席会议上,斯大林就给这篇文章戴上了"反党的折中主义的文章"的帽子,认为它是要"改变我们党的农村政策"。① 形势急转直下,1929年1月30日联共(布)中央政治局和中央监察委员会主席团召开联席会议,斯大林作了《布哈林集团和我们党内的右倾》的报告,宣称"我们党内形成了由布哈林、托姆斯基和李可夫组成的特殊的布哈林集团",并将其定性为"右倾投降主义集团"②。而布哈林在此次会议上也作了长篇发言,批评七月会议以后党的政策是根据斯大林在全会讲话中所宣布的"贡税口号,即对农民实行军事封建剥削的口号"而制定的。对农民征收"超额税"是这一政策的组成部分,也就是说斯大林没有执行中央全会关于鼓励个体农民并提高其单位面积产量的决议;布哈林还认为党中央没有对他关于国家外汇的"预言"引起足够重视,致使国家外汇陷入了无可挽回的严重状况;他认为党内没有民主,批评斯大林执行的是压制自我批评和党内民主的路线,没有为自由讨论党的政策问题创造条件,认为党在"官僚主义化","在培植官僚主义",党内没有选举产生的书记,党不参与决定问题,一切都由上头来定。在《真理报》、共产国际和全苏工会中央理事会内建立了政治委员制度,目前党内制度已经令人不能容忍;批评共产国际执行委员会的政策是错误的,说斯大林用吆喝的办法对待兄弟党,这种政策导致共产国际各支部瓦解、涣散、分裂等;最后,布哈林指出,党内有人对他们进行"组织上的包围",因此他们不得不辞职。③

面对党内相持不下的僵局,联席会议决定成立一个委员会来

---

① 《斯大林全集》第11卷,人民出版社1955年版,第276页。
② 同上书,第274页。
③ 参见《苏共决议汇编》(第三分册),人民出版社1956年版,第501—507页。

调处,委员会起草了一个要求布哈林等人单方面承认错误、全面投降的"和解办法",布哈林当然不从,并表示仍然坚持自己的主张。2月9日李可夫在中央联席会议上宣读了由布哈林、李可夫和托姆茨基签署的声明,坚决否认对他们所谓企图同加米涅夫结成派别集团的指责,重申了布哈林在1月30讲话中的观点和立场,并强调,他们三人从来不反对党的正式决定,而是反对斯大林及其亲信歪曲这些决定,搞非常措施。他们反对把斯大林同党相提并论,反对把任何反对斯大林的言行看做是反对全党。而此时,斯大林通过一系列组织调整,已经在联席会议上拥有多数,因此他再次运用组织手段,在联席会议上通过了一个关于党内事件的决议,决议紧紧抓住布哈林同加米涅夫谈话这一事件,指责他们企图秘密组织反对中央的派别联盟,斥责布哈林"毫无原则性而且违背了忠诚老实的起码要求",认为李可夫和托姆斯基知情不报是"完全不能容许的"。决议认为布哈林对中央工作的批评是毫无根据的;责成布哈林在国内政策上同弗鲁姆金路线划清界限,不同意布哈林等人辞职;责成布哈林和托姆斯基忠诚地执行共产国际执委会和党中央的一切决议。①

这一决议导致了党内斗争进一步升温。1929年4月16日至23日,联共(布)中央委员会政治局和中央监察委员会联席会议召开,会上党内斗争的双方正式摊牌。斯大林在会上发表了《论联共(布)党内的右倾》的讲话。斯大林在讲话中首先亮出了党内的分歧和斗争,他说:"实际上我们不是一条路线,而是两条路线,其中一条是中央的路线,另一条是布哈林集团的路

---

① 参见《苏共决议汇编》(第三分册),人民出版社1956年版,第499—511页。

线。"① 可见此时的斯大林凭借自己已经拥有的联席会议的多数，不再需要党内的和解，而是要利用组织优势向布哈林等人发动全面进攻。讲话进一步阐述了阶级斗争尖锐化的理论和其"贡税"理论。并用了大量的篇幅来动摇布哈林在党内"最宝贵和最大理论家"的地位。斯大林在讲话中断定布哈林组织了一个"派别集团"。斯大林说"布哈林集团含有派别活动的一切因素。这里既有政纲，又有派别性的小圈子，既有辞职政策，又有反对中央的有组织的斗争"。而且认为他们"不是普通的派别集团"，而是"党内有过的一切派别集团中最讨厌最爱吹毛求疵的派别集团"②。尽管布哈林在会上也发表了长篇讲话，据理力争，继续批判了斯大林的阶级斗争尖锐化理论和"贡税"理论，但是面对多数派的组织压力，这种争辩已无济于事。联席会议最后通过《关于党内事件的决议》，撤销了布哈林《真理报》主编和共产国际执委会的领导职务，撤销托姆斯基的全苏工会中央理事会主席的职务。

1929年4月底召开的联共（布）第十六次代表会议批准了四月全会《关于党内事件的决议》。同年7月共产国际执行委员会第十次扩大全会通过决议，撤销布哈林执委会主席团委员的职务。1929年11月10—17日联共（布）召开中央全会，通过了一个《布哈林集团的决议》，决定撤销布哈林的政治局委员职务，并对李可夫、托姆斯基等人提出警告。面对巨大的组织和政治压力，布哈林、李可夫和托姆斯基被迫屈服，向中央提交了一份声明，承认在这场争论中"党及其中央是正确的"，并承认自己是"右倾"，这标志着布哈林及其追随者在这场争论中彻底失

---

① 《斯大林全集》第12卷，人民出版社1955年版，第9页。
② 同上书，第87页。

败，布哈林这一"党的最可宝贵的理论家"越来越淡出了党和国家的领导地位。至此，斯大林在连绵不断的党内斗争中打败了所有对手，并在斗争中逐步确立了自己在党内、国内乃至共产国际内的唯我独尊的地位。联共（布）党内的政治生活也在不断的斗争中发生了重大变化，党内派别和思想倾向已不可能存在，甚至党内对方针政策的不同意见的讨论也变为不可能。党内民主越来越成为一句空话，而一言堂、一种声音、一种调门变成了党内生活的常规。

列宁去世以后，联共（布）党内的斗争，主要是围绕选择什么样的社会主义建设道路而展开的，尽管其中有权力斗争的成分，但是在每一场斗争中，斗争的双方争论的焦点问题都是选择什么样的社会主义建设道路问题。因此，随着反对派的一个个被击败，斯大林也逐步形成了自己的一整套对社会主义、对苏联共产党的认识，特别是布哈林的理论和主张的失败，使斯大林的社会主义建设和执政党建设理论主张确立了在党内、国内甚至是共产国际内的统治地位，社会主义建设和执政党建设的斯大林模式已初具雏形。

（二）斯大林党建模式的确立与定型

战胜布哈林少数派以后，斯大林开始实施其"大转变"方略。1929年11月7日，为纪念十月革命胜利12周年，斯大林在《真理报》上发表了题为《大转变的一年》的文章。文章认为："过去的一年是社会主义建设的各条战线上发生大转变的一年。这个转变过去是现在仍然是在社会主义向城乡资本主义分子坚决进攻的标志下进行的。"[①] 这不仅是对过去一年的反"右倾"斗

[①] 《斯大林全集》第12卷，人民出版社1955年版，第107页。

争的一个总结,更是一个进一步实施"大转变"的宣言。此后,苏联进入了一个名副其实的"大转变"时期,正如斯大林所说,这种转变发生在"社会主义建设的各条战线上"。

首先,在经济上放弃了新经济政策,开始实施农业的全盘集体化运动。

1929年4月,反对布哈林"右倾"斗争告一段落,集体化运动大规模开展起来,正如斯大林自己所说:"从1929年夏季起,我们进入了全盘集体化阶段。"①《大转变的一年》发表以后,集体化运动更是以大规模的政治运动的方式迅速展开,斯大林已经不满足于农民一批一批地加入集体农庄,而是要求以村、乡、区、专区为单位,集体加入集体农庄。他说:"目前集体农庄运动中的新现象是什么呢?目前集体农庄运动中具有决定意义的新现象,就是农民已经不像从前那样一批一批地加入集体农庄,而是整村、整乡、整区、甚至整个专区地加入了。"② 在1929年11月17日召开的联共(布)中央全会上,又专门讨论了集体农庄建设问题,提出了加快集体化速度的要求。莫洛托夫甚至提出了在一年内完成集体化的任务,他说:"在目前的条件下,谈论集体化的五年计划,就意味着干不必要的事情。对主要农业区和省来说,不管它们集体化的速度如何不同,现在应当考虑不是五年,而是在最近一年内完成集体化。"③ 全会通过了《关于集体农庄建设的总结和今后的任务》的决议,要求苏共中央动员大批工人组织工作队下乡,以迅速推动集体化的发展。1930年1月5日,联共(布)中央政治局又通过了《关于集体

---

① 《斯大林全集》第12卷,人民出版社1955年版,第157页。
② 同上书,第118页。
③ 转引自陈之骅主编《苏联史纲(1917——1937)》(下册),人民出版社1991年版,第535页。

化的速度和国家帮助集体农庄建设的办法》的决议，决议认为苏联在五年计划期间，能完成绝大多数农户集体化的任务。甚至认为在一些地方"像伏尔加河下游、伏尔加河中游和北高加索这些主要产粮区的集体化，可能在1930年秋季或至迟在1931年春季就基本上完成；其他产粮区的集体化，可能在1931年秋季或至迟在1932年春季基本上完成"①。认为现阶段农业劳动组合是最普遍的集体农庄形式。与此同时，消灭富农也提上了联共（布）的议事日程，1930年1月11日，《真理报》发表了一篇题为《把消灭富农阶级提上议事日程》的社论，认为：没有以没收土地和生产资料为形式的对富农的进攻，全盘集体化是不可能顺利发展的，因此，在全盘集体化地区没收富农的土地和生产资料是"集体农庄组织和发展的组成部分"。1930年1月30日，联共（布）中央政治局通过了《关于在全盘集体化地区消灭富农经济的措施》的决议，要求没收富农的一切生产工具、牲畜、经营和生活用建筑设施，以及加工农产品的企业和种子储备。②斯大林也认为"实现把富农作为一个阶级来消灭的主要方法是大规模集体化的方法。所有其他的措施都应服从这个主要方法。所有与这一方法相矛盾或者削弱它的方法都应当加以抛弃"③。这样以消灭"富农"为中心的全盘集体化浪潮开始席卷全国。到1932年底，全国共建立了211700多个集体农庄，集体化的农户占总农户数的62.4%，集体农庄和国营农场的播种面积占全

---

① 《苏共决议汇编》（第四分册），人民出版社1957年版，第113页。
② 转引自陈之骅、吴恩远、马龙闪主编《苏联兴亡史纲》，中国社会科学出版社2004年版，第210页。
③ 《斯大林全集》第12卷，人民出版社1955年版，第187页。

国播种面积的 80%，农业集体化基本上实现了。①

其次，在政治上党和国家的权力越来越集中。

通过一系列党内斗争，斯大林取得了党和国家的领袖地位，在党内斗争中，党和国家的权力也越来越集中，而农业的全盘集体化和高速度的工业化又要求权力进一步集中，这样党和国家的权力就沿着集中化的方向迅速发展。农业的全盘集体化是通过自上而下的政治运动来实现的，主要依靠强制性行政手段，这种不顾农民利益的做法必然遭到农民的反对，特别是在新经济政策中富裕起来的中农和富农更是如此。而全盘集体化过程中，消灭富农又是一个中心任务，在实际工作中，什么是富农什么是中农本来就没有明确的标准，而在集体化的狂热中，所谓消灭富农不可避免地会扩大化，使得大批富裕农民的利益在运动中受到损害。而且农业全盘集体化的直接推动者和执行者并不是来自农村的党员。在农业集体化之前，联共（布）党在农村的政治基础是比较薄弱的，到 1929 年，农民党员人数只占党员总人数的 19.4%，到 1927 年 7 月前，2500 万农户中共产党员不到 34 万。在农村有些地方，三四个村苏维埃才有一个党支部，即使这样，构成 1929 年 45% 农村共产党员的或者是集体农庄庄员——农村中的少数，或是居住在农村地区的城市工人。② 为了加强党在农村的政治基础，党的第十五次代表大会以后，联共（布）就派遣了 11000 名左右党、苏维埃和合作社的干部去农村主持日常或者是临时性的工作。为了领导和推动全盘集体化，1929 年联共（布）中央 11 月全会以后，又派出了 25000 多名工人党员前往

---

① 数据来源常见陈之骅主编《苏联史纲（1917—1937）》（下册），人民出版社 1991 年版，第 550 页。

② 参见［俄罗斯］尤·瓦·叶梅利亚诺夫著《斯大林：未经修改的档案——在权力的顶峰》，凤凰出版传媒集团、译林出版社 2006 年版，第 8、9 页。

二 斯大林时期苏联共产党党的建设理论与实践

农村，担任刚建立的集体农庄和拖拉机站的领导。1930年一年中就有18万城市工人被派到农村工作一至两个月。这些城市工人对农村的生产生活方式并不熟悉，也很难关注广大农民的利益，在工作中往往是高高在上，而熟知农民利益的34万农村党员则被当作二等党员，必须接受城市工人党员的领导。这种以强迫甚至是以暴力相威胁的集体化必然激起农民的反抗，在1929年底，苏联全国各地区都出现了反抗集体化的组织，有的地方甚至发展为反抗集体化的武装起义。在1930年1月到3月，在西伯利亚就发生了65次农民起义，这一年在伏尔加河中游地区发生了718次农民反对集体化的群体运动。苏联全国处于"农民自发起义"的危险中。① 另外全盘集体化这样一个重大的社会变革，几乎没有经过任何的宣传和教育，以便让人们理解这一政策，而是突然袭击式的开展的，正如有学者指出："全盘集体化运动的政策、计划都是突然转变的，它是斯大林家长制的结果，迫使从上到下的各级干部和集体化工作队员，仓促之间跨上了一匹狂奔的野马。"② 一定程度上说这一变革的过程就是对广大农民的利益剥夺的过程。要完成这一任务必须有强力的权力为后盾，要求一种自上而下的指令下达和自下而上的绝对服从指令的体制。这给党和国家权力集中提供了现实要求和基础。

以斯大林为首的联共（布）为了实现全盘集体化的计划，从多方面采取措施强化高度集中的权力体制。一是运用清党的办法清除党内坚持新经济政策原则、主张对农民采取稳健、谨慎、温和政策的党的干部和普通党员。最初清除的对象仅限于人民委

---

① 参见［俄罗斯］尤·瓦·叶梅利亚诺夫著《斯大林：未经修改的档案——在权力的顶峰》，凤凰出版传媒集团、译林出版社2006年版，第17页。

② 参见陈之骅主编《苏联史纲（1917—1937）》（下册），人民出版社1991年版，第548页。

员会、最高经济委员会、全苏工会中央理事会、共产国际执行委员会等党和国家的上层机构中的官员。很快这种清除就在全党铺开，1929年4月在联共（布）第十六次代表会议上，通过了一个《关于清洗和审查联共（布）党员和预备党员的决议》，决议认为："几乎在国家机关、经济机关、工会机关，其至党机关的各个环节中，都存在着官僚主义分子，而在某些地方特别是在农村下层机关中，存在着同富农串通一气、歪曲党的阶级路线的蜕化为资产阶级市侩的分子，因此阻碍了吸收城乡优秀无产阶级分子入党的工作，缩小了社会主义建设的规模，有时使得广大工农群众不信任党和苏维埃政权的措施。"① 因此必须将这些分子清除出党。随后便开始了大规模的自上而下的大清洗。到1929年联共（布）11月中央全会为止，短短半年的时间，大约有占党员总数的11%的14.9万党员被开除出党，② 其中主要的是坚持新经济政策的党员。二是改组书记处，增设书记处经济管理方面的机构，强化书记处的经济管理职能。1930年斯大林再次改组书记处，在书记处中增设了重工业部、轻工业部、交通运输部、农业部和财政—计划—贸易部。③ 这些机构同政府系统相互重叠，实际上它们都凌驾于政府的同类机关之上，代替政府机构对具体经济工作进行领导，使书记处在全权掌握组织人事权的基础上，又控制了经济管理甚至是直接的经营大权。三是强化以党代政的政治体制，党组织越来越取代政府成为直接的经济管理者甚至是直接的经营者。党不仅对经济工作方针政策实行路线上的原

---

① 《苏共决议汇编》（第四分册），人民出版社1957年版，第45页。
② 数据来源参见陈之骅、吴恩远、马龙闪主编《苏联兴亡史纲》，中国社会科学出版社2004年版，第160页。
③ 参见［英］伦纳德·夏皮罗：《一个英国学者笔下的苏共党史》，东方出版社1991年版，第667—668页。

则性领导，而且对具体经济生活进行包办和繁琐地监督。比如为了有效地推动全盘集体化，联共（布）就在机器拖拉机站设立了政治部，将其职能规定为"保证集体农庄和庄员无条件地按期履行自己对国家的义务，特别是要同盗窃集体农庄财产的行为作坚决斗争，同集体农庄中抗拒执行党和政府的粮食收购和肉类收购措施的现象作斗争"①。并派遣大批的城市工人党员到机器拖拉机站担任政治部的工作。再比如改组书记处也是为了强化党的具体经济管理职能等等。四是频繁地让国家安全机关介入党内斗争，党内的政治审判事件和秘密镇压活动越来越多，规模也越来越大。就在全盘集体化过程中，党内大的审判和镇压活动就有1930年6月党中央内部揭发的所谓"塞尔佐夫—洛米纳泽集团"案，1930年11月的"工业党"、"劳动农民党"和"俄国社会主义民主工党委员会"案，1932年党中央揭露的"柳亭—斯列普科夫集团"案，1932年底的"斯米尔诺夫反党集团"案以及随后的"乌克兰民族主义者斯克雷普尼克集团"案。在这些"案件"中当事人轻则被开除出党，重则被投进监狱甚至被秘密处决。

再次，在意识形态领域展开大批判，全面占领思想理论和科学文化阵地。

为了适应经济政治领域的"大转变"，也为了同党内的其他理论对手进行斗争，斯大林发动了一场意识形态领域的大批判，先后在哲学界、史学界和文学艺术界等思想文化领域展开了大规模的思想批判运动，并改组这些领域的领导体制。1929年12月27日，斯大林在共产主义科学院的马克思主义土地专家代表会议上作了《论苏联土地政策的几个问题》的讲话，讲话中斯大

---

① 《苏共决议汇编》（第四分册），人民出版社1957年版，第341—342页。

林认为当前的"理论思想赶不上实际工作"的需要,认为现在"对新经济政策问题,阶级问题,建设速度问题,结合问题,党的政策问题",都应该有不同于过去的"新的提法"[①]。对意识形态的"大转变"进行了总动员。随后以布哈林的经济理论为靶子,开始了对经济学和政治经济学领域的批判。此后在哲学领域展开了对德波林学派的批判,1931年底又开始对史学领域进行批判。在经济学界、哲学界和史学界出现大批判浪潮的同时,文学界和各艺术领域也开始受到全面的批判。在批判过程中,大多数人文社会科学组织、文艺创作团体以及文化教育团体都被解散或者停止活动,代之以官方建立的社会和学术团体,而且官方的这些组织也走上了统一化、行政化和国家化的道路,整个意识形态领域的管理体制发生了重大变化。在意识形态领域的大批判中,党的领袖越来越成了真理的化身,控制了意识形态的解释权,领袖的话成为终极真理,其他人能做的就是对领袖的语言和思想唱赞歌,甚至是顶礼膜拜。批判的方式也超出了"批判的武器",开始用"武器的批判"代替"批判的武器",思想文化领域的交锋被政治化,与领袖不同的思想被定性为政治错误,持不同思想的人则被戴上反党反社会主义的政治帽子。在党内利用组织手段对付不同的理论观点,依靠行政手段强迫对手服从领袖,甚至动用国家安全机关来压制与领袖思想相左的不同理论和思想。最终形成了一种简单化、教条化、泛政治化和泛意识形态化的思想文化模式,这既是党和国家权力高度集中的产物,同时这种文化模式又给权力的进一步集中提供了思想基础。

最后,对领袖的个人崇拜开始兴起和膨胀。

就在斯大林击败党内所有对手取得党和国家的唯一领袖地位

[①] 《斯大林全集》第12卷,人民出版社1955年版,第126、127页。

的时候，迎来了他自己的50诞辰，全党全国为此举行了盛大的庆祝活动。在此期间，《真理报》用了近一个星期的时间，开辟大量版面报道全国各地、各方面的祝寿活动。并组织刊登了大量对斯大林歌功颂德的文章。"伟大领袖"、"英明领导"等赞誉头衔纷至沓来，个人崇拜的气氛开始风靡全国。在这种氛围下，斯大林本人也越来越专断，其言论越来越成为党和国家的"金科玉律"，具有比党中央决议更高的地位，甚至干脆不经过党中央的讨论和批准，斯大林个人的意见就成为党的方针政策。其意见和观点越来越具有更强大的法律效力和行政干预力。其结果党和国家的权力越来越集中于斯大林一人手中。

"大转变"的胜利，标志着斯大林的社会主义模式的形成与确立，社会主义国家执政党建设的斯大林模式也确立起来。此后，斯大林进一步采取措施不断巩固和强化这一模式，到20世纪30年代末期这一模式完全定型。

1933年1月7—12日，联共（布）中央委员会和中央监察委员会举行联席会议，会议通过了《关于清党的决议》，决定"在1933年进行清党和在清党工作未结束前停止吸收新党员"①，随后党内的大清洗开始，仅1933年一年中就有80多万党员被开除，1934年又有34万党员被开除，而开除的对象主要是不积极执行党的全盘集体化政策和同情富农的党员。会议还通过了《关于爱斯蒙特、托尔马切夫、阿·普·斯米尔诺夫等人的反党集团的决议》，认为爱斯蒙特、托尔马切夫、阿·普·斯米尔诺夫等人组织了秘密的集团，从事反党活动，决定将爱斯蒙特、托尔马切夫开除出党，将斯米尔诺夫开除出中央委员会并对其提出警告。不仅如此，决议还认为托姆茨基和李可夫这两个原"右

---

① 《苏共决议汇编》（第四分册），人民出版社1957年版，第352页。

倾集团"的成员支持了爱斯蒙特、托尔马切夫、阿·普·斯米尔诺夫等人的反党活动,要求他们改变这种行为,并提出了如不改变将受到党的严厉处分的警告。就在这次全会上,斯大林作了《第一个五年计划的总结》的报告,报告中再次谈到了阶级斗争问题,斯大林认为:"阶级的消灭不是经过阶级斗争的熄灭的道路,而是经过阶级斗争加强的道路达到的。国家的消灭不是经过国家政权削弱的道路,而是经过国家政权最大限度地加强的道路到来的。"[1] 认为只有最大限度地加强国家政权才能铲除垂死阶级的残余。

1934年1月26日—2月10日,联共(布)第十七次代表大会召开,这次大会被称为"胜利者的大会",因为在联共(布)看来,党已经完成了农业全盘集体化的任务,完成了第一个五年计划,消灭了资本主义的残余,肃清了党内的"右倾分子"和各种"反对列宁主义的集团"。因此,斯大林在政治报告中指出:"这次代表大会是在列宁主义取得完全胜利的旗帜下,在各种反列宁主义集团残余被肃清的旗帜下举行的。"认为"党现在比从前任何时候都更加团结一致了"[2]。但是,这并不意味着联共(布)放弃了阶级斗争,斯大林在报告中仍然强调:这并不意味着斗争已经结束,党的社会主义进攻政策已经结束。因为资本主义的残余和反列宁主义集团的残余思想仍然在党内存在。因此,一方面要加强思想工作,宣传列宁主义,提高党的理论水平。另一方面也要大胆地批评离开马克思列宁主义的倾向,"不断地揭露敌视列宁主义的派别的思想和思想残余"[3]。斯大林在

---

[1] 《斯大林全集》第13卷,人民出版社1956年版,第190页。
[2] 同上书,第307、308页。
[3] 同上书,第321页。

二 斯大林时期苏联共产党党的建设理论与实践

报告中还强调，在新的条件下必须重视党的组织工作，他说："在正确的路线提出以后，在对问题作出正确的决定以后，事情的成功就取决于组织工作，取决于组织实现党的路线的斗争，取决于正确地挑选人才，取决于检查领导机关的决议的执行情况。"并提出了"在正确的政治路线提出以后，组织工作就决定一切"的论断。[①] 值得注意的是，斯大林在报告中对中央监察委员会的地位和作用作了新的解释。他认为：中央监察委员会"首先而且主要是为防止党内分裂而成立的"，"但现在我们不再有分裂的危险了"，因此中央监察委员会的主要职能应转向"检查党和党中央委员会决议的执行情况"，尽管仍然坚持监察委员会由党的代表大会选举产生，可以处分任何一个包括中央委员会委员在内的犯错误的分子，但是它必须"按照党和党中央的指示进行工作"[②]。

按照斯大林报告的精神，联共（布）十七大通过了《组织问题的决议》。决议决定在党的组织建设方面采取以下主要措施：

一是按照生产部门来设置党的基层组织，扩大党组织网络的覆盖面。代表大会决定将现有的党支部改变为以党委员会作为领导机关的工厂、运输部门、红军部队、集体农庄、高等学校、机关等的党组织，在车间、工作班、工段则改为由党组织员领导的车间组织，党组织员由该党组织全体大会选出并经工厂党委员会批准。决议还规定："在党员不满三人的集体农庄中，成立预备党员、党员和共青团员混合小组，由机器拖拉机站政治部委派党

---

① 《斯大林全集》第13卷，人民出版社1956年版，第322、323页。
② 同上书，第330页。

组织员领导。"①

二是改组党的中央、省、区各级领导机关的组织结构,强化党组织直接管理和干预经济的职能。总体思想是取消现有的职能部,设立完整的负责生产业务的部。在联共(布)中央委员会下设立农业部、工业部、运输部、计划财政贸易部、政治行政部、党的领导机关部、文化和列宁主义宣传部、马克思恩格斯列宁研究院和两个处——事务管理处和秘书处。在省委员会和边区委员会下设立农业部、工业部、运输部、苏维埃贸易部、文化和列宁主义宣传部、党的领导机关部(市的和区的)和秘书处。改进区委员会的工作,使它更直接地去解决生产任务。中央书记处的下设机构也增加了,包括农业部、工业部、交通运输部、计划—财政—贸易部、政治行政部、党的领导机关部、文化宣传部、特别部、事务管理部、学校部和高校部。这一改组很显然是为了增强党的领导机关直接管理和干预经济社会事务的职能,这些业务部与政府的相关机构的设置一样,职能也与政府相关机构重叠,实际上,甚至完全取代了政府的相关机构。这一改组的结果必然是进一步强化党政不分,以党代政的集权体制,党越来越成为权力中枢,而政府的行政机关则几乎成了党内机关的职能办事机构。而且在决议中,还决定取消职能管理制度,加强对经济社会的具体领导,强调实行领导者的个人负责制,进一步为权力的集中提供了条件。

三是改组党的中央监察委员会。大会决定将中央监察委员会改组为联共(布)中央党监察委员会,尽管仍然规定它由党的代表大会选出,但是已经改变了它相对于中央委员会的独立地位,而成为中央委员会的下属机构。而且取消了共和国、边区、

---

① 《苏共决议汇编》(第四分册),人民出版社1957年版,第387页。

二 斯大林时期苏联共产党党的建设理论与实践

省级的党的监察委员会，改由中央党监察委员会派出常驻代表，也就是说党的地方监督机关已被取消，只有自上而下的监督了。大会还决定联共（布）中央党监察委员会的领导由中央委员会的书记来担任，取消了中央监察委员会委员不得兼任中央委员的规定，这就进一步削弱了党的专门监督机关的独立性。在十七大通过的新党章中对党的监察委员会的职责也作了重新定位，规定监察委员会的职能是："监督党和联共（布）中央委员会的决议的执行；审理违反党纪的人；审理违反党的道德的人。"[①] 可以说监察委员会已经失去了监督意义，已经不是作为党内的权力监督机构而存在，相反它已经变成了捍卫高度集权体制的有力工具。党和国家的最高领导已被置于不受任何机构监督的地位。

在联共（布）十七大会议上，对斯大林的个人崇拜也在升温。在代表大会开幕的那一天，《真理报》便以"列宁关于社会主义在我国可能胜利的学说照亮了我们的斗争道路。斯大林英明、坚强的领导指引我们走向胜利"为主题发表社论，对斯大林极尽赞扬之能事。社论最后发出了"向列宁主义的中央委员会和党的领袖、国际无产阶级革命的钢铁队长，世界上第一个社会主义社会的伟大建筑师——斯大林同志致以热烈的敬礼！"的号召。1月29日，《真理报》又发表社论盛赞斯大林的总结报告和斯大林本人。社论说："党的领袖卓越地运用马克思列宁主义的辩证法，一步一步地阐明了错综复杂的当代国际形势、危机运动、资本主义的紧张局势，显示了苏维埃国家经济的不断增长。"社论最后说："胜利属于我们有保证……因为有列宁主义的中央委员会和用伟大工作纲领武装布尔什维克的斯大林这样的不屈不挠和英明天才的舵手。"代表大会上几乎是每一个发言的

[①] 《苏共决议汇编》（第四分册），人民出版社1957年版，第387页。

人都会对斯大林大唱赞歌，诸如"光荣的坚如磐石的列宁主义者"、"优秀的列宁主义者"、"伟大的领导人和战略家"等等赞誉之词不绝于耳，就连布哈林也称斯大林为"世界革命的元帅"。斯大林的肖像、雕塑像开始成为国家机关办公室的不可缺少的装饰，一些城市，甚至是一些企业、集体农庄、国营农场等等都开始用斯大林来命名。[①]

在刚刚经历的暴风骤雨式的"大转变"中，急躁冒进的政策给党和国家带来了很多困难和危机，特别是1932年到1933年发生了严重的饥荒，使得联共（布）党内出现了反思"大转变"、寻求更为稳健温和的方针的趋势，整个政治、社会气氛相对宽松起来，就连曾经是反对派的人物，也重新被任用，一些托洛茨基的追随者恢复了党籍，季诺维也夫和加米涅夫都重新安排了工作。第二个五年计划作了更为稳健的调整，对农民的政策也有所松动。不幸的是，1934年12月1日，联共（布）中央政治局委员、中央书记、列宁格勒州委书记谢·米·基洛夫被杀害，苏联的政治气氛一下子紧张起来，十七大以后开始的政策调整受到了很大的冲击。基洛夫遇害几小时后，斯大林随即亲笔草拟了后来被称作"十二月一日法令"的苏联中央执行委员会决议，该决议规定：凡恐怖案件要在10天内侦察完毕，起诉书在审判前一昼夜内送达被告，审讯案件不准原告和被告到场，不允许上诉，宣布死刑判决后立即执行。[②] 在基洛夫被害后，很快在列宁格勒、莫斯科和乌克兰等地开始了逮捕、审判和流放的浪潮，在没有任何证据的情况下，一些前反对派重要人物便遭到了参与谋

[①] 参见尤·瓦·叶梅利亚诺夫著《斯大林：未经修改的档案——在权力的顶峰》，凤凰出版传媒集团、译林出版社2006年版，第70—71页。

[②] 转引自陈之骅、吴恩远、马龙闪主编《苏联兴亡史纲》，中国社会科学出版社2004年版，第218页。

二　斯大林时期苏联共产党党的建设理论与实践　173

杀基洛夫的指控，1934年12月16日，季诺维也夫和加米涅夫被逮捕。12月28日至29日，14人因为被指控直接参与组织谋杀基洛夫而被苏联最高法院军事法庭判处死刑，并被立即执行枪决。1935年1月9日，苏联内务部特别会议又审理了所谓的"列宁格勒萨发罗夫、扎卢茨基等反革命的季诺维也夫集团"案，该案有77人被判期限不同的监禁和流放。1月16日，季诺维也夫、加米涅夫等19人又因为所谓的"莫斯科中心"案被判处5年到10年不等的徒刑。① 1935年1月18日，联共（布）中央又发出了关于基洛夫惨遭杀害的秘密信，要求各地动员所有力量去击溃敌对分子，深挖党和人民的敌人的反革命巢穴。② 斯大林怀疑打击的目标引向党内所有的"反对派集团"，1935年3—4月间，内务部特别会议在莫斯科又审判了所谓"工人反对派集团——莫斯科反革命组织"。与此同时，在社会上也加紧了打击富农分子、异己分子、各种不良分子，甚至是少年流氓犯的运动，而在列宁格勒、阿塞拜疆和乌克兰，又开始了把异己分子或者富农家庭迁移流放到边远地方。③

　　1935年5月13日，联共布中央又发出了关于登记、发给和保存党证问题的告全党各级组织专信。随后从1935年5月到12月，在全国展开了检查党证的运动。这次运动形式上是一项检查党证及其登录卡片真伪的工作，实际上是一次以审查党员、换发党证为中心，伴之以逮捕的清党运动。在这次运动中，有15218

---

　　① 转引自陈之骅、吴恩远、马龙闪主编《苏联兴亡史纲》，中国社会科学出版社2004年版，第218页。
　　② 参见沈志华、于沛等编著《苏联共产党九十三年》，当代中国出版社1993年版，第369页。
　　③ 参见陈之骅、吴恩远、马龙闪主编《苏联兴亡史纲》，中国社会科学出版社2004年版，第219页。

人被开除党籍并遭到逮捕,揭发出上百个所谓的"敌对组织和集团",没收党证达25万张之多。不仅如此通过这次运动,国家安全机关掌握了大量在各个不同时期在各种问题上对"总路线"持有异议的党员的档案,为以后的大清洗收集了详细的资料和信息。①

1936年7月29日,联共(布)中央书记处向各地组织下达了《关于托洛茨基—季诺维也夫反革命集团恐怖活动》的密信,"大清洗"运动正式揭开了序幕。1936年8月19日到24日,苏联最高法院军事审判庭对所谓"托季反苏联中心"案进行审判,季诺维也夫、加米涅夫等16人遭到严刑审判,最后16人均被判处死刑,并立即执行枪决。1937年1月23—30日对所谓"托洛茨基反苏平行中心"进行审判,在这次审判中包括皮达可夫等13人被判处死刑,拉狄克、索柯里尼夫等人被判处10年监禁。②1937年2月23日到3月5日,联共(布)中央召开全体会议,在这次会上,"研究了布哈林和李可夫的反党活动的问题,并决定把他们开除出联共(布)的队伍"③,就在这次会议上逮捕了布哈林和李可夫,并将他们交给内务人民委员部审查。内务人民委员部负责人叶若夫向全会报告了在各地各部门破获的案件,批评了各地各部门领导人所谓"本位主义"、袒护"敌人"和阻挠揭发的种种行为。斯大林最后作了《论党的工作缺点和消灭托洛茨基两面派的办法》的总结报告。他说:"在我们所有的或几

---

① 参见陈之骅、吴恩远、马龙闪主编:《苏联兴亡史纲》,中国社会科学出版社2004年版,第240页。

② 参见沈志华、于沛等编著《苏联共产党九十三年》,当代中国出版社1993年版,第379页。

③ 《苏联共产党代表大会、代表会议和中央全会决议汇编》第四分册,人民出版社1957年版,第464页。

乎所有的组织中，无论在经济组织、或在行政组织和党的组织中，都在某种程度上碰到了外国代理人的暗害、破坏和间谍活动，其中托洛茨基分子起了相当积极的作用。"而且"外国代理人，包括托洛茨基分子在内，不仅打入我们的基层组织，而且窃取了某些重要职位"。但是，"我们的一些领导同志，无论中央的或地方的，不仅不善于看清这些暗害分子、破坏分子、间谍和杀人凶手的真面目，而且表现出漠不关心、泰然自若和幼稚无知，以至于往往自己就帮助外国代理人窃取了某些重要职位"[1]。这表明斯大林对当时的清洗的范围、规模都不满意。斯大林再次强调了其阶级斗争理论，他认为："我们的进展愈大，胜利愈多，被击溃了的剥削阶级残余也会愈加凶恶，他们愈要采用更尖锐的斗争形式，他们愈要危害苏维埃国家，他们愈要抓紧最绝望的斗争手段来做最后的挣扎。"[2] 并认为，现在要做的不再是辩论的方法，而是"新办法"，即"连根拔掉和粉碎的办法"。[3]这实际上是一次"大清洗"的动员，绿灯已经打开，"大清洗"这架机器可以全速开动了。

全会结束以后，随即开始了对党和国家干部的大撤换、大逮捕。"反对派"和"人民的公敌"等概念无限扩大。"大清洗"触及了从中央政治局委员到各地各方面的基层各个级别的干部，政治局委员中有5人被镇压；139名中央委员中有89人被逮捕，其中大部分被枪决；1966名十七大代表中，有1108人在"大清洗"期间消失；[4] 所有的人民委员部的部长被撤

---

[1] 《斯大林文选（1934—1952）》上，人民出版社1962年版，第112页。
[2] 同上书，第129页。
[3] 同上书，第127页。
[4] 数据来源参见陈之骅、吴恩远、马龙闪主编《苏联兴亡史纲》，中国社会科学出版社2004年版，第244页。

换。镇压还扩大到了工会、共青团、各社会团体的干部、从事科学和创作的知识分子,以及共产国际的职员和外国共产党人。"大清洗"运动还超出了党和国家领导干部的范围,被推广到社会广大阶层之中。

1937年7月2日,政治局又批准了向各省委、边疆区委、民族共和国党中央书记们下达的电报,电报指出:"大部分从前一度从各省区流放到北方和西伯利亚地区、后经流放期满又返回本地区的富农和刑事罪犯,是形形色色反苏和破坏罪行的主要罪魁祸首。"要求将他们进行登记,将其中最敌对的分子立即逮捕,并通过三人小组按照行政办案规定予以枪决,并要求"在5天内向中央报送三人小组成员的组成,应该枪毙的人数,以及应该流放的数字"①。内务部根据上报的"反苏分子"的数字,迅速制定了《关于镇压前富农、刑事犯等反苏维埃分子的行动命令》,并报政治局审批。命令规定,依地区不同分别从8月5—15日开始行动,在4个月期限内完成。镇压的对象包括应予立即逮捕并予枪毙的人和应在集中营或监狱监禁8—10年的人。而且规定了这两类人中镇压的限额。规定应逮捕的人数为259450人,其中72950人要被枪毙。后来各地领导又申请追加镇压额度,从8月28日至12月15日,政治局批准各地区总计增加的人数为第一类2.25万人,第二类为1.68万人。②命令下达以后,各地的"三人小组"迅速成立,并被赋予不受监督作出判决、下达包括枪毙在内的执行命令的特权。除了这种有计划的全国统一镇压行动以外,还组织了多次专门行动逮捕和镇压少数民族和

---

① 数据来源参见陈之骅、吴恩远、马龙闪主编《苏联兴亡史纲》,中国社会科学出版社2004年版,第245页。

② 同上书,第246页。

二　斯大林时期苏联共产党党的建设理论与实践

外籍人士。为了保证"大清洗"任务的完成，联共（布）中央政治局委员和其他中央领导还定期到全国各地巡视，督促甚至直接领导对各共和国和省的党组织的清洗。

1938年3月，举行了"大清洗"运动中的第三次公开审判，这次的被告是布哈林、李可夫等21人，他们被指控为"右派—托洛茨基联盟"的成员，参与谋杀了基洛夫，审判结束时。布哈林、李可夫、克列斯廷斯基、拉科夫斯基、雅哥达等被告多数被判处死刑，立即执行。其他人分别被判处15年到25年不等的徒刑。

据后来苏联官方公布的数字，在"大清洗"高潮期的1937年至1938年，按反革命和其他特别危害国事罪提起公诉而被判刑的人数有1344923人，其中681692人被枪毙，在这期间被逮捕的人共有3141444人，其中属政治迫害的不低于250万人。[①]"大清洗"尽管起到了清除阶级敌人和腐败分子的作用，但是毫无边界的扩大化，破坏法制的任意性以及夹在其中的政治斗争甚至是权力斗争的因素影响，使"大清洗"成为彻底消灭异己力量和党内不同意见的重要手段，其结果是党内多年积累起来的优秀人才、干部资源和组织力量遭受重大摧残，这还只是可以直接观察到的后果，而最为严重的后果是"大清洗"留下的后遗症。经历了"大清洗"以后，人们开始变得谨小慎微，墨守成规，恪守教条，党内不同的声音已销声匿迹，党内已不可能有独立思考，领袖的思想成为党和全体党员的思想。对领袖及其思想和言论的顶礼膜拜、盲目迷信成为党内的普遍风气，其结果形成了强大的保守力量，致使后来的改革举步维艰。这无疑扼杀了党的生

[①] 数据来源参见陈之骅、吴恩远、马龙闪主编《苏联兴亡史纲》，中国社会科学出版社2004年版，第248页。

机与活力。"大清洗"还导致了很多人对苏联共产党开始怀疑甚至是仇恨，这无疑动摇了联共（布）党执政的社会基础，造成了执政合法性基础的流失。另外，在恐怖、谴责、伪善和阴谋的冲击下，整个社会几乎没有人能相信包括自己的同伴甚至家人在内的其他人，社会普遍没有安全感，导致社会"原子化"①，给执政党的社会整合，带来了极大的困难。可以说"大清洗"运动已经给苏共的失败植下了祸根，其后果"成为埋在斯大林政府和斯大林管理体制下缓慢作用的政治地雷"②。

就在大清洗运动中，1938年9月，《真理报》上连载发表了由斯大林亲自审定、批准的《联共（布）党史简明教程》，随后，在全党、全国掀起了学习这部著作的高潮。这部著作的编写过程即是一个灌输斯大林意图及其指导思想的过程，这部党史著作数易其稿，但是总不能让斯大林满意，在编写过程中一些不贯彻斯大林的意图，坚持自己的史学观点的编写者甚至遭到清洗。斯大林对教科书的篇章结构提出了自己的设想，亲自拟定全书的写作大纲，亲笔写了第四章中"辩证唯物主义和历史唯物主义"一节，最后由斯大林捉笔定稿，对重要章节都作了重要的修改和补充。

在《联共（布）党史简明教程》中，斯大林把党的历史概括为党内斗争的历史，大量篇幅用以叙述不同时期同不同反对派的斗争。例如在导论中这样概括联共（布）党的发展史："联共（布）在工人运动内部是同小资产阶级的党派即同社会革命党（更早是同他们的前辈——民粹派）、孟什维克、无政府主义者

---

① 参见伦纳德·夏皮罗著《一个英国学者笔下的苏共党史》，东方出版社1991年版，第461页。

② 尤·瓦·叶梅利亚诺夫著《斯大林：未经修改的档案——在权力的顶峰》，凤凰出版传媒集团、译林出版社2006年版，第159页。

二 斯大林时期苏联共产党党的建设理论与实践

和形形色色的资产阶级民族主义者作原则斗争中,在党内则是同孟什维克主义的、机会主义的派别,即同托洛茨基派、布哈林派、民族主义倾向分子和其他反列宁主义集团作原则斗争中成长壮大起来的。""联共(布)是在同工人阶级的一切敌人、劳动群众的一切敌人即地主、资本家、富农、暗害分子和特务作革命斗争中,在同资本主义包围势力的一切雇佣走狗作革命斗争中,得到巩固和锻炼。"① 在结束语中,党的未来发展方向被概括为"战斗的党,革命的党"②,在概括联共(布)党的历史启示时,仍然把斗争作为党发展的重要途径,这种斗争即包括在党外各种对小资产阶级党派的斗争,在党内同党内的机会主义和投降主义的斗争。

《联共(布)党史简明教程》在斯大林的授意下,也成了一部斯大林的功绩史。正如伏罗希洛夫所说,在《联共(布)党史简明教程》中"哪里有斯大林,哪里就有功勋;哪里有斯大林,哪里就有胜利。"③ 为了突出斯大林与列宁的并列领袖地位,布尔什维克党作为政党的存在时间由1903年推迟到1912年的布拉格会议,因为就在这次会上斯大林当选为中央委员,进入了党中央。国内战争时期的斯大林则被《联共(布)党史简明教程》塑造成整个国内战争胜利的源泉和鼓舞者。

《联共(布)党史简明教程》的发表标志着斯大林模式的最终确立。它发表以后,很快就被奉为一部独一无二的党史经典教本,被提高到与马克思、恩格斯、列宁著作并列的"经典著作"的地位,当作"马列主义基本知识的百科全书"予以推崇。同

---

① 《联共(布)党史简明教程》,人民出版社1975年版,第1页。
② 同上书,第389页。
③ 转引自陈之骅、吴恩远、马龙闪主编《苏联兴亡史纲》,中国社会科学出版社2004年版,第252页。

时它也成为苏联马克思主义和社会科学不可超越的壁垒，人们能够做的仅仅是对它的尊崇、赞誉和照本宣科，而不能对其怀疑和突破。它也成为衡量苏联思想理论正确与否的标尺，顺之者存，逆之者亡。正是这一壁垒阻止了苏联马克思主义理论与社会科学的创新与发展，导致马克思主义理论与社会思想走上了僵化和停滞的道路。

"大清洗"运动的严重后果很快表现出来，大批党员干部和工作人员被逮捕甚至镇压，导致党的组织力量严重削弱，党不得不重新挑选干部以保证党的组织力量的完整。而干部的成长有一个过程，这就使得党和国家面临着严重的干部短缺问题。而且"大清洗"这架机器开动起来以后，在不断地加速运转，特别是大规模的群众性告密活动，使被清洗的人越来越多，"大清洗"运动开始失控，全社会从上到下相互猜疑，人人自危。越来越多的人包括斯大林本人开始明白这一运动持续发展的可怕后果。早在1938年的1月中央全会上，受斯大林的委托，马林科夫作了《关于在开除党员，形式主义、官僚主义地对待开除出联共（布）党员的上诉中党组织的错误及消除这些缺点的措施》的报告，报告批评了一些钻营的党员"通过不问青红皂白地镇压党员、竭力在开除党员出党和镇压党员中作出成绩和突出自己，竭力保护自己，免得可能被指责为警惕性不高"，"他们通过镇压措施竭力消灭我们的布尔什维克干部，在我们的队伍中撒播不信任和过分怀疑"，谴责他们"对党员命运定罪的轻率态度"[①]。这意味着"大清洗"的政策开始有所转变。1938年7月，苏联大

---

① 转引自尤·瓦·叶梅利亚诺夫著《斯大林：未经修改的档案——在权力的顶峰》，凤凰出版传媒集团、译林出版社2006年版，第153页。

二 斯大林时期苏联共产党党的建设理论与实践

规模的肃反运动开始平息。① 1938年11月17日，由莫洛托夫和斯大林共同签署了苏联人民委员会和联共（布）中央《关于逮捕、检察机关的监督和进行侦查的决议》，决议承认："内务人民委员部机构在1937—1938年进行的粉碎和挖出敌对分子的群众性行动中，简单化地进行侦查和审判，这不能不导致内务人民委员部和检察机关工作中的一系列重大缺陷。"决议禁止内务人民委员部和检察机关"进行任何群众性的逮捕和强制迁移的行动"，并决定撤销根据苏联内务人民委员部的命令而组建的各级审判三人小组，并严厉警告："内务人民委员部和检察机关工作人员，不论什么人，凡稍微有破坏苏联法律和党及政府指示的，将严厉追究其法律责任。"② 这表明，联共（布）已踩下了"大清洗"运动的刹车，而1938年12月9日，撤销了"大清洗"运动的总执行者叶若夫内务人民委员会委员的职务，大规模的清洗和镇压运动结束了。

1939年3月10日至21日，在联共（布）十七大召开五年后，党的第十八次代表大会召开，这次大会被认为是"一次怯懦、驯服的大会"，大会上"没有争论，没有批评，没有讨论"③。但是，这次大会一个很重要的内容就是对1936年以来的清洗和镇压政策进行调整和纠错。大会通过了《修改全苏联共产党（布尔什维克）党章的决议》，决议认为社会主义在苏联取得了胜利，苏联人民的阶级成分发生了根本的变化，一切剥削分

---

① 沈志华、于沛等编著《苏联共产党九十三年》，当代中国出版社1993年版，第387页。
② 参见尤·瓦·叶梅利亚诺夫著《斯大林：未经修改的档案——在权力的顶峰》，凤凰出版传媒集团、译林出版社2006年版，第155—156页。
③ 伦纳德·夏皮罗著《一个英国学者笔下的苏共党史》，东方出版社1991年版，第463页。

子已经被消灭，苏联人民之间的阶级差别正在消失，工人、农民和知识分子之间的经济矛盾和政治矛盾正在缓和、消失。因此有必要修改党章以适应新的形势。对党章修改决议的内容主要体现在以下几个方面：

一是修改党章中关于接收新党员的规定。决议认为："党章规定的现行接收入党的手续，是按照被接收入党的人的社会地位而分为四类，这显然是与社会主义在苏联胜利后苏维埃社会的阶级结构起了变化的情况不适应的。分类接收入党和不同预备期的规定，已经没有必要存在了，因此，对于一切被接收入党的人，无论他们的成分是工人阶级、农民或知识分子，应当规定统一的接收条件和同样的预备期。"① 在这次大会上通过的新党章还规定"接收党员只能个别地进行"②。

二是详细规定党员的权利。决议认为："除了党章中原来关于党员和党员的义务的条款外，必须补充党章中没有明确规定的、关于党员应有权利的条款。"这种补充，"对于提高党员对党的事业的责任心、对于保护党员不受官僚主义的侵害，有特殊的意义"。因此，除了原党章第五十七条规定的"在各个组织内或在全党内自由而切实地讨论党的政策问题，是每个党员根据党内民主制所享有的不可剥夺的权利"以外，新党章还应该规定党员的如下权利：党具有在党的会议上批评党的任何工作人员的权利；党员有党内的选举权和被选举权；在对自己的活动或行为作出决议的时候，党员有要求亲自参加的权利；党员有向党的任何一级组织直到联共（布）中央提出任何质问和声明的权利。③

---

① 《苏共决议汇编》（第五分册），人民出版社1958年版，第42页。
② 同上书，第60页。
③ 同上书，第42—43页。

三是决定取消大规模运动式清党的办法。决议承认了过去采用的大规模运动式清党的局限性,决议认为:"采用大规模清党的办法就不可能采用分别对待党员这一唯一正确的办法,而以笼统的、刻板的、'按照一个标准'去对待党员的办法来代替分别对待的办法。因此,在大规模清党的情况下就发生了许多毫无根据的开除党籍的事情,而混入党内的敌对分子则利用清党来迫害和陷害忠实的工作人员","在实践中常常使党员的权利遭到侵犯"也"不能达到目的",因此,必须停止按期大规模清党运动,规定党要采用普通方式把违反党纲、党章、党纪的人清除出自己的队伍。而且应该在党章中补充若干条款,保证以负责的态度仔细研究处分的根据,维护党员权利不受任何侵犯,禁止对犯小错误的党员采取开除党籍这一党的最高处分办法。①

四是"在彻底实现党章规定的党内民主原则的基础上,相应的改变党的工作方法"。主要包括:恢复党组织的领导机关由选举产生的制度,废除指定委员的办法,在选举党的机关时禁止采取整个候选人名单一次表决的办法,对于候选人应当逐个表决,切实保证一切党员有撤销候选人和批评候选人的权利,在选举党的机关的时候采用秘密(无记名)投票的方式,必须定期召开市的党员积极分子会议,在大城市中还必须定期召开区的党员积极分子会议,等等。

五是改组党的十七大形成的党的各级组织机构。决议认为按照党的十七大党章形成的,在省委员会、边区委员会、民族共和国共产党中央委员会和联共(布)中央委员会下设立完整的生产业务部,由这些业务部集中领导该部门的全党工作的党的组织结构存在很多缺点,特别是缩小了组织工作的范围,妨碍部门间

---

① 《苏共决议汇编》(第五分册),人民出版社1958年版,第43—44页。

工作人员的必要流动,妨碍了提拔人才,妨碍在当时对党特别重要的部门中合理的使用他们。因此必须改组党的领导机关部,把各部门的干部工作划分给独立的干部部,而党的组织领导问题,则划分给专门的组织指导部。决议决定撤销联共(布)中央委员会下除农业部、学校工业部以外的各生产业务部。在省委员会、边区委员会、民族共和国共产党委员会下设立干部部、宣传鼓动部、组织指导部和农业部,其他的生产业务部一概取消。在区委员会和市委员会下设干部部、宣传鼓动部和组织指导部。

六是改组党监察委员会。决议决定党的监察委员会必须在联共(布)中央委员会之下进行工作,因此,不再在党的代表大会上选举党的监察委员会,改由联共(布)中央委员会全体会议选举产生,并在联共(布)中央委员会的领导下,按照它的指示进行工作。其职能限于监督各级苏维埃、经济机关和党组织对联共(布)中央委员会的指示的执行情况;检查各级地方党组织的工作,处分违反联共(布)党纲党章和党纪的党员。党监察委员会最终彻底成为联共(布)中央委员会的职能部门,成为从属于中央委员会的机构,完全改变了其建立之初的职能和地位。

联共(布)第十八次代表大会作的这种调整,并没有给党和国家的政治生活带来明显的变化,正如有学者指出:"这次党代表大会为党员提供的东西最多也只是不起作用的安慰。"[1] 此时的苏联,高度集权的党政体制业已形成,它按照自己的逻辑运行和发展,甚至在某些方面不断被强化,直到完全失去生命力,最终被苏联人民所抛弃。

---

[1] 伦纳德·夏皮罗著《一个英国学者笔下的苏共党史》,东方出版社1991年版,第463页。

1939年9月1日，第二次世界大战全面爆发，面临着战争的威胁，苏联的国民经济很快进入了战备体制。1941年6月22日，德国大举入侵苏联并正式向苏联宣战，为了应对战争，抵抗和打败德国的入侵，苏联国民经济的战时体制迅速建立，国民经济纳入了军事轨道，与此相适应，国家的政治生活也遵循战争的逻辑，党和国家的中心任务就是如何集中和统一支配各种资源，打败帝国主义的入侵。为此，苏联改组了党、政、军领导体制，首先建立了统帅部大本营，不久又将这一机构改组为最高统帅部大本营，斯大林任最高统帅。1941年6月30日，仿照国内战争时期建立的劳动国防委员会的方式，建立了国防委员会，在其他党政机构不变的情况下，这一战时非常机构集中了党和国家的全部权力，其组成人员主要由包括党的最高领导人、政府首脑、国家计划委员会主席和主持联共（布）中央人事干部、交通、外交和强力部门工作的主要领导人构成。国防委员会主要采用书面表决的方式，而不是会议的方式，或者主要由国防委员会主席和副主席决断，决策程序简单。这种决策模式具有高效快捷的特点，在战争条件下这是必须的，但是这种领导和决策体制完全依赖于决策者个人的分析、判断能力，没有监督，缺乏制约，因而也不可避免存在着很多缺陷，事实上卫国战争胜利以后，这一体制被沿袭下来，直到斯大林去世以后，才有所改变。

（三）战后斯大林党建模式的进一步强化与扩张

卫国战争胜利以后，苏联面临着一次体制调整和转型的重要机遇，一方面战时动员起来的工人阶级和广大劳动人民的高度爱国主义在国民经济恢复中持续高涨，联共（布）因为成功的领导苏联人民打败法西斯侵略，而获得了前所未有的威望，政策调整和体制转型的政治、社会空间已经具备。另一方面，随着战争的结束，战时政策和体制面临着适应和平建设需要，进行调整和转型的压力。经历了残酷的战争以后，人们普遍希望结束战时高度集权的体制，放宽战时形成的严厉的管制政策。在反法西斯战争中，大批苏联红军战士打出国门，第一次看到和感受了西欧发达资本主义的政治社会生活，对资本主义民主也有一些感性认识，战争结束以后，这些红军战士退役进入苏联社会，他们也希望或憧憬西欧发达国家的生活方式，希望国内的状况有所改变，这既是政策调整和体制转轨的重要民意基础，同时也成为政策调整和体制转轨面临的压力。

然而，30年代中后期建立、并在战时得到强化的苏联政治经济体制，本来就具有战备性的特点，因而在反法西斯战中发挥了重要作用，为赢得卫国战争作出了重大贡献。"战争的胜利使斯大林坚信一切已经建立起来的国家制度和社会制度是不可动摇的，这种体系具有强大的生命力，对内对外的政治方针是正确的。"[①] 斯大林认为这一体系不仅没有过时，相反它具有无比的优越性。因而不仅没有进行调整的愿望，而且进一步强化了这一体制的某些方面。比如国民经济恢复中，仍然坚持优先集中投资于重工业，重中之重又是军事工业，忽视轻工业和农业的需要，在执行这一方针的过程中，战后甚至走上了比战前更加极端的道路。在农业方面，一方面战后几乎没有对农业进行投资，相反对农业的索取甚至超过了战前；另一方面，则急剧收缩战时相对宽松的土地政策，"整肃农民"，强行收回战时农民得到的小片土地和宅旁自留地，并加强对集体农庄的监管，组织合并、扩大集

[①] [俄] 德·安·沃尔科戈诺夫著：《斯大林》（下册），国际文化出版公司、世界知识出版社2005年版，第1057页。

体农庄,其至还出现了所谓的建立"农业城镇"的方案,想以此尽快消灭工农差别和城乡差别。

与经济领域一样,战后苏联的政治生活并没有及时实现向和平时期的转轨。很多方面又回到了30年代中后期的样子,而且在对战前旧秩序、旧模式的复归和重复中,还将战争时期的一些极端做法延续下来,使旧体制又打上了战时的烙印和痕迹。党和国家的权力更加集中,对斯大林的个人崇拜进一步加剧。为了巩固和强化这种集权体制,意识形态领域的批判和政治清洗运动再起。在这样一种政治和社会生态中,联共(布)党的建设也就乏善可陈。

在卫国战争时期,联共(布)吸收党员的工作在持续进行,到1945年1月卫国战争结束前夕,党员人数达到了5760369人,到1952年10月,党员人数达到6882145人。[①] 而在卫国战争时期,有近700万名党员牺牲在战争中,[②] 而卫国战争之前联共(布)党员人数不足400万人,也就是说卫国战争期间直到战后十九大召开之前,联共(布)发展了900万名左右的新党员。有统计表明,到联共(布)十九大前夕,党员的绝大多数是年轻的新党员,大约有3/4的党员是卫国战争爆发后入党的,其中大约有1/3到1/2的党员年龄在35岁以下,3/4的党员年龄在45岁以下。[③] 而且党员的文化水平也显著提高,据统计,1947年有1/5的党员受过完整的中等教育,到党的第十九次代表大会

[①] 数据来源参见伦纳德·夏皮罗著《一个英国学者笔下的苏共党史》,东方出版社1991年版,第550页。

[②] 数据来源参见徐元宫编译《1947—1953年苏共的干部政策和清洗》,载《当代世界与社会主义》2001年第1期。

[③] 数据来源参见伦纳德·夏皮罗著《一个英国学者笔下的苏共党史》,东方出版社1991年版,第552页。

时，党员和预备党员中有近12%的人受过完整或者不完整的大学教育。① 党员的大进大出使党员成分发生了重大变化，按1946年1月1日的状况，战争爆发后被吸收加入联共（布）的党员和预备党员占党员总数的72.4%。新一代党员与30年代、甚至20年代得到入党的前辈们不一样。首先，他们是所谓的"没受过煎熬的一代"，也就是没有经历过大规模的清洗和"大恐怖"的一代；第二，他们是战线上成长起来的一代，具有战争经验并体验过胜利者的感觉。而且战后一大批新党员被提拔到党和国家的各级领导机关，这些以胜利者的姿态掌握权力的人，在和平时期不可避免的会面临官僚主义、贪污腐败等其他不良倾向侵蚀的危险。

为了限制和克服这种危险，斯大林不得不"责备胜利者"②。他指出："据说，对胜利者是不裁判的，对他们不应批评，不应检查，这话不对。对胜利者可以而且应当加以裁判，可以而且应当加以批评和检查。这不仅对于事业有益处，而且对胜利者本人也有益处，那就会少骄傲一点，多谦逊一些。"③ 当然，战争刚刚结束，对"胜利者"的裁判、批评和检查不可能像30年代末的"大清洗"那样，通过大规模的运动来完成，主要措施就是通过党纪处分来清除不合格党员。从1945年7月1日至1946年5月1日，据不完全统计，苏联90个州、区、加盟共和国中有4080名地方工作人员受到处分，其中包括1256名党的工作人员（包括1062名区党委书记）、1156名区苏维埃执行委员会工作人

---

① 数据来源参见伦纳德·夏皮罗著《一个英国学者笔下的苏共党史》，东方出版社1991年版，第552页。

② 参见徐元宫编译《1947—1953年苏共的干部政策和清洗》，载《当代世界与社会主义》2001年第1期。

③ 《斯大林文选1934—1952》（下），人民出版社1962年版，第453页。

二 斯大林时期苏联共产党党的建设理论与实践

员、728名国家安全部、内务部、法院和检察院的工作人员以及940名经济部门的工作人员。4080名受党纪处分的地方干部中有1158人后来被开除公职,其中978人被开除党籍。被开除党籍的人中有125名党的工作人员、253名区苏维埃执行委员会的工作人员、345名执法机关的工作人员和254名经济部门的领导人。从1948年至1953年共计有100多万人被开除党籍,而且开除党籍的高峰期是1948年和1953年,这两年分别开除了16.8万人和17.5万人。① 这样,党纪处分就代替大规模清洗运动,成为清党的重要措施。

另外,为了提高战时吸收的新党员特别是党和国家领导机关的党员干部的马克思主义理论素养,统一党内对工业化和农业政策的认识,战后联共(布)还迅速建立起了从中央到地方的党员培训系统。1946年8月2日,联共(布)中央委员会通过了一个《关于训练党和苏维埃领导工作人员的工作》的决议,决定"在最近三、四年内使各加盟共和国、边区、省、市、区的党和苏维埃的主要领导干部都经过党校和进修班的轮训"②。并决定建立和完善从中央高级党校到各加盟共和国、边区和省的党校,以及中央社会科学研究院等多级多形式的培训系统,规定招生办法、教学办法以及教学内容等等,以提高党和苏维埃机关领导人员的马克思主义理论素质。这些措施一方面确实提高了各级领导人员的理论水平,而另一方面,对培训内容的严格规定,特别是对教材的严格规定,也达到了将各级领导人员的思想和意识与党的领袖的思想和意识相统一的目的,培养了一大批忠于党的

---

① 参见徐元宫编译《1947—1953年苏共的干部政策和清洗》,载《当代世界与社会主义》2001年第1期。
② 《苏共决议汇编》(第五分册),人民出版社1958年版,第180页。

领袖及其思想和意识的顺从者。

由于反法西斯战争的胜利,作为反法西斯战争最高统帅的斯大林,无论是在苏联国内还是在世界舞台上,其声望和地位可以说是盛极一时。这就使得20年代末就已经开始的对斯大林的个人崇拜也迅速加剧。通过对战争史的粉饰和美化,斯大林被越来越神化。战后不久,《真理报》就在一篇重要的编辑部文章中写道:"早在战前很久,斯大林同志就预见到了事件的进程……斯大林同志以敏锐的洞察力,英明地规定了苏联人民反对暴敌的斗争纲领。斯大林同志以鼓舞人心的范例号召苏联人民建树群众性的英雄主义业绩。……斯大林同志是现代战争科学的缔造者。在严峻战争考验的日子里,有这位最伟大的思想家、组织家和战略家率领苏联武装力量并领导苏维埃国家,是苏联人民的幸福。在他身上体现着苏联人民的英雄主义。"① 1948年又出版了经斯大林本人修改和批准的《斯大林传略》,该书称斯大林是"最伟大的领袖"、"是今天的列宁";称"斯大林的每一句话都是代表人民所说的","他的指示是社会主义建设事业所有各部门的行动指南"②。1949年12月,通过庆祝斯大林70诞辰,把对斯大林的个人崇拜推向了一个新的高潮。在庆祝活动期间,报纸和媒体用各种最美妙、最高级的颂词来赞美斯大林,这些颂词"超过了一切思想逻辑的界限"③。苏联全国,从城市到乡村,到处矗立着斯大林的纪念像。斯大林的思想和形象的光芒甚至掩盖了苏

---

① 转引自陈之骅、吴恩远、马龙闪主编《苏联兴亡史纲》,中国社会科学出版社2004年版,第301页。

② 转引自李宗禹等著《斯大林模式研究》,中央编译出版社1999年版,第225页。

③ 陈之骅、吴恩远、马龙闪主编《苏联兴亡史纲》,中国社会科学出版社2004年版,第301页。

二 斯大林时期苏联共产党党的建设理论与实践

维埃国家的缔造者列宁。人们几乎是陷入了宗教性的神魂颠倒，齐声赞美"领袖"。斯大林成为社会主义的化身。

在狂热的个人崇拜气氛中，"斯大林并没有感觉到自己被安置在一个非理性的、颠倒过来的世界里，而是把这种普遍受迷惑的状态理解为对他的天才的赞扬"①。相反，他越来越倚重于个人的权力和意志，用个人意志代替党的思想理论和路线政策，左右着国家的发展道路和前途命运。他进一步强化了高度集权的个人权力体制，战后，斯大林在军内作为大元帅，是国家武装力量的总司令；在政府内作为部长会议主席，他是政府首脑；在党内他同时兼任了政治局委员、中央书记和中央组织局委员三个职务，在党内仅日丹诺夫、马林科夫和斯大林一样同时拥有这三个职务。但是他们两人的权力实际上又掌握在斯大林的股掌之中。这样斯大林像战时一样掌控了党、政、军大权，总揽了党和国家的所有最高权力。斯大林已经不需要党和党中央，在1939年到1952年长达13年的时间里，没有召开过党的代表大会，战后从1947年2月一直到1952年10月，长达5年多的时间内没有召开过一次中央委员会。斯大林出言为法，党和国家的一些大政方针都由斯大林以个人的意志所决定。"凡是稍微重要一点的问题，没有斯大林的同意就解决不了。"② 重大决策的作出，根本不经过党中央，更不会经过党的代表大会，一般都是由斯大林拟定后，在一个小的私人圈子中传阅圈定，最后以党或者是党中央的名义公布。在党的十九大上，中央主席团的名单就是由斯大林与一两个领导人圈定的。十九大后设立的中央主席团常务委员会的

---

① [俄]德·安·沃尔科戈诺夫著：《斯大林》（下册），国际文化出版公司、世界知识出版社2005年版，第1125页。
② 同上书，第1095—1096页。

主要成员也是由斯大林个人定的，没有经过任何选举程序。① 具体的决策也没有正式的程序，具有很强的随意性。赫鲁晓夫在回忆录中说："我们通常是以下述方式聚到一起举行常务委员会的会议的，并没有正式的会议。……我们或者到他在克里姆林宫的书房里，或者更多的是到克里姆林宫的电影院里碰头。我们一面看电影，一面利用换片的间隙谈论各种问题。"② 而且参加决策的人员也是变动不居的最高核心成员。事情决定以后再委托其中某一个人措辞成文，形成决议文本。战后"这种工作制度"，"一直持续到斯大林逝世为止"③。战后这种绕开党，甚至完全抛开党，全凭几个核心领导成员，最后由斯大林一人裁决来领导党和国家，斯大林个人凌驾于执政党和国家之上的个人高度集权体制，较战前30年代的集权体制有过之而无不及，"骇人听闻的中央集权体制像一道铁箍束缚了首创精神，扼杀了群众生动活泼的创造性，导致了社会思想的停滞"④。这种情况无论在当时还是在日后，对党和国家的前途和命运都产生了极其深远的影响。

战后在意识形态和思想文化领域，斯大林为首的联共（布）中央仍然沿用战前的强控制和行政干预政策。在文学艺术领域，1946年8月14日，联共（布）中央通过《关于〈星〉和〈列宁格勒〉两杂志的决议》。谴责两杂志刊登渗透着崇拜一切外来事物的作品，以及反苏维埃的异己作品。决议责令停办《列宁格勒》杂志；改组《星》杂志编辑部，任命联共（布）中央宣

---

① 参见陈之骅、吴恩远、马龙闪主编《苏联兴亡史纲》，中国社会科学出版社2004年版，第303页。
② 《赫鲁晓夫回忆录》，东方出版社1988年版，第425—426页。
③ 同上书，429页。
④ ［俄］德·安·沃尔科戈诺夫著：《斯大林》（下册），国际文化出版公司、世界知识出版社2005年版，第1096页。

传鼓动部副部长阿·米·耶哥林为主编。决议还批评了联共（布）中央宣传鼓动部部长亚历山大洛夫的"失职行为"；批评列宁格勒市委对两杂志的错误"包庇纵容"，批评以吉洪诺夫为首的苏联作家协会理事会的"自由主义。" 1946 年 8 月 26 日，联共（布）中央又通过《关于剧场上演剧目及改进办法的决议》。决议谴责 1945—1946 年间上演的戏剧把苏维埃人民描绘成丑陋的漫画形象，落后、缺乏文化、低级趣味、庸俗；而反面人物却赋有性格、有表现力、意志坚强、有能力。决议还批评许多剧作家对现代生活的一些根本问题无动于衷，既不了解人民的生活和要求，又不善于表现苏维埃人的优良品质和特性。这实际上就是规定了在戏剧舞台上只能反映苏维埃社会和苏维埃人进步的和先进的一面，而不能反映苏联人和苏联社会的落后面。此后对文学艺术领域的批判运动一个接一个。对文学艺术领域的持续政治讨伐，封闭了文学艺术创作的繁荣道路，扼杀了文艺工作者的思想和灵魂，使整个文学艺术领域完全服务于领导人的政治目的和领导人的个人喜好，形式单一，内容单调，失去了生命力和解释力。在哲学领域，围绕《西方哲学史》一书的讨论，掀起了大规模的批判运动，不仅这本书的内容遭到了严厉批评，而且该书的作者亚历山大诺夫也被撤销了联共（布）中央宣传鼓动部部长的职务。随后，为了推动哲学领域的批判运动全面展开，苏联高等教育部对苏联全国高等学校的哲学教学工作进行了全面整顿。哲学领域的批判运动最终使得苏联哲学界被圈禁在斯大林的《论辩证唯物主义和历史唯物主义》一文的框架内，该文中的教义成为统率全国哲学界的绝对真理，任何一点创造热情都会遭到摧残，苏联整个哲学界出现了一个荒漠时期。在经济学领域，以《战后资本主义经济的变化》这本书为靶子，展开了批判运动，该书的内容因为违背了斯大林资本主义总危机的理论模式，而被批判为"改良主义的错误",该书的作者瓦尔加被撤销了苏联科学院世界经济与世界政治研究所所长职务,其主编的杂志《世界经济和世界政治》也被责令停刊。通过这一批判在苏联经济学领域确立了斯大林"资本主义总危机"理论的统治地位,并使这一理论成为苏联认识资本主义乃至认识世界的基本准则。

对意识形态和思想文化领域的批判运动,造成了这些领域死水一潭的局面,进一步扼杀了知识分子的独立思考精神和创新意识,使教条主义和八股习气充塞各个角落。执政党越来越变成固守教条、不思进取、不敢也不愿创新的保守集团,其生机与活力就在一片死气沉沉中逐渐被消解,党的生命力越来越弱。

正如前面所说,战后苏联既面临着政策调整和体制转型的机遇,也面临着调整和转型的压力。事实上,在苏联共产党和国家核心领导内部,也有希望改革的力量存在,他们顺应苏联社会中要求提高消费水平、实现政治民主化的愿望,希望与资本主义国家建立和平友好的关系,对斯大林的"资本主义总危机"理论也心存怀疑;在国内政治生活方面,他们希望弱化战前和战争中的政治高压,废除死刑,并强调对苏联人民个人财产的保护等等,实际上这也是对斯大林的阶级斗争尖锐论的修正;在国际共产主义运动中,不主张把斯大林模式强加于其他社会主义国家,谅解和同情东欧社会主义国家依照自己的国情选择自己的社会主义道路的愿望。这显然与斯大林的主张存在差异,也是为斯大林所不容的。而且在不断的意识形态和思想文化领域的批判运动中,在苏联政权最高层争夺接班人的斗争也暗潮涌动。政策斗争与权力斗争相互纠缠,最终又演变为政治清洗。

1949年,经斯大林同意,苏联内务部部长贝利亚和国家保安部部长阿巴库莫夫掌握下的保安部门,突然逮捕了苏共中央政治局委员、部长会议第一副主席、国家计划委员会主席沃兹涅辛

二 斯大林时期苏联共产党党的建设理论与实践

斯基，苏共中央负责国家保安工作的苏共中央书记库兹涅佐夫，俄罗斯联邦社会主义共和国部长会议主席罗吉昂诺夫，列宁格勒州委、列宁格勒市委书记波普科夫，列宁格勒市委副书记格布斯金等一大批党政军高级干部。接着，又在干部队伍中进行清洗。这就是战后著名的"列宁格勒案件"。被捕的干部被刑讯逼供，不得不在已经事先准备好的自己犯有"叛国罪"的供词上签字画押。1950年1月12日，苏联最高苏维埃主席团又颁布《关于对祖国叛徒、间谍和怠工破坏者施用死刑的命令》，重开杀戒。同年9月20日，这一案件的主要人员被苏联最高法院军事法庭判处死刑，随后这些人都被枪决。

政治清洗的机器一旦重新启动，它就按照自己的逻辑飞速运转，一系列"反党"、"反苏维埃"的冤案被制造出来。除了"列宁格勒案件"外，苏联国内先后制造出了"反法西斯委员会案"、"医生案件"、"航空工业案"、"斯大林汽车工厂案"、"明格列尔案"等一系列案件，而且每一个案件都有数以千计的人受到牵连。在案件审理中通过刑讯逼供、诱供等手段，使得被株连的人越来越多，清洗和镇压的规模也越来越大，党和国家高层领导人之间的彼此不信任也在加剧，一场新的大规模"清洗"风暴已是风雨欲来，斯大林的突然去世，才使得已经加速运转的政治清洗机器再次刹车。

1952年10月5日，在联共（布）第十八次代表大会召开13年之后，联共（布）第十九次代表大会召开。大会通过了《关于更改党的名称的决议》，决定从党的十九次代表大会起，联共（布）更名为苏联共产党。大会还通过了修改党章的决议，并通过了新的党章。新党章规定，党的代表大会至少4年召开一次，党的中央委员会全体会议至少每6个月召开一次。并决定在中央委员会设立主席团，由主席团负责领导两次中央委员会全会之间的中央委员会的工作。在中央委员会设立书记处，负责中央委员会的日常工作，主要是负责检查党的决议的执行情况和选拔干部。新党章对中央委员会的党监察委员会的职能作了新的规定，其职能仅限于"检查党员和预备党员遵守党的纪律的情况，处分违反党章、破坏党和国家的纪律以及违反党的道德的共产党员"①。此时的监察委员会已经是一个可有可无的机构，党内已经没有专门的监督机构，苏共中央委员会及其主席团、书记处等机构已经不再受任何监督和制约。

战后，随着冷战的爆发，斯大林为了控制东欧社会主义国家，还将斯大林模式在这些国家强行推广，东欧各国迅速由自主探索的人民民主道路转向了斯大林模式。斯大林党建模式也在东欧扩张，东欧各国共产党几乎都沿用了苏联共产党战后的所有做法，党内权力高度集中、反复的政治清洗等等，有些国家党内的政治清洗甚至直接由苏共指挥。斯大林党建模式几乎原封不动的移植到了东欧大多数共产党内。

1953年3月5日，斯大林突然去世，苏联历史上的斯大林时期就此结束。

（四）斯大林执政党建设模式的主要特点及后果

斯大林时期，苏联共产党领导苏联人民坚持走社会主义道路，在不到30年的时间里，从一个自然经济占统治地位的农业国一跃成为现代化的工业强国，其工业产值仅次于美国，跃居世界第二、欧洲第一。在第二次世界大战中，苏联共产党又领导苏联人民经过艰苦卓绝的斗争，打败了法西斯的进攻，为人类免遭

---

① 《苏共决议汇编》（第五分册），人民出版社1958年版，第307页。

法西斯的蹂躏作出了不朽的贡献,这都是不可否认的。但是,斯大林时期形成的社会主义的"斯大林模式"存在着许多非常严重的缺陷,直接影响了社会主义的发展,特别是在执政党建设方面,严格地说斯大林时期并没有实现使苏联共产党由领导革命的政党向领导社会主义建设的政党的成功转型,斯大林党建模式是遵循革命与战争的逻辑形成并发展成熟的,因而也深深地打上了斗争的烙印。可以说这一党建模式从形成、发展到定型,是伴随着权力的不断集中,反复的残酷党内斗争而完成的。这一党建模式的发展是一个对党内民主不断限制、损害和抛弃的过程。就执政党建设而言,斯大林时期少有可以圈点之处,在这一时期形成的斯大林党建模式已经蕴涵着很多危害社会主义国家执政党的因素,有些甚至是致命的因素,这同样是不可否认的。

当然,这一党建模式的种种缺陷和硬伤的形成,也不能简单的归结为斯大林个人的素质和品格问题。它实际上是一定历史时期,特定的历史环境和苏联共产党特定的历史使命造就的。十月革命胜利以后,世界上第一个苏维埃社会主义国家生存在资本主义的重重包围之中,对于一个以消灭资本主义制度为取向的新的社会制度,资本主义世界总是想将其扼杀于摇篮之中,可以说苏维埃社会主义制度从其孕育期就面临着被扼杀的危险,十月革命胜利后不久就遭到了几乎来自整个资本主义世界的联合绞杀,就是很好的证明。第二次世界大战之前,英国和法国试图通过绥靖政策,将德国法西斯的"祸水东引",再一次证明了资本主义世界对世界第一个社会主义国家的害怕和仇视。在这种强敌环伺的环境中,民族和国家的安全就成为执政党的首选目标,国家发展的战略也就不可避免地带有战备性质。特别是对于一个还处于农业社会、经济文化都比较落后的国家来说,如何迅速实现工业化,建立起强大的国防力量,就成为执政党的第一要务。对于经历了19世纪中后期种种屈辱的俄罗斯来说,从某种意义上讲,执政党也只有这样才能重新找回民族自信心,进一步巩固自己的执政基础。因而选择重工业优先,通过国家政权的力量来强制完成工业化任务,就成为一种必然的选择。我们可以看到,即使是新经济政策时期,列宁也并没有放弃快速工业化的目标,只是放弃了通过剥夺农业来发展工业的思路,希望通过充分利用资本主义来发展社会主义工业。国家资本主义一定意义上就是通过社会主义的国家政权控制和利用资本主义世界的资本,绕过工业化必须经历的原始积累阶段,快速跨入工业化的新阶段。这实际上离不开一个拥有很大权力和能力的国家政权,在旧的国家机器被彻底粉碎之后,填补权力真空的是领导革命的布尔什维克党,因而一个拥有巨大权力和能力的执政党就成为工业化迅速实现的关键。而且俄国的苏维埃社会主义政权是建立在经历了长期封建专制制度统治,且文化极为落后社会基础之上的,封建专制政治文化根深蒂固。这样,党和国家的权力的高度集中既有了现实的要求,也具备诞生和成长的土壤。

而斯大林时期,放弃新经济政策,选择了牺牲农业,通过榨取农业"贡款"来发展工业特别是重工业的工业化道路的选择,更是需要有一个强力政府才能实现,而此时的苏维埃俄国还只有一个强力的执政党,并没有建立起适应工业化大生产需要的国家行政体制,因而国家权力向执政党集中,党的权力又向中央集中就不可避免了。

正如美国学者所说,斯大林时期的工业化,实际上是"斯大林主义者'自上而下的革命'"[①]。斯大林上台以后选择了迅速

[①] [美]西达斯·考切波著:《国家与社会革命——对法国、俄国和中国的比较分析》,上海世纪出版集团2007年版,第268页。

工业化和强制集体化相结合的工业化道路,也就是说这种工业化是建立在对农民利益的侵害的基础之上的,这种不顾农民利益的发展道路必然遭到农民的反对和反抗。而且十月革命主要是依赖于城市的武装暴动来完成的,布尔什维克党在农村的党员和组织不多,因而"没有在农民中成功地培养那些具有相当影响且对党和苏维埃忠诚的政治领导力量"[1]。因此农业的集体化主要就是国家通过"空降"代表国家意志的工人阶级到农村来完成的。而这些人在国民经济发展需要和农民利益之间产生矛盾时,首选的必然是国民经济发展的需要,而决不会首选维护农民的利益。这就使得集体化进程充满着国家意志与农民利益之间的尖锐矛盾和斗争,布尔什维克党和苏维埃政权不得不反复"诉诸战时共产主义的那种粗暴、强制型的征集制手段"[2]。这样,在工业化过程中,党和国家不得不集中权力,一方面强制吸取农业"贡款",以保证工业化所需的资本集中,另一方面控制和镇压来自农民的反对与反抗。这实际上形成了恶性循环:工业化速度越快,越需要强大的国家力量来完成对农村资源的强制吸取,遭遇到农民的反抗也就会越激烈,就越需要更强大的国家力量来控制和镇压,因此就更需要党和国家权力的集中。

另外,斯大林所选择的这条工业化道路,最初并没有在党内达成共识,因而必然存在党内的争论。但是,长期从事革命斗争的布尔什维克党还没有建立一套党内协商、讨论和解决争议的有效机制,在列宁时期,凭借列宁本人的民主素养和品格,还可以通过民主的方式解决争议,最终达成共识。而列宁

---

[1] [美]西达斯·考切波著:《国家与社会革命——对法国、俄国和中国的比较分析》,上海世纪出版集团2007年版,第270页。

[2] 同上。

去世以后，布尔什维克党内的主要领导人都缺乏列宁所具有的民主素养和品格。因而，在政策取向上的差异最后总是通过组织斗争，以一方的绝对失败为结果而消除的，也就是说，斯大林所选择的工业化道路是通过不断的党内斗争而最终被接受的，这就使得斯大林工业化道路成为党的政策的过程就是权力向他个人集中的过程。

当然，我们不能否认斯大林个人的素养和品格在斯大林模式形成中的重要影响，关键在于，这种素养和品格是在具体的历史环境和历史使命中发挥作用的，因而不能把一切归结为个人的意志和品质。

斯大林党建模式主要有以下几个特点。

1. 党政关系变形

正确处理党政关系是执政党科学执政的一个重要前提，但是对于社会主义国家的执政党来说，又是一个不好解决，而且也是长期没有解决好的问题。十月革命胜利以后，布尔什维克党很快就填补旧政权被彻底粉碎后国家面对的权力真空状况，尽管迅速建立起了各级苏维埃政权，但事实上苏维埃国家机关还只是党的执行机关。特别是十月革命胜利后不久，苏维埃政权就遭遇了国内反对势力和国外敌对势力的联合进攻，为了捍卫苏维埃政权，布尔什维克党对苏维埃实行了高度集权的领导，在实际运作中，形成了由党中央甚至是少数党的领导人集中苏维埃的日常行政权力的体制。这一体制的弊端在列宁时期就已经显现出来，不仅导致了苏维埃政权内的官僚主义的滋生，而且党内的官僚主义也迅速膨胀。列宁生前已经认识到这种体制的缺陷及其严重后果，所以他在晚年思考的一个重要问题就是如何理顺党政关系。根据列宁的建议在俄共（布）第八次代表大会上通过了一个《关于党和苏维埃相互关系的决议》，决议指出："无论如何不应当把党组织的职能和国家机关及苏维埃的职能混淆起来"，"党应当通过苏维埃机关在苏维埃宪法范围内来贯彻自己的决定"，"党努力领导苏维埃的工作，但不能代替苏维埃"①。在俄共（布）第十一次代表大会上，党政关系问题再次成为会议的重要议题，大会通过的决议指出："当前极重要的任务是规定党的机关和苏维埃机关之间的正确分工、明确地划分两者在权力职责方面的界限。"② 列宁还强调："党要摆脱亲自处理纯属苏维埃方面的问题，明确地把党的日常工作和苏维埃机关的工作、党的机构和苏维埃的机构划分开来。"③ 但是由于种种原因，这些决议并没有得到很好的落实。

列宁去世以后，随着权力的集中，党政关系也越来越变形。斯大林改变了列宁晚年处理党政关系的指导方针和原则，在理论上提出了一些似是而非的主张，在实践中强化了党政不分的体制。在理论上，斯大林曲解列宁的无产阶级专政理论，把无产阶级专政理解为党的专政。认为"无产阶级专政就是党的指示加上无产阶级群众组织对这些指示的实行，再加上居民对这些指示的实行"④。提出了党具有国家政权属性的观点，断言"党管理国家"，"党是政权的核心"⑤。把党的领导理解为党作为上级机关对政府进行指挥，他认为："我们的苏维埃组织和其他群众组织，没有党的指示，就不会决定任何一个重要的政治问题或组织

---

① 《苏共决议汇编》（第一分册），人民出版社1964年版，第570—571页。
② 同上书，第181—182页。
③ 《列宁全集》第43卷，人民出版社1987年版，第64页。
④ 《斯大林全集》第8卷，人民出版社1954年版，第36页。
⑤ 《斯大林选集》上卷，人民出版社1979年版，第417、418页。

问题——这个事实应当认为是党的领导作用的最高表现。"① 并且强调党作出的决议,发出的指示和口号应"具有实际决定效力","具有法律效力"②。他还贬低苏维埃国家政权组织的地位和作用,把苏维埃这一国家政权组织等同于工会、合作社、青年团等社会组织,他认为:"苏维埃是劳动者的群众组织,它首先在国家事务方面把党和劳动者联系起来"③。

在这些思想的指导下,在实践中,党中央,实际上是党的中央书记处集中掌握了国家政权机关的权力。为了有效地控制国家政权机关的权力,书记处被多次改组,1930年在联共(布)十六大上,组织分配部分成了组织指导部和分配部,分配部下设8个处,专门负责国民经济的轻工业、重工业、运输业、农业、财政、计划和贸易等各个部门。1934年在书记处下设了农业部,运输部,工业部,计划、财务以及贸易部四个专门的国民经济管理部。而在1952年党的十九大上,书记处已经设立了无所不包的管理部门,包括宣传鼓动部,党、工会和共青团机关事务部,农业部,轻工业部,重工业部,运输部,计划部,金融贸易部,行政部,妇女部,学校部,科学与高等教育部,文化艺术部,有一些地方还设有工程部、建筑材料部、木材和造纸部、石油和水产部。④ 苏联国家的最高权力机关——全国苏维埃代表大会,⑤形同虚设,其立法权常常由党的中央机关代为行使,国家行政机关的很多职能也被党的机关所取代,甚至国家司法部门也受党组

---

① 《斯大林全集》第8卷,人民出版社1954年版,第36页。
② 《斯大林全集》第12卷,人民出版社1955年版,第58页。
③ 《斯大林选集》(上卷),人民出版社1979年版,第415页。
④ 参见[英]伦纳德·夏皮罗著《一个英国学者笔下的苏共党史》,东方出版社1991年版,第539页。
⑤ 1936年起改为最高苏维埃。

织的直接控制。在"大清洗"期间，在国家司法机关之外还成立了具有独立终审权的中央政治局特别委员会和内务人民委员部。

可以说，党政关系的变形，是斯大林党建模式中最根本的变形。正如布哈林所说，"党和国家已经完全合在一起了——这就是全部不幸。"① 党政关系的变形，国家权力在党内的高度集中，党被放在国家权力体系中不恰当的位置，处在权力的直接腐蚀之下，而且缺乏必要的监督，权力必然会违背人民的意愿被滥用，党内官僚主义盛行，人民群众的权力和利益受到严重损害。党与人民之间隔阂越来越严重，党也就不断地失去了人民的支持。由此而引起的党内关系的变形和党与人民群众关系的变形，使苏联共产党执政的社会基础和群众基础不断削弱，执政的合法性不断被消解。

2. 党内民主缺失

第一，肢解了列宁的执政党建设思想，以实用主义的态度将列宁特定历史条件下提出的应急性暂时措施教条化，特别是在对民主集中制的理解上，只强调集中，而忽视了作为前提和基础的民主。

甚至把列宁在革命和战争年代不得不采用的极端集中制（列宁称之为战斗命令制）当作共产党执政的固有特点。

由斯大林对党内民主的界定我们就看得出来。他认为："党内民主是什么呢？党内民主既是提高党员群众的积极性并加强党的统一，加强党内自觉的无产阶级纪律。"② 将党内民主等同于

---

① 中国社会科学院编《论布哈林和布哈林思想》，贵州人民出版社1982年版，第166页。
② 《斯大林全集》第8卷，人民出版社1954年版，第131页。

党的统一和纪律，而团结和纪律在斯大林看来就是服从高度集中的体制。他还把列宁时期关于禁止党内派别的规定当作对付党内不同意见的尚方宝剑，把列宁关于中央委员会可以开除自己委员的特殊条文搬出来作为惩治党内不同意见的"常规武器"，在权力斗争和同党内不同意见的斗争中频频使用。这都是斯大林把列宁时期不适宜党内民主发展的特殊情况作为政党的固有本性继承下来的突出表现。

第二，改变了列宁时期已经初步形成的符合民主原则的党内权力结构，不断强化个人集权的体制。

列宁时期俄共党内已初步建立了符合民主原则的权力结构。而斯大林在列宁因病离开工作岗位时，就借机改变这种权力结构。

首先，加强中央书记处的权力，使之成为控制党和国家权力杠杆和枢纽的党的机关。俄共（布）中央书记处成立之初，仅仅是一个负责党内统计事务、干部登记事务和一般人员分配的技术性工作，执行党中央各项决定职能的办事机构，其职能仅限于党务工作，并没有多大的实际权力。斯大林任书记处书记特别是任总书记以后，采取一系列措施开始改变这种状况。斯大林改组和加强了书记处下辖的组织指导部和登记分配部。组织指导部的职权大大加强，开始拥有汇集各地党内情报信息并向各地方党组织下达指示性计划、还负责同宣传鼓动部及有关部门向中央书记处提交需要通过的各项指令和条例草案的权力。而登记分配部的职能则由一般的统计、登录和分配干部，变成了有权考察任命各部门、各地方负责干部，权力被大大加强。这一变革使得书记处控制住了联共（布）干部政策的整个机制。中央书记通过这两个部掌握了制定指令、取得党内情报和人事分配任命的大权。

其次，破坏党的代表大会年会制，减少中央委员会的工作会议次数，使党内的决策权向政治局甚至向总书记个人集中。1917年十月革命胜利后，在列宁领导下每年都召开党代表大会。斯大林任总书记之后，除十三大（1924年）和十四大（1925年）按期召开外，十五大（1927年）、十六大（1930年）和十七大（1934年）都是逾期举行的。十七大通过的党章规定每3年召开一次党代表大会，但十八大却拖到5年之后的1939年才举行，十九大更拖到13年之后的1952年才举行。虽说中间经过了世界大战，但它是战争结束后又过了7年才召开。不仅如此党的中央委员会全体会议也开得越来越少，中央全会按党的八大规定至少每月召开两次，十四大改为4个月召开一次，但从1934年到1953年的20年里，总共只召开过23次全会，其中多数是在第二次世界大战前召开的。从1947年二月全会之后到斯大林逝世，中央没召开过一次全会来讨论党和国家的方针政策。更为严重的是自从清除了反对派之后，党的代表大会、代表会议和中央全会越来越变成一言堂，越来越变成对斯大林言听计从、歌功颂德的会议。党的代表大会年会制的破坏，无疑会使党的权力中心向中央委员会转移，而中央委员会的全会开得越来越少，就使得政治局越来越成为党的权力中心。斯大林甚至说"政治局是拥有全权的机关"①。但是中央政治局会议召开得也越来越少。党的权力中心变成了由斯大林及其少数几个亲密者组成的小集团。第二次世界大战后，斯大林干脆把一些政治局委员排斥在领导之外，实际上斯大林通常只是召集其中的几个人，向他们宣布重要决策，要他们分头去办理。赫鲁晓夫曾透露说："无论是中央委员会、政治局还是主席团的常务委员会都没有有规则地工作过。可

---

① 《斯大林全集》第7卷，人民出版社1956年版，第328页。

是斯大林同他内圈的定期会议却像钟表装置一样，到时必定举行。"① 以致伏罗希洛夫、安德列也夫等政治局委员在参加政治局会议之前还要请示斯大林是否允许他们参加。斯大林更多的时候是邀请自己的亲信——马林科夫、贝利亚、赫鲁晓夫和布尔加宁到他的"近郊别墅"，在餐桌上商议决定问题，而且通常主要是斯大林发号施令，与会者洗耳恭听，唯唯诺诺，表示赞同。实际上是总书记独断"朝纲"，集体领导制不复存在。

最后，改变党内最高专门监督机构——中央监察委员会的性质，弱化其权威与作用。1920年建立的中央监察委员会，本来是与中央委员会并行、并列、并重的，同样由党代表大会选举产生并向党代表大会报告工作的一个中央监督机关。斯大林上台以后，逐步改变了中央监察委员会的性质和地位。早在俄共（布）第十二次全国代表会议上，党的十大、十一大做出的监察委员会与同级党委地位平等，监察委员不得兼任党的委员会和行政职务，任期内不得调离的规定就有所改变。大会将"监察委员会有权出席本级党委员会和苏维埃委员会的一切会议，以及本级党组织的各种会议，并有发言权"，改为"各级监察委员会有权出席本级党委会的一切会议和本级党组织的各种会议和大会，有发言权"。同时又把"监察委员会的决议，本级党的委员会必须执行，而不得加以撤销，如果有不同意见，可以把问题提交党委员会和监察委员会的联席会议解决，如果不能取得协议，可以提交本级代表大会解决。在地方上的监察委员会还可以向上一级监察委员会解决"，改为"各级监察委员会的决议，本级党委员会不得加以撤销，但须经党委员会同意后才能发生效力，并由后者付诸实施，遇到不同意见时，将问题提交本级党的代表会议解

---

① 《赫鲁晓夫回忆录》，东方出版社1988年版，第429页。

决"。这一修改从总体上讲,缩小了中央监委的权力和独立性,特别是各级监委的任何决议须经同级党的委员会同意,才能发生效力,并且还要由后者来付诸实施的规定,无疑造成监督者的一切监督须经被监督者的同意,这种有利于被监督者自己来监督自己的体制,不利于监察机关开展工作。在俄共(布)第十三次代表大会上通过的《关于监察委员会的工作的决议》,规定"党委员会必须派代表参加监察委员会的各种会议和它们的全部工作"①。使中央监察委员会的独立性受到了削弱,而中央监察委员会的最高领导人古比雪夫对此还非常肯定。他说:"有人曾嘲笑我们,说我们的中央监察委员会是中央委员会的附属机关,要求我们持某种独立的路线,某种中立的立场,以使我们能以第三者的身份对待正在发生的这一场争论,并公正地、冷静地评判参加论战的各方,论功过而赏罚。他们奉承我们说:'你们的机关是代表大会选举的,和中央委员会拥有同等的权力,你们的政策只对代表大会负责,所以应该有自己的路线,尽量不受中央委员会的制约',我们断然拒绝了这种立场。"② 并再三声明中央监察委员会"过去这段时间对中央委员会及布尔什维克政治路线的无条件地,坚决地支持"③。由此可见,此时中央监察委员会的最高领导人对监察委员会地位的认识也与列宁时期相去甚远。而且党的十三大主席团还不顾部分代表从座位上站起来强烈反对,决定将中央监察委员会的报告提交指定的专门委员会来讨论并通过。而按规定,中央监察委员会的报告应放到党的代表大会全体会议上讨论。这显然是对中央监察委员会权威和地位的漠视,进

---

① 《苏共决议汇编》(第二分册),人民出版社1964年版,第437页。
② 《俄共(布)第十三次代表大会》(速记),人民出版社1978年版,第313—314页。
③ 同上书,第313页。

一步削弱了中央监察委员会的地位。

1925年12月在苏共第十四次代表大会上,撤去了中央监委委员必须具备10年党龄才能当选的规定,并规定只有中央监察委员会主席团委员和候补委员,才可以出席中央委员会全体会议。中央监察委员会主席团委员中,只有代表3人、副代表3人才可以出席中央政治局会议。只有代表5人和副代表5人才能出席中央组织局和中央书记处的会议,并且只有发言权。还规定监察委员会的全体委员,只能出席"有关"的党委员会的会议、党的代表会议,而不是以前规定的可以参加"一切"党委员会的会议和代表大会。规定监察委员会的任务为:"采取一切措施保证坚持不懈地执行第十四次代表大会的决议。"① 1926年11月3日,斯大林干脆任命奥尔忠尼启泽担任中央监察委员会主席,同时担任政治局候补委员,严重违反了中央监察委员会成员由代表大会选举产生的规定,损害了中央监察委员会的独立性。此时的监察委员会,开始一步步演变为斯大林清除不同意见、进行政治斗争的工具。1930年,中央监察委员会的主要工作甚至从清除不同意见转移到了"将注意力集中在最大限度地利用苏联国民经济潜力上"②。苏共要求:"中央监察委员会——工农检察院应该坚定不移地争取以苏联工业的产品代替进口货,寻求新的出口货源。"③ 苏共的最高权力制约和监督机关性质已发生了重大变化。而奥尔忠尼启泽最终因无法理解残酷的现实,被迫自杀了。其后继者安得列也夫也是在没有代表大会选举的情况下,从一个非中央监察委员会委员一跃成为中央监察委员会主席。1934

---

① 《苏共决议汇编》(第三分册),人民出版社1956年版,第85页。
② 《苏共决议汇编》(第四分册),人民出版社1956年版,第138页。
③ 同上书,第142页。

年1月，在苏共第十七次党的代表大会上，作出了"将中央监察委员会改组为联共（布）中央党监察委员会，并委派一名联共（布）中央委员会书记为党监察委员会的领导者"的决定。[①]在新的《党章》中则撤去了关于监察委员会的一章，取消了监察机关监督党委员会制定有关决议的规定。监察机关变成了中央委员会的下属机构，它对中央委员会制定的任何决定没有参与和监督的权力，它只能对这些决定的贯彻和执行进行监督。在1939年3月苏共召开的党的第十八次代表大会上通过的《修改全苏联共产党（布尔什维克）党章的决议》中干脆规定："监察委员会由中央委员会全体会议选举，并在联共（布）中央委员会领导下进行工作。"彻底取消了监察委员会的独立性，使其成为中央委员会的附属物，其地位和职权被严重削弱。在1952年苏共召开党的第十九次代表大会上，又将监察委员会检查党的决议的执行情况的职权划归中央委员会书记处。党的专门监督机关彻底沦为维护斯大林个人专制的工具。

这几个方面的变化，使列宁时期已初步形成的符合民主原则的党内权力结构发生了逆转，党的代表大会不再是党的权力中心，党的委员会也形同虚设，党内的权力高度集中在有总书记控制的书记处，实际上就是集中在总书记一人之手。这样就形成了党的代表大会的权力小于由其选举产生的中央委员会的权力，中央委员会的权力小于政治局的权力，政治局的权力又不如书记处的权力的党内权力分布结构，书记处"决定一切"、总书记具有"无限权力"的党内专制权力结构体系代替了列宁时期以党的代表大会为权力核心，由党的全国代表大会、中央委员会、中央监察委员会分掌党内的决策、执行和监督大权的民主性权力结构彻底消失。

[①] 《苏共决议汇编》（第四分册），人民出版社1956年版，第392页。

第三，用普遍的任命制或变相的任命制取代了选举制度，用终身制取代了任期制，破坏了党内民主的基础。

毋庸讳言在列宁时期苏共党内就已经存在任命制，尽管俄共（布）十大提出了由战时命令制向"工人民主制"转变的任务，但是因为历史的原因，任命制并没有消除，而斯大林时期则将这一制度发展到登峰造极的程度。

早在俄共（布）第十二次代表大会上，斯大林就强调："在提出正确的政治路线以后，还必须挑选工作人员，把善于执行指示、能够理解指示、能够把这些指示当作自己的东西并且善于贯彻这些指示的人安置到各种工作岗位上。"① 而且认为登记分配部的工作不应局限于登记分配县委委员、省委委员和区域委员会的同志，而应该"毫无例外地包括一切管理部门和党赖以掌握我们的经济机关并实现自己的领导的全体工业指挥人员"②。也就是说任命制不仅是在党内，而且要延伸到所有国家机关。在党第十二次代表会议新通过的党章中，还载入了从现在起党的省委员会和县委员会书记必须由上级机关确认的条款，一整套干部任命制开始确立。据统计，仅从1922年到1923年，中央登记分配部就在负责的岗位上进行了多达4750项任命，其中更换了大多数省委和县委书记，在191个地方组织的新领导人中，只有97个是在党的代表大会上选举的，其余全是"从上面"任命。③ 当然这种做法在当时是迫不得已的，也得到了列宁的赞同，但是列宁是把任命制当作当时不得已采用的临时措施，因此提出了由任命制向选举制转变的任务。遗憾的是，斯大林上台以后彻底放弃

---

① 《斯大林全集》第5卷，人民出版社1957年版，第171页。
② 同上书，第172页。
③ 数据来源参见陈之骅、吴恩远、马龙闪主编《苏联兴亡史纲》，中国社会科学出版社2004年版，第138页。

了列宁这一思想，将委任制固定下来，并不断强化这一制度，最终形成了一整套分工细密的完整的委任制度体系。

1926年6月，苏共中央书记处和组织局批准了《关于联共（布）中央负责指导员条例》，该条例规定，中央负责指导员在各地选举党的机关方面享有全权，并且必须保证"中央党的机关"指令的贯彻执行。同年联共（布）中央还通过了一个专门的决议，进一步把对干部的任命调整为对党的负责岗位的任命。由省委和地区编委会编订下面的干部选拔名录。形式上党的职位都由选举产生，但是实践上决定权并不在党的会议和拥有选举权的全体党员，而是在精心准备了干部任命名单的党的机关的工作人员。① 在联共（布）十七大上，斯大林又指出："在正确的路线提出以后，在对问题作出正确的决定以后，事情的成功就取决于组织工作"，而且认为"组织工作中最重要的是挑选人才和监察执行情况"②。把任命制提到了党执政的规律的高度。斯大林还认为："党的干部是党的指挥人员，而由于我们的党是执政党，所以他们就是国家领导机关的指挥人员。"③ 遵循这一逻辑，任命制的范围扩展到党和国家的各级干部中。1939年，斯大林进一步提出，把挑选、提拔、配备和考察干部的工作集中起来，由党的中央干部局以及每一个共和国、边疆区和州的党组织的干部部统一负责，更进一步集中了对党和国家干部的任命权。

在这一无所不包的任命制下，不仅党和国家的各级干部都由任命产生，而且党的代表大会和代表会议的代表实际上也不是由选举产生，而是由中央书记处推荐和指定的。因为每次代表大会代表的

---

① 参见陈之骅、吴恩远、马龙闪主编《苏联兴亡史纲》，中国社会科学出版社2004年版，第137页。
② 《斯大林全集》第13卷，人民出版社1956年版，第326页。
③ 《斯大林文集》，人民出版社1985年版，第269页。

名额和产生办法都由书记处以中央委员会的名义确定,而书记处又因为负责联系各地方组织,并具有推荐和审查代表候选人的权利,所以它所提名和推荐的候选人自然会顺利地列入候选人名单,而书记处不认可的人则可以通过资格审查等方式排除掉。这使得党的最高权力机关党的代表大会就失去了应有的作用和意义,任命制蔓延至党内权力的源头,渗透至党和国家权力的各个方面。布哈林关于任命制有这样一段描述:"支部书记通常是由区委会任命……区委会可以任意地提出人选,选举通常按照既定的方式进行。问到会者'谁反对',由于人们多少有些害怕说反对,于是被提名的候选人就被任命为支部书记。"① 可见这一制度的泛滥,以至于1937年中央全会也不得不承认:"党章所规定党委员会的书记要由上级机关批准的制度,在许多党组织中实际上变成了委任制。党委会的书记往往在他的地方组织中当选以前就被批准了。"② 任命制完全取代了选举制度,破坏了党内民主的基础,抑制了广大党员的积极性,实际上也就扼杀了党的生机与活力。

与普遍任命制相伴随的,是事实上的终身制。在斯大林时期,苏共的党章以及苏联宪法都没有规定党和国家领导人的任期。加之斯大林个人的权力欲望不断的膨胀,致使党和国家的领导干部没有任期限制,而是事实上的终身制。斯大林为了保住自己的总书记地位,甚至不惜利用手中的权力篡改选举结果。在1934年初举行的党的十七大上,选举中央委员时,斯大林得到了近300张反对票,赞成票列中央委员名单末位,而列宁格勒市委书记基洛夫以只有三票反对,居于得票率首位。只因中央委员

---

① 转引自[美]罗伯特·文森特·丹尼尔斯著《革命的良心——苏联党内反对派》,北京出版社1985年版,第349页。

② 《苏共议汇编》(第四分册),人民出版社1956年版,第466、477页。

是等额选举,斯大林才得以当选。与会代表1225人,可见约有1/5代表反对他当选中央委员,更不要说当总书记了。于是斯大林的亲信卡冈诺维奇出面,命令销毁反对斯大林的大部分选票,在大会宣布的结果是反对斯大林的和反对基洛夫的都是3票。①斯大林自己担任总书记长达31年之久,担任政府总理和全军最高统帅也有12年,如果不是意外中风去世,他仍然不愿放弃手中的权力,实际上是领导职务终身制。

第四,破坏了党内平等原则,将党内关系敌对化,让国家安全机构介入党内斗争,严重侵害了党员的权利,毒化了党内风气,导致党的整体水平急剧下降。

民主与平等原则是分不开的,工人阶级政党党内的民主更是如此,要求承认并维护每一个党员拥有平等的地位和权利。特别是在处理党内矛盾时,更应该坚持平等的原则。而斯大林时期却破坏了这一党内民主的重要原则,把党内有矛盾的同志之间的关系敌对化,并用对付敌对阶级的办法,让国家安全机构介入党内斗争。斯大林时期几乎每一场党内的争论和矛盾,其最终的解决都是斯大林采用无情的组织清洗,甚至是肉体上的消灭来消除政治上的反对派。从1924年到1929年,短短6年之中,先后开除了托洛茨基反对派、季诺维也夫—加米涅夫新反对派和布哈林—李可夫反党集团。其手段也是惊人的相似,即先就事论事,然后上纲上线,扣上反党或者是阶级右倾的帽子,最后采取组织手段将反对者踢出政治舞台,甚至从肉体上予以消灭。而20世纪30年代后期以及战后,斯大林晚年的大清洗更是把阶级斗争和对敌斗争的手段在党内运用得炉火纯青,昔日亲密的布尔什维克老战

---

① 参见高放著《苏联共产党的党内民主怎样被破坏殆尽》,载《江苏行政学院学报》2004年第3期。

友，凡敢于持不同政见者无不成为阶下囚和枪下鬼。斯大林把党、政、军、共青团、工会、科技人员和文艺工作者以至平民百姓中，凡持有与他不同思想观点或者持有不同观点的嫌疑者，一律处以反革命罪。据苏联内务部1954年起草的有总检察长、内务部长、司法部长共同签名的统计报告，从1921年至1954年，被判处反革命罪的罪犯共有3770380人，其中处以死刑的642984人，25年以下劳改与监禁2369220人，流放和驱逐出境765180人。① 赫鲁晓夫在苏共二十大的秘密报告中还透露了一组数据，那就是1934年联共（布）十七大选出的代表及其组成的中央领导机关在大清洗中被镇压的人数，这次大会有表决权和咨询权的代表共1966名，其中有1108名在大清洗中被当作反革命逮捕，大约80%的代表被镇压。大会选出的139名中央委员和中央候补委员中，83人被逮捕和从肉体上消灭，只有7人是自然死亡，3人自杀。其中，十七大选出的71名中央委员中，有51名被处决，2名被迫自杀；67名候补委员中，有47名被处决；11名政治局委员中，1人被迫自杀，2人被处决；6名政治局候补委员中有3人被处决。足见斯大林时期党内斗争之残酷和血腥。即使幸存的人，也失去了安全感，党内同志关系变成了相互提防、相互警惕、相互猜忌的关系。正如赫鲁晓夫后来回忆所说："我们这些斯大林身边的人都是昙花一现的人物。只要他对我们有一定的信任，我们就可以继续生存和工作，但是，只要什么时候他对你的信任中止了，斯大林就会开始对你注意审查，直到他的不信任不断上升，终于超过饱和点。于是就轮到你到追随那些已经不在人世的人们去了。那就是一切为了党的利益、并在

---

① 参见高放著《苏联共产党的党内民主怎样被破坏殆尽》，载《江苏行政学院学报》2004年第3期。

党的队伍中同他一起工作、同他并肩奋斗的人们的处境。"① 在这里，我们看到的是与党内民主相去甚远，而且具有浓厚的封建专制色彩的作风。其后果是党内风气被破坏，党的整体水平也迅速下降。因为党内关系的变异，使得广大党员和党的干部不愿也不敢独立思考问题，其结果是造就了一大批没有创造性、没有主动性，唯命是从的"传声筒式"的干部。党的先进性不断丧失，党的执政能力也不断下降。

第五，由党的领袖垄断了党的历史和党的路线、方针、政策及理论的解释权，对思想文化领域实行高压的管制政策。

1929年斯大林在取得反"右倾集团"的政治胜利时候，就开始着手采取措施消除异己思想，特别是消除布哈林的思想理论的影响，以建立自己在意识形态领域的垄断地位，最终确定自己在党和国家的最高领导地位。

争夺意识形态领域的合法解释权，实际上是与列宁去世以后党内的权力斗争同步的。早在1924年，为同托洛茨基争夺对列宁主义的解释权，斯大林就编写了《论列宁主义基础》一书，在其中题为"党"的一章中，斯大林概述了新型无产阶级革命政党的6个基本特点，即：（1）党是工人阶级的先进部队；（2）党是工人阶级的有组织的部队；（3）党是无产阶级组织的最高形式；（4）党是无产阶级专政的工具；（5）党是意志的统一，是和派别组织的存在不相容的；（6）党是靠清洗自己队伍中的机会主义分子而巩固起来的。② 1929年战胜了党内的"右倾集团"之后，斯大林开始实施意识形态的"大转变"，并逐步建立起新的思想文化模式。1929年12月，斯大林在共产主义科学

---

① 《赫鲁晓夫回忆录》，东方出版社1988年版，第367页。
② 《斯大林选集》上卷，人民出版社1957年版，第261—271页。

院召开的马克思主义土地专家代表会议上作了《论苏联土地政策的几个问题》的报告,指出当前"理论思想赶不上实际工作"的需要,二者之间发生了明显的"脱节"[1]。并要求"对新经济政策问题,阶级问题,建设速度问题,结合问题,党的政策问题","都应该有"不同于过去的"新的提法"[2]。左转的动员令已发出,随后就开始了对哲学界德波林学派的批判。1930年,斯大林又作了题为《哲学战线的状况》的讲话,对意识形态的"大转变"进行了再次动员。要求在整个意识形态领域和各个思想理论阵地展开"全线进攻",强调为此可使用"各种武器",甚至要批判迄今为止有碍斯大林理论地位的一切有威信的马克思主义哲学家和理论家,也就是说要树立斯大林理论的绝对权威。1930年底,联共(布)中央宣传鼓动部部长就迫不及待地宣布:"从现在起,要在各个领域包括哲学领域在内确立一个权威,这个权威就是我们的领袖斯大林。"[3] 为了有效地批判和打击理论上的对手,斯大林还将学术问题混同于政治问题,认为应该将理论领域的两条战线的斗争同党内政治倾向联系起来,认为"即使是最抽象的理论问题上的背离,在阶级斗争日益尖锐的情况下都具有政治意义"[4]。此后不久,斯大林又开始了对史学界的攻击,迫使史学界按照斯大林的意愿研究历史,解释历史,甚至是篡改历史。与此同时,斯大林还展开了向文艺界和艺术领域的全面进攻。以斯大林思想为绝对权威的思想文化模式逐步形成,而这一文化模式的最基本的特点就是对斯大林个人及其理论的崇

---

[1] 《斯大林全集》第12卷,人民出版社1985年版,第126页。
[2] 同上书,第127页。
[3] 转引自陈之骅、吴恩远、马龙闪主编《苏共兴亡史纲》,中国社会科学出版社2004年版,第171页。
[4] 同上。

拜，斯大林的是非标准成为判断一切事物是非的标准，斯大林的理论公式也就成为衡量真理的唯一标准。

斯大林和联共（布）中央经过持续多年的批判，逐步占领了意识形态阵地。为了巩固这一成果，斯大林亲自挂帅，组织联共（布）党史的编写，这部党史教材完全是按照斯大林的意图编写的，其真实目的就是要形成并确立斯大林主义意识形态的核心——斯大林的党史思想体系。此后，《联共（布）党史简明教程》也就成为联共（布）历史的唯一"钦定"范本，斯大林思想和斯大林是非标准确立了独尊地位。

从此以后，党的最高领袖拥有了对真理的垄断权。苏共领导人对马克思主义的理解和解释也被奉为经典，不容置疑，任何怀疑、探讨都被指责为异端邪说，并对其进行政治上的打击、迫害。与此对应的，就是对思想文化领域的高压控制，甚至把大清洗也用作清除思想"异端"的有力工具。这种错误的做法使得苏共及其领导人长期不能克服思想理论上的失误，同时还在党内和理论工作者中间造成一种趋炎附势的现象，"唯书"、"唯上"、为苏共领导人言论作注释的不良学风充斥苏联思想理论界。在这种风气下，苏共的许多错误理论观点长期得不到纠正，更谈不上发展马克思主义。这并不仅仅是影响到苏共的具体决策，而更重要的是阻断了寻求社会发展道路的科学探讨。

第六，个人迷信盛行。

个人迷信也是斯大林时期培育起来的一个有悖于党内民主的"政治怪胎"①。这也是个人集权体制的必然产物。1929年斯大林击败了"右倾集团"，获取并巩固了他在党内的领导地位，开

---

① 王长江著《苏共：一个大党衰落的启示》，河南人民出版社2002年版，第162页。

始实行"大转变"。这一年,又恰逢斯大林 50 诞辰,在全国掀起了大规模的隆重庆典,对斯大林的个人迷信的氛围开始蔓延,借此东风,不经中央批准的斯大林的言论开始具有比以前更大的法律效力。联共(布)十七大对斯大林的个人崇拜迅速升级,几乎每个发言者都要讲斯大林如何伟大、天才;大会决议"责成各级党组织以斯大林同志报告中所提出的原理和任务作为自己工作的指南"①,第一次在党的正式文件中突出斯大林。党的十七大后,对斯大林的崇拜与否成了一条政治准则,接纳党员、职务升降、"派别活动"的划分、"人民公敌"的定案,一概以此为界。1938 年《联共(布)党史简明教程》出版,是对斯大林个人迷信的又一高潮,在联共(布)中央决议中开始出现"列宁斯大林的党"的提法。还以斯大林的名字来称呼国家的宪法。《联共(布)党史简明教程》被誉为"马克思列宁主义基本知识的百科全书",其中"辩证唯物主义与历史唯物主义"一章更被奉为马列主义发展史上的"顶峰"。1939 年底斯大林 60 寿辰,再次掀起了狂热的崇拜领袖的高潮。1945 年第二次世界大战结束,国防委员会宣告取消。斯大林仍兼任人民委员会(部长会议)主席、国防人民委员、武装力量最高统帅,并被授予了独一无二的苏联大元帅军衔。从战时一直到战后,对斯大林的颂扬有增无减,个人迷信发展到了宗教狂热的地步。1948 年,经斯大林亲自修改、定稿的《斯大林传略》用几十种文字出版并向国内外发行。斯大林把自己称作"列宁主义的继承者","今天的列宁"。1949 年,国民经济迅速恢复,斯大林模式在社会主义阵营各国中全面推广。同年底,庆祝斯大林 70 大寿。全世界共产党人和进步人士都为之祝贺。个人崇拜掀起了新的高潮,达到

---

① 《苏共决议汇编》(第四分册),人民出版社 1956 年,第 401 页版。

了顶峰。

就在一片狂热的颂歌声中，苏联共产党的智慧迅速减退，在党内得势的多是那些趋炎附势、溜须拍马的投机分子，具有独立思考能力的人被视为异己，难以立足，甚至难以生存。客观上还为自己培育了日益强大的反对力量，这种反对力量既来自国际，也来自国内甚至党内，苏联后来出现的持不同政见者运动就是突出体现。一个曾经生机勃勃的大党就这样走向死气沉沉，迅速衰老。不仅如此，个人迷信的危害还破坏了正常的民族关系，损害了国际共产主义运动，阻碍了苏联经济的发展，影响了人民生活的改善。在意识形态方面则是教条主义盛行，堵塞了马克思主义的进一步发展。

3. 党群关系紧张

党政关系的变形，党内民主的缺失，使得党的理论、方针、政策以及以此为指导的党的具体行动就不可能代表人民群众的根本利益。事实上，在斯大林时期，由于党内一个调门，一种声音，党已经不可能表达、综合，最终实现人民的利益要求，实际上由党中央自上而下强力推行的农业集体化和加速工业化只是国家意志的展现，与人民的利益要求之间存在很大的距离。工业化甚至是建立在对人民，特别是对广大农民的直接掠夺基础之上的，也就是说，广大农民在国家工业化进程中，在整个国家建设与发展中，只是充当了工具，而不是社会的主人。农民阶级是这样，工人阶级也是如此，工人只是整个工业体系中的"螺丝钉"，是按照党的指令从事生产的"机器"或者是生产线的一部分。工人的组织——工会也不是为了保护工人阶级的利益，服从党和国家机关的指示成为工会的唯一职能，因而成为国家的附庸和党的传声筒，甚至成为党和国家机关控制工人的重要工具，工会出现了严重的角色错位。这种模式的形成与发展是以党群关系变得严重对立为代价的，可以说这一模式一方面确实在短期内迅速建立起了以重工业为核心的工业基础，但是，这一模式也使共产党执政的合法性基础在不断地丧失。

三 中国共产党执政地位的确立与自身建设的曲折发展

中国共产党的执政党建设理论是随着中国共产党确立执政地位的斗争逐步成熟的,特别是新中国建立之初的政党建设深刻体现了我党在执政建设上的不成熟,也充分体现了我党完成从革命政党到执政政党的转变是个痛苦的蜕变过程。在这个时期,毛泽东的贡献是主要的,但是其他中共领导人也丰富了这一时期的建党学说。

(一)新中国建立初期党自身建设的加强和执政党建设经验的初步总结

1. 新中国建立初期党自身建设的加强

1949年10月1日,中华人民共和国成立,党和国家的建设全面铺开。在这个初创阶段,着眼于搭建执政党组织框架是执政党的首要问题,主要围绕两方面展开:一是党的组织机构的建立及其运作;二是党自身的组织建设。

(1) 党的层级组织普遍建立与国家建设

新中国建立以后,在执政条件下实现党的领导需要解决许多基本问题,首要的问题就是构筑党的组织管理体系。

第一,建立党在政府中的组织体系。《中国人民政治协商会议共同纲领》确定了国家基本政权体系,也从国家根本大法方面确立了中国共产党在国家政治生活中的领导地位。1949年11月9日,党中央作出了《中共中央关于在中央人民政府内组织中国共产党党委会的决定》和《中共中央关于在中央人民政府内建立中国共产党党组的决定》,前者是在中央人民政府内部建立纵向的党的领导体系问题,分成6个分党委进行领导,后者是解决在中央人民政府中担任负责工作的共产党员的组织,加强了中共中央对中央人民政府的领导。这些对党组织活动的基本规范正确地规定了党和国家政权机关的关系及政权机关中党的组织关系,确保了党的路线、方针、政策通过党的组织在国家机关、政府机关中贯彻落实,从而在组织上、制度上保证了党对国家政权的领导。在党和政府的关系处理上,还是保持了以前党政适当分开的提法。1949年11月,中共中央宣传部在下发的一个指示中指出:"在中央人民政府成立之后,凡属政府职权范围的事,应该由政府讨论决定,由政府明令颁布实施。……不再如过去那样,有时以中国共产党名义向人民发布行政性质的决定、决议或通知。"① 这个问题非常明确,周恩来、董必武、李维汉等中央领导人都强调党政应当分开,党对政权的领导应体现政治领导,即制定路线方针政策、监督政府、选拔干部到政府任职等。② 在1952年以前我们国家的党政关系出现了党管大政方针,政府执

---

① 《建国以后政治体制的演变及其对党的决策的影响》,载《中国现代化史》1988年第10期,第143页。

② 详细论述可以参见《周恩来统一战线文选》,人民出版社1984年版版,第175页;《董必武选集》,人民出版社1985年版,第307—308页;《李维汉选集》,人民出版社1987年版,第225页。

三　中国共产党执政地位的确立与自身建设的曲折发展

行的良好局面。但是1953年3月10日党中央发布《中共中央关于加强中央人民政府系统各部门向中央请示报告制度及加强中央对政府工作领导的决定》指出："今后政府工作中一切主要的和重要的方针、政策、计划和重大事项，均须事先请示中共中央，并经过中共中央讨论决定或批准以后，始得执行。"① 1955年10月，中共中央批准了同年8月1日中共中央组织部的工作报告，其中一个重要内容是各级党委建立分口领导政府工作的机构和制度。各级党委工作部门不仅管干部、党的方针政策的执行、思想政治工作和基层党组织工作，而且直接抓生产业务，逐步以党委取代政府机构的职能。这是党政不分、以党代政的开始。

第二，确立党在企业中的领导地位。新中国建立初期，党中央对企业的领导制度并没有作出明确的规定，各地党组织依据各自情况或建立起厂长负责制或建立起党委领导下的厂长负责制。1953年9月，党中央发出《关于国营厂矿加强计划管理和健全责任制给各级党委的指示》，提出在企业中建立厂长负责制。1955年，中央在批转"三办"（主管工业）的有关报告中再次确认必须建立厂长负责制，同时要求加强党的政治工作，批评那种把党的政治工作与厂长负责制对立起来的错误。但各地对实行厂长负责制有不同的认识，党内在企业领导制度问题上有较大的分歧。中央主管工业的办公室先后多次召开讨论会讨论这一问题。1956年，各工业部门负责人在中央汇报工作时再次讨论企业中党的领导问题，毛泽东明确提出应建立党委领导下的厂长负责制。自此，各企业逐步建立起了党委领导下的厂长负责制。这一制度在后来召开的党的八大上得到确认，并成为数十年来党在

---

① 《建国以来重要文献选编》（第4册），中央文献出版社1993年版，第68页。

基层的基本领导制度。

(2) 完全执政条件下完善党的组织建设

中国共产党从建党开始就非常重视党的组织建设，但是外在环境的根本变化，使党的组织建设面临新的挑战。为了应对新的挑战，新中国建立初期，我们党对组织建设进行了适时的调整。

第一，为了提高党员和基层党组织的整体素质，中国共产党坚持谨慎发展党员的方针。在革命年代，为了壮大革命力量，党员的数量摆在第一位，这个策略带来的问题我们党逐渐开始觉察，1950年3月，党中央在《关于发展和巩固党的组织的指示》中严厉批评发展党员中的一些不正确做法。七届三中全会上毛泽东指出，今后必须坚决地阻止投机分子入党，洗刷投机分子出党，注意有步骤地吸收觉悟工人入党，扩大党组织的工人成分。在老解放区，一般应停止在农村中吸收党员；在新解放区，在土地改革完成以前，一般不应在农村中发展党的组织，以免投机分子乘机混入党内。根据这个精神，刘少奇在1951年召开的第一次全国组织工作会议上，提出了今后发展党员的若干原则和八大条件，形成了党在新中国建立初期关于党员队伍建设公开、谨慎、严格、计划的新思路。经过努力，根据中央"慎重"发展的方针，全国这一时期在城市工矿企业、机关学校和完成了土地改革的农村新区，发展了107万名新党员，新建立了82000个支部。全国职工人数在50人以上的厂矿企业和高等院校，一般都建立了党的组织，农村大部分地区也有了党的基层组织。

第二，强化党的干部队伍管理和建设。新中国建立以后，按照七届二中全会的部署，党的干部队伍快速发展，这个队伍不但需要通过学习不断提高执政能力，而且由于数量的增加，本身的日常管理难度也在加大，迫切需要创新管理思路。

首先，建立分部分级管理干部制度。在1951年召开的第一次全国组织工作会议上，刘少奇根据中央组织部的建议，在讲话中提出了分部分级管理干部的思想，改变过去由组织部门统一管理干部的做法。他说：从最初级到最高级的每一个干部，都要有一定的机关来管理，不应有任何一个干部没有地方管理他。从原则上说，担负最重要职务的干部，应集中由中央管理，地方组织加以协助；担负次要职务的干部，由各中央局、分局和省委、区党委分别管理，下级组织加以协助；担负初级组织职务的干部（乡村和基层组织的干部），则应由县委和市委管理。1953年11月，党中央发出《关于加强干部管理工作的决定》，由于形势的发展和任务的变化，党管理干部的方法需要适当加以改变。中央认为应逐步建立在中央及各级党委统一领导下，在中央及各级党委的组织部统一管理下，实行分部分级管理的制度。所谓分部分级管理干部，就是将干部划分为9类，由中央和地方党委分别管理。同时，对后备干部实行名单管理制度。这项制度结束了战争年代建立起来的一揽子的干部管理方式，形成了我国干部管理的基本制度。它存在的一些缺陷或弊端是显而易见的，但是作为一种改革的尝试有它自身的价值，应该说基本上满足了当时党对干部队伍建设的需要。同时，为了满足国家大规模建设的需要，1953年11月党中央发出《关于统一调配干部，团结、改造原有技术人员及大量培养、训练干部的决定》，采取措施切实解决工业建设及其他方面迫切需要干部的问题。

其次，强调党内的团结。1953年至1954年间，高饶事件的发生重新把党的团结置于重要地位。1954年七届四中全会通过的《关于增强党的团结的决议》和党的全国代表会议上通过的《关于高岗、饶漱石反党联盟的决议》，全面阐述了党的团结和统一的基本思想及原则、措施，坚决反对个人主义和分散主义。

再次，继续推行整党整风的办法以保持党的革命本色。1950

年5月1日,中央发出《关于整党的指示》,决定在全党全军,进行一次大规模的整风运动,严格地整顿党的作风,首先是干部作风,制止和克服了已经有所滋长的官僚主义和命令主义,改进党和人民群众的联系。1951年召开的第一次全国组织工作会议,研究贯彻了中央关于整党决定的问题,并布置了新中国建立以后的第一次全国规模的整党。不论是整风还是整党,都从以往以思想政治教育为主转变为和具体工作相结合、主要是和当时国家工作中心之一的"三反""五反"运动结合,这为以后类似工作提供了经验。

最后,为加强执政党监督,建立纪律检查制度。党内监督是对执政党的监督最重要的方式之一。新中国成立后仅一个月,即1949年11月,中共中央政治局就决定建立全国系统的党的纪律检查委员会。11月9日,中央发出《关于成立中央及各级党的纪律检查委员会的决定》,规定中央纪律检查委员会在中共中央政治局领导下工作,各级纪律检查委员会在各级党委指导下工作;各中央局、分局、省委、区党委、市委、地委、县委党的纪律检查委员会,由各级党委提出名单,经上两级党委批准后开始工作;中央及各级党的纪律检查委员会,必须设置一定的工作机关,进行经常的工作,并规定自己的工作细则。中央及各级党的纪律检查委员会的任务与职权是:(1)检查中央直属各部门及各级党的组织、党的干部及党员违犯党的纪律的行为。(2)受理、审查并决定中央直属各部门、各级党的组织及党员违反纪律的处分,或取消其处分。(3)在党内加强纪律教育,使党员干部严格地遵守党纪,执行党的决议与政府法令,以实现全党的统一与集中。要求与党内官僚主义现象及一切违犯党纪的现象作斗争,保证党的路线、方针和政策的贯彻执行。由于在实践中,各级党委对于纪律检查工作在认识上和行动上都不一致,为了统一认识，1951年4月，召开了全国纪律检查工作干部会议。1952年4月，中共中央又发出《关于加强纪律检查工作的指示》，要求各级党委要定期讨论纪律检查工作。朱德对纪律检查委员会的组织机构设置做出了指示，例如建议设立常委会的组织，在可能的条件下，应设立专职的书记和副书记等。

2. 党对新中国建立初期执政党建设经验的总结

1956年秋，社会主义改造在全国范围内基本完成，党和国家在过渡时期的阶段性任务基本完成，即将开始大规模的社会主义建设。在历史转折关头，认真总结新中国建立以来的7年中执政党建设的经验，并在这个基础上展望未来社会主义事业具有重要意义。党的八大正是在这种历史氛围中召开的。八大提出的我国社会主义建设的总路线、加强执政党建设以保证党对社会主义事业正确领导的思想、加强执政党建设的具体方针和措施，是毛泽东执政党建设思想体系的重要内容。

经验总结是一个过程。党在八大召开之前做的大量的准备工作是经验总结的开始。从1955年底开始，毛泽东奔赴全国各地考察、调查研究。1956年4月25日，毛泽东在中央政治局扩大会议上作了《论十大关系》的讲话。毛泽东在讲话中以苏联为鉴，阐述了我国社会主义建设过程中必须关注的十大问题，这是我们国家很长时间内需要认真面对的10个重要难题，是国家政策关注的焦点，也是在八大会议上需要认真解决的问题。另外，他强调："特别值得注意的是，最近苏联方面暴露了他们在建设社会主义过程中的一些缺点和错误，他们走过的弯路，你还想走吗？"[①] 在这里，毛泽东已经明确了中国革命

---

① 《毛泽东文集》第7卷，人民出版社1999年版，第23页。

要走自己的路,社会主义建设同样要走自己的路的思想,为八大确立了正确的指导思想。1956年上半年,党中央成立了八大政治报告起草委员会和修改党章、修改党章报告起草委员会,负责八大主要文件的准备工作,相关的会议文件都经过数次讨论和反复修改。

1957年9月15日至27日,中国共产党第八次全国代表大会在北京隆重举行。这是党执政以后召开的第一个全国代表大会。这次大会在很多方面都是富于创造精神的,突出表现在以下几个方面:

第一,制定了符合社会发展实际的党的政治路线。

要制定正确的政治路线,必须对社会发展形势做出准确判断。刘少奇在政治报告中明确指出,我们党已经领导人民取得了对农业、手工业和资本主义工商业的社会主义改造的决定性胜利。几千年来的剥削制度已经基本上被消灭,社会主义制度在我国已经基本上建立起来了。我们国内的主要矛盾,已经是人民对于建立先进的工业国的要求同落后的农业国的现实之间的矛盾,已经是人民对于经济文化迅速发展的需要同当前经济文化不能满足人民需要的状况之间的矛盾。因此,党和全国人民当前的总任务,就是集中力量解决人民对于经济文化迅速发展的需要同当前经济文化不能满足人民需要的状况之间的矛盾,发展生产力,把我国尽快地从落后的农业国变为先进的工业国。为了实现这个总任务,党必须在经济、文化、政治等方面采取正确的政策,调动一切积极因素,团结一切可以团结的力量,充分利用一切对我们有利的条件。当时预计用50年至75年时间使中国变成具有强大的现代化的工业、现代化的农业、现代化的交通运输业和现代化的国防的国家。为了实现长期战略目标,近期先要在5年内建立我国社会主义工业化的牢固基础；巩固和扩大集体所有制和全民所有制；进一步发展工业、农业和手工业生产，相应的发展运输业和商业；努力培养建设人才，加强科学研究；增强国防力量，提高人民的物质生活和文化生活水平。然后再花3个五年计划或者再多一点的时间，建成一个基本上完整的工业体系，使重工业生产在整个工业生产中占显著的优势，使机器制造工业和冶金工业能够保证社会主义扩大再生产的需要，使国民经济的技术改造获得必要的物质基础。这分别是党奋斗的短、中期目标。应该说党的八大确立的党的近期、中期、长期奋斗目标是基本符合实际的，经过全党和全国人民的努力，是大体可以达到的。

党的八大在正确分析党所面临的新的形势、新的矛盾和新的任务的基础上，制定了全面建设社会主义的政治路线：调动一切积极因素、团结国内外一切可以团结的力量，发展生产力，实现工业化，为建设一个伟大的社会主义中国而奋斗。其他具体的经济政策、社会政策都依据这个党的目标和政治路线制定，它们是各方面工作方针政策的政治基础。

第二，建立适合执政条件下的党的组织制度。

党的八大再次强调，必须发扬党的群众路线的优良传统，反对脱离群众的官僚主义，必须贯彻民主集中制，贯彻集体领导原则，扩大党内民主，反对个人崇拜；必须维护党的团结和统一等基本原则。并强调从以下几个方面加强党的建设。

首先，把党的代表大会常任制作为一项党的基本组织制度写入党章。在1956年4月底的中央政治局扩大会议上，毛泽东首次提出了党的代表大会实行"常任代表制度"的设想。他说："是否可以仿照人民代表大会的办法，设党的常任代表。我们有人民的国会，有党的国会，党的国会就是党的全国代表大会。我们已经有十几年没有开党的代表大会了，有了常任代表制度，每年就非开会不可。是不是可以考虑采用这个办法,比如五年一任。"① 在中央征求各省、市、自治区和中央各部委党组、党委意见以后,邓小平在党的八大作的《关于修改党的章程的报告》中,正式把党的代表大会常任制度写入党章,规定"党的全国的、省一级的和县一级代表大会,都改作常任制"。同时他在修改党章的报告中还具体论述了党的代表大会实行常任制的重要作用和意义。他指出:"代表大会常任制的最大好处,是使代表大会可以成为党的充分有效的最高决策机关和最高监督机关,它的效果,是几年开会一次和每次重新选举代表的原有制度所难达到的。按照新的制度,党的最重要的决定,都可以经过代表大会讨论。党的中央、省、县委员会每年必须向它报告工作,听取它的批评,答复它的询问。代表由于是常任的,要向选举他们的选举单位负责,就便于经常地集中下级组织的、党员群众的和人民群众的意见和经验,他们在代表大会会议上,就有了更大的代表性,而且在代表大会闭会期间,也可以按照适当的方式,监督党的机关工作。因此,我们相信,这种改革,必然可以使党内民主得到重大的发展。"② 实行党的代表大会常任制,是对党内政治生活制度的一项根本的改革。

其次,进一步强调党政适当分开的原则。党的八大纠正了1953年以来以党代政的错误做法,八大认为党应当而且可以在思想上、政治上、方针政策上对于一切工作起领导作用,但不能包办一切。③ 刘少奇指出,中国共产党的力量,在于它有马克思列宁主义的思想武器,有正确的政治路线和组织路线,有丰富的

---

① 《毛泽东文集》第7卷,人民出版社1999年版,第54页。
② 《邓小平文选》第1卷,人民出版社1994年版,第233页。
③ 《刘少奇选集》(下卷),人民出版社1985年版,第254页。

斗争经验和工作经验、善于把全国人民的智慧集中起来,并且把这种智慧表现为统一的意志和有纪律的行动。不但在过去,而且在今后,为了保证我们的国家能有效地处理国内和国际的复杂事务,都必须有这样一个党的领导。企图削弱党的领导作用,把党对于国家各方面工作的方针政策的领导问题同单纯技术方面的问题混淆起来,认为党对于这些工作的技术业务是外行,不应当领导这些工作的观点是错误的。同时,刘少奇在政治报告中也明确指出,党不能包办一切。邓小平在《关于修改党章的报告》中也指出,党不能去直接指挥国家机关的工作,不能混淆党的工作和国家机关工作的界限。那么,党应该怎样领导呢?八大的初步设想是:国家工作中和人民团体工作中的各种方针政策问题由党讨论决定;重要的组织问题由党讨论决定;通过党在国家机关中或人民团体中的党组贯彻执行这些方针政策;同时,党认真地系统地研究国家机关工作或人民团体工作的情况和问题,进行调查研究,提出自己正确的、切实的、具体的主张,并根据实践及时修正自己的主张;党对国家机关工作进行经常的监督;党的干部和党员通过学习,使自己变成内行,以便更好地领导。

最后,党中央开始考虑接班人问题。八大通过的党章规定:"中央委员会认为有必要的时候,可以设立中央委员会名誉主席一人。"毛泽东实际上已经准备到适当时候就不当党的主席了。他还提出不再担任下一届国家主席,并且建议修改宪法,规定国家主席、副主席只能连任一届。这一设想表明,毛泽东曾试图废除党和国家领导职务终身制。

（二）党的建设在曲折中前进（1957年至"文化大革命"前）

中共八大的历史成就是大家公认的，但是它也给人们留下许多的遗憾，许多好的设想、理论和路线并没有得到有效执行。执政党的建设在以后相当长一段时期内出现了严重错误。

1956年2月，赫鲁晓夫的秘密报告在社会主义国家中激起千层浪。随后接连发生了波兰事件和匈牙利事件，在国内也出现了工人罢工，学生罢课请愿，农民闹退社、分社以及进京上访告状等情况。社会发展出现了一些微妙变化，共产党与人民群众之间出现了矛盾，面对这种情况，毛泽东开始系统地研究社会主义社会中人民内部矛盾的问题，开创性的提出了关于正确处理人民内部矛盾的理论和政策。1956年12月4日，毛泽东在《致黄炎培》的信中明确指出："社会总是充满着矛盾，即使社会主义和共产主义社会也是如此，不过矛盾的性质和阶级社会有所不同罢了。"1956年12月29日，《人民日报》发表了根据中共中央政治局扩大会议的讨论而写成的文章《再论无产阶级专政的历史经验》。文章第一次公开提出了两类矛盾问题，指出：在我们面前有两种性质不同的矛盾：第一种是敌我之间的矛盾，这是根本的矛盾，它的基础是敌对阶级之间的利害冲突。第二种是人民内部的矛盾（在这一部分人民和那一部分人民之间、共产党党内这一部分同志和那一部分同志之间，社会主义国家的政府和人民之间，社会主义国家相互之间，共产党和共产党之间，等等）。后来毛泽东在省、市、自治区党委书记会议上的讲话，在最高国务会议第十一次扩大会议上的讲话，再一次对社会主义社会的矛盾和人民内部矛盾问题进一步作了深入、系统、全面的论述。6

月19日，毛泽东《关于正确处理人民内部矛盾的问题》公开发表。文章运用对立统一规律分析社会主义社会矛盾。认为在社会主义社会，贯穿于一切社会形态的基本矛盾——生产力和生产关系的矛盾、经济基础和上层建筑的矛盾依然存在。社会矛盾虽然纷繁复杂，但从性质上说可划分为敌我矛盾和人民内部矛盾。承认并严格区分这两类性质不同的矛盾，是正确处理人民内部矛盾和解决社会主义社会矛盾的基本前提。在社会主义社会里面，人民内部矛盾是人民利益根本一致的基础上的矛盾，在一般情况下，人民内部矛盾不是对抗性的，包括工人阶级同民族资产阶级的矛盾也是人民内部矛盾，但是如果处理得不适当，或者失去警觉，麻痹大意，也可能发生对抗。产生人民内部矛盾的根源主要是已经建立的社会主义生产关系与生产力的发展不相适应的，还有上层建筑与经济基础之间的矛盾的情况。劳动群众内部物质利益上的差别，是形成人民内部矛盾的物质根源。因此，解决人民内部矛盾要采取"团结—批评—团结"的原则，就是从团结的愿望出发，经过批评或者斗争使矛盾得到解决，不能采取简单、粗暴的强制方法，只能用和风细雨式的细致的工作方法，从而在新的基础上达到新的团结，这是解决人民内部矛盾的一个正确方法。

在1956年的三大改造和建设工作中，出现了某些变动过快过急，工作方法比较粗糙，有些地方还存在着较严重的官僚主义，导致出现了少数工人罢工，学生罢课，农民闹退社、分社事件。在1956年11月党的八大二次会议上，毛泽东提出要警惕和防止干部特殊化和脱离人民群众的现象。毛泽东强调："县委以上的干部有几十万，国家的命运就掌握在他们手里。如果不搞好，脱离群众，不是艰苦奋斗，那末，工人、农民、学生就有理由不赞成他们。我们一定要警惕，不要滋长官僚主义作风，不要形成一个脱离人民的贵族阶层。谁犯了官僚主义，不去解决群众的问题，骂群众，压群众，总是不改，群众就有理由把他革掉。"① "鉴于若干社会主义国家的情况，国家的领导人员有可能（也不一定）成为一种特殊的阶层，特殊的'统治阶层'。""对这个问题，我们要采取一些办法，采取一些措施，要提起注意，在党内、在人民中间进行教育。此外，还要规定一些必要的制度，使我们这个国家发展下去将来不至于产生一种特殊阶层，站在人民头上，脱离人民。"② 因此，会议决定在1957年开展全党整风运动。

1957年4月27日，中共中央正式发出《关于整风运动的指示》，开展检查和克服官僚主义、宗派主义、主观主义的运动，但是整风过程中出现了一些复杂情况，极少数资产阶级右派分子乘整风之机公开发表反对共产党的领导和社会主义制度的言论。他们提出要同共产党"轮流坐庄"、"从共产党手里夺权"、"改变社会主义制度"的主张。在这种情况下，毛泽东在写给党内干部阅读的一篇文章《事情正在起变化》中，提出了反对右派进攻问题。领导人对待运动的指导思想已经出现了微妙变化。中共中央在6月8日发出了《关于组织力量准备反击右派分子进攻的指示》，同日《人民日报》也发表了《这是为什么？》的社论，反击资产阶级右派的斗争开始了。7月1日，《人民日报》又发表了毛泽东起草的《〈文汇报〉的资产阶级方向应当批判》的社论。之后，中央还发出了《关于向全体农村人口进行一次大规模的社会主义教育的指示》，《关于在企业中进行整风和社会主义教育的指示》等文件，把党内的整风运动扩大成为全民的整

---

① 毛泽东：《在中国共产党第八届中央委员会第二次会议上的讲话》，1956年11月15日。

② 《刘少奇论党的建设》，中央文献出版社1991年版，第643页。

风运动,把整风运动变成了反击右派运动。

反右运动把党的八大开创的良好政治局面完全改变了,并留下了严重的后遗症。1957年9月下旬至10月上旬召开的八届三中全会,进一步肯定了反右派斗争的性质和"四大"(大鸣、大放、大辩论、大字报)的做法。毛泽东把"四大"当作"最广泛的社会主义民主",并认为这是进行社会主义革命、建设社会主义国家的新形式。而且改变了在八大会议上对国内主要矛盾的正确论断,重新肯定了"无产阶级和资产阶级的矛盾,社会主义道路和资本主义道路的矛盾,毫无疑问,这是当前我国社会的主要矛盾","现在是社会主义革命,革命的锋芒是对着资产阶级"[1]。究竟是阶级斗争还是社会主义建设是党的中心任务,这时候开始混淆了,直接为以后"以阶级斗争为纲"的路线提出打下了理论认识基础。党的八大三次会议肯定了毛泽东的上述论断,还宣布我国存在"两个剥削阶级和两个劳动阶级",把民族资产阶级和知识分子也当作剥削阶级,这个结论成了后来在阶级斗争问题上一次又一次犯扩大化错误的理论根源。反右派斗争改变了中国的政治走向,从那以后的一段时间内,国家的政治生活没有出现过和谐氛围。党关于社会主义建设的理论偏离了正确轨道,对整个社会发展的总体判断出现了失误,直接导致了后面的各个领域的各项政策都出现了偏差。这其中留给了人们深刻的教训和无尽的思考。

1955年下半年以后,党内不断批判右倾保守思想,在1956年上半年在社会主义建设速度问题上就出现了急躁冒进的情绪。刘少奇和周恩来明确提出了在经济建设中既要反对右倾保守的倾向,又要反对急躁冒进的倾向,并采取了一系列纠正急躁冒进倾

---

[1] 毛泽东:《做革命的促进派》1957年10月9日。

向的措施。但是毛泽东不同意反冒进的方针，认为反冒进是一个方针性的错误，反冒进是非马克思主义的，冒进是马克思主义的，在社会主义革命完成以后，在经济建设里面，真正的左比右好。而且1957年我国大幅度超额完成第一个五年建设计划，经济建设的局面比较喜人，更助长了党内领导人急于求成的急躁情绪，从自己主观愿望出发，提出"鼓足干劲，力争上游，多快好省"的建设社会主义总路线，轻率发动了"大跃进"和人民公社化运动，结果在全国范围内刮起了高指标、瞎指挥、浮夸风和"共产风"，使整个国民经济遭到了严重破坏，导致了三年严重经济困难时期。对于这种工作中的"左"的错误及其造成的严重后果，1959年上半年党中央和毛泽东已有所觉察，多次召开会议解决农村人民公社体制和降低工农业生产指标问题，对抑制"左"倾错误的发展起了一定作用，但是由于没有从工作指导思想上解决问题，仍然肯定"大跃进"和人民公社是正确的，因而"左"的错误倾向难以制止。特别是1959年7、8月间召开的庐山会议对彭德怀等人的错误批判，使党内生活受到了更严重的损害。

由于自然灾害不断发生及苏联政府中断对华援助，还有"大跃进"等天灾人祸，国家的经济发展越来越困难。在这种情况下，党中央和毛泽东开始采取措施纠正"左"倾错误。1960年6月，毛泽东在上海召开的中共中央政治局扩大会议期间写了《十年总结》，认识到"大跃进"以来经济建设工作中存在着思想方法不对头，违反了实事求是原则，重新提出了注重调查研究，认识社会主义建设这个未被认识的"必然王国"的规律问题。之后，中央开始采取措施调整国民经济计划，发出指示，要求各省、市、自治区"必须在几个月内下决心彻底纠正十分错误的共产风、浮夸风、命令风、干部特殊风和对生产瞎指挥

三 中国共产党执政地位的确立与自身建设的曲折发展

风"。1961年1月,在北京召开党的八届九中全会上,提出了"调整、巩固、充实、提高"的方针,这表明持续3年之久的"大跃进"政策停止了,国民经济步入调整的轨道。

1962年1月11日至2月7日,中共中央在北京召开了"七千人大会",在会上毛泽东系统阐述了党的民主集中制原则和注重调查研究认识社会主义建设规律的问题。对几年来工作中发生的缺点错误作了自我批评,承担了责任。邓小平、周恩来、刘少奇等人在自我批评以外,都提出坚持和健全民主集中制,他们结合执政党的特点和实际情况,对实行民主集中制的经验教训作了系统的论述和总结。毛泽东认为,民主集中制是党和国家的最根本的制度,坚持和完善民主集中制是关系到党和国家命运的问题。刘少奇在讲话中也强调:"组织上的错误,最主要的就是我们在党的生活、国家生活和群众组织生活中违反了民主集中制的原则","如果在我们党内和我国人民中不按照民主集中制办事,而是依靠强迫命令行事,那末,我们的党会变成什么党呢?我们国家的政权会变成什么政权呢?我们党同国民党的区别又在哪里呢?我国的人民民主专政,我国无产阶级专政,同资产阶级专政的区别又在哪里呢?这不会使我们党和国家政权有发生变质的危险吗?因此,我们党和我们国家决不能容许这种情况继续存在,必须迅速地、彻底地加以改正"①。邓小平也指出,完善民主集中制这个传统制度是关系我们党和国家命运的事情。坚持和完善民主集中制原则最重要的是处理好民主和集中的关系。在革命战争年代,实行民主集中制着重强调集中的一面比较多。"大跃进"工作的失误实际上是沿袭革命战争年代的做法的结果。如今在和平历史环境下,我们应该更突出强调发展党内民主的重要

---

① 《刘少奇选集》下卷,人民出版社1985年版,第432—434页。

性。毛泽东着重强调："没有民主就没有集中。""我们的集中制，是建立在民主基础上的集中制。无产阶级的集中，是在广泛民主基础上的集中。各级党委是执行集中领导的机关。但是，党委的领导，是集体领导，不是第一书记个人独断。在党委会内部只应当实行民主集中制。……一切事情，第一书记一个人说了就算数。这是很错误的。"① 建立和加强党委的集体领导是发扬党内民主的题中之意，也应该是各级领导的自觉意识和习惯。"第一书记同其他书记和委员之间的关系是少数服从多数。"② 同时，需要加强党委会内部监督，在毛泽东、刘少奇等人支持下，党委会内部的小组生活会制度开始逐步建立起来。在社会主义建设过程中，各级党组织如果都能充分发扬党内民主，不仅可以调动党内外广大群众建设社会主义的积极性和创造性，而且可以有效减少决策的失误。这也是从"大跃进"的极大代价中取得的一个重要认识。对于克服"大跃进"造成的困难局面，统一党的认识，加强党的团结，清理党的工作和党的建设中的错误，有着重要作用。尽管后来党的组织建设没有能继续坚持这些正确做法，但是这些认识在今天依然是我们加强执政党建设的宝贵财富。

在正确的"八字方针"指导下，国民经济和国内政治关系各方面的调整很快有了起色。但是良好的发展势头马上被下半年召开的八届十中全会以及随后的城乡社会主义教育运动打断，党内的"左"倾错误重新抬头。在1962年9月中央北戴河工作会议和八届十中全会上，毛泽东再次错误地估计了当时国内外阶级斗争形势和党内斗争形势。他把有些同志提出的实行生产责任制、包产到户的主张，视为"单干风"；把实事求是地认识当时

---

① 《毛泽东著作选读》下册，解放军文艺出版社1986年版，第819—820页。
② 同上书，第820页。

存在的问题，视为"黑暗风"；把彭德怀向中央写的两封申诉书视为"翻案风"。并把这"三风"统称为右倾机会主义，也就是修正主义。他还把党内的这种修正主义同对苏联赫鲁晓夫的批判、社会上无产阶级同资产阶级的斗争联系起来，提出在整个社会主义历史阶段资产阶级都将存在并企图复辟资本主义制度，还认为这是党内产生修正主义的根源。因此，毛泽东提出"千万不要忘记阶级斗争"，阶级斗争要"年年讲、月月讲、天天讲"。正如《关于建国以来党的若干历史问题的决议》中指出的："在八届十中全会上，毛泽东把社会主义社会中一定范围内存在的阶级斗争扩大化和绝对化。"

1963年到1966年上半年，全国上下开始贯彻八届十中全会关于抓阶级斗争的精神，在广大农村和一些城市基层开展了社会主义教育运动，亦称"四清"、"五反"运动。这次运动，实际上是一次群众性的整党运动。各地把一些个别的阶级斗争现象罗列起来，上报了不少夸大阶级斗争、干部"四不清"情况的报告。根据这些情况，1964年5月毛泽东主持制定了《关于目前农村工作中若干问题的决定（草案）》，决定认为当时国内出现了严重的尖锐的阶级斗争，"四清"、"五反"就是反击和粉碎资本主义猖狂进攻的革命斗争。9月，中共中央做出的《关于农村社会主义教育运动中一些具体政策的规定（草案）》，明确提出社会主义教育运动要"以阶级斗争为纲"的方针。在这段时间中，毛泽东已经认为全国基层政权"有三分之一的权力不在我们手里"，提出要放手发动群众彻底革命，并追查"四不清"干部在上面的根子。这种"左"的倾向，在1964年底至1965年初在北京召开的中央工作会议上得到了进一步发展，会议制定了《农村社会主义教育运动中目前提出的一些问题》（即"二十三条"）。"二十三条"第一次提出了"走资派"概念，明确规定：

"这次运动的重点,是整党内那些走资本主义道路的当权派。"毛泽东在内部批示中提出,这些走资本主义道路的领导人,是"官僚资产阶级坏干部",是"已经变成或者正在变成吸工人的血的资产阶级分子",这样,斗争的矛头集中指向了党的各级领导人。尽管这次运动只在局部地区开展,全国工农业生产并未受到大的影响,社会没有发生大的混乱,① 但是毛泽东对于社会主义时期阶级斗争和党内斗争形势的错误判断和"走资派"观点的提出,使"文化大革命"的发生成为不可避免,为"无产阶级专政下继续革命理论"的形成提供了理论依据。

(三)"文化大革命"十年执政党建设的失误与教训

"文化大革命"是经过1966年5月中央政治局扩大会议和8月召开的八届十一中全会开始发动和发展起来的。1966年5月4日至26日,中共中央在北京召开的政治局扩大会议,错误地批判了彭真、罗瑞卿、陆定一等人的所谓"反党错误",并决定停止和撤销他们的职务。会议通过了毛泽东主持制定的《中国共产党中央委员会通知》(简称"五·一六通知")。通知认为:"混进党里、政府里、军队里和文化界的资产阶级代表人物,是一批反革命的修正主义分子,一旦时机成熟,他们就会要夺取政权,由无产阶级专政变为资产阶级专政。"会议还决定成立"中央文化革命小组",并隶属于中央政治局常委会领导之下。会后,成立了中央文化革命小组(简称"中央文革小组")。这个小组在"文化大革命"中,实际上成为凌驾于中央政治局和书记处之上的发号施令的指挥机构。"五·一六通知"的通过和

---

① 万福义主编《党鉴》,山东人民出版社2003年版,第591页。

三 中国共产党执政地位的确立与自身建设的曲折发展

"中央文革小组"的成立,标志着"左"倾指导方针开始在党中央占据了支配地位。

1966年8月1日至12日,毛泽东主持召开党的八届十一中全会,使"文化大革命"进一步合法化。会议期间,毛泽东写了《炮打司令部——我的一张大字报》。毛泽东在大字报中,把中央内部关于"文化大革命"指导思想上的分歧,以及1962年、1964年工作指导思想上的不同意见,上升为两个阶级、两条路线的斗争。大字报说:从中央到地方的某些领导同志,"站在反动的资产阶级立场上,实行资产阶级专政,将无产阶级轰轰烈烈的文化大革命运动打下去,颠倒是非,混淆黑白,围剿革命派,压制不同意见,实行白色恐怖"①。全会立即转入了对刘少奇、邓小平的揭发批判,使党中央的政治生活陷入了极不正常的状态。在这种气氛中,八届十一中全会通过了《中国共产党中央委员会关于无产阶级文化大革命的决定》(简称"十六条")。"十六条"的规定把党和国家的整个工作推向了不可逆转的错误发展方向。同时,会议还改组了党中央领导机构,林彪成为党内的第二号人物。会后不久,他又成为党中央唯一的副主席,并被确定为毛泽东的接班人。从此,毛泽东的个人领导实际上取代了党中央的集体领导,在林彪和江青反革命集团的鼓噪下,国内对毛泽东的个人崇拜达到了狂热的程度,正常的生产和生活秩序被打乱,甚至发生了严重武斗,造成了全国性动乱。

党的八届十一中全会后,10月上旬,中央召开了工作会议,随后全国掀起批判所谓"资产阶级反动路线"高潮,开始了全面否定党的领导、造反夺权的运动。"踢开党委闹革命"的风潮在全国狂暴地刮了起来。到1966年底,全国除人民解放军外,

---

① 《人民日报》1967年6月1日。

各级党政组织全部陷于瘫痪或半瘫痪状态，党的建设遭到了空前的破坏。聂荣臻等老一辈无产阶级革命家奋起抗争，也被打成"二月逆流"，没有能够扭转动乱局面。面对如此混乱的政治局面，中共中央在1967年10月27日发出了《关于已经成立革命委员会的单位恢复党的组织生活的指示》，要求已经成立革命委员会的单位，应当恢复党的组织生活。但是毛泽东在批示中仍然认为党组织是对阶级敌人战斗的组织。这表明他对国内政治生活的判断基本没有改变。在后来"吐故纳新"思想的指导下，各地在"全面夺权"以后，相继开展了"革命大批判"，"清理阶级队伍"，把一大批党政领导干部打成了"走资派"、"叛徒"、"特务"等等。并于1968年10月在北京召开的党的八届十二中全会上，制造了党的历史上最大的一桩冤案，即对国家主席刘少奇的批判，并株连了无数党员干部。

1969年4月党的第九次全国代表大会，不仅加强了林彪、江青、康生等人在党中央的地位，而且对党章进行重大修改，对执政党的建设理论和实践产生了极大的危害和影响。在党的纲领和党的性质方面，不再提现代化建设这一根本任务；取消原先党章中对党员的义务和权利方面的规定，用毛泽东提出的接班人的五项条件代替了党员的义务和权利；还取消了党员的预备期的规定；取消了中央书记处和中央监察委员会等机构的设置；并把林彪作为毛泽东的接班人写进了党章的总纲。

1970年8月23日至9月6日，中共中央在江西庐山召开九届二中全会，林彪为了和江青反革命集团竞争，极力想当国家主席，但是遭到毛泽东的拒绝。而且九届二中全会以后，开展了"批陈（伯达）整风"运动。林彪集团嗅到了对他们不利的紧张气氛，就企图先发制人，策划武装政变，妄图谋害毛泽东，但最终以失败告终。

三 中国共产党执政地位的确立与自身建设的曲折发展

林彪集团的叛变对毛泽东的刺激很大，他开始清理、总结同林彪反党集团斗争的经验。1973年8月24日至28日召开了党的第十次全国代表大会。毛泽东虽然提出了"要搞马克思主义，不要搞修正主义；要团结，不要分裂；要光明正大，不要搞阴谋诡计"的原则。但是他对形势的判断没有任何改变，仍把反对修正主义作为党内两条路线斗争的主要任务。相比较九大，十大唯一成功的地方就是把已查出的林彪反党集团成员清除出了中央委员会，重新选进了在"文化大革命"中被排挤出中央委员会的一批老同志，这为以后同"四人帮"斗争增强了组织力量。1976年10月，党中央粉碎了"四人帮"。

10年"文化大革命"给党和国家造成了严重损失。为什么一个久经战争考验的政党在执政的环境中会犯下如此重大错误呢？我们必须认真反思，吸取教训，避免重犯此类错误。

四
赫鲁晓夫时期苏共的执政党建设

斯大林去世以后,苏联经历了短暂的马林科夫时期,很快赫鲁晓夫逐个击败党内的竞争对手,一跃成为党和国家的领导人。赫鲁晓夫上台以后,首先批判了对斯大林的个人崇拜,开始平反冤假错案,接着在政治、经济、思想文化、民族关系和外交等各个领域进行了一系列的理论和政策调整。为适应改革的需要,在执政党建设方面,赫鲁晓夫时期对斯大林党建模式进行了一系列调整和改革,但是由于改革只是在旧的体制框架内的修补,而且对斯大林党建模式的改革缺乏一个整体规划,改革表现出很大的随意性,改革过程也是左右摇摆。改革尽管对斯大林党建模式产生了很大的冲击作用,但并没有从根本上动摇这一模式的基础,在某些方面,赫鲁晓夫还是重蹈覆辙,比如最后仍然摆不脱个人高度集权、个人崇拜重新冒头等等,因此改革是极不成功的。

(一)斯大林去世后苏联党和国家权力结构的变化与赫鲁晓夫上台

斯大林去世以后,苏共中央、苏联部长会议和苏联最高苏维埃主席团迅速召开了联席会议。在会上通过了有关组织问题的一系列决议，对苏联部长会议和苏共中央进行了改组，并作了重要人事调整和安排，以填补斯大林去世以后留下的权力真空。联席会议决定，根据党章的规定，将苏共中央主席团和主席团常务委员会两个机构改为苏共中央主席团一个机构。为了使领导机构更有效率，大幅度减少了党中央主席团的人数：委员由原来的25人减为10人；候补委员由原来的11人减为4人。取消了中央主席团执行局这一机构。同时对中央书记处也作了调整：更换了波诺马连科、伊格纳托夫和勃列日涅夫，增加了伊格纳切耶夫、波斯别洛夫和沙塔林。联席会议认为，有必要让赫鲁晓夫集中精力从事苏共中央工作，因此，解除他的苏共莫斯科委员会第一书记的职务，由苏共中央书记米哈伊洛夫继任。这样赫鲁晓夫就成为苏共中央组织工作的领导者，尽管没有担任具体的政府机构的职务，但是拥有的实际权力却很大。

这次会议以后，形成马林科夫、贝利亚和莫洛托夫三人组成的苏联政治的"三驾马车"。贝利亚为了争取政治资本，在斯大林去世后的第二天就开始筹划改革国家保安体制，将内务部名下的各种生产、经营和建筑单位转交给各经济部委，接着他又提出将劳动改造营及各分支机构移交给司法部，而内务部仅仅保留关押政治犯、战俘中被判刑人员的特殊罪犯营。1953年3月26日，贝利亚向苏共中央主席团提出了《关于必须实行大赦的报告》，报告经主席团全体成员讨论后通过，第二天，以苏联最高苏维埃的名义发布大赦令，根据大赦令，范围非常广泛的各类囚犯被释放或被减刑。在苏联全国250多万名犯人中，大约有100万人因大赦而获得自由。[①] 同年4月4日，贝利亚又通过内务部

[①] 数据来源参见陈之骅、吴恩远、马龙闪主编《苏联兴亡史纲》，中国社会科学出版社2004年版，第326页。

发布通告，对"医生间谍案"平反。通过这次所谓的平反，贝利亚开始在自己的领地——内务部清理门户。贝利亚的这些举措，一方面是顺应斯大林去世以后的社会形势的主动调整，另一方面他想借此改变自己在苏联公众中的印象，树立自己的权威。其最终目的则是觊觎苏联党和国家的最高权力宝座。正如马林科夫所说："他（指贝利亚——引者注）是以自己的立场来对待这一措施的，他在这方面有自己的打算。"[1]

贝利亚在斯大林时期的专权和霸道以及他在战后大清洗中的阴谋和残酷，使苏联领导人心有余悸，而斯大林刚刚去世，他不仅掌握了内务部巨大的权力，而且还不满足于已经拥有的地位和权力，使得其他领导人更是感到了来自贝利亚的威胁。赫鲁晓夫在为斯大林守灵时，曾对布尔加宁说："有件事使我不安：斯大林死后，贝利亚千方百计来争夺内务部长的职位。他为什么需要这个职位？他需要这个职位是为了在政府中处于这样的地位，以便有可能对政治局委员进行特务活动，窃听、监视，制造事端，搞阴谋，而这会给党带来极坏的后果"，"我说，决不能允许出现这种情况，否则我们的事业就会覆灭"[2]。为了清除这一威胁，苏共党内主要领导人通过密谋的方式，决定清除贝利亚。1953年6月26日，苏共主席团会议召开，会上以突然袭击的方式逮捕了贝利亚。6月29日，苏共中央主席团通过了一个《关于立案侦查贝利亚反党反国家罪行的决议》。7月2日至7日，苏共中央又召开全会，专门讨论和批判贝利亚的反党反国家的罪行，全会还通过了《关于贝利亚反党反国家罪行的决议》，决定将贝

---

[1] 转引自陈之骅主编《苏联史纲（1953—1964）》，人民出版社1996年版，第6页。

[2] 同上书，第3页。

利亚开除出苏共中央,并开除其党籍。这次会议结束后,苏联最高法院组织了一个特别法庭来审理"贝利亚案件",经审批,贝利亚及其主要助手被判死刑,1953年12月23日,贝利亚被执行枪决。

在批判贝利亚的斗争中,苏共领导人开始反思苏共的领导体制,强调恢复集体领导和党内民主。赫鲁晓夫在7月全会上说:"要有集体领导,真正的党的领导,并且我们愈好、愈深入地发展党内民主、批评,我们就能愈好地组织和吸引群众积极讨论我们的政策和我们全部的经济与政治工作,我们就会愈强大。"[①] 7月13日,《真理报》发表题为《最严格地遵守集体领导的原则》的社论,强调党的领导的最高原则是领导的集体性。社论认为不论领导人员是怎样有经验,他们不能代替集体的经验和知识。[②] 马林科夫则反复声明自己不是斯大林的接班人,认为斯大林的继承人只能是"党的领导集体",认为党的集体领导是"伟大列宁所制订的布尔什维克的领导准则、原则"[③]。在7月全会通过的决议中,也突出强调集体领导的原则,决议指出:为保证确立党的集体领导制,其"任务在于,保证严格遵循列宁所制订的党的领导原则和生活准则,严格遵循苏联共产党党章关于召开党的代表大会、中央委员会全会的期限,以及关于党的中央和地方机构正规化工作的所有要求"[④]。

清除贝利亚以后,苏共对苏维埃政治领域进行了"整顿"

---

① 转引自陈之骅主编《苏联史纲(1953—1964)》,人民出版社1996年版,第11页。
② 转引自周尚文主编《苏联兴亡史》,上海人民出版社1993年版,第495页。
③ 转引自陈之骅主编《苏联史纲(1953—1964)》,人民出版社1996年版,第16页。
④ 同上书,第18页。

和"清理"。首先，改组国家的保安制度和保安机构，恢复苏联正常的政治社会生活。清除贝利亚之后，苏共迅速改组了国家保安机关和保安制度，把国家安全机构一分为二，分别组建内务部和国家安全委员会。并将这两个组织的职能限于负责调查工作：内务部负责调查刑事案件，国家安全委员会则负责调查有关国家安全的案件。改组后的内务部不再凌驾于党和政府之上。而新成立的国家安全委员会虽然是秘密警察机构，但其职权和地位受到了不少限制。国家保安部门过去拥有的检察职能也移交给司法机关。其拥有的种种特权被取消，废除了国事罪案件的侦察和审理中的所谓"特别会议"和"特别程序"，恢复了正常的法律程序。惩办了一批罪大恶极的原国家保安机关头目。通过改组，国家保安机关被置于党和政府的监督之下，职能开始归位。其次，清理斯大林时期的冤案。1954年，苏共中央成立一个调查委员会，专门从事平反工作。从1954年至1956年，高级法庭、军事法庭已经恢复了37579人的名誉。1956—1957年间，约有700万—800万人被释放回家，另有500万—600万人死后得到平反昭雪。①

清除贝利亚之后，苏共迅速对斯大林晚年的内政外交政策进行了调整。1953年7月30日，为纪念俄国社会民主工党第二次代表大会50周年，苏共中央宣传鼓动部、苏共中央马恩列斯学院发表专文。文章提出苏联共产党的外交政策坚定不移地遵循社会主义体系和资本主义体系有可能长期共处和进行和平竞赛的原则；苏联共产党要无条件地、严格地遵守集体领导的原则，"必须从党的宣传工作实践中铲除不正确地、非马克思主义地阐明个

---

① 数据来源参见邢广程主编《苏联高层决策70年——从列宁到戈尔巴乔夫》（第3分册），世界知识出版社1998年版，第19页

人在历史上的作用的问题,即表现在宣传与马克思列宁主义相违背的个人崇拜的唯心理论"①。这是苏共调整内政外交政策的一个信号。1953年8月8日,在苏联苏维埃最高会议第五次会议闭幕时,马林科夫作了长篇演讲,阐发了苏共的内政外交政策。演讲认为,在经济方面,要调整工业和农业、重工业和轻工业的比例,增加对农业和轻工业的投资,以此改变国民经济不合理的结构,提高人民的生活水平。在外交方面,要把巩固和平和保卫各国人民安全作为对外政策的总路线,强调与西方资本主义世界长期共处,加强与西方国家的经济联系,等等。1953年苏联最高苏维埃第五次会议结束不久,苏共中央委员会召开了9月全会,赫鲁晓夫在全会上作了《关于进一步发展苏联农业的措施的报告》,报告中把马林科夫在最高苏维埃第五次会议上的讲话中的农业政策更加具体化,并作了发挥。赫鲁晓夫最后提出,苏联农业生产最迫切和最重要的任务是:在继续大力发展重工业的同时,求得所有农业部门的迅速高涨。② 这与马林科夫在最高苏维埃第五次会议上的讲话的提法有所差异,尽管此时这种差异还未引起注意,但是这已经为后来马林科夫和赫鲁晓夫之争埋下了伏笔。

尽管作了一些政策调整,但是苏联的国民经济状况并没有明显的改观。特别是农业方面,1953年工业生产增长了12%,而农业生产却只增长了2.5%,粮食短缺的问题并未解决。面对这种状况,赫鲁晓夫主张把垦荒、扩大玉米播种面积当作解决粮食问题的唯一出路。对这一设想党内看法不一,为了说服反对者,赫鲁晓夫给苏共中央主席团写了一封信,信中指出马林科夫在联

---

① 参见《新华月报》1953年第8期,第80—81页。
② 《赫鲁晓夫言论》第2集,世界知识出版社1964年版,第324页。

共(布)第十九次代表大会上的总结报告中关于苏联谷物问题已经彻底解决的说法"是不完全符合国家粮食供应的实际情况的",认为要解决粮食问题只有扩大粮食播种面积。赫鲁晓夫的这一设想受到了国内苦于长期缴纳"贡税"的集体农庄庄员的拥护,也得到了党内一大批干部的支持。1954年2月23日,赫鲁晓夫在苏共中央全会上作了《关于进一步扩大苏联的谷物生产和开垦生荒地和熟荒地的报告》,报告着重指出垦荒的意义,他说:"开垦新地的计划是一件辉煌的事业。开垦生荒地和熟荒地按照这个当前工作的规模及其对全国的意义来说,可与我国人民在共产党领导下所完成的最巨大的事业相媲美。"[1] 全会就赫鲁晓夫的报告通过了决议,规定1954—1955年至少开垦1300万公顷荒地。

尽管垦荒运动产生了一些问题,但是总的来看还是取得了很大的成绩。1958年,全国粮食总产量达到13470万吨(合80亿普特),其中垦荒区生产了5850万吨,占40%以上。1958年的粮食总产量是1953年的156%。[2] 赫鲁晓夫通过垦荒运动,短期内迅速解决了长期以来的粮食短缺问题,使其声望和在党内的地位迅速上升。而马林科夫却因为反对甚至阻挠垦荒,落下了对抗中央决议的罪名,处境非常尴尬。而且其主管的工业生产领域则成绩不佳。赫鲁晓夫及其追随者把其原因归结为马林科夫将工业发展的重心转移到发展轻工业、生产消费品上。认为马林科夫的这种政策调整会危害整个共产主义建设事业,破坏苏联的经济力量,削弱它的国防力量。在1954年1

---

[1] 《赫鲁晓夫言论》第3集,世界知识出版社1964年版,第157页。
[2] 数据来源参见周尚文主编《苏联兴亡史》,上海人民出版社1993年版,第504页。

月召开的苏共中央全会上,赫鲁晓夫对马林科夫的工业化路线进行了公开的批评,他把马林科夫的主张说成是"一种极端错误的、反马克思列宁主义的见解。这种见解只不过是对党的诽谤。这是右倾的复活,这是列宁主义敌对的观点的复活,当年李可夫和布哈林那一伙人就曾宣传过这种观点。"① 赫鲁晓夫最后还发出号召:"我们必须进行斗争,反对那些认为现在可以满足于现有的重工业发展水平、可以集中主要力量发展轻工业和食品工业的人们。"② 至此赫鲁晓夫已彻底否定了马林科夫在1953年8月最高苏维埃第五次会议上的讲话精神。又加之在重新审查"列宁格勒案件"中受到牵连,马林科夫名誉严重受损。1955年2月8日,在最高苏维埃会议上,马林科夫被迫宣布辞职,并承认了自己关于工业发展观点上的错误,肯定了"进一步加速发展重工业是唯一正确的方针"。大会解除了他的苏联部长会议主席的职务,同时他被免去了苏共中央主席团主席的职务,被任命为苏联电站部部长。

就在2月8日的最高苏维埃会议上,赫鲁晓夫和莫洛托夫之间的分歧也公开化。在对外关系方面莫洛托夫坚持认为美国的侵略政策是对世界和平的最大威胁,反对改善苏南关系。他认为苏联已经建成社会主义基础。赫鲁晓夫紧紧抓住这一点做文章,迫使莫洛托夫公开承认错误。莫洛托夫不得已在《共产党人》杂志上刊登给编辑部的信,承认他1955年2月8日在最高苏维埃会议上提出的苏联建设社会主义社会问题的说法在理论上是错误的,在政治上是有害的。"因为从这一说法中可以得出结论,在

---

① 《赫鲁晓夫言论》第4集,世界知识出版社1964年版,第11页。
② 转引自陈之骅、吴恩远、马龙闪主编《苏联兴亡史纲》,中国社会科学出版社2004年版,第352页。

苏联建成的只是社会主义社会的基础。这种说法之所以在政治上有害就在于：它造成思想问题上的混乱，同党关于苏联建设社会主义社会问题的决议相矛盾，使得人们对我国已经基本建成了社会主义社会发生怀疑。"① 莫洛托夫被迫承认自己犯了悲观主义的错误。甚至在检讨中公开承认自己是个"蹩脚的理论家"，其声望在苏联人民心中甚至是在世界都严重受损，预示着他已经无法继续在政坛立足，离开苏共最高领导层已只是时间早晚的问题。在这些关于苏联内政外交政策的论争中，伴随着马林科夫和莫洛托夫在苏联最高权力结构中不断向下坠落，论争的另一方——赫鲁晓夫却迅速崛起。

（二）苏共二十大的召开及其影响

1956年2月14—25日，苏联共产党召开第二十次代表大会，这次大会可以说是苏联历史发展的一个重要转折点。它不仅对苏联的发展产生了重要影响，而且对整个世界社会主义运动都产生了深远影响。

1956年2月14日，苏共二十大开幕，赫鲁晓夫代表苏共中央作了工作报告。报告分为3部分。赫鲁晓夫在工作报告的第3部分中着重谈到要恢复遭到破坏的党的生活的原则，即党的集体领导的原则。他强调苏共中央必须"坚决反对和马克思列宁主义精神不相容的个人崇拜，因为个人崇拜把这个或那个活动家变成创造奇迹的英雄，而同时缩小党和人民群众的作用，降低他们的创造积极性。个人崇拜流行的结果就降低了党的集体领导作

---

① 参见《新华月报》1955年第12期，第124—125页。

用,有时给我们的工作带来了严重的损失"①。在报告中赫鲁晓夫还批评了苏共党内在意识形态方面存在的两种不正确倾向。一是某些人认为,到目前为止苏联只是建成了社会主义的基础。另一是某些人认为,所谓从社会主义向共产主义过渡,就是在现阶段直接实现共产主义社会的原则,用直接的产品交换来代替苏维埃贸易。赫鲁晓夫还认为,党的宣传工作上出现的许多问题都是因为多年来依靠的只是一本《联共(布)党史简明教程》,因此,"必需编写一本通俗的、以历史事实为依据的马克思主义的党史教科书"②。

从大会的总结报告中,我们还看不出有什么意外的地方,即使提出了个人崇拜问题,也提得非常笼统,也没有公开地把个人崇拜与斯大林直接联系起来。但是就在大会即将闭幕的2月25日凌晨,代表大会的代表们却被紧急召集到会议大厅,由赫鲁晓夫做了一个轰动世界的题为《关于个人迷信及其后果》的所谓"秘密报告",揭露斯大林的个人崇拜及其严重后果。

报告列举了斯大林滥用权力破坏法制的种种表现。包括:(1)违背列宁处理党内斗争的原则和方法,把党内领导人对社会主义建设的不同看法看成是敌对斗争。赫鲁晓夫说,"他〔斯大林〕丢掉了列宁主义说服和教育的方法,他抛弃了意识形态斗争的方法,而采用了行政暴力、大规模镇压和恐怖的办法"③。(2)对党、政府和军队的领导人进行了大规模的清洗。赫鲁晓

---

① 《苏联共产党第二十次代表大会关于苏联共产党中央委员会总结报告的决议》,人民出版社1956年版,第112页。

② 同上书,127页。

③ 〔意〕维·维达利著:《"苏联共产党第二十次代表大会"日记》,东方出版社2006年版,第235页。

夫指出，这种大规模清洗主要是在1936—1939年间进行的，其中以1937—1938年间最为激烈，一直延续到卫国战争的开始。他说："事实很明显，很多在1937至1938年间被诬蔑为'敌人'的许多党和苏维埃工作人员以及经济活动家，实际上根本不是什么敌人、间谍、破坏分子等等，而始终是忠实的共产党员。"[①]赫鲁晓夫指出，党的十七次代表大会选出的139名中央委员和候补中央委员，有98名，即70%，被逮捕和枪决（大部分发生在1937年至1938年间）。这次大会的1966名代表中有1108名，即绝大多数的人也因反革命罪而遭到逮捕。[②]（3）违背列宁的教导，不遵守党的集体领导的原则，以个人意见代替党的决议，把自己凌驾于党之上。赫鲁晓夫指责斯大林彻底破坏了定期召开党代表大会和中央委员会的集体领导的原则。他说："在列宁去世以后的头几年中，党代表大会和中央委员会全体会议是比较能定期举行的，而后来，在斯大林开始愈来愈滥用职权的时候，就粗暴地违反了这些原则。这一点在斯大林在世的最后15年中表现得尤为明显。例如，第十八次党代表大会和第十九次党代表大会之间竟间隔了13年之久，可是这一期间我们党和国家经历了许多重要的事件，而这些事件绝对要求党必须通过关于在卫国战争期间保卫祖国和战后和平时期搞建设的种种决议，但甚至在战争结束7年后仍没有召开代表大会，这种情况难道是正常的吗？"[③]不仅如此，"中央委员会全会几乎没有召开过"，

---

① ［意］维·维达利著：《"苏联共产党第二十次代表大会"日记》，东方出版社2006年版，第240—241页。
② 同上。
③ 同上书，第240页。

"在卫国战争的整个时期内，没有举行过一次中央委员会全体会议"①。(4) 采取一切手段来增加自己的光荣和声望，从而使对自己的崇拜发展到了可怕的地步。赫鲁晓夫以《斯大林传略》和《联共（布）党史简明教程》两本书为例指出，在很多书籍和大量文艺作品中，斯大林被神化了，成了"一贯正确的圣人"、"最伟大的领袖"，②"把我们光荣的共产党在十月革命后的整个时期仅仅写进'斯大林天才'的活动"③。

赫鲁晓夫认为，对斯大林个人崇拜造成了极其严重的后果，它分裂了党的队伍，削弱了党的干部力量，造成了伟大卫国战争初期的失利，严重地阻碍了社会主义建设事业的发展，触发了严重的民族问题，使社会产生动荡并潜伏着不安和危机。这种情况，愈到斯大林的晚年就愈为严重。赫鲁晓夫说："斯大林在世最后几年中盛行的领导作风成了苏维埃社会发展道路上的严重障碍。"④

赫鲁晓夫还分析了个人崇拜形成的原因。赫鲁晓夫认为，之所以会出现个人崇拜盛行，主要的原因在于斯大林不良的个人品质。在"秘密报告"中，斯大林被描述成一个粗暴蛮横、多疑善妒、任性易怒、刚愎自用、凶狠残忍的恶人，他的这些"不良品质"在列宁时期就已存在，列宁去世以后这些"不良品质"有增无减，发展到了"令人不能容忍的地步"，其结果"给我们党造成了难以形容的损害"⑤。

---

① ［意］维·维达利著：《"苏联共产党第二十次代表大会"日记》，东方出版社 2006 年版，第 240 页。
② 同上书，第 279 页。
③ 同上书，第 283 页。
④ 同上书，第 289 页。
⑤ 同上书，第 231 页。

最后，赫鲁晓夫提出了根除个人崇拜的几点措施，包括：（1）"以布尔什维克的态度来谴责和根绝个人崇拜，把它看成是与马克思列宁主义背道而驰的、不符合党的领导原则和党的生活准则的，同时对企图以这种或那种形式恢复这种做法的一切尝试做无情的斗争"。（2）"把党中央委员会最近几年中所做的工作有系统地坚持下去，在工作中要随时注意突出各级党组织自下而上地执行列宁主义党的领导原则，尤其是集体领导的主要原则，突出我们的党章所规定的党的生活准则，以及广泛开展批评与自我批评"。（3）"完全恢复苏联宪法中所表明的苏维埃社会主义民主的列宁主义原则，同滥用职权的胡作非为作斗争。彻底纠正由于个人崇拜消极影响而长期积累下来的对社会主义革命法制肆意践踏的恶劣行为"[1]。

长期以来，人们把赫鲁晓夫的"秘密报告"当作是"突然袭击"，当作是赫鲁晓夫刻意制造出来的，甚至把它当作苏联共产党失败的重要原因。无可否认这一"秘密报告"对苏联共产党，对苏联的社会主义发展乃至对于世界社会主义都产生了深远的影响，但是苏共二十大对斯大林的批判绝不是赫鲁晓夫个人心血来潮所为，可以说具有一定的历史必然性。

必须承认个人崇拜确实是斯大林时期，特别是斯大林晚年最重要的问题之一，的确成了苏联社会主义进一步发展的重大障碍，也是世界社会主义进一步发展的障碍。而且斯大林去世时，苏联国内已经出现了较为严峻的政治经济形势，苏联共产党已经面临许多亟须化解的矛盾和危机。政治上，政治体制积弊丛生，个人迷信普遍流行，"大清洗"留下了成千上万的冤假错案，无

---

[1] [意]维·维达利著：《"苏联共产党第二十次代表大会"日记》，东方出版社 2006 年版，第 294—295 页。

论是干部还是群众的积极性都受到严重压抑;经济上,由于长期片面发展重工业,消费品工业和农业十分落后,人民的生活需求得不到满足,生活水平提高缓慢;意识形态上,理论思想僵化,教条主义盛行,人们的思想受到严重束缚,整个社会缺乏创新精神,文化领域的创作和学术自由也受到严格限制。在这种情况下,整个苏联社会,从普通老百姓到知识分子,包括党和国家的上层领导都期盼着改变现状,可以说斯大林去世以后,整个苏联社会已是改革思潮涌动,改革呼声四起。

新的苏共领导人只有顺应民意,才能赢得民心。而对斯大林的个人崇拜则是苏联社会变革的一条必须逾越的鸿沟。因此,苏联要摆脱危机,必须破除个人崇拜的罗网。可以说把反对个人崇拜作为改革的突破口是必然的选择,其积极意义是无法否认的。苏共二十大之后,中国共产党对批判个人迷信和斯大林错误的积极意义给予充分肯定,苏共二十大闭幕后,《人民日报》以《苏共第二十次代表大会胜利闭幕》为题发表社论,对苏共二十大批判个人崇拜和斯大林的错误作了高度评价。1956年4月5日,《人民日报》又发表了题为《关于无产阶级专政的历史经验》的文章,认为:"反对个人迷信的问题,在苏共二十次代表大会中占有重要的地位。"认为苏共二十大展开的反对个人迷信的斗争"是苏联共产党人和苏联人民在前进道路上扫清思想障碍的一个伟大的、勇敢的斗争"。毛泽东在中共八大致开幕词时讲到:苏共二十大"制定了许多正确的方针,批判了党内存在的缺点",并预言苏共的工作"将有极其伟大的发展"。刘少奇在八大政治报告中评价苏共二十大是"具有世界意义的重大政治事件",它不仅"提出许多发展社会主义事业的新的政策方针,而且对于缓和世界紧张局势,争取世界和平和人类进步的斗争,也发生了重大的影响"①。邓小平在八大关于修改党章的报告中则指出，苏共二十大的"一个重要的功绩"，就是对个人神化严重恶果的揭露。② 中国共产党的这些评价无疑是比较客观的。苏共二十大批判个人迷信的积极意义不能低估。至少可以归纳出以下几点：

第一，对个人迷信的批判，有利于解放思想。斯大林时期的个人崇拜的直接后果就是教条主义盛行。因为个人崇拜，斯大林的思想和言论被绝对化和神圣化，被当作绝对真理，不容置疑。苏联理论界和思想界的主要任务就是引证斯大林的言论，宣传和赞美斯大林的言论和思想。斯大林的言论和思想也成为评判人们思想言论正确与否的标准。在这种情况下，领袖之外其他人几乎停止了思考问题，整个社会弥漫着教条主义的气氛，这直接阻碍着苏联社会的进一步发展。要改变这种状况，首要的任务就是扫清思想上的障碍，批判个人迷信很显然有利于冲破教条主义的束缚，改变人们思想僵化的状态，为苏联后来调整和变革传统体制提供了重要的思想条件。

第二，批判个人崇拜在一定程度上遏制了高度集权和个人专断现象进一步发展，有利于恢复党的集体领导原则和发展党内民主。个人崇拜与高度集权以及个人专断往往相伴而生，互相强化，这一点在斯大林晚年表现得尤为突出。不断升级的个人崇拜使斯大林越来越醉心于个人专权，致使党内民主遭受严重破坏，甚至丧失殆尽。很显然，对个人崇拜的批判，能够在一定程度上遏制这种趋势，实际上，苏共二十大以后，不仅苏共党内的高度集权有所缓解，党内民主得到了一定程度的恢复，而且受苏联模

---

① 《建国以来毛泽东文稿》第6册，人民出版社1992年版，第204、138页。
② 中共中央办公厅编：《中国共产党第八次全国代表大会文献》，人民出版社1957年版，第92页。

式影响的其他社会主义国家，特别是东欧各国执政的共产党党内民主和社会民主都有不同程度的恢复。

第三，批判个人崇拜进一步促进了苏联的内政外交政策调整和政治经济体制的变革。可以说，苏共二十大公开批判个人崇拜之后，苏联开始了各方面政策的全面调整和变革，包括定期召开党的代表大会，建立干部更新制度，加强人民对党和政府的监督，改组工业和建筑业的管理体制，改革司法制度等。尽管这些调整和改革因为种种原因还不彻底、不完善，甚至还有很多盲目的、错误的方面，但是批评个人崇拜对于政策调整和体制变革的积极意义是无法否认的。

第四，批判个人崇拜第一次冲击了斯大林模式，促使各社会主义国家开始探索适合自己国情的社会主义建设道路。在苏共二十大之前，除南斯拉夫以外，斯大林模式被各社会主义国家奉为圭臬。苏共二十大对个人崇拜和斯大林的错误的批判使得各社会主义国家的共产党开始反思苏联社会主义模式的利弊得失，也开始认识到苏联模式并不是唯一正确的社会主义模式，执政党应该根据自己的国情，独立自主地探索社会主义革命和建设道路。

当然，在批判斯大林的个人崇拜过程中也存在着很大的片面性和局限性，甚至犯有重大错误，其结果不仅是对个人崇拜批评得不彻底，而且还给苏联党和国家，乃至整个社会主义阵营都带来了意想不到的不良影响。

第一，斯大林去世以后，尽管反对个人崇拜、恢复集体领导、发展党内民主已是苏共面临的紧迫任务，但是，赫鲁晓夫以突然袭击的方式，未经党内讨论，甚至在党内大部分人不知情的情况下，以秘密报告的形式批判斯大林的错误和个人崇拜，本身就有违党的纪律和原则，就方式而言，仍然是不健康的。而且"秘密报告"的内容也是临时起草，未经苏共中央讨论的，更多体现的是赫鲁晓夫等少数几个人的意图。因此赫鲁晓夫的"秘密报告""出乎大多数代表的意料之外,代表们大为震惊"①,这种批判方式势必在党内引起思想混乱。

第二,没有全面、公正、客观地评价斯大林。斯大林是列宁去世以后,苏联党和国家的主要领导人,在其领导苏联党和国家的近30年中,犯下了许多错误,也给党和国家乃至整个国际共产主义运动留下了许多创伤,这是无法否认的,也应该进行批判,并认真反思。但是,也就是在斯大林时期,苏联从沙俄时期的经济文化极为落后,小农人口占绝对优势的前资本主义国家一跃成为工业化强国,生产力水平迅速提高,国际地位迅速提升。在斯大林为首的苏共中央的领导下,苏联人民打败了德国法西斯的入侵,在世界反法西斯战争中起到了关键性作用,这些都是斯大林时期不可磨灭的成就和功绩,而这一切都是与斯大林的名字紧密相连的,这同样无法否认。而赫鲁晓夫在"秘密报告"中并没有全面客观地对这样一个历史人物进行评价,而是刻意突出斯大林的错误,甚至不惜对斯大林进行人身攻击,任意编造所谓错误硬栽到斯大林身上,把整个斯大林时期描绘成一个阴森恐怖的"个人迷信时期"。对斯大林个人的全面否定以及对斯大林时期的否定,事实上就是对苏联共产党这一段历史的否定,这必然会冲击苏共执政的合法性基础。这种片面、随意评判斯大林的方式实际上已经打开了否定共产党的执政地位和否定社会主义的闸门,也为这种思潮的进一步发展创造了条件。不仅如此,在整个社会主义阵营中,特别是在深受斯大林模式影响的东欧社会主义国家,对斯大林的批判也动摇了这些国家执政党,特别是党的主

---

① [俄]鲁·格·皮霍亚著:《苏联政权史(1945—1991)》,东方出版社2006年版,第154页。

要领导人的合法性基础。因为这些国家的领导人一方面大部分是斯大林扶持起来的，另一方面都几乎与斯大林同步实行了党内的大清洗、大镇压，对斯大林这些做法的批判和否定可以说直接冲击了大部分东欧社会主义国家执政党特别是党的领导人的权威。

第三，把个人崇拜完全归结为斯大林的个性所致，把所有的历史错误都推给斯大林一人，而没有从制度、体制层面来寻找原因，这不利于从根本上克服个人崇拜。个人崇拜的形成和发展的确与斯大林的个性有关，但是最根本的原因还不是个性问题，而是体制和制度的问题。正如邓小平所说："我们过去发生的各种错误，固然与某些领导人的思想、作风有关，但是组织制度、工作制度方面的问题更重要。这些方面的制度好可以使坏人无法任意横行，制度不好可以使好人无法充分做好事，甚至会走向反面。"① 毛泽东在谈到斯大林犯错误的原因时也指出：这样的事件在英、法、美这样的西方国家不可能发生。② 但是在批判斯大林的个人崇拜问题时，赫鲁晓夫把原因归结为斯大林的个人品性不良，并没有反思苏联党和国家领导体制和制度在形成个人崇拜中的关键作用。没有找到个人崇拜的真正病因，就不可能开出有效的药方，也就不可能从根本上克服个人崇拜现象。正如戈尔巴乔夫后来评价的那样，"他（指赫鲁晓夫——引者注）在二十大的秘密报告中分析太少，主观的成分太多。将极权主义问题归结为外部原因和独裁者的坏性格，这是个便当而有效的办法，却没有揭示出其深刻的根源"。其结果是"以一个崇拜来代替另一个崇拜，却无意去触动体制的基础"③。结果是以反对个人崇拜的

---

① 《邓小平文选》第 2 卷，人民出版社 1994 年版，第 333 页。
② 转引自《邓小平文选》第 2 卷，人民出版社 1994 年版，第 333 页。
③ 《戈尔巴乔夫眼中的赫鲁晓夫》，载《党史文苑》2002 年第 3 期。

斗士形象上台的赫鲁晓夫,自己最终又热衷于个人崇拜。

尽管赫鲁晓夫在"秘密报告"中对斯大林进行了极其猛烈的抨击,但在对苏联社会主义建设总路线和党内斗争的评价上他和斯大林却是一致的。一方面,他赞同对托洛茨基、季诺维也夫和布哈林等人的斗争,说"这是顽强而艰难却又十分必要的斗争,因为托洛茨基—季诺维也夫集团和布哈林分子的政治路线实际上是要引向复辟资本主义和投降世界资产阶级"。并认为,在这场斗争中"斯大林起了积极的作用"①。另一方面,赫鲁晓夫还肯定了斯大林的优先发展重工业的工业化路线和集体化的道路。他认为,正是这条路线和这条道路,社会主义才在苏联获得了全面胜利。他说:"假若1928—1929年右倾的政治路线得势,或者把方针转向'棉衣工业化'或转向富农等等……我们现在就不会有强大的重工业,就不会有集体农庄,我们就会发现自己解除了武装而在资本主义的包围中软弱无力。"②可见赫鲁晓夫并没有从根本上动摇斯大林模式。

但是,"秘密报告"毕竟是在人们还没有心理准备的情况下,对一个人们心目中的"圣人"的批判,一定程度上是对人们信仰的颠覆,这势必造成人们的思想混乱。在苏联国内,社会上一部分人抵制"秘密报告"对斯大林的批判,特别是在斯大林的故乡格鲁吉亚,人们把这一报告视为对格鲁吉亚伟人的攻击。1956年3月5日—9日在格鲁吉亚还发生了格鲁吉亚人同俄罗斯人、亚美尼亚人和阿布哈兹人的冲突,导致整个社会秩序一片混乱。而另一部分人则不满足于"秘密报告"对斯大林的批

---

① [意]维·维达利著:《"苏联共产党第二十次代表大会"日记》,东方出版社2006年版,第232页。

② 同上。

判，甚至有人提出"设立党的法庭审判斯大林"①。在国外，社会主义阵营开始出现裂痕，一些社会主义国家因此陷入了动荡不安，波兰爆发了波兹南事件，匈牙利也出现了严重的政治冲突。在世界上还出现了反社会主义的浪潮，一些西方势力借此大肆攻击社会主义制度。

（三）苏共二十大之后的党内斗争与赫鲁晓夫的权力垄断

在国际国内思想极度纷乱和极为动荡的情况下，苏联共产党不得不对反对个人崇拜的政策有所调整。1956年10月30日，苏共中央通过了《关于克服个人崇拜及其后果的决议》。决议以相当的篇幅重新提及"斯大林长期担任党中央委员会总书记，他同其他领导人一起，为实现列宁的遗训而积极斗争。他忠于马克思列宁主义，作为一个理论家和大组织家，他领导了党反对托洛茨基分子、右倾机会主义者、资产阶级民族主义者的斗争，以及反对资本主义包围的阴谋的斗争"②。决议还指出，斯大林正是在这种斗争中获得巨大的威信和声望的。苏联社会主义建设的胜利和对他的颂扬冲昏了他的头脑。于是逐渐形成了对斯大林的个人崇拜。决议强调说，尽管斯大林的个人崇拜给党和国家造成极大的危害，但"他不可能改变，也没有改变我们社会制度的

---

① 参见［俄］鲁·格·皮霍亚著《苏联政权史（1945—1991）》，东方出版社2006年版，第157页。

② 转引自陈之骅主编《苏联史纲（1953—1964）》，人民出版社1996年版，第66页。

性质",没有使苏联社会"离开通向共产主义发展的正确道路"①。决议最后重申,苏共中央中的"列宁的领导核心"自斯大林死后就开始进行反对个人崇拜及消除其严重后果的斗争,并且强调批判个人崇拜是从马克思列宁主义的原则出发的。到1956年底,对个人崇拜的批判开始收缩。1956年12月14日,苏共中央主席团成立了一个专门委员会,负责起草致各级党组织的公开信,旨在遏制住借批判个人崇拜进行反共产党和反苏维埃国家的敌对活动。公开信最后定名为《关于加强党组织在群众中开展政治工作和击退反苏敌对分子的进攻》,12月19日主席团决定将公开信下发所有加盟共和国、边疆区、州、市和地区党委,供所有基层党组织讨论。公开信开篇指出:"最近一段时间,国际紧张局势有所加剧,反苏分子加强了反对共产党和苏维埃国家的敌对活动。"认为在国际反动势力的影响下,在苏联国内一些敌视社会主义制度的残余反苏分子,打着批评与自我批评、"争取民主"的旗号,从事敌对活动。公开信还批评了反对个人崇拜的扩大化,号召共产党员加强群众性政治工作,坚决击退反苏分子的进攻。② 1957年1月17日,赫鲁晓夫在中华人民共和国举行的招待会上发表了重要讲话,讲话中赫鲁晓夫对斯大林的评价相对于他在苏共二十大秘密报告中的评价,几乎是180度的大转折,赫鲁晓夫把斯大林评价为共产党人的榜样。他说:"但愿每个共产党员都能像斯大林那样奋斗。"③ 赫鲁晓夫的这种陡然转变引起了社会上那些在二十大以后跟他走和支持他的人的

---

① 转引自陈之骅主编《苏联史纲(1953—1964)》,人民出版社1996年版,第66页。

② 参见[俄]鲁·格·皮霍亚著《苏联政权史(1945—1991)》,东方出版社2006年版,第174—175页。

③ 同上书,第177页。

大为不满。同时也激起了那些抵制反对斯大林个人崇拜的人的尖锐批评,有人甚至把赫鲁晓夫对斯大林的批判看作是对斯大林的侮辱,"简直是杜勒斯、阿登纳以及季托夫之流求之不得的战利品"①。

即使在苏共二十大之后,苏共党内高层领导在如何批判个人崇拜、如何评价斯大林、内政外交政策方面也并没有达成共识,仍有不少人特别是害怕在批判斯大林个人崇拜中受到牵连的人,反对赫鲁晓夫对斯大林的批判,并反对他所实行的内政外交政策,其中以莫洛托夫最为强硬。莫洛托夫指责赫鲁晓夫批判斯大林的个人崇拜是要改变斯大林的路线和方针,是在用"平反"来"收买"人心。还认为赫鲁晓夫这样做是在释放危害社会的野兽,赫鲁晓夫所说的"人道主义"实际上是"市侩作风"。在外交上,莫洛托夫极力反对赫鲁晓夫的外交政策。在经济上,莫洛托夫反对赫鲁晓夫的垦荒计划,认为赫鲁晓夫的垦荒计划是荒谬的,是冒险的。② 此时的赫鲁晓夫面临着巨大的阻力,可以说是举步维艰。尽管如此,一方面,他调整了对个人崇拜的批评策略,在肯定斯大林的基础上批评斯大林的个人崇拜,以缓解来自党内外、国内外的压力。另一方面,他又积极采取措施,进一步推行苏共二十大的路线,继续对内政外交政策进行调整。1957年5月,苏联最高苏维埃第七次会议讨论了赫鲁晓夫提出的工业与建筑业的管理体制的改革问题。在讨论中有32人发表了意见。来自各加盟共和国和各州的领导人都支持赫鲁晓夫的这种改革措施,但在主席团委员中只有基里钦柯支持这项改革。莫洛托夫没

---

① 参见[俄]鲁·格·皮霍亚著《苏联政权史(1945—1991)》,东方出版社2006年版,178页。

② 转引自陈之骅主编《苏联史纲(1953—1964)》,人民出版社1996年版,第68页。

有出席这次会议,但是他提交了一份书面发言,认为:"在我国实行这种改革的时候还没有到来。"① 萨布罗夫和别尔马辛则认为赫鲁晓夫的这种改革是轻举妄动,必将导致工业和建筑业管理体制的全面紊乱,因而明确反对这项改革。接着,赫鲁晓夫对苏联经济发展的总体设想又遭到了布尔加宁的反对。5月22日,赫鲁晓夫在列宁格勒农业工作者会议上发表讲话,提出:"苏联已经具备一切条件要在今后几年在按人口平均计算的畜产品产量方面赶上美国……在按人口平均计算的肉类、牛奶和黄油等产量方面达到美国现有的水平。"② 这一缺乏科学依据因而是无法实现的目标被布尔加宁称之为信口开河。

另外,马林科夫被免去苏联部长会议主席之职后,赫鲁晓夫实际上掌控了党和国家的实权,因而开始表现出独断专行的作风。莫洛托夫后来回忆说:"早在赫鲁晓夫在二十大大作报告时,我就完全靠边站了。不只是在部里……大家都尽量离我远一点。"③ 苏共中央主席团的委员们越来越意识到赫鲁晓夫的"那只强大的手",什么事都由赫鲁晓夫说了算的旧传统再度恢复。从斯大林时期走过来的党的领导人越来越担心对斯大林的那种批判随时会落到他们某一个人身上。面对这种状况,1957年春夏之交,苏共中央主席团的成员们开始谋划如何对抗赫鲁晓夫,马林科夫甚至直接对其支持者、国家计划委员会主席、苏共中央主席团委员萨布罗夫说:"应当行动。如果我们不撤了他们,他们就会撤了我们。"④ 苏共中央主席团内部的分歧与斗争越来越明

---

① 转引自陈之骅主编《苏联史纲(1953—1964)》,人民出版社1996年版,第69页。
② 同上。
③ 同上书,第68页。
④ 同上。

朗化。

1957年5月20日，卡冈诺维奇、马林科夫、莫洛托夫、布尔加宁、别尔乌辛等人开始商讨如何处置赫鲁晓夫。6月5—14日，赫鲁晓夫率团访问芬兰，趁此机会，反对赫鲁晓夫的苏共领导人拟定了"撤掉"赫鲁晓夫的计划。1957年6月18日晨，布尔加宁主持召开了人民委员会主席团会议。会议名义上是为了研究庆祝列宁格勒建城250周年的问题，真实目的则是对反赫鲁晓夫的活动进行最后的协调和部署。布尔加宁要求召开中央主席团会议作出最后决定。在大多数中央主席团委员的要求下，苏共中央主席团会议于6月18日举行，会议一开始，赫鲁晓夫就被迫交出了会议主持权，改由布尔加宁主持。会议开始后，并没讨论关于列宁格勒建城纪念活动问题，而是讨论赫鲁晓夫问题。莫洛托夫、卡冈诺维奇、马林科夫、谢皮洛夫相继作了长篇发言，批判赫鲁晓夫的政策是"托洛茨基主义"的和"机会主义"的。马林科夫批评赫鲁晓夫大搞个人崇拜，破坏了党的集体领导原则。莫洛托夫等人还激烈批评赫鲁晓夫的农业政策，反对扩大加盟共和国的权限，反对工业和建筑业的改组，反对改组国家计委工作和取消公债，等等。接着莫洛托夫等人提出解除赫鲁晓夫苏共中央第一书记的职务。赫鲁晓夫在听完他的反对者的指责后声明，必须召开包括全体委员和候补委员的苏共中央主席团会议，并通知苏共中央的书记们来参加，才能解决他们所提出的问题，否则，他将退出这次主席团会议。赫鲁晓夫的这一声明得到了米高扬、朱可夫、勃列日涅夫和福尔采娃的支持，马林科夫不得不同意这一提议。

第二天，苏共中央主席团的全体委员和候补委员，以及苏共中央书记们，都来参加了会议。在会议上，赫鲁晓夫继续遭到其反对者的严厉指责，卡冈诺维奇提议解除赫鲁晓夫苏共中央第一书记的职务,还提出了不设中央第一书记职务的建议。会议以7:4的表决结果通过了解除赫鲁晓夫第一书记职务。主席团委托谢皮洛夫起草了撤销赫鲁晓夫、改组中央书记处的决议。决议内容包括:(1)撤销赫鲁晓夫的第一书记的职务,任命他为农业部长。(2)免去苏斯洛夫的中央书记职务,任命他为文化部长。(3)莫洛托夫和卡冈诺维奇二人补选入中央书记处,莫洛托夫任第一书记,马林科夫任部长会议主席。(4)布尔加宁为国防部长兼国家安全委员会主席。莫洛托夫和马林科夫要求立即在塔斯社广播这项决议,并在《真理报》刊出。赫鲁晓夫拒绝接受这一决议,因为按照苏共党章规定,苏共第一书记是由苏共中央委员会选举产生,也只有中央委员会才有权决定撤销第一书记的职务,而中央委员会主席团没有这个权力。与此同时,赫鲁晓夫在朱可夫的支持下,动用军用飞机迅速从全国将中央委员会委员接到莫斯科,造成了不可能不召开中央委员会来讨论"赫鲁晓夫问题"的局面。①

6月22日,苏共中央非常全会召开,130名中央委员会委员中有121人到会,122名中央候补委员中有94人到会,63名中央检察委员会委员有51人到会。在赫鲁晓夫宣布会议开始以后,即由苏斯洛夫通报了中央主席团会议的情况。他把马林科夫、莫洛托夫和卡冈诺维奇等人在主席团会议上的所作所为定性为反党活动,说他们试图改变中央书记处的人员组成,把中央委员会的领导权掌握到自己手里,贯彻自己的路线。而把赫鲁晓夫及其支持者的行为定性为捍卫苏共二十大所制订的总路线。朱可夫随后发言,他一开始就把矛头指向莫洛托夫、卡冈诺维奇、马林科

---

① 转引自〔苏〕罗伊·A. 麦德维杰夫著《赫鲁晓夫的执政年代》,吉林人民出版社1981年版,第77—78页。

夫,认为他们应该对20世纪30—40年代的大镇压活动负直接责任,并特别指责马林科夫对红军指挥员的镇压,在"列林格勒案件"中扮演了不光彩的角色,并在1950年参加了建立特别政治监狱的事情。

朱可夫的发言把中央全会导向了追究马林科大、莫洛托夫、卡冈诺维奇个人责任的轨道上。中央委员们用掌握搜罗的大量材料,证明马林科大、莫洛托夫、卡冈诺维奇等人在大清洗运动中负有不可推卸的责任。马林科夫等在事实面前无法否认,只能辩解这是当时的政治形势所决定的,他们不过是具体事情的具体执行人。中央全会的主题转向继续清算斯大林的个人崇拜在大清洗中所产生的严重后果及莫洛托夫、卡冈诺维奇、马林科夫的个人责任。许多委员认为,莫洛托夫等人在中央主席团会议上的所作所为与他们反对二十大的路线与方针、反对清算斯大林的个人崇拜所产生的严重后果有密切的关系。委员们认为,莫洛托夫、马林科夫和卡冈诺维奇等人,之所以急于撤销赫鲁晓夫中央第一书记的职务,将党的权力抓在自己手里,是害怕他们在30—40年代的所作所为被揭发,害怕因此而受到惩罚。形势骤然变化,马林科夫、莫洛托夫、卡冈诺维奇等人,由此前主席团会议上对赫鲁晓夫的审判者一下变成了负有"反党集团"罪名的被告人。此后的发言变成了向赫鲁晓夫一边倒,大部分中央委员们把马林科夫等人对赫鲁晓夫的批评指责为是反对党的二十大的路线和方针。比如苏斯洛夫认为,马林科夫、莫洛托夫和卡冈诺维奇过分夸大了赫鲁晓夫的缺点,目的是给他的优点抹黑。米高扬指责他们对赫鲁晓夫的批评是为了实现自己的政治目的。这种局面迫使马林科夫、莫洛托夫、卡冈诺维奇、谢皮洛夫等人不得不承认错误。

全会最后通过了《关于格·马·马林科夫、拉·莫·卡冈诺维奇和维·米·莫洛托夫反党集团的决议》。决议认为，马林科夫、卡冈诺维奇和莫洛托夫在苏共中央主席团中形成了反党集团。这个反党集团为了改变党的政治路线，采用反党的派别活动的办法，力图变动苏共中央全会选出的党的领导机关的成员。决议认为，这一反党集团反对斯大林去世以后苏共在内政外交方面的政策调整，特别是反对赫鲁晓夫在苏共二十大之后的种种改革措施，其目的就是打算改变党的政策，使党恢复党的第二十次代表大会所谴责的错误领导方法。他们所采用的阴谋的办法，破坏了党章和由列宁起草的党的第十次代表大会《关于党的统一的决议》。决议最后决定：第一，谴责马林科夫、卡冈诺维奇和莫洛托夫以及参加他们一伙活动的谢皮洛夫反党集团的派别活动，认为这是同党的列宁主义原则不相容的；第二，撤销马林科夫、卡冈诺维奇和莫洛托夫的中央主席团委员和中央委员的资格，解除谢皮洛夫的中央委员会书记的职务并且撤销他的中央主席团候补委员和中央委员的资格。①

全会还改组了苏共中央委员会主席团，将委员人数由11人扩大到15人，候补委员人数由6人扩大到9人。

全会的结果表明，赫鲁晓夫在苏共二十大以后推行的改革政策是有社会基础的，顺应了斯大林去世以后苏联人民的意愿。也表明广大干部不愿再回到斯大林时期的胆战心惊中，不愿意再恢复马林科夫、卡冈诺维奇和莫洛托夫的领导体制。在这场斗争中，赫鲁晓夫大获全胜，人们甚至忽略了他存在的问题。实际上，马林科夫等人对赫鲁晓夫的某些方面的批评也是客观的。比如批评赫鲁晓夫往往凭自己的主观意志办事，提出一些不切实际

---

① 决议的具体内容参见《赫鲁晓夫时期苏共中央全会文件汇编》，商务印书馆1976年版，第258—265页。

的路线方针，批评赫鲁晓夫已经开始破坏集体领导，已经开始表现出独断专行的领导作风，等等，但是这些批评通通被看成对苏共二十大路线的攻击，其结果助长了赫鲁晓夫的这些缺点，甚至给他的这些缺点披上了合法的外衣，这种结果为苏共培植新的个人崇拜以及受此影响致使苏联在60年代初期，也就是赫鲁晓夫执政后期苏联的政治、经济和社会生活遭受严重危机埋下了伏笔。改革者最终没有摆脱旧体制的束缚，而是被旧体制塑造成一个新的热衷于个人崇拜的专权者。

1957年苏共中央6月全会以后，赫鲁晓夫牢固地掌握了党的权力。同年10月，赫鲁晓夫解除了朱可夫国防部长的职务，并撤销其苏共中央主席团委员和苏共中央委员的资格。马利诺夫斯基被任命为国防部长，赫鲁晓夫在军队中的最高统帅地位得到了加强。1958年3月27日，在苏联最高苏维埃联盟院和民族院两院联席会议上，伏罗希洛夫当选为苏联最高苏维埃主席团主席，他代表苏共中央和最高苏维埃代表团团长会议建议任命赫鲁晓夫为苏联部长会议主席。至此，赫鲁晓夫已将苏联党、政、军最高权力集于一身。在苏联历史上再次形成了一个人对党和国家权力垄断的局面。

（四）苏共二十二大及其之后对执政党建设的改革及其影响

赫鲁晓夫在巩固了自己的权力地位之后，开始推行自己的改革路线。为了保证改革路线的顺利推行，1959年1月27日至2月5日，苏共召开了第二十一次非常代表大会，大会的议程只有一项，就是听取和审查赫鲁晓夫关于1959—1965年苏联发展国民经济控制数字的报告。实际上也就是向全党公布改革计划。

赫鲁晓夫的报告分为5个部分：（1）苏联人民的伟大胜利；（2）苏联发展国民经济七年计划的主要任务——建立共产主义的物质技术基础；（3）社会主义同资本主义经济竞赛的决定性阶段和当前国际局势；（4）共产主义建设的新阶段和马克思列宁主义理论的若干问题；（5）共产党是苏联人民在争取共产主义胜利的斗争中的领导力量和组织力量。其中心思想是苏联现在已经进入全面开展共产主义社会建设的时期。发展苏联国民经济的七年计划就是列宁的党的总路线在现阶段的具体体现。在今后的15年内，苏联将过渡到共产主义社会。七年计划的总任务就是建立共产主义的物质技术基础。这个总任务包括：（1）在经济方面，全面发展国家的生产力，保证在优先发展重工业的基础上使国民经济各部门的生产都获得增长，以保证建立共产主义的物质技术基础和保证苏联在与资本主义国家的经济竞赛中迈出决定性的一步；（2）在政治方面，进一步加强社会主义制度，巩固苏联人民的统一和团结，发扬苏维埃的民主和广大人民群众的积极性和主动性，巩固工农联盟；（3）在意识形态方面，加强党的思想教育工作，用共产主义精神培养人，和资产阶级意识形态作斗争；（4）在国际关系方面，执行维护和加强世界和平的政策、和平共处的政策、结束"冷战"和缓和国际紧张局势的政策。在报告中赫鲁晓夫还强调，要真正建设社会主义，必须消除斯大林时代理论上的僵化，恢复党的集体领导原则，调动各方面的积极因素。

大会最后通过决议赞同赫鲁晓夫的报告，批准了发展苏联国民经济（1959—1965年）的控制数字，并建议苏共中央委员会和苏联部长会议根据这些控制数字来编制年度计划。重申了"苏联国民经济发展七年计划（1959—1965年）标志着已进入全面开展建设共产主义社会时期的苏联生活中的重要阶段"这一

四 赫鲁晓夫时期苏共的执政党建设

中心思想。赫鲁晓夫的这种判断是有失客观性和科学性的判断，高估了苏联社会主义发展阶段。这一判断对后来苏联的社会发展、经济建设和政治体制的变动产生了深远的影响。

苏共第二十一次非常代表大会以后，赫鲁晓夫一方面对批判斯大林的运动进行抑制，以避免国内发生进一步的思想混乱，影响社会的稳定，另一方面继续对在斯大林时期受到迫害的人进行平反。从苏共二十大到1961年10月，苏共中央监察委员会和地方党的机构，已经分别为30954名和16223名在30—40年代和50年代初被开除的共产党员恢复了名誉。在苏共中央党的监察委员会恢复名誉的30954人中，有3693名党和共青团的领导干部，4148名苏维埃机构的领导干部，6165名经济领导干部，4394名苏军指挥员和政治干部。在党的领导干部中恢复名誉的，包括中央委员41人，候补中央委员48人，中央检查委员会委员17人。[①]

赫鲁晓夫在推行经济改革过程中，很多改革措施并没有经过认真讨论，而是赫鲁晓夫根据自己的意愿推行的，带有很强的随意性。因而，改革既缺乏必要的理论支撑，又缺乏全面周全的计划，整个改革显得仓促盲目，几乎每一项改革措施都没有达到预期的目的，相反改革过程中的随意性导致政策变动不居，使得整个国民经济面临着许多困难和危机，人们所需要的食品和日用品不但没有增加，相反还有所减少，这引起了公众的不满。加之赫鲁晓夫在独掌党政军大权以后，越来越专断，越来越听不进党内的不同意见和建议，更容不得任何人对其意见和主张的质疑，使得赫鲁晓夫的威望在1961年骤然下降，"整个党内普遍弥漫着不

[①] 数据来源参见陈之骅主编《苏联史纲（1953—1964）》，人民出版社1996年版，第92—93页。

满的情绪"①。

正是在这种背景下,1961年10月17日至31日,苏联共产党第二十二次代表大会召开。大会听取中央委员会的总结报告,修改党章和选举新的中央委员会,通过了新的党纲。赫鲁晓夫仍然是这次大会的中心人物。他致开幕词,作中央委员会的工作报告和《关于苏联共产党纲领》的报告,在讨论中还作了一次长篇总结发言,只有修改党章的报告是由弗·罗·科兹洛夫作的。

赫鲁晓夫为了扭转威信迅速下降的局面,以巩固自己的最高权力地位,尽力控制大会的进程和议题,甚至擅自改动已经苏共中央主席团讨论通过并准备公开发表的政治报告,在其中加上了揭露30年代大清洗中斯大林的行为真相的材料,并把莫洛托夫等人拉出来逐个点名批判。使得这次大会表现出以下特点:(1)充分肯定和宣扬二十大以来的成绩和胜利,从而证明以赫鲁晓夫为首的苏共领导的思想理论和政治路线的"英明和正确"。(2)系统地论述马克思列宁主义有关社会主义和共产主义的基本原理,反复论证二十大以来的思想理论和苏共新纲领的内容同这些原理的继承性和联系性,树立以赫鲁晓夫为首的苏联领导"创造性地发展了马克思主义"的观念。(3)进一步批判斯大林、批判"反党集团"、批判南斯拉夫共产主义者同盟领导人的"修正主义"和以阿尔巴尼亚劳动党领导人为代表的"教条主义",企图以此来维护苏共在社会主义阵营和国际共产主义运动中的核心和领导地位以及苏共思想理论和政治路线的不可怀疑性,维护赫鲁晓夫在国际共产主义运动中的领袖地位。

苏共二十二大在执政党建设方面的探索,包括以下几个主要

---

① 转引自姚海等著《当代俄国》,贵州人民出版社2001年版,第232页。

方面：

第一，对苏联社会主义发展阶段进行了新的界定，在此基础上提出了所谓"全民国家"、"全民党"的概念。

赫鲁晓夫在代表苏共中央向代表大会所作的总结报告中指出，苏联已进入全面展开共产主义建设时期。在这一时期"社会主义的社会关系发展成为共产主义的社会关系"[①]，"愈来愈广大的劳动阶层日益养成自觉地、充分发挥自己的力量，竭尽所能地进行劳动的习惯。现在对许多苏联人来说，劳动已不仅仅是谋生的手段，而是社会使命，是道德义务"[②]。不仅如此，这一阶段"社会主义生产关系各方面的进步正在合乎规律地导致城乡之间、苏维埃社会的各个阶级和社会集团之间的差别逐渐消灭，导致工人、农民和知识分子之间相互关系的共产主义原则的发展和加强。我们社会的两个友好阶级——工人阶级和集体农民日益接近，他们的牢不可破的联盟日益加强"[③]。"工人阶级与农民之间的差别在具有决定意义的和主要的方面已经消除；阶级界限最终消灭的过程现在将越来越加速"[④]，脑力劳动与体力劳动之间本质差别也正在消灭。在这种情况下，"无产阶级民主正在变成全民的社会主义民主"[⑤]。与此相适应，在二十二大通过的新的党纲中指出：由于整个苏维埃社会的一致性的加强，使得执政的苏联共产党也发生了重大变化，"工人阶级的共产党已经变成苏联人民的先锋队，成为全体人民的党，在社会生活的各个方面扩

[①] 《苏联共产党第二十二次代表大会主要文件》，人民出版社1961年版，第116页。

[②] 同上书，第117页。

[③] 同上书，第119页。

[④] 同上书，第120页。

[⑤] 同上。

大了自己的指导作用"①。新通过的党章也认为:"社会主义完全地和最终地胜利了,共产党,工人阶级的政党,现在成了全体苏联人民的党"②。在这一时期,要吸引整个社会都来参与国家事务的管理,"国家机关将逐渐变成社会自治机关","目前作为国家机关的计划机关、统计机关以及领导经济和文化发展的机关将失去政治性质,变成社会自治机关"③。党的任务也发生了变化,"一方面把发展国家机构、将劳动人民代表苏维埃改造为社会自治机构的任务放在首要地位,同时将继续执行把越来越多的国家职能交给社会团体的方针"④。不仅如此,"党作为建设共产主义社会的人民的先进部队,在组织自己的党内生活方面也应当走在前头,从而树立制定共产主义社会自治的最完善形式的榜样和范例"⑤。

　　苏共在第二十二次代表大会上提出"全民国家"、"全民党"的理论,可以说是在特定历史条件下、针对特定的问题提出来的。斯大林时期由于实行阶级斗争扩大化政策,大规模的反复的政治清洗,大批无辜的干部群众被镇压或者是被拘捕投入监狱,使得无产阶级专政成了一种恐怖统治,使苏联人民对无产阶级专政深感恐惧,也使得无产阶级专政的声誉受到了极大的破坏。斯大林时期高度集权的体制以及相伴而生的个人崇拜,将广大人民群众排除在国家与社会事务之外,人民当家做主的权利无法实现,社会的积极性和创造性遭到扼杀,整个社会严重缺乏生机与

---

① 《苏联共产党第二十二次代表大会主要文件》,人民出版社1961年版,第275页。
② 同上书,第449页。
③ 同上书,第246、252页。
④ 同上书,第120页。
⑤ 同上书,第276页。

活力。在这种情况下,提出"全民国家"、"全民党",一方面有利于弥合苏联社会长期以来被人为地割裂为对立的阶级,并反复发动阶级之间的斗争与冲突,从而产生的社会裂痕,消除因此而产生的社会不信任;另一方面,强调全社会参与国家事务的管理,对于发展社会主义民主和党内民主都具有积极意义,正如赫鲁晓夫自己所强调,把无产阶级专政转变为全民国家,反映了"竭力发展民主的路线"[①],这也有利于恢复人民对社会主义的信心。

但是,无论是"全民国家"理论还是"全民党"理论,本身都隐含着严重的理论矛盾,也不符合苏联的社会实际,因而也具有严重的危害性。

首先,"全民国家"和"全民党"理论与当时苏联的客观实际是不相符的。"两全"理论的一个重要理论前提就是"苏联已进入全面开展共产主义建设时期",这一时期社会是高度一致的,不存在阶级之间的冲突,阶级差别也在消失,工农差别正在消失,脑力劳动和体力劳动之间的差别也在消失。而事实上在赫鲁晓夫时期,甚至直到苏联解体之前,整个苏联社会远没有达到这样的水平。在经济方面,赫鲁晓夫时期,苏联仍然没有改变经济结构畸形,比例严重失调的现状,甚至还恶化了这种状况。斯大林去世以后,赫鲁晓夫仍然坚持重工业优先的经济发展战略,尽管他吸取斯大林时期的教训,加大了对农业的投入,但是这些投入主要用于大面积垦荒,而并没有用于改进农业生产技术。关键是赫鲁晓夫也没有改变斯大林时期的农业体制,而是沿用并强化了这种体制,因而不可能从根本上解决长期以来的农业落后的

---

① 《苏联共产党第二十二次代表大会主要文件》,人民出版社 1961 年版,第 389 页。

状况。结果是工农业生产比重严重不平衡。有统计表明,工业产值1964年比1953年增长1.8倍,而农业产值在同期只增长了不到0.7倍。1961—1965年,工业产值增长51%,农业只增长12%。① 工业内部比例也极不平衡,在重工业优先的发展思路指导下,重工业发达,而轻工业却非常落后,生产资料的生产增长迅速,而生活资料的生产却增长缓慢。农业的落后和消费资料生产的落后,导致人民的生活水平提高缓慢,低下的生活水平引起了人民群众的不满,在苏联全国各地都出现了抗议活动。有些地方甚至还发生了针对赫鲁晓夫本人的暴力事件,比如在第比利斯,赫鲁晓夫的汽车玻璃就被抗议的人们打碎。② 经济的增长并没有满足人们的物质文化生活需要,因而社会矛盾仍然突出。

在经济领域,赫鲁晓夫时期沿用的仍然是传统的粗放式经济发展战略,除了原子能、航天等少数几个涉及国防军事工业领域外,整个国民经济中技术还是比较落后的。在化学、电力等工业经济领域,数量还远落后于西方主要发达资本主义国家,生产的机械化和自动化程度更是无法与西方发达国家相比。实际上,苏联经济的增长主要还是通过企业数量的增加,建设规模的膨胀来实现的。建设规模的过度膨胀,导致重复建设严重,资金和物资分散,而且浪费严重。企业生产的产品质量低下,国家机关和广大人民群众时有抱怨,而且大量的劣质产品也给国民经济造成了巨大的损失。粗放式的经济增长还付出了巨大的社会代价。就经济发展水平而言,赫鲁晓夫时期的苏联也还落后于当时的主要发达国家,根本达不到全面建设共产主义所要求的生产力水平。

---

① 数据来源参见陈之骅主编《苏联史纲(1953—1964)》,人民出版社1996年版,第191页。

② 参见[俄]亚历山大·佩日科夫著《解冻的赫鲁晓夫》,新华出版社2006年版,第30页。

四 赫鲁晓夫时期苏共的执政党建设

在社会关系领域，由于经济水平不高，国民经济比例严重失调，实际上工农差别仍然巨大，工人阶级和农民阶级也没有像赫鲁晓夫所说的趋于一致，脑力劳动和体力劳动的差距也仍然存在。在整个苏联社会，实际上存在着严重的分化，在苏联社会中已经形成了一个具有自己利益的党和国家官僚阶层。斯大林时期，特别是斯大林晚年已经形成了一个官僚特权阶层，他们享有不合理的高级职务津贴，其家庭成员享受着免费或者是折价的住房、公共服务、交通工具、疗养院和剧院等等。国家还为他们建立了供应日用品和食物的内部食堂、内部商店和药店，为他们及其家庭成员建设了专门的住宅、别墅、疗养院、休养所、医院和学校。斯大林去世以后，苏联官僚阶层的这种特权生活不仅没有改变，甚至更为严重。没有了斯大林时期镇压工具的威胁，党和国家的高级官员们更加沉湎于特权生活。其结果是"在一极是涉及国家成千上百万居民的贫穷，而在另一极则是富贵"，"某些居民阶层和接近国家政权的那些人之间存在着尖锐的社会矛盾"[①]。可见，所谓社会的一致，只是赫鲁晓夫的一厢情愿，并不是苏联社会的实际。

在这种情况下，"全民国家"、"全民党"的理论只不过是粉饰太平的自欺欺人，它根本不符合社会实际。这一理论的提出倒是使整个社会忽视了业已存在的种种社会矛盾和危机，使得各种矛盾不仅得不到及时的缓解和克服，相反还在不断的深化与激化。苏联社会在歌舞升平的假象中，社会矛盾在不断地积淀，结果不仅没有进入共产主义社会，反而最终退回到资本主义社会。执政的苏联共产党自认为已是"全民党"，而最后竟被全民抛

---

① 参见［俄］亚历山大·佩日科夫著：《解冻的赫鲁晓夫》，新华出版社2006年版，第134页。

弃。这不能不说是对所谓"全民国家"、"全民党"理论的一个极大的讽刺。

其次,"全民国家"、"全民党"内含着不可克服的理论逻辑矛盾。苏联共产党坚持以马克思列宁主义为指导。而我们知道,马克思列宁主义的国家学说中,国家是一个阶级概念,具有鲜明的阶级性,任何国家都是一定阶级的专政,不可能存在超阶级的国家,当国家失去阶级性的时候,也就是国家消亡之时,因而不可能有"全民国家"存在。在马克思列宁主义的政党学说中,政党也是一个阶级概念,在阶级社会里,没有也不可能有超阶级的、全民的党,如果政党成为全民的党,那么政党也就失去了存在的必要。赫鲁晓夫把苏联无产阶级专政的国家改变为"全民国家",把苏联共产党说成是"全民党",就使得苏共陷入了一个理论逻辑矛盾中,因而必然会带来思想混乱。更为严重的是这一理论动摇了执政党赖以存在的理论根基,严重削弱了了苏联共产党执政的合法性基础。

长期以来,学界很多人把赫鲁晓夫的"全民党"看做是故意抹杀党的阶级性,取消党的先进性,是要改变党的性质。"全民党"理论客观上确实淡化了党的阶级性和先进性。但是,从当时的情况来看,"全民党"的提出,更多的还是苏联共产党在对苏联发展阶段"左"的估计基础上为继续保持党包揽一切的地位所寻找的一个非常牵强的理论依据。按照马克思主义的国家和政党学说,既然国家已经是"全民国家",政党也就失去了存在的理由,而这不是苏共所需要的。此时的苏共,不仅不会想到取消自己,相反还希望加强对国家和社会的领导和控制。从苏共二十二大党纲和党章中我们仍然可以看到,苏共在进一步强化自己对苏联社会的领导和控制。在新的党章和党纲中,苏共反复强调,由于共产主义建设任务的日益复杂,由于更多的劳动者参加

四 赫鲁晓夫时期苏共的执政党建设

国家事务和生产管理，由于社会组织和地方机关的作用不断增强，由于新的任务要求创造性地运用和发展科学共产主义理论，因此，党的领导不仅不能削弱，而且应更进一步加强。可见，所谓"全民党"并不是要贬低和淡化党的阶级属性的"右倾"，而是强化党对社会的控制，维持以党代政的传统体制的"左"的表现。也就是说，不管赫鲁晓夫提出了什么样的新概念、新理论，他并没有摆脱传统党建模式的束缚，某些方面仍然在延续甚至强化传统的"左"的做法。

第二，进一步批判了斯大林的个人崇拜，强调坚持集体领导这一列宁主义的原则。

在苏共二十二大上，赫鲁晓夫在中央委员会的报告中专门用一节的内容来论证苏共二十大批评个人崇拜的必要性和重要意义。赫鲁晓夫在报告中指出："如果不谴责个人迷信，不克服它的有害后果，不恢复党和国家活动的列宁主义原则，那末对党和国家将会发生什么事情呢？那就将产生这样的危险：使党脱离群众、脱离人民，严重地破坏苏维埃民主和革命法制，延缓国家的经济发展，降低共产主义建设的速度，从而使劳动人民的福利降低。在国际关系方面，这将削弱苏联在世界舞台上的地位，恶化它同其他国家的关系，而这会孕育着严重的后果。这就是为什么批判个人迷信和克服其后果，具有巨大的政治和实际意义。"[①] 在其所作的总结报告中，赫鲁晓夫又用了相当长的时间来批判斯大林的种种"罪过"，第一次透露了奥尔忠尼启泽自杀的不正常情况以及斯大林第一个妻子的哥哥被处死的若干细节。他还提议应该在莫斯科修建一座纪念碑，以纪念那些被镇压的无辜者。这

---

① 《苏联共产党第二十二次代表大会主要文件》，人民出版社 1961 年版，第 127 页。

一提议后来得到了大会的通过。

在苏共二十二大上,苏共把谴责斯大林与继续批判马林科夫、卡冈诺维奇和莫洛托夫反党集团结合起来。赫鲁晓夫指责"反党集团"成员激烈反对党谴责个人崇拜、纠正滥用权力、清查迫害活动的路线,是因为他们对许多大规模迫害活动负有责任。苏共中央书记弗·罗·柯兹洛夫在《关于修改苏联共产党章程》的报告中说:"已经揭发和列举出许多事实,证明莫洛托夫、卡冈诺维奇和马林科夫参与了对许多无辜的人、其中也包括我们党和国家的著名活动家的杀害,证明他们执行野心家政策背离了列宁主义,从而促成了个人迷信的形成和盛行。"[①] 马林科夫、卡冈诺维奇和莫洛托夫等人在苏共二十二大之后被解除党内一切职务,并被开除出党。

在苏共二十二大上,苏共还通过了将斯大林的水晶棺移出列宁墓的决定。在决定通过的当晚,斯大林的棺柩就被被移出列宁墓,葬在距列宁墓不远的克里姆林宫墙下。墓基上立了一块花岗岩石碑,后来才在上面刻上了"约·维·斯大林"几个字。随着斯大林的水晶棺被移出列宁墓,他的名字也被从马列主义导师名单中排除。此后,在苏联全国范围内掀起了反斯大林的新浪潮。成百上千以斯大林的名字命名的城市、乡镇、街道、广场、工厂和农庄都重新命名。1925年命名为斯大林格勒的察里津,被改名为伏尔加格勒。

在对个人崇拜进行谴责和批判的同时,苏共再次强调恢复列宁主义的集体领导原则的重要性。在苏共第二十二次全国代表大会上通过的决议指出:"恢复和发展列宁主义的集体领导原则,

---

[①] 《苏联共产党第二十二次代表大会主要文件》,人民出版社1961年版,第490页。

对党和苏维埃国家有着特别的意义。"① 强调 "党的生活的法规是：严格遵守列宁关于党内生活的准则和集体领导制的原则，提高党的机关及其工作人员对党员群众的责任，保证提高全体共产党员的积极性和主动性，保证他们参加制定和执行党的政策，开展批评和自我批评。这是从思想上和组织上巩固党本身，保证党的队伍的一致和团结，全面开展党内民主并在这个基础上，使党的一切力量更加积极起来，加强同群众的联系的必不可少的条件"②。在苏共二十二大上，还将 "党的领导的最高原则是集体领导制" 写进了党章，强调苏共必须 "严格遵守列宁主义的党内生活准则和集体领导制原则；全面地发扬党内民主、发挥共产党员的积极性和主动性、开展批评和自我批评"③。为了加强和保证集体领导，赫鲁晓夫和苏共还改革党和国家的监督制度，加强对党、国家机关和干部的监督。在苏共二十二大上通过的决议指出："监督制度是在真正民主原则的基础上完善共产主义建设的领导工作的有效手段，是同官僚主义、拖拉作风作斗争的可靠的武器，是对群众进行共产主义教育的学校。"④ 决议还决定为了加强监督工作，必须建立地方党的机关向上级党机关和党员群众汇报党的决议执行情况的严格报告制度。

在苏共二十二大上，一方面在批判个人崇拜，而另一方面对苏共第一书记赫鲁晓夫的个人崇拜却有所升温。其实，对赫鲁晓夫的个人崇拜，在1957年苏共中央六月全会之后就开始冒头，在六月全会上，与会者的发言中已经可以看到强调赫鲁晓夫个人

---

① 《苏联共产党第二十二次代表大会主要文件》，人民出版社1961年版，第21页。
② 同上书，第276页。
③ 同上书，第449、459页。
④ 同上书，第22页。

在党和国家领导方面不断增长的作用和意义的企图。当赫鲁晓夫在党内斗争中击败了"反党集团"之后，在与会者的发言稿中几乎都有竭力奉承赫鲁晓夫的语言。而到苏共二十二大时，几乎形成了一种仪式，那就是每一个发言者在谈到苏共的任何一种功绩和倡议时，都会把它与苏共第一书记、苏联部长会议主席赫鲁晓夫的名字联系起来，并反复援引他的讲话。诸如"全国各族人民亲密的朋友"、"宇宙之父"、"正义、进步、生命和幸福的传播者"、"人类的希望"等溢美之词频频出现。有统计表明，在苏共第二十一次非常代表大会上，赫鲁晓夫的名字在代表们的发言中大约被提到了500次，而在苏共二十二大上，赫鲁晓夫的名字在代表们的发言中被提到了大约800次，[①]可见对赫鲁晓夫的颂扬在急剧增长。以至于一名党员在致《共产党人》杂志编辑部的信中非常焦虑地说："在党的第二十次代表大会谴责对斯大林'个人崇拜'和提出今后不能让它以任何形式复苏的问题之后，现在我们看到的是，对赫鲁晓夫的个人崇拜不是以别的形式，而是完全以同样的形式，而且是并不更小的程度上得到复活。"[②]由此可见批判个人崇拜实质上只是赫鲁晓夫的一个有力武器，借此他可以争取通过他所需要的决定，为他的政治路线中最令人难以置信的曲折寻找根据。批判个人崇拜本身已经变得并不重要。

第三，为了保证集体领导原则真正实现，在苏共二十二大上，赫鲁晓夫正式提议建立干部轮换制度，并将其纳入苏共纲领和党章中，从制度上对干部轮换作了规定。

---

① 数据来源参见［俄］亚历山大·佩日科夫著《解冻的赫鲁晓夫》，新华出版社2006年版，第47页。

② 同上。

四 赫鲁晓夫时期苏共的执政党建设 285

苏共二十二大通过的新党纲，第一次明确规定了干部任期制度和轮换制度，还规定了按一定比例定期更换党的各级领导干部。新党章规定：在选举党的机关时，应遵守经常更换其成员同时又保持领导的继承性的原则。在每次例行选举的时候，苏共中央委员会及其主席团的成员至少更换1/4。主席团委员一般最多只能连续当选3届。某些党的活动家，由于他们享有公认的威信，具有高度的政治品质、组织者品质和其他品质，可以在更长的时期内连续选入领导机关。在这样的情况下，有关的候选人在不记名（秘密）投票方式下至少须有的3/4参加者投票赞成方可当选。加盟共和国共产党中央、边疆区委会、州委会的成员在每次例行选举时至少更换1/3；党的专区委、市委、区委、基层党组织的党委会或支委会的成员至少更换一半。同时，这些党的领导机关的成员可以连续当选，但最多不得超过3届。基层党组织的书记可以连续当选，但最多不得超过两届。全体大会、代表会议、代表大会根据政治品质和业务能力，可以更长期地将某一工作人员选入领导机关。在这种情况下，至少须有参加投票的3/4的共产党员投票赞成，方可当选。①

实行干部轮换制和任期制，是赫鲁晓夫在执政时期所采取的一项重大举措，这是苏共历史上第一次对干部的任职期限进行明确规定，在所有共产党执政的国家中也是第一次。赫鲁晓夫大胆改革，率先在苏联实行干部轮换和任期制度，这是干部制度建设的一大进步。以苏共中央委员会委员和主席团委员为例，据统计，斯大林逝世后组成的苏共中央主席团成员10人，到1957年6月，只剩下4人，60%已被撤换，而1957年6月组成的15人

---

① 《苏联共产党第二十二次代表大会主要文件》，人民出版社1961年版，第457页。

主席团，到1961年10月也只剩下7人，被撤换了53.6%。1952年苏共十九大选出的中央委员共125人，在1956年苏共二十大上继续当选的只有78人，占62.4%。苏共二十大选出的中央委员共133人，到1961年苏共二十二大上继续当选的只有66人，占49.6%；而苏共十九大的中央委员在苏共二十二大继续当选的只有39人，占31.2%。[1] 不论从理论上还是从实践上看，干部轮换制的实行都具有积极的意义，它不仅对苏联实际存在的领导干部职务终身制构成冲击，而且也将在制度上防止权力的过分集中，起到了遏制官僚主义的作用，有助于干部队伍的年轻化、知识化、专业化水平的提高。据统计，经过更换，到1962年，半数以上的集体农庄主席和90%的国营农场场长受到专门教育。到1963年，在边疆区和州一级，有98.6%的工业书记、92.2%的农业书记受过高等教育。[2]

但是这一制度一开始就带有先天性的不足，比如规定"某些党的活动家，由于他们享有公认的威信，具有高度的政治品质、组织者品质和其他品质，可以在更长的时期内连续选入领导机关。"这实际上是为赫鲁晓夫等高层领导人留有余地，使他们可以不受新制度的约束，长期连选连任，终身任职。这一制度还有些脱离实际主观臆想的东西，特别是强行规定更换比率，没有保持领导的继承性，造成了干部的不稳定，同时也遭到了一些干部的反对。最根本的缺陷是，这一制度并没有触动业已形成的变相任命制，因而这一改革最终并没有形成一个完整有效的干部更换、任期机制，致使这一制度随着赫鲁晓夫的下台很快就被其继

---

[1] 数据来源参见王正泉著《从列宁到戈尔巴乔夫——苏联政治体制的演变》，中国人民大学出版社1989年版，第296页。

[2] 数据来源参见王长江著《苏共：一个大党衰落的启示》，河南人民出版社2002年版，第199页。

任者抛弃。

苏共二十二大之后,赫鲁晓夫面临的统治危机并没有减弱,即使在党内高级领导人之中,也有一些人是赫鲁晓夫无法控制的。面对这种局面,赫鲁晓夫再次诉诸对党的体制进行改组。早在1960年初,赫鲁晓夫就试图对党的监察机构实行大规模改组。他向中央委员会建议成立一个党政监察委员会。1962年1月,他亲自起草了一份题为《国家监察和党的监察的问题》的苏共中央主席团决议草案,但是这一草案未被通过。同年2月赫鲁晓夫又写了一份题为《关于改善对执政党和政府的指示的监察》文件,认为在目前必须对党政机关进行监察,有必要对党政监察机构进行改革。其理由是,现在国内受贿和行贿现象极为严重,涉及国家管理机构的各个环节,甚至侵入了国家的公检法机构中。因此,他建议"组建一个统一的监察机构——苏联共产党中央委员会党的监察委员会是完全必要的,同时在地方上建立相应的机构,其职责是对所有系统进行监察"[①]。这一统一的监察机构的具体任务是:严格监督党政机构的纪律,与各种部门及地方倾向、虚假浮夸现象、经营不善及浪费行为作斗争,严格监督经济制度的正确和最合理地使用资金和物资。赫鲁晓夫还认为:"苏共中央党的监察委员会应该具有广泛的代表性,它可以由80—100人组成,包括全苏工会理事会、共青团中央、苏联消费合作社中央联社、大众媒体的代表、工人、集体农庄庄员和知识分子的代表、各加盟共和国、最大边疆区和州的党的监察委员会主席。委员会的成员由中央委员会全会批准,任期五年。委员会

[①] 转引自陈之骅、吴恩远、马龙闪主编《苏联兴亡史纲》,中国社会科学出版社2004年版,第425页。

的领导成员由中央委员会主席团批准。"① 监察委员会的所有工作在苏共中央主席团的领导下开展，委员会必须定期向苏共中央主席团汇报工作，把它的计划提交中央委员会审查。委员会机关的所有负责人必须由苏共中央任命。

这一文件在1962年的苏共中央11月全会上以题为《关于成立苏共中央和苏联部长会议党和国家监督委员会的决议》的形式被通过。1962年12月18日，苏共中央委员会召开会议，审查《苏共中央和苏联部长会议党和国家监督委员会及其分支机构条例》，该条例经中央委员会通过以后随即实施。到1963年4月，苏联全国共建立了3270个党和国家监督委员会，其中共和国一级的15个，边疆区和州一级的216个，市和区一级的1057个，企业、建筑工程、集体农庄和国营农场的监察委员会348个。此外，还建立了工作人员总数超过240万的人民监督岗17万个。② 苏共中央和苏联部长会议党和国家监督委员会的中央机关还成立了与苏联国民经济各部门、社会领域各机构、国家行政机构和军事机构一一对应的联合监督机构。庞大的监督机器虽然建成并运转起来，但是运转的成效甚微，不仅没有抑制住党内的官僚主义者，相反由于这一监督体系职能太多，职权太大，导致了苏共的权力开始流向这一监督体系，因而成为赫鲁晓夫的重要制约力量。

如果说赫鲁晓夫建立党和国家的监督体系是希望压抑党内的官僚主义者，那么他在苏共中央11月全会对党的体制的另一项改组则是想充分发挥能办实事的党政干部的力量，那就是在地方

---

① 转引自［俄］鲁·格·皮霍亚著《苏联政权史（1945—1991）》，东方出版社2006年版，第266页。

② 同上书，第269页。

按照生产原则改组党组织。在苏共中央 11 月全会上，赫鲁晓夫作了题为《关于发展苏联经济和改组党对国民经济的领导》的报告，随后全会通过了同名决议。决议认为："在全面展开共产主义建设的条件下，党的作用无比增长，对国民经济的领导进行组织上的改革具有重大的政治意义"[1]。为什么要改组党的领导体制呢？决议认为苏共以往领导国民经济的组织形式，虽然在当时起过积极作用，但是"现在已不能更加有计划和具体地管理工农业的各个部门，不能及时采取有效措施来消灭现有的缺点，使经济工作的领导中产生空喊和忙乱的现象，妨碍正确地安排党的干部更好地利用他们的知识和经验"[2]。要克服这些缺点，改进对国民经济的领导，"必须过渡到自下而上地建立党的领导机关的生产原则"[3]。这种"按照生产原则建立的党组织"，就能够更加具体和有计划地领导工业、建筑业和农业，把主要的注意力集中在生产问题上。这种改组还有助于调动党的各方面活动的积极性，使组织工作和思想工作同建立共产主义的物质技术基础和培养新人的任务更密切地联系起来。[4] 因此决议决定"以生产原则为基础自下而上地改组党的领导机构，从而保证对工农业生产更具体的领导"[5]。具体的做法是：在现有的边疆区、州的范围内，一般成立两个独立的党组织：在工业、建筑业、交通运输业、学校、科学研究所、设计机构以及其他为工业生产和建筑业服务的机关中，共产党员要联合起来成立一个边疆区和州的党组

---

[1] 《赫鲁晓夫时期苏共中央全会文件汇编（1953 年 3 月——1964 年 10 月）》，商务印书馆1976年版，第 546 页。
[2] 同上书，第 547 页。
[3] 同上。
[4] 同上。
[5] 同上书，第 548 页。

织；在集体农庄、国营农场、试验站、农业学校和科学研究所、农业原料加工企业、采购机构以及其他与农业生产有关的机关和组织中工作的共产党员，也要联合起来成立一个边疆区和州的党组织。在边疆区和州的党组织中分别设立：领导工业生产的边疆区和州的党委会；领导农业生产的边疆区和州的党委会。在苏共中央、加盟共和国党中央设立中央工业生产领导局和中央农业生产领导局，为了解决具有全共和国意义的问题和协调两个专业局的工作，在加盟共和国党中央选出中央主席团。在合并现有的农业区的基础上成立集体农庄和国营农场生产管理局，并建立生产管理局党委会，以代替党的农业区委会；在没有市党委的地方为了领导新建立的农业生产管理局所属地区内的企业和建设单位的党组织，应该设立地区的（联合的）工业生产党委会。①

1962年12月20日，苏共中央主席团再次研究了改组党的领导体制的问题，并作了一个《关于改组州、边疆区、自治共和国和加盟共和国的党组织》的补充决议，规定在新成立的州和边疆区的党工业委员会和党农业委员会里"通常都要设立四个书记，一个主管思想部门，一个是党政监察委员会主席，其他的主管相应部门"②。

此后，按生产原则来改组党组织就极其迅速地展开，并越出了工业和农业的范围以及州和边疆区的党的上层管理机关，最后涉及国家政府机构、苏维埃机构和一系列的行政和事业单位，连共青团、工会、妇联和警察机构都包括进来。赫鲁晓夫甚至要在国家安全委员会也按生产原则改组党组织。到1963年，苏共党

---

① 《赫鲁晓夫时期苏共中央全会文件汇编（1953年3月——1964年10月）》，商务印书馆1976年版，第550—551页。

② 转引自陈之骅、吴恩远、马龙闪主编《苏联兴亡史纲》，中国社会科学出版社2004年版，第427页。

机构按生产原则改组基本完成，有5个边疆区和70个区建立了两个党组织。在11个自治共和国和伯力边疆（远东）区以及30个其经济主要是工业或农业的州里，仍旧设立一个党组织。在哈萨克斯坦的几个边疆区里（新垦地边疆区、西哈萨克边疆区和南哈萨克边疆区）成立工业和建筑业领导局和农业领导局。在合并的区里，成立了1536个集体农庄—国营农场生产管理局党委会，以代替3000多个区党委会。[1]

然而，被寄予厚望的改组在实践中却出现了完全相反的结果，改组的负面作用在改组实施之后就立即显露出来了。

首先，这一改组割裂了国民经济各部门之间的紧密联系，破坏了党的统一领导。任何一个国家的国民经济尽管有产业的划分，但是这并不意味着产业之间是相互孤立、相互分割的，相反国民经济各部门是紧密联系不可分割的统一体，也只有这样才能保证国民经济的健康运行。而苏共按生产原则改组党组织，在地方分别成立党工业委员会和党农业委员会，由两个委员会分别领导工业生产和农业生产，人为地割裂了国民经济各部门的紧密联系，这种新的党的领导结构给国民经济造成了严重的困难。工业和农业本来就没有绝对的分界线，因而要对二者进行区分，在很多情况下是非常困难的。而且国家的职能也不仅仅是工业、农业两方面，还包括意识形态、社会治安、文教卫生、生活服务等方方面面，把党组织划分为工业委员会和农业委员会之后，不仅无法保证国民经济的不断发展，而且还使其他方面无人负责，导致社会一片混乱。改组之前，苏共的地方领导体制主要是依据地区原则，由地方党委统一、集中领导各项经济社会事务，是一元化

---

[1] 数据来源参见邢广程著《苏联高层决策70年——从列宁到戈尔巴乔夫》（第3分册），世界知识出版社1998年版，第259页。

的领导体制。而改组后在地方出现了党工业委员会和党农业委员会两个领导核心,变成了二元的领导体制,在地方出现了"双重政权"的格局。党的领导权力被一分为二,权力变得极为分散,党的统一领导遭到破坏,党组织的执政能力也因此受到严重削弱。其结果是苏共中央想要削减的地方某些官僚阶层的权力没有被削减,想要给做实事的领导干部增加的权力并没有增加,中央的权力没有下放下去,而地方的权力却因为一分为二而受到了严重削弱。

其次,这一改组导致了党政机构的急剧膨胀,增加了党政机构的运行和管理成本。苏共中央曾经设想,对党政机关的改组"不仅不会增加机关工作人员的人数,相反会缩小机构和减少机构的经费开支"①。然而,改组的结果却适得其反。撇开苏共中央和各加盟共和国党中央要新成立工业生产领导局和农业生产领导局不说,单就州和边疆区来说,随着各边疆区和州的党委一分为二,这些区和州的苏维埃也分为两个执委会。接踵而至的又是一大堆孪生机构:两个卫生局,两个教育局、两个财政局、两个文化局、甚至还有两套民兵指挥部,等等。甚至共青团、工会、妇女等群众团体也都一分为二。这样一来,各州党政机关、群众组织的干部数目便随之大增。不仅如此,由于存在两个领导机构,各种会议的数量也增加了一倍,领导干部和专家们不得不把许多时间花费在写总结和报告材料,以及在两个或者几个级别上就经济和文化建设等问题进行协商。既要服从党的工业委员会,又要服从党的农业委员会,使得州和边疆区的具体工作人员无所适从,他们几乎每天都会收到来自州或边疆区工业委员会、州或

---

① 《赫鲁晓夫时期苏共中央全会文件汇编(1953年3月——1964年10月)》,商务印书馆1976年版,第549页。

边疆区执行委员会、州或边疆区农业委员会就某个问题的重复决议和指示。而且党工业委员会和党农业委员会之间往往存在许多无法明确的职责，因而也存在着种种矛盾和冲突，结果使得这两个委员会为了开展工作，不得不花费很多精力来彼此沟通、协调和谈判，造成了难以克服的不协调。正如苏联历史学家罗·亚·麦德维杰夫所描述的那样，州农业党委的任务不光是指导那些集体农庄和国营农场的共产党员，监督这些农庄和农场的党组织，而且还要负责领导所有在农场提供服务或加工农产品的工厂党组织和党员。然而那些既为城市也为乡村培养师资的师范学校，那些服务项目当中包括维修农业机械的汽车修配厂以及那些生产农产品包装物的工厂，却都属于州工业党委的管辖范围。问题还不止于此，主管农业的州委书记若要在本州首府召开一次农业工人代表会议，他就必须事先与主管工业的州党委书记进行协商；同样，后者如果急于增加城市的蔬菜供应，他又必须同前者进行磋商。一旦收获季节来临，有关组织运输和选派市民下乡支农等工作又引来无数的麻烦。[①] 结果是经济建设的许多问题根本无法解决。机构的膨胀也使得机关的经费开支迅速上升，比如在撒马尔罕州在改组之前只有一个文化管理局，其机关开支是3.85万卢布，而改组之后变成了两个机关，其开支达到了6.4万卢布，几乎增长了一倍。[②]

再次，这一改组强化了党政不分、以党代政的领导体制。党政不分，以党代政是苏联政治体制的一个痼疾，这次改组不仅没有改变这种状况，相反还进一步强化了这种体制。改组的初衷之

[①] 参见陈之骅主编《苏联史纲（1953—1964）》，人民出版社1996年版，第198页。

[②] 参见［俄］亚历山大·佩日科夫著《解冻的赫鲁晓夫》，新华出版社2006年版，第178页。

一就是为了加强党对国民经济的直接领导,在《关于发展苏联经济和改组党对国民经济的领导的决议》中就强调:"在我们的时代,不仅要求党善于及时地提出正确的口号,并且要内行地、经常和具体地领导生产,发展工业、农业和一切经济部门。"①按照这一思路,新成立的党工业委员会和党农业委员会之下都设立了一系列具体管理各项事业的部门,他们实际上代行相应的政府部门的许多职能,政府部门仍然只是党的执行机关。正如赫鲁晓夫下台以后,1964年11月18日《真理报》发表的题为《忠于列宁的组织原则》的社论所描述的那样:"用所谓生产原则代替按地区生产特征建立党组织的原则,客观上使党政机关和经济组织的职能、权利和义务相互混乱,使党委会代替了经济机关。"②

这一改组一开始就遭到了许多人的抵制和反对,特别是因改组而导致权力被分割的那一部分地方领导人,改组使他们原来拥有绝对权力被分掉了一半,升迁的几率也被减少了一半,甚至是3/4,因为改组后在同一地方的同一级别中出现了地位、职权等级相同的两个甚至是4个党委书记。而且他们也很清楚,对于任何一个州的经济肌体进行分离,其结果必然会产生许多困难,因为工业、农业以及为其服务的其他行业之间都是密切相连的。在乌克兰,乌克兰共产党中央委员会主席团就坚决地强调党的机关和苏维埃机关分离是不适宜的。并且最终在乌克兰共和国的西部6个州坚持和保留了统一的党和苏维埃机关。乌兹别克斯坦共产党中央委员会主席团对党按照生产原则领导国民经济的思想也表

---

① 《赫鲁晓夫时期苏共中央全会文件汇编(1953年3月——1964年10月)》,商务印书馆1976年版,第546—547页。

② 《勃列日涅夫时期苏共中央全会文件汇编(1964年11月——1976年2月)》,商务印书馆1978年版,第12页。

示了强烈的不满,在加盟共和国的一系列地区,统一的党和苏维埃机关也被保留下来。

按照生产原则改组党的地方组织可以说是赫鲁晓夫时期对党的领导体制进行的最喧闹的一次改组,也可以说是最荒唐的一次改组,把党的机关、苏维埃机关,甚至是社会组织划分为工业的和农业的两种类型,除了使社会政治体制和国家管理体制复杂化之外,没有获得任何正面的效果。这一荒唐的体制在艰难地运行了两年之后,随着其始作俑者——赫鲁晓夫的下台而被取消。"结束了由于臆想出来的、被生活证明是行不通的改组而造成的党组织的人为分离现象"①。留下的只是在这一改组过程中迅速升迁的新贵,也正是这些新贵们在1964年10月把赫鲁晓夫从苏共中央"改组"了出去。

赫鲁晓夫变动不居、随心所欲的改革措施,使苏联社会矛盾重重。赫鲁晓夫自己也陷入了政治危机之中。为了摆脱危机,他所采用的方式仍然是不停的改革,而这些改革措施没有任何连续性,甚至是自相矛盾,其结果不仅没有化解危机,相反使危机不断严峻。而且大权在握的赫鲁晓夫越来越独断专行,听不进去任何不同的意见和建议。社会各阶层的不满情绪高涨,赫鲁晓夫从改革的急先锋变成一个多余的人,一个经常添麻烦的人,成了孤家寡人。以至于到1964年初,"周围的人就觉得再也不能容忍他了",党的高层甚至认为免除他的职务就意味着可以消除国内日益增长的不满情绪。②在这种情况下,苏共中央主席团开始策划对赫鲁晓夫采取行动。经过周密的策划,1964年10月,苏共中

---

① 转引自刘克明 金挥著《苏联政治经济体制七十年》,中国社会科学出版社1990年版,第447页。

② 参见[俄]鲁·格·皮霍亚著《苏联政权史(1945—1991)》,东方出版社2006年版,第273页。

央主席团召开会议，迫使赫鲁晓夫自己辞去党和国家一切领导职务。随后苏共中央召开全会，这次全会成了批判赫鲁晓夫的会议。苏斯洛夫在向大会所作的主题报告中，历数赫鲁晓夫的种种罪过和缺陷。苏斯洛夫在报告最后宣读了赫鲁晓夫的"辞职"声明以及苏共中央主席团向全会提交的关于解除赫鲁晓夫一切职务的决议草案。全会最后发表了公报，公报说："苏共中央全会满足了尼谢·赫鲁晓夫同志鉴于年迈和健康状况恶化解除他苏共中央第一书记、苏共中央主席团委员和苏联部长会议主席的职务的请求。"① 同时选举勃列日涅夫为苏共中央书记。赫鲁晓夫就此黯然退出了苏联的政治舞台，苏联历史上的赫鲁晓夫时期也就此结束。

　　赫鲁晓夫时期对斯大林党建模式的改革从总体来看虽然没有成功，但是这些改革措施是具有一定的积极意义的。

　　首先，赫鲁晓夫时期的苏联共产党抛弃了斯大林时期以阶级斗争为纲的思想路线，停止了斯大林时期残酷的阶级斗争。我们知道，在斯大林时期，特别是斯大林晚年作出了阶级斗争越来越尖锐的判断，受此影响，国内阶级斗争不断，"大清洗"成为常态，整个苏联社会都陷入了对无产阶级专政的恐怖之中，社会也被人为地划分为势不两立的敌我两种势力。赫鲁晓夫上台以后，首先改变了斯大林时期阶级斗争扩大化的状况，并进行了大规模的平反冤假错案。尽管党内斗争仍然不断，但是斗争的结果不再是失败的一方被彻底消灭，而只是彻底的退出了政治舞台。赫鲁晓夫时期还对苏联的阶级状况作出了新的判断，特别是提出"全民国家"、"全民党"的概念，正如我们在前面所分析，这两

---

① 《赫鲁晓夫时期苏共中央全会文件汇编（1953年3月——1964年10月）》，商务印书馆1976年版，第622页。

个概念既不符合苏联当时的实际，也内涵着理论逻辑矛盾。但是，这两个概念反映了赫鲁晓夫对苏联社会的阶级状况的新判断，那就是苏联社会中的阶级已经不再是对立状态的，而是相互融合、相互接近的，团结一致的。其利益也是基本一致的，因此没有必要再通过剧烈的阶级斗争来解决社会矛盾。苏联共产党的主要任务不再是通过阶级斗争消灭"人民的公敌"、"国家的敌人"，而是领导苏联人民开展"共产主义建设"。这实际上可以看做是苏共转型的迹象，那就是开始由领导革命斗争的政党转向集中精力领导社会主义建设，尽管这种转型极不成功也不彻底，但是毕竟已经开始尝试转型，这是无法否认的。

其次，赫鲁晓夫时期对个人崇拜的批判，正如毛泽东所评价的：揭了盖子，破除了迷信。个人崇拜是斯大林时期形成的一个"政治怪胎"，其影响范围不仅仅是苏联，战后大多数社会主义国家都深受其影响，最为严重的后果就是导致社会主义国家创新精神的缺失，使得社会主义制度最终失去了生机与活力。而赫鲁晓夫时期对个人崇拜的批判，不仅在苏共内破除了对斯大林的迷信，而且在社会主义国家也除了对斯大林模式的迷信，开启了社会主义国家根据自己的国情，探索适合自己的社会主义建设道路的历程。

再次，赫鲁晓夫时期，苏联共产党尝试实行干部轮换制和任期制，一定程度上促进了党内民主的发展。党内民主的一个重要方面就是通过正常的程序定期更换领导机关和领导干部，这就意味着领导干部总是有一定的任期的。斯大林时期对党内民主的破坏很重要的一个方面就是党内缺乏健康的干部更新机制，任命制以及相伴而生的终身制可以说是斯大林时期苏共干部制度的重要支柱。赫鲁晓夫时期，苏共开始尝试实行干部轮换制度和任期制，这无疑是对党内民主的恢复，尽管这一制度的设计存在着种种缺陷，但是相对于斯大林时期普遍的任命制和领导干部终身制而言，它仍然是一个不小的进步。

最后，赫鲁晓夫时期苏共强调集体领导的制度，也有利于党内民主的恢复。鉴于斯大林时期个人高度集权以及个人崇拜的深刻教训，赫鲁晓夫上台以后强调在党和国家各个环节中都必须实行集体领导的原则，认为这是防止个人崇拜的可靠保障。为了有效地实施集体领导，赫鲁晓夫还对中央领导机构进行了几次调整。最重要的措施有3项：一是把党政最高职务分开。苏共中央第一书记由赫鲁晓夫担任，政府首脑先由马林科夫、后由布尔加宁担任。二是苏共中央主席团（即政治局）实行集体领导原则，定期举行会议，重大问题由集体讨论决定。三是定期召开党的代表大会，充分发挥中央全会的作用，党和国家的重大问题以及主席团内部的分歧沟通均通过代表大会和中央全会讨论决定。从1956年到1964年，苏共召开了3次党代表大会、34次中央全会。苏共中央主席团每周至少开会一次，讨论有关党和国家生活的一切重大问题。这些措施都有利于党内民主的恢复与发展。

但是总体来看，赫鲁晓夫时期苏共的改革其实并没有从根本上触动斯大林时期留下的党建模式和体制，尽管有些做法客观上确实对旧体制形成了冲击，也缓解了旧体制面临的危机。正如戈尔巴乔夫在回忆录中所说：赫鲁晓夫是在强迫旧体制工作，但是他又必须依赖于旧的体制，[①] 这就使得旧的体制一直左右着改革者自己。加之赫鲁晓夫本人性格暴躁多变，文化素养不高，缺乏政治经验的特性，造成改革的盲目性、随意性、急躁性和不彻底性。尽管赫鲁晓夫主观上试图克服斯大林时期党存在的弊端，但

---

① 参见［俄］米谢·戈尔巴乔夫著《戈尔巴乔夫回忆录》，社会科学文献出版社2003年版，第103页。

是这些弊端到后来又在改革者自己身上再现。比如，赫鲁晓夫把反对个人崇拜当作恢复党内民主的突破口，而他自己最后又陷入了个人崇拜。上台伊始赫鲁晓夫极力倡导集体领导制度，最后又是他自己破坏了"三驾马车"权力格局，大权独揽。在其权力达到顶峰的时候，他也是一言九鼎，不容许任何人提出质疑。在其执政后期，正如麦德韦杰夫的描述："以往凡属大规模的组织变动，哪怕是为了纯粹走个过场，也要经过全国范围内的广泛讨论；可是最近这些改革却连个招呼都不打，不经过全国协商，人民首肯便开始实施，所需要的只是党中央主席团委员简单交换意见而已，而且这种意见交换也只不过是摆摆样子，因为很少有人愿意斗胆同赫鲁晓夫争长短是非。"[①] 既有的体制使得改革者也难逃束缚，最后又回到了旧体制之中。

[①] 罗亚·麦德韦杰夫著：《赫鲁晓夫传》，中国文联出版公司1988年版，第300页。

五
勃列日涅夫时期苏共执政党建设的停滞与党的衰落

赫鲁晓夫下台以后，苏联开始了长达18年的勃列日涅夫时期。从1964年10月到1982年11月，勃列日涅夫一直担任苏联共产党的首脑。在这一时期，以勃列日涅夫为首的苏联共产党的新领导吸取了赫鲁晓夫时期的教训，停止了在党的建设方面的改革，对党的建设理论和实践都作了一些调整。但是总体来看，这些调整并没有超出斯大林时期形成的党建模式的基本框架。可以说，在勃列日涅夫时期，苏共在党的建设方面建树甚少，不仅没有超出赫鲁晓夫时期党的建设实践，也没有超出斯大林党建模式的基本框架。相反，在剔除了斯大林党建模式中诸如阶级斗争扩大化、领袖个人权力绝对化等极端部分后，在相当程度上又恢复了斯大林的党建模式，从而使斯大林党建模式在勃列日涅夫时期日趋平稳和固化。这一党建模式旧的弊端没有得到克服，新的弊端不断增加，新旧弊端的不断叠加，经历了18年的积淀之后，终于形成了苏共难以治愈的沉疴，苏共日渐衰落。

纵观勃列日涅夫时期，可以把它分为两个阶段。第一阶段是从勃列日涅夫上台到20世纪70年代中期，这一阶段是苏共执政党建设理论与实践的调整时期；第二阶段是从20世纪70年代中期到勃列日涅夫去世,这一阶段是斯大林党建模式不断固化,苏联由稳定转向停滞的转折时期。

(一)勃列日涅夫上台之初对赫鲁晓夫时期执政党建设理论与实践的调整

勃列日涅夫上台以后,一方面宣布坚持党的二十大、二十一大和二十二大的基本路线,保证苏共路线的连续性。另一方面又迅速着手对赫鲁晓夫时期执政党建设的一些理论和做法进行调整。

1. 理论上的调整

在理论上,勃列日涅夫上台以后,继承了赫鲁晓夫时期提出的"全民党"、"全民国家"的理论,但是在具体的阐述和宣传时,对"两全"理论也做出了一些调整。关于"全民国家"理论,勃列日涅夫在保留这一提法的前提下,更强调苏维埃社会主义国家的无产阶级专政性质。强调"全民国家"是"无产阶级专政的继续",它和无产阶级专政是"同一类型的国家"。1964年11月6日,勃列日涅夫在庆祝十月革命胜利47周年的大会上指出:"我们的全民国家是无产阶级专政国家的自然发展。"[①] 1967年6月在关于庆祝十月革命50周年的提纲中,再次指出:"全民国家……继续无产阶级专政的事业",在对这一理论的阐释和宣传中,也注重突出"全民国家"的无产阶级专政性质。1970年6月7日,《真理报》在一篇文章中强调:"全民国家是无产阶级专政国家的直接继续。无产阶级专政国家和全民国家是建立在共同的社会主义经济基础上的同一社会主义类型的国

---

① 《勃列日涅夫言论》第1集,上海人民出版社1974年版,第16页。

家","无产阶级专政国家的任务和职能在全民国家的任务和职能中得到了合理的继承和发展"①。关于"全民党",勃列日涅夫上台以后反复强调工人阶级的主导地位和党的阶级性,强调党的全民性与阶级性的统一。在苏共中央委员会向苏共第二十三次代表大会所作的总结报告中,勃列日涅夫说:"我们的列宁主义的共产党是苏联社会的领导力量和主导力量;党把工人阶级和全体劳动人民的最先进代表团结在自己的队伍里,正在遵循全世界工人阶级战斗的革命思想体系——马克思列宁主义,坚定地领导苏联人民沿着建设共产主义的道路前进,引导和组织社会主义社会的生活.成功地起着全体人民的导师、组织者和政治领袖的作用。"② 在苏共中央的《伟大的十月社会主义革命五十周年苏联共产党中央委员会宣传提纲》中,勃列日涅夫指出:"工人阶级是新社会的主导的创造力量。我们国家半个世纪的存在证明了马克思列宁主义关于工人阶级伟大历史使命这一极重要的原理。工人阶级是推翻剥削制度和建设新的社会经济结构的领导力量。""在党内,工人阶级现在和今后仍将居于主导地位。""随着社会主义的发展,党的作用不断增长。"③ 在苏共第二十五次代表大会上,勃列日涅夫再次强调:"在共产党已成为全民党的时候,它绝没有失去自己的阶级性,就其性质而言,苏共过去是,现在仍然是工人阶级的政党。"④

---

① 转引自陈之骅、吴恩远、马龙闪主编《苏联兴亡史纲》,中国社会科学出版社2004年版,第485页。
② 《苏联共产党第二十三次代表大会主要文件汇编》,生活·读书·新知三联书店1978年版,第91页。
③ 《勃列日涅夫时期苏共中央全会文件汇编》,商务印书馆1978年版,第179、186、189页。
④ 《苏联共产党第二十五次代表大会主要文件汇编》,生活·读书·新知三联书店1976年版,第86页。

五　勃列日涅夫时期苏共执政党建设的停滞与党的衰落

勃列日涅夫强调"全民国家"和"全民党"的无产阶级属性，相对于赫鲁晓夫时期的"全民党"、"全民国家"而言，是有一定积极意义的，至少表明勃列日涅夫比赫鲁晓夫对苏联党和国家性质的认识更接近苏联的实际。但是这种判断与当时苏联党和国家的真实情况还是相去甚远，特别是这一判断中的一个很重要的逻辑，那就是社会各阶级都接受了工人阶级的意识形态和达到了工人阶级的水平，所有其他劳动阶级和集团、全体人民都转到工人阶级及共产党的立场上来，接受党的思想、目标和纲领，工人阶级的利益也就是全民的利益，所以工人阶级的政党、工人阶级为领导的国家也就是全民的党和全民国家。事实上，此时的苏联工农差别仍然存在，所谓"工人阶级"内部利益也不一致，工农之间、社会各阶层之间的矛盾也还存在。因此，工人阶级不可能是全民利益的代表。坚持这种认识，一个直接的后果就是执政党在所谓"全民党"、"全民国家"理念的指导下，忽视社会利益的差别，无法有效地发挥利益表达和利益整合的功能，从而使得社会中很多人的利益无法表达，因而被体制边缘化，党群关系因此受到严重影响。

勃列日涅夫还提出了"发达社会主义"的概念，用以代替赫鲁晓夫时期"全面开展共产主义建设"的提法。1967年，在庆祝十月革命胜利50周年大会的报告中，勃列日涅夫宣称，经过50年的奋斗，苏联已经建成了"发达社会主义社会"。他认为，所谓发达社会主义社会是"'各尽所能，按劳分配'的原则占统治地位的社会。社会主义生产关系保证着整个国民经济在现代技术水平上有计划地稳定地发展"[①]。1968年5月，在纪念马克思诞生150周年的大会上，苏斯洛夫对"发达社会主义"进

---

① 《勃列日涅夫言论》第3集，上海人民出版社1974年版，第190页。

行了具体的理论论证。他认为:"社会主义阶段根据生产力的发展水平,生产关系的完善程度和具体的历史环境,又有它自己的几个成熟阶段。""社会主义不是短暂的阶段,而是共产主义发展中的整整一个历史时期。在成熟的社会主义社会中,社会主义经济规律及其优越性得到了最充分的表现。"在苏联已经形成的发达社会主义,"正在充分显示着本身的优越性"[①]。这实际上给勃列日涅夫的"发达社会主义"的概念提供了理论依据,而且对这一概念作了原则性的界定,那就是所谓"发达社会主义"只是社会主义时期的一个阶段,还不是共产主义。1971年3月,在苏共第二十四次代表大会上,勃列日涅夫在代表中央委员会向大会作的总结报告中,明确指出苏联已经建成了"发达社会主义"社会,他认为,从30年代后半期社会主义社会在苏联取得胜利以来,"国民经济、社会主义的社会关系以及广大人民群众的文化和觉悟都达到了不可估量的更高的水平。苏联人民以忘我的劳动建成了发达的社会主义社会"[②]。此后,在苏联的理论宣传界,对"发达社会主义"的研究和宣传便在全国积极开展起来。1977年10月,勃列日涅夫在中央全会上所作的《关于苏联宪法(根本法)草案及全民讨论的总结》报告中再次强调:"苏联现在已经建成了发达社会主义——这是新社会的成熟阶段,在这个阶段上正在根据社会主义内在固有的集体主义原则完成对全部社会关系的改造。由此而为发挥社会主义各项规律的作用和显示社会主义在社会生活各个领域的优越性提供了广阔的天地。"随后"发达社会主义"被写进了新的宪法,在新宪法的序言中

[①] 《苏斯洛夫言论选》下集,上海人民出版社1976年版,第780、782页。
[②] 《苏联共产党第二十四次代表大会主要文件汇编》,生活·读书·新知三联书店1976年版,第59页。

五　勃列日涅夫时期苏共执政党建设的停滞与党的衰落

不仅对这一概念做了明确的说明，而且还把发达社会主义界定为"通往共产主义道路一个合乎规律的阶段"①。

"发达社会主义"理论相对于赫鲁晓夫时期认为苏联已进入全面建设共产主义时期而言，无疑是一个重要调整。在勃列日涅夫时期担任过《真理报》总编辑的维克多·阿法纳西耶对此有过一个中肯的评价，他说："'发达社会主义'是向现实、向抛弃赫鲁晓夫那一充满空想的'全面展开共产主义建设时期'提法的方向跨出了明显而重要的一步。那个所谓的'时期'纯属幻想。"②勃列日涅夫时期著名的持不同政见者麦德韦杰夫对此也有过较为客观的评价，他认为，所谓"发达社会主义"理论使"社会主义不再是'不成熟的共产主义'加上'资本主义残余'，而是一种在社会本质上具有完整的特征和原则的社会制度。因此，它的结构基础不是共产主义社会关系，而是具有独立要素、原则和规律的社会主义社会关系"。他认为"这种把社会主义与其他各种社会经济形态并列的理论无疑是合理的和良好的"③。但是，勃列日涅夫的这一判断与当时苏联社会现实仍然不相符合。对此麦德韦杰夫也有论述，他说："这种认为我国似乎已建成了'发达社会主义'的新理论，从一开始就与现实情况相矛盾……如果在苏联已建成了社会主义，那么我们应当是政治上成熟的社会和高度发展水平的科学技术，以及良好而发达的文化和民主体制等等，而根据60年代以至以后的十年的实际情

---

① 《苏维埃社会主义共和国联盟宪法（根本法）》，生活·读书·新知三联书店1978年版，第86、62页。

② [俄]维·阿法纳西耶夫著：《〈真理报〉总编辑沉浮录》，东方出版社1993年版，第61页。

③ 转引自陈之骅、吴恩远、马龙闪主编：《苏联兴亡史纲》，中国社会科学出版社2004年版，第488页。

况,并不能得出这样的判断。"①

2. 实践方面的调整

在实践上,勃列日涅夫上台以后,第一个重要调整就是恢复统一的党组织。1964年11月,苏共中央召开全体会议,全会听取了中央主席团委员尼·维·波德戈尔内《关于把州、边疆区的工业党组织和农业党组织合并、关于工业苏维埃机关和农业苏维埃机关合并》的报告,并通过了《关于把州、边疆区的工业党组织和农业党组织合并的决议》。决议指出:"为了加强党及地方机关在共产主义建设中的领导作用,更加顺利地解决每个州、边疆区及共和国经济发展和文化发展的任务,认为必须恢复按地区生产特征建立党组织及其领导机关的原则,这一原则是党的第二十二次代表大会所通过的苏共党章中极重要的组成部分。""在原被分为工业党组织和农业党组织的州和边疆区,恢复统一的州、边疆区的党组织,把州和边疆区的所有共产党员,不论他们是从事工业工作还是从事农业生产,都联合在一起。边疆区、州的党组织建立统一的边疆区、州的党委会。""必须把集体农庄国营农场生产管理局党委会改组为区党委会,集中对各级党组织,包括该区的工业企业和建设单位党组织的领导。撤销以前在农业地区、州中心建立的工业生产(地区)党委会"。决议要求:"凡是恢复统一的边疆区党委会和州党委会的边疆区和州,于1964年12月份分别举行党代表会议,选举相应的党的机关。"决议"赞同苏共中央主席团提出的关于合并边疆区、州的工业党组织和农业党组织的办法和建议。委托中央主席团研究和

---

① 转引自陈之骅、吴恩远、马龙闪主编:《苏联兴亡史纲》,中国社会科学出版社2004年版,第488页。

五　勃列日涅夫时期苏共执政党建设的停滞与党的衰落　307

解决有关边疆区和州建立统一的党组织及其领导机关以及有关恢复统一的苏维埃机关的一切组织问题"[①]。

此后，苏共的一些党的报刊发表了一系列文章，进一步批评了赫鲁晓夫时期划分工业党组织和农业党组织所造成的种种消极后果。1964年11月18日，《真理报》发表题为《忠于列宁的组织原则》的社论。社论指出："生活并没有证实这种改组是适宜的，这种改组是在缺乏应有的准备，不考虑它的全部后果的情况下是没有必要地匆匆忙忙地进行的。……用所谓生产原则代替按地区生产特征建立党组织的原则，客观上使党政机关和经济组织的职能、权利和义务相互混乱，使党委会代替经济机关。改组的结果使作为行政经济单位的区，在党和国家的关系上应付不过来"，"这些做法并没有收到预期的效果。不仅如此，在许多极其重要的经济建设单位，这种改组还削弱了党的机关对生产活动的影响。因此，中央委员会在详细权衡了当前形势之后，考虑了地方工作者、共产党员及全体劳动者的意见，得出了结论，必须恢复按地区生产特征建立党组织及其领导机关的原则。"[②] 1965年3月召开的苏共中央全会上，再一次批评了赫鲁晓夫对党组织的这一改组，勃列日涅夫最后强调，恢复统一的州和边疆区党组织是完全正确的，它"结束了由于臆想出来的、生活证明实行不通的改组而造成的党组织人为分离现象"[③]。

勃列日涅夫上台以后在实践上的另一个重要调整就是对党和

[①]《勃列日涅夫时期苏共中央全会文件汇编》，商务印书馆1978年版，第11—13页。

[②] 参见沈志华、于沛等编著《苏联共产党九十三年》，当代中国出版社1993年版，第609页。

[③] 转引自陈之骅、吴恩远、马龙闪主编《苏联兴亡史纲》，中国社会科学出版社2004年版，第477页。

国家监督体制的调整。

1965年12月6日,苏共中央举行全体会议,全会讨论了关于把党和国家监察机关改成人民监察机关,并通过了《关于改组党和国家监察机关的决议》。决议指出:"为了广泛吸收劳动人民参加监察和监督工作以及提高他们在监察机关中的作用,苏共中央全会决定:把党和国家监察机关改为人民监察机关,人民监察机关应当成为党和国家在更广泛地吸引人民群众管理国家事务,保证经常检查苏维埃组织,经济增长和其他组织执行党和政府的指示以及加强国家纪律和社会主义法制方面的有效手段之一。"[①] 勃列日涅夫在就完善现行监察制度发表的讲话中说:"我们的苏维埃监察制度是最民主的、真正的人民制度,在我们社会主义国家里,一切权力,其中也包括监察权,都属于人民,他们是自己国家的唯一的主人。"[②] 按照勃列日涅夫的思路,经过改组,苏联部长会议建立了人民监督委员会,各级苏维埃也相继建立了人民监督委员会,在基层组织还建立了人民监督小组和监督岗。1968年12月通过了《苏联人民监督机关条例》,条例指出:"人民监督机关的活动主要是帮助党和国家机关系统地检查苏维埃机关、经济组织和其他组织实际执行党和政府指示的情况,进一步改进对共产主义建设的领导,大力发展经济,加强国家纪律和社会主义法制。"条例规定人民监督机构的具体任务包括:(1) 系统地监督国家计划和任务的执行过程;(2) 大力挖掘和利用国民经济的潜力,提高社会生产效率,节约使用人力、物力、财力资源,在生产中推行一切先进的新措施;(3) 坚决反

---

① 《勃列日涅夫时期苏共中央全会文件汇编》,商务印书馆1978年版,第116页。

② 同上书,第117页。

对违反国家纪律、经营不善和浪费现象，地方主义和本位主义行为，及任何欺骗国家和侵犯社会主义财产的企图；（4）严格制止官僚主义和拖拉现象，力求改进国家机关工作等。[①] 1979年11月，苏联最高苏维埃通过了《人民监督法》，从法律上对人民监督作了明确的规定，使之更进一步制度化。

组建人民监督机构的同时，苏联共产党还恢复了苏共中央党监察委员会。勃列日涅夫在就完善现行监察制度发表的讲话中，谈到人民监察机关和党组织的关系的时候指出："不言而喻，完善国内的监察、建立人民监察机关，决不会取消各级党委和党组织对党和政府指示的执行情况进行监督的责任。还必须注意到一点，人民监察机关并不监督党的机关的工作。党的机关的工作由党内监察系统根据党章进行监督。因此，必须是各级党委也积极开展自己的工作，必须根据苏共党章检查苏共党员和候补党员遵守党纪的情况，对违反党纲和党章，违反党和国家纪律的党员以及违反党的道德的党员给予制裁。"[②] 重新恢复的监察委员会的职权，没有超出苏共二十二大党章所规定的范围。此后，历次党的代表大会都重复强调要进一步发挥党的监察机关的作用。苏共二十三大报告强调"需要提高苏共中央的监察委员会和地方党的机关中的各种委员会在监督党员遵守党和国家纪律要求方面的作用"[③]。苏共二十四大则指出，必须提高党员"对完成苏共纲领和章程的要求的责任感，要严格处理那些用自己的行为玷污了党员的崇高称号、违反了党的纪律和国家纪律的人。苏共中央党

---

① 《勃列日涅夫时期苏共中央全会文件汇编》，商务印书馆1978年底版，第120—121页。

② 同上书，第119页。

③ 《苏联共产党第二十三次代表大会主要文件汇编》，生活·读书·新知三联书店1978年版，第99页。

监察委员会和党的地方机关监察委员会应当在这方面起重大的作用"①。代表大会还责成中央委员会进行更换党员证件的工作。到1976年的苏共二十五大为止，约有34.7万名苏共党员由于犯有背离党的生活准则、违反纪律和同党组织失去联系而没有领到新的党证。②苏共二十五大也强调应加强对党的决议的执行情况实行监督和检查，认为这是组织工作的极重要的内容。1981年的苏共二十六大，继续强调加强党的监察委员会的工作。在苏共二十五大到二十六大期间，有9.1万名预备党员没有转正，"大约有30万人因其行为同共产党员称号不相称而被开除出党"③。1981年8月，苏共中央还通过了《关于根据苏共二十六大决议进一步完善对决议执行情况的监督和检查工作》的决议。

尽管反复强调应加强对党的监督，但是，我们可以看到，勃列日涅夫时期，苏共中央党监察委员会仍然只是党的中央委员会的下属机构，其职能也主要是监督中央委员会的决议的执行情况，因而党的中央委员会以及党的中央委员会主席团（政治局）仍然处在监督之外，中央党监察委员会的地位并没有提高。这一体制一直到勃列日涅夫去世都没有改变。

勃列日涅夫上台以后，对斯大林的评价也有所调整。1965年5月10日，是苏联卫国战争胜利20周年纪念日，勃列日涅夫要在纪念大会上讲话，这个讲话不可回避的问题就是如何对待斯大林。当时党内对此有很大的分歧，以苏斯洛夫、谢列平为代表

---

① 《苏联共产党第二十四次代表大会主要文件汇编》，生活·读书·新知三联书店1976年版，第273页。
② 《苏联共产党第二十五次代表大会主要文件汇编》，生活·读书·新知三联书店1977年版，第88页。
③ 《苏联共产党第二十六次代表大会主要文件汇编》，生活·读书·新知三联书店1978年版，第99页。

的一部分苏共领导人认为，应该对斯大林作积极的评价；而以米高扬和波诺马廖夫为代表的一部分人认为必须沿用苏共二十大《关于克服个人崇拜及其后果》一文中对斯大林的评价。安德罗波夫则主张回避斯大林问题，而且根本不提斯大林的名字。勃列日涅夫最后采用了一个折中的办法，在报告的开头肯定了以斯大林为首的苏共及其中央委员会、国防委员会在卫国战中的作用，而在报告结尾的部分在强调苏共将始终不渝地坚持苏共第二十次和第二十二次代表大会的决议以及苏共纲领中的总路线。而这两次代表大会都对斯大林进行了猛烈地批判，并通过了相关的决议和纲领以反对个人崇拜。1967年是十月革命胜利50周年，按照惯例，勃列日涅夫必须在庆祝大会上作报告，该报告经反复讨论，最后决定还是不提斯大林的名字。

1969年斯大林诞生90周年，苏共党内不少人要求发表正式的纪念文章，对斯大林作比较明确的重新评价。面对这种局面，12月13日，苏共中央政治局通过决议，责成中央书记处起草纪念文章，政治局还召开专门会议，就文章草稿进行讨论。会议对是否发表这一文章、在文章中如何评价斯大林意见仍然不一致。有人认为即使要发表文章也应该主要批判和揭露斯大林的错误；有的人认为应该发表纪念文章，对斯大林的评价"应当从主要的核原则性的问题出发"，"斯大林有错误，就写这些错误；也有积极的方面，关于这一方面显然是没有人可以争议的。应当说，这就是历史。历史既不应美化，也不应歪曲"。最后，勃列日涅夫作了总结性的发言。他认为发表纪念文章利大于弊。他说："因为我们之中没有人对他（指斯大林）的革命贡献提出争议，而且任何时候都不会提出这样的争议，同时也没有人怀疑过而且至今也不怀疑他的严重错误，特别是最后时期。"因此他主张"在苏共中央对这一问题的理解已有的代表大会（指苏共二十大）的决议和中央相关决议的精神的基础上，以一种平稳的调子写这篇文章。"就在这次政治局会议上，马祖罗夫提出要在斯大林墓前设置胸像。1970年斯大林的胸像在他的墓前设置起来。①

至此，勃列日涅夫对斯大林的评价较其前任赫鲁晓夫有了明显的调整。这一调整使对斯大林的评价更为客观。既没有回避斯大林特别是他晚年的错误，也没有抹杀斯大林的历史功绩。整个勃列日涅夫时期，不管在理论上和实践上做什么调整，勃列日涅夫始终强调苏共将继续执行苏共二十大和二十二大的路线。在整个勃列日涅夫时期，苏共也没有正式为斯大林恢复名誉，特别是在大清洗问题上，仍然坚持否定的立场。而且在勃列日涅夫时期，苏共仍然在给斯大林时期大清洗中的受害者平反。尽管在勃列日涅夫执政的后期，苏联又回到了斯大林体制之中，甚至在很多方面固化、强化了这一体制。就对斯大林个人的评价而言，勃列日涅夫虽然作了调整，但并没有彻底否定赫鲁晓夫时期对斯大林的评价。正如麦德维杰夫所说："1969年12月没有为斯大林恢复名誉，以后也没有"。②

勃列日涅夫上台以后还有一个对后来产生了极为重要影响的调整，那就是修改了苏共二十二大通过的党章中第二十五条关于干部任期制和更换制的规定。1966年3月—4月，苏共召开二十三大，勃列日涅夫在大会报告中，批评赫鲁晓夫时期"频繁地改建、改组党、苏维埃和经济等机构，这对挑选、提拔和培养干部的工作产生了不良影响。……没有道理地调动和更换干部"③，批评赫鲁晓夫时期党章关于更新和更换党的领导机构的成员的

---

① 参见陈之骅、吴恩远、马龙闪主编《苏联兴亡史纲》，中国社会科学出版社2004年版，第479—483页。
② 同上书，第483页。
③ 《苏联共产党第二十三次代表大会主要文件汇编》，生活·读书·新知三联书店1978年版，第98页。

五　勃列日涅夫时期苏共执政党建设的停滞与党的衰落

"硬性规定",提出在党章中只保留原则性的条款。由于干部轮换制度已引起苏共干部的不满和恐惧,勃列日涅夫的主张自然得到大多数苏联党政领导干部的拥护。苏共二十三大关于部分修改苏共章程的决议认为:"在苏共章程中继续保留那些规定和更换党的机关的成员和党组织书记的比率的条款是不合适的。"① 因此,二十三大通过的新党章取消了原党章第二十五条关于更新和更换党的机关成员和党组织书记的比率的条款,而只保留原则性、纲领性的条款:"在选举一切党的机关(从基层组织到苏共中央委员会)时,应遵守党的机关的成员要经常更新、党的领导要新陈代谢的原则。"② 原党章中对干部任期和轮换的具体规定被删掉,新党章只是笼统强调干部的更新和继承性原则,事实上重新恢复了干部职务终身制。

勃列日涅夫上台之初,也像赫鲁晓夫上台之初一样,打出了"集体领导"的旗号。勃列日涅夫上台伊始,就授意《真理报》发表社论强调集体领导原则。社论说:"党内生活和活动是由弗·伊·列宁制定的,并被几十年的历史经验所考验、检验和丰富的那些原则和标准确定的。集体领导是这些原则中最重要的一个原则,是经过考验的武器,是我们党的伟大的政治财富。""只有在列宁的集体领导原则的基础上,才能引导和发扬党和全国人民日益增长的创造性的主动精神。只有依靠这个原则,才能正确地分析局势,才能清醒地、客观地、不骄傲地评价所取得的成就,才能看到缺点,并且及时地彻底地清除这些缺点。"③

---

① 《苏联共产党第二十三次代表大会主要文件汇编》,生活·读书·新知三联书店1978年版,第329页。
② 同上。
③ 转引自邢广程著:《苏联高层决策70年——从列宁到戈尔巴乔夫》(第四分册),世界知识出版社1998年版,第18页。

1964年10月，苏共中央全会就此批评了赫鲁晓夫的错误，并通过了一项决议，强调从中央到地方各级党组织都要严格地、绝对地遵守集体领导原则，以保证在各个领域实行正确的领导。全会决定，今后党的第一书记和部长会议主席职务不再是一人兼任。此后一段时间里，苏联党政最高领导职务是分开的，由勃列日涅夫、柯西金、波德戈尔内3人分别担任苏共中央总书记、苏联部长会议主席和苏联最高苏维埃主席团主席，形成了所谓"三驾马车"的权力格局，实行集体领导体制。

这一时期，勃列日涅夫还对苏共中央领导机构进行了改组。在苏共第二十三次代表大会上，对二十二大通过的党章作了部分修改：决定将苏共中央主席团改名为中央政治局，设中央总书记以替代原先中央第一书记的名称；取消中央俄罗斯联邦局，以减少机构重叠，提高工作效率；恢复两次党代表大会之间召开代表会议的制度，规定党中央委员会和各加盟共和国中央委员会可以根据需要召开党代表会议。

勃列日涅夫上台以后，苏共中央还进行了更换党证的工作。勃列日涅夫在1965年12月中央全会上指出，更换党证的问题具有原则的政治性质。他把更换党证的工作看成是对苏共力量的一次检阅。他指出，不能把更换党证归结为纯技术性的工作，同时要注意，这也不是清党。过去进行过清党，目的是坚决清除阶级异己分子。在国内存在阶级斗争的情况下，这是加强党和提高其战斗力的必要手段。由于社会主义的胜利而在国内发生的根本性变化，已消除了清党的理由。在目前情况下，党无须采取此类措施也能够使自己的队伍保持纯洁。

（二）勃列日涅夫执政中后期斯大林党建模式的固化与苏共的衰落

勃列日涅夫上台以后，对赫鲁晓夫时期各项政策调整的一个基调就是求稳。赫鲁晓夫时期变动不居、毫无章法的改革很快被取消，斯大林党建模式在很大程度上得以恢复。随着勃列日涅夫在苏共中央的领导地位的巩固，旧的体制再次复苏，勃列日涅夫上台之初形成的"三驾马车"的权力格局被打破，苏共重新回到了个人高度集权的体制之中。斯大林党建模式不断固化，各种弊端不断积淀，到勃列日涅夫去世之时，已经是积重难返，苏共也开始走向衰落。

1. 由于取消了干部任期制和轮换制，导致干部队伍老化，党政机构不断膨胀，并形成了一个庞大的"官僚特权阶层"

勃列日涅夫针对赫鲁晓夫时期频繁地、大幅度地更换各级领导干部，导致各级干部极为不满，干部思想极不稳定的状况，采取了稳定干部队伍的方针。他认为对干部更新过程"作出硬性规定""是不正确的"，这使一些还能够继续工作的成熟的、有经验的好干部不得不离开岗位。[1] 认为赫鲁晓夫的那种干部更新办法是"没有道理地调动和更换干部"，使干部"因而缺乏信心，妨碍了他们充分发挥自己的能力，为不负责任现象的产生提供了土壤"[2]。为此，苏共二十三大决定修改党章，取消赫鲁晓

---

[1] 《苏联共产党第二十三次代表大会主要文件汇编》，生活·读书·新知三联书店1978年版，第108—109页。

[2] 同上书，第98页。

夫时期有关更新干部的规定，强调只有"在工作需要或者有必要加强某个部门时才调动干部"①。在勃列日涅夫执政时期，对干部始终采取少撤少调的办法，坚持稳定的方针。整个勃列日涅夫时期，各级领导班子的更新幅度很小，越到高层越是如此，形成一种超稳定结构。

由于取消了干部任期制和更换制度，实行直接的或者是变相的任命制，形成了实际上的领导干部终身制。在苏共中央政治局，赫鲁晓夫下台时的11名苏共中央主席团成员，到1966年的苏共二十三大时继续当选的有7人．苏共二十三大选出的12名政治局委员，在二十四大时全部继续当选。二十四大选出的15名政治局委员，在二十五大时继续当选的有11人。二十五大选出的15名政治局委员，在二十六大时继续当选的有11人。苏共中央委员重新当选率也大大提高。苏共二十三大至苏共二十六大中央委员的更新当选率，比斯大林时期的联共（布）十七大至苏共十九大和赫鲁晓夫时期的苏共二十大、二十二大高得多，与列宁时期的俄共（布）七大至俄共（布）十三大相接近。地方党政干部的变动率也非常低。据统计，在勃列日涅夫时期，苏共州委、边疆区委、共和国党中央一级干部的年更换率大致相当于赫鲁晓夫时期的一半；市委、区委书记和市、区一级苏维埃执委会主席的年更换率为17%—18%（赫鲁晓夫时期为40%）；基层党组织书记每次选举的更换率降到1/4（赫鲁晓夫时期为2/3）。另据报道，在1976年到1981年两届加盟共和国党代会期间，共和国党中央第一书记除死亡和工作调动外，没有撤换一人，两届州党代会期间，156名州委第一书记仅更换了5名。

---

① 《苏联共产党第二十五次代表大会主要文件汇编》，生活·读书·新知三联书店1977年版，第88页。

五 勃列日涅夫时期苏共执政党建设的停滞与党的衰落

领导干部终身制的一个严重后果就是领导干部队伍的老化,"老人政治"、"病夫治国"现象盛行。在勃列日涅夫时期,苏共中央政治局委员的平均年龄,1964年为61岁,1981年苏共二十六大时上升为70.6岁。中央书记处书记的平均年龄,1964年为54.1岁,1981年上升为68岁。部长会议正副主席的平均年龄,1964年为55.1岁,1980年上升为68.1岁,后经改组才降到64.1岁。从苏共二十六大选出的由14人组成的政治局委员的年龄结构看,70岁以上的竟有8人,占57.1%,60—70岁有4名,二者和起来占85.7%,而60岁以下的成员只有2人,仅占14.3%。这14名政治局委员到1985年3月戈尔巴乔夫上任为止的4年多时间里,竟有6人先后老死在岗位上,占43%。勃列日涅夫后期的领导核心成员平均年龄高达75岁,确可称之为"老人集团"。最高领导层的这种高龄结构,在苏联历史上是空前的。干部老化在地方党政领导干部中也不同程度地存在着。例如,州委第一书记的平均年龄1966年为49岁,1971年为51岁,1980年上升为55岁。干部队伍的老化必然体现在整个干部队伍的思想状态上。到勃列日涅夫执政后期,苏共各级干部变得因循守旧,安于现状,脱离群众,无所作为,缺乏改革精神,布尔什维克党最初的理想和信念在许多干部的头脑中日渐淡薄,贪图安逸、追求特权和享乐成为他们追逐权力的目标。

领导干部终身制的另一个后果就是党政机关的膨胀。勃列日涅夫执政时期,为了巩固自己的地位,一方面大批提拔新干部,另一方面又得保证原有干部的地位和职权,于是大批因人而设的岗位应运而生,党政机关日益膨胀。在国家机关,据1982年统计,苏联中央部级单位和部长会议直属机构多达110个,中央级机关人员高达2100万人。在各级管理部门中,正副首长占总人数的31%,有些部门首长与下属的比例达到1:10,通常每个部的副部长设置 10 人以上。从 1965 年至 1982 年勃列日涅夫离开人世，全联盟各部机构和共和国各部机构增加了 5 倍多，达 160 个。有的部的部级官员多如牛毛，以黑色冶金工业部为例，设部长 1 人，第一副部长 3 人（他们之间也有排序），副部长 15 人，总共有正副部长 19 人。机关增多，随之而来的是官员增多。这个时期苏联有干部 1800 万人，其中 1150 万名下层干部。按全国职工的人数平均，每 6—7 个职工有一位顶头上司。据测算，苏联每年仅供养这些官员，国家要拨出 10% 的预算。[1] 党内则不断设置新的与政府重叠的机构，到 70 年代末，党的部级机构达到了 20 个之多，其中大部分是与政府机构重叠的，甚至连机构的名称都一模一样。如农业部、重工业部、国防工业部、化学工业部、机器制造部、食品和轻工业部、建筑部、交通和邮电部、商业和公用事业部等。

庞大的官僚队伍及其亲属，形成了一个"官僚特权阶层"。据《20 世纪俄国史》作者估计，这个阶层人员总数为 50 万—70 万人，加上家属，大约为 300 万人，即占当时全国人口的 1.5%。[2] 这一阶层享有种种特权。有学者把他们享有的特权概括为以下几种：（1）宅第权。从中央到地方各级官员，均有一处或几处别墅，少则花几十万卢布，多则靡费上百万卢布；凡是名胜地、风景区、海滨、避暑胜地，几乎全部被大小官员的别墅所占据。（2）特供权。各级党政机关均有特设的内部商店、餐厅、冷库等供应网络，按照官职大小、地位高低享受特殊供应。手持特供证在特供商店能买到质优价廉的、普通公民只能望洋兴

---

[1] 参见李春隆著《关于勃列日涅夫时期的"官僚特权阶层"问题》，载《东北亚论坛》2003 年 12 月。

[2] 参见刘克明著《论苏联共产党的官僚特权阶层》，载《俄罗斯中亚东欧研究》2003 年第 3 期。

五　勃列日涅夫时期苏共执政党建设的停滞与党的衰落

叹的种种主副食品和其他商品。（3）特教权。在苏联，凡是高级官员的子女，从幼儿园到大学，均有培养他们的专门机构或保送入学的制度。高级军官的儿子则直接送军事院校培养。（4）特继权。官员、特别是高级官员，几乎可以免费为自己的子女，留下豪华住房和别墅，供他们终身享用。（5）特卫权。花在高级领导人身上的费用，达到无法核算的程度。为维持他们的生活、别墅和私人住宅中的服务人员、警卫人员的开销每年开支达数百万卢布，甚至达到几千万卢布。（6）特支权。位居金字塔顶峰的官员，还在国家银行有"敞开户头"，可以不受限制地随意提取款项，即一个不需要信用担保的信用卡。①

有资料表明，"从1965年起，为官员服务的汽车大大增加，建造别墅的规模不断扩大，不再建造朴实的小木屋，而用砖建造设备齐全的两层楼的别墅。高级领导人可以一年四季都住在郊外。眼看着苏联卫生部第四总管理局不断发生变化，修建了许多新的中央专门医疗、疗养院和休养所。工作人员根据自己的职位，有时也凭领导人的赏识可以享受各种特权"②。以居住为例，苏联党和国家精英都有相当不错的别墅，集中在风景优美的地段。莫斯科西郊和西南郊是别墅集中地。勃列日涅夫的别墅周围还有专门为他的妻子、弟弟、女儿建立的别墅，群众戏称这些别墅区为"小地"、"皇村"③。

"官僚特权阶层"还享有多种"特殊收入"。据统计，勃列

---

① 参见季正矩著《腐败与苏共的垮台》，载《当代世界与社会主义》2000年第4期。
② 瓦·博尔金著：《戈尔巴乔夫沉浮录》，中央编译出版社1996年版，第256—257页。
③ 参见黄立茀著《苏联社会阶层与苏联剧变研究》，社会科学文献出版社2006年版，第190页。

日涅夫时期苏联中等收入的工人和职员月工资是 257 卢布，而苏共中央一位部门主任的月工资为 700 卢布。普通劳动者的假期一年是 12—18 天，而中央委员会的假期是 30 天，且不包括路上往返时间。这位部门主任在休假期间照样领取工资，不仅如此，他们还格外发给他所谓用于"治病"的附加工资，即第 13 个月工资 700 卢布。实际上这位部门主任休假期间的一切费用由国家全包，根本不需要个人花销。因此，这一个部门主任实际上比一般人多领 2 个月工资，即 1400 卢布。如果把这两个月的工资平均到其他 11 个月上，这位主任实际月工资约为 800 多卢布。此外，部门主任还领"克里姆林宫餐券"。这是类似"营养食疗"的餐券，上层的官员人人皆有一份，未必只发给疾病患者。名曰为"餐券"，实则是票券，用来领取特殊配给的上等食品。此项每月发 90 卢布，1 年 12 个月约为 1100 卢布。值得注意的是，克里姆林宫的"餐券"是按 1929 年的价目表计算的，价格只是勃列日涅夫时期的 1/4，也就是说，这里 90 卢布相当于勃列日涅夫时期的 300 多卢布。这样，这些官僚们每年仅营养食疗"餐券"一项又多得了 3600 卢布。如按 12 个月平均，则这位官员的实际月工资应为 1100 多卢布。这大约是中等工人和职员工资的 5 倍。当时苏联还有广大的低收入者，如普通的工人和职员、集体农庄庄员、士兵等，月收入不到 150 卢布。这样，苏共中央一个部门主任的收入就是低收入者的 8 倍。不仅如此，如果部门主任再略会一些外语，他还可以领取 10% 的附加工资。那么他的实际工资就更是多得多了。① 80 年代有人推测，如果把法定特权计算在内，苏联一名部长或科学院院长的收入，至少是普通工作人员或

---

① 参见李春隆著《关于勃列日涅夫时期的"官僚特权阶层"问题》，载《东北亚论坛》2003 年 12 月。

五　勃列日涅夫时期苏共执政党建设的停滞与党的衰落　321

体力劳动者工资的 60 倍。①

官僚特权阶层一经形成就会想办法维护自己的既得利益,绝不允许任何人动摇。官僚特权阶层形成了一个封闭的利益圈。圈内圈外的利益差别巨大,直接的后果就是导致了党的官僚阶层与普通民众的距离越来越远,执政党越来越脱离群众,也越来越失去民心。

2. 与特权现象相伴而生的是腐败盛行

在勃列日涅夫执政的后期,苏共党内的腐败发展到了极致。一方面官僚特权阶层充分利用手中的权力为自己及自己的亲友谋取利益,贪污腐败成为官场的常态。勃列日涅夫时期,当了 17 年内务部长的谢洛科夫,利用职权,化公为私,他不但把内务部最大的国家别墅和内务部的迎宾馆据为己有,还在赫尔岑大街 24 号占据了一套很大的公寓。在这两座国家别墅和公寓里,存放着谢洛科夫及其家人的大量私人财物。其中的一个别墅里,光地毯就堆放了七层,而床底下塞着的竟是俄罗斯著名画家的油画。他还把内务部从国外进口的 9 辆豪华车中的 5 辆留给自己,分别给自己的儿子、女儿、儿媳和老婆使用。甚至把在一起重大投机倒把案件中起获的价值达 25 万卢布的赃物据为己有。这种无所顾忌的腐败现象,在勃列日涅夫执政后期的苏联非常普遍。包括勃列日涅夫自己的家人也不例外,其女儿、女婿、儿子都多次卷入了腐败案中,但最终仍逍遥法外。

另一方面,官僚体制之外的人也觊觎体制之内的种种利益,想办法进入官僚体制之内。于是卖官鬻爵也盛行起来,组织部门

---

①　参见王长江著《苏共:一个大党衰落的启示》,河南人民出版社 2002 年版,第 216 页。

出卖官职在勃列涅夫执政时期苏联的8个加盟共和国（高加索的3个，中亚的5个）成为极普遍的现象。不同的官职几乎是明码标价，"贿赂钱数的多少取决于那项职务具有的声望和它所能产生的非法收入的多少。例如：在阿塞拜疆（直到1970—1972年），为了确保能被'选'上区委第一书记的宝座，需要向共和国党中央第一书记或中央行政机关部长交纳15万—20万的贿赂。要获得部长职位的任命需要行贿的钱数从10万卢布（内务部长）到25万卢布（商业部长）不等。要获得区警察局局长的职位需要交5万卢布（这项职务的月薪为150—200卢布）"。一个区检察长的职务价值3万卢布（按1969年价格）；集体农庄主席价值5万卢布；国营农场主席价值8万卢布；社会保障部长的职位价值12万卢布；城市公共事业部长价值15万卢布；商业部长的职位价值25万卢布；大学校长的职位价值20万卢布；阿塞拜疆苏维埃社会主义共和国科学院院士称号价值5万卢布；科研所所长价值4万卢布；剧院院长价值1万—3万卢布。①

庞大的官僚特权阶层形成的既得利益集团，是勃列日涅夫时期党政体制的最大受益者，因而他们根本不愿对这一体制进行任何变革，因为变革意味着对他们的既得利益的调整和侵犯。在当时的苏联社会不是没有人意识到需要改革，即使是在苏共党内也有人意识到苏联党和国家体制中存在的问题，也有人呼吁对传统体制进行改革。但是这种呼声根本得不到苏共领导人的重视。不仅如此，主张改革的思潮成为批判对象，苏共二十四大后，连"改革"这个词汇也不再出现于正面宣传中，舆论宣传口径被规定在"完善"既有体制模式的主题上。强烈的改革呼声实际上

---

① 参见李春隆著《关于勃列日涅夫时期的"官僚特权阶层"问题》，载《东北亚论坛》2003年12月。

代表着苏联社会的民意,在得不到官方任何反应的情况下,呼吁对现有体制进行改革的人逐渐形成了一个被称为"持不同政见者"的体制外群体。这样,体制矛盾不断积累,体制弊端不断沉淀,苏共在经历了勃列日涅夫执政时期之后,已经成为一个百病缠身而又讳疾忌医的"老党"。

3. 党政不分、以党代政的体制弊端进一步恶化

苏共取得执政地位以后,党政关系一直是一个没有解决好的问题。长期以来,党政不分、以党代政是党政体制的严重弊端。而在勃列日涅夫执政时期这一弊端大大发展,并进一步恶化。勃列日涅夫上台之初,一度出现了所谓"三驾马车"的党和国家权力结构,从形式上看党政大权分由不同的机构和不同的领导人执掌,但是真正的权力中心还是苏共中央政治局。随着勃列日涅夫的权力不断巩固,他也开始大权独揽,"三驾马车"的权力格局被打破。到1977年底,勃列日涅夫以苏共中央总书记的身份兼任苏维埃主席团主席和国防委员会主席,已独揽苏联的党、政、军大权。苏共中央的其他领导人也有很多是身兼党和国家多个重要职位。党的组织机构设置也表现出以党代政、党政不分的特点。苏共中央机关的设置与政府部门机关相应的部门比过去更多。到20世纪70年代末,苏共中央共设置了25个职能部,与政府各部相对应,对政府部门进行具体领导。在各加盟共和国的党中央委员会和地方党委,也出现了党的领导人身兼党政多职、党的机构设置与政府机构设置雷同的情况。在这种情况下,党的各级领导机关事无巨细,都对苏维埃机关发号施令,形成了党的机关决策,政府部门执行的政治运行模式,大大削弱了苏维埃和政府部门的决策、领导作用。而勃列日涅夫本人还把这种情况看做理所当然。在1977年5月苏共中央全会决定由他兼任苏维埃主席团主席时,

他就说:"这绝非是一种徒具形式的行动","这首先是共产党领导作用不断提高的表现","苏共作为执政党……在我们的日常工作中,中央政治局许多成员直接处理国家的内政外交事务"①。

4. 个人集权加强,党内民主缺失

勃列日涅夫上台以后为了巩固自己的权力,采取了多项组织措施:一是在苏共二十三大上,将苏共中央主席团更名为政治局,将中央第一书记更名为中央总书记,恢复了斯大林时期总书记这一至高无上的称谓。同时在党章中规定,总书记由中央委员会选出,按照权力授受逻辑,也就决定了只有中央委员会才有权罢免总书记,这无疑增强了总书记这一职务的安全性。二是恢复了斯大林时期的"内务办公室",并提高其地位和级别。在勃列日涅夫时期,"内务办公室"的主任是苏共中央书记兼政治局委员的契尔年科,其他成员除一人外,都是中央委员、中央候补委员或者是中央检察委员会委员,这已经超过了斯大林时期。这样,中央各部门做出的有待于中央政治局批准的一切重大问题都必须经过"内务办公室",并需征得它的同意,也就是说,勃列日涅夫通过这一办公室,实际上控制了中央各部门的权力。而到1977年,勃列日涅夫彻底打破"三驾马车"的领导格局,独揽党、政、军大权,苏联党和国家的权力更加向总书记个人集中。有不少资料表明,1979年出兵阿富汗这样的重大事件,也是由勃列日涅夫、乌斯季诺夫、葛罗米柯和安德罗波夫4人商量后作出决定的,足见勃列日涅夫时期的个人专权的程度。阿·阿夫托尔哈诺夫在《勃列日涅夫的力量和弱点》一书中,认为苏共党

---

① 转引自陆南泉、姜长斌、徐葵、李静杰主编《苏联兴亡史论》,人民出版社2002年版,第595页。

五 勃列日涅夫时期苏共执政党建设的停滞与党的衰落

内有"党",就像俄罗斯的一种抱娃娃的玩偶,党的机构从下到上一个套一个。第一层是"大党",也就是大约1600万名党员和候补党员;第二个党套在第一个党内,是各级党委员会的400万委员;在里面是大约40万名专职党的干部;最后核心是"上层精英",从区委会到苏共中央的大约3万名党的书记。这些"党"各自根据职务大小来分享这个国家的权力,"党"的人数越少,权力就越大。1600万名党员是没有实权的,真正在苏联掌权的是3万名书记。并引用卡尔·拉捷克的评价:"在苏联搞的不是无产阶级专政,而是书记专政!"[①]

在勃列日涅夫时期,形式上党的代表大会都按期正常举行。勃列日涅夫在任期间,苏共先后召开了党的二十三大、二十四大、二十五大、二十六大4次党的代表大会,都是按照党章的规定按期召开的,而且每一次党的代表大会都会对国民经济的五年计划和其他内政外交重大政策问题进行讨论和审议。但是越到勃列日涅夫执政的后期,党的代表大会越流于形式,对国家大政方针的真正讨论审议越来越少。首先,党的代表大会越来越变成了苏联上层人物的代表大会,是享有特权的"新阶级"的代表大会。比如苏共第二十五次代表大会的4998名代表中,党的官僚有1807人,包括1114名区党委到中央党的书记,693名在苏维埃、工会和共青团工作的党员干部;技术政治专家1703人,是从部长到工业部门的领导人中选出;农业职员和专家887人,多是国营农场场长、集体农庄主席和畜牧场场长;元帅、将军和其他高级军官314人;科学、文化、教育和卫生界代表272人。其次,在代表大会上,代表们的发言绝大多数都是表态性的,除了表示

[①] 参见阿·阿夫托尔哈诺夫著《勃列日涅夫的力量和弱点》,新华出版社1981年版,第77页。

对中央的工作及方针的拥护外，就是对中央领导大唱赞歌，极尽吹捧之能事。沃尔科戈诺夫在他所著的《七个领袖》一书中描述道，政治局讨论问题的程式，如由谁发言，如何发言等，事先都由党中央机关秘书班子作好仔细安排。他本人曾为国防部长格列奇科、乌斯季诺夫多次写过在政治局会议上用的讲话稿。令人难以想象的是，政治局委员们事实上经常不是进行讨论，而是相互念自己的助手们为他们写好的 2—3 页讲稿。大家总是表现出"英雄所见略同"，照例不会发表同事先由起草班子起草的决议草案有多少出入的意见。① 勃列日涅夫时期的《真理报》主编维·戈·阿法纳西耶夫对此也有过细致的描述。他说，苏共中央向例行党代表大会所作的总结报告，其起草的方式、方法和顺序早就定型了。报告有一个相当标准的公式：

    开头——分析国际事件、潮流，即当时我们常说的"世界革命过程"。这里用的词句是："资本主义总危机"，资本主义"腐朽"，工人运动和民族解放运动的成就，变成"现时代决定性力量"的世界社会主义体系的胜利，等等。
    第二部分——关于我国内部事务、关于我国经济、社会关系和精神生活。关于巨大成绩和"个别"缺点。在这一部分里，"我极力写进有关科学技术进步、关于社会发展集约化、关于科学管理"，等等。
    第三部分——关于党、党的状况、工作中的成绩和缺点、党"坚如磐石"的团结和它与人民的团结、关于意识

---

① 沃尔科戈诺夫著《七个领袖》，第 2 册，俄文版，第 27 页；转引自徐葵著《勃列日涅夫年代：苏联走向衰亡的关键性转折时期》，载《东欧中亚研究》1998 年第 1 期。

形态工作、教育。①

至于谈到党,那更是清一色的颂扬、保证、许诺。②

党中央全会的情况与党的代表大会的情况差不多。据统计,从1964年11月到1981年2月,苏共中央召开了44次全会,其中仅1966年一年就召开了6次。但是中央全会经常是仓促召开,发言也是由中央领导人组织好的,许多中央委员很少参加实质性的讨论,更不会对政治局的工作提出具体的批评建议。在沃尔科戈诺夫提供的一份苏共中央政治局的档案材料里描述道:苏共中央政治局每年年底或年初都要回顾一下前一年的工作。1980年1月3日的那次政治局会议,勃列日涅夫主持开会后,让契尔年科回顾总结政治局一年的工作。于是契尔年科完全报账似的报告说,过去一年中政治局召开了47次会议,研究了450个问题,通过了4000个决议,其中有关组织和党务工作的14个、意识形态工作的46个、军事和防务工作的227个、工交基建的159个、外交和内贸的1845个、经济计划的11个、干部问题的330个、政府颁奖问题的927个。中央书记处共举行了51次会议,通过了1327个决议。他在报告中特别强调:"去年各次中央全会都是在完全一致的气氛中举行的。"接着,安德罗波夫发言说:"这个结论完全正确,各次全会确实是在完全一致的气氛中开的。"佩尔谢说:"决议也都是一致通过的。"当契尔年科讲到书记处工作时,苏斯洛夫和安德罗波夫插话说:"不光是政治局,书记

---

① [俄]维·戈·阿法纳西耶夫著:《〈真理报〉总编辑沉浮录》,东方出版社1993年版,第92—93页。

② 同上书,第94页。

处会议也是在完全一致的情况下举行的。"① 维·戈·阿法纳西耶夫描述说：在勃列日涅夫时期是政治局做决策，不过这些都是形式上的，它起的作用不外乎在已经做出的决策上盖上一个图章而已。政治局会议（我曾应邀参加过其中许多次）持续的时间不超过两小时。政治局委员和苏共中央书记们预先收到文件、决议的草稿。会上，有些政治局委员发表意见，多数都是赞成，提出修改意见的地方都是小小不然的，有的则纯属措词对错方面的，决议往往都是一致通过。不曾发生过辩论、争论（起码我出席的那些会议是这样），更不要说有什么严重分歧和矛盾了。总是完全同意，一致通过。②

　　党内的选举也流于形式。各级党组织的选举都是等额的，候选人都由上级组织圈定。从勃列日涅夫时期著名的"持不同政见者"麦德韦杰夫对当时的所谓选举的描述可见一斑。他说："党的区委员会的选举实质上早已是形式主义的、不民主的行动。在基层党组织的总结选举工作会议上，一般是普通党员详尽地讨论所提出的支委会候选人，而在选举苏共区委会的时候，情况就不是这样。众所周知，这样的选举在党的区代表会议上两年进行一次。这种会议不会用民主的方法提出候选人。代表大会的一个代表宣读一份区委机关早已准备好的、上届区委员会和苏共市委机关赞同了的区委会成员的长名单。通常，另一个代表接着宣读党的市委代表会议的代表候选人名单。按莫斯科区的范围，这两份名单包括 150 个人名，在其他城市和农业区中则有 100 个人名。尽管代表会议的普通代表对这些候选人中的绝大多数人并

---

　　① 参见陈之骅、吴恩远、马龙闪主编《苏联兴亡史纲》，中国社会科学出版社 2004 年版，第 492 页。
　　② [俄] 维·戈·阿法纳西耶夫：《〈真理报〉总编辑沉浮录》，东方出版社 1993 年版，第 87 页。

五　勃列日涅夫时期苏共执政党建设的停滞与党的衰落　329

不了解，但谁也不对所提出的候选人作介绍，不对他们进行任何讨论，如果考虑到名单是如此之长，即便进行讨论也是不可能的。秘密投票的名单确定之后，代表会议的每一个代表都得到预先铅印好的区委会和市代表会议候选人名单。代表会议代表匆忙浏览一下这两个名单之后，就把它们投进投票箱。从与区代表会议的参加者的谈话中，我们了解到，莫斯科最近十年来，无论在哪一次党的区代表会议上，从来没有人对预先准备好的区委员会候选人名单做过增补或者把某个候选人从这个名单中除去。"①"在党的市和州代表会议上选举市委会和州委会以及在党代表大会上选举代表，也同样是走过场。我们从来没有碰到过州委机关或中央机关提名的党的代表大会代表的某个候选人落选的事。"②也就是说所谓选举完全是变相的任命。

　　党内特别是党的领导干部也容不下不同意见，更不会接受对自己的批评。对于党内与领导不同的意见或者是对领导的批评，轻则不予理睬，重则受到打击。南乌拉尔铁路局车里雅宾斯克分局的高级工程师 И. 波波夫就因为在一次贯彻苏共党的二十五大精神的集会上，批评"勃列日涅夫在代表大会上所作的工作报告缺乏足够的批评精神"，并认为"用不着赞美他和颂扬他的功绩"，因为这是"个人崇拜"，结果被开除了党籍。勃列日涅夫时期形成的"持不同政见者"，并不都是反动的，其中很多人只是对高度集权的政治体制和高度集中的经济体制和现行政策不满，希望进行改革，从性质上来看，基本上属于党内的不同意见。他们最终走向反对现行体制和制度，很大程度上是因为他们

---

　　① 《苏联持不同政见者论文选译》，外文出版局《编译参考》编辑部1980年版，第72页。
　　② 同上书，第72—73页。

的意见和呼声得不到当政者的回应。

5. 个人崇拜再度兴起

民主的缺失、个人集权必然产生个人迷信。当勃列日涅夫独揽苏联党政军大权后，对他的个人崇拜骤然升温，而且勃列日涅夫本人也乐意别人对自己不着边际的吹捧，甚至自己也不忘自我吹捧，1976年他给自己授予苏联元帅军衔，此后还给自己授予苏联英雄和金星勋章。到后来他对给自己授予各类勋章和奖章乐此不疲，自己总是在公开场合胸前挂满各类奖章和勋章。据统计，勃列日涅夫执政期间，他总共获得了包括列宁勋章、苏联英雄勋章等在内的各类勋章达200多枚。很多勋章是在他的暗示下授予的。在他死后的送葬行列中，为他捧各种勋章和奖章的军官竟达44人之多。1976年以庆祝勃列日涅夫70诞辰为标志，对他的个人迷信达到了高潮，苏共中央书记处还专门作出了《关于勃列日涅夫70寿辰庆祝活动决议》，对庆祝活动作了详细安排。①《真理报》则连续7天开辟专栏，对勃列日涅夫极尽吹捧之能事，"全民演出了一出荒诞的戏"②。在1981年苏共二十六大上，勃列日涅夫的工作报告曾被"78次掌声、40次长时间的掌声和8次暴风雨般的掌声打断"，其"盛况"甚至超过了斯大林时期。③

到勃列日涅夫执政后期，苏共已经面临着很多危机，可怕的

---

① 参见叶书宗主编《苏联历史档案选编》第30卷，社会科学文献出版社2002年版，第364—366页。

② 转引自陆南泉、姜长斌、徐葵、李静杰主编《苏联兴亡史论》，人民出版社2002年版，第599页。

③ 转引自陈之骅、吴恩远、马龙闪主编《苏共兴亡史纲》，中国社会科学出版社2004年版，第491页。

是党内对这些危机视而不见，越往党的高层，越是想办法维持这种状况。结果是执政党越来越失去人民的信任，面临着执政的合法性危机。

（三）勃列日涅夫去世以后过渡时期苏共的执政党建设

1982年11月10日，勃列日涅夫死于总书记的任上。此后，从1982年11月到1985年3月，经历了安德罗波夫和契尔年科短暂执政时期，可以把这一时期看作是一个过渡时期。安德罗波夫就任总书记以后，尝试对日益僵化的体制进行改革，但是，他任总书记不到15个月，就于1984年2月去世，所以改革并没有铺开，不过安德罗波夫的改革尝试还是为后人所肯定。罗伊·麦德维杰夫把安德罗波夫执政的时段，称之为苏联历史上"非常重要而富有启迪意义的治理时期"[①]。在执政党建设方面，安德罗波夫就任总书记之后的改革措施主要有以下几个方面：

1. 重新认识苏联社会主义发展阶段

安德罗波夫就任总书记以后，从苏联的实际情况出发，批评苏共纲领的一些内容脱离现实，超越了时代的发展，强调"谨防在理解我国接近共产主义最高阶段的程度方面可能出现的夸张"。他在《马克思学说与苏联社会主义建设若干问题》一文中认为，"在20世纪的最后近十年中，党和人民面临着大规模的任务。总的说，把这些任务归纳起来，可称之为完善发达社会主

---

① 罗伊·麦德维杰夫著：《人们所不知道的安德罗波夫——前苏共中央总书记尤里·安德罗波夫的政治传记》，新华出版社2001年版，第428页。

义，并随之逐步过渡到共产主义。我国处于这一长期历史阶段的起点"。而且认为："这个阶段有自己发展的各个时期和步骤。"① 认为"盲目冒进，意味着提出实现不了的任务"。② 这是对苏联社会主义发展阶段的新认识，是对勃列日涅夫关于苏联已建成发达社会主义论断的重要修正。他还认为，在这一阶段苏联社会虽然不存在对抗性的矛盾，但是并不能否认非对抗性矛盾的存在。他认为必须加强对苏联社会各种矛盾的研究，重视各种非对抗性矛盾，否则非对抗性矛盾"可能演变成严重的冲突"。并提出要正确利用社会主义社会的矛盾，把它作为社会主义发展的源泉和动力，即"正确利用社会主义发展的源泉和动力"③。在社会主义社会，由私有制转变为公有制不是一件容易的事。在苏联，社会主义国公有制还不是完善的，但要有一个完善过程。他认为："所有制的变革绝不会是一次性的行动"。所有制的转变不能自动清除千百年来在人类共同生活中淤积下来的全部不良特征。人民取得主人的权利同真正成为主人远不是一回事，人民还需要长期熟悉作为整个财富最高的和唯一的所有者的新地位，这"是一个长期的、多方面的，不应该简单化的过程"④。他认为在将来，集体农庄不必机械地变为国营农场，而是可能通过别的一些途径，像农工一体化，发展跨农庄和农场联合公司等方式经营。在政治上，安德罗波夫认为这一阶段不要把苏联的政治体制

---

① 沈志华、于沛等编著：《苏联共产党九十三年》，当代中国出版社1993年版，第848页。

② 参见《安德罗波夫时期的苏联经济问题》，载《苏联东欧问题》1984年第4期，第29页。

③ 转引自邢广程著《苏联高层决策70年——从列宁到戈尔巴乔夫》（第四分册），世界知识出版社1998年版，第347页。

④ 参见刘克明、金挥主编《苏联政治经济体制七十年》，中国社会科学出版社1990年版，第643页。

五　勃列日涅夫时期苏共执政党建设的停滞与党的衰落　333

"理想化"。他认为，"苏维埃的民主制度过去有，现在有，而且必须估计到将来仍然会有发展中的困难"，这主要是官僚主义和形式主义。因此，他提出要向使人民民主流于形式的做法"真正宣战"，必须大力发展社会主义人民自治。①

2. 整顿纪律，打击腐败

面对勃列日涅夫去世以后党内纪律松弛、欺上瞒下、互相包庇、官僚主义、弄虚作假、滥用职权、贪污受贿、腐化堕落现象泛滥的严重局面，安德罗波夫执政后决定将整顿纪律、改变党风作为打开工作局面的突破口。他认为："没有必要的劳动纪律、计划纪律和国家纪律，我们就无法迅速前进，整顿纪律确实不需要任何投资而效果将是巨大的"②。于是在他主持下，苏联开始大刀阔斧地整顿纪律。1983年1月，苏联部长会议通过了《关于整顿从事居民服务工作的企业、单位和机构的工作制度》。8月6日，苏共中央、部长会议和全苏工会中央理事会通过了《关于进一步做好加强社会主义劳动纪律方面的工作的决议》和《关于加强劳动纪律的补充措施》，用法律手段保证劳动纪律的遵守。此外，苏联政府还把企业不按合同完成供货任务列为严重违反计划纪律和国家纪律的行为，对其领导人实行经济处罚。最高苏维埃还修改和补充了8个法律条文，以强化社会治安。

与此同时，安德罗波夫还开始了被勃列日涅夫中断多年的干部队伍整顿，对各级领导干部的官僚主义和违法乱纪活动进行严肃处理。许多不称职的党的政治经济工作者被开除，包括同勃列

---

① 参见邢广程著《苏联高层决策70年——从列宁到戈尔巴乔夫》（第四分册），世界知识出版社1998年版，第348页。
② 沈志华、于沛等编著：《苏联共产党九十三年》，当代中国出版社1993年版，第846页。

日涅夫关系密切并深受其重用的内务部长谢洛科夫,因牵涉贪污受贿案而被撤职,并被开除出中央委员会。据统计,到1983年底,苏共中央撤换了近20%的州委第一书记,22%的部长会议成员,以及中央机关的一大批高级领导干部。① 从1982年底到1983年底,中央部长和州党委第一书记就撤换了70多人。② 少数情节严重者被开除出党籍,有的受到法律制裁,重大案件还在报纸上公开加以披露。

3. 加强和改善意识形态工作和政治教育工作

针对勃列日涅夫时期在意识形态工作和思想政治教育工作方面一味采取行政干预的手段,形式化严重,教育的形式和方式严重脱离实际的状况,安德罗波夫上台以后,于1983年6月专门召开中央全会,研究苏共的意识形态工作和思想政治教育工作。在这次中央全会上,安德罗波夫作了专门发言,阐述苏共在意识形态工作中的主要任务。主要包括:(1)必须把整个意识形态工作、教育工作、宣传工作提高到适应党在完善发达社会主义过程中正在解决的那些重大而复杂的任务的水平。并且认为,尽管需要解决的经济问题、组织问题和其他别的问题十分重要,但是意识形态工作必须越来越被提到首位。(2)必须更加正确地、更加积极地、创造性地运用苏共拥有的教育和培养手段,特别要考虑到苏联人民已经大大提高了的教育和需求水平。(3)各级党委会都应当拥有一批受过专门训练的干部,有能力妥善地组织对各种居民集体的意识形态工作,并对这项工作负责。(4)应

---

① 数据来源参见陈之骅、吴恩远、马龙闪主编《苏共兴亡史纲》,中国社会科学出版社2004年版,第614页。

② 参见周尚文主编《新编苏联史1917—1985》,上海人民出版社1990年版,第670页。

五　勃列日涅夫时期苏共执政党建设的停滞与党的衰落

当保证社会科学，首先是经济科学领域中的思想理论工作以及我们的科学机构和每个科学家的工作达到新的、更高的水平。必须坚决地转到解决生活向我们社会提出的现实而实际的任务方面来。(5)通过肃清形式主义，消除机械地、脱离生活实际地背诵（或照本宣科）某些普遍原理的方法，使政治教育和群众性政治学习的作风发挥巨大的作用。(6)在整个教育和宣传工作中，应当始终考虑人类正在经历的这个历史时期的特点。①

安德罗波夫还指出，党的现行纲领中的某些论点"应当直言不讳地说，没有完全经受住时间的检验，因为里面有些内容脱离现实，超越了时间的发展，写的琐碎而缺乏根据。况且，20年来，无论在苏联社会生活中，在其他社会主义国家的生活中，还是在整个世界发展中，理所当然地出现了许多重要的变化"②。

6月全会以后，苏共中央政治局委员契尔年科又多次发表文章，强调意识形态工作的重要性，强调意识形态工作是共产主义建设不可分割的组成部分，认为"改进意识形态工作与解决我国社会经济发展和社会政治发展的迫切问题，与加强社会主义生活方式的基础是辩证地互相联系在一起的"。并提出了苏共意识形态工作的一些原则和方法，如把意识形态工作看作一个整体，加强思想政治教育工作改革环节各方面的密切配合，根除大吹大擂、装潢门面和文牍主义风气，发展创造性原则等。③

---

① 参见沈志华、于沛等编著《苏联共产党九十三年》，当代中国出版社1993年版，第851—852页。
② 同上书，第852页。
③ 同上书，第855、857页。

4. 调整和整顿领导班子，为进一步推行改革做干部组织方面的准备

安德罗波夫就任苏共中央总书记以后，一方面将一大批贪污腐化、不称职的领导干部清除出苏共中央，另一方面则起用和提拔一批锐意改革的年轻干部。安德罗波夫要求，应当让那些政治上成熟、业务上内行、有主动精神并具备组织能力和对新事物敏感的人们处在关键性的岗位上，而且这些人必须年轻，以改变苏共中央干部严重老化、一潭死水、机构臃肿的状况。在其执政的不足 15 个月时间里，安德罗波夫先后起用和提拔了戈尔巴乔夫、利加乔夫、雷日科夫、阿利耶夫、沃罗特尼科夫等一大批新人，为进一步改革作组织上、干部上的准备。

安德罗波夫一上台就开始摸索改革的道路，但是历史给他的时间太短，因而改革不可能全面展开，而"党的建设，作为整个体制中最核心、最深层的问题，安德罗波夫的改革触角远远没有、也不可能探到它的症结所在"①。因此尽管做出了一些努力，但不可能有太大的改观。

1984 年 2 月 9 日，安德罗波夫去世，73 岁的契尔年科接任苏共总书记。此时的契尔年科已经老态龙钟、疾病缠身，力不能支。而且他又是旧体制的积极维护者，根本没有改革的念头，所以安德罗波夫在任时开始的改革步伐明显慢了下来。13 个月后，契尔年科去世。1985 年，戈尔巴乔夫上台，开始了大规模的改革，但改革很快变为改向，最终使苏共走向灭亡，苏联走向了解体。

---

① 王长江著：《苏共：一个大党衰落的启示》，河南人民出版社 2002 年版，第 225 页。

六
苏共的"根本革新"与毁灭

（一）苏共从改革到"根本革新"的演变：戈尔巴乔夫的理论与实践

1. 戈尔巴乔夫上台的背景

任何思想和理论都是时代的产物，或者是对时代的回应，政治领袖的执政理念也不例外。国家领导人上台之初面临的社会环境是对历史的被动继承，只能在此基础上施行自己的执政纲领，这一切不是他能够改变的。因此，理解戈尔巴乔夫的思想和行为，需要对他上任初期的社会发展状况有一个整体把握。

首先，是国际背景的变化。

戈尔巴乔夫所谓"改革新思维"是从解决国际问题开始的。他在1986年1月15日的一次声明中提出，人类正处于一个新纪元的重要阶段，应当摒弃"石器时代思维"，"要采取新的大胆的态度，进行新的政治思维"。这是戈尔巴乔夫第一次明确提出"新的政治思维"的概念。[①] 这种说法也为他赢得了国际声誉。实际上，从80年代开始，苏联的外部环境已经不太乐观。主要

[①] 沈志华等编著：《苏联共产党历史》，当代中国出版社1993年版，第885页

是在"输出革命"与资本主义进行"总决战"的旗号下与美国的竞赛越来越力不从心,"冷战"战略不仅让自己拖入旷日持久的军备竞赛,而且加剧了世界局势的紧张,遭到了绝大多数国家的反对。特别是1979年出兵阿富汗,更是引起全世界的不满,四处插手和圈定势力范围,使苏联耗费了大量财力和物力,国民经济不堪重负。苏联在整个世界日益显得孤立。形势的发展要求苏联做出政策调整,走出在国际社会中的被动困境。

其次,是面临着国内的困局。

戈尔巴乔夫上台时,苏联的国势发展开始下降(见图1)。从图1中可以直观、粗线条的描述这一趋势。A、B、C曲线分别代表苏联的文化、经济、政治等几个方面,它们不处于同一水平线上,因为苏联社会主义社会并没有整体协调发展。就发展程度而言,经济成就最大,在斯大林时期就完成了从"木犁到核武器"的转变。[1] 而后的赫鲁晓夫虽然没有继续保持斯大林时代经济的高增长,但是经过改革和努力,经济依然保持了较高的发展速度,1951—1960年之间苏联工业总产值年均增长率保持在12%左右(虽然前5年和后5年的增长速度有明显差异)。[2] 勃列日涅夫时期只是在第一个五年计划取得一定成就,也就是1965年推行"新经济体制",力图通过改革来扭转当时已经出现的经济增长速度下降的趋势,但是最终没有止住这种下滑势头。在整个勃列日涅夫时期,经济基本陷入停顿和衰退,苏联经济发展的转折点应该是在这个时期,改革似乎只是最后的挣扎,从此

---

[1] 关于斯大林时期经济建设成就的描述具体可参见程又中著《苏联模式的兴衰》,湖北人民出版社2000年版,第315—319页。

[2] 详细数据可以参见陆南泉等著《苏联兴亡史论》,人民出版社2002年版,第561—562页;江流、陈之骅主编《苏联演变的历史思考》,中国社会科学出版社1994年版,第94页

苏联经济就急转直下，再也没有出现回暖势头。到1982年，苏联工业总产值的年增长率只有2.8%。

苏联文化的成就要远逊于经济业绩，从来没有出现过像经济发展速度高于资本主义国家的现象，也没有出现像资本主义制度萌芽形成时期曾经出现的文化高峰，出现的只是代表资本主义文化特征的各类思潮。代表社会主义新事物、新高度的文化发展没有出现，至少也只是从一个侧面表现出苏联社会主义发展的某些缺陷。尽管斯大林后期已经出现文学等领域的"标准化"、教条化倾向，对资本主义文化全盘否定，但是就整个时期来说还是创造了不少可圈可点的成绩。文化领域的这种状况虽然对社会主义事业有一定负面影响，但是还没有危及社会主义苏联发展的根本问题。在赫鲁晓夫时期开始对斯大林的批判出现的"历史虚无主义"，对苏联以后的发展造成了重大影响。这是苏联意识形态的重要拐点，从那时起开始全面否定斯大林，否定那个时期一切作为，进而否定列宁和"十月革命"，否定社会主义，整个苏联历史被颠倒了，而且把苏联在斯大林时期的问题和错误都归罪到斯大林一个人头上，没有实事求是地讨论造成斯大林问题的原因，关闭了科学研究斯大林以及苏联问题的大门。其实，反思历史最重要的是从历史事件中吸取一些经验教训，而不是简单地肯定一个人或者否定一个人。苏共党内这种简单否定历史、否定党的领导人的做法，在后来的领导人中并没有引起警觉，更没有谁去系统地纠正苏联存在的这些问题。因此，我们可以看到，在下图中，A曲线总体运行高度要比B曲线低。

苏联政治是最为人诟病、引人争论的话题。从斯大林确立高度集权的政治体制开始，苏联政治一直没有明显变化。当戈尔巴乔夫上台时，面临的政治体制、政治意识等与30年代成型的体制模式相比并没有两样。政治发展在苏联社会中显得最为缓慢。

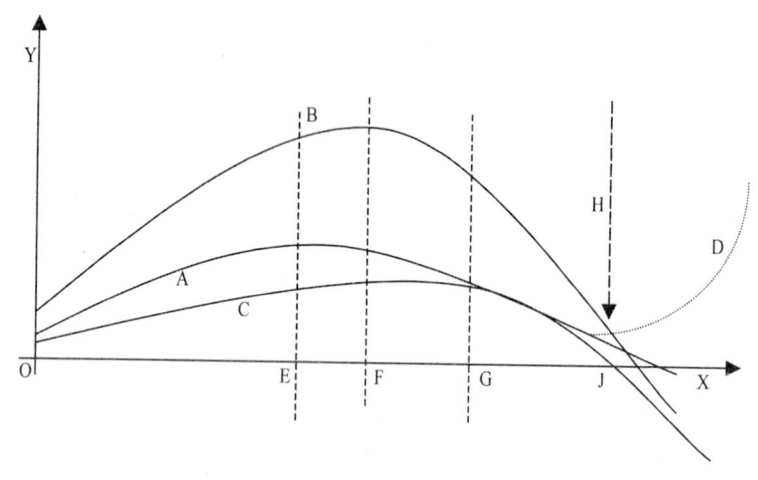

图　20世纪80年代初苏联国势图

图注：

X轴：苏联发展过程　Y轴：苏联发展状况

A——苏联文化　B——苏联经济　C——苏联政治

D——苏联社会可能的健康走势　E——赫鲁晓夫时代

F——勃列日涅夫时代　G——安德罗波夫等人的过渡期

H——破坏性合力　J——戈尔巴乔夫时代

戈尔巴乔夫认为："在俄罗斯有的是有能力的人，只要给他们权利和自由，他们就可以做很多事情，但党的指令和指示的僵硬与狭窄的框子，行政命令体制的各种规则，使他们无法发挥作用。在个人迷信和集权主义条件下的几十年的生活，不能不使人变得委靡不振，对一切都淡漠起来，失去主动性，使社会丧失它的活力。"① 他一直认为进行改革的最大阻力是一个"номенкл-

---

① 戈尔巴乔夫著：《对过去和未来的思考》，新华出版社2002年版，第40页。

атура"① 阶层，是他们破坏了他的改革事业。苏联总理尼·雷日科夫和苏共中央书记博尔金也都对这样的干部制度和这种制度产生的干部提出了批评。这种政治遗产是戈尔巴乔夫上台之初必须面对的现实，不接受也得接受。从安德罗波夫到契尔年科短短几个月，经历了几个最高领导人的更迭，而且都是年迈多病，这本身就说明这种干部制度的致命缺陷，也是苏联政治即将发生变化的征兆。任何改革措施都是依赖一定的官僚体系贯彻实施的，如何提高官僚体系的工作效率，是戈尔巴乔夫面临的一个巨大难题。而且改进官僚体系的效能，绝不是短时间就能奏效的。这也是导致后来国家发生剧变时政治体系失去起码应变能力的重要原因。戈尔巴乔夫自己也多次指责官僚体系导致他改革的失败，因此，在图1中，C曲线的运行轨迹高度最低。

从图1G点开始进入戈尔巴乔夫执政时期，虽然说整个社会的趋势向下，让人感觉社会危机的存在，但是社会运行依然在O轴上，总体仍然是健康的。如果政治家能运筹帷幄，审时度势，能够出台有利于社会健康成长的政策，及时合理的推进改革，扭转社会形势下滑的走向应当是可期的。苏联仍然有机会走出D虚线的走势，这样也符合社会历史呈波浪式、否定之否定发展的规律，也就是社会发展进入低谷时期，应该有积极的力量推动历史巨轮走出低潮，体现历史的连续性。但是苏联在J点，也就是处在历史道路十字路口的时候，也是政治、经济、文化发展都处在接近O轴，而且接近黏合，通常称为历史拐点重合的时刻，一股破坏性力量推动苏联向下突破，导致苏联解体，相关的国家发

---

① 这个词语在俄语中原意指的是职务系列，意思是指上级任命的干部，参见李永全著《前苏联决策机制与干部制度的形成和影响》，见荣敬本主编《政党比较研究资料》，中央编译出版社2002年版，第131页。

展将在相当长时间里面运行在 0 轴以下，社会发展呈现一种病态。这股破坏性力量是来自戈尔巴乔夫、叶利钦的个人力量和西方发达国家的破坏，它们合力把苏联推向了深渊。从对戈尔巴乔夫执政的线条式描述，可以看到这种发展的渐进性，只是这是一种失败的渐进性，而不是成功的渐进性。

2. 戈尔巴乔夫执政理念评述

苏共和戈尔巴乔夫演变的渐进性应该从社会历史发展中找寻其轨迹。脱离社会历史现实环境很难正确理解苏共的变化。尤其不能简单地用我国政治经济发展的经验去验证苏共的教训。这不符合历史唯物主义的客观规律。

由于苏联政治体制的特点，苏共发展和演变的历史很大程度上就是共产党领袖发展演变的历史。戈尔巴乔夫历来以改革派著称，他的不断晋升也是他在局部范围改革获得成效的结果。[①] 在安德罗波夫时期，他积极参与了改革政策的制定和实施。"1983—1984 年当戈尔巴乔夫还是苏联第二、三把手时，他的文章和讲话使人们对他的改革概念有了初步了解。'改革'一词首次出现在 1984 年 3 月戈尔巴乔夫在全苏农工综合体经济会议上的一次讲话中"[②]。面对国家发展的颓势，戈尔巴乔夫意识到苏联不改革是没有出路的。他接手苏共总书记伊始，1985 年 4 月在巡视西伯利亚和远东地区时，就开始大力提倡改革的口号。从此，揭开了戈尔巴乔夫的改革序幕。可以看到戈尔巴乔夫的政治生命和改革是息息相关的，改革是戈尔巴乔夫的执政主线。改革

[①] 参见俞可平著《新思维与大改革》，陕西人民出版社 1988 年版，第 21 页。
[②] ［美］符拉迪米尔·毛著：《苏联由改革走向崩溃》，载《今日东欧中亚》1997 年第 2 期，第 56 页。

造就了他，而不当的改革毁了他自己和苏共。

戈尔巴乔夫的改革理论一直是苏共行动的重要指导思想，其理论的变迁左右了苏共发展的命运。概括其改革理论的主要特征就是所谓的"新思维"，这个新思维是否是真的"新"，"新"的意义何在？是需要认真考察的。而且对"新"的程度、参照系也在不断变化。这种不断变化的"新思维"，正是反映了戈氏对苏联改革的无所适从，对改革的长期性和艰巨性缺乏深刻的理解，不明晰改革的目标和方法。人们通常把这种变化分为两个阶段：第一阶段是传统社会主义范畴内的以经济体制改革为主的改革；第二阶段是以资本主义为方向的政治体制改革为主的改革。这种分法是相对的，因为在第一阶段中也有政治体制改革，第二阶段中虽然以政治体制改革为主，但是同时还是在进行经济体制改革，不过主线是比较清楚的。

第一阶段的主要是以"完善传统社会主义"为目标推进改革。[①]

主要是指 1985—1988 年这段时间。戈尔巴乔夫刚刚执掌最高权力后提出的 3 点行动方案中比较具体的措施之一就是"继续贯彻执行加速国家科技进步、优先发展对一切生产领域进行技术改造的基础——机器制造业的方针"，这在 1985 年 4 月 23 日在莫斯科举行的戈尔巴乔夫上任后召开的第一次苏共中央全会上得到完全体现。他在会上作的《关于召开苏共第二十七次代表大会及有关筹备和举行代表大会的任务》的报告中，明确指出

[①] 很多文章、书籍都把这个阶段概括为"完善社会主义"的改革，但是这种说法不足以说明我国社会主义改革和苏联改革的区别，因为与苏联显著不同的我国社会主义的改革也应该是"完善社会主义"的改革，而且即使是商品经济仍然要纳入社会主义体制当中，这一点直到提出"500 天计划"之前都没有太多变化。因此，为表示区别称其为"完善传统社会主义"的改革更符合逻辑。

解决苏联自70年代末期以来出现的全面停滞趋势的办法就是经济集约化和加速科技进步，也就是"加速发展战略"，这一切都是在传统社会主义的范围内开展的，或者说是在计划经济体制的条件下推行。主管意识形态工作的利加乔夫在6月28日的一次讲话中明确表示，苏共中央加快科技进步和经济改革将在科学社会主义范畴内进行，丝毫不会向"市场经济"和私人经营方向发展。他强调，苏联的改革实际上就是将集中计划与扩大企业的独立性和责任联系起来，发展经济核算制度。1986年11月19日，苏联通过了有史以来第一个《个体劳动法》，虽然该法令规定了个体劳动的基本规范，保护个体劳动的利益和权益。但该法令明令禁止个体劳动者雇工。真正的"私人所有权"处在被整个制度以及制度内其他要素的绝对排斥的状态。对"私人所有权"的看法在推行"500天计划"之前一直都没有根本改变，当"500天计划"突然全面推行私有化计划的时候，苏联社会的政治社会结构根本无法适应突如其来的剧变。1986年2月25日苏共二十七大讨论通过的报告、1987年苏共中央的6月全会通过的《改革经济管理制度的基本原则的决议》及最高苏维埃颁布的《国有企业法》，依然没有超出苏联原有的基本经济制度的框架，国家仍牢固地控制着大部分产品价格、总的生产计划，改革只是做了一定程度的放权，经济体制的改革并没有进一步深入。

至少在这个阶段所有的决议中，没有足够的理由说明戈尔巴乔夫的改革理论比他的前任有高明的地方，可以说只是以前改革的简单继续。对于怎样推进改革、促进苏联经济发展，他并没有找到有效的答案。执政党的理论创新能力在相当长时间内停滞了。当然，从改革的渐进性角度考察，这种摸索也需要比较长的时间。但是他却没有意识到改革的长期性和艰巨性，没有很好反思自己改革理论的缺失，而是把改革进程缓慢的责任一股脑的推给了他认为的"官僚阶层",从而开始大规模的以"公开性"为起点的政治体制改革。

虽然戈尔巴乔夫在1984年就对"公开性"有过论述,认为"公开性原则是社会主义民主不可分割的一个方面,也是整个社会生活的准则"①,但是把"公开性"原则上升为国家政治生活重要主题则是在1986年2月的苏共二十七次代表大会上。在这次会议的政治报告中,戈尔巴乔夫提出,扩大公开性的问题对我们来说是原则性的问题,这是个政治问题,应当使公开性成为不断起作用的制度。他认为,要加快社会的发展而不进一步发展社会主义民主,是不可思议和不可能的。戈尔巴乔夫在报告中提出要把发扬社会主义民主与加速苏联社会经济发展战略联系起来,并且他提出了加强民主的各项措施:活跃苏维埃、工会、共青团、劳动集体和人民监督工作,加强公开原则。而这些任务要求始终不渝地和不断地发展社会主义的人民自治。这时候,戈尔巴乔夫加速民主化的思想已经初露端倪,但主要还是在人民自治的范畴之内,是比较正常的。

1986年10月22日,戈尔巴乔夫在会见出席苏联最高苏维埃常设委员会会议的各加盟共和国党中央第一书记和州委第一书记时发表讲话,要求各地区、各单位大胆解决生活提出的问题,更坚决地根除一切阻碍社会民主化的东西。他说,党目前的首要任务,是从根本上改进党的工作作风、方式和方法。党的工作的主要对象是人,改革的主要因素是人的因素。开展党的组织工作和思想工作是为了发挥人的积极性和满足他们的需求。整个改革的关键问题是干部问题。戈尔巴乔夫的这个说法很快就在1987年1月27—28日召开的苏共中央全会上得到贯彻。在会上戈尔

---

① 《戈尔巴乔夫言论选集》,人民出版社1987年版,第23页。

巴乔夫作了题为《关于改革和党的干部政策》的报告。除重新分析了过去所犯错误的严重后果及其根源，阐述了从根本上改革的必要性及其关于改革性质等问题的认识外，还特别指出只有通过民主和借助民主，改革本身才有可能实现。民主不只是一个口号，而且是改革的实质，认为可以不受批评和监督的某种禁区正在变成过去，苏联社会不应该有不受批评的禁区，这一点也完全适用于舆论工具。在这之后的苏共中央6月全会上，进一步重申民主化是改革的决定性条件，是达到改革目的的具有决定性意义的手段。把民主置于高于一切的地位的做法为后来意识形态领域的完全失控埋下了伏笔。由此看来，戈尔巴乔夫的改革在1988年以后发生转向也不是偶然的。另一方面，他认为决定改革成败的关键取决于干部如何认识改革的必要性，如何贯彻执行党的方针。毫无疑问，这个时候改革的重心已经开始发生偏移，即从做事转向了做人的工作，改革已经开始堕落为政治斗争的工具，苏联政坛也初步形成以对待改革的态度作为分野的所谓政治派别，即：以叶利钦为代表的激进力量，以利加乔夫为代表的保守力量，以戈尔巴乔夫为代表的中间力量。其形成标志就是"叶利钦事件"[①]。这制造了苏共分裂的"定时炸弹"。

1987年11月，戈尔巴乔夫出版了《改革与新思维》一书，明确把"全人类的价值高于一切"、"全人类利益高于阶级利益"作为新思维的核心和逻辑出发点。至于什么是全人类利益，哪些利益可以归入全人类利益加以遵守，他没有像前面的口号那么明确。在经济改革过程中，对怎么样推行改革他也是一筹莫展。当

---

① 在1987年10月苏共中央例行会议上，叶利钦在发言中批评了苏共中央政治局和书记处的工作，认为改革进展缓慢，使党和群众迷失方向，他的发言受到了中央委员会的严厉批评，后来被解除了莫斯科市委第一书记的职务，但是他因此成为了"激进改革派"的首领。

资本主义国家的利益是全人类利益的时候，苏联共产党的存在自然影响了这种全人类利益，据此类推，为了这种全人类的利益放弃苏联共产党的领导是顺理成章的事情。这为第二阶段更多改革新措施的推出铺平了道路。如果说他是一个知识分子提出这样的哗众取宠观点也许是正常的，但是作为国家元首，这样做显然是极其荒谬的。他根本无视任何国家都以民族、国家利益作为政策制定的出发点的现实，充分表明他在政治上的幼稚，就凭这一点已经为苏共的失败加上了极好的注脚。在打着民主的旗号时，在书中他强调"充分恢复苏维埃作为政治权力机关和强大的社会主义民主因素的体现者的作用"，对苏维埃"实现创新的变革"。这个想法后来很快就被他付诸实践了。

1987年是苏联历史上关键的一年。也是承上启下的一年。这一年发生的各种历史事件，尤其是《关于改革和党的干部政策》报告和《改革与新思维》著作，都预示着苏联历史将发生翻天覆地的变化。

第二阶段是以"根本革新"为目标的政治体制改革。

这一阶段开始的标志，通常都认为是1988年6月28日—7月1日的苏共第二十七次全国代表会议。苏联科学院远东问题研究所所长米·基塔连科对这次代表会议的转折有个很好的解释：前几年的实践说明，靠小修小补不行，需要根本的改革，因为积累的问题太多。苏共二十七大以来更多的是思想上的准备，这次会议后走向实践，因此可以称为革命性的转折[①]。

这次会议主要任务是总结改革3年以来的经验教训，制订深化改革的纲领和措施，确立政治体制改革的总体方案和目标模式。戈尔巴乔夫在会议第一天的《关于苏共二十七大决议的执

---

① 《人民日报》1988年7月1日。

行情况和深化改革的任务》的报告中，明确提出政治体制改革是改革不可逆转的极其重要的保证以及推行苏联领导工作和党内生活的民主化的主张。他认为，由于十月革命胜利而形成的政治体制发生了严重的变形，现在遇到的许多困难，其根源也可以追溯到这种体制。解决问题的关键是改革我们的政治体制。而政治体制的核心是党的领导，戈尔巴乔夫也对党本身提出了尖锐的批评。他认为，党本身、党的活动内容和党与劳动者的联系发生了某种变形，使党一开始就固有的和列宁及其战友通过多年努力逐渐培养起来的许多民主的布尔什维克传统丧失了。所以，进行政治体制改革，必须进一步推进党本身的改革。首先，他提出"一切权力归苏维埃"的口号，要把不属于党的那些权力和职能统统归还给国家机关和社会组织。为了顺利实现权力中心转移，保证苏维埃具有足够威信，就采用推荐同级党委会的第一书记担任苏维埃的主席的办法。其次，他强调放弃过去候选人由书记提名的老办法，要求进行有竞争性的选举。

另外，会议还提出了对社会主义的新论断，即第一次提出苏联要建立"人道的、民主的社会主义社会"，社会主义建设目标变得非常抽象。戈尔巴乔夫在1989年11月26日的《真理报》上发表了题为《社会主义思想与革命性改革》的文章，对他的社会主义及其改革观进行进一步的阐释："如果说我们认为在初期这基本上指的是纠正社会机体的部分扭曲现象，只是完善过去几十年间形成的、已经完全定型的制度的话，那么，现在我们说，必须根本改造我们的整个大厦：从经济基础到上层建筑。"并且"要放弃专制的社会主义体制，形成真正民主的、自治的社会机体"。这是对第二十七次代表会议主题的进一步确证和发挥，从中真正可以判定戈尔巴乔夫改革的转向。

苏共中央很快于7月29日在莫斯科召开7月全会，讨论

"关于具体实施苏共第二十七次全国代表会议的决议"问题，最后全会通过了《关于在党内进行总结和选举的决议》和《关于改革党的机关的基本方针的决议》，根据改变党的职能的要求，苏共决定改组苏共中央机关和地方机关。关于苏共中央机关，决议规定不再按生产部门原则建立苏共中央机关，据此，苏共中央撤销了与政府机关重叠的7个经济职能部，将原有的20个部精简为9个部。10月中旬以后，苏共各地方机关也仿效苏共中央的模式进行改革，但规模上略小。加盟共和国、自治共和国、边疆区、州设5个常设委员会，州委下属的市（区）机关，仅设组织部、意识形态部和总务部。上述改组后，到1989年3月，中央一级机关减少一半，工作人员减少40%，加盟共和国中央机关减少30%，州委级机关减少20%，市（区）委机关减少20%。调整后的机关不再直接决策社会事务，而集中处理党务。党政分开的做法基本得到了贯彻。从提高机关效率角度看，这样的改革应该是积极的。这次全会还接受了中央政治局关于成立一个由戈尔巴乔夫担任主席的、起草有关苏联社会政治体制改革建议的委员会的提议。在9月的全会上，政治体制改革有了新的进展。

9月30日，苏共中央召开9月全会，重点研究了政治局关于改组党的机构的建议和一些干部问题。戈尔巴乔夫强调，由于党的职能的变化和党作为社会政治先锋队作用的提高，有必要完善党中央、政治局、书记处和中央委员会机关的活动。这就需要在党的干部配备方面进行某些变动。全会讨论并通过了关于成立苏共党的建设和干部政策委员会、苏共中央意识形态委员会、社会经济政策委员会、农业改革委员会、国际政策委员会、法律政策委员会6个中央委员会的决议，并批准了相关人事安排。同时，还委托苏共中央政治局根据在深化改革和实现国家政治体制改革的条件下党的机关的职能变化，实施有关建立苏共中央机关和地方党委员会新的结构的实际措施。

作为苏维埃制度改革的继续，苏共中央在11月28日召开了全会，讨论通过了《关于在国家建设领域实行政治体制改革的措施的决定》，对即将举行的苏联人民代表大会的选举进行政治动员，要求按新方式组织选举运动。候选人之间要引入实际竞争，党组织的任务是千方百计地促进选举过程的民主化，坚决摒弃按照名单选举和事先安排的做法。并在12月，通过最高苏维埃特别制定了新的选举法。它主要有3个特点：一是实行差额选举。二是规定除了中央和共和国一级的部长会议主席及地方苏维埃执委会主席外，各部、局及其他政府官员和公检法官员均不能成为人民代表，如果当选必须辞去官职。三是社会组织正式派代表参加最高权力机关。这次变化削弱了苏共在人民代表中的影响，社会组织席位的安排为后来多党制的出台奠定了一定的社会基础。

人民代表的选举工作，在1989年伊始就紧锣密鼓地铺开了。1月10日，苏共中央举行例行全会，讨论有关从苏共提名和选举苏联人民代表的问题。戈尔巴乔夫在会上就苏联人民代表选举问题作重要报告。戈尔巴乔夫指出，在面临选举运动这样重大的政治事件时，党作为社会的组织力量和一体化力量所起的作用尤其巨大，需要苏共政治纲领的必要性比任何时候都更加迫切。为了加强人民对党的信任，就必须继续和深化改革进程，始终关心和提高苏联人民的福利。经验证明，选举必然会遇到妨碍更新进程的保守主义的表现，遇到人为阻止在生产和生活其他领域采用先进组织管理形式的做法。一些人很难摆脱"左"倾冒进、超越发展阶段的企图，一些人在改革问题上进行投机。对此，要作出认真的分析和评价，以保证按既定的方针前进。在这个时候，戈尔巴乔夫依然非常重视党的领导作用。

1989年2月12日，《东方真理报》发表了苏联著名政治理论家C．贾拉索夫题为《多党制不是多元论的唯一机制》的文章，针对当时苏联开始讨论多党制的一些观点，提出了自己的看法。文章认为，多党制对苏联来说不是确保意见多元化最合理、最有效的方法。从理论上讲，一个国家（比如苏联）存在几个共产党的活动是允许的。以苏联为例，苏共分成两个部分——"迅速改革党"和"逐步变革党"。它们之间会发生极其尖锐的政治斗争。但立即在苏联实行多党制，那完全可以预测国内局势会达到严重尖锐的程度。列宁曾提出一种不同于多党制、保障民主的方案，即应当保证执政党内有广泛的政治自由，在讨论问题时，每个党员或整个党组织有权提出行动纲领，谁的纲领赢得的拥护者多，谁就获胜。党可以只有一个，但应允许存在其他形成竞争的政治团体。执政党如不制定最佳政策，其他团体就会提出来。现在苏联正是沿着这条道路发展的。这就是苏联今天发扬民主的道路。这种观点实质上是坚持在一党制的前提下允许党内派别的存在。从中可以看到，人们对苏联未来的政治发展走向有着很大的分歧。但是后来政治现实的发展远远超出这种学者的理论假定，从政治党派、组织的确立和发展，最后变成了多党制。

3月15—16日，苏共召开3月全会选举代表苏共的苏联人民代表，经过投票，所有的候选人都当选为苏共的苏联人民代表。叶利钦赢得了89.4%的选票当选为人民代表。全会通过了《关于苏联共产党选出的苏联人民代表委托书的决议》。委托书提出有关政治、经济、外交建议，提交最高苏维埃审议。这些建议包括：不断提高苏共先锋队的威信；制定全民投票法，国家重大决策通过全民投票作出；加强苏维埃联盟的团结，采取措施使外高加索、波罗的海等地的族际关系正常化，制止敌对的民族主义分子的破坏活动；坚决实行使经济面向社会的方针，更加重视解决人民切身利益的重要问题，加快制定租赁法；制订国防法，最高苏维埃成立国防问题专门委员会，监督军费使用情况等。4月25—26日，苏共中央召开4月全会，讨论苏共中央委员会工作的一些组织问题。苏共中央总书记戈尔巴乔夫在全会上讲话说，人民代表的选举表明，改革确实在变成全民运动，也表明人民对各方面不满。改革未取得预期的结果，根源在于中央机关的工作。

5月25日—6月9日，苏联第一次全国人民代表大会召开。正如戈尔巴乔夫在大会的闭幕词中说的，这次代表大会将引导苏联走向民主和公开性以及改革本身的一个新阶段，它是苏联国家历史上的一个极其重大的事件。表面上这次会议顺利完成了最高苏维埃的选举，戈尔巴乔夫本人也在25日代表大会开幕当天被提名并当选为最高苏维埃主席。但是各种派别和团体的代表以及形形色色的民族主义分子也开始进入国家最高权力机关，改变了过去苏维埃清一色是共产党员的格局。在这种情况下，"议会"斗争不可避免，尤其在国家和社会处于急剧变化的背景下，这种"议会"纷争给以后多党制的实施开启了方便之门。

在这之后的相当长一段时间里，苏联社会的危机不断加深。戈尔巴乔夫在7月18日苏共中央会议上承认，苏联目前在社会经济领域和社会风气中，已出现紧张局势。他不得不把国家政治工作重心暂时开始转向解决一些迫在眉睫的突发事件上。7月23日，戈尔巴乔夫在关于7月中旬开始的矿工罢工问题的电视谈话中说，如果紧张局势继续下去，就会对国家经济产生严重影响。他还表示要从罢工事件中总结经验教训，首先需要的就是改革。其实，这次事件的严重后果不在于罢工对经济的破坏，而在于工人阶级队伍中出现了成立独立工会的要求，而且又给苏共反对派提供了扩大影响的机会。当然，在所有问题中，最突出的毫无疑问是民族问题。8月1日，戈尔巴乔夫就日趋严重的苏联民族问题在中央电视台发表讲话中指出，民族关系尖锐化的危险性正在日益加深，民族问题已使每个苏联人深感担忧。进入8月份以后，波罗的海沿岸的一些共和国脱离苏联的趋势越来越明显，苏联处在分崩解体的边缘。因此，10月30日，苏共中央召集经济学家、法律学家、企业负责人开会，讨论苏联当前社会经济形势。戈尔巴乔夫要求政治家和经济学家动员起来解决当前的问题，但也是收效甚微。意见的分歧非常严重。

11月22日，列宁格勒两万多名共产党员集会，他们表示要捍卫共产主义理想，不赞成反列宁主义，不赞成私有制，不允许利用改革打击共产主义。集会通过的决议说，国内事态的发展达到危机点。考虑不周的决定和不正确的行动造成的后果已主要落在工农群众和不富裕的居民身上。假民主主义者正在向党发动进攻，某些新闻工具站在他们一边。列宁格勒党员不能对正在发生的事态袖手旁观，坚决反对实际上是在复辟资本主义制度的各种方案。这是相对于所谓民主潮流的另外一种声音，只是相比高呼民主的声音显得太弱小。

12月9日，苏共中央就即将召开第二次苏联人代会议等问题举行会议，通过《致苏联人民和共产党员呼吁书》，强调坚决反击右倾极端主义和"左"倾极端主义、民族主义和沙文主义的表现，维护国家完整。戈尔巴乔夫在这次苏共中央全会上发表了讲话，重点谈了对宪法第六条的态度问题。[①]认为在国内正在发展民主进程和苏共革新的条件下，这一条本身并没有为自由选

[①] 原宪法第六条规定，苏共是苏联社会的"领导与指导力量，是苏联政治体制、国家单位和社会团体的核心"。1989年12月立陶宛最高苏维埃通过了修改宪法第六条的决定，改为"政党、社会团体和社会运动根据立法程序规定的办法成立并在立陶宛苏维埃社会主义共和国宪法与法律范围内活动"，这个修改的实质就是共和国是否应当允许多党制。

举制造任何障碍。已经举行的最高苏维埃选举以及正在筹备中的地方权力机关和共和国权力机关的选举也表明了这一点。因此，要求"十万火急"地讨论宪法第六条的问题，赋予这个问题以紧急意义的做法完全是别有用心的。有人试图用这样的办法涣散共产党员的士气，降低党员在改革的转折阶段的威望，使党同劳动人民对立起来。我们坚决反对这种做法。戈尔巴乔夫虽然表明了自己的反对态度，但是没有及时采取有力制止措施。因此，要求修改宪法第六条的行动还在逐渐普遍化，而且愈演愈烈。

正是在面对很多压力的情况下，12月12日苏联第二次人民代表大会召开。戈尔巴乔夫在开幕式上发表讲话，强调改变经济方针，满足人民和整个社会的需要，是改革中优先要解决的一个重要问题。为此，我们最需要的是使社会团结起来。在谈及苏联宪法第六条时，戈尔巴乔夫还是坚持了自己原来的看法。最终大会以多数票否决了几位代表提出的讨论苏联宪法第六条的建议。但是，在这次大会上另外一项决议内容，却向苏联刺出了致命的一刀。即于12月24日经投票通过的关于对1939年苏德互不侵犯条约政治和法律评价的决议，确认1939年8月23日的"秘密议定书"是存在的。决议认为"秘密议定书"和1939—1940年苏联同德国签订的其他议定书都违背了列宁主义的对外政策原则，在这些议定书中对苏联和德国利益的划分，从法律观点看，都是与第三国的主权和独立相抵触的。决议称，这些议定书从签订之日起，在法律上就是根据不足的和无效的。[①] 既然当年把波罗的海三国并入苏联的行为非法，而且苏联宪法也规定，任何共和国都有权脱离苏联，那么今天的独立就是合情、合理、合法

---

① 详细内容参见李兴汉著《波罗的海三国和苏联解体》，载《东欧和中亚研究》2000年第3期，第83页。

的，苏联联盟也很难再找出办法和借口阻止波罗的海三国独立了。12月25—26日，苏共中央举行非常全会，专门研究立陶宛问题。但是会议作出的决议，并没有太多实质性内容，唯一具有操作性的就是全会认为必须由政治局委员和政治局候补委员、苏共中央书记、苏共中央委员和候补委员组成的全会参加者小组赴立陶宛，和该共和国共产党员、各级党组织、共和国劳动集体举行会见。事实证明这种会见也是徒劳无益的。

1990年，是苏联政治格局急转直下的一年。许多实质性的政治体制改革措施，都是从这一年开始实施的。很多学者认为，这是戈尔巴乔夫政治体制改革第二阶段的开始。

1月13日，戈尔巴乔夫在立陶宛共产党积极分子会议上的长篇讲话，提出的很多说法已经和前几个月有了很大的变化。他认为苏共中央的革新战略，是建立在同所有社会政治团体划分职能和相互关系的基础上。这就要求从根本上改变苏共在苏联社会中的地位和作用。这也意味着要使党从总体上一贯正确、从追求对一切进行领导、从政治垄断地位中摆脱出来。苏共应当成为为人民服务、在自己的政策中体现人民的利益并处于人民的民主监督之下的党。对于多党制，戈尔巴乔夫已经表现出暧昧的态度。尽管他也强调多党制不是灵丹妙药，不应强加于人，最主要的是民主、公开性，是人民实际参加各种政治和社会进程与机构。但是如果出现多党制并且符合社会的实际利益，他不认为会有任何不幸。因此他认为不应当像魔鬼怕神仙一样地害怕多党制，这一切应取决于政治进程的发展。应该说进入1990年以后，戈尔巴乔夫已经想开始实施多党制。这与他1989年7月18日在苏共中央会议上说的"谁都不能取代日益更新的党"、"不能败坏党的威信"的说法大相径庭。苏联开始出现从一党制到多党制的转向。

2月27日，苏联最高苏维埃会议经过激烈辩论，通过了实行总统制法律草案。设立总统制已经超出了改革底线，偏离了苏共二十七大制定的改革路线，因为设立总统制以后，苏联的最高决策权就从苏共中央政治局移到总统委员会或者总统手中，基本否定和抛弃了苏共的执政地位了。苏共全会继续提名戈尔巴乔夫为苏联总统候选人。他虽然在这次会议上表示不能接受把苏共改名为社会民主党、社会党等主张，但是明确表示苏共今后的基本职能之一就是在民主程序和选举运动范围内争取领导地位。自此，苏共自动放弃自己的执政地位，从执政党演变为议会党。

3月14日，苏联非例行的第三次人民代表会议召开，通过了《关于设立总统职位和苏联宪法（基本法）修改补充法》。该法对苏联宪法有关苏共领导地位和所有制问题的条款作了重大修改和补充。例如，从序言中删去了"共产党——全体人民的先锋队的领导作用增强了"一句，将第六条改为："苏联共产党、其他政党以及工会、共青团、其他社会团体和群众运动通过自己选入人民代表苏维埃的代表并以其他形式参加制订苏维埃国家的政策、管理国家和社会事务。"将第七条改为："一切政党、社会团体和群众运动在履行其纲领和章程所规定的职能时，应在宪法和苏联法律的范围内进行活动。不允许建立以使用暴力改变苏联宪法制度和社会主义国家的完整性、破坏国家安全和挑起社会、民族和宗教纠纷为宗旨的政党、团体和运动及其开展活动。"3月15日，戈尔巴乔夫当选为苏联第一任总统。戈尔巴乔夫在就职仪式上发表演说，表示要加快经济改革，巩固联盟的完整和扩大共和国的主权，深化民主进程并加强法制建设。他强调总统不是某阶层或政治派别的代表，而是全体人民的代理人，他将不带感情色彩地考虑社会上的各种观点，按国家和人民利益高于一切的原则行事。戈尔巴乔夫指出，党所宣布的纲领性目标——人道的民主的社会主义——符合人民的夙愿，符合人民在开放的、民主的、公正的和繁荣社会生活的愿望。戈尔巴乔夫还说，本次人民代表大会修改了宪法第六条和第七条，从而开创了我国社会民主发展的新阶段。今后苏联共产党将和其他政治组织平等地开展活动，参加选举，以民主方式争得建立联盟和共和国政府、建立地方权力机关的权利。

5月29日，俄罗斯联邦召开了第一次人民代表大会，选举俄罗斯联邦最高苏维埃主席。在这次选举中，叶利钦要求在新宪法中提升俄罗斯的主权地位，也就是说，俄罗斯联邦的法律和宪法具有对全苏法律的优先权，俄罗斯联邦具有独立的内部和外部政策。叶利钦在第3轮选举中当选为俄罗斯联邦最高苏维埃主席。在当选后的讲话中，叶利钦提出，俄罗斯联邦应当第一个同波罗的海沿岸各共和国签订条约，随后也同其他国家签订条约。5月30日，叶利钦在记者招待会上发表讲话，主张俄联邦一年后也设总统，总统不分大小，应是平等的。叶利钦的分裂主义思想初现端倪。叶利钦当选之后的6月，新组成的俄罗斯人民代表大会马上以907票赞成、13票反对、9票弃权的结果通过了《俄罗斯联邦国家主权宣言》，宣布俄罗斯联邦是一个主权国家，叶利钦开始对戈尔巴乔夫的政治权力和地位形成真正的威胁，同时也严重威胁着苏联的国家主权地位。苏联的政坛开始发生微妙的变化，斗争的主动权和内容都发生了很大的变化，从党内权力斗争转向了联盟和共和国的斗争。

随着苏共二十八大的即将到来，苏联的各个政治派别开始积极进行前期准备，提出自己的政治主张。6月16—17日，苏共"民主纲领派"和"马克思主义纲领派"分别举行代表会议，讨论各自对苏共二十八大的政治议题。民主纲领派通过了一项政治决议，要求苏共放弃一种意识形态在党内的垄断地位，马、恩、列以及普列汉诺夫和格拉姆希等人的著作均应看作党的理论基础的来源；要求放弃共产主义目标，选择"民主社会主义"目标；要求放弃对政权和舆论工具的垄断，同新的民主运动与政党结盟和对话；要求放弃民主集中制和按地区组建党的组织的原则，建立议会式的党的机构。决议明确表示，如果这些要求不被接受，他们便立即开始组建新党。马克思主义纲领派则提出，所有党组织应当独立解决地方问题。上级党组织的决定必须考虑下级党组织的意见，下级党组织可以独立确定实施决定的必要性和程序。党应该仍然坚持社会主义方向，恢复人民对苏共的信任。明确反对将国营企业拍卖给个人，主张生产自治和市场的社会民主调节；主张一切人民的社会保障手段归人民民主组织所有；主张将广泛的政治和经济权力交给群众性民主运动。

7月2—13日，苏共中央全体会议决定苏共第二十八次代表大会在莫斯科举行。会议最后通过了《走向人道的、民主的社会主义》纲领性声明、苏共章程以及其他一系列文件，对许多关于党的观点进行了折中和确认。主要有以下几个方面：一是把党的奋斗目标从共产主义改成"以在国内建立人道的、民主的社会主义，保证人的自由全面发展的条件为自己的目标"；二是不再强调党的阶级性，只说苏共是按自愿原则联合苏联公民的政治组织；三是在指导思想上对民主纲领派和马克思主义纲领派进行折中，改变马克思列宁主义的指导地位，只提创造性发展马、恩、列的思想；四是民主集中制原则名存实亡，虽然党章保留了民主集中制这个说法，但是具体组织内容完全改变了，例如规定允许党内实行组织活动，按纲领进行联合，加盟共和国共产党独立，有权不执行自己认为不对的有关本共和国的中央政治局决定等；五是进一步确认苏共的议会党地位和作用，苏共同其他政党、社会政治团体是平等竞争、合作的伙伴关系。

面对日益加重的政治经济危机，经济体制改革的冒险也提上了日程。早在5月24日，苏联部长会议主席雷日科夫就在第三次最高苏维埃会议上作了题为《关于国家经济状况和向可调节市场经济过渡的构想》的报告，开始提出向可调节市场经济过渡的问题。10月19日苏联最高苏维埃会议通过了戈尔巴乔夫提交的《稳定国民经济和向市场经济过渡的基本方针》的文件。文件指出，除了向市场过渡，别无选择。全世界的经验已经证明，市场经济具有活力和效率，只有市场和全社会的人道主义方向相结合，才能保证人们的需要得到满足、财富的公正分配、公民的社会权利和社会保障、自由和民主的扩大。俄罗斯联邦最高苏维埃主席叶利钦同日发表讲话，他表示反对这一方针，并提出俄罗斯独自执行"500天计划"。

12月10—11日，苏共中央举行全体会议，开始讨论联盟条约的重构，戈尔巴乔夫在会上发表题为《为革新我们的联盟国家而斗争》的讲话，表示要按联邦制原则把国家改造成主权苏维埃共和国联盟。全国上下围绕共和国权力和联盟权力关系问题展开了辩论和政治斗争。权力划分的争议背后有一个重要的政治问题：联盟将是一个强大的主权国家，还是一个象征性的松散实体，而这个问题的核心就是权力的分割。但是划分权力的过程已失去控制，具有公开争权的性质。受害最大的是一系列经济部门和普通老百姓。虽然戈尔巴乔夫说改变联盟名称问题还没有最后的结论，但他的态度无疑是支持改名的。实际上，即使不解体，苏联也不是原来的苏联了。

1991年1月16日，戈尔巴乔夫主持召开新党纲起草委员会会议。1月31日，苏共中央委员会和苏共中央监察委员会召开联席全会，副总书记伊瓦什科作报告，号召共产党员坚决反对经济、政治和精神领域内的一切破坏性主张和行动。全会要求

"公民和睦和全国和谐"，坚决反对右翼势力和民族分立主义势力的阴谋和行径，号召采取"责任重大的行动"以革新联盟和坚持社会主义选择。全会认为社会危机已达到危险的界限，超过这一界限就有可能爆发破坏性的社会震荡；以改变苏联社会制度为目标的势力在政治舞台上已经完全形成和正在联合起来，并使改革具有倒退和反人民的性质；民族分立主义势力公然采取了消灭社会成果的方针，民族歧视重新复活，民族主义极权制度已在形成。会议分析了国内的严峻形势，表明了苏共的立场，提出了党的战斗任务。主张废除所有反宪法法令和决定；反对成立非法武装；反对反军活动；反对把社会和国家分裂成敌对阵营的一切企图；反对民族争吵和破坏性对抗、暴力和专横。全会和右翼势力代表——叶利钦为首的俄罗斯联邦议会进行针锋相对的斗争，指责俄罗斯联邦最高苏维埃变成了破坏苏联的重要力量，揭露俄罗斯议会领导人企图将中央权力据为己有。现在平行的国家结构、与苏共对立的政治组织的联合已成为现实，"影子政治"已经出现，反对派的作法与东欧国家推翻共产党政府的做法非常相似。同时，全会上的一些发言对戈尔巴乔夫提出了尖锐批评。这些批评十分严厉、激烈，或指名，或影射，涉及内政、外交、理论、实践等方面。其中俄罗斯联邦共产党中央委员会第一书记的批评言辞最尖锐。他说，我们国家目前根本谈不上什么多党制，实行多党制为反动势力和猖狂活动提供了机会。我们有一个捍卫社会主义改革的苏共，但也有一些领导人只有一个政治面孔——反共。现在已经很清楚，改革已进行不下去了。

2月6日，苏共中央政治局举行例会，讨论"在各级党组织就保留苏维埃社会主义共和国联盟举行全民投票的筹备与工作"问题。会议通过的决定指出，即将举行的全民投票是第一次作为人民直接参与苏联范围内的国家权力的形式，这将是苏联历史上的一个重要政治事件。形形色色的分立主义势力、民族主义势力和反社会主义势力，利用这一形势加紧批判和诬蔑苏维埃国家和苏共，鼓动公民不参加全民投票。苏共要求各级党组织和共产党员应当坚决回击此类行动，必须揭露恶意中伤苏联、败坏签订新联盟条约的思想以及煽动族际不和和分立主义情绪的行动。要求在苏联宪法和法律的基础上，在组织和举行全民投票方面进行有效的工作。

3月4日，制订联盟条约草案的工作基本结束。在草案上签字的有27个共和国的全权代表，其中有8个加盟共和国的代表。阿塞拜疆的代表作为观察员参加了这一工作。波罗的海沿岸共和国、摩尔达维亚、格鲁吉亚和亚美尼亚没有参与制订条约草案。尽管制订条约草案的工作进行得并不轻松，但在多数情况下找到了反映条约进程所有参加者利益的共同态度。苏联报纸援引道，现在"组成联盟的共和国拥有充分的国家权力，独立确定自己的国家结构、行政区域的划分和权力机关系统"。同时，组织国防以及领导武装力量、边防部队和国防企业的问题仍属于联盟特有的管辖范围。该报写道，各共和国代表对所有制、法律、联盟机关的形成和其他一些问题持有不同的态度。其中多数代表现在所提出的都是可供选择的方案，但是原则性分歧并不太多。而从已经得到同意的草案和全权代表工作气氛本身来看，事先没有预料到会出现这些分歧。

3月17日，苏联举行历史上首次全民公决投票，就"是否有必要把苏维埃社会主义共和国联盟作为被革新的平等的主权共和国联邦保留下来"作出明确选择。围绕这次全民公决，苏联国内各种政治势力早就展开了尖锐复杂的斗争，斗争的核心问题是要不要联盟，要不要社会主义。立陶宛等6个加盟共和国官方未组织投票，但这6个加盟共和国人口只占全苏总人口的

7.3%，对总体结果无法产生重大影响。但是这些共和国的苏联驻军和某些地方政府及企业机关不顾当局的反对和阻挠，设了投票站。3月21日，苏联议会宣布，全民投票结果是最终决定，在所有苏联领土上均具法律效力。3月26日，苏联宣布全民公决投票的最终结果：在全国登记的1.856亿选民中，80%的人参加了投票，其中76.4%的投票人投票赞成保留联盟。

4月24—26日，苏共中央委员会和苏共中央监察委员会召开联席全会，重点讨论了国内局势和经济危机问题。全会通过《关于国内局势和摆脱经济危机途径的决定》，支持苏联总统和9个加盟共和国的联合声明以及苏联政府在克服危机方面所作出的努力。全会认为，党的迫切任务是用政治方法坚决反对反社会主义力量企图改变社会制度、破坏社会主义国家、消灭苏维埃代表制等的行为。26日，戈尔巴乔夫在全会闭幕词中说：现在主要的是利用党的全部影响和威信尽快推进国家摆脱危机的进程，加强党的同志情谊、团结一致，而不是挑起类似瘟疫流行式的天下大乱。如果有人想恢复宪法第六条关于党的作用的条款，社会是不会接受这种立场的，这将被认为是反改革的构想，是恢复旧制度。戈尔巴乔夫还批评有些人在发言中把政府的反危机纲领称作是反人民的纲领，认为这不是一种经过深思熟虑而采取的立场，对苏共来说，没有其他能摆脱危机的办法，只能是把一切爱国力量、所有民主政治运动联合起来，力求把他们团结在反危机行动纲领周围，恢复和加强社会的宪法秩序。

6月15日，克里姆林宫举行讨论非国有化和私有化问题会议。戈尔巴乔夫主持会议，他建议与会者不要从政治上怀疑和扣帽子，要进行自由的、公开的辩论，持各种观点和立场的人都要参加辩论。他尤其强调指出，苏联最高苏维埃和各共和国最高苏维埃必须就这个问题建设性地交换意见。苏联第一副总理谢尔巴科夫在报告中呼吁放弃意识形态教条，因为它妨碍人们利用各种社会形态为提高生产效率而制定的一切合理的、有价值的办法。他还强调必须把非国有化和私有化看做是吸收外国投资的一种切实手段。谢尔巴科夫表示反对无偿分配财产，并说这是联盟政府的意见。他指出，非国有化和私有化完全是不同的概念。大型国营企业不一定要出卖，但它们无疑应过渡到商业工作体制。

6月21日，戈尔巴乔夫在克里姆林宫同记者交谈时指出，不能把政府反危机纲领同"哈佛计划"对立起来，反危机纲领是4月份由苏联政府提出的，6月17日将修改后的最后方案及其实施计划提交到苏联最高苏维埃。签署这一文件的有8个共和国的领导人。"哈佛计划"是由以亚夫林斯基为首的苏联经济学家与美国哈佛大学政治学家格雷厄姆·阿里森等同行共同研究制订的。该计划被认为是将苏联经济纳入世界经济的计划。戈尔巴乔夫主张在两个文件的基础上，再加上国际货币基金组织和欧洲复兴开发银行的建议，形成"总统纲领"，以提交欧洲七国首脑会议。

7月20日，叶利钦发布关于俄罗斯联邦国家机关非党化的命令。命令规定，不允许各政党和群众性社会运动在俄罗斯及其组成的各共和国国家管理机关中，在各级人民代表苏维埃的执行机关中，在国家机关、组织和康采恩中，在位于俄罗斯境内的无论属于谁的企业中活动以及建立新的基层组织、委员会和其他组织机构。在向国家机关、机构和组织下达的正式文件中，禁止指明以及要求指明政党和群众性社会运动的成员资格；建议俄罗斯联邦最高苏维埃讨论根据俄罗斯联邦宪法第109条按照立法动议程序，向苏联最高苏维埃提出苏联关于禁止政党和群众性社会运动的组织结构在苏联最高法院、苏联宪法监督委员会、苏联检察院以及苏联武装力量、苏联国家安全委员会和苏联内务部的机关与部队中发挥作用的法律草案的问题。命令从公布之日起14天后开始生效。

这个命令发布之后，在苏联各界引起强烈反应。俄罗斯共产党发言人弗·马尔科夫说，叶利钦颁布的关于在政府机关和共和国经营的企业禁止政党活动的法令违反苏联宪法和公众团体法，因而是无效的。22日，波波夫率先表示坚决执行叶利钦的命令，苏联议会联盟院主席拉普捷夫认为非党化问题早已成熟，并建议戈尔巴乔夫向全苏发布一项此类命令。23日，苏共中央政治局发表声明，称叶利钦的命令在为发展苏联社会和谐和建设性合作的进程制造障碍，命令旨在反对苏共，其目的在于破坏业已形成的党的结构。同日，俄罗斯共产党发表声明，认为这项命令强烈地激化了国内政局，使国家业已稳定的进程受到破坏。命令践踏了有关人权的各项国际宣言与协定的公认准则。23日，《莫斯科真理报》发表苏共莫斯科市委党务委员会区党委书记会议声明，指出颁布此项命令无非是想把公民彻底排除在政权和管理之外，建立独裁制度。它粗暴地破坏了苏联宪法和俄罗斯联邦宪法关于公民政治和自由的基本原则，违背了大多数俄罗斯联邦人民代表的意愿。26日，苏共中央全会通过的苏共中央声明严厉谴责了俄罗斯总统令，建议苏联总统、议会和宪法监督委员会立即对该命令作出法律评价，捍卫民主成果。同时，支持叶利钦的命令的力量也很强大。

7月25—26日，苏共中央举行全体会议，全会专门审议了叶利钦《关于在俄罗斯联邦的国家机构、机关和组织中停止政党和群众性社会运动的组织机构活动的命令》，最后就叶利钦关于非党化的命令通过了苏共中央声明。苏共中央书记披·卢钦斯基在新闻发布会上说，"关于在这次全会上苏共将发生分裂的预言落空了"。列宁格勒党组织首脑吉达斯波夫在会议发言中说：

"我甚至感到奇怪，全会开得很平静。"苏共中央书记扎京霍夫则称全会经受住了在基本问题上保持一致的考验。但也有人认为，苏共只是暂时保持住了表面的团结，党的分裂只不过是向后推迟而已。

8月14日，《苏维埃主权共和国联盟条约》公布，并决定在8月20日开始签署。

8月18日，苏联总统戈尔巴乔夫在苏联南部的克里米亚黑海休养地——福罗斯镇的总统别墅休假。戈尔巴乔夫是4日开始休假的，原定19日返回莫斯科，20日主持签署新联盟条约的仪式。同日的16时50分（莫斯科时间）负责苏联领导人安全的国家安全保卫局长普列汉诺夫、总统办公厅主任博尔金、苏联国防会议第一副主席巴克拉诺夫和苏联陆军总司令、国防部副部长瓦连尼科夫等人从莫斯科到戈尔巴乔夫在克里米亚的休假地，向戈尔巴乔夫提出：签署紧急状态令，或者自愿交权，或者辞职。这一要求被拒绝。当晚，克格勃主席克留奇科夫向普列汉诺夫下令，对戈尔巴乔夫实行隔离并切断他与外界的联系。

8月23日，戈尔巴乔夫在俄罗斯议会上发表讲话说，苏联社会"已发展到一切都应当改变的阶段"；他与叶利钦已达成协议，两人其中一人不能履行其职务时，另一人便自动地立即取代并接管其职务。叶利钦命令《真理报》、《苏维埃俄罗斯报》等苏共报纸暂停出版。根据戈尔巴乔夫、叶利钦和莫斯科市长波波夫的命令，苏共中央大楼被查封。18时30分，大楼顶上的红旗落地，大楼正面挂上十月革命前俄罗斯的红白蓝三色旗。与此同时，俄共中央大楼、莫斯科市委及区委的办公大楼、列宁格勒市委和党的其他机关也都被查封。

8月24日，戈尔巴乔夫发表声明说，他已无法继续行使苏共中央总书记的职权，并辞去这一职务，说"苏共中央委员会应该作出一项艰难但却是诚恳的决定自行解散。各共和国内的共产党和地方党组织将自行决定自己的前途"。戈尔巴乔夫发布命令，停止苏共在苏联武装力量、苏联内务部、苏联国家安全委员会及其他护法机关、铁道兵及其他军事单位和国家机关中的活动。他还宣布将苏共的财产交给苏维埃保管。

8月25日，俄罗斯总统叶利钦签署法令，宣布苏共和俄共的全部财产归俄罗斯国有。苏共中央书记处被迫发表声明，宣布接受自动解散苏共中央的决定，同时请求苏联总统、俄罗斯总统和各共和国领导人准许在莫斯科举行苏共中央全会或采取其他组织措施，讨论党今后的命运问题；但未见答复。随着苏共在国家机关、军队和企业的党组织被取消，苏共的办公楼和财产被全部没收，档案被接管。各加盟共和国的共产党有的停止活动或宣布解散，有的宣布脱离苏共另立新党。原来的苏联共产党已不复存在。

从整个苏共解体过程看，苏联模式的解体究竟是必然的，还是本来应该是整个上升趋势中短暂的低潮，只不过是被戈尔巴乔夫给弄垮了，这个问题对研究苏共解体问题并不是最关键的，因为社会主义国家改革也有中国这样国家的成功，最重要的问题是为什么能够让戈尔巴乔夫和叶利钦得逞，或者为什么一个体制能让这样的人执掌国家政权，把握社会发展方向。其实，任何一个国家、社会都会有下降趋势或者出现暂时曲折的时候，那为什么有的国家能够走出阴霾，而苏共却不行，仅仅是运气使然吗？

（二）苏共内部纷争："毁灭"的助推器

只要有组织存在就不可避免的有内部矛盾，组织的不断发展很大程度上也依赖于这种矛盾的不断解决，问题的关键在于组织

六 苏共的"根本革新"与毁灭

的矛盾解决机制是否健全。苏联共产党内部的矛盾斗争从来没有停止过，也有过很好的矛盾解决时期。但是为什么这一次斗争是以苏联解体为代价呢？主要原因是由于面对的问题不一样，而且争论的广度和深度都大大超出了苏共原有的矛盾解决机制，而新的矛盾解决机制又没有建立。以前党内矛盾再大都是在社会主义的圈子里面，即使是权力斗争，打的旗号也没有说放弃社会主义的。苏共以前的政治家从来没有怀疑过社会主义的前途。而这一次争论实质上是社会主义前途和资本主义前途的论争，这种矛盾非常类似于刚刚建立苏联时期，社会民主党和苏维埃之间的分歧，但是矛盾的复杂性要超出那个时期。因为不仅有是否要坚持社会主义、苏共领导的问题争论，有怎么实现苏共领导的问题争论，还有是否需要联盟共产党领导的争论，并有个人的权力斗争夹杂其中。在革命时期，由于一切都是未知数，个人的权力之争表现为权力的获得是为了自己革命主张的推行，而和平执政时期，政党内部相争完全可能是为了争权夺利，和任何意识形态或者政治观点无关，执政观点的分歧也可能是为了自己利益的获取服务的。因此，虽然政党内部的争论很难判定谁是为了自己利益，谁是纯粹为了国家利益，但是个人利益的斗争也应当在讨论苏共解体原因的范畴之内，与此同时是表现为改革策略的争论，就是怎么样来实现改革。因为在是否要实行改革的问题上已经趋于一致，关键在于怎么样来推进改革。苏联内部政治纷争的主脉始终是社会主义前途和资本主义前途的争论，民族主义和联盟主义的争论。这两个问题一直左右着苏共的发展。

首先，是个人利益及其个人主张的争论。

国家领导人理当站在国家发展、民生幸福的角度择取自己的政治纲领或观点，而自己的个人利益应当放在次要的地位。一个政治家的思想是否达到这种境界可以从政治家的从政经历中去寻找。叶利钦是戈尔巴乔夫政治最高权力的有力挑战者，那么这个挑战者是否是一个国家或者是集体利益至上的领导者呢？实际的答案是否定的。叶利钦进入莫斯科的那段插曲很好地折射出他的个人品性。

1985年4月3日，身为斯维尔德洛夫斯克州委第一书记的叶利钦刚刚开完州党委常委会议，苏共中央决定让他到莫斯科担任中央建设部部长。这是由中央政治局候补委员、中央书记多尔基赫通知的，叶利钦当即拒绝了这个决定。为什么叶利钦拒绝这个决定呢？叶利钦后来在自传里表示："我这个中央委员在斯维尔德洛夫斯克州委干了9年半的第一书记，一下子把我抽调到莫斯科去做中央建设部的部长，这似乎有点不符常规。我几乎想说：'斯维尔德洛夫斯克总的生产在全国各地中占第三位，州委第一书记有着丰富的经验和知识，他在这儿对人们会更有用，并且传统也是这样——先前的州党委第一书记去做了中央书记，里亚博夫也当了中央书记，而凭什么却让我去做一个部的部长。'"第二天，中央政治局委员、中央书记利加乔夫从莫斯科打电话，要求他马上到中央任职，叶利钦还想拒绝，但利加乔夫搬出了党的纪律，并重申中央政治局已经做出了决定，叶利钦认命。[①] 当时，他绝对没有想到到莫斯科工作后，他作为激进改革的倡导者和代表人物，很快名声大振。如果叶利钦是一位淡泊名利、组织纪律优先的官员，应当不会出现他自己在自传中的言行。所以，他倾向激进改革也是政治斗争的需要，而不是为了苏联人民的未来。这也可以从实行市场经济之后，俄罗斯政治高层与金融寡头密切的关系中看出端倪。在他那里，政治纲领只是实现自己政治

---

① 详细经过参见叶利钦著《叶利钦自传》，东方出版社1991年版，第80—81页。

野心的工具。

其次,是社会主义前途和资本主义前途的争论。

很多时候,苏共内部的矛盾主要在于怎么做的问题上。关于改革方法和途径的论争,有些体现在非常细节的问题上,不一定都上升到国家意识形态的层面,但是苏共改革争论最后往往都上升到政治路线的高度。1988年3月13日,《苏维埃俄罗斯报》刊登了列宁格勒大学教师尼娜·安德烈耶娃给该编辑部的一封信,题为《我不能放弃原则》。她在文中对苏联当前的公开性、民主化、历史反思、对社会主义再认识问题提出了怀疑和批评。她认为,苏联社会的许多做法是在放弃"原则",已出现许多扭曲和片面的东西。以斯大林问题为例,甚至把使苏联成为世界强国的工业化、集体化、文化革命也硬算作"个人迷信",问题已发展到非要斯大林分子"悔过"。为什么对党中央和苏联政府的每一位主要领导人在其离开岗位后就败坏他们的声誉呢?公开性、开放性、批评禁区的消失、群众意识中的热情提出的很多问题,恰恰是西方广播电台和苏联不坚信社会主义的人曾经"预言"过的。她认为:对无产阶级专政国家和国家当时的领袖人物发动攻击,不仅有其政治原因、意识形态原因和道德原因,而且还有其社会原因。"反斯大林主义"的不仅有西方职业反共分子,还有被十月革命推翻的各阶级的后代,其中包括唐恩和马尔托夫、俄国社会民主主义阵营的其他人的精神继承者,托洛茨基或雅哥达的精神继承者以及对社会主义心怀不满的耐普分子、巴斯马奇分子和富农分子的后代。来信中她还表示了对放弃阶级斗争、无产阶级的领导作用做法的担忧。她指出,近来以"新自由主义者"和"新斯拉夫派分子"思想为基础,成立了一些非官方的组织和联合体,这些独立的组织已"政治化",其头头们经常谈论在"议会制度"、"自由工会"、"出版社自治"的基础上"分配权力"。现今发生的争论，主要的和根本的问题就是，承认还是不承认党和工人阶级在社会主义建设中也就是在改革中的领导作用。①

她尖锐地批评了"追求某种左倾自由主义的知识分子社会主义"。认为"这种社会主义的拥护者们用'个人的自身价值'来对抗社会无产阶级的集体主义，而这种'个人的自身价值'具有文化方面的现代主义的探索，寻神派的倾向，专家治国论的偶像，现代资本主义'民主'优越性的宣传，在资本主义现实的和虚伪的成就面前进行奉承"，"正是'左倾自由主义社会主义'的拥护者们正在形成伪造社会主义历史的倾向。他们硬要我们相信我国过去的实际情况只有错误和罪行，同时却对过去和现在的成就'闭口不谈'。"②

作者最后说："关于社会主义意识形态的作用和地位问题今天表现得非常尖锐，一些目光短浅的文章的作者在道德和精神'净化'的庇护下把科学意识形态的界限标准搞得模糊了。利用公开性，散布非社会主义多元，而这一切在客观上妨碍了社会意识的改革。"③

这是第一次在公开场合提出关于改革性质问题的讨论，安德烈耶娃的文章基调显然与戈尔巴乔夫在1987年2月中央全会上的报告基调不同，形成对戈尔巴乔夫改革思想的批判和挑战。在专门讨论这封信的政治局特别会议上，利加乔夫、沃罗持尼科夫、切布里科夫、连任美国大使多年的多勃雷宁、戈尔巴乔夫的好友卢基扬诺夫等，都不同程度的表示对该文的欣赏，只有梅德

---

① 参见《戈尔巴乔夫的改革》，载 http: //csmoo. csu. edu. tw/0299/94－1/Modern/7_ finland/paper/Gorbachev_ reform. htm
② 同上。
③ 同上。

韦杰夫和雅科夫列夫十分激烈地批判了安德烈耶娃的信和《苏维埃俄罗斯报》,认为安德烈耶娃的文章不是一封普通的文章,是斯大林主义的复活,是改革的主要威胁,是"反改革势力的宣言",是改革的阻力。戈尔巴乔夫的发言坚决支持雅科夫列夫的立场,对其他政治局委员的模糊态度表示不满。在戈尔巴乔夫的压力下,政治局委员们纷纷调整自己的立场,有的借口说起初没有好好读读这篇文章;有的说,一开始没有留下什么印象,仔细阅读后发现信中确实存在反对改革的东西。政治局特别会议一致同意对这封信进行反击。4月5日《真理报》发表编辑部文章《改革的原则:思维和行动的革命性》,对女教师的来信提出尖锐批评。主要还是围绕对斯大林的评价问题。《真理报》认为,有人一次又一次地提出斯大林在历史上的作用问题,首先是为斯大林辩护,从而在实践中保留斯大林所依靠的"解决"争论问题的方法以及他所建立的社会结构与国家结构、党的生活与社会生活准则,其中最主要的是为专横武断的权力辩护。

文章说,《我不能放弃原则》一信表明,有人对目前改革的怀疑,其观点与改革的基本方针是完全不相容的和对立的,这种立场实际上是保守的和教条主义的。除了改革之外,苏联别无他路可走,倒退是没有出路的。对改革本身人民往往有不同的理解,围绕改革展开的斗争虽然不具备阶级对抗形式,但都是很尖锐的。[1]

那次政治局会议,是戈尔巴乔夫上台以来第一次在政治局会议上专门讨论报刊上发表的文章的会议,《真理报》的公开回应表示了党内不同意见的存在和公开化。5月7日,戈尔巴乔夫在

---

[1] 参见沈志华等编著《苏联共产党九十三年——苏共历史大事实录》,当代中国出版社1993年版,第927页。

会见新闻媒介和创作协会领导人时的讲话中表示,他无意下台,并保证仍旧推行其政策。并认为今年3月刊登在《苏维埃俄罗斯报》上那篇为已故独裁者斯大林的统治进行辩护的文章,是一篇反对经济改革的声明。①

这一次交锋的主要内容是两个:如何看待苏共的历史及其领导人物和如何看待改革,或者是怎么样推进改革。这两个观点形成的最终分歧也是苏共后来政治走向的基础,而且这两个问题也是密切相关的。全盘否定苏共历史实际上就是否定苏共的领导,改革自然也不一定需要共产党领导,多元化和多党制是逻辑发展的必然。因此,苏共的最终解体可以说在这次争论的解决过程中就已经埋下了祸根。从以上对戈尔巴乔夫改革历程的总结回顾,可以清晰地看到苏共党内思想交锋的发展脉络。

最后,是是否需要联盟主义的争论。

虽然苏联的民族问题一直非常严重,但它的形成是个缓慢积累的过程。首先,在苏联解体的民族纷争中,一直存在客观的解体因素,这主要体现在波罗的海3国的问题上。在沙俄统治期间,波罗的海3国的"民族主义"运动一直非常活跃。1920年7月,3国在资产阶级革命后获得独立,并得到苏俄政权的承认,直到1940年才重新加入苏联。而加入苏联又是由于1939年苏联与德国签订的"互不侵犯条约",这个条约后面附有一个(之后又签订两个)瓜分邻近主权国家的"秘密议定书"②。前后3个协定实质上是苏德划分东欧利益范围的计划,也是苏联占领3国序幕的开始。1939年9月1日,德国首先发

---

① 参见沈志华等编著《苏联共产党九十三年——苏共历史大事实录》,当代中国出版社1993年版,第927页。

② 参见李兴汉著《波罗的海三国和苏联解体》,载《东欧和中亚研究》2000年第3期。

动了对波兰的战争，苏联借口"预防"或是"防止"德国东进，"保障"苏联和爱沙尼亚、拉脱维亚、立陶宛之间的"安全"，于1939年9月底和10月初，与3国分别签订了"互助条约"。根据这一条约，苏联获得了在这些国家建立军事基地和驻军的权利。随后建立了亲苏联政府和议会，然后由议会提出加入苏联申请，1940年3月就成为苏联的3个加盟共和国。后面的行为依据就是那个秘密协定，但是这个协定到80年代才揭露。为了搞清历史真相，苏联1989年6月召开的第一次人民代表会议决定成立一个从法律上和政治上评价苏德互不侵犯条约的委员会，最后亚·雅科夫列夫做出了议定书从签订之日起在法律上就是根据不足的和无效的结论。这个结论壮了3个共和国的胆子。由于这些历史原因的存在，这3个共和国的共产党和其他共和国的共产党都不一样。在第二次世界大战中，这3国的共产党领导人民取得了战争胜利，但是在这次事件中，这3个国家的共产党是先于共和国宣布独立的。1989年12月1日，立陶宛共产党中央举行全会，讨论定于12月举行的立陶宛共产党非常代表大会的筹备问题。专程赶到参加会议的苏共中央政治局委员、中央书记梅德韦杰夫宣读了戈尔巴乔夫致立陶宛全体共产党员的呼吁书并作了长篇发言。但是已经无济于事，大会上，在立陶宛建立独立于苏共之外的共产党的倾向越来越明显。立陶宛共产党二十大如期召开，以第一书记阿·布拉藻斯卡斯为首的多数派主张立陶宛共产党独立，并以代表大会名义发表了立陶宛共产党独立宣言，宣布共产党立陶宛共和国组织已经成为具有自己纲领和章程的独立的组织。这完全违反了列宁坚持的原则，即共产党组织不能像国家体制那样实行联邦制，也违反了俄共第八次代表大会曾经做出的决议："乌克兰、拉脱维亚、立陶宛共产党中央委员会享有党省委员会的权利，并完全服从俄国共产党中央委员会。"①立陶宛共产党的独立揭开了苏共联邦化的序幕，并引起其他共和国的跟风。作为联系联盟的强而有力的纽带断了，联盟中央的权力进一步被削弱。

因此，"波罗的海3国在苏联解体过程中起有'带头人'的作用，尽管3国是苏联较小的加盟共和国，但其在苏联剧变中的作用不容忽视。正是在波罗的海3国独立的带动下，才有紧接其后的亚美尼亚、摩尔多瓦和格鲁吉亚3国的独立，在此基础上才有可能出现乌、俄、白3家宣告苏联解体的别洛韦日协定"②。正是有波罗的海3国以及后来亚、摩和格3国的独立，才使白、俄、乌元首找到"根据"，宣布苏联解体。在这过程中，他们看到联盟中央处理独立共和国的软弱无力，而且已经有了现成的效仿对象，才敢真正走向独立。所以，波罗的海3国的独立乃是导致苏联解体的一个重要前提，不能将它与导致苏联解体的其他一些原因相提并论，它应该是具有70年历史的苏联大厦倒塌的直接原因③。

客观因素的存在，实际上还不足以致苏共于死地，如果依靠合理的民族政策还可以有效改造这种因素。在列宁时代，对民族关系的处理，实际上已经为后来者创造了很好的示范。虽然那时候民族关系也不是非常平和，但是没有特别大的矛盾。如果苏共一直延续列宁的民族政策，导致苏共的解体的民族影响可以降低到最低水平。历史上，沙俄用武力征服的办法先后兼并了外高加索、中亚、波罗的海沿岸国家、西伯利亚和远东等地，使其版图

---

① 赵常庆、陈联璧著：《苏联民族问题文献选编》，社会科学文献出版社1987年版，第13页。

② 李兴汉著《波罗的海三国和苏联解体》，载《东欧和中亚研究》2000年第3期。

③ 同上。

扩张了8倍，征服的民族达120多个。伴随地理上的扩张，俄罗斯民族沙文主义也到处泛滥，非俄罗斯民族受到残酷压迫与奴役，致使沙皇俄国成为世界历史上民族矛盾最严重的国家。十月革命后，列宁对历史沿袭的俄罗斯沙文主义非常警惕，提出"要同大俄罗斯沙文主义决一死战"[①]，并积极推进解决民族问题，倡导民族自决、平等，使历史遗留的民族问题有了很大缓解。但是斯大林执掌政权以后，完全改变了原来的民族政策，采用了比较极端的民族政策，比如对日耳曼人的大迁徙，撤销车臣—印古什等自治共和国并强制性迁出他们世世代代居住的地方，即使是对同属于斯拉夫民族的乌克兰等民族也是如此，大量减少乌克兰语言教育和书籍出版，向乌克兰地区派遣大量非乌克兰民族干部，等等，这些问题只不过在斯大林取得第二次世界大战胜利的余威和他的高压政策下，一时没有爆发而已，这是一座"休眠火山"。更可怕的是，苏共对这种政策的负面效应根本没有任何正确认识。俄共（布）十三大报告中还认为苏联已经基本解决了各民族权利和经济、文化平等的问题。斯大林自己在1939年也认为民族问题"已经基本解决"，因而"根本谈不到民族权利会受到伤害"[②]。赫鲁晓夫在批判斯大林的同时，也没有很好地纠正斯大林在民族问题上的失误。他断言，"苏联已经解决了人类世世代代关心的，而资本主义世界直到现在仍然尖锐的一个极其复杂的问题，即各民族之间的相互关系问题"，就在于促进国内各民族"更加全面地接近"，以"使各民族达到完全的一致"。并认为"在苏联已经形成了具有共同特征的不同民族人

[①] 《列宁全集》第43卷，人民出版社1987年版，第216页。
[②] 《斯大林文选》，人民出版社1978年版，第88—89、103页。

们的新的历史共同体——苏联人民"①。1967年勃列日涅夫也认为，苏联已经建成发达社会主义，"民族问题彻底地一劳永逸地解决了"②。以提出改革新思维著称的戈尔巴乔夫，在民族问题上没有一点新思维，他也一直在重复以前苏共领导人的主观臆断。在苏共二十七大的政治报告中，戈尔巴乔夫强调指出："苏联已经一劳永逸地消灭了各种形式和表现的民族压迫和民族不平等，各民族人民牢不可破的友谊，对各民族的民族文化和民族尊严的尊重已得到确立，并已进入亿万人的意识之中。苏联人民是一个崭新的社会和族际主义的共同体，这个共同体是由一致的经济利益、意识形态和政治目标结成的。"③也正是这个原因，在他那本自以为成功的著作中很少论及民族问题，也许他不认为这是一个问题，而是社会主义的伟大成就。另一方面，大俄罗斯主义的思想在相当长时间里面不断的膨胀、繁衍、生根发芽。特别是苏联的鼎盛时期，狂妄自大、过分夸大俄罗斯民族的作用，随意抹杀非俄罗斯民族的历史功绩。斯大林1945年的讲话中就提出，"俄罗斯是苏联各民族中最杰出的民族"，是"公认的苏联各民族的领导力量"④。斯大林继任者也大肆吹捧俄罗斯"是苏联各民族的母亲"，"是俄罗斯人帮助其他民族克服了几百年来的经济和文化落后状况"⑤。甚至在1989年9月苏共民族政策纲领中，仍坚持要以俄罗斯为中心建立新联盟国家，强调"俄罗

---

① 赵常庆、陈联璧著：《苏联民族问题文献选编》，社会科学文献出版社1987年版，第250页。
② 《勃列日涅夫言论集》第8卷，上海人民出版社1975年版，第93页。
③ 《苏联共产党第二十七次代表大会主要文件汇编》，人民出版社1987年版，第71页。
④ 《斯大林文选》，人民出版社1978年版，第428—429页。
⑤ 江流、徐葵等著：《苏联剧变研究》，社会科学文献出版社1994年版，第240—241页。

斯过去和现在都是整个联盟国家的凝聚力量，对克服民族地区的落后状况作出了决定性的贡献"[①]。俄罗斯人的傲慢和自大极大地伤害了非俄罗斯民族的民族感情，促成了他们对俄罗斯民族的离心倾向及对本民族的亲近感和凝聚力。

正是苏共领导人这种漠视民族差别和民族矛盾的民族盲目骄傲感，使其对存在的民族之间的问题根本熟视无睹，导致在问题发生的初期不重视、不认真对待，在问题发展的中期不认真寻求解决问题的对策，到最后一切都迟了。由于平时缺少有效的解决民族问题的机制，关键时刻自然找不出有力的解决办法。戈尔巴乔夫从7月1日就日趋严重的苏联民族问题在中央电视台发表讲话开始的努力都是徒劳的，包括12月25日至26日为专门研究立陶宛问题而举行的苏共中央非常全会，到立陶宛首都的访问等等，都没有提出切实有效的解决办法。

（三）苏共灭亡：历史拐点的重合

1. 苏共灭亡：组织因素

组织要能可持续发展，必须要有良好的组织生存环境、足够的组织生存发展合法性、合理的组织结构、健全的组织运行体制等要素。苏共曾经是世界上最庞大的政党组织之一，要注意，苏共首先应该是一种组织，然后才是政党组织，最后才是无产阶级领导的政党组织。从共产党阶级属性的丧失角度讨论苏共灭亡原因固然重要，但是剥离共产党的阶级属性，以普通组织的视角分析苏共存在的问题，也许会有新的启示。

---

① 江流、徐葵等著：《苏联剧变研究》，社会科学文献出版社1994年版，第252页。

首先，组织所处环境能否支撑组织良性发展至关重要，环境在很大程度上制约着组织的发展形态和发展空间。

苏联本身有着比较独特的社会文明。在地理环境上，苏联属于典型的东西方接合部的文明特征，这使苏联文明既有欧洲文明的理性主义和抽象思维，也有东方文明的神秘主义和内省文化，既有商品经济的初步萌芽及其带来的社会分化，又有强而有力的中央政权控制，比起西方文明，它总是慢一步，但是比起东方文明似乎又要快一拍，表现了文明的多样性和差异性。从文明基因的重要组成部分——宗教来看，俄罗斯是从988年起就把东正教奉为国教，拜占庭东正教有着和俄罗斯文明内在的契合，就是教会与世俗政权合一和对帝国的崇拜，鼓吹对王权的绝对服从。伟大的民主主义批判家别林斯基的话极好的说明了这一点："这个民族（指俄罗斯）……坚定地支持上帝的教会、祖先的信念，毫不动摇地尽忠于东正教的沙皇；他们最得意的格言是：我们的一切都属于上帝和沙皇。"① 在这种文化影响下，俄国资本主义的萌芽发展有着独特的特点：俄国资本主义的发展和农奴制的共生共存，资本主义文明的传播依赖中央王权，所以，俄国的社会变革始终是在旧的社会结构内部进行，并没有摧枯拉朽式的资产阶级革命。在民族观念上，俄国中心主义根深蒂固。普希金于1831年写的《给诽谤俄国的人们》诗中就写道：斯拉夫人的河流都应汇入俄国的大海。还有尼·达尼列夫斯基、陀思妥耶夫斯基等都支持类似的观点，可见，俄罗斯沙文主义一直有着深厚的历史文化原因。俄国社会还有一个非常特别现象，就是农村公社。马克思曾经说过："俄国公社……情况非常特殊，在历史上

---

① ［俄］别林斯基著：《18—19世纪俄国哲学》，商务印书馆1987年版，第234页。

没有先例。在整个欧洲，只有它是一个巨大的帝国内农村生活中占统治地位的组织形式"①。由于马克思对俄国公社给予过希望，认为在俄国爆发革命的条件下，公社有可能成为"俄国社会复兴的因素和俄国比其他还处在资本主义制度压迫下的国家优越的因素"②。后来的思想家、政治家对村社制度又进行了充分的阐发，使之成为了俄国20世纪社会政治发展意识形态的重要组成部分。集体农庄、国营农场很大程度上就是村社的翻版，甚至苏联社会的整个政治、经济体制都能在村社生活中找到模糊可辨的源头。但是列宁也承认，对俄国农村资本主义发展程度、农村公社程度都估计过高了。③换言之，要农村公社脱胎换骨是困难的，通过村社超越资本主义阶段的可能性微乎其微。

以上文化要素有着和苏维埃制度合拍的地方，俄国学者柳·谢缅尼科娃指出："村社制度——这一已经成为人民群众社会生活中的自然形式的古老传统，在我看来，正是1917年政治文化的基础。"村社的集体主义、直接民主形式、平均主义和社会公正，所有这一切实际上都在苏维埃的形式中得到了体现。④在1917年需要选择革命后政权形式的时候，布尔什维克党人和深受村社传统影响的工农兵群众找到了结合点，具有本土特色的苏维埃制度最终胜出。但是俄国文明也有很多相对于现代工业文明的巨大缺陷。列宁在十月革命胜利以后反复强调：俄国革命是先夺取政权，然后再创造条件搞社会主义，说明俄国至今"还没有摆脱半亚细亚的不文明状态"，"我们还要进行多少顽强繁重

---

① 《马克思恩格斯全集》第19卷，人民出版社2006年版，第451页。
② 同上书，第441页。
③ 《列宁全集》第16卷，人民出版社1986年版。第269页。
④ 资中筠主编：《冷眼向洋》，三联书店2000年版，第35页。

的工作，才能达到西欧一个普通文明国家的水平"①。他充分认识到在落后的东方、半东方国家，从事社会主义革命是非常艰难的。但是他的继任者没有很好认识到俄国文明基础的薄弱，没有认识到苏联文化对市场经济与民主体制的本能排斥，忽视了文明特性对社会历史进程的深刻制约，孤立地从社会形态更替的角度教条地理解马克思的历史哲学理论，过高地估计苏联的社会发展阶段，结果真的给了马克思"过多的荣誉，同时也给了过多的侮辱"②。

因此，如果组织生存环境恶劣，组织应当具备从恶劣环境中汲取能量的能力，就像沙漠中的沙生植物。组织的发展应当与环境平衡，应当在环境承载能力基础上发展组织，国家与政党莫不如此。但是苏联涸泽而渔的做法却非常普遍，哈萨克斯坦总统纳扎尔巴耶夫对此有深刻认识。他以自己的亲身体会谈到，即使是所谓的"黄金时代"，"我们的强大是建立在经济畸形发展基础上的。在许多方面是被强大的军事工业，特别是武器生产所支撑的……我们这里取得了无可争议的成绩，这些成绩却丝毫不对整个经济发生影响，国防定货使生产能力'超负荷运转'，使得整个国家连最起码的生活必需品都缺乏。……我们用不断扩大武器生产扼杀了自己的经济。我们的工业在工艺、技术领域已远远落后于西方国家……而且对国家的稳定构成巨大威胁"③。苏共这样领导国家的经济工作，犹如在沙漠中发展耗水产业，工业产值

---

① 《列宁全集》第33卷，人民出版社1986年版，第417、441页。
② 参见《马克思恩格斯全集》第19卷，人民出版社2006年版，第130页。"过多的荣誉"是指苏联模式的短期成功归结为社会主义社会建立的成功，"过多的侮辱"则是苏联模式的失败被归结为社会主义的失败。
③ ［俄］纳扎尔巴耶夫著：《苏联解体的三大动力》，载《当代世界》2000年第8期，第33页。

虽然上去了，但是组织赖以生存的环境却失去了可持续发展能力，最终只能逐渐消亡。

所以，苏共作为组织的使命应当是首先改造环境，改造俄罗斯落后的文化，特别是与现代文明格格不入的部分，例如俄罗斯沙文主义，积极改善、扩大苏共的生存空间，在现有条件、环境下逐步集聚所有能量发展社会主义。遗憾的是，苏共并没有很好地意识到自己的错误。

其次，组织合法性决定着组织发展的长久性，是组织生存的基础。

政党或者国家要实现长治久安，必须建立实现有效统治和政治稳定的合法性。通常"合法性是指政治系统使人们产生和坚持现成政治制度是社会的最适宜制度之信仰的能力"[1]。毫无疑问，一种政治制度能够创造持续、稳定的经济增长自然能够获取社会最广泛的支持。因此，合法性最重要的是来自于经济的发展，在解决人们生活的基本问题上政权组织是否是有力的，一些社会主义国家的成功很好地说明了这一点。而苏联改革的转向为什么发生在1988年左右，这和当时的社会经济状况密不可分，出现了合法性危机。经过3年多的改革，苏联的经济加速战略并没有让苏联经济出现任何加速的迹象，人们对改革本身发生了怀疑。虽然从GDP看，苏联从1987年到1988年有缓慢的增长，但是这几年消费品市场一片混乱，货物短缺现象更加严重，固定投资在1988年突然下降。[2] 从经济体制改革转向政治体制改革在某种程度上是转移社会危机和矛盾的无奈之举。在对苏联经济

---

[1] [美]西摩·马丁·利普塞特著：《政治人—政治是社会的基础》，上海人民出版社1997年版，第55页。

[2] 参见[美]大卫·科兹著：《来自上层的革命——苏联体制的终结》，中国人民大学出版社2002年版，第107—120页。

问题一筹莫展的情况下,苏共和戈尔巴乔夫怕人们失去信心和耐心。但是,政治体制的改革也并没有使苏联走出经济困境,反而陷入了更深的危机之中。在1990—1991年期间,苏联经济形势从严峻发展到了危机,出现了有史以来的第一次经济紧缩,GNP在1990年下降了2.4%,1991年则下降了13%,固定资产净投资1990年急剧下降了21%,1991进一步下降了25%,人们的货币收入则是逆向上升,预算赤字也大幅攀升,这使已经灾难深重的消费品市场雪上加霜。[1]

另外,这种危机的加深也可以从苏共中央讨论的议题的变化得到佐证。虽然说苏联改革重心在1988年以后从经济转向政治,但是在多次苏共中央全会和一些重要场合上,中央领导人在相当长时期内总是把农业和消费品问题与政治体制改革并列起来。如1988年的7月全会上,戈尔巴乔夫报告的第二部分就是讨论如何深化农业改革以解决食品供应的问题。他认为,在解决食品问题方面需要采取既有当前性质,又有长远性质的紧急和根本性措施,要在实行完全经济核算、自负盈亏、租赁和承包的基础上解决这项任务。1989年3月3日,中央政治局委员、苏共中央书记叶·利加乔夫在接见鄂木斯克州党组织和社会团体代表时的讲话,不仅强调了坚持在一党制的条件下进行自由的对话,不允许个别人或一批人利用民主和公开性来达到谋私利和反苏的目的,而且他还指出,改革思想本身是由关心人而产生的,是由关心人而决定的。在这方面当务之急是解决食品问题。同样,在1989年的3月全会上,戈尔巴乔夫还作了《关于在现代条件下党的农业政策的问题》的报告。为了讨论这个问题,还特意邀请了

---

[1] 参见[美]大卫·科兹著《来自上层的革命——苏联体制的终结》,中国人民大学出版社2002年版,第107—120页。

一批农业边疆区委员会书记、集体农庄主席、国营农场场长、承包人、学者和农工综合体的其他工作人员参加了全会。从这些苏共领导人的讲话可以明显感觉到食品供应问题对苏共的压力。可怕的是，这些所谓政策对改革苏联农业问题和食品供应没有起到任何实质性的作用。很难想象，在起码的农业发展和消费品供应问题都没有很好解决的时候，政治改革过程中作为执政党的共产党会受到人们坚决拥护。叶利钦的指责绝对不是空穴来风："改革3年来没有解决任何一个实际问题。"苏共统治最重要的合法性基础没有根本解决，政权要想稳定发展几乎是不可能的。

如果说经济增长是合法性的物质基础的话，那么组织给予人的道德感是合法性的精神基础。组织和人一样，其道德感最重要的是诚信。政府和政党应该是诚信的，如果政府的说法和做法严重的不一致，会让人们觉得政党的不可信，当有力量推翻它的统治的时候，人们自然不会阻止这股力量推翻看起来"恶"的政党。苏共的不诚信不仅体现在党内生活的特权化倾向，更重要的是体现在对待改革的态度上，最终导致人们对苏共的放弃。戈尔巴乔夫在党的第二十七次代表大会上呼吁党内的民主化，党的领导要通过竞选产生，通过无记名投票方式产生，但是这个计划从来没有有效付诸实施。从1987年1月为了推行党内民主而召开的中央委员会会议以后的两年多时间里，省一级的党委书记通过他们自己宣称的民主选举的方式产生的不到1%，[1] 这个比例简直可以忽略不计，共产党官员的权力还是来自上级的任命。这怎么能让普通老百姓相信什么民主化呢？怎么让普通民众看到改革的希望和对共产党的信任呢？怎么产生对改革和苏共的认同

---

[1] [美] 大卫·科兹著：《来自上层的革命——苏联体制的终结》，中国人民大学出版社2002年版，第130页。

感呢？

随着政权统治的合法性基础不断被削弱，人们对苏共的不满情绪也日益上升，这也非常容易解释为什么当苏共宣布解体时候没有人站出来为这个曾经伟大的政党进行生死决斗。

再次，组织结构是决定组织功能和组织稳定的重要因素。

苏共的内部结构和苏共与其他政治组织组成的国家政治组织结构也在很大程度上决定着苏联的稳定和发展。苏共的内部结构主要是指苏共中央和各共和国共产党之间的关系以及苏共内部的派别化。苏联是联邦制的国家，那么怎么保证联邦的统一不受损害呢？列宁给出的办法就是作为无产阶级先锋队的俄国共产党必须团结统一，不能按民族、民族国家划分，不能像国家体制一样实行联邦制。"俄国共产党第八次代表大会决议：必须有一个统一的、集中的共产党，它有领导俄罗斯联邦社会主义共和国各部分党的工作的统一中央委员会。党的各部门必须无条件的执行俄国共产党及其领导机关的一切决议，不管其民族成分如何。"[①]可惜，在面对日益尖锐化的民族问题时，苏共中央看不到苏共在保证苏联联邦统一中的作用，在处理联邦稳定和联邦体制革新的关系时，把革新放在了前面。1989年苏共中央9月全会通过的戈尔巴乔夫所作的题为《党在当前条件下的民族政策》的报告提出，新的民族政策的使命在于，保证有广泛的可能满足每个民族的特殊利益，同时加强各民族公民权利的保证。戈尔巴乔夫在这次苏共中央全会上作的关于召开苏共第二十八次代表大会问题的发言中说：提前召开苏共二十八大在很大程度上是因为必须考虑到党在改革阶段作为政治先锋队的新作用的情况下实现其自身改革。现在党的机关和党组织的运作在很多方面被陈旧的组织机

---

① 《苏联民族问题文献选编》，社会科学文献出版社1987年版，第13页。

构、过时的规章制度所束缚。部分干部热衷于陈规陋习对此也有影响。但是哪些是陈旧的组织机构、规章制度他并没有说清楚。所以，改革是盲目的。当立陶宛共产党意图独立的时候，并没有得力措施来捍卫必须的组织原则，1990年俄罗斯共产党独立的时候就彻底宣告苏共联邦化的完成。此时，离苏联解体也不远了。在国家陷入困境时来实现组织结构的调整难度是很大的，社会和历史并没有提供实现结构调整的喘息机会。

苏共的派别化实际上就是要实现组织结构从单一向多元的转化，也是应对苏共出现政党结构危机的一项举措，作为改革的尝试本身无可厚非。但是不管怎样的派别化，无论怎么样的政党，起码的组织纪律是需要的。作为一个整体，对外仍然需要保持一致，在党内保持某种限度的组织认同，也就是党内斗争再激烈，在党保持执政地位这一点上应当是一致的。派别之间的分别应当是对待国家和社会具体事务主张的不同，而绝不是否定共产党本身。但是苏共在这方面毫无约束，完全是无组织、无纪律的状态，谁"对当权者的批评越多，讽刺指责愈激烈，成功的保障就愈大。如果你谩骂党，你大可放心，因为你肯定会当选。结果是这种方法到处滥用"[①]。苏共的战斗力就是在这种情况下慢慢消解了。

一直以来，苏共在苏联是唯一合法的政党。从1990年苏共中央2月全会决定放弃苏共的领导核心作用开始，苏联才逐步开始多党制，自觉取消苏共的政治垄断地位，从根本上改变了苏联的政治结构。但这是一个逐步的发展过程，经历了从非正式团体到合法组织的转变。改革初期，在戈尔巴乔夫民主化、公开性、

---

① ［俄］瓦·博尔金著：《戈尔巴乔夫沉浮录》，中央编译出版社1986年版，第322页。

多元化等口号的鼓吹下，各种非正式团体从 1988 年开始如雨后春笋般迅速成长。例如，第一个建立的较大的反对派组织——爱沙尼亚人民阵线，1988 年 4 月刚刚开始活动的时候主要是由 800 个小团体构成，到 6 月就发展到 4 万名成员，苏共十九次代表大会以后发展更快，10 月的塔林大会其成员已经有 10 万人，其中 22% 是共产党员，苏共组织纪律的松弛可见一斑。到 1989 年，各类非正式组织已经有 6 万多个，1990 年 8 月增至 9 万多个，甚至十月革命后被取缔的"社会革命党"、"立宪民主党"等也先后复活。这些组织中有 1 万多个带有政治色彩，900 多个具有政党性质，大多数政治性组织主张实行多党制和议会民主，有些具有明显的反共、反社会主义、反联盟中央色彩。[1] 面对这样的发展势头，戈尔巴乔夫还是采取了宽容的态度，认为它们的绝大多数"主张深化改革，主张进一步民主化"，"他们的积极目的与改革的目的客观上是一致的"[2]。正是这种态度导致了苏联代表大会第一次出现有组织的政治反对派——叶利钦、萨哈罗夫等 5 人为首的"跨地区代表团"，给这些激进势力提供了政治舞台。这些政治的反对派再加上民族主义激进分子共同对苏共形成了严峻挑战。虽然从理论上说，让一些非正式组织发展而且发表自己的见解，能够形成对苏共的竞争，迫使苏共提高自己的组织效率，但是苏共及其领导人没有处理好允许竞争和不正当竞争的关系，非正式组织的很多活动都大大超出了当时宪法和法律规定，而且也违反起码的情理。比如 1989 年 7 月 29 日，叶利钦在跨地区议员团成立大会上就公开表示支持当时的矿工大罢工，声称：

---

[1] 详细的可见周尚文等著《苏联兴亡史》，上海人民出版社 1993 年版，第 692 页。

[2] 江流等主编：《苏联演变的历史思考》，中国社会科学出版社 1994 年版，第 66 页。

"党这个贵族阶层已构成一个阶级。这次工人运动的矛头就是针对这个阶级的,尽管工人们尚未认识到这一事实"①,叶利钦的这一番话很难与他当时苏共中央领导人身份相符合。所以,不是说苏共改善政党结构的努力不对,而是对在这个调整过程中产生的各类问题没有采取及时有效的措施制止糟糕透顶的行为。

最后,建立组织良性运行机制是组织功能充分发挥的重要保证。

社会主义政党也离不开有效运行机制的建立。现代政治组织的良性运行机制应当是建立在民主原则基础上的。众所周知,苏共的政治体制以集中为特色,这种体制最显著的特点是上情下达容易,下情上达困难,但是戈尔巴乔夫推进的民主化改革并没有有效改变这种情况。以对联盟的态度为例,1990年前后,为研究苏联改革的走向,美国等西方国家的许多民意测验机构在苏联进行了多次民意测验,结果表明:支持实行资本主义的人在5%—20%之间,高达80%的人民都希望坚持社会主义。1991年5月,美国一个民意测验机构在苏联进行了一次1000人规模的民意测验,其中一项内容是你是否赞成在苏联实行美国式的自由市场经济时,只有17%的人表示同意,83%的人表示不赞成。由此可见,苏联公众的大多数并不想取消社会主义而建立资本主义。② 那么,为什么苏联和苏共的发展却和民众的想法背道而驰呢?在那种公开化、自由化气氛中的调查应该是具有较高可信度的,问题的原因究竟何在呢?哪一部分势力影响了人民的这种呼声呢?国家政权和政党为什么没有很好代表民意呢?答案只有一个:苏共的组织运行机制出了问题,而且是出现了政党执政基础

---

① 陆南泉等主编:《苏联兴亡史论》,人民出版社2002年版,第763页。
② [美]大卫·科兹著:《苏联解体的原因》,载《当代思潮》2000年第5期。

与政党精英之间的严重脱节。大卫·科兹的观点是有一定说服力的：苏联解体的真正原因来自苏共内部，是大约10万人左右的占据着党政机关重要领导岗位的"精英集团"。正是这个"精英集团"的大多数人想实行资本主义，以便他们享有更大的权力，拥有更多的财富。他们还与那些持相同观点的知识分子组成一个强大的联盟。① 大卫·科兹还提供了一项来自美国社会问题调查机构关于意识形态的调查，这个针对掌握着高层权力的党政要员的调查结果，非常出乎人们的意料：大约9.6%的人具有共产主义意识形态，他们明确支持改革前的社会主义模式；12.3%的人具有民主社会主义观点，拥护改革，并希望社会主义国家实现民主化；76.7%的人认为应当实行资本主义。② 作为一个在世界上存在时间最长、影响最大的社会主义国家苏联，党的干部队伍中竟有那么多的人主张实行资本主义，实在令人震惊。而且精英分子的意识刚好和民众的意识相反，实在令人深思。处在同一个政治社会化体制内的人怎么会有这么大的差别呢？另外，当改革尘埃落定的时候，这个集团的庐山真面目就露出来了。苏联时期的干部在总统班子中占75%，在政府部门中占74%，在地方政权中占的比例更高，达80%，国内企业家中原来的共产党员占85%，很多直接由国有企业经理变为老板，③ 更加鲜明的证明了谁是那种改革方式的最大受益者。

在这种组织机制下，苏共几十年运转的结果就是生产了这个巨大而顽固的"党—国"精英分子阶层，人们对苏共内部存在的这个特殊的官僚阶层有着很多研究论述。这个集团的人具有各

---

① [美]大卫·科兹著《苏联解体的原因》，载《当代思潮》2000年第5期。
② 相关的详细分析可以参见[美]大卫·科兹著《来自上层的革命——苏联体制的终结》，中国人民大学出版社2002年版，第151—152页。
③ 黄苇町著：《苏共亡党十年祭》，江西高校出版社2004年版，第92页。

种特殊权利，从斯大林时期开始，特权制度开始固定化。一般是，"根据这个制度的等级——政治局委员、政治局候补委员、中央书记、中央委员、人民委员、各局的首长等，每一级都有自己的一套特权。战争胜利之前，享有这种特权的人范围相当小，但特殊待遇本身是非常优厚的"。在战后配给制废除以后，"特权很快地重新开始扩大。有各种形式：几乎是免费占有别墅，有专用汽车，免费早餐，免费午餐（或者象征性地交点费），假日去休养所、疗养院的大量路费补贴，'医疗费'（休假日月薪照发）。但是，在斯大林时期达到登峰造极地步的是所谓'钱袋'，即领导人员的工资附加款。这个附加款可以从几百卢布（当时的货币）到几千卢布，取决于职位的高低。钱袋装在信封里秘密发给，不上税，甚至交纳党费也不包括它。例如，一个部长当时除工资外可得到两万多卢布，相当于1960年改革后2000多卢布"①。赫鲁晓夫时期的一些改革也没有根本改变这种制度，勃列日涅夫时期恢复了赫鲁晓夫废除的一些高级干部的特权，而且还搞了一些新的特权待遇。② 戈尔巴乔夫上台之后，对苏共领导者，即官僚特权阶层的日趋腐化的危机，依然无动于衷，视而不见。他执政之后，对勃列日涅夫时期留下来的高级领导人的特殊待遇都依然照旧保留。据戈尔巴乔夫的秘书讲，特权待遇的许多做法一直延续到很晚，直到1990年以前，过去的许多东西一直保留着。③ 而且，他对腐败也是高度的宽容。当他知道自己的助

---

① [俄] 阿尔巴托夫著：《苏联政治内幕——知情者的见证》，新华出版社1992年版，第310—312页。

② 详细情况可以参见 [俄] 瓦·博尔金著《戈尔巴乔夫沉浮录》，中央编译出版社1996年版，第256—257、386页。

③ 参见 [俄] 瓦·博尔金著《戈尔巴乔夫沉浮录》，中央编译出版社1996年版，第258页

理伊格纳坚科接受新闻媒体的贿赂的时候,他居然说:"我最信任的人是那些干活总得有些物质刺激的人。"这样的人,最后也只是调换一个岗位了事。在1991年8月后,伊被解除新闻发言人职务而被任命为塔斯社社长。① 所以,也就很好理解为什么戈尔巴乔夫最后会是众叛亲离的下场,并造成苏联的劫难。相反,叶利钦在政治上得分,能获得很多人认同,就是从对这个特殊群体的抨击开始的。但是他自己从来没有宣称放弃已经获得的特权。

因此,不得不说,苏共内部的所谓"党—国"精英分子是既得利益者,自利化倾向非常严重。也许这是任何政党执政以后不得不面临的世俗化现实。众多积极入党的党员不再执著于某种意识形态,而是更加务实,追逐物质和名利,谁能为其带来更多利益,他们就支持、选择谁,这也比较好的解释了为什么会有那么多的共产党员加入各类非正式组织。因为如果当一名党员加入共产党的动机就是为了获取上升的捷径的时候,一旦其他组织的设立开禁,加入其他组织就意味着更多的表现和升迁机会,从而获得在共产党组织里面根本得不到的升迁机会。况且苏共对这样的投机行为没有任何约束,这种政党和社会对此的宽容导向,致使精英分子自我利益最大化的风气到处弥漫。如何约束、限制手握权力的共产党官员自利行为,是摆在社会主义国家执政党面前的艰难课题。同时,这些"党—国"精英分子是怎么进入党内的呢?难道所有人只要进入这类角色就会发生蜕变吗?也许建立真正的民主的运行机制是这个问题的唯一解决办法。

---

① 详细参见〔俄〕瓦·博尔金著《震撼世界的十年——苏联解体与戈尔巴乔夫》,昆仑出版社1998年版,第256页。

2. 苏共灭亡：改革技术因素

无论从哪个角度说，社会改革都是一项巨大而复杂的系统工程，一个毫不起眼的环节出错也许就会使改革功亏一篑，更何况，苏共的改革是人类社会从来没有进行过的庞大的社会主义改革。由于苏联改革最终导致了社会主义社会向资本主义社会的演变，人们很多时候把目光都集中到了意识形态等相关的一些问题上，而忽略了改革的技术性一面。戈尔巴乔夫的改革很多时候完全是改革政策和策略的错误，如果改革方法得当应该是可以创造更好的局面从而扭转不利局面的。改革的政策和策略都可以归结为技术层面，它与意识形态无关，也是非常值得关注的经验教训。苏共在这方面的失误可以列举很多。比如，1989年采用不是太合法的方式将叶利钦递补为最高苏维埃代表的做法，无端树立了一个苏共的敌人；还有在苏维埃没能具备最高权力机关相应组织能力的时候让它成为国家权力中心，最终导致了权力体系的乱套等。下面主要列举几个比较重要的政策失误，做一简单探讨。

首先，是反酗酒运动的失败。

戈尔巴乔夫刚刚上台，人们对年富力强的他寄予很高的期望，他自己也是踌躇满志，准备大干一场。那改革究竟从哪里下手呢？"反对酗酒运动是戈尔巴乔夫作为苏联共产党领导者所采取的第一个重大步骤。"[①] 但是可以说，这个运动没有收到任何成效，因为在工作场所发生的酗酒现象反而大大增加了，从1986年的11.7万起增加到1987年的25万起。这一成倍的增长，

---

① ［澳］科伊乔·佩特罗夫著：《戈尔巴乔夫现象——改革年代：苏联东欧与中国》，社会科学文献出版社2001年版，第44页。

打破了勃列日涅夫时期的记录。① 于是，1988年9月苏联部长会议下了一个指示：摸清全国的酒类需求，为其生产提供保障，这标志着"为期三年的'禁酒运动'宣告结束，它和美国30年代的禁酒法一样，已成为历史"②。这个改革的第一炮的哑火也许已经暗示了苏共的改革的失败。从各方面看，反酗酒运动是个非常值得反思的失败类型政策案例，也是需要认真重新估价其历史作用的历史事件。第一，对禁酒政策对象缺乏认真评估和把握。苏联老百姓爱好喝酒是个传统生活习惯，也是一个痼疾，很多居民酗酒也是表达对社会不满的一种情绪宣泄，要和人们的这种习俗宣战并克服它决非一朝一夕能够取胜。苏共领导把它作为改革的第一个动作显然是准备收到立竿见影的效果，为以后改革的实施铺平道路。他们以为行政命令能横扫一切，根本没有意识到这将是一场旷日持久的"战争"。正是这种轻敌使之虎头蛇尾。第二，禁酒政策执行的过程出现明显偏差。如果一开始能够意识到禁酒的难度，然后采取循序渐进的办法是可以促进禁酒运动向积极方向发展的，例如仅仅向烈性酒开战，而不是所有的酒。但是主张禁酒的苏共中央领导人显然是犯了矫枉过正的毛病，他们把葡萄酒和啤酒也列入禁绝行列。这不仅丧失了引导居民从喜好高度酒向喜好低度酒转变的机会，而且造成对葡萄种植业和加工业的严重打击。"在1985—1988年的三年时间里，全国葡萄种植面积几乎减少了1/3，其减少程度连卫国战争期间都不曾有过。"③本来就不是很景气的经济雪上加霜了。第三，对禁酒政策的效应

---

① [澳] 科伊乔·佩特罗夫著：《戈尔巴乔夫现象——改革年代：苏联东欧与中国》，社会科学文献出版社2001年版，第46页。

② [俄] 尼·伊·雷日科夫著：《大动荡的十年》，中央编译出版社1998年版，第103页。

③ 同上书，第99页。

缺乏充分估计。任何重大政策出台之前，都需要对政策给社会造成的可能结果进行全面预测，这样可以避免打"无准备之战"。由于人们对酒类的巨大需求，酒类生产和销售很多都转入地下。一方面，人为地制造出许多靠私自生产和销售酒类发财的小老板。仅仅从1985年4月到1986年4月，一年的时间里面就查获100万个家庭生产酒品用的私人蒸馏器，① 进一步扩大了苏联原有的"隐形经济"。而对国家来说就意味着大量税源的流失以及不可控因素的增加，这种大笔财政收入的损失迫使国家计委、财政部和农业部全力放缓变革的进度；② 另一方面，大量的非法生产酒品刺激了对食糖的市场需求，导致了第二次世界大战以后苏联第一次被迫对居民实行生活必需品的凭证供应。消费品短缺现象更严重了。

因此，从政策过程来看，由于改革社会习俗的难度非常大，或者难以估计，从一开始就不应该把它当作改革的突破口，根本不应该把它作为改革的序幕。因为，"良好的开端是成功的一半"，初期改革的成功对树立政党和政府的权威是至关重要的。反酗酒运动不仅造成了巨大的经济损失，在政治、社会、人们心理方面的影响更是无形的。所以，从苏共改革第一项决策的失败的不仅可以看出苏共当时领导人的政策水平低下，迷信行政命令，唯意志论，主观、理想主义色彩非常浓厚，后面栽大跟头似乎难以避免，而且可以看出苏共领导人对改革缺乏整体性的战略规划。而社会改革恰恰是对战略规划要求很高的政策行为，首先是体制的梳理，而不是细节谋划，苏共没有处理好轻重关系，本

---

① ［澳］科伊乔·佩特罗夫著：《戈尔巴乔夫现象——改革年代：苏联东欧与中国》，社会科学文献出版社2001年版，第45页。
② ［俄］瓦·博尔金著：《震撼世界的十年——苏联解体与戈尔巴乔夫》，昆仑出版社1998年版，第96页。

末倒置了。

其次，改革的贸然转向导致改革政策的断裂。

戈尔巴乔夫承认，改革"直到全苏第十九次党代表会议才出现真正的转折，此后改革才开始具有不可逆转的性质。采取这一决定性步骤，既有经济改革明显受阻的缘由，也为社会舆论激化所驱动"①。但是这足够构成改革转向的原因吗？任何改革都是有阻力的，包括中国的改革开放，但是中国改革在农村的成功树立了改革的合法性，人们非常认同改革本身，对改革过程中出现的失误自然容忍度也比较高。而苏共一开始的反酗酒运动却是无声无息收场，经济发展、人们生活水平的改善都没有明显进展，这样的改革人们肯定会失望的。而且这里大家还应该提出疑问的是：戈尔巴乔夫说的阻力难道大到改革不能继续下去的程度了吗？没有太多的证据表明经济改革没有办法持续。只有一点，戈尔巴乔夫在碰到困难以后不是迎难而上，而是绕道前行。他在战略上没有考虑清楚，当经济体制改革遇到困难的时候，就推进政治体制改革。但是即便顺利完成政治体制改革。这种做法一定能够促进经济发展和人们福利改善吗？所以，提出改革改向的理由并不充分，理由只有一个，就是缺乏对改革的全盘思考以及改革的魄力和决心不够。所以，"对经济改革的政治反应以及经济改革的最终成败，不仅依赖于改革的经济效果，还取决于政治条件。……不仅在于从旧体制转变到新体制之间的峡谷有多深多宽，还在于什么样的政治势力最有能力跨越它"②。苏共最终是掉进了峡谷中，只能说苏共领导层缺乏这种能力，缺乏对改革的

---

① 戈尔巴乔夫著：《真相与自白：戈尔巴乔夫回忆录》，社会科学文献出版社2002年版，第163页。

② [美]亚当·普沃斯基著：《民主与市场——东欧与拉丁美洲的政治经济改革》，北京大学出版社2005年版，第129页。

深刻理解。另外，还有一个很有意思的问题，为什么说经济体制改革阻力很大，但是政治体制改革的步伐反而要比经济体制的改革大得多，所谓的阻力似乎反倒消失了呢？回答这个问题，这可能要回到上面说的那个"党—国"精英阶层，是他们的态度左右了改革的进展，也就是推进政治体制改革能够达到他们的利益最大化。这同样表明苏共战斗力下降，已经没有足够能力领导国家跨越新、旧体制之间的峡谷了。

最后，历史虚无主义的政策舆论导向改变了民众对苏共的看法。

我国晚清著名思想家龚自珍曾经说过，灭人之国，必先去其史，责人之祖宗，必先责其史。自己先去史，岂有不灭国之理！古训就在苏共身上应验了。从赫鲁晓夫开始，苏共否定斯大林，进而否定历史，但是高潮还是在戈尔巴乔夫时期。1986年10月1日，戈尔巴乔夫在全苏高等学校社会科学教研室主任会议上，对包括历史学在内的社会科学各学科的状况进行了严厉批评，指出各类社会科学的基本教科书在叙述原则问题时存在公式主义、教条主义、形式主义和枯燥无味的毛病，因此必须根本重写。在1987年1月中央全会上戈尔巴乔夫进一步提出，苏联历史的研究和评论中存在许多"禁区"，在苏联历史中"不应当有被遗忘的人物和空白点"，强调民主化和公开化对推动改革的决定性意义。特别是到了苏共第十九次次代表大会以后，苏联整个社会就一发不可收拾，兴起了一股"史学热"。1988年6月，苏联教育部门作出决定，全国所有学校的苏联历史课本在1989年全部销毁，并取消学校的历史考试，直至供学校使用的新的"更真实的"苏联历史课本编写出来之后再恢复。这实际上等于官方承认迄今在学校使用的历史教科书掩盖了苏联历史的真相。这股历史热在1989年达到了高潮，历史批判的反思从十月革命等一些历史事件到斯大林为代表的一些历史人物，无所不及，而且否定的意见占了上风，偏离了实事求是的科学轨道，严重影响了苏共的形象。本来"历史记忆中存储的信息和象征，能把人们结合成为一个社会，并且保障共同语言和正常交往管道的存在"①，但是历史虚无主义破坏了这一切。人们把历史上存在的错误和社会主义制度简单连接在一起，认为所有的错误都是社会主义带来的，所以要避免历史上的错误，最好的办法就是抛弃社会主义制度，这正是那些极右分子的算盘逻辑。即使戈尔巴乔夫当初这样做是为了说明改革的必要性，但是把"历史问题"仅仅当作是政治需要的服务工具，结果完全是搬起石头砸自己的脚，给了极右分子可乘之机，完全是愚蠢的政策举措。可以说，包括历史评价等意识形态领域的政策都出现了一些问题，"在形式上脱离书刊检查和意识形态的自由，大众传播媒介成了金钱权力的附庸。谁都不需要科学，科学处于灭绝的边缘"②。

3. 苏共灭亡：领导个人的因素

政治精英在社会发展中的作用举足轻重，尤其是国家级领导人掌握着国家决策权，他们的价值观思维与行为方式都会在历史上留下深深的个人烙印。"更何况像俄罗斯这样一个集沙皇大国传统与布尔什维克主义于一身的大国的领导人！领袖人物的行为风格、性格特征、综合气质和任性无常总是体现出国家政治的外

---

① ［俄］谢·卡拉·穆扎尔著：《论意识操纵》，社会科学文献出版社 2004 年版，第 617 页。

② 李兴耕等编：《前车之鉴：俄罗斯关于苏联剧变问题的各种观点综述》，人民出版社 2003 年版，第 136 页。

六 苏共的"根本革新"与毁灭 397

貌,并直接影响着千百万人的日常生活与命运。"① 在苏联解体事件中,不管叶利钦和戈尔巴乔夫是否是最关键因素,但有一点是可以确定无疑的,就是他们扮演了重要角色。

上面的所有讨论都是以戈尔巴乔夫的诸多行为不是故意的理论假设为基础的,但是也有很多人认为,苏共是被戈尔巴乔夫故意整垮的。戈尔巴乔夫的目的"最明显的是体现在1999年他在土耳其大学的讲话中,他说他的生活目的是'消灭共产主义,消灭它对人实行的难以忍受的专政',这就把他搞'改革'的目的说得再清楚不过了。到'改革'的后期,苏联这个好端端的社会主义强国已被他彻底搞乱,解体已不可避免。他不同意叶利钦等人的某些做法,纯粹出于个人权力之争,改变不了事情的本质。他作为苏维埃国家的掘墓人的罪名是洗刷不掉的,正如他脑门上的印记永远去不掉一样。"② 卢基扬诺夫和亚佐夫也都支持这样看法,认为戈尔巴乔夫的信仰早就发生了动摇,只不过后来才暴露出他的真实意图。③ 虽然有以上一些证据表明戈尔巴乔夫一开始就是想使共产党失败,想创造历史,但是那只是一种蛛丝马迹,并没有特别准确的证据证明他是天生的坏蛋。

其实不管戈尔巴乔夫是否故意,有一点是公认的,戈尔巴乔夫的个性特征和能力是存在缺陷的,很多政治家和熟悉他的人对此做过很多评价。哈萨克斯坦总统纳扎尔巴耶夫认为,"命运在一个特定时期把他(戈尔巴乔夫)推上了这个大国的权力顶峰,

---

① [俄]格拉乔夫著:《秘书眼中的戈尔巴乔夫》,载《国外社会科学文摘》2001年第10期。
② 张捷著:《搞垮苏联罪魁们的自白》,载《中华魂》。
③ 具体参见李兴耕等编《前车之鉴:俄罗斯关于苏联剧变问题的各种观点综述》,人民出版社2003年版,第118页。

但他性格软弱，缺乏坚强意志。他没有走在历史的前面，却陷入了历史激流之中。……他就应该首先实现经济自由化，把人民对政治的热情引入正常轨道。然后才稳步推行政治体制改革，包括民主化、公开性和多元化等。在我看来，俄罗斯政治中存在的犹豫不决、模棱两可、矛盾性等特点在戈氏身上得到了淋漓尽致的表现。他永远缺乏明确的目标和坚决性。想当然地一会儿搞点社会主义，一会儿又搞点市场，搞点资本主义，中央的权威在他手里被大大削弱了。中央权力一减弱，地方势力必然千方百计地捞取更多的权力"①。雷日科夫也认为，戈尔巴乔夫是个改革的"庸医"，"没有领导国家的才能"，"就其气质和性格戈尔巴乔夫不能成为真正的国家元首"。②

如果他自己能够意识到自己的不足，依靠集体的智慧，苏联复杂的问题或许能够缓解，但是偏偏他又是一个喜好权力的人，喜欢独断专行。虽然戈尔巴乔夫执掌政权时期就是以力推"民主化"著称，激烈批判斯大林的"镇压"，斯大林的专制独断，但是也就是他口口声声在说"民主"的时候，也是他不讲民主，他曾经连续几个月不召开中央政治局会议；在 1991 年 8 月他担任苏共中央总书记职务期间，同时还是苏联总统，苏联武装力量最高总司令，克格勃、国防部、内务部、外交部、军工委员会的直接和唯一的主管人。他"一个人根据好恶决定中央委员会和政治局组成、各共和国共产党及各州和边疆区委第一书记的人选……一人通过或发布国家重要决定，排斥异己，并清除自己的

---

① 纳扎尔巴耶夫著：《苏联解体的三大动力》，载《当代世界》2000 年第 8 期。
② 王秋文著：《雷日科夫对戈尔巴乔夫改革和苏联解体的看法》，载《当代世界与社会主义》2001 年第 5 期。

六 苏共的"根本革新"与毁灭 399

竞争者"①。这些做法与他自己倡导的集体领导、民主化原则完全背道而驰。1988年苏联第十九次代表会议决定，苏共中央设立6个委员会专门研究各种问题，实际上也是加强戈尔巴乔夫个人权力的重要步骤。那时虽然没有明文规定说要取消中央书记处，中央书记处功能表面上还存在，如下发文件、提出建议等，但实际上，各委员会成立以后中央书记处就不再开会，那些以中央书记处名义下发的文件都不是中央书记处开会讨论的结果，而是某几个人以中央书记处的名义做出决定的结果。中央书记处不再正常运转了。利加乔夫认为，成立各委员会就自动埋葬了书记处，"这件事的微妙之处有意无意地表现为，甚至没有一个人提出取消书记处会议，好像谁也无意要取消会议。可是在各委员会成立后，书记处会议便自行停止了。党失去了进行日常领导的指挥部"②。他认为，这不仅马上给党中央本身的工作产生了极为有害的影响，同时也使地方党组织的纪律性一下子就松弛下来了，监督工作削弱了。中央书记处职能的削弱或者说停止，给处于关键时期的苏共造成了巨大的损失，因为这时期正值苏联选举时期和危机初现时期。戈尔巴乔夫的这些做法都严重影响决策的科学性，特别是在苏联比较复杂的社会环境中，对每次改革的决策，成功的要求都是很高的，社会和民众没有太多的耐心给苏共，最后结果也确实如此。

在苏联发展过程中，除了戈尔巴乔夫作为领导者犯的错误之外，叶利钦在苏联解体过程中也是难辞其咎。戈尔巴乔夫就曾经在法国外交部长普朗·迪马跟前抱怨叶利钦说："叶利钦唆使别

---

① ［俄］瓦·博尔金著：《戈尔巴乔夫沉浮录》，中央编译出版社1986年版，第412页。

② ［俄］利加乔夫著：《戈尔巴乔夫之谜》，新华出版社1992年版，第109页。

人反对我，故意加重国家的不稳定，在人群中注入仇恨和愤怒，以便夺取权力。"很多时候叶利钦和戈尔巴乔夫之间相互挤兑，已经严重威胁到苏共和联盟体制的存在。1991年6月，叶利钦当选为俄联邦总统，他要求在红场举行加冕仪式，鸣放24响礼炮，作全苏性电视直播，还要手持《圣经》。戈尔巴乔夫不同意他在红场举行就职典礼。叶利钦走后，戈尔巴乔夫叹息说，一个多么自傲的人，对帝王权杖简直是着迷。① 苏联解体过程中很多"第一"都是叶利钦干的。1991年，叶利钦领导的俄罗斯税收的绝大部分都截留下来不上交中央财政，直接导致当年苏联经济下降13%。90年代初苏联经济出现的问题，是人为破坏的结果。当戈尔巴乔夫"建议"苏共中央自行解散的同时，叶利钦则下令暂停俄罗斯联邦共产党的活动，查封位于莫斯科老广场的苏共中央大楼。其他的加盟共和国也纷纷效尤，有的暂停共产党的活动，有的则干脆禁止。就这样，有着1900万党员和将近90年的历史［从1903年俄共（布）二大算起］，经历过长期革命斗争的考验和建立了辉煌业绩的苏联共产党，几乎在一夜之间不再存在了。1991年12月上旬，又是叶利钦伙同乌克兰总统克拉夫丘克和白俄罗斯最高苏维埃主席舒什凯维奇，在白俄罗斯明斯克西南约200公里处的别洛韦日密谋签订了关于建立独联体的协定，宣布"苏联作为国际法主体和地缘政治现实将中止其存在"。正如亚佐夫说的，叶利钦应承担比戈尔巴乔夫更大的责任。②

综上所述，苏共的解体和苏联的消亡是不可分割的，在组织、技术、个人三种要素中，最关键的还是组织因素。其实，技

---

① 陈新明著：《戈尔巴乔夫和叶利钦：从日升到日落》，载《俄罗斯文艺》2001年第1期。

② 具体的可以参见李兴耕等编《前车之鉴：俄罗斯关于苏联剧变问题的各种观点综述》，人民出版社2003年版，第124页。

术、个人在某种程度上都是组织的派生,组织制度是否科学很大程度上决定了改革政策或者技术的合理性和科学性,组织运行制度是否健全也是能否产生完成艰巨历史使命的领导人的关键。因此,可以说导致苏共解体的原因还是要从组织内部去寻找。

七
东欧各国的执政党建设之路

所谓"东欧",它"不是一个地理概念,而是一个政治概念,"[①] 指的是第二次世界大战后在中欧和东南欧建立的人民民主并随后发展为社会主义的国家。它包括波兰、捷克斯洛伐克、罗马尼亚、保加利亚、匈牙利、南斯拉夫、阿尔巴尼亚和德意志民主共和国等8个国家。这些国家的共产党都是在第二次世界大战胜利后开始执掌国家政权,成为执政党。受苏联党建模式的影响,它们在意识形态、组织结构、运行机制和执政方式上都深深地打上了苏联共产党党建模式的烙印,而且整个演变衰败过程几乎也是与苏共的演变和衰败是同步的,原因也是惊人地相似,其中一个重要的原因就是执政党建设存在着严重问题。尽管这些国家并非铁板一块,而是"光怪陆离的国家和民族的集合体"[②],但是这些国家的共产党却具有很多共性。因此,在探讨它们的执政党建设时我们可以把它们作为一个整体,综合归纳其共性。

东欧各国除南斯拉夫和阿尔巴尼亚共产党一开始就采用了苏

[①] 参见姜琦、张月明著《东欧三十五年》,华东师范大学出版社1986年版,第1页。

[②] [美]特里萨·拉科夫斯卡·哈姆斯通、安德鲁·捷尔吉著:《东欧共产主义》,黑龙江人民出版社1984年版,第5页。

联模式外，大多数国家的共产党在第二次世界大战胜利之初，都试图探索一条适合自己国情的道路，即"人民民主道路"，但是这种探索随着冷战的开始而结束。东欧各国开始普遍地被纳入到苏联的全球战略轨道，在苏联的压力下，东欧各国普遍接受了苏联模式。20世纪50年代中后期，苏联模式遭遇了第一次体制危机，东欧一些国家的共产党开始探索改革之道。特别是苏共二十大之后，许多国家的共产党都开始反思苏联模式的各种弊端，积极探索适合国情的道路。但是这种探索一方面并没有摆脱原有体制的束缚，另一方面由于苏联一直把东欧作为与西方对抗的前沿阵地，因此对东欧国家探索适合自己国情的社会主义建设道路严加控制和直接干涉，所以很多探索都是胎死腹中。直到20世纪80年代中后期，戈尔巴乔夫上台以后，在苏联掀起改革浪潮，同时苏联也调整了其全球战略，减弱了对东欧的控制，东欧的改革再起，但是改革的过程中犯了与苏共同样的错误，那就是不设边界的民主化改革，执政党逐步失去执政地位，甚至被迫解散或者被新政权取缔。

（一）东欧人民民主时期的政党体制

第二次世界大战结束以后，尽管东欧成为苏联的势力范围，但是东欧并没有完全照搬斯大林模式，而且斯大林在第二次世界大战结束之后也没有急于将苏联模式强加给东欧各国，而是赞同东欧各国探索适合自己国情的社会主义道路。捷克斯洛伐克共产党领导人哥特瓦尔德在回忆1946年7月同斯大林的谈话时说："斯大林同志谈到，希特勒德国在第二次世界大战中失败后，许多国家的统治阶级已经声名狼藉，广大人民群众的觉悟有了提高，在这种历史条件下出现许多可能性和道路。他列举了南斯拉夫、保加利亚和波兰的例子，也提及我国的例子，指出可以走一条不必经过苏维埃制度和无产阶级专政的通向社会主义特殊道路。"① 东欧各国领导人也认识到不能完全照搬苏联模式，必须把马克思主义与各国国情相结合，选择符合自己国情的走向社会主义的道路，即通过人民民主过渡到社会主义。波兰统一工人党、捷克斯洛伐克共产党和保加利亚共产党的这种探索和实践最具代表性。以哥穆尔卡为代表的波兰统一工人党提出了"通向社会主义的波兰道路"、以哥特瓦尔德为代表的捷克斯洛伐克共产党提出了"捷克斯洛伐克式的特殊道路"和以季米特洛夫为代表的保加利亚共产党提出了"人民民主道路"。第二次世界大战结束以后到1948年苏南冲突爆发这一段时间，被认为是东欧探索和实践"人民民主道路"时期。

人民民主道路的主要特点，是政治上坚持多党制议会民主制，经济上坚持多元混合经济基础。在社会主义改造方面，不主张以暴力剥夺资产阶级和小生产者，而是以和平的方式逐步向社会主义过渡。在政党体制方面，人民民主道路的一个显著特征就是主张多党合作。正如匈牙利社会主义工人党领导人赫格居斯所说："人民民主意味着多党制，而不是那种一党独霸的制度。要在党和党之间建立一种伙伴关系。"② 这是由战后初期东欧各国政治力量分布格局所决定的。战后初期东欧共产党力量还比较薄弱，还没有独立执政的力量。波兰共产党于1938年被解散，直到1942年1月才成立波兰统一工人党；匈牙利社会主义工人党于1943年7月自行解散，组成和平党开展活动，1944年恢复社

---

① 转引自刘祖熙著《东欧剧变的根源与教训》，东方出版社1995年版，第2页。

② 〔匈〕赫格居斯·安林拉斯著《赫格居斯回忆录》，世界知识出版社1992年版，第95页。

会主义工人党的名称，在匈牙利解放前，其党员人数不足3000人；罗马尼亚共产党1924年被取缔，1944年战争结束后才开始崛起；保加利亚共产党1934年被宣布为非法组织，直到1943年才与其他党派组成祖国阵线，共同抵抗德国法西斯；捷克斯洛伐克共产党于1938年12月被取缔，转入地下活动，1945年才进入首届民族阵线政府。这些国家的其他政党也没有足够的力量独立执政。而且在第二次世界大战中，东欧各国民主党派同共产党建立了较为广泛的反法西斯统一战线，战后这些政党大多数也同意共产党所倡导的恢复经济、实行土地改革和重要的工业部门国有化等政策和措施。在这种情况下，多党联合执政就成为比较现实的选择。正如捷克斯洛伐克共产党领导人哥特瓦尔德所指出："我们不能自己单独进行统治，他们也不能自己单独进行统治。他们没有我们不能进行统治，我们没有他们也不能进行统治……这就产生了同另一个政治集团合作的必要性，尽管这一集团同我们的合作是被迫的。"[①] 波兰统一工人党总书记哥穆尔卡也指出："我们生活在这样一个历史发展阶段，任何一个政党都不能独立举起人民团结的旗帜，只有所有民主政党共同的行动，才能够举起它、发展它。"[②]

战后初期，除南斯拉夫和阿尔巴利亚一开始就采用了一党制之外，波兰、匈牙利、捷克斯洛伐克、保加利亚和罗马尼亚都实行了多党联合的体制。1944年9月成立的保加利亚第一届联合政府中，有保工人党（1948年12月保共五大正式改名为共产党）、农民联盟和"环节派"联盟各4人，社会民主党2人，无

[①] 转引自中共中央对外联络部编《捷克斯洛伐克共产党党史》，1965年版，第11页。

[②] 转引自马细谱主编《战后东欧—改革与危机》，中国劳动出版社1991年版，第65页。

党派人士2人。匈牙利的政府由共产党、社会民主党、小农党和民族农民党等党派组成。捷克斯洛伐克于1945年4月组成的政府中不仅包括共产党和社会民主党，还有资产阶级政党的代表，分别代表民族社会党、人民党和斯洛伐克民主党。1947年在波兰举行的第一次立法选举中，成立了由统一工人党为首的各民主党派联合政府，建立了由波兰统一工人党、波兰统一农民党、民主党组成的政党联盟，并争取各种社会组织、社会力量和无党派人士参加的多党合作体制。

在这种多党合作的体制中，共产党逐步取得在联合政府中的主导地位，成为国家和社会的主要领导力量。尽管在战后初期东欧各国的多党联合政府中，共产党并没有取得绝对多数的地位，也就是说，此时的共产党并没有确立自己在国家和社会生活中的领导地位，但是争取领导地位是东欧各国共产党和工人党社会制度选择的必然要求。因为东欧各国把人民民主制度作为向社会主义过渡的一种政权形式，按照列宁无产阶级政党学说，共产党是"唯一能把资产阶级革命进行到底并为进行社会主义革命创造有利条件的政党"[1]，"只有这个党才能领导工人阶级去深刻地根本地改变旧社会"[2]。以此要完成向社会主义的过渡，只有坚持共产党的领导。事实上，战后东欧各国共产党很快就开始了对资产阶级政党的进攻，以争取共产党在国家政治生活中的领导地位，在斗争中各国右翼政党受到严重冲击，力量明显削弱，有些历史悠久且有着重要影响的大党派因受到冲击最终在国内政治生活中消失了。

后来东欧国家共产党在同右翼政党进行斗争中之所以能够取

---

[1] 《列宁全集》第42卷，人民出版社1987年版，第49页。
[2] 《列宁全集》第37卷，人民出版社1986年版，第126页。

得胜利，逐步上升为国家和社会生活中的领导力量，其主要原因有以下几个方面：其一，共产党在反法西斯战争中，为本国的解放作出了卓越贡献，提高了声誉，扩大了影响。其二，在联合政权中控制了政府的关键部门，如内务部、财政部和军队等。其三，共产党在同其他党派的斗争中，得到了苏联的支持，这是东欧各国共产党获胜的关键因素。例如，在1945年11月匈牙利议会选举前，盟国监督委员会主席伏罗希洛夫对代表地主、资产阶级利益的小农党明确表示，小农党不得组织一党政府，必须与共产党、社会民主党和其他党派一起建立联合政府。大选中，小农党获绝对多数（57％），共产党仅得17％的选票。伏罗希洛夫又向小农党领袖纳吉·费伦茨表示，尽管"苏联希望同小农党建立关系，以此作为苏匈友谊的基础"，但是共产党在联合内阁中必须要起重要作用，内务部长要由共产党人纳吉·伊姆雷担任。[①]

东欧各国共产党在同国内其他党派的斗争中，逐步居于主导地位，上升为国家和社会生活中的领导力量，这样在东欧人民民主时期就形成了共产党和其他民主党派组织联合政府共同执政，而共产党居于领导地位的政党体制。

（二）斯大林党建模式在东欧的扩张

正当东欧各国沿着人民民主道路不断前进的时候，冷战爆发。为了与西方对抗，苏联迅速采取措施加强了对东欧的控制。1947年9月，欧洲9国共产党情报局成立。苏联要求东欧各国

---

① 参见王瑜著《二战后东欧国家政党体制的演变》，载《东欧中亚研究》2000年第3期。

立即按照苏联模式实行社会主义革命和社会主义建设，不再容许通向社会主义的多种道路的存在，人民民主道路被迫中断。坚持自主探索社会主义建设道路的南斯拉夫被开除出情报局。

在苏联的高压和直接操纵下，东欧各国迅速向苏联模式转变。民族统一战线破裂，联合政府解体，共产党的一党集权制迅速确立。参加民族统一战线和联合政府的资产阶级政党有的被取缔或解散，有的停止活动，有的宣布改组，其领导人要么逃往西方，要么被捕入狱。在匈牙利，其他党派在1949年秋被迫宣布解散，其部分成员加入劳动人民党领导的独立人民阵线，建立了一党制。1949年，保加利亚人民联盟"环节派"和激进党停止活动，并宣布自动解散，只剩下了工人党和农民联盟，保加利亚由多党制过渡到共产党领导下的两党制。波兰的两个农民党——农民党和波兰农民党在1949年9月25日联合，组成统一农民党。同年，劳动党宣布解散，其中一些成员加入了民主党。在捷克斯洛伐克，1948年9月斯洛伐克共产党成为统一的捷克斯洛伐克共产党的地区组织，捷克斯洛伐克社会党、捷克斯洛伐克人民党和斯洛伐克自由党仍然存在。尽管在保加利亚、波兰和捷克斯洛伐克，除共产党外，还存在着其他政党，但它们只是保留了形式上的多党政治体制，实际上是由新成立的共产党实行对权力的垄断，确定了共产党的至高无上地位。继续存在的民主党派都承认共产党的领导地位及其纲领。保加利亚农民联盟甚至只有自己的章程而没有自己的纲领。也就是说，东欧的政党制度已由多党合作制演变为类似苏联的一党集权制。与此同时斯大林党建模式也在东欧进一步扩张。

实际上，东欧各国共产党在取得执政地位之前早就已经打上了斯大林建党模式的烙印。因为东欧各国共产党诞生之日起，就是作为以苏共为核心的共产国际的支部而存在的，严格隶属于共产国际的组织体系，因此也受共产国际的基本理念、组织制度、运行方式的影响。而斯大林上台以后，共产国际越来越成为苏共控制其他共产党的组织基础，苏共早就开始将自己的一切秉性加之于其他共产党身上，包括高度集权的党内权力结构、反复而残酷的党内斗争和清洗等。而冷战开始之后，东欧国家由探索"人民民主道路"转向实行斯大林模式的社会主义，特别是共产党情报局的成立，使得斯大林党建模式在东欧得到进一步扩张，东欧各国共产党也更像苏联共产党了，有的干脆就是苏共的附庸。因此东欧各国共产党在执政党建设方面都具有与苏共相同的特点。主要包括：

一是，以党代政，党政不分。

东欧各国共产党把共产党的领导作用曲解为对国家、社会各个方面工作进行事无巨细的管理，所有重大的决定都由党做出，所有重要的职务都由党任命。无论是中央的还是地方的政府权力机构，都只是党的执行机构。而且党政机构之间也相互渗透，党控制着国家行政机构。党内设置一套与国家的行政机构平行的执行机构，如与政府分管工业、农业、外交、人事等部门相对应，中央书记处也下设工业、农业、外交、人事等部门。党的执行机构在很大程度上控制着政府的相应部门。党的执行机构的人员队伍十分庞大，波兰大约有1.5万人，人口不多的捷克斯洛伐克也有9000人。[①]

二是，党内权力结构倒置。

按照东欧各国共产党党章规定，党的最高权力机关是党的全国代表大会，党的代表大会定期召开。党的代表大会选举产生党

[①] 参见王瑜著《东欧共产党：倒下的多米诺骨牌》，红旗出版社2005年版，第77页。

的中央委员会，党的中央委员会在两次代表大会之间行使党的最高权力，中央委员会每年召开2—3次全会，会期为2—3天。中央委员会全会选举产生政治局或主席团，在中央委员会休会期间代表党的中央委员会行使权力。按照这一规定，中央政治局或主席团必须对中央委员会负责，在中央委员会领导下工作。而党的中央委员会则对党的全国代表大会负责。但是实际的运作情况并非如此，而是形成了政治局或者是主席团左右中央委员会，中央委员会左右党的全国代表大会的权力结构，甚至真正的权力中心是总书记个人。中央委员会根据政治局的指示指导党的工作，而实际上主要是依靠书记处来指导党的工作，书记处由总书记和选举产生的书记组成，人数大约8—10人不等，也就是说党的真正决策机构就是由这8—10人组成的书记处。而且党的代表大会也很少定期召开，比如波兰统一工人党在1948年12月召开第一次代表大会，而第二次代表大会到1954年才召开。

三是，党内的决策过程缺乏民主。

党内的真正决策机关——党的代表大会往往只是在形式上确认政治局或者是主席团已经制定好的方针政策。整个决策过程都由政治局或主席团严格控制；而政治局或主席团往往又听命于党的总书记。因此，党内往往是总书记一言堂，党内决策过程也就成为总书记的意图的贯彻执行过程。前匈牙利党领导人卡达尔曾经这样描述过匈党内的一言堂现象：党的生活有一段时间得了一种绝症，参加党的活动就像教徒在办得不好的天主教堂里做礼拜那样，大家集合在一起，然后一个主教式的人站起来，说一通他需要的话，其他人虔诚地倾听，听完就回家。前波兰总理西伦凯维兹曾批评哥穆尔卡的一言堂作风：大家不可能在政治局会议上谈自己的观点，因为这会刺激哥穆尔卡同志妄自夸大的敏感性，破坏他的权威感，会引起威信扫地……实际上，谈话只能顺着他的意思。

四是，普遍存在委任制和领导干部终身制。

党内缺乏制度化的领导产生与更替制度和程序，越是高位的领导干部要么在党内斗争中被赶下台，要么就是终身任职。以党的最高领导者为例，匈牙利的卡达尔在位时间达32年之久，捷克斯洛伐克的胡萨克在位时间达20年，民主德国的乌布里希在位达21年，罗马尼亚的齐奥塞斯库在位长达24年，而保加利亚的日夫科夫则长达35年之久。

五是，个人崇拜盛行。

正如赫格居斯所说："个人崇拜是任何极权制度的产物，不管这个制度在哪里。……在极权制度里站在权力顶端的是一个人数极少的集团，同时集体领导的形成通常是短命的。如果出现了一个人的领导，于是这个制度的利益便要求为他编织神话，谱写赞歌，因为这样有助于推动这个制度的运转。"[1] 在东欧，随着斯大林党建模式的扩展，党的权力高度集中于总书记个人，个人崇拜应运而生。在苏共二十大召开之前，几乎每一个东欧国家的共产党内都出现了个人崇拜，有的国家的个人崇拜不亚于斯大林在战后个人崇拜的水平，十分狂热；党的最高领导人被描述为英明过人、和蔼可亲、多才多艺，在各个领域都是无可挑剔的"超人"。比如在罗马尼亚，齐奥塞斯库被称为"民族英雄中的英雄、杰出的战士、革命的爱国者和思想家、国际共产主义和工人运动的杰出人物、和平英雄、捍卫民族独立和主权斗争及建立世界新秩序的象征"。罗马尼亚在每一次开大会时，每位发言者包括总理和部长们，都要先赞扬齐奥塞斯库的功绩。称他是

---

[1] 〔匈〕赫格居斯·安林拉斯著：《赫格居斯回忆录》，世界知识出版社1992年版，第175页。

"伟大的革命领袖"、"是人民最高品德的最高理想代表"。在匈牙利,每当公开提到拉科西的名字时就会爆发一阵掌声。甚至有人说:"当我们说拉科西时,我们指的是匈牙利人民,当我们说匈牙利人民时,我们指的是拉科西。"[1]

六是,党的最高领导者个人专断,任人唯亲,家族政治盛行。

很多东欧国家共产党的领导人往往是独揽党、政、军大权,一人决断党和国家的一切重大问题。比如齐奥塞斯库在位期间,先后将党的总书记、国家总统、国务委员会主席、国防委员会主席、武装部队总司令、爱国卫队总司令、社会主义民主阵线主席等职集于一身。而且他一家有7人担任副部级以上职务。日夫科夫则想办法将自己的子女塞进党中央委员会和政治局。

七是,都存在把党内关系敌对化,把阶级斗争和对敌斗争的办法用于党内权力斗争,让国家暴力机器介入党内的斗争甚至是一般的党内意见分歧等问题。

这种状况基本上持续到苏共二十大,一直没有多大的改善。突出的事件是发生在1948年到1954年的东欧各国共产党内的大清洗。随着斯大林模式的扩张,东欧各国共产党为了消除非斯大林模式社会主义的探索尝试和独立思想,保证斯大林模式的顺利推行,在苏共的直接操纵下,在党内进行了"大清洗"和"公开审判"。清洗始于1948年,一直持续到1954年,席卷了东欧各国。在清洗运动中,从党的领导人到普通党员,数以万计的无辜人们成为牺牲品。在波兰,仅1948年9月到1949年12月,

---

[1] 参见王瑜著《东欧共产党:倒下的多米诺骨牌》,红旗出版社2005年版,第77页。

统一工人党内就发动了3次大规模的清洗，几乎涉及1/4的党员。[1] 1951年5月，斯彼哈斯基、克利什科等大批高级将领被捕，有19人被判处死刑，70多人被判处终身监禁，约有1500人被判处10年至15年徒刑。[2] 在匈牙利，1951年就有46.4%的中央委员被撤换。1949—1953年间有470名领导人遭到清洗，20万人受到株连，近百万人被当作怀疑对象。[3] 在捷克斯洛伐克，"50年代初，新一代的政治犯估计远远超过10万人，在422个监狱和集中营受折磨"，围绕各类政治审判进行了党员审查和换发新党证的工作，结果有近20万名党员和预备党员，被开除或被除名，达到党员总数的8.4%。[4] 1949年捷共九大选出的97名中央委员就有37人被捕并被判处各种徒刑。1951年到1954年，仅捷共中央书记处就批准了148人的死刑判决，被捕判刑者（刑事犯除外）达1万多人，受株连的干部达7万多人。被判刑的人中包括捷共中央总书记、副总书记、政府副总理、部长、副部长、将军等。[5] 保加利亚的科斯托夫案件株连了20多名长期从事地下工作的党员领导干部，上千名高级干部被判刑。罗马尼亚在1948年到1950年间就清洗了20多万人出党。[6]

---

[1] 数据来源参见〔美〕斯蒂芬·费希尔·盖拉蒂著《东欧各国共产党》，东方出版社1986年版，第242页。

[2] 数据来源参见刘祖熙著《东欧剧变的根源与教训》，东方出版社1995年版，第54页。

[3] 同上书，第133页。

[4] 数据来源参见〔美〕特里萨·拉科夫斯卡·哈姆斯通、安德鲁·捷尔吉主编《东欧共产主义》，黑龙江人民出版社1984年版，第115页。

[5] 数据来源参见刘祖熙著《东欧剧变的根源与教训》，东方出版社1995年版，第107页。

[6] 同上书，第62页。

（三）一波三折的党内民主改革尝试

进入20世纪50年代末60年代初，特别是苏共二十大之后，一方面苏共党内已"揭开了盖子"，在反思和批判过去的错误做法，试图进行改革。另一方面在赫鲁晓夫"三和"理论的指导下，东西方关系有所缓和，苏共也减弱了对东欧国家的控制，此时东欧各党所处的内外环境发生很大变化。长期以来忽视党内民主建设造成党内权力高度集中、党内关系高度紧张和党内生活高度封闭，导致党内正常生活的瘫痪，如匈牙利拉科西的个人专政、保加利亚党领导人契尔文科夫对党内民主的恣意破坏以及发生在捷克党内的大清洗等，对各党的思想触动非常大。1953年原民主德国的"6·17事件"、1956年的"匈牙利事件"、1970年的波兰工潮等突发性社会问题，则进一步增加了他们的危机感和推进党内民主的紧迫感。使他们逐渐认识到执政党建设对于社会主义事业的重要意义。开始探索执政党的党内民主建设，尽管几经曲折，很多国家共产党的民主化改革最终夭折，但是也取得了一些成绩。主要表现在以下几个方面：

第一，批判个人崇拜。

赫鲁晓夫在苏共二十大上所作的反对个人崇拜的秘密报告，对东欧共产党产生了重要影响和震动。东欧各国共产党相继召开党的代表大会或者是中央全会，公开批评和谴责斯大林的个人崇拜，并对自己党内的个人崇拜进行反思和批判。苏共二十大刚刚开过，罗马尼亚共产党机关报《火花报》即发表文章，表示支持苏共二十大。文章说："罗马尼亚人民共和国的共产党人和劳动者怀着浓厚的兴趣研究苏联共产党第二十次代表大会的文件，因为他们感到从这些文件中得到了经济、文化建设、党和意识形态工作方面的珍贵的教训,因此将会在实现罗马尼亚工人党第二次代表大会的决议的斗争中更加坚强的武装起来。"① 1956年3月,罗共召开了三中全会,会议强调,必须像苏共二十大指出的那样,根除个人崇拜,在党的生活中恪守列宁主义的准则,加强党的建设。民主德国统一社会党则在苏共二十大闭幕后不久,于1956年3月24日至30日召开了第三次代表大会,大会在肯定了斯大林功绩的同时,认为:"斯大林后期将自己凌驾于党之上并搞个人崇拜,从而给苏联共产党和苏维埃国家造成了重大损失。"② 并认为,为了克服个人崇拜及其后果,苏联充分调动苏维埃人民的积极性和创造性并发扬社会主义民主的做法,对统一社会党甚有启发。捷克斯洛伐克共产党于1956年3月29日到30日召开中央全会,专门讨论苏共二十大的结论对党的工作的意义。捷共不仅对苏共二十大的结论表示完全同意,而且还向广大党员和公众传达了大会的内容。全会对党内和社会生活中的缺点、个人崇拜在捷共中的表现提出了批评,强调要在党内和社会生活中坚持列宁主义的原则,发扬社会主义民主。保加利亚共产党在苏共二十大之后也迅速召开了中央全会,全会认为苏共二十大通过的决议意义重大,全会在公报中指出:"苏联共产党第二十次代表大会的决议对最严格地遵循列宁规定的党的生活准则,对确立集体领导和发扬党内民主,对同在斯大林生活和生活后期广泛进行的、贬低党和人民群众作用和降低党的集体领导作用的个人崇拜残余作不懈的斗争是具有重大意义的。"③ 全会着重讨论和抨击了保共党内及社会生活中的个人崇拜现象,特别对原保

---

① 转引自马细谱主编《战后东欧——改革与危机》,中国劳动出版社1991年版,第329页。
② 同上书,第333页。
③ 同上书,第338页。

共中央书记和当时的部长会议主席沃尔科·契尔文科夫提出了严厉批评。

第二,开始重视党员平等参与党的政治生活这一最基本的民主原则。

苏共二十大之后,东欧各国共产党逐步认识到,要保证党的决策的科学性,保证党的路线得到真正的贯彻和执行,从而实现党的领导,必须调动广大党员和各级党组织参与党内重大事务的积极性,提高他们的参与程度。因此,拓展党内参与渠道,增加党内上下层组织的沟通与联系,提高党的基层组织的独立性和自主性,成为改变党的传统组织结构和活动方式,使之适应新条件和新任务的首要一环。为此,匈牙利共产党要求:"党组织必须根据民主集中制原则,经过自由和广泛的讨论,按照大多数党员的决定作出决议",提出要创造更多的机会,使党员在作出重大社会问题决策前,在党的会议上发表意见,提出建议和参与决议的起草工作。1957年的党章还明确规定:党的重要决议草案要"提交全体党员广泛讨论"。保加利亚党章则规定:党为了作出正确决定,凡属讨论有关全国、州、乡、区、市等方面的重要问题和讨论贯彻执行中央和地方党组织的主要决定的措施,都要召开党的积极分子会议或全体党员会议,党员自由参加党组织或全党政策问题的讨论是不可剥夺的党内民主权利。南斯拉夫共产党指出:"今后民主集中制将不得不往这样一个方向发展,它将使基层在决策中起越来越重要的、有时甚至是决定性的作用。"[①]从九大起,南共的章程就规定:基层党组织必须改变过去那种"上级是命令的制定者,下级是命令的单纯执行者"的状况,在

---

① [美]斯蒂芬·费希尔著:《东欧各国共产党》,东方出版社1986年版,第83页。

党内决策等方面基层组织要发挥主体和决定性的作用。盟员和党的基层组织有权利和义务参加草拟、制定纲领、章程、决议和决定，党员必须由过去被动执行上级指示变为积极参与党的决策过程，"担负起党员应尽的职责"。为发挥基层党组织的作用，波兰统一工人党将干部选拔的决定权转交给下级党组织，强调任何党员，如果没有他所在的基层党组织的肯定评价，不能担任领导职务，每个担任领导职务的党员，必须由基层党组织推荐，如果党组织撤回推荐，就必须立即辞去领导职务。[1] 在扩大党员和基层党组织参与党内事务的过程中，各国共产党和工人党还提出要在党内创造一种和谐而平等的协商、辩论气氛，认为党内生活中民主、坦率的政治"氛围"是保证每个党员自由和开诚布公地发表意见的关键，并"将会对整个社会产生影响"[2]。

第三，恢复和改善党内民主选举。

委任制和终身制是斯大林党建模式的重要特点，东欧各国共产党在采用苏联模式之后，党内普遍存在着委任制和终身制，导致了党内官僚主义滋生、个人迷信盛行，直接影响了党的生机与活力，恶化了党群关系，损害了执政党的威信。20世纪60年代开始，东欧各国共产党逐渐意识到民主选举对于党内民主的重要性，积极采取措施落实党章赋予党员的选举权。比如，从1968年起，南共联盟将中央和上级领导机关提名下级领导机构候选人的做法，改为由下级组织提名上级领导机构候选人，区的代表会议提名共和国甚至全党代表大会的代表和领导机构的候选人，并在党的章程中对选举的原则、范围、时间、方式、程度和选票的有效性等

---

[1] ［英］阿波利尔·卡特尔著:《南斯拉夫的政治改革》，春秋出版社1988年版，第154页。

[2] 《当代社会主义国家执政党的建设》，辽宁教育出版社1989年版，第101页。

作出了具体明确的规定，使自由提名、广泛讨论、差额选举、无记名投票等一系列党内民主原则更加具体化和规范化，将党内选举以党内法规的形式为全党所执行和监督。1969年，南共进一步提出，党员有权撤换领导机构中不称职的人员。匈牙利社会主义工人党则强调：发扬民主的关键是选举制度，而候选人问题又是选举制度中最敏感和最重要的问题。针对过去党内选举往往演变为变相的上级委任制的弊端，匈牙利社会主义工人党从1970年开始改为差额选举制，后来又开始实行行政干部的差额选举。波兰在党内也实行了差额选举，党代会代表、党委委员均由党内差额选举产生，上级机关不得限制候选人的数额，更不能内定候选人，党委执行机关，如政治局、书记处等均通过公开投票决定。

第四，贯彻党务公开、透明的原则。

长期以来东欧各国共产党党内生活具有封闭化和神秘化的特点，这既不利于决策的科学化，也恶化了党群关系。苏共二十大之后，东欧各国共产党开始强调公开性对党内民主建设的重要意义，认为只有党内一切事务向全党公开，才能保证党员根据事实作出自己的独立判断。而且认为党"公开的程度有多大，党员参政的权利就有多大"。南共联盟从1952年6大提出党的改革问题后，即把政治公开化作为党的一切工作的基本方式，要求一切领导机关必须将自己的工作和活动定期向盟员通报；各级代表会议制定和将要通过的决议，须事先将草案交由党员讨论；普通的基层组织成员乃至普通的社会成员都有权利列席党的会议；遇有重大的经济政治问题要在全党全民中开展公开的大讨论。1966—1969年，南共就自身组织结构、活动方式的改革，进行了为期3年的讨论，1984—1985年，又对党内的民主集中制等问题，进行了为期8个月的公开讨论。进入80年代，波兰统一工人党也将党内生活公开化提到了一个新的高度，指出：党和国家领导同人民群众关系紧张的主要原因之一在于限制公共生活公开化，毫无理由地对党内生活实行保密，因此，它采取了一系列公开化措施，比如实行党的决策公开化制度，凡是中央委员会的全部会议记录，均须通过党报和党刊予以公布，让全体党员和人民都知晓党作出决策的整个过程，根据这一要求，波兰统一工人党十大制定的党纲提前几个月在报刊上公开发表，征求广大党员和人民群众的意见。①

第五，探索将党内民主的制度化、程序化。

苏共二十大之后，东欧各国共产党开始在党内民主的具体程序上作努力。比如波兰统一工人党提出要使各级党委领导机关的工作规范化和民主化，即对中央委员会、政治局及中央委员会专题委员会、书记处、省委等领导机关的作用、任务、职权范围、工作方式、开会方法、文件准备过程、作出决定的程序等问题，都一一制定具体工作规则。匈牙利社会主义工人党从1957年开始，逐渐将各种积极分子会议、党的干部会议和党员大会制度化，并建立定期的党内通报制度。这些具体制度的细化为正常的党内生活提供了制度保障，有利于减少和制止独断专行和一言堂等违背党内民主现象的发生。在南斯拉夫，为保证党内监督制约机构——章程委员会独立地行使权力，南共从1964年八大起规定：章程委员会的职责主要是对南盟章程条例作出解释，系统地关注和监督章程的实施情况，对违反章程条款的现象进行处理，受理盟员的申诉和控告。章程委员会的主席和书记不能在中央委员会常设机构中任职，即领导成员不能交叉任职，从组织体系上保证其独立性，达到有效监督和制约权力的目的。

东欧各国共产党的这些改革尝试一定程度上重新赢得了民心，促进了国内政局的稳定，为经济建设创造宽松的政治环境和社会氛

---

① 《苏联东欧国家政治体制及改革》，求实出版社1987年版，第134—135页。

围。但是，总体来看，这些改革措施并没有突破传统观念和体制的束缚，只是在原有体制之内对旧体制进行修修补补，因而并没有带来实质性效果。而且东欧各国的执政党建设改革一定程度上仍然是在苏联共产党的控制下进行的，苏联共产党自身建设的改革发展程度直接影响和制约着东欧各国共产党自身建设的改革与发展。因此，东欧各国执政党建设方面的改革最后又不可避免地回到了旧体制之中，甚至在某些方面还在不断的强化旧体制的弊端，党内民主发展程度与广大党员和人民日益高涨的民主要求相比仍然滞后，这就使得党所面临党内外的民主化压力越来越大。

（四）没有边界的民主化改革与执政党的失败

20世纪80年代中后期，在苏共戈尔巴乔夫所谓"新思维"影响下，东欧各国共产党也开始大刀阔斧的对党进行民主化改革。但是，民主化进程很快失控，党内生活走向了另一极端，即没有边界的民主化，各国党相继走向了对民主集中制的全面否定。他们把党过去所犯的错误简单的归罪于民主集中制，理所当然地认为要改正错误就必须抛弃民主集中制。匈牙利社会主义工人党转向社会党的第一个措施就是"与官僚主义的党治国家和民主集中制的原则决裂"。而时任捷共总书记的乌尔班内克则认为，"党内民主的现行原则"民主集中制，渐渐地官僚化了，变成了一种机械的方法，并随着社会的发展而跌落到时代的后面"，并认为党要革新，"必须重新研究迄今为止的建党原则——民主集中制，因为它不适合现代民主目标和已形成的党的全民性面貌"，认为抛弃了民主集中制，"就能够顺利拆除党的等级命令制的组织结构"。最后用"民主、一致和人道主义的原则"取代了民主集中制。

抛弃民主集中制原则，没有边界的党内民主化，必然使党发生分裂，这就使得本来就危机重重的执政党，更是无法应对因改革已经释放出来并日益高涨的民主需求。执政党失去执政地位，党自身要么社会民主党化，要么退出了历史舞台。

波兰统一工人党是东欧共产党中倒下的第一块"多米诺骨牌"。从20世纪70年代中后期开始，统一工人党的政策失误不断，而且疏于加强执政党建设，党的领导干部越来越脱离人民群众，整个社会的不满情绪在不断增长，各种反对派组织纷纷成立并开始公开活动，甚至直指国家政权，政局动荡不定。面临危机，波兰统一工人党被迫调整政策。其中最大的调整就是承认国内最大的反对派组织——团结工会的合法地位，并决定同它举行圆桌会议，共议国策。根据圆桌会议达成的协议，1989年6月波兰进行议会大选。团结工会在圆桌会议获得合法地位之后，便全力投入议会大选，他们提出了自己的竞选纲领，主要内容包括修改宪法，从宪法中排除任何政党的领导和主导作用，实行多党制和工会多元化；要求军队国家化；法院独立于政治和政府机关；取消书报检查制度和对国家电台、电视台的垄断；改变所有制关系，改变经济结构和管理机构等。并对执政党的各项经济政策和社会政策进行批判，主张进行改革。这些主张赢得了众多选民的支持。而执政的波兰统一工人党却面临着严峻形势，正如拉科夫斯基所说，党是"背着满满一袋石头向坡上走"，这袋石头是"过去几十年的错误，急剧而悲剧性的转变，几年来不利的经济形势，债务，波折以及日常生活困难，等等"[①]。尽管统一工人党选前召开全国代表会议，动员全党参加竞选。但是，很多党员已经对党失去信心，很多党员不参加投票，有的党员甚至把

---

① 转引自刘祖熙著《东欧剧变的根源与教训》，东方出版社1995年版，第456页。

票投给了反对派候选人。结果以统一工人党为首的执政联盟在选举中一败涂地,在第一轮选举中,在众议院分配的299个席位中仅获2席,参议院的100个议席中竟一席未获。经过第二轮选举,执政联盟才勉强补齐了分配的299个席位,而参议院中仍一席未获。统一工人党丧失了对议会两院的控制,沦为议会中的少数派。大选的失败,使得党内弥漫着"冷漠、消极、失望、丧失信心"的情绪,党内分歧更加严重。1990年1月27日,波兰统一工人党召开第11次代表大会,决定"结束波兰统一工人党的活动"。党分裂成"社会民主党"和"社会民主联盟"。

在匈牙利,进入80年代中后期,社会主义工人党内主张激进改革的力量逐渐占据主导地位,党内分歧和斗争越来越严重,反对派运动迅速发展。1988年5月,在社会主义工人党的全国代表会议上,党内激进的改革派开始居于主导地位,其主要人物波日高伊、涅尔什、内梅特·米克洛什等人进入了政治局,而格罗斯则取代卡达尔担任党的总书记。随后社会主义工人党重新评价了1956年事件,突出其革命的性质,淡化其后半期的反革命色彩,并重新安葬了事件的主要当事人纳吉。与此同时,党内主张多党制的激进改革派在党内纷争中逐渐占据上峰,多党制的建立被提上议事日程。1989年2月,在党的中央全会上,通过了实行多党制的决定。1989年6月社会主义工人党再次召开中央全会,全会通过了《关于党的形势和政治目标》的决议,将党的目标定位于"民主社会主义、法治国家、多党制基础上的议会民主","党将努力成为由共产党和社会民主党的价值形成的统一体和为工人和全民利益服务的力量"[①]。同年8月,社会主

---

① 转引自刘祖熙著《东欧剧变的根源与教训》,东方出版社1995年版,第473—474页。

义工人党又发表了《匈牙利社会主义工人党纲领宣言》(草案),将党的最主要目标确定为和平地、渐进地向民主社会主义过渡。9月,社会主义工人党在同各反对派举行的圆桌会议上,同意放弃共产党的领导地位,解散党在各个工作单位的基层组织,撤出党在行政机构、法律部门和军队中的党组织;改变匈牙利国家的社会主义性质。同年10月,在社会主义工人党第十四次代表大会上,通过决议,将社会主义工人党改建为匈牙利社会党,至此匈牙利社会主义工人党完成党的性质,由共产党向社会党的转变。

受波兰和匈牙利演变的冲击和鼓舞,民主德国、捷克斯洛伐克、保加利亚和阿尔巴利亚也先后发生了连锁性崩溃。其演变的速度是真正意义上的"剧变",正如亨廷顿所形容的:"在波兰民主化花了十年的时间,在匈牙利花了十个月、在东德花了十周,在捷克斯洛伐克花了十天,在罗马尼亚花了十小时。"[1]

在东德,由于1989年5月匈牙利拆除了与奥地利接壤的所有边界设施,大批东德居民以到匈牙利旅游为由,取道奥地利进入联邦德国,形成了战后最大规模的公民出逃浪潮,诱发了国内局势的动荡。改革的呼声高涨,反对派组织也应运而生。但是,执政的德国统一社会党却拒绝改革,认为民主德国不需要改革社会主义的建议。这引起来人们的普遍不满,进一步加剧了国内局势的动荡不安。1989年11月9日,民主德国全面开放了同联邦德国的边界,大批东德居民涌向联邦德国,民主德国国内局势进一步失控。12月,德国统一社会党召开特别代表会议,决定将党更名为德国统一社会党——民主社会主义党,1990年改名为民主社会

---

[1] [美]塞缪尔·亨廷顿著:《第三波——20世纪后期民主化浪潮》,上海三联书店1998年版,第118页。

主义党。执政党的性质由共产党演变为民主社会主义性质的党。

在捷克斯洛伐克，经历了"布拉格之春"后，捷共对改革也是慎之又慎，加强了对社会的控制，特别是对反对派采取了严厉打击的措施。但是到1987年，受苏联和东欧其他国家的影响以及西方国家的大力支持，反对派日益活跃起来，提出了改革的要求，并要求为1968年的改革平反。从1988年开始，反对派开始组织大规模的游行示威，提出了为1968年事件平反，重评捷克斯洛伐克50年代的历史，释放政治犯，实行新闻自由，承认反对派组织的合法地位，进行民主化改革等主张。在这种情况下，捷共仍然坚持原有立场，不对反对派让步。但是到1989年10月底，戈尔巴乔夫公开宣布苏联不再干预邻国的内政，受此影响，捷克斯洛伐克国内形势急转直下，反对派组织联合起来，而捷共领导层却出现了分裂。反对派不断组织公民的大规模游行示威，要求实行自由选举和政治多元化。面对反对派的压力，捷共不断妥协，甚至退出了政府和其他国家机关，逐步丧失政权。1989年12月，在捷共非常代表大会上，捷共明确宣布"致力于建立民主社会主义社会"，主张政治多元化，放弃了民主集中制原则。至此，捷克斯洛伐克共产党尽管保留了党的名称，但实际上已经演变为民主社会主义政党。

在保加利亚，戈尔巴乔夫抛出改革"新思维"之后，反对派势力相继涌现出来，受波兰团结工会上台执政和匈牙利社会主义工人党社会民主党化的鼓舞，反对派势力日益活跃起来，提出了政治多元化、信仰自由和结束同化少数民族的要求。在国内局势的变化和东欧各国动荡的冲击下，保共接受了政治多元化的主张，承认反对派的合法地位，这又促进反对派组织的成长和联合，反对派组织进一步提出了实行多党制，取消宪法中关于保共领导地位的条款，解散保共在企业和各个工作机构的基层组织的要求。面对反对派的进攻，保共越退越远，1989年12月保共中央全会取消了宪法第一条关于保共领导地位的规定。1990年1月保共被迫同意与反对派举行圆桌会议，决定修改宪法，取消宪法中有关社会主义的规定；实行政治多元化，允许自由组党，建立三权分立的多党议会制，制定政党法、不允许在所有生产单位和其他单位设立政党和社会组织，各政党不能干预各级政府、军队、内务部的工作等。1990年1月，保共第十四次（特别）党代表大会召开，通过宣言，赞同三权分立的议会制度，主张发展政治多元化和多党制，决定改变自己的纲领、名称、目标和组织机构，建设民主的社会主义。同年4月，保共正式更名为保加利亚社会党。在1991年举行的大国民议会选举中，保加利亚社会党被民盟运动派击败，失去执政地位，沦为在野党。

在阿尔巴尼亚，受东欧各国大变革的冲击，被迫实行改革，但是政局很快陷入了急剧动荡之中，大批国民外逃，学生组织了大规模的游行示威，要求结社自由。迫于形势，劳动党于1990年12月召开中央全会，决定允许成立独立的政治组织。随后，第一个反对党——民主党宣布成立。但阿尔巴尼亚国内的局势进一步恶化，1991年2月19日，独立工会发起了全国性的工人罢工。3月31日，阿尔巴尼亚举行了战后第一次多元差额选举，劳动党取得大选的胜利，但反对派不满劳动党继续垄断国家权力，于5月16日再次发动了全国性的总罢工，罢工者要求结束劳动党一党政府，成立联合政府。劳动党政府被迫辞职，多党联合政府成立，劳动党一党独掌国家权力的历史宣告结束。此后劳动党的性质开始发生重大变化。1991年6月，在第十次代表大会上，劳动党更名为社会党。并宣称以"人类和我国民族最重要的思想和文化成就"为理论基础，以"自由、平等、社会正义和团结，为社会主义理想价值观"，"遵循民主社会主义道路"、"参加以社会党国际为代表的欧洲左翼运动政治力量的行业"[①],放弃了马克思主义的指导地位,改信民主社会主义。1992年3月社会党在提前举行的大选中,败给了民主党,失去执政地位。

在罗马尼亚,因为齐奥塞斯库的专制统治,人们早已怨声载道,而齐奥塞斯库不仅不调整政策,反而进一步加强对社会的控制,甚至动用军队镇压示威群众。这无疑更加激起了人们的不满和愤慨,爆发了更大规模的示威游行。而且派去镇压示威群众的军队也拒绝开枪,临阵倒戈。游行群众包围总统府,占领了罗共中央委员会和政府大厦、电视台和电台,齐奥塞斯库夫妇被捕。救国阵线委员会宣告成立,并接管了罗马尼亚国务委员会和政府的一切权力。齐奥塞斯库夫妇被判处死刑,立即执行。罗马尼亚共产党也自行解散。

在南斯拉夫,尽管在1988年底到1989年初因为经济困难,政局动荡,也出现了反对组织,并提出了彻底进行政治体制改革,实行政治多元化,实行多党制,进行自由选举的要求,但是联盟中央公开反对多党制。但是,自铁托去世以后,各共和国都竭力维护本地区的利益,而不顾联邦的共同利益。在反对派提出多党制的要求以后,许多共和国开始接受多党制和政治多元化,反对南共联盟独揽大权。南斯拉夫联邦出现了分裂的迹象。在东欧其他国家政局剧变的冲击下,南共联盟于1989年10月21日通过了《政治体制改革提纲》,决定放弃南共联盟对国家权力的垄断,实行多党制。1990年1月,南共联盟第十四次非常代表大会,迫于各共和国共盟的压力,南共联盟主席团于3月7日发

---

① 参见王瑜著《东欧共产党:倒下的多米诺骨牌》,红旗出版社2005年版,第39页。

表了一个文件，表示要建立一个以民主社会主义为目标的新党，并允许共盟可以有自己的名称，制定自己的纲领和章程。文件宣布放弃民主集中的组织原则。此后，除黑山共和国共盟外，其他共和国共盟都改头换面，社会民主党化，南共联盟完全解体。1991年南斯拉夫联邦也瓦解。

从执政党建设方面来看，这一时期东欧各国几乎都表现出以下几个方面的特点：

第一，由否定"斯大林模式"转而否定执政党的历史。在波兰，统一工人党在1989年1月的中央十中全会上通过的《党内改革是革新和改革战略取得成功》的文件中就提出了党要致力于创建社会主义的现代化形式，坚决消除"斯大林主义"时期形成的官僚主义——中央集权体制的政治经济体制的残余。同年5月，波兰统一工人党举行第二次全国代表会议，通过了《关于铲除斯大林主义的残余和消除它在波兰的后果的立场》，党的领导人费什巴赫等把波党和国家的历史看成一部"不光彩的历史"，一部"斯大林主义在波兰实践的历史"，表示要同它"一刀两断"。1989年8月，匈牙利社会主义工人党中央发表了《匈牙利社会主义工人党纲领宣言》（草案）也提出了要尽快地改换模式，同斯大林主义的一切变种划清界限，认为匈牙利几十年来搞的是一种"官僚主义的、专制的国家社会主义"。要求对现有的社会、经济进行彻底的重新评价和改造。保加利亚共产党在1990年1月末2月初召开的第14次非常代表大会上通过的《保加利亚民主社会主义宣言》中指出："我们面临的总的任务就是保共的非斯大林主义化和建立新型的现代的马克思主义政党。"由原民主德国统一社会党改建的德国民主社会主义党于1989年底召开特别代表大会所通过的文件中说："斯大林主义在昂纳克时代有其特殊结构、方法和表现形式"，"我们的社会主义发展具有浓厚的斯大林主义色彩"。该党于 1990 年 2 月 14 日通过的《民主社会主义党纲领》（草案）认为，民主德国过去几十年搞的是"具有斯大林主义模式的社会主义"，它"没有经受住时代考验"而被"抛弃在历史的灰烬中"。捷克斯洛伐克共产党在 1989 年 12 月通过的《捷克斯洛伐克共产党争取民主社会主义社会的行动纲领》中说："我们明确而断然地同党和社会的斯大林主义模式决裂。因为，这一模式同社会主义的本来形象不但完全格格不入，而且是敌视社会主义的。"[1]

第二，在指导思想和理论基础上，放弃马克思主义，主张指导思想的多元化。1990 年 1 月，保加利亚中央总书记姆拉德诺夫在保共第 14 次非常代表大会上谈到造成党和国家危机的原因时说："形成这样一种形势的根源在于关于马克思主义科学发展的斯大林'模式'。"在 1990 年 2 月 1 日通过的《保加利亚民主社会主义宣言》中多处批判了"斯大林体制"，认为"社会主义社会的极权模式不能在保加利亚的土地上实现社会主义的思想和潜力"，因此，"党进行非斯大林主义化并不够。这是一个开端。必须深刻改变党的性质"。关于党的指导思想，认为只提马克思主义是不够的，还必须利用"马克思主义以外的进步的社会知识成就"。在匈牙利，1990 年 1 月 27 日《匈牙利社会党竞选纲领》中说："新党的倡议者首先认识到，被当作社会主义并渊源于斯大林的制度，已不能同世界的发展相协调。"因此，新"党也从马克思思想体系中寻求现今问题的答案"，但不能作为党的指导思想，而要把"实现公民民主的理想"、"团结的原则和社会公正的原则"作为奋斗目标和指导思想。

---

[1] 参见黄宏、谷松主编《东欧剧变与执政党建设》，红旗出版社 1991 年版，第 90—91 页。

第三，在组织原则上放弃民主集中制。在东欧剧变过程中，东欧各国共产党、工人党纷纷放弃了民主集中制这一党的根本原则，主张党的组织实行自愿结合、创造性争论和建立各种纲领派别自由的原则，允许党员可以有不同的政治信仰和不同的世界观；放弃党的阶级性，认为党是民众的党，社会的党和民族的党。比如匈牙利社会主义工人党在1989年10月7日决定改建为社会党时，声称："这个新党极其真诚地反对自己前身的过去，同各种罪恶和已被证明为错误的原则、方法划清界限。它与官僚主义的党治国家制度和民主集中制的原则决裂。"10月9日，匈牙利社会党在其诞生的纲领中规定：它将是一个"民主的党，党员的党"，"它（放弃民主集中制，但保持其活动能力和行动统一）在自己的内部建制和组织中也实行民主的原则；实行自愿组织的原则、建设性地讨论问题的原则和建立派别自由的原则，实行党员和群众监督一切经由选举产生的领导机构的原则"。捷克斯洛伐克共产党前中央总书记乌尔班内克1989年12月20日在捷共非常代表大会政治报告中说："党内民主的现行原则民主集中制，渐渐地官僚化了，变成了一种机械的方法，并随着社会的发展而跌落到了时代的后面。因此，今天党的建设的首要原则，就是要实现广泛的党内民主；要允许党内各种不同的观点派别的存在，党的领导政策，永远只能由全国代表大会或全国代表会议来确定，同时确认党内一些派别的观点和地位。"他认为："以多元化观点为前提的紧密团结"和行动统一，"同在民主集中制外衣下实行的官僚主义的变态毫无共同之处"。前保加利亚共产党中央总书记姆拉德诺夫在保共第14次非常代表大会上对民主集中制原则进行了批评，认为党要革新，"首先必须完成充分的、彻底的'非斯大林主义化'，必须清除我们在干部工作中，在党内生活准则和组织中扭曲的现象"。为此，"必须重新研究迄今为止的建党原则——民主集中制，因为它不适合现代的民主目标和已形成的党的全民性面貌"。他认为，抛弃了民主集中制，"就能够顺利地拆除党的等级命令制的组织结构"。代表大会通过的宣言和章程，决定以"民主一致和人道主义的原则"取代民主集中制原则。

第四，修改宪法，取消有关共产党的领导地位的条款，实行多党制。从 1989 年 10 月起，东欧各国先后取消了宪法中有关共产党的领导地位的条款，共产党仅仅作为在宪法规定的范围内同其他政党竞争的政党之一，通过在政府机构、社会组织中的成员发挥作用。

第五，改变执政党的组织结构和组织方式，扩大党员和基层党组织的权力。东欧各国共产党在 20 世纪 80 年代中后期到 90 年代初，对执政党进行改革的一个重要方面就是不断调整执政党的组织结构，改革党的组织方式，弱化党的上级组织对下级组织的控制，扩大党员和基层党组织的自主权。经过改革，党组织的上下级关系趋于松散，各基层党组织有权在自己的活动范围内自主作出决议。党员和基层组织对党的工作实行监督。在议会体制下，议会党团和党的领导之间不再是领导和服从的关系，只是协商和协调的关系。例如，匈牙利社会主义工人党改建为社会党之后，宣布党是"民主的党，党员的党"，"它在自己的内部建制和组织中实行民主的原则；实行自愿组织的原则、建设性地讨论问题的原则和建立派别自由的原则，实行党员和群众监督一切经由选举产生的领导机构的原则"[①]。

东欧各国共产党之所以在 80 年代中后期的改革浪潮中像多

---

① 转引自黄宏、谷松主编《东欧剧变与执政党建设》，红旗出版社 1991 年版，第 165 页。

米诺骨牌一样纷纷倒台，原因是多方面的，在众多原因中有以下几个方面更为突出：

首先，长期僵化的政治经济体制的各种弊端不断沉积，到80年代中后期，已经积重难返，人们已经对旧体制深怀不满，期盼着变革。而此时的执政党却无法适应社会的需要，制定出有效的走出危机的办法，致使人们对执政党也越来越失去信心。

其次，尽管随着斯大林模式在东欧的扩张，社会党被强行与共产党合并，但是，民主社会主义思想在东欧却有一定的社会基础，特别是曾经历过的"人民民主道路"也让东欧人民知道在苏联模式之外还有别的通向社会主义的道路，只是迫于苏联的压力，无法选择。而戈尔巴乔夫上台以后，苏联放松了对东欧各国的控制，民主社会主义很快兴起。而社会主义的斯大林模式已经陷入了严重的体制危机之中，面对民主社会主义的冲击，已经没有招架之力，执政的共产党要么改变性质，转变为社会民主党，要么被社会民主党取代，退出了历史舞台。

最后，长期以来，东欧各国执政的共产党对社会严格控制，垄断意识形态乃至一切社会理论、思想的创制和解释权，整个社会缺乏生机与活力。执政党本身又固守教条，不顾国情，不思创新，高度集权的组织结构更是扼杀了党内的创新精神。这样执政党因循守旧，活力渐失。而人类进入20世纪80年代，两股浪潮席卷全球：一是以信息技术为核心的"新技术革命"在西方兴起，它的到来，引起了社会政治经济的全面变革，它冲击着人类社会旧的生产方式和社会传统，使人类经历了有史以来最为深刻的社会变革。二是世界民主化浪潮再次兴起。早在20世纪70年代，随着经济全球化趋势的发展和新的科技革命的兴起，在世界范围内形成了新的民主化浪潮。这次浪潮迅速席卷了全球，其影响之大，影响程度之深是空前的。曾担任过联合国秘书长的加利作了这样的描述:"从拉丁美洲到非洲、欧洲和亚洲的许多地方,许多威权政权业已让位于民主力量、日趋对人民负责的政府和日趋开放的社会。不少国家及其人民已经开启了史无前例的民主化进程。还有一些国家和人民已经行动起来,以重建其民主的根基。""今天,民主的基本观念正在赢得跨越了不同文化、社会和经济界限的拥护者。"[①] 面对这两大浪潮的冲击,需要执政党及时调整自己的结构和功能,创新自己的组织方式和活动方式以适应社会变革的需要。但是,东欧各国执政的共产党僵化的体制和思想已经无法适应社会变革的需要,最终必然被人民抛弃。我们看到,在东欧各国执政的共产党面对内外压力时,迅速向社会党转变,但是同样没有避免失去政权的命运。这表明,这些政党已经被时代所抛弃。

[①] 加利著:《联合国与民主化》,见《民主与民主化》,商务印书馆1999年版,第305页。

八
改革开放以来中国共产党第二代领导集体对执政党建设的探索

（一）党的建设在徘徊中前进（"文化大革命"结束到十一届三中全会之前）

1976年10月，我党终于粉碎了江青反革命集团，结束了持续10年之久的"文化大革命"。10年动乱使党、国家和各族人民遭到新中国建立以来最严重的挫折和损失，也是我党历史上持续时间最长的低潮期。"文化大革命"不单单是10年动乱本身造成的损失巨大，而且它积累了许多严重的经济、政治和社会问题，影响了以后的社会主义现代化建设，同时从历史发展机遇来说，在这10年期间，我们党丧失了第二次世界大战之后全球性的经济发展黄金时机，而这一点是不可能弥补的。我们只有清醒地认识到"文化大革命"的错误和教训，才有可能重振国家经济和社会发展事业，恢复正常社会秩序。但是，当时党的最高领导人——华国锋并没有从根本上认清"文化大革命"及其与毛泽东晚年错误的关系。不敢也不愿彻底清除"文化大革命"的错误，坚持鼓吹的"以阶级斗争为纲"和"无产阶级专政下继续革命"论，坚持"两个凡是"，阻挠恢复老干部工作和平反历史上冤假错案的工作，使整个国家的发展处于停滞状态。

1977年2月7日，《人民日报》、《解放军报》、《红旗》等杂志报纸发表了《学好文件抓住纲》的社论鼓吹"两个凡是"："凡是毛主席作出的决策，我们都坚决拥护；凡是毛主席的指示，我们都始终不渝地遵循。"有马克思主义理论常识的人都懂得这条路线的问题所在，它根本不符合实事求是的精神。邓小平明确指出，"两个凡是"不行，在理论上是个是否坚持历史唯物主义的问题，在实践上，按照"两个凡是"，说不通为我平反的问题，也说不通肯定1976年广大群众在天安门广场的活动"合乎情理"的问题。他敏锐地认识到，"两个凡是"的路线无法使我们党纠正"文化大革命"及其以前的"左"倾错误，无法带领全党和全国人民拨乱反正和全面开展经济建设。因此，邓小平在1977年7月党的十届三中全会上重申了1977年4月10日给华国锋、叶剑英和党中央的信中的观点，强调"要对毛泽东思想有一个完整的准确的认识，要善于学习、掌握和运用毛泽东思想的体系来指导我们各项工作"。他指出："毛泽东同志在这一个时间，这一个条件，对某一个问题所讲的话是正确的，在另外一个时间，另外一个条件，对同样的问题讲的话也是正确的；但是在不同的时间、条件对同样的问题讲的话，有时分寸不同，着重点不同，甚至一些提法也不同。所以我们不能够只从个别词句来理解毛泽东思想，而必须从毛泽东思想的整个体系去获得正确的理解。"① 要准确理解毛泽东思想，就要从毛泽东思想的本质和精髓来理解，这是毛泽东倡导的"群众路线和实事求是这两条是最根本的东西"②。这对"两个凡是"是个有力批判。那种

---

① 《邓小平文选》第2卷，人民出版社1994年版，第42—43页。
② 同上书，第45页。

八 改革开放以来中国共产党第二代领导集体对执政党建设的探索

不问历史场合、不分正确错误与否,不分青红皂白坚持只言片语的毛泽东思想不是真正的马克思主义。

邓小平经过反复考虑而提出的这个理论原则,高屋建瓴地抓住了造成10年动乱以及"两个凡是"的最关键、最根本的原因。它为后来的拨乱反正,重新确立党的正确的思想路线、政治路线和组织路线做了理论上的准备,也为十一届六中全会通过的《关于建国以来党的若干历史问题的决议》中正确评价毛泽东同志和毛泽东思想奠定了思想基础。

当时形势已经很明确,我党要想从根本上纠正"左"倾的错误思想在党内的统治,必须对"两个凡是"进行彻底批判。在党的历史上,当"左"倾或者"右"倾等错误指导思想在党内占主导地位的时候,大多是人们从这些思路指导的实践中看到了理论的真伪,在付出了沉重的代价之后党内的正义力量最终改变了错误路线,如革命时期的遵义会议等。这次党内思想路线的斗争也体现了这个特点。在当时如果继续延续"文化大革命"以来的严重"左"倾错误,就会拖垮整个中国的经济与未来。如果不正确认识和及时改正党在"文化大革命"中所犯的各种错误,也会造成社会离心力的加强。社会各方面都有以事实说话,最终纠正错误思想的需求。在党内大多数同志的要求下,党的十届三中全会通过决议,恢复了邓小平党内外一切职务。邓小平的上述言论在中共中央领导层有了一定影响,但是还不足以彻底清算党内部的"左"倾错误,需要有社会层面的广泛参与。

1977年底,时任中共中央党校副校长的胡耀邦在对高中级干部的讲话中提出,研究10年经验教训要遵循两条原则:"一条是完整地准确地理解毛泽东的有关指示,一条是以实践为检验路线是非的标准。"① 形势的发展开始逐渐提出判断路线是非、思想是非、理论是非究竟以什么为标准的问题。正是在这样背景下，1978年3月26日，《人民日报》发表《标准只有一个》的短评，指出真理的标准就是社会实践。5月10日中共中央党校主办的刊物《理论动态》和5月11日的《光明日报》发表了"特约评论员"文章：《实践是检验真理的唯一标准》。文章不仅指出检验真理的标准只能是社会实践，而且应该从发展的观点看待实践的标准，作为检验真理标准的实践不仅具有绝对意义，也有相对意义。从这个意义讲，任何真理在发展过程中都需要由新的实践补充甚至纠正。这篇文章旗帜鲜明反对"两个凡是"，从基本理论上对"两个凡是"错误方针进行否定，很快吸引了国内理论界和舆论的注意。5月12日《人民日报》、《解放军报》都全文转载了这篇文章，全国绝大多数的重要报纸予以转载。它在全社会引起了广泛的注意和强烈的反响，并逐渐形成了讨论。但是"左"倾错误的坚持者先以沉默对待，后来开始追查所谓的文章的背景。在这关系到党的思想路线走向的关键时候，邓小平发表了一系列重要讲话，引述毛泽东从建党初期到1963年反复阐述的关于实践是检验真理的唯一标准、理论一定要与实践相结合的一系列观点，有力地反驳所谓坚持实践标准是"砍旗"的谬论，全力支持真理标准的讨论，并将其导向深入。全国各地及中央报刊发表了许多阐述真理标准问题的文章。各党政军负责同志都陆续发表文章或讲话，一致认为坚持实践是检验真理的唯一标准，是马克思主义的一个基本原理。这场从国家层面到社会层面，各种力量都参与的真理标准大讨论有力地推动了全党和全

---

① 《关于建国以来党的若干历史问题的决议》注释本，人民出版社1983年版，第477页。

国人民的思想解放。

（二）开创党的建设新局面（十一届三中全会以来）

1. 以拨乱反正为主要内容的执政党建设

实践是检验真理的唯一标准的大讨论，催生了全党、全国人民从根本上纠正"文化大革命"及其以前的"左"倾错误的热情，为了尽快结束党和国家的工作在徘徊中前进的局面，重新确立党的正确路线，把全党工作重点转移到社会主义现代化建设上来，中共中央决定召开党的十一届三中全会。

在这次全会之前召开的中央工作会议上，邓小平作了题为《解放思想，实事求是，团结一致向前看》的重要谈话，实际上为十一届三中全会提出了基本的指导思想。它成为十一届三中全会的主题报告。邓小平在讲话中着重指出，解放思想是当前的一个重大政治问题。"一个党，一个国家，一个民族，如果一切从本本出发，思想僵化，迷信盛行，那它就不能前进，它的生机就停止了，就要亡党亡国。"[1] 而要解放思想必须真正实行民主集中制，民主是解放思想的重要条件。他主张让群众讲话。"一个革命政党，就怕听不到人民的声音，最可怕的是鸦雀无声。"[2] 解放思想是为了我们党和国家继续向前走，这就必须处理好历史遗留问题，要正确科学地、历史地认识毛泽东和毛泽东思想的历史地位。在当时的中国，只有端正对毛泽东的正确认识，才有可能纠正"左"的错误，重新回到发展国民经济的道路上来。而这条道路已经荒废了10年，对于很多领导人来说已经变得陌生，

---

[1] 《邓小平文选》第2卷，人民出版社1994年版，第143页。
[2] 同上书，第144—145页。

所以大家必须注意及时地研究新情况和解决新问题。邓小平指出"经济就是今后主要的政治",在经济政策上,应允许部分地区和人民先富起来,以产生极大的示范和带动力量,使整个国民经济不断地波浪式地发展。

这个报告提出的思想主要是两个方面:一个是如何对待历史,一个是如何开辟未来。而这两者又有不可分割的联系。不能全面清理历史上的负面影响,也就不能全力开创中国特色社会主义现代化道路。党在以后的工作就是围绕这两个主线展开。所以,江泽民在党的十五大报告中把它称为"开辟新时期新道路、开创建设有中国特色社会主义理论的宣言书"。

1978年12月18日至22日,十一届三中全会在北京召开。这次会议在中国和中国共产党历史上具有深远的历史意义。它提出了党的新的马克思主义思想路线、政治路线、组织路线,实现了执政重心的转移,开始形成以邓小平同志为核心的第二代中央领导集体,为社会主义事业的顺利推进提供了重要保证。这次会议的突出成果主要在以下几个方面:

第一,重塑党的马克思主义思想路线。

其实,这条思想路线并不是邓小平的发明,毛泽东在领导革命的大部分时间里实际上坚持着由他确立的这条思想路线,这也是指导中国革命和社会主义建设正确发展和胜利的根本保证,是我们党的优良传统。后来发生的错误就是因为偏离了这条路线,"两个凡是"的错误也是违背了这条最基本的马克思主义原理。邓小平指出,思想路线是"确定政治路线的基础。正确的政治路线能不能贯彻实行,关键是思想路线对不对头。"[①] 所以,思想路线的拨乱反正是整个党和国家步入正轨首要解决的问题。

---

① 《邓小平文选》第2卷,人民出版社1994年版,第191页。

后来，他又多次阐述了实事求是的思想路线的丰富内容以及贯彻这条思想路线的根本途径和方法，以及实事求是与解放思想的内在一致性，从而丰富和发展了党的实事求是路线的内涵。

在重新提出实事求是思想路线的过程中，必然涉及如何评价毛泽东历史功过的问题。科学评价毛泽东历史功绩和毛泽东思想的历史地位、作用，与新思想路线的树立有密切关系。实事求是的思想路线本身就要求对毛泽东及其思想进行科学评价。没有分清理论是非，没有指出毛泽东的错误之处，"两个凡是"的路线就难以批倒，就没有办法解决历史遗留问题，就无法平反牵涉到广大民众的冤、假、错案，纠正"左"倾错误就成了空谈。但是全盘否定毛泽东的历史业绩，也不符合历史史实和实事求是精神。全会认为："毛泽东同志是伟大的马克思主义者。他对于包括自己在内的任何人，始终坚持一分为二的科学态度。"这个说法是以后历史决议出台的基础。

第二，我党的执政重心回到经济建设轨道上来。

全会重新肯定了毛泽东关于国内大规模的急风暴雨式的阶级斗争已经基本结束的正确论断，回到了党的八大确定的政治路线上。但是经历了这么多年的曲曲折折的经济建设，我国形成的经济结构、经济体制在各方面都存在一定的问题。因此，全会还特别提出了全面改革的思想，指出"实现四个现代化，要求大幅度地提高生产力，也就必然要求多方面地改变同生产力发展不适应的生产关系和上层建筑，改变一切不适应的管理方式、活动方式和思想方式，因而是一场广泛、深刻的革命"[①]。根据当时的情况，全会要求，首先，在几年中逐步改变国民经济重大的比例

---

① 中共中央文献研究室编：《十一届三中全会以来党的历次全国代表大会中央全会重要文件选编》（上），中央文献出版社1997年版，第20—21页。

失调状况，消除生产、建设、流通、分配中的混乱现象，解决人民生活中多年积累下来的一些问题。同时强调要做到综合平衡，基本建设必须积极而又量力地循序进行。其次，针对我国经济管理体制存在的权力过于集中的弊端，提出了改革经济管理体制的方向和任务，例如精简管理经济的行政机构等。再次，要"搞活"作为国民经济基础的农业，全会通过了《关于加快农业发展若干问题的决定（草案）》，开始纠正农业工作中的"左"的错误，明确提出要加强劳动组织，建立严格的生产责任制，并肯定了包工到组、联产计酬等形式。最后，要在自力更生基础上积极发展与世界各国平等互利的经济合作，努力采用国外先进技术和设备，并着力加强现代化所必需的科学和教育工作。这标志着中国共产党确立了对外开放、对内搞活经济，全面改革的总方针。

第三，通过党的制度建设加强党的组织建设。

首先，全会为了健全党规党法，决定成立中央纪律检查委员会，并选举产生了中央纪律检查委员会委员和常务委员。邓小平指出："没有党规党法，国法就很难保障。各级纪律检查委员会和组织部门的任务不只是处理案件，更重要的是维护党规党法，切实把我们的党风搞好。"① 同时决定健全党的民主集中制，反对突出个人和个人崇拜，加强党的集体领导。其次，抓紧干部队伍的建设。毛泽东曾指出："政治路线确定之后，干部就是决定的因素。"② 而10年"文化大革命"中，党的组织建设几乎瘫痪，耽搁了10年的组织建设尤其是干部队伍建设急需补课，领导层老化问题比较严重。因此，邓小平主张废除党的领导职务终

---

① 《邓小平文选》第2卷，人民出版社1994年版，第147页。
② 《毛泽东选集》第2卷，人民出版社1991年版，第526页。

八 改革开放以来中国共产党第二代领导集体对执政党建设的探索

身制,以便实现领导干部的新老交替。邓小平在对中央党、政、军机关副部长以上干部的讲话中强调:"我们一定要认识到,认真选好接班人,这是一个战略问题,是关系到我们党和国家长远利益的大问题。如果我们在三几年内不解决好这个问题,十年后不晓得会出什么事。要忧国、忧民、忧党啊!要看到这是个带根本性质的问题。我们有正确的思想路线,有正确的政治路线,如果组织问题不解决好,正确的政治路线的实行就无法保证,我们向党和人民就交不了帐。"① 组织路线要解决的核心问题是党的干部问题或人才问题,这是因为,社会主义现代化建设迫切需要一批年富力强的干部,

第四,形成了以邓小平同志为核心的第二代党的领导集体。

全会对党的领导层组成人员进行了调整,因为党的政治路线"由什么样的人来执行,是由赞成党的政治路线的人,还是由不赞成的人,或者是由持中间态度的人来执行,结果不一样。"② 在这次全会上,虽然华国锋、汪东兴的主要职务尚未变动,但已失去其在中央决策中的主导作用。就党的指导思想和实际工作来说,以邓小平为核心的党中央第二代领导集体已经形成。这就为十一届三中全会路线的贯彻提供了组织上的保证。

党的十一届三中全会所做出的一系列重大决策和形成的新的中央领导集体,表明党基本清除了自1957年以来的"左"倾指导思想及其在实际工作中的表现,解决了长期未能解决的工作重点转移问题,为开创社会主义现代化建设新局面开辟了广阔前景。因此,它实现了新中国建立以来党的历史上具有深远意义的伟大转折。它是马克思主义与我国实践相结合过程中第二次历史

---

① 《邓小平文选》第2卷,人民出版社1994年版,第222—223页。
② 同上书,第191页。

性飞跃的起始点。是党的建设和发展史上的一个里程碑。

经过党的十一届三中全会，虽然"四人帮"已经被粉碎，"左"倾错误在理论上已经纠正，但是真正肃清社会上的"文化大革命"遗毒仍不是一件轻松的事情。社会上发生了若干值得注意和警觉的现象。一方面，"派性和无政府主义的流毒，同一些怀疑社会主义、怀疑无产阶级专政、怀疑党的领导、怀疑马列主义毛泽东思想的思潮相结合，开始在一小部分人中间蔓延"①；另一方面，极少数人利用党进行拨乱反正的时机，打着"社会改革"的旗号，曲解"解放思想"的口号，夸大党的错误，企图否定党的领导和党所指引的社会主义道路。他们以"反饥饿"、"要人权"等口号煽动一部分人去游行示威，甚至成立非法组织，从事非法活动。"左"的思潮是歪曲四项基本原则，抵制十一届三中全会路线；资产阶级自由化思潮则是公开否定四项基本原则，企图搞"全盘西化"等。对于来自"左"、右两个不同方面的干扰，邓小平在1979年1月18日至4月3日召开的理论工作务虚会上及时提出了："我们要在中国实现四个现代化，必须在思想政治上坚持四项基本原则。"② 并赋予了新的时代内容。

反思10年"文化大革命"的教训是一个漫长的历史过程。之所以发生10年"文化大革命"以及之前的"左"倾错误，而且长时间没有纠正，党和国家领导制度存在缺陷是一个重要原因。1980年1月16日，邓小平在中央召集的干部会议上作《目前的形势和任务》的讲话，其第三部分着重讲了坚持和完善党的领导的问题。同年2月，党的十一届五中全会把这一思想列为

---

① 《邓小平文选》第2卷，人民出版社1994年版，第162页。
② 同上书，第164页。

八 改革开放以来中国共产党第二代领导集体对执政党建设的探索

会议的主题,讨论和通过了《关于党内政治生活的若干准则》,讨论了《中国共产党章程》修改草案,提出了坚持党的领导、改善党的领导的问题。在前期党内的充分讨论酝酿的基础上,中共中央政治局在1980年8月召开扩大会议讨论党和国家领导制度的改革问题。邓小平在会上发表了《党和国家领导制度的改革》的重要讲话。首先,他揭示了进行党和国家领导制度改革的必要性。他认为:"我们过去发生的各种错误,固然与某些领导人的思想、作风有关,但是组织制度、工作制度方面的问题更重要。这些方面的制度好可以使坏人无法任意横行,制度不好可以使好人无法充分做好事,甚至会走向反面。……领导制度、组织制度问题更带有根本性、全局性、稳定性和长期性。这种制度问题,关系到党和国家是否改变颜色,必须引起全党的高度重视。"现在,党和国家的领导制度中,存在着官僚主义现象、权力过分集中、家长制、干部领导职务终身制和形形色色的特权现象等弊病,特别是官僚主义现象现在非常严重。因此,"只有对这些弊端进行有计划、有步骤而又坚决彻底的改革,人民才会信任我们的领导,才会信任党和社会主义,我们的事业才有无限的希望。"① 其次,他提出了进行党和国家领导体制改革的途径和原则。一是清除封建主义和资产阶级思想的影响,"帮领导、帮统治"的余毒和各种如无政府主义等资产阶级思想的影响使民主集中制原则遭到践踏,党的战斗力和感召力受到损害。二是改变权力过分集中情况。"权力过分集中的现象,就是在加强党的一元化领导的口号下,不适当地、不加分析地把一切权力集中于党委,党委的权力又往往集中于几个书记,特别是集中于第一书记……权力过分集中,越来越不能适应社会主义事业的发展……

---

① 《邓小平文选》第2卷,人民出版社1994年版,第333页。

现在再也不能不解决了。"① 坚持党的集体领导可以有效地克服个人专断。"集体领导是党的领导的最高原则之一。凡是涉及党的路线、方针、政策的大事，重大工作任务的部署，干部的重要任免、调动和处理，群众利益方面的重要问题……不得由个人专断。"② 改革党和国家领导制度的最终目的是为了充分发挥社会主义制度的优越性，加速现代化建设事业的发展。

上面的这些努力都是从某一个方面总结新中国建立以来我们党的经验教训，还缺乏一个对执政以来我们党在工作指导上的经验教训的一个全景式"扫描"。1981年6月27日至29日，党的十一届六中全会上审议并一致通过的《关于建国以来党的若干历史问题的决议》完成了这个历史任务。这个报告的出台上上下下经历了很长时间，从1979年3月开始起草，一直到全会的预备会上还在修改，前后历经两年多时间，中间较大的修改就有8次，这本身就是党内民主充分发扬的产物。这个决议对新中国建立以来32年来党的重大历史事件特别是"文化大革命"做出了正确的总结，科学地分析了在这些事件中党的指导思想的正确和错误，分析了产生错误的主观因素和社会历史原因，实事求是地评价了毛泽东在中国革命和社会主义建设上的历史地位，同时也对党的其他一些负责同志的功过是非做了正确、公正的评价，充分肯定了毛泽东思想作为我们党的指导思想的伟大意义。对于执政党建设来说，这个决议的意义在于，总结党在历史上的经验教训，为我国社会主义现代化建设事业和党的工作提供借鉴。例如社会主义建设必须对形势的分析和对国情的认识有清晰判断，坚持民主集中制，禁止个人崇拜，加强党内监督，整顿党风，同

---

① 《邓小平文选》第2卷，人民出版社1994年版，第328—329页。
② 《三中全会以来重要文献选编》上卷，人民出版社1982年版，第417页。

八 改革开放以来中国共产党第二代领导集体对执政党建设的探索 445

时还要处理好与其他各类政治组织的关系,从各方面保证它们有效地行使自己的职权,党和各级组织一样都必须在宪法和法律范围内活动。特别是在党的文献中第一次明确要"在坚持革命化的前提下逐步实现各级领导人员的年轻化、知识化和专业化"。这为后面大张旗鼓进行领导干部的新老接替奠定了政治基础。

2. 开创社会主义建设新局面时期的执政党建设

在完成对新中国建立以来历史的初步总结以及全面的拨乱反正和局部的改革以后,党和国家建设出现了一系列的可喜变化,社会主义现代化建设已经站在新的历史起点上。但是,我们党对社会主义建设规律还依然处在"摸着石头过河"的阶段,而且随着实践的不断发展,也都给我们党提出了新的课题,建立适合经济社会发展需要的政治、经济管理体制仍需要长期而艰苦的改革。从总体上看,在这个阶段,与前一阶段以调整恢复不同,党的主要精力开始转向社会主义现代化建设。这个阶段也是邓小平理论贡献最多的一个时期,许多理论也都成为我们今天社会主义建设的理论指南和政策制定的基石。

(1) 党的十二大和中国特色社会主义道路的开辟

1982年9月1日至11日,党的十二大在北京举行。这次大会的使命,是通过系统地总结过去6年的经验教训,提出了党在新时期的历史任务和建设目标,并规划继续前进的正确道路、具体战略步骤和方针政策,为全面开创社会主义现代化建设的新局面而努力。这次代表大会与党的七大、八大一样,都是在历史转折关头召开的具有重大历史意义和深远影响的大会。

第一,确立社会主义建设总体指导思想。邓小平在开幕词中强调指出:"把马克思主义的普遍真理同我国的具体实际结合起来,走自己的道路,建设有中国特色的社会主义,这就是我们总结长期历史经验得出的基本结论。"① 这个命题包含两层意思：一是认清国情，虽然毛泽东关于中国国情有过非常精彩的论述，但是那都是站在中国革命的角度分析的，社会主义现代化建设的国情评估需要更深入、细致的调查与分析；二是要把国情和马克思主义进行有机结合，不仅国情的分析要运用马克思主义观点、立场、方法，而且中国的社会主义建设要建立在中国国情基础上。这对我国社会主义建设彻底摆脱苏联模式的影响有重大作用，同时也为我国改革过程中很多突破性观点的提出提供立论基础。因此，这个命题不但是党的十二大的指导思想，也是整个新的历史时期我国改革开放和现代化建设的指导思想。

第二，明确提出党在新的历史时期的总任务及其实现途径。毛泽东在社会主义过渡时期提出的阶段性任务目标，对社会主义改造的成功是至关重要的。在社会主义新时期，党的总任务是：团结全国各族人民，自力更生，艰苦奋斗，逐步实现工业、农业、国防和科学技术现代化，把我国建设成为高度文明、高度民主的社会主义国家。在这个总体目标指引下，中国特色社会主义应当是物质文明、精神文明、社会主义民主全面发展的社会主义社会。在经济方面，大会确定了20世纪最后20年间我国经济建设的战略目标、战略重点、战略步骤和一系列正确方针。并把到20世纪末的奋斗目标由先前的实现现代化改为实现小康，确定农业、能源和交通、教育和科学作为经济发展的三大战略重点。在战略部署上分两步走，前10年主要是打好基础，积累力量，创造条件；后10年要进入一个新的经济振兴时期。仅仅实现高度发达的物质文明不是真正的社会主义，社会主义精神文明是社会主义的重要特征，是社会主义制度优越性的重要表现。其中，

---

① 《邓小平文选》第3卷，人民出版社1994年版，第3页。

八 改革开放以来中国共产党第二代领导集体对执政党建设的探索

文化建设既是建设物质文明的重要条件，也是提高人民群众思想觉悟和道德水平的重要条件。思想建设决定着精神文明的社会主义性质。大会指出，建设社会主义的物质文明和精神文明，都要靠继续发展社会主义民主来保证和支持。社会主义精神文明和高度的社会主义民主，都是社会主义现代化建设的根本目标和根本任务之一。同时，社会主义民主建设必须同社会主义法制建设紧密地结合起来，使社会主义民主制度化、法制化。这些理论和任务的提出，体现了我们党对社会主义现代化建设的正确认识，社会主义建设的理论达到了新的水平，丰富和发展了科学社会主义理论。

第三，从执政的角度建设党。邓小平在1980年2月29日党的十一届五中全会第三次会议上指出："修改党章是要进一步明确党在四个现代化建设中的地位和作用。执政党应该是一个什么样的党，执政党的党员应该怎样才合格，党怎样才叫善于领导？"[①] 这说明，他已经开始思考作为执政党的党的建设特殊性。会议指出，在新时期，加强党的建设，必须解决好三个方面的问题：要健全党的民主集中制，使党内政治生活进一步正常化；改革领导机构和干部制度，实现干部队伍的革命化、年轻化、知识化、专业化；加强党在工人、农民、知识分子中的工作，密切党同人民群众的联系。会议通过制定适应新时期特点和需要的新党章，对这些做法进行具体化规定。首先，是全党思想上、政治上要保持高度一致，坚持四项基本原则这个全党团结统一的政治基础。坚持一切从实际出发，理论联系实际，实事求是，在实践中检验真理和发展真理的思想路线。同时规定发挥党的领导作用的基本原则和党在国家生活中如何正确地发挥领导作用的方法。其

[①] 《邓小平文选》第2卷，人民出版社1994年版，第276页。

次，党章对党员和党的干部在思想上、政治上和组织上的要求，比过去历届党章的规定都更加严格。党章吸取了"文化大革命"时期的惨痛教训，强调必须要用党章和各项党规约束党员和党的干部，使党章和各项党规具备任何人都无法逾越和侵犯的最大权威。再次，党章在民主集中制和党的纪律两个方面，做了充分而具体的规定，强调集体领导原则，禁止任何形式的个人崇拜。最后，党章对改善党的中央和地方组织的体制，对加强党的纪律检察机关和基层党组织的建设，对密切党和共青团的关系等问题都作出了新的规定。党章规定，党中央不设主席只设总书记，规定中央和省一级设顾问委员会作为新老干部交替的过渡性机构，以发挥许多从第一线退下来的富有经验的老同志对党的事业的参谋作用。党的各级纪律检查委员会由同级党的代表大会选举产生。总之，新党章总结了执政以来党的历史经验，根据历史条件的新变化，适应社会主义现代化建设新时期的需要和执政党的特点，对党的建设中的新问题做出了新的理论概括，这反映出党的与时俱进的时代特色和创新能力。

第四，初步解决了接班人的问题。由于受苏联模式和封建专制主义文化的影响，特别是由于50年代后期以来个人崇拜的不断严重，我们党和国家实际上存在着领导干部职务的终身制，这既不符合党的性质和宗旨，不符合社会主义民主的要求。在实践中也造成干部队伍过分庞大，机构臃肿，人浮于事，工作效率低下，助长官僚主义；还使不少人不求进取，养尊处优，甚至大搞特殊化，以权谋私，使广大年轻干部得不到选拔和锻炼的机会，妨碍了干部队伍的新老合作和交替，削弱了党的领导。而且最典型的例子就是，如果毛泽东能够建立领导干部的正常退休制度，他晚年的错误也许就可以避免。邓小平深知领导职务终身制的严重弊端，多次强调改革的紧迫性。

八 改革开放以来中国共产党第二代领导集体对执政党建设的探索

在十二大通过的党章首次提出了废除实际存在的干部职务终身制，这是解决各级领导班子的新老交替，保持党和国家的稳定和政策连续的第一步。为了顺利实现交接，邓小平还进行了制度的创新：建立顾问制度，即在中央和省一级的党组织中设立顾问委员会，以此作为领导干部职务终身制走向退休制的一种过渡；建立退休制度，中共中央在邓小平的倡导下，于1982年2月20日做出了《关于建立老干部退休制度的决定》。同年4月10日，国务院发布了《关于老干部离职休养制度的几项规定》，建立健全干部的选拔晋升制度，坚持干部"四化"方针，从制度上解决干部队伍"进"的民主化问题。

应该说，党的十二大之后，关于社会主义现代化建设的思想路线、政治路线、组织路线已经确立。为了保证党的各项政策贯彻执行，十二大还决定，从1983年下半年开始，用三年时间分期分批对党的作风和党的组织进行一次全面整顿，意图是通过这次整党，使党内政治生活进一步正常化，切实纠正不正之风，大大加强党同群众的密切联系，最终实现党风的根本好转。

（2）整党活动的深入开展

1983年10月召开的十二届二中全会经过热烈讨论，一致通过了《中共中央关于整顿的决定》。这次整党是"文化大革命"以来的第一次整党。虽然我党在前期拨乱反正，纠正"左"倾错误过程中进行了许多带有整党性质的工作和斗争，但还未来得及针对党在思想、作风、组织上的严重不纯，进行全面系统的整顿。因此，为了更好完成新的历史任务，加强党的自身建设，通过整党保持党的先进性、纯洁性和坚强战斗力的十分必要。

这次整党和以前的整党相比，有很多自己的特点，深刻的体现了社会主义现代化建设背景下党的建设的问题。主要体现在以下几个方面：

第一,整党的内容与反腐败相结合。当时社会上利用职权和工作条件牟取私利和对党对人民不负责任的官僚主义等不正之风,在不同部门、行业都有不同程度的表现。1984年下半年,一些党政部门和干部个人利用权力倒卖紧缺物资,乘机乱涨物价牟取暴利,借改革之机营私舞弊、中饱私囊等现象比较严重。这正如十二届二中全会指出的,这种党内的不正之风和腐败现象已严重地损害了党在人民中的形象,削弱了党内外群众对社会主义优越性和共产主义前途的信念,严重破坏了现代化建设事业,因此,这必然要求把惩治腐败分子、打击不正之风作为整党的重要内容之一。据统计,从1982年到1986年,全国共处分违纪党员65万人,其中开除党籍的15万多人。1985—1986年处分了3省军级干部74人,地师级干部635人,惩戒的力度相当大。这与以前,尤其与新中国建立以前的整党运动的内容以思想政治教育为主的特点区别开来,从中也凸显了作为执政党的党的建设面临的问题可能比以前要复杂得多,仅仅依靠做思想政治工作是不够了。

第二,整党与制度建设相结合。以往的整党以思想政治工作为主,而如今的特点决定光凭思想政治工作可能达不到应有效果。因此,党和政府努力改革和完善党的组织制度和工作制度,使许多工作有章可循,严格执行党纪国法,促使党风的根本好转。在整党过程中,对许多涉及党风的问题都陆续做出了有关政策规定,比如,《关于加强党员教育工作的通知》(1983年2月)、《关于严格按照党的原则选拔任用干部的通知》(1986年1月)、《关于严禁党政机关和党政干部经商、办企业的决定》(1986年2月)、《关于制止滥派团体和人员出国的通知》(1986年1月)等。这样,整党的工作就被纳入到制度化,法制化的轨道,与整个社会主义日常的行政管理工作协调一致。

第三，整党与党的队伍建设结合。十二大前后正逢我党在各级领导班子新老交替的问题上不断探索的时期。1983年5月，中共中央在邀请各方面人士举行民主协商会时指出，为了使国家能够长治久安，必须从现在开始搞第三梯队建设，党要选拔几百上千名德才兼备、年富力强的干部放在中央、省级和地市级工作，要培养和选拔55岁以下和40岁左右的干部。这个工作和清理"三种人"[①]工作统筹进行。一是坚决把仍然留在各级领导班子中的"三种人"清理出来；二是决不允许把"三种人"选进第三梯队。要通过整党，把思想政治路线端正、党性强、作风正的有创新精神的优秀中青年干部选拔到领导岗位。十二大以后，各级领导班子的新老交替进展明显加快。初中以下文化的干部总量在逐年下降，具有大中专以上文化的干部总量在逐年上升，以中青年干部为主体的各级领导班子的梯级年龄结构基本形成。

整党是在某一定时期针对某些问题集中力量进行集中处理的党建方式，虽然无论是哪一次整党整风都是效果显著，但正是这种集中性决定了整党运动短时间、运动式的缺点，加强党的建设仍需要寻找长效机制，日常管理的制度规范显得特别重要。

（3）社会主义精神文明建设与反资产阶级自由化

邓小平在十一届三中全会之后逐步提出了建设社会主义精神文明的命题，在党的总任务中也明确了精神文明是社会主义现代化建设重要内容。但是真正把精神文明作为社会主义发展战略组成部分的是从1986年9月党的十二届六中全会正式讨论通过的《中共中央关于社会主义精神文明建设指导方针的决议》开始的。它是我党关于建设社会主义精神文明的一个纲领性文件。

[①] "三种人"是指在"文化大革命"中造反起家的人、帮派思想严重的人和打砸抢分子。

《决议》指出,我国社会主义现代化建设必须以经济建设为中心,坚定不移地进行经济体制改革,坚定不移地进行政治体制改革,坚定不移地加强精神文明建设,并且使这几个方面互相配合,互相促进。社会主义精神文明建设,必须是推动社会主义现代化建设的精神文明建设,必须是促进全面改革和实行对外开放的精神文明建设,必须是坚持四项基本原则的精神文明建设。这就是社会主义精神文明建设的基本指导方针。

但是,就在党和国家大力加强社会主义精神文明建设的同时,精神文化领域却出现了不和谐的声音。社会上的一些人和党内的极少数人借解放思想、改革开放之机,散布了许多攻击四项基本原则的言论:一是宣扬"全盘西化",主张走资本主义道路。他们诬蔑我国30多年来社会主义建设完全失败了,称中国只能走资本主义道路,"补课论"一时喧嚣尘上;二是利用我党历史上曾经有过的失误,丑化和否定党的领导,主张青年学生入党以改变党的颜色,把党改造成为非马克思主义的政党;三是声称马克思主义已经过时,否定马克思主义的指导作用,主张用资产阶级的思想体系来代替马克思主义的思想体系;四是竭力鼓吹资产阶级的"民主"、"自由",煽动青年学生等游行示威,他们蓄谋让外国人把他们的言论行动拿到世界上去广为宣传。其中有个"中国人权组织"居然贴出大字报,要求美国总统"关怀"中国的人权等。这些人实际上是把我党在社会主义现代化建设过程中存在的问题的无限扩大,没有实事求是分析我党存在的问题并努力寻求对策,而是把这些问题简单的与我们坚持的四项基本原则联系在一起,极不负责任的鼓吹中国走资本主义道路,自觉或者不自觉的成了西方"和平演变"战略的执行者,对我国的思想战线造成极大冲击。

党的十二大以后,邓小平针对思想战线特别是理论界和文艺

八 改革开放以来中国共产党第二代领导集体对执政党建设的探索

界广泛存在"全盘西化",对外来文化不加分析批判,盲目乱用等混乱现象,多次强调必须坚持四项基本原则,反对资产阶级自由化思潮,清除思想文化领域的精神污染。1983年10月党的十二届二中全会召开,邓小平作了题为《党在组织战线和思想战线上的迫切任务》的讲话。他指出:"精神污染的实质是散布形形色色的资产阶级和其他剥削阶级腐朽没落的思想,散布对于社会主义、共产主义事业和对于共产党领导的不信任情绪。"这些思想"足以祸国误民。它在人民中混淆是非界限,造成消极涣散、离心离德的情绪,腐蚀人们的灵魂和意志,助长形形色色的个人主义思想泛滥,助长一部分人当中怀疑以致否定社会主义和党的领导的思潮"[①]。实践的发展事实上也证明了邓小平的这个判断。1986年,资产阶级自由化思潮因多方面原因愈演愈烈,并引发了这年冬天的学潮。

这次学潮的规模并不是特别大,但是足以反映了当时在思想战线和精神文明等领域存在一些问题,其中的教训也是深刻的。首先,对社会主义现代化建设过程中的问题应该有正确的清晰认识。资产阶级自由化无非是抓住我们存在的问题进行无限夸大,并上升到国家和社会的基本制度高度,我们的宣传部门就特别需要做好这方面工作,即如何看待发展过程中的问题。资产阶级思潮的泛滥是与我们这方面工作忽视有一定关系。所以,反对资产阶级自由化必须要与建设社会主义精神文明联系起来,"搞四个现代化一定要有两手"[②]。其次,要在改革过程中妥善解决现代化过程存在的问题。我们应当把我国社会主义现代化建设过程中的问题尽量减少到最低程度,特别是消除腐败现象必须常抓不

[①] 《邓小平文选》第3卷,人民出版社1994年版,第40—44页。
[②] 同上书,第154页。

懈，不给宣扬资产阶级思潮的人以口实。例如像政治体制中存在的问题，只有不断大力推进改革，很多问题才有可能解决，必须寻找创新思路。但是有一个原则，就是"不能照搬西方的，不能搞自由化"①。因此，反对资产阶级自由化将是个长期而复杂的过程，必须做细致、认真地工作。

（4）在社会主义初级阶段理论的基础上的推进改革

党的十二大以来，经济体制改革迅速全面展开。到1987年，农村家庭联产承包责任制已经基本覆盖全国，实行这种制度的农户占全国农户总数的98%，并有力地推动农村经济的发展。而且乡镇企业也异军突起，成为国民经济的重要支柱之一。农村经济改革也带动了城市的经济体制改革。1984年10月党的十二届三中全会通过《关于经济体制改革的决定》，开始加快以城市为重点的整个经济体制改革进程。但是城市经济体制改革涉及面广，情况远比农村经济复杂，从1978年以来推行的以放权让利为主的企业管理体制改革收效并不明显，需要在更深层面上进行改革尝试，需要政治体制改革推进的配合。正如《关于经济体制改革的决定》指出的："实行政企职责分开，简政放权，是社会主义上层建筑的一次深刻改造。体制改了，组织机构和思想作风也要改。"② 但是也要明确改革的性质不是搞资本主义，而是巩固、完善社会主义，坚决反对资产阶级自由化。这些背景决定了于1987年10月25日至11月1日召开的党的十三大是以进一步加快和深化改革为中心任务的大会。这次大会对中国未来体制改革走向进行全面设计，其中很多论述在今天仍然有很重要的借鉴意义。

---

① 《邓小平文选》第3卷，人民出版社1994年版，第178页。
② 《十二大以来重要文献选编》中卷，人民出版社1986年版，第575页

八 改革开放以来中国共产党第二代领导集体对执政党建设的探索

第一,党对改革的理论指导进一步丰富。在国际共产主义运动发展历史上,无论是革命政党还是执政的共产党,都把实行共产主义作为最高目标,在实践中也屡屡因为急切地想过渡到共产主义社会而受挫,因此,明确现今政党的历史定位非常重要。在我国,虽然也犯过急躁冒进的错误,但是无论是毛泽东还是刘少奇、邓小平、陈云、叶剑英等人,都认识到社会主义可能要经过漫长的初级阶段才能过渡到更高阶段。1981年的《关于建国以来党的若干历史问题的决议》更加明确指出:"我们的社会主义制度还处于初级的阶段","我们的社会主义由比较不完善到比较完善,必然要经历一个长久的过程"。此后,邓小平在不同场合多次对"初级阶段"理论做了进一步论述。十三大在以往探索的基础上,总结改革开放的最新经验,使党关于社会主义初级阶段的认识前进了一大步。这是我们制定和执行正确的路线和政策的根本依据。我国处于社会主义的初级阶段这个论断,包括两层含义:第一,我国社会已经是社会主义社会。我们必须坚持而不能离开社会主义。第二,我国的社会主义社会还处在初级阶段。我们必须从这个实际出发,而不能超越这个阶段。这一科学论断,为理解国际共产主义运动的成功和失误提供了一把钥匙。苏联和中国发生的许多问题都与历史发展阶段判断失误有关。"发达社会主义"、"跑步进入共产主义"等说法都严重脱离了社会发展现实。对社会主义建设的长期性、复杂性、艰巨性缺乏清醒的思想认识,直接导致了苏联等社会主义国家的政策的失误和国家的解体。

第二,完成了社会主义初级阶段现代化建设框架的基本设计。从社会主义初级阶段的实际出发,十三大在十二大提出党的总历史任务基础上,更简练地阐述了党在社会主义初级阶段建设有中国特色社会主义的基本路线:领导和团结全国各族人民,以经济建设为中心,坚持四项基本原则,坚持改革开放,自力更生,艰苦创业,为把我国建设成为富强、民主、文明的社会主义现代化国家而奋斗。简称为"一个中心,两个基本点",即以经济建设为中心,坚持四项基本原则和改革开放这两个基本点。这不仅全面概括了十一届三中全会以来拨乱反正、改革开放的主要经验,而且也是我党在社会主义初级阶段的指导方针,是我们的事业沿着中国特色的社会主义道路稳步健康地向的发展的可靠保证。

从党的这个政治路线出发,十三大规定了三步走的经济发展战略,并对经济体制改革作出了重要决定。大会强调,要围绕转变企业经营机制这个中心环节,分阶段地进行计划、投资、财政、金融、外贸等方面体制的配套改革,逐步建立起有计划的商品经济新体制的基本框架。大会指出,经济体制改革的展开和深入对政治体制改革提出了愈益迫切的要求。政治体制改革的近期目标,是建立有利于提高效率、增强活力和调动各方面积极性的领导体制。各项改革措施都要围绕这个目标,逐步进行党政分开、下放权力、改革政府工作机构和干部人事制度、建立社会协商对话制度、加强法律建设等方面的改革,从而为社会主义民主政治奠定良好的基础。

第三,从改革入手加强党的建设。为了实行上述目标,党的十三大报告明确地提出了新时期党的建设的指导思想:"新时期党的一切工作,都必须保证党的基本路线的贯彻执行。党的自身建设也必须进行改革,以适应改革开放的新形势。党的思想建设、组织建设、作风建设,都应当体现这个指导思想。"① 从改革入手加强的党的建设是一种新思路。改革开放下新的历史条件

---

① 《为胜利实现十三大的任务而奋斗》,新华出版社1987年版,第50页。

八 改革开放以来中国共产党第二代领导集体对执政党建设的探索

给党的建设带来了诸多新课题,要更好地担负起领导建设有中国特色的社会主义的伟大历史责任,传统的思路和方法显然已不能有效解决党的建设中长期存在的种种问题,必然要转变或改革不适应新任务需要的组织形式和工作方式。这次大会突出强调要加强党内民主制度建设,包括:从中央做起,健全党的集体领导制度和民主集中制;改革和完善党内选举制度,明确规定党内选举的提名程序和差额选举方法;切实保障党章规定的党员民主权利,制定保障党员权利的具体条例;疏通党内民主渠道和健全民主生活,使党员对党内事务有更多的了解和直接参政的机会。这对党的决策的民主化和科学化,对于充分发挥各级党组织和党员的积极性、创造性,端正、恢复优良党风都具有十分重要的意义。

(5) 执政党经受的严峻考验

20世纪80年代中后期,以美国为首的西方国家对社会主义国家大力推行"和平演变"战略,通过各种渠道对社会主义国家加紧从事思想、政治渗透,竭力支持和扶植社会主义国家内部各种反共反社会主义活动。与此同时,一些社会主义国家体制僵化等问题没有通过改革得到有效解决,决策等方面的失误造成经济建设和社会发展进程遇到挫折,领导阶层特权化、近亲化导致腐败丛生,干部和群众关系紧张,给了反共反社会主义活动很大的空间,最终导致东欧一些社会主义国家的崩溃,国际共产主义运动开始步入低潮。这些现象对人们的思想产生了很大影响,人们对社会主义制度产生了怀疑,觉得是资本主义战胜了社会主义,社会主义的威信和形象在人们心目中一落千丈,造成了很严重的信仰危机,却给资产阶级自由化分子提供了"现实证据"。国际上的这种大气候影响了国内的政治空气。在国内,商品经济的发展客观上导致人们各种观念的变化,给人感觉精神文明整体上滑坡了，而经济体制转型过程中不可避免会产生制度漏洞，也造成了很多腐败与不公平现象的出现，再加上价格体制改革的冲击形成了比较严重的通货膨胀，经济秩序相对混乱，老百姓对改革出现了一些不满情绪，党在群众中的威信受到严重削弱，这些现象的存在也影响了从1986年左右开展的反对资产阶级自由化斗争的效果，一度收敛的资产阶级自由化思潮遇到合适的温床重新萌发、泛滥。党内外一些热衷于搞资产阶级自由化的人利用这些情况，大做文章，打着政治体制改革的旗号发表政治主张，直接要求取消四项基本原则，全盘西化。他们也受到了国外敌对势力的支持，加紧酝酿着旨在改变中国政治颜色的动乱。

1989年4月15日，胡耀邦的逝世成了发生政治动乱的导火索。本来广大学生和群众举行的各种悼念活动是寄托哀思的正常方式。但极少数反共反社会主义的阴谋分子经策划和操纵，散布胡耀邦是受政治迫害而致死的蛊惑人心的谎言，悼念活动因此迅速发展成为政治性的示威游行，大小字报和标语大量出现，攻击党和国家主要领导人，攻击党的领导和社会主义制度。最后事态严重到冲击中南海新华门、占领天安门广场静坐示威，而且不明真相来声援的人不断增多，西安、长沙、成都等地甚至发生了严重的打、砸、抢、烧等犯罪活动。并波及全国各大城市乃至一批中小城市。在北京地区动乱最终发展成为一场反革命暴乱。6月3日到4日，中共中央、国务院、中央军委采取果断措施平息了反革命暴乱。全国各大中城市也很快恢复了正常秩序。

虽然1986年曾经有过学潮，但是这次动乱规模和影响相对大得多，是对执政的共产党严峻的考验，虽然这个事件给党和国家造成了极大损失，但是它留给我们的思考是有价值的。首先，对突发事件应该做好预防工作。邓小平在接见首都戒严部队军以上干部时指出："这场风波迟早要来。这是国际的大气候和中国

八 改革开放以来中国共产党第二代领导集体对执政党建设的探索

自己的小气候所决定了的,是一定要来的,是不以人们的意志为转移的,只不过是迟早的问题,大小的问题。"① 在我国发生政治风波之前,东欧社会主义国家已经发生了比较大的动荡,对我国是否会发生同样类似事件实际上应当预警。但是从事件发生过程看,我们缺乏恰当的预警,而且事件发生以后的处理也是不够果断和比较滞后,结果造成了不必要的巨大损失。其次,要保持社会稳定必须使经济稳定增长,同时让普通民众能分享这种增长带来的好处。前后一大一小的学潮、动乱前后都曾经出现明显的通货膨胀,这是社会发生动荡的经济根源。经济的稳定增长是社会发展、稳定的前提。另外,资产阶级自由化分子能够大行其道本身说明它有一定社会基础。争夺这一部分力量,除了做好思想政治工作、宣传教育工作,更重要的是让大众分享经济增长的成果,而不只是少部分人的专利。再次,要保持稳定必须反腐败。在这次风波中,游行示威的口号并不是一开始就反党反社会主义,而是反腐败。邓小平总结教训时指出:"这次出这样的乱子,其中一个原因,是由于腐败现象的滋生,使一部分群众对党和政府丧失了信心。"② 党和国家存在的某些不良现象严重影响了自己的威信,也给了那些不法分子进攻的武器。最后,要加强和改进党的政治理论教育和思想政治教育工作。邓小平在总结这次事件的教训时候指出,党的十一届三中全会以来制定的路线、方针、政策是正确的,"一个中心,两个基本点"是正确的,这都需要继续坚持下去。如果说过去有错误的话,就是坚持四项基本原则还不够一贯,教育和思想政治工作太差。改变教育和思想政治工作太差的面貌,不是加强教育和思想政治工作就能够解决

---

① 《邓小平文选》第3卷,人民出版社1994年版,第302页。
② 同上书,第300页。

的，更重要的是改进。西方实施和平演变的策略、技巧本身就很值得我们学习。我们的教育和思想政治工作很大程度上还是停留在简单灌输的层次上，没有根据时代的发展变化做出适当调整。所以，如何改进这个政治社会化过程的效果，是我党需要认真考虑的问题。

不管怎么样，这场政治风波在以邓小平为核心的第二代领导集体的领导下最终得到妥善解决，党在这种关系到国家和民族前途命运的关键时刻经受住了严峻考验。如果全党认真总结经验，继续坚持正确路线方针，改进存在的问题，弥补不足，发生政治风波这件坏事就有可能促使我们前进的步子迈得更稳、更好，甚至于更快。

3. 党的第二代领导集体对执政党建设的新贡献

由于历史的原因，党的第二代领导集体主要完成的是我们党和国家社会主义现代化建设承上启下的工作。它彻底结束了以"阶级斗争为纲"等革命思想占主导地位的时代，开启了以经济建设为中心的社会主义现代化建设时代，完成了从革命政党到执政政党的根本转变；在领导干部队伍上，也基本结束了以开国元勋为主的时代，进入了以革命化、年轻化、知识化、专业化为标志的时代，顺利地完成了干部的新老接替。他们对执政党建设的贡献具体表现在以下几个方面：

第一，构筑了适合时代发展潮流的社会主义现代化建设理论体系。

邓小平理论的正确建立在三个判断基础之上：一是对时局或者说是现时代主题的判断，改变了毛泽东时刻准备可能进行第三次世界大战的判断，认为现时代应该以"和平与发展"为主题，这为以经济建设为中心的政治路线提出提供了理论依据；二是对马克思主义理论的科学理解,我们党是坚持马克思主义指导的政党,在怎么运用马克思主义问题上,在中国共产党历史上经常出现教条主义的错误,中国革命的胜利注重的就是马克思主义和中国实际的结合,中国社会主义建设,邓小平认为也要走中国特色的建设道路,这就彻底抛开了苏联模式的束缚,把中国社会主义建设建立在深刻认识中国国情基础上;三是对中国实际发展情况有科学的估价,十三大做出了正确判断,由于生产力水平的限制,中国的社会主义在很长时间里都将处在初级阶段,只有对中国的现状有清晰判断,才会对中国社会主义现代化建设的长期性、复杂性有充分的心理准备。只有充分发达的生产力才能实现真正的社会主义。

建立在对我党所处社会历史、理论环境正确的总体判断基础上,中国特色社会主义理论得以提出与发展,这是我党执政党建设的理论指南。在社会主义初级阶段,党的执政目标之一就是实现社会主义现代化,党的建设目标是"把我们党建设成为有战斗力的马克思主义政党,成为领导全国人民进行社会主义物质文明和精神文明建设的坚强核心"[1]。这两者是统一的,集中体现在党的政治路线上,党的建设要紧密围绕党的基本路线进行。他反复强调:"在社会主义国家,一个真正的马克思主义政党在执政以后,一定要致力于发展生产力,并在这个基础上逐步提高人民的生活水平。"[2] "其他一切任务都要服从这个中心,围绕这个中心,决不能干扰它,冲击它。"[3] 党建工作的出发点和落脚点就是保证党的基本路线的贯彻执行。在这条路线指引下,党奉行

---

[1] 《邓小平文选》第3卷,人民出版社1994年版,第39页。
[2] 同上书,第28页。
[3] 《邓小平文选》第2卷,人民出版社1994年版,第250页。

对外持续开放，对内全面推行经济体制改革、政治体制改革的方针。在改革开放过程中，要坚持"两手抓"，推动物质文明和精神文明建设互相配合、互相促进。各级党组织和广大党员在精神文明建设中，不但通过搞好党风加强自身的精神文明建设，而且要以模范行动和艰苦工作，组织和推动全社会的精神文明建设。社会主义的发展应该是全面的发展。

党的十三大报告中指出，中国共产党人在总结新中国建立30多年来正反两方面经验的基础上，在研究国际经验和世界形势的基础上，开始找到一条建设有中国特色社会主义的道路，这是马克思主义与我国实践的结合的第二次历史性飞跃，开辟了社会主义建设的新阶段。

第二，提出了"一国两制"理论，为顺利解决历史遗留问题提供了理论基础。

"一国两制"理论及其实践应当是中国共产党执政建设中的重要组成部分。因为完成祖国的最后统一历来是中国共产党重要的执政目标。毛泽东、周恩来等人都曾提出过以和平方式解决台湾问题的主张和设想，只是由于各种条件限制没有付诸实施。1977年8月24日邓小平会见美国客人时说："中国人民、中国政府当然会考虑台湾的实际情况，采取适当的政策解决台湾问题，实现祖国的统一。"① 从此以后，他在很多次谈话场合强调尊重台湾现实，和平解决台湾问题。1981年9月30日，时任全国人大常委会委员长的叶剑英在《关于台湾回归祖国，实现和平统一的方针政策》的谈话中，提出了实现祖国和平统一的9条方针政策。邓小平在1982年1月会见外宾时候肯定了这个讲话："九条方针……实际上是一个国家两种制度，两种制度是可

---

① 《邓小平思想年谱》(1975—1997)，中央文献出版社1998年版，第37页。

以允许的。"① 他以后不断对"一国两制"的丰富内涵进行规范。1983年他在会见美国教授杨力宇时指出："我们不赞成台湾'完全自治'的提法。自治不能没有限度，既有限度就不能'完全'。'完全自治'就是'两个中国'，而不是一个中国。制度可以不同，但在国际上代表中国的，只能是中华人民共和国。""问题的核心是祖国统一。"② 虽然祖国大陆实行社会主义制度，台湾、香港、澳门实行资本主义制度，但是两者并不矛盾，长期共存、和平相处。"小范围内容许资本主义存在，更有利于发展社会主义。"③ 假如出现台湾当局永远不和我们谈判的情况，我们"不能排除使用武力……这是一种战略考虑。"④ 香港、澳门问题采用"一国两制"方式最后圆满解决是和平解决台湾问题思路的成功试验。"一国两制"的思想是实事求是思想路线的体现，尊重中国既定的历史事实，一切从实际出发，是对马克思主义国家学说的创造性发展，也是社会主义中国提供给世界的解决类似问题的政治智慧，对我们党和我们国家来说都是全新的一种执政方式。随着台湾问题的和平解决，我国的政党制度和执政党建设都将会有新的发展。

第三，提出了对党和国家领导体制的改革。

美国政治学家亨廷顿指出："一个现代化中政治体系的安定，取决于其政党力量。一个强大的政党能够使群众的支持制度化。政党的力量反映了大众支持的范围和制度化水平。凡达到目前和预料的高水平政治安定的发展中国家，莫不至少拥有一个强

---

① 《邓小平思想年谱》（1975—1997），中央文献出版社1998年版，第212页。
② 《邓小平文选》第3卷，人民出版社1994年版，第30页。
③ 同上书，第103页。
④ 同上书，第87页。

有力的政党。"① 中国共产党是中国社会主义现代化的核心力量，如何在改革开放的新的执政环境下继续保持党的强大生命力是重要的时代课题。邓小平给出的答案是："为了坚持党的领导，必须努力改善党的领导。"② 这是社会主义现代化建设得以顺利进行的最重要保证。这不仅是纠正林彪、"四人帮"踢开党委闹"革命"，打乱党的组织系统，导致党的组织纪律涣散的错误的需要，而且是解决官僚主义现象、权力过分集中、家长制、领导干部职务终身制和形形色色的特权现象的迫切要求。强大的政党领导能够确保现代化所需要的稳定的政治环境，集中现代化所必要的政治资源。

首先，妥善处理党和政府的关系，逐步实行党政分开。从1957年到1965年，随着高度集中的计划经济体制基本建立，在加强党的一元化领导思想指导下，原先党政相对分工的组织关系被打破，开始出现以党代政的苗头。到10年"文化大革命"期间，党政不分更是到了登峰造极地步，特别是"革命委员会"的设立，使党政军完全合三为一。拨乱反正以后，认真解决党政关系是当务之急。邓小平在1978年3月全国科学大会开幕式上明确指出："党委的领导，主要是政治上的领导，保证正确的政治方向，保证党的路线、方针、政策的贯彻，调动各个方面的积极性。"③ 其方式包括：通过制定正确的路线、方针、政策，并经过法定程序变为国家法律；通过充分发挥国家权力机关、司法机关、行政机关以及经济组织和人民团体的作用，实现党的领导；通过发现、培养、选拔和推荐大批党的优秀干部担任国家机

---

① ［美］塞缪尔·亨廷顿著：《变革社会中的政治秩序》，华夏出版社1987年版，第396页。

② 《邓小平文选》第2卷，人民出版社1994年版，第268页。

③ 同上书，第98页。

八 改革开放以来中国共产党第二代领导集体对执政党建设的探索

关的重要职务，通过发挥党员的模范带头作用、尤其是通过加强思想政治工作，来实现党的政治领导。"从原则上说，各级党组织应该把大量日常行政工作、业务工作，尽可能交给政府、业务部门承担，党的领导机关除了掌握方针政策和决定重要干部的使用以外，要腾出主要的时间和精力来做思想政治工作，做人的工作，做群众工作。"①这明确了党政分工的思想。到了1986年他则更进一步把党政分开和政治体制改革联系起来，强调指出："改革的内容，首先是党政要分开，解决党如何善于领导的问题。这是关键，要放在第一位。"②党的十三大报告也指出，政治体制改革关键是党政分开，党应该通过间接的原则和方式实施对国家生活的领导，而不应该进行直接、具体的管理。同时，在实践上，党也采取了一些具体措施落实改革政策，例如，党撤销了与政府机构重叠对口的部门，中共中央政治局和书记处的一部分成员以及地方各级党委的第一书记不再兼任政府工作，凡属政府职权范围内的工作，由国务院和地方各级政府讨论、决定和发布文件，党组织基本上不再包办代替政权机关的工作。③这些举措和尝试有力地推进了党政关系的改革。但是这是一个非常难解的"方程式"，从列宁提出党与苏维埃政权职权划分问题以后，④社会主义实践过程中一直没有很好处理两者关系，要想获得完美的解，需要我们在长期实践中不断摸索、总结，并付出艰苦的努力。

其次，不断发展党内民主。改革开放以后，党内和社会上经

---

① 《邓小平文选》第2卷，人民出版社1994年版，第365页。
② 《邓小平文选》第3卷，人民出版社1994年版，第177页。
③ 刘琳著：《新中国成立以来党政关系的历史演变及启示》，载《马克思主义研究》2005年第3期。
④ 详细可以参见《列宁全集》第43卷，人民出版社1987年版，第64页。

常出现的企图削弱、摆脱、取消、反对党的领导的倾向,并间歇性的以社会较大规模动荡形式出现。针对这种现象,邓小平反复强调坚持党的领导的历史依据和现实意义。他说:"事实上,离开了中国共产党的领导,谁来组织社会主义的经济、政治、军事和文化?谁来组织中国的四个现代化?"①同时,他对于党内部存在的问题非常清楚:"中国要出问题,还是出在共产党内部。""关键是我们共产党内部要搞好,不出事"②。因此,"要聚精会神地抓党的建设,这个党该抓了,不抓不行了"③。问题的关键在于怎么抓党的建设。无论是理论还是实践都证明党内民主是政党保持长盛不衰活力的重要途径。邓小平1962年《在扩大的中央工作会议上的讲话》中就指明了这一点:"如果搞得不好,特别是民主集中制执行得不好,党是可以变质的,国家也是可以变质的,社会主义也是可以变质的。干部可以变质,个人也可以变质。"④1966年以后的"文化大革命"为认识这个真理付出了血的代价。在我们这个拥有"集中"的习惯的国度里,民主集中制可能更需要的是发扬民主。"只有在民主基础上,在充分发扬民主的基础上,才能够建立这样一个统一的党,有纪律的党,有战斗力的党。"⑤其中最重要的是要做到两点:一是建立科学、完整的选举制度。选举制度是民主的起点。改革开放之初,邓小平第一次提出了废除实际存在的领导职务终身制,主张建立领导干部退休制度,为选举制度的出台奠定了组织基础。对于新的领导干部自然需要新的管理方式,除了针对一般干部的正常的考

---

① 《邓小平文选》第2卷,人民出版社1994年版,第170页。
② 《邓小平文选》第3卷,人民出版社1993年版,第380—381页。
③ 同上书,第314页。
④ 《邓小平文选》第1卷,人民出版社1989年版,第303页。
⑤ 《邓小平文选》第1卷,人民出版社1994年版,第307页。

八 改革开放以来中国共产党第二代领导集体对执政党建设的探索

录、奖惩、退休、退职、淘汰等管理办法,遴选领导干部最佳方式就是选举制度。在十三大报告中提出了诸如差额选举制等选举办法的改革,但这仅仅是走向党内民主的开始,充分发扬党内民主仍然有很多工作要做,比如改变事实上存在的党的地方领导干部两种产生方式为真正的选举产生等。[①] 这构成了中国政治体制改革的重要内容。二是在党的领导体制中,要力求避免权力的过分集中,真正落实党委负责制。邓小平曾强调:"决定时,要严格实行少数服从多数,一人一票,每个书记只有一票的权利,不能由第一书记说了算。"[②] 党的十三大也提出"决定重要问题,要进行表决",但是,这些说法都停留在设想层面上,实践中很难实行,行政化倾向有增无减。因此,在发扬党内民主问题上,邓小平的贡献在于提出了一个努力方向,很多具体化的政策,措施还要依靠后人去完成。

再次,党必须依法执政。党的十二大通过的党章首次明确规定党必须在宪法和法律范围内活动的原则,具体内容包括:党的领导活动要接受法律监督;党领导人民制定宪法和法律,领导人民执行宪法和法律,首先必须严格依法办事;党的方针、政策的制定与执行必须符合宪法和法律的规定;同时,必须坚持法律面前,人人平等的原则,坚决反对以权代法,以言代法等。邓小平在回答意大利记者奥琳埃娜·法拉奇关于如何避免和防止"文化大革命"这类事件再发生时有详细论述:"这要从制度方面解决问题。我们过去的一些制度,实际上受了封建主义的影响,包括个人迷信、家长制或家长作风,甚至包括干部职务终身制。我

---

① 详细论述可以参见高其才、叶慰著《法治与党的地方领导干部的产生方式》,见《法治与党的执政方式研究》,法律出版社 2004 年版。
② 《邓小平文选》第 2 卷,人民出版社 1994 年版,第 341 页。

们现在正在研究避免重复这种现象,准备从改革制度着手。我们这个国家有几千年封建社会的历史,缺乏社会主义的民主和社会主义的法制。现在我们要认真建立社会主义的民主制度和社会主义法制。只有这样,才能解决问题。"① 另一方面,党的活动必须遵循党规党法,也就是我们通常说的制度建党,这是党依法执政的另一重含义。1980年2月党的十一届五中全会上制定的《关于党内政治生活的若干准则》,针对"文化大革命"中党内出现的极不正常的政治生活状况,提出了十二方面的规则,为有效消除党内的"文革遗风",恢复党内的基本民主生活提供有力的党纪党规保障。1981年中组部在《准则》基础上,发出了《关于进一步健全县以上领导干部生活会制度的通知》,有力促进领导干部组织生活的制度化。此后连续的修改党章都是制度建党的重要步骤。

综上所述,党的第二代领导集体对执政党建设的新贡献,在马克思主义政党史上第一次初步系统地回答了"执政党应该是一个什么样的党以及如何建设党的问题",把马克思列宁主义建党学说和毛泽东建党思想发展到了一个新阶段。

---

① 《邓小平文选》第2卷,人民出版社1994年版,第348页。

九
中国共产党的第三代领导集体聚精会神抓执政党的建设

1989年春夏之交的政治风波之后,邓小平同志对即将产生的新的党的领导集体指出了执政党建设的紧迫性并提出了加强执政党建设的殷切希望,把执政党建设当作新的领导集体的"当务之急"。邓小平说:"常委会的同志要聚精会神地抓党的建设,这个党该抓了,不抓不行了。"① 随后举行的党的第十三届四中全会选举产生了以江泽民为总书记的新的中央领导集体,新一代领导人在国际局势风云变幻和国内改革、建设任务十分繁重的情况下,牢记嘱托,聚精会神地抓执政党的建设,全面推进执政党建设新的伟大工程。特别是"三个代表"重要思想的形成和确立,创造性地回答了建设什么样的执政党、怎样建设执政党的问题,为建设中国特色社会主义伟大事业提供了坚强的政治保证。

(一)党的第三代领导集体执政党建设的探索历程

党的第三代领导集体的执政党建设探索历程,大致可以分为

---

① 《邓小平文选》第3卷,人民出版社1993年版,第314页。

三个时期：第一个时期是党的十三届四中全会到党的第十四次全国代表大会，这一时期的主要任务是针对改革开放以来"一手硬、一手软"产生的严重后果，对执政党进行整顿；第二个时期是党的十四大到党的十五大，这一时期形成了全面部署、重点突破、整体推进有机结合的党建工作新格局；第三个时期是党的十五大到党的十六大，这一时期党的第三代领导集体提出了"三个代表"重要思想，形成了完整的理论体系，并以"三个代表"重要思想为指导，全面推进执政党建设新的伟大工程。

1. 十三届四中全会到十四大期间党的第三代领导集体对执政党的整顿

在经历了1989年这场政治风波之后，新的中央领导集体的首要任务是对执政党进行整顿，以提高党的战斗力，密切党群关系，赢得人民对党的信心和支持。为此党的十三届四中全会决定首要抓好四件大事：一是彻底制止动乱、平息反革命暴乱，严格区分两类不同性质的矛盾，进一步稳定全国局势；二是继续搞好治理整顿，更好地坚持改革开放，促进经济持续、稳定、协调发展；三是认真加强思想政治工作，努力开展爱国主义、社会主义、独立自主、艰苦奋斗的教育，切实反对资产阶级自由化；四是大力加强党的建设，大力加强民主和法治建设，坚决惩治腐败，切实做好几件人民群众普遍关心的事情，决不辜负人民对党的期望。① 加强执政党建设便是其中之一。

加强执政党建设的任务确定以后，党中央便立即着手抓自身的建设。1987年7月1日，江泽民在中共中央组织部举行的纪

---

① 人民网，http：www.people.com.cn/GB/shi zheng/252/5301/5302/20010613/488135.html。

九 中国共产党的第三代领导集体聚精会神抓执政党的建设

念"七一",大力加强党的建设座谈会上发表重要讲话,提出要下决心对各级党的组织从思想上组织上进行一次认真的整顿。他说:提高党员素质,加强党的战斗力,这个任务已经突出地摆到全党同志的面前。8月28日,中共中央政治局举行全体会议,讨论并通过《中共中央关于加强党的建设的通知》。通知指出:"我们一定要冷静地总结过去、思考未来,认真地吸取这场风波的经验教训,充分认识加强党的建设的重要性和紧迫性。从现在起,各级党委必须按照党的基本路线的要求,聚精会神地抓党的建设,下决心解决好当前党的建设中的迫切问题。"① 并从8个方面提出了对执政党进行整顿、加强党的建设的具体要求。从1989年秋冬开始,根据通知的精神,各级党委开始对1989年政治风波中的重点人和事进行清查和清理。随后又在全党进行了一次大规模的做合格党员的教育活动,并在部分组织中进行了党员的重新登记工作。对县处级以上领导干部进行了一次全面考察,并对一些组织和部门的领导进行了调整。在党员的重新登记中,少数不合格的党员受到处理,一些违纪的党员也受到了党纪的处分。

为了加强党的建设,中共中央还专门组织了由中共中央宣传部、中共中央组织部、中共中央政策研究室、中共中央党校组成的党的建设研究班,研究执政党建设面临的新问题,以深化执政党建设的认识,形成加强执政党建设的共识。为此,中央在1989年底在中央党校举办了党建理论研究班。江泽民同志在研究班上作了《为把党建设成更加坚强的工人阶级先锋队而斗争》的讲话,讲话指出:"我们应当怎样把握住加强党的建设的指导

---

① 中国共产党新闻网。http://cpc.people.com.cn/GB/64184/64186/66697/4494965.html。

思想,明确什么样的要求呢?最根本、最重要的,就是一定要坚持把我们党建设成为马列主义、毛泽东思想武装的更加坚强的中国工人阶级的先锋队。这样的先锋队,必须在理论上更加成熟,思想上更加统一,政治上更加坚强,内部更加团结,同群众的关系更加亲密,是领导全国各族人民建设中国特色社会主义的坚强核心。"并且强调,这个要求是我们在现阶段加强党的建设必须遵循的根本指导思想和前进目标。[1]

在这一时期,第三代领导集体反复强调加强党的建设,首先是加强党的思想建设,尤其是加强党的理论建设。江泽民指出:"党在理论上的提高,是党的领导正确性、科学性的根本保证。"[2] 强调要"切实把党的思想建设放在党的建设的首位"[3]。要求在"当前和今后一个时期内,要在全党进行马列主义、毛泽东思想基本理论的教育,特别是马克思主义哲学的教育、党的基本路线的教育,党的基本知识的教育"。为此中共中央还专门发出了《关于建立健全省部级在职领导干部学习制度的通知》。从1989年8月开始,中央在县(处)级以上干部中普遍开展了马克思列宁主义、毛泽东思想基本理论教育,提出要把理论学习经常化、制度化,并要求今后凡是进入领导班子的成员,都必须经过相应的党校学习,其他领导成员也要定期到党校接受轮训。为此,中央还加强了各级党校的建设。

在组织建设方面,1990年5月中央印发了《关于县以上党和国家机关党员领导干部民主生活会的若干规定》,规定要求,党员领导干部都要参加双重组织生活会,即参加所在支部、小组

---

[1] 《江泽民文选》,中央文献出版社2006年版,第87—88页。
[2] 《江泽民论加强和改进执政党建设(专题摘编)》,中央文献出版社、研究出版社2004年版,第104页。
[3] 《江泽民文选》,中央文献出版社2006年版,第94页。

九　中国共产党的第三代领导集体聚精会神抓执政党的建设

的组织生活会，又参加定期召开的党员领导干部的民主生活会。并规定了民主生活会的基本内容和基本程序。① 1990年12月，中共中央又批转了《全国村级组织建设工作座谈会纪要》，对加强以党支部为核心的村级组织建设提出了具体的要求和规定。这一举措有力地推动了农村基层党组织的建设，使农村基层党组织在联系和组织广大农民，推进农村建设和发展的过程中起到了坚强战斗堡垒的作用。

这一时期，针对当时人民所反映比较突出的问题，党的第三代中央领导集体把惩治腐败、加强领导干部的廉洁自律、改进党的领导作风和工作作风、密切党同人民群众的血肉联系作为加强执政党建设的重要方面。1989年7月28日，中共中央、国务院下发了《关于近期做几件群众关心的事的决定》，决定在惩治腐败和带头廉洁奉公、艰苦奋斗方面做好以下几件事：进一步清理整顿公司；坚决制止高干子女经商；取消对领导同志少量食品的"特供"；严格按规定配车，禁止进口小轿车；严格禁止请客送礼；严格控制领导干部出国；严肃认真地查处贪污、受贿、投机倒把等犯罪案件，特别要抓紧查处大案要案。②

1989年8月17日，中共中央、国务院又作出了《关于进一步清理整顿公司的决定》。随后，党中央从国务院所属公司做起，坚决撤并一批不符合社会需要、重复设置、严重违法乱纪以及长期经营不善、已资不抵债的公司，重点砍掉各级党政机关开办的在流通领域从事商业批发、物资供应的过多、过滥的公司。到1989年8月26日，中共中央政治局、书记处成员和国务院常

---

① 参见《中国共产党党内法规选编（1978—1996）》，法律出版社1996年版，第200—203页。
② 中国共产党新闻网。http：//cpc.pelple.com.cn/GB/64184/64186/66697/4494968.html。

务会议决定组成人员执行中央关于制止高干子女经商的决定，使其子女及配偶已全部退出流通领域的公司。党政机关干部在公司兼职或任职的问题基本得到解决。领导干部不符合规定配备专车问题和出国问题也得到了初步纠正。用公款请客送礼之风有所收敛，不少地方的招待费下降。到1990年3月底，全国撤销各类公司8万多家，占公司总数的27%；查处公司违法违纪案件9万多件，其中大案、要案2万多件。流通领域公司过多、过滥的情况初步得到治理，"公司热"开始降温。①

1990年3月9—12日，中共中央十三届六中全会召开。全会认为，我们党是用马克思列宁主义、毛泽东思想武装起来的全心全意为人民服务的工人阶级先锋队。党在长期斗争中创造和发展起来的相信群众，依靠群众，从群众中来到群众中去的群众路线，是党的根本工作路线，是党的优良传统和政治优势。但是，这些年来在一些党组织和党员干部中滋长了官僚主义、主观主义、形式主义和消极腐败等严重脱离群众的现象。对此，全党同志必须保持高度警觉，并坚持不懈地同这些现象进行斗争，尽一切努力恢复和发扬我党密切联系群众的优良传统和作风。为此，全会通过了《关于加强党同人民群众联系的决定》，提出从7个方面坚持不懈地努力加强党同人民群众的联系：（1）坚持从群众中来、到群众中去，建立健全民主的、科学的决策和决策执行程序，保证决策和决策的执行符合人民的利益；（2）坚持各级领导干部深入基层、深入群众的制度，扎扎实实做好工作，把党的路线、方针、政策落到实处；（3）坚持在深化政治体制改革中，加强社会主义民主和法制建设，积极疏通和拓宽党同人民群

---

① 参见金钊著《十三届四中全会以来的执政党建设》，人民出版社2006年版，第167页。

众联系的渠道；（4）继续坚定不移地加强廉政建设和党风建设，大力发扬艰苦奋斗精神，克服党内存在的消极腐败现象；（5）建立与完善党内监督与党外监督制度，切实加强对各级领导机关和领导干部的监督；（6）充分发挥党的基层组织的战斗堡垒作用和共产党员的先锋模范作用，宣传和组织群众，带领群众一道前进；（7）在党内普遍深入地进行马克思主义群众观点的教育，增强执行党的群众路线的自觉性。[1]

为了加强同人民群众的联系，党中央还发出了《中共中央关于加强和改善党对工会、共青团、妇联的工作领导的通知》、《中共中央关于坚持和完善中国共产党领导的多党合作和政治协商制度的意见》等文件，就拓宽党同各界群众联系的渠道，自觉接受各界群众和民主党派的监督，充分发挥民主党派人士参政议政作用等做了一系列明确规定。这不仅在当时对巩固党群关系起到了很大的促进作用，而且把加强党群联系纳入到国家政治体制改革的大框架中去，对加强和改善党的领导，推进社会主义民主政治建设都产生了深远的影响。

从党的十三届四中全会到党的十四大这一时期内，党的第三代中央领导集体，针对1989年政治风波中暴露出的问题，大力对执政党进行整顿，以思想政治建设为重点加强执政党的建设，扭转了一段时期放松、削弱执政党建设的错误倾向，为保持社会稳定和继续推进改革开放，提供了根本保证，也为了执政党建设的全面展开奠定了基础。

---

[1] 参见《中国共产党党内法规选编（1978—1996）》，法律出版社1996年版，第100—108页。

2. 从党的十四大到十五大：全面部署、重点突破、整体推进有机结合的党建工作新格局的形成

1992年初，邓小平同志前往南方视察，在视察过程中发表了一系列重要讲话，被称为"南方谈话"，谈话在总结党的十一届三中全会以来改革开放的实践经验的基础上，对社会主义的本质、计划与市场等关系到改革开放的许多重大理论和认识问题作出了新的理论概括。讲话还针对改革开放的新特点，对执政党建设作了许多重要论述。其主要观点包括以下几个方面：

一是，要求全党始终坚持党的基本路线不动摇。邓小平在总结十一届三中全会以来改革开放的成功经验时指出："基本路线要管一百年，动摇不得。只有坚持这条路线，人民才会相信你，拥护你。谁要改变三中全会以来的路线、方针、政策，老百姓不答应，谁就会被打倒"。[①] 邓小平还强调："随着实践的发展，该完善的完善，该修补的修补"，"但总的要坚定不移"[②]。

二是，提出了把"三个有利于"作为检验党的一切工作的标准。邓小平指出，对改革开放政策不能简单地用姓"资"姓"社"来判断，"判断的标准，应该主要看是否有利于发展社会主义社会的生产力，是否有利于增强社会主义国家的综合国力，是否有利于提高人民的生活水平"[③]。

三是，提出我们党在改革开放过程中要警惕右，但主要是要防止"左"。邓小平指出："现在，有右的东西影响我们，也有

---

① 《邓小平文选》第3卷，人民出版社1993年版，第370—371页。
② 同上书，第371页。
③ 同上书，第372页。

'左'的东西影响我们,但根深蒂固的还是'左'的东西。""右可以葬送社会主义,'左'也可以葬送社会主义。"因此,"中国要警惕右,但主要是防止'左'"。

四是,提出了培养接班人的问题。邓小平指出:"中国的事情能不能办好,社会主义和改革开放能不能坚持,经济能不能快一点发展起来,国家能不能长治久安,从一定意义上说,关键在人。"为了改革开放事业能后继有人,"要进一步找年轻人进班子","注意下一代接班人的培养","要选人,人选好了,帮助培养,让更多的年轻人成长起来。他们成长起来,我们就放心了"①。

五是,强调必须加大反腐败力度,把消除腐败作为今后一段时期内党的作风建设的首要任务。邓小平指出:"开放以后,一些腐朽的东西也跟着进来了,中国的一些地方也出现了丑恶的现象,如吸毒、嫖娼、经济犯罪等。要注意很好地抓,坚决取缔和打击,决不能任其发展。"并强调:"在整个改革开放过程中都要反对腐败。"②

根据邓小平"南方谈话"精神,为了进一步加强执政党建设,中共中央下发了《中共中央关于加强党的建设,提高党在改革和建设中的战斗力的意见》,意见坚持用建设有中国特色社会主义的理论武装全党,提高执行党的基本路线的自觉性和坚定性;加强领导班子建设,大胆选拔优秀年轻干部;适应经济建设和改革开放的要求,进一步搞好各级地方党委的建设;发扬党内民主,坚持和健全民主集中制;强化干部培训,全面提高干部素质;结合经济体制改革,加快干部人事制度改革的步伐;加强基

---

① 《邓小平文选》第3卷,人民出版社1993年版,第380—381页。
② 同上书,第379页。

层党组织建设,充分发挥党组织的战斗堡垒作用和党员的先锋模范作用;认真发扬党的优良传统,切实改进领导作风等8个方面对执政党建设作了具体规划和要求。

1992年10月12日至18日,党的十四大召开。围绕建立社会主义市场经济体制的目标,大会就加强党的建设和改善党的领导提出了加强党的建设的五点要求:一是认真学习邓小平建设有中国特色社会主义的理论,增强贯彻执行党的基本路线的自觉性和坚定性;二是加强领导班子建设,培养社会主义接班人;三是密切党同人民群众的联系,坚决克服腐败现象;四是加强基层党组织建设,充分发挥党员的先锋模范作用;五是坚持和健全民主集中制,维护党的团结和统一。

为了落实十四大提出的党的建设任务,党的第十四次代表大会之后,中央作出了一系列关于加强执政党建设的重大决策。

第一,组织全党认真学习邓小平建设有中国特色社会主义的理论,切实做到用这一科学的理论武装全党。

十四大以后,中共中央专门做出了《关于学习〈邓小平文选〉第三卷的决定》。为了这一学习的深入开展,中央举办了四期省部级主要领导干部理论研讨班,各地各部门党组织也举办了学习班。在第十四届四中全会上,党中央又决定在继续组织县以上领导干部学习理论的同时,用三年的时间有计划、有步骤地组织全党学习邓小平建设有中国特色社会主义理论、学习党章的"双学"活动,进一步提高党的理论水平和思想水平。1996年中共中央又制定了《1996—2000年全国干部教育培训规划》,对全党进一步深入学习邓小平建设有中国特色社会主义理论作了部署。据不完全统计,从1993年到1996年底,全国参加各种形式脱产学习的干部约2100万人次,其中包括县处级以上干部约39

万人次，省部级以上干部约1200人次。①

第二，进一步加大反腐败力度，深入开展反腐败斗争。

党的第十四次代表大会的报告强调："坚持反腐败斗争，是密切党同人民群众联系的重大问题。要充分认识这个斗争的紧迫性、长期性和艰巨性。在改革开放的整个过程中都要反腐败，把端正党风和加强廉政建设作为一件大事，下决心抓出成效，取信于民。"② 为了落实党的十四大反腐败斗争的精神，1993年8月，中央纪律检查委员会召开了第二次全体会议，对反腐败工作作了具体部署，要求各级党委和政府"把反腐败斗争作为一项重大政治任务进一步抓紧抓好，务必在任期内取得明显的阶段性成果"③。1993年10月5日，中共中央和国务院作出了《关于反腐败斗争近期抓好几项工作的决定》，1996年1月，中共中央纪律检查委员会召开第六次全体会议，会议要求以邓小平建设有中国特色社会主义理论和党的基本路线为指导，全面贯彻党的十四届五中全会精神，紧紧围绕经济建设这个中心，坚持按照领导干部廉洁自律、查处违法违纪案件、纠正部门和行业不正之风的三项工作格局，把党风廉政建设和反腐败斗争不断引向深入。通过多方面的措施，领导干部廉洁自律的各项规定逐步得到有效落实。从1994年到1996年底，全国党政机关共清理领导干部超标准用车2.1万辆。各级党委还普遍建立了礼品登记、收入申报、国有企业招待费向职代会报告等制度。党的十四大以后，查处了一大批违纪违法案件，特别是突破了一批大案、要案。据统计，从1992年10月至1997年6月，全国纪检监察机关共立案73.1万

---

① 数据来源：《人民日报》1997年9月1日。
② 中国共产党历次代表大会数据库。http://cpc.peolpe.com.cn/GB/64162/64168/64567/65446/4526314.html。
③ 《江泽民文选》第1卷，人民出版社2006年版，第318页。

多件，结案 67.01 万多件．给予党纪政纪处分 66.93 万多人，其中开除党籍 12.15 万多人，被开除党籍又受到刑事处分的 37492 人。在受处分的党员干部中，县（处）级干部 20295 人，厅（局）级干部 1673 人，省（部）级干部 78 人。查处的大案、要案主要有：原中央政治局委员、北京市委书记陈希同和北京市原市委常委、常务副市长王宝森严重违纪违法案，广东省人大常委会原副主任欧阳德在兼任东莞市委书记期间受贿案，中国民航总局原副局长边少斌收受非法所得案，中国煤炭销售运输总公司原总经理郭子文受贿案等。通过查办案件，为国家挽回经济损失 159.8 亿多元。同时这 5 年间，中国共产党在反腐败制度建设方面也迈出了可喜的步伐。党中央先后制定了《中国共产党纪律处分条例（试行）》和《中国共产党党员领导干部廉洁从政若干准则（试行）》、《关于提高县以上党和国家机关党员领导干部民主生活会质量的意见》、《关于领导干部报告个人重大事项的决定》等党内法规和文件，从制度上保证了反腐败斗争由治标到治本深入开展。①

第三，着力加强组织建设，构筑领导改革开放和社会主义现代化建设事业的坚强领导核心。

1994 年，党的建设被列为中央工作的重点之一。1994 年 9 月，党的十四届四中全会深入分析国内外形势的新变化，深刻总结党的建设实践的新经验，更加全面地丰富了党的建设目标的内涵。这次全会通过了《中共中央关于加强党的建设几个重大问题的决定》，指出：在当代世界风云变幻的条件下，在当代中国改革开放和现代化建设的伟大变革中，"要把党建设成为用建设

---

① 参见金钊著《十三届四中全会以来的执政党建设》，人民出版社 2006 年版，第 175—176 页。

九 中国共产党的第三代领导集体聚精会神抓执政党的建设 481

有中国特色社会主义理论武装起来、全心全意为人民服务、思想上政治上组织上完全巩固、能够经受住各种风险、始终走在时代前列的马克思主义政党"[1]。决定把组织建设作为执政党建设的突出环节,强调要着重解决好组织建设方面的三个突出问题,即进一步坚持和健全民主集中制;进一步加强和改进基层党组织建设;进一步培养和锻炼党的中高级领导干部、特别是培养和选拔大批德才兼备的年轻干部。

在十四届四中全会上,江泽民同志作了重要讲话,把党的建设提到了"新的伟大工程"的高度,并要求全党必须"锲而不舍地加强自身建设,把推进新的伟大工程视为自己的神圣责任"[2]。

根据十四届四中全会的精神,1994年11月底12月初,中共中央又召开了全国组织工作会议,专门研究培养和选拔领导干部和领导班子建设的问题。时任中共中央书记处书记的胡锦涛在大会上作了《抓紧培养选拔德才兼备的领导干部,把各级领导班子建设成为贯彻党的基本路线的坚强领导集体》的报告。胡锦涛在报告中指出,抓紧培养和选拔德才兼备的领导干部,把各级领导班子建设成为贯彻党的基本路线的坚强领导集体,是加强党的建设这一新的伟大工程的关键性工程。他在报告中从6个方面对培养和选拔领导干部提出要求:(1)深刻认识培养选拔德才兼备的领导干部、搞好领导班子建设的重要性,增强做好工作的责任感和紧迫感;(2)坚持理论学习和实践锻炼相结合、组织培养和个人努力相结合,全面提高县以上党政领导干部的素质;(3)抓紧选拔优秀年轻干部的工作,努力造就一大批能够

---

[1] 《十四大以来重要文献选编》(中),人民出版社1997年版,第957页。
[2] 《江泽民文选》第1卷,人民出版社2006年版,第404页。

跨世纪担当重任的领导人才；(4) 坚持和健全民主集中制，保证决策正确和执行有效，发挥好领导班子的整体功能；(5) 加快干部制度改革步伐，逐步形成有利于优秀人才脱颖而出、富有生机与活力的用人机制；(6) 各级党委要加强领导，狠抓落实，把培养选拔领导干部和加强领导班子建设的工作进一步做好。①江泽民在会议上发表了重要讲话，他强调，当前和今后一个时期，干部队伍建设必须着重完成两项战略任务：一是全面提高现有领导干部的素质，把县以上各级领导班子建设好；二是抓紧培养选拔优秀年轻干部，努力造就大批能够跨世纪担当重任的领导人才。这是当务之重，当务之急，是全面推进党的建设这个新的伟大的工程的关键性工程。

在这次会议上，江泽民同志还指出，全党要紧密联系贯彻执行党的基本路线的实践，始终把思想建设放在首位，围绕什么是社会主义、怎样建设社会主义这个基本问题，推动全党对邓小平建设有中国特色社会主义理论的学习不断向广度和深度发展；坚持抓好党的作风建设和反腐败斗争，既要持久作战，又要打好阶段性战役，一步一步把这方面工作和斗争引向深入；以坚持和健全民主集中制、加强和改进党的基层组织建设、培养和选拔德才兼备的领导干部为重点，切实抓好党的组织建设这个突出环节；注重党的制度建设，以健全的制度来保证全党积极性、创造性的发挥，同时要有效地防止和克服党内的不良现象。在贯彻落实四中全会决定的过程中，要正确理解和把握加强党的建设的总目标、总要求和整体部署，把加强思想建设、作风建设、组织建设有机地结合起来，把制度建设贯穿其中，使各方面的建设相互配

---

① 参见新华网：http://news.xinhuanet.com/ziliao/2005 - 03/16/content_2704902.html。

九 中国共产党的第三代领导集体聚精会神抓执政党的建设 483

套、相互促进。①

随后,中共中央下发了《关于抓紧培养和选拔优秀年轻干部的通知》,对培养和选拔年轻干部提出了具体要求。《通知》要求:(1)立足全局,着眼未来,充分认识培养、选拔优秀年轻干部的重要性和紧迫性;(2)明确选拔年轻干部的目标要求,努力实现各级领导班子年龄结构的梯次配备;(3)选拔年轻干部必须坚持德才兼备的原则,切实做到择优而任;(4)大胆改革干部选拔任用制度,创造优秀年轻干部脱颖而出的环境和条件;(5)改进和加强后备干部工作,使各级领导班子有充足的后备人选;(6)加大培训力度,加强实践锻炼,严格教育管理,全面提高年轻干部的素质;(7)培养选拔年轻干部,必须着眼于一代人的健康成长;(8)切实加强对培养和选拔优秀年轻干部工作的领导,把各项措施落到实处。② 1995年2月,中央制定颁布了《党政领导干部选拔任用工作暂行条例》,改革了过去在选拔任用党政领导干部工作中制度不健全,在一些方面无章可循的状况,有力地抵制和克服了用人上的不正之风。1996年江泽民在纪念建党75周年座谈会上发表了《努力建设高素质的干部队伍》的重要讲话,其中专门论述了培养优秀年轻干部工作,还对年轻干部提出了"刻苦学习,勤奋工作,勇于创造,自觉奉献"的殷切希望。

在党的十四届四中全会以后,党的组织建设全面展开,全国各地、各部门加快了党政领导干部选拔任用制度的改革,在扩大民主、完善考核、推进交流、加强监督等方面,迈出了坚实步

---

① 参见北京党史网: http://bjds.bjdj.gov.cn/ShowArticle.asp? ArticleID = 7627。

② http://www.21wecan.com.cn/zcfg/3/3_18.html。

伐，取得了突破性进展。① 表现为：(1) 大批年轻干部被提拔和选用，干部进一步年轻化，文化素质也普遍提高。据统计1996年与1992年相比，省、地、县三级党政领导班子平均年龄下降；具有大专以上学历的成员占领导班子总数的比例，分别为93.2%、90%、80.5%。② (2) 干部工作中的民主程度和公开程度进一步提高。十四届四中全会以后，各地选拔领导干部时，在坚持党管干部原则的前提下，普遍采用了民主推荐、民意测验和民主评议的方式。从1993年到1996年，全国先后共有27个省、自治区、直辖市选拔厅局级干部352人，县处级干部4372人。③ (3) 进一步完善了党政干部考核制度。根据十四届四中全会的精神，从1995年4月到1996年10月，中共中央组织部对全国107个省部级领导班子进行了届中考核，考核了987名省部级领导干部，改变了以往存在的不调整领导班子不考察考核的情况。(4) 干部交流规模扩大，干部交流工作逐渐规范化。1990年7月7日，中共中央通过了《关于实行党和国家机关领导干部交流制度的决定》。党的十四大以后，根据这一决定的要求，干部交流工作越来越规范化、制度化，交流的规模也在不断扩大。一是推进县以上的领导干部，特别是党政一把手的易地交流。二是不断从中央、国家机关选派干部到地方，从地方选派干部到中央、国家机关任职或挂职，从地方选派干部跨省、区、市交流等。三是将干部交流与扶贫、支边和支教等工作结合起来。据统计，仅1996年一年，全国就交流地厅级干部2200多人，县处级

---

① 参见金钊著《十三届四中全会以来的执政党建设》，人民出版社2006年版，第179页。
② 参见《人民日报》1997年8月28日。
③ 参见《人民日报》1997年9月4日。

干部3.2万多人。①（5）加大对党政干部的监督力度，逐步加强对干部监督的制度化建设。根据十四届四中全会的精神，各级党委、组织部门以及干部主管部门加强了对党政干部日常的管理和监督工作，一些地方和部门还建立和健全了领导干部谈话制度、诫勉制度、离任审计制度、廉政鉴定制度、对群众反映领导干部有关问题的回复制度等。

第四，加强基层党组织建设，充分发挥基层党组织的战斗堡垒作用。主要突出抓农村基层党组织和国有企业的党组织建设。

一是整顿和加强农村基层党组织建设。1994年10月26—29日，中共中央召开全国农村基层组织建设工作会议。会议学习贯彻党的十四届四中全会的决定，交流农村基层组织建设的经验，对新形势下加强农村基层组织建设工作做出具体部署。时任中共中央书记处书记的胡锦涛代表党中央在全国农村基层组织建设工作会议上作报告，报告要求全党要从战略和全局的高度，充分认识加强农村以党组织为核心的基层组织建设的重要性、紧迫性；进一步明确加强农村基层组织建设的目标、重点和工作指导思想；切实加强农村基层党组织建设，更好地发挥党支部的领导核心作用和战斗堡垒作用；通过加强培训和在实践中锻炼提高，努力造就一支适应新形势要求、能够团结带领农民奔小康的基层干部队伍。并要求各级党委首先是省、地、县委，要切实负起对农村基层组织建设的领导责任。报告指出农村基层党组织建设的目标就是：建设一个团结、坚强、群众拥护的好领导班子，尤其要有一个好书记；培养锻炼一支富有战斗力的好队伍；选准一条适合当地经济加快发展的好路子；完善一个好经营体制；健全一套

---

① 参见金钊著《十三届四中全会以来的执政党建设》，人民出版社2006年版，第179页。

体现民主管理、保证工作有效运转的好管理制度。① 会议要求用三年的时间将后进村党组织普遍整顿一遍。会后中共中央发出了《关于加强农村基层组织建设的通知》。在随后的两年多时间中,全国共整顿了15.2万个后进村和经济发展缓慢的地区村级党支部,约占农村党支部总数的21.3%。②

二是加强和改进国有企业中的党建工作。党的十四大通过的党章规定:"全民所有制企业的党组织要发挥政治核心作用。"③党的十四届四中全会做出《关于加强党的建设几个重大问题的决定》,明确了在建立现代企业制度中企业党组织的地位和作用问题。1995年和1996年,江泽民分别在长春、上海等地两次就国有企业改革和党建工作问题发表了重要讲话,他在一份调查报告上批示,党对企业在政治上的领导权绝不能丧失。为了坚持党对国有企业的领导,充分发挥国有企业党组织的政治核心作用,促进国有企业的改革和发展,1997年1月,党中央发出《关于进一步加强和改革国有企业党的建设工作的通知》,从9个方面对国有企业党建工作提出明确要求,做出全面部署。为了贯彻落实通知精神,中央和国务院有关部门成立了国有企业领导班子建设协调小组及办公室,加强对国有企业领导班子考核和建设的具体指导。为进一步加大国有企业领导班子建设的力度,1995年,中组部、原国家经贸委、人事部还联合下发了《关于加强国有企业领导班子建设的意见》。经过几年的建设,国有企业中的党组织的政治核心作用得到了较好的发挥。

---

① 参见北京党史网: http://bjds.bjdj.gov.cn/ShowArticle.asp?ArticleID=7625。
② 《人民日报》1997年9月1日。
③ 参见中国共产党历次代表大会数据库: http://cpc.people.com.cn/GB/64162/64168/64567/65446/。

3. 从党的十五大到党的十六大，全面推进党的建设新的伟大工程

1997年9月12—18日，中国共产党召开了第十五次全国代表大会。江泽民在代表第十四届中央委员会所作的政治报告中，站在世纪转换的高度，对坚持、加强和改善党的领导、全面推进党的建设提出了更高的要求。报告认为："以邓小平为核心的第二代领导集体，把马克思列宁主义、毛泽东思想创造性地运用于当代中国，围绕在改革开放和现代化建设条件下建设一个什么样的党、怎样建设党的问题，开创了党的建设新的伟大工程。"而面向新世纪，党中央领导全党正在继续推进这个新的伟大工程。新时期执政党建设的目标"就是要把党建设成为用邓小平理论武装起来、全心全意为人民服务、思想上政治上组织上完全巩固、能够经受住各种风险、始终走在时代前列、领导全国人民建设有中国特色社会主义的马克思主义政党"。要求"全党要按照新的伟大工程的总目标，从思想上、组织上、作风上全面加强党的建设，不断提高领导水平和执政水平，不断增强拒腐防变的能力，以新的面貌和更强大的战斗力，带领人民完成新的历史任务"[①]。

围绕执政党建设的新的伟大工程的总目标，十五大报告对执政党建设作了更全面、更高标准的规划，提出新时期执政党必须认真解决"两大历史课题"，即如何提高党的领导水平和执政水平、提高党的拒腐防变和抵御风险的能力。要求全党加强党的思想建设，坚定不移地用邓小平理论武装全党，充分发挥党的思想

[①] 中国共产党历次代表大会数据库：http://cpc.people.com.cn/GB/64162/64168/64568/65445/4526290.html。

政治优势；加强党的组织建设，把党建设成坚强的领导核心，充分发挥党的组织优势；加强党的作风建设，坚持全心全意为人民服务的宗旨，充分发挥党密切联系群众的优势。这就基本构成了面向新世纪全面推进党的建设新的伟大工程的基本框架和总体部署。

十五大以后围绕执政党建设的总目标，执政党建设新的伟大工程全面展开。

首先，以深入学习邓小平理论和十五大精神为主要内容，推进党的思想建设。

党的十五大把邓小平理论作为党的指导思想写入了党章。为了使邓小平理论深入人心，切实武装全党的思想，党的十五大以后，中共中央连续举办了两期邓小平理论和十五大精神学习研讨班，152名新当选的中央委员和候补中央委员全部参加。1998年1月26日为纪念邓小平逝世一周年，江泽民又发表了《深入学习邓小平理论》的重要文章，文章指出：学习邓小平理论，首先要认真地、系统地读邓小平的著作，还要读十一届三中全会以来党的重要文献，读马列的一些重要著作和毛泽东的著作。并且要持之以恒，不可半途而废；要锲而不舍，不可浅尝辄止。学习邓小平的著作，不能仅仅以了解它的某些论述和某些词句为满足，而应真正读懂读通。要在把握邓小平理论的科学体系和领会它的精神实质上下工夫，尤其要着重领会解放思想、实事求是这个邓小平理论的精髓。文章还指出学习邓小平理论一定要学以致用；既要坚持它的基本观点，又要通过实践使它不断丰富和发展。① 1998年6月24日，中共中央专门发出《关于在全党深入学习邓小平理论的通知》，对在全党开展深入学习邓小平理论做

---

① 参见江泽民著《深入学习邓小平理论》，载《求是》杂志1998年第4期。

九 中国共产党的第三代领导集体聚精会神抓执政党的建设

了具体的规划和要求。通知认为,"深入学习邓小平理论是一项重大而紧迫的任务",要求全党必须通过学习邓小平理论和十五大精神,"把全党的理论学习提高到新水平"。通知要求,不仅要加强对邓小平理论的学习,而且还要进一步加强对邓小平理论的研究和宣传。[①] 通知发出以后,全党兴起了一个学习邓小平理论的新高潮。全国有3700万干部参加了各种形式的脱产学习培训,约占全国干部总数的90%,参加中央党校、国家行政学院、国防大学学习培训的省部级干部达2700多人次。2000年6月中共中央又召开了思想政治工作会议,江泽民在会议讲话中指出:"党的思想政治工作,是经济工作和其他一切工作的生命线,是团结全党和全国各族人民实现党和国家各项任务的中心环节,是我们党和社会主义国家的重要政治优势。""新形势、新任务以及思想政治工作的现状,要求我们必须大力加强和改进党的思想政治工作。这是保证我们始终做到代表中国先进生产力的发展要求、代表中国先进文化的前进方向、代表中国最广大人民根本利益的必然要求。"[②]

其次,从多方面推进执政党的组织建设。

主要包括以下几个方面:

一是,加快干部制度改革,干部队伍和领导班子建设不断加强。党的十五大以后,在中央的正确领导下,各级党组织共同努力,致力于干部队伍和领导班子建设。取得了明显的成就。干部队伍整体素质提高,结构不断改善。到2001年底,干部队伍中大专以上学历的占54.4%,比1996年上升12.5个百分点。在年龄结构方面,到2001年底,35岁以下的占45.6%;36岁至45

[①] 《人民日报》1998年7月1日第1版。
[②] 《江泽民文选》第3卷,人民出版社2006年版,第74页。

岁的占30.3%；46岁至54岁的占19%；55岁以上的占5.1%。在专业结构方面，到2001年底，事业企业单位人员中专业技术人员已达2847.7万人，占84.8%；其中高级专业技术人员180.1万人，比1996年增加25.9万人。各级领导班子建设进一步加强。党的十五大提出，要以思想政治建设为重点，把各级领导班子建设成为坚决贯彻党的基本理论和基本路线、全心全意为人民服务、具有领导现代化建设能力、团结坚强的领导集体。1998年6月，中央办公厅转发中组部《1998—2003年全国党政领导班子建设规划纲要》，对党政领导班子建设作了全面规划，提出了明确而具体的目标要求。1998年以来，在全国县级以上党政领导班子和领导干部中普遍开展了以"讲学习、讲政治、讲正气"为主要内容的党性党风教育；2000年以来，按照中央部署，各级领导班子和领导干部深入学习和实践"三个代表"重要思想，各级领导班子思想政治建设进一步加强，领导干部的思想政治素质有了新的提高。2001年9月，党的十五届六中全会作出《关于加强和改进党的作风建设的决定》，各级领导班子按照决定要求，大力加强作风建设，干部的思想作风、学风、工作作风、领导作风和生活作风有了明显改进。各级领导班子的年龄结构和文化结构也进一步改善。2001年，省、地、县三级党政领导班子成员的平均年龄分别为54.2岁、48.8岁、43.1岁，均比十五大之前有所下降；大专以上文化程度分别为97.8%、97.2%、94%，分别比1997年上升了4.3、5.7、10.4个百分点。

二是，加强党员队伍建设，优化党员队伍结构，提高党员的思想政治素质。党的十五大以后，全党着眼于建设一支"素质优良、结构合理、规模适度、作用突出"的党员队伍的目标，认真贯彻发展党员工作方针，发展党员工作取得显著成绩。各级

九 中国共产党的第三代领导集体聚精会神抓执政党的建设

党组织认真贯彻"坚持标准，保证质量，改善结构，慎重发展"的方针，严把党员队伍的质量关，为党员队伍不断注入新的活力。1997年至2002年6月，全国共发展党员1189.2万名，其中，35岁以下的党员893.9万名，占75.2%；女党员302.6万名，占25.4%；高中以上文化程度的935.3万名，占78.6%；少数民族党员92.2万名，占7.8%。1997年至2001年底，全国共发展在生产工作一线的党员529.4万名，占5年中发展党员总数的48.3%，新党员的质量进一步提高。1997年至2001年发展的党员中，各行各业的先进模范人物194.9万人，占17.8%；共青团员390万人，占35.6%。

十五大以后，根据改革开放以来我国社会结构的变化，我们党还及时调整了发展党员的条件。江泽民指出："改革开放以来，我国的社会阶层构成发生了新的变化，出现了民营科技企业的创业人员和技术人员、受聘于外资企业的管理技术人员、个体户、私营企业主、中介组织的从业人员、自由职业人员等社会阶层。而且，许多人在不同所有制、不同行业、不同地域之间流动频繁，人们的职业、身份经常变动。这种变化还会继续下去。在党的路线方针政策指引下，这些新的社会阶层中的广大人员，通过诚实劳动和工作，通过合法经营，为发展社会主义社会的生产力和其他事业作出了贡献。他们与工人、农民、知识分子、干部和解放军指战员团结在一起，他们也是有中国特色社会主义事业的建设者。"[①] 同时指出："随着经济的发展，广大人民群众的生活水平不断提高，个人的财产也逐渐增加。在这种情况下，不能简单地把有没有财产、有多少财产当作判断人们政治上先进与落后的标准，而主要应该看他们的思想政治状况和现实表现，看他

[①] 《论党的建设》，中央文献出版社2001年版，第513页。

们的财产是怎么得来的以及对财产怎么支配和使用，看他们以自己的劳动对建设有中国特色社会主义事业所作的贡献。"① 这是我们党适应社会阶层分化、结构复杂化的变化，对社会各阶层社会地位和政治地位平等性的重新认识，也是对社会成员先进性标准的重新界定。新的历史时期，一切通过诚实劳动和工作，通过合法经营，为发展社会主义社会的生产力和其他事业作出贡献的社会成员，都是中国特色社会主义事业的建设者。

基于这一认识，我们党发展党员的标准也有了新的变化。江泽民同志指出："能否自觉地为实现党的路线和纲领而奋斗，是否符合党员条件，是吸收新党员的主要标准。来自工人、农民、知识分子、军人、干部的党员是党的队伍最基本的组成部分和骨干力量，同时也应该把承认党的纲领和章程、自觉为党的路线和纲领而奋斗、经过长期考验、符合党员条件的社会其他方面的优秀分子吸收到党内来，并通过党这个大熔炉不断提高广大党员的思想政治觉悟，从而不断增强我们党在全社会的影响力和凝聚力。"② 社会成分不再是入党的先决条件，党组织的大门已经平等的向一切能自觉地为实现党的路线和纲领而奋斗，符合党员条件的社会各阶层敞开。可以肯定，新的历史条件下，我们党的党员队伍的结构将会越来越多元化。来自工人、农民、知识分子、军人、干部的党员仍然是党的队伍最基本的组成部分和骨干力量，同时，我们党也将成为吸纳社会各阶层先进分子的先进组织。

在广泛吸收各社会阶层的优秀分子入党，充实党员队伍，扩大执政党的社会基础的同时，十五大以来，第三代领导集体还加

---

① 《论党的建设》，中央文献出版社2001年版，第514页。
② 同上书，第513—514页。

九 中国共产党的第三代领导集体聚精会神抓执政党的建设

强用邓小平理论和"三个代表"重要思想武装党员，提高党员的思想政治素质。党的十五大把邓小平理论作为党的指导思想写入党章，十五大以后各级党组织按照中央关于全党深入学习邓小平理论的部署，在全党兴起了学习邓小平理论的新高潮。2000年初，江泽民提出"三个代表"重要思想后，各级党组织组织党员认真学习、深刻领会其精神实质。在全国农村开展"三个代表"重要思想学习教育活动的同时，解放军和武警部队、铁路系统等党组织，大规模地集中开展了学习实践"三个代表"重要思想、保持共产党员先进性的教育活动，提高了广大党员学习实践"三个代表"重要思想、做新时期合格共产党员的自觉性。江泽民"七一"重要讲话发表后，从中央到地方通过组织宣讲团、举办培训班、联系工作实际进行研讨等各种方式，组织党员学习讲话精神，宣传讲话精神，贯彻讲话精神，广大党员解放思想、与时俱进、不断创新，有力地推动了各方面工作的进展。

十五大以后，根据党员流动性越来越强的特点，各级党组织还创新党员管理方式，加强了对流动党员的管理，使党员教育管理工作逐步由静态转向动态，由封闭转向开放，由着眼于管住转向管好、管活，初步形成了适应形势发展需要的党员管理机制。

三是，进一步加强基层党组织建设，增强基层党组织的活力，提高基层党组织的领导水平和执政能力。

在农村，根据十五大对执政党建设的部署，1998年10月，党中央十五届三中全会做出了《中共中央关于农业和农村工作若干重大问题的决定》，对加强农村基层党组织建设指明了方向，提出了"全面加强村党支部建设和乡（镇）党委建设"的任务。1999年2月，中共中央又颁布了《中国共产党农村基层组织工作条例》，为加强农村基层党组织建设提供了制度保障。

"三个代表"重要思想提出以后，2001年11月底，中央决定用两年左右时间，在全国农村开展"三个代表"重要思想学习教育活动。全国共有县（市）、乡镇、村和站所的领导班子及基层干部1520多万人分批参加了学习教育活动。通过教育，农村基层党组织的创造力、凝聚力和战斗力有了较大提高。

在企业，1997年，党中央发出了进一步加强和改进国有企业党的建设工作的通知。1999年，党的十五届四中全会对进一步推进国有企业改革发展和企业党建工作作出了全面部署。各级党组织把加强党的建设与建立现代企业制度统一起来，充分发挥企业党组织的政治核心作用，有力地促进了国有企业改革的不断深入。国有企业领导体制进一步完善，领导班子建设不断加强，停产关闭破产和生产经营困难企业党建工作进一步加强。大力加强和改进国有企业党的建设的同时，非公有制企业党建工作普遍受到重视，取得了新的进展。党的十五大特别是江泽民2001年"七一"讲话发表以来，各级党委对非公有制经济组织党建工作更加重视，把加强这一领域的党建工作作为增强党的阶级基础和扩大党的群众基础，提高党的社会影响力的重要措施，摆上了重要位置。到2001年底，全国非公有制经济组织建立党组织数量已突破7.1万个，比1997年增加了2.1倍。党组织在非公有制企业中的影响力不断扩大。

在城市街道社区，党的十五大以来，各级党委按照党中央的部署和要求，大力加强街道社区党建工作，既抓扩大覆盖面，又抓提高凝聚力，形成了以大城市为重点，大、中、小城市整体推进的工作局面。各级党组织对街道社区党建工作的认识和重视程度不断提高，工作力度明显加大；党的工作在城市社区的覆盖面进一步扩大，党的社会影响力不断提高；街道社区党组织领导班子结构有了明显改善，党组织的创造力、凝聚力和战斗力不断增

九 中国共产党的第三代领导集体聚精会神抓执政党的建设

强；街道党（工）委为核心，社区党组织为基础，社区全体党员为主体，社区内各单位基层党组织共同参与的街道社区党的建设格局初步形成。

在重点推进农村、国有企业和街道社区党的基层组织建设的同时，机关、学校、科研院所党的建设工作也得到改进和加强。各地还注意加强对社会团体、民办非企业单位等领域党建工作的研究和探索，不断扩大党组织的覆盖面和凝聚力。①

再次，重点突出党的作风建设，加强党与人民群众的血肉联系。

党的十五大以来，党的第三代领导集体高举邓小平理论的伟大旗帜，以"三个代表"重要思想为指导，坚定不移地加强和改进党的作风建设。1998年11月，中共中央、国务院印发《〈关于实行党风廉政建设责任制的规定〉的通知》，提出了"坚持党委统一领导，党政齐抓共管，纪委组织协调，部门各负其责，依靠群众的支持和参与"的党风廉政建设思路，决定"把党风廉政建设作为党的建设和政权建设的重要内容，纳入党政领导班子、领导干部目标管理，与经济建设、精神文明建设和其他业务工作紧密结合，一起部署，一起落实，一起检查，一起考核"。同年，中共中央印发《中共中央关于在县以上党政领导班子、领导干部中深入开展以"讲学习、讲政治、讲正气"为主要内容的党性党风教育的意见》，意见就深入开展"三讲"教育的必要性和重要性、基本要求、必须遵循的原则、步骤和方法及"三讲"教育的领导等5个问题提出了具体要求。

2001年9月，党的十五届六中全会专门通过了《中共中

---

① 《十五大以来党的组织工作新成就》，中国网：http://www.china.com.cn/zhuanti2005/node_ 5225772.html。

央关于加强和改进党的作风建设的决定》，决定明确提出了进一步推进党的作风建设的指导思想、总体要求和主要任务，对加强和改进党的作风建设做出了全面部署，是指导新时期党的作风建设的行动纲领。决定深入分析了我们党所面临的新问题新形势，特别是在作风方面存在着一些亟待解决的问题。主要是：在一些地方、部门和领导干部中间，教条主义、本本主义滋生，形式主义、官僚主义盛行，弄虚作假、虚报浮夸严重，独断专行、软弱涣散问题突出，以权谋私、贪图享乐现象蔓延。这些问题，归根结底都是脱离实际、脱离群众的，其消极影响和后果不可低估。为此，将加强和改进党的作风建设的重要性和紧迫性提到党建工作的日程。决定提出加强和改进党的作风建设的指导思想和主要任务是要坚持马克思列宁主义、毛泽东思想、邓小平理论的指导，按照"三个代表"重要思想，紧紧围绕经济建设这个中心和改革发展稳定的大局，坚持党要管党、从严治党，以进一步密切党同人民群众的联系为核心，以保持党的先进性、纯洁性和增强党的创造力、凝聚力、战斗力为目标，发扬优良传统，加强思想教育，推进制度建设，解决突出问题，努力把党的作风建设提高到一个新的水平。决定指出："加强和改进党的作风建设，核心问题是保持党同人民群众的血肉联系"，"要抓重点，集中解决党的思想作风、学风、工作作风、领导作风和干部生活作风方面的突出问题"，并提出了"八个坚持，八个反对"的任务。这标志着我们党的作风建设进入了一个整体推进的新阶段。

最后，加强党内监督，特别是加强对领导干部和干部选拔任用工作的监督。

2000年9月，经中央同意，中组部召开了全国干部监督工作会议，同年12月，又制定下发了《关于加强组织部门干部监督工作若干意见（试行）》，对组织部门干部监督工作的指导思想和主要任务、监督的重点对象和内容、监督机构的职能及领导等，提出了明确要求，作出了具体规定。十五大以来，通过开展警示教育，强化上级监督，搞好领导班子内部监督，开展干部任期经济责任审计等措施，加强了对领导干部的监督工作，促进了领导干部廉洁勤政，有效地从源头上预防了腐败的发生。在加强对干部选拔任用工作的监督方面，1998年以来，中组部先后派出9批共39个检查组，对30个省区市、18个中央和国家机关部委贯彻执行《党政领导干部选拔任用工作暂行条例》的情况进行了全面检查，对检查的情况先后进行了通报。1998年5月，中组部还设立了公开举报电话，并建立了举报工作机构。对于在干部选拔任用工作监督检查中和通过受理群众举报发现的问题，各级组织部门进行了认真核查，严肃处理。

十五大以后，党的第三代领导集体还注重努力推进干部监督制度建设。中组部先后制定下发了《党政领导干部考核工作暂行规定》、《关于党政机关推行竞争上岗的意见》、《关于进一步做好公开选拔领导干部工作的通知》、《关于推行党政领导干部任前公示制度的意见》、《党政领导干部任职试用期暂行规定》等党内文件和法规，编制了《党委（党组）讨论决定干部任免事项守则》，初步建立起干部选拔任用和监督的制度体系。2002年7月，中共中央又修订了1995年公布的《党政领导干部选拔任用工作暂行条例》，正式公布了《党政领导干部选拔任用工作条例》这一党政领导干部选拔任用工作的基本规章，使党政领导干部的选拔任用工作更加规范化。

（二）"三个代表"重要思想的提出与党的建设新篇章的展开

1. "三个代表"重要思想的形成与发展

20世纪80年代末90年代初以来，国际局势不断变幻，中国社会发生了并正在发生重大变革，中国共产党自身的状况也发生了深刻的变化，特别是人类跨入21世纪，我国进入了全面建设小康社会、加快推进社会主义现代化的新的发展阶段。而国际局势正发生深刻变化，世界多极化和经济全球化在曲折中发展，科技进步日新月异，综合国力的竞争日趋激烈。可以说我们面对的形势逼人，要求中国共产党必须勇敢站在时代潮流的前头，团结和带领全国各族人民，沿着中国特色社会主义道路奋勇前进，实现中华民族的伟大复兴。时代的发展呼唤着马克思主义的与时俱进。"三个代表"重要思想就是以江泽民为核心的党的第三代领导集体，认真总结中国共产党的历史经验，吸取世界社会主义的历史教训，顺应时代发展的潮流，顺应民心、党心，经过系统深入地调查研究和长时期思考而提出的。

2000年2月21日，江泽民在出席广东茂名高州市领导干部"三讲"教育动员会时指出，党要始终代表中国先进生产力的发展要求，代表最广大人民的根本利益，在这里还没有提出代表先进文化前进方向的问题。此后江泽民同志又到深圳、顺德等地考察党建工作，2月24日在广州主持召开了党的建设工作座谈会，在这次会议上，明确而完整的提出了"三个代表"重要思想，江泽民同志指出，"要把中国的事情办好，关键取决于我们党，取决于党的思想、作风、组织、纪律状况和战斗力、领导水平。只要我们党始终成为中国社会先进生产力的发

九 中国共产党的第三代领导集体聚精会神抓执政党的建设

展要求、中国先进文化的前进方向、中国最广大人民的根本利益的忠实代表,我们党就能永远立于不败之地,永远得到全国各族人民的衷心拥护并带领人民不断前进。"[1] 江泽民在结束对广东的考察之后,于 2000 年 2 月 25 日又专门作了《在新的历史条件下,我们党如何做到"三个代表"》的讲话,讲话中指出:"总结我们党七十多年的历史,可以得出一个重要的结论,这就是:我们党所以赢得人民的拥护,是因为我们党在革命、建设、改革的各个历史时期,总是代表着中国先进生产力的发展要求,代表着中国先进文化的前进方向,代表着中国最广大人民的根本利益,并通过制定正确的路线方针政策,为实现国家和人民的根本利益而不懈奋斗。"[2] 并详细的逐项对"三个代表"的具体内涵加以阐述,第一次比较全面而具体地阐述了"三个代表"的思想。这是针对我们党在新形势下如何加强自身建设而进行的深刻理论思考。

加强党的建设始终是江泽民重点思考的问题。从 2000 年开始,江泽民先后到 10 多个省市自治区就党建工作进行考察,主持召开了 30 多次各种形式的党建工作座谈会,广泛听取各方面的意见和建议,结合我国社会生活发生的深刻变化及其给我国政治、经济、文化生活带来的深刻影响,不断思考,深化对"三个代表"重要思想的认识,从不同侧面进一步深刻地阐述了"三个代表"重要思想。

2000 年 5 月,江泽民在考察了江苏、浙江和上海的党建工作以后,在上海召开的党建工作座谈会上发表了重要讲话,论述了坚持"三个代表"重要思想的意义。他指出:"始终做到'三

---

[1] 转引自《南山日报》2001 年 9 月 21 日。
[2] 《论"三个代表"》,中央文献出版社 2001 年版,第 2 页。

个代表',是我们党的立党之本、执政之基、力量之源。"在这次讲话中,江泽民特别提出,现在在党政事业机关和国有企业之外,出现了新的经济组织和社会活动领域,完全依靠过去的方式实施党的领导是不够的。因此党的领导如何更切实有效地覆盖社会和市场发展的广泛领域,是一个必须认真研究和解决的重大问题。他还指出,在新形势下,社会利益多元化、不同社会阶层在就业、分配等方面多元化的条件下,党如何更好地代表全体人民的根本利益和不同社会群体的具体利益,如何把全体人民和各方面的积极性充分调动起来,是一个关系党的领导能否有效实施的重大问题。① 因此,必须把"三个代表"重要思想的要求贯彻到党的基层组织建设的各项工作中去。并指出,要把"三个代表"重要思想的要求贯彻落实到党的全部工作中去,即是要落实到坚定正确地执行党的路线方针政策中去,即落实到党的各项工作中去,落实到建设一支高素质的队伍中去,落实到从严治党中去。而要做到这些必须坚持理论联系实际,尤其是要结合本地区、本部门的具体实际,进一步解放思想、实事求是、大胆创新,开拓进取,绝不能因循守旧、故步自封。一切工作都要以是否符合"三个代表"重要思想的要求为标准。②

此后,江泽民在有关省市区考察工作和在各种不同会议上发表讲话时,又进一步从多个方面阐发了"三个代表"重要思想。指出了"三个代表"重要思想产生的根据和原因,"三个代表"重要思想与党的建设的关系以及"三个代表"重要思想与毛泽东思想、邓小平理论的关系,"三个代表"重要思想的主旨等问题,使"三个代表"思想进一步深化。江泽民经过多次考察和

---

① 参见《论"三个代表"》,中央文献出版社2001年版,第8—10页。
② 同上书,第16—26页。

深入思考,对"三个代表"重要思想的阐述日益全面、深刻,对"建设一个什么样的党、怎样建设党"的历史课题作出了系统的回答。

随着全党学习、宣传、研究的深入,"三个代表"重要思想的内涵也日益丰富和深入。特别是表现在对于党的先进性的认识和理解上。建设一个什么样的党、怎样建设党的核心问题,就是如何坚持党的先进性,加强和改进党的建设的根本目的也就是始终保持党的先进性,而执政党的先进性则直接关系到能否巩固执政地位问题。随着改革开放的不断深入,我国政治、经济、文化和社会各个方面都发生了或正在发生着重大变化,我们党自身的状况也发生了和正在发生重大变化。在各种复杂多变、竞争激烈、矛盾交织、新问题层出不穷的情况下,我们党如何始终走在时代前列,如何有效的应对国内外的各种风险,始终成为全国各族人民的领导核心,最核心的问题也就是保持党的先进性。江泽民在庆祝中国共产党成立80周年大会上的讲话("七一"讲话)中,系统而全面地阐述了"三个代表"重要思想,指出了党的先进性的含义,并提出了始终保持党的先进性的具体要求。

江泽民在"七一"讲话中,不仅自始至终贯穿着"三个代表"重要思想的精神,而且还用了相当大篇幅对"三个代表"重要思想进行了全面而系统的论述,包括"三个代表"重要思想中每一个"代表"的基本内涵、"三个代表"重要思想相互之间的辩证统一关系以及坚持"三个代表"重要思想的重要意义等,明确地揭示了"三个代表"重要思想与马克思主义基本原理、与党的性质和宗旨之间的高度一致性。江泽民指出:"看一个政党是否先进,是不是工人阶级先锋队,主要应看它的理论和纲领是不是马克思主义的,是不是代表社会发展的正确方向,是不是代表最广大人民的根本利益。"① 并指出"'三个代表'的要求，是我们党保持先进性、使之成为建设有中国特色社会主义坚强领导核心的基本要求，与坚持马克思列宁主义、毛泽东思想、邓小平理论，坚持党的工人阶级先锋队性质和全心全意为人民服务的宗旨是一致的"②。强调"三个代表"重要思想"是我们在新世纪全面推进党的建设，不断推进理论创新、制度创新和科技创新，不断夺取建设有中国特色社会主义事业新胜利的根本要求"③。要求"全党同志一定要坚持把全面落实'三个代表'要求，统一于党的建设的各个方面，统一于党领导人民进行改革开放和社会主义现代化建设的全过程"④。

讲话还以"三个代表"重要思想为根本要求，对如何坚持党的先进性提出了5项具体要求：贯彻"三个代表"重要思想要求我们必须坚持党的解放思想、实事求是的思想路线，大力发扬求真务实、勇于创新的精神，创造性地推进党和国家的各项工作，在实践中不断丰富和发展马克思主义；必须坚持党的工人阶级先锋队的性质，始终保持党的先进性，同时要根据经济发展和社会进步的实际，不断增强党的阶级基础和扩大党的群众基础，不断提高党的社会影响力；必须坚持民主集中制，建立健全科学的领导体制和工作机制，充分发扬党内民主，坚决维护党的集中统一，保持并不断增强党的活力；必须全面贯彻干部队伍革命化、年轻化、知识化、专业化的方针和德才兼备的原则，深化干部人事制度改革，努力建设一支高素质的、能够担当重任、经得起风浪考验的干部队伍；必须坚持党要管党的原则和从严治党的

---

① 《论"三个代表"》，中央文献出版社2001年版，第168页。
② 《论党的建设》，中央文献出版社2001年版，第507页。
③ 同上书，第497—498页。
④ 同上书，第507页。

方针，各级党组织必须对党员干部严格要求、严格教育、严格管理、严格监督，坚决克服党内存在的消极腐败现象。

经过"七一"讲话的阐发和理论建构，"三个代表"重要思想初步具有一定的理论形态，开始成为一个新的理论体系，更为显著地揭示了执政党建设的规律，更为鲜明地体现了党的建设的时代气息，更为集中地说明新时期党的各项工作的本质要求。可以说，"七一"讲话对于"三个代表"重要思想的发展具有决定性的意义。讲话运用马克思主义基本立场、观点和方法，立足新的实践，分析新的情况，回答新的问题，总结新的经验，创造性地提出了一系列新思想、新观点、新论断，体现了解放思想、实事求是、与时俱进、开拓创新的马克思主义本质，丰富了马克思主义理论宝库，开辟了坚持和发展马克思主义的新境界，标志着党的第三代领导集体实现了当代中国马克思主义理论发展的又一次重大飞跃。

2002年5月31日，江泽民在中共中央党校省部级干部进修班毕业典礼上发表了重要讲话（即"5·31讲话"）。这次讲话在"七一"讲话的基础上，对"三个代表"重要思想做出了更全面、更深入、更系统的阐述，使"三个代表"重要思想获得了新的发展。在这次讲话中，江泽民指出："'三个代表'重要思想同马克思列宁主义、毛泽东思想和邓小平理论是一脉相承的，反映了当代世界和中国的发展变化对党和国家工作的新要求；它是我们加强和改进党的建设、推进我国社会主义制度自我完善和发展的强大理论武器。"把"三个代表"重要思想定位于对马克思列宁主义、毛泽东思想和邓小平理论在新的发展阶段的进一步丰富和发展，并明确指出，贯彻"三个代表"重要思想的根本要求，关键在与时俱进，核心在保持党的先进性，本质在坚持执政为民。特别强调，要牢牢把握"三个代表"重要思想的要求，要不断增强贯彻"三个代表"重要思想的自觉性和坚定性，做到使全党始终保持与时俱进的精神状态，不断开拓马克思主义发展的新境界；必须把发展作为执政兴国的第一要务，不断开创现代化建设的新局面；必须最广泛最充分地调动一切积极因素，不断为中华民族伟大复兴增添新力量；必须以改革的精神推进党的建设，不断为党的集体注入新活力。

"5·31讲话"精辟阐述和科学回答了我国全面建设小康社会新阶段的政治、经济、文化、执政党等方面的建设和改革的一系列重大理论和现实问题，具有鲜明的时代特征，是对"三个代表"重要思想的进一步深化，是完全中国化了的鲜活的马克思主义。

在党的第十六次全国代表大会上，高度评价了"三个代表"重要思想的历史地位和指导意义，明确把"三个代表"重要思想与马克思列宁主义、毛泽东思想和邓小平理论一道，确立为我们党的指导思想。对"三个代表"重要思想的科学内涵和精神实质作了进一步的论述，并着重对如何贯彻落实"三个代表"重要思想提出了系统全面的要求。至此，"三个代表"重要思想已形成了科学的理论体系，成为系统的科学理论。

2. "三个代表"重要思想的科学内涵

"三个代表"重要思想最初是围绕建设什么样的党、怎样建设党这一核心问题提出的，其本质就是如何保持党的先进性。具体内容也就是"中国共产党必须始终代表中国先进生产力的发展要求，代表中国先进文化的前进方向，代表中国最广大人民的根本利益"这三项基本要求。"三个代表"重要思想提出以后，江泽民不断总结十三届四中全会以来中国特色社会主义建设的新经验，与时俱进，不断发展、完善、深化对"三个代表"重要思想认识，使"三个代表"重要思想逐步系统化和具有全方位性，形成了科学的理论体系，成为系统的科学理论。

"三个代表"重要思想具体的理论表述为："中国共产党必须始终代表中国先进生产力的发展要求，代表中国先进文化的前进方向，代表中国最广大人民的根本利益。"始终代表中国先进生产力的发展要求，就是党的理论、路线、纲领、方针、政策和各项工作，必须努力符合生产力发展的规律，体现不断推动社会生产力的解放和发展的要求，尤其要体现推动先进生产力发展的要求，通过发展生产力不断提高人民群众的生活水平。始终代表中国先进文化的前进方向，就是党的理论、路线、纲领、方针、政策和各项工作，必须努力体现发展面向现代化、面向世界、面向未来的民族的科学的大众的社会主义文化的要求，促进全民族思想道德素质和科学文化素质的不断提高，为我国经济发展和社会进步提供精神动力和智力支持。始终代表中国最广大人民的根本利益，就是党的理论、路线、纲领、方针、政策和各项工作，必须坚持把人民的根本利益作为出发点和归宿，充分发挥人民群众的积极性、主动性、创造性，在社会不断发展进步的基础上，使人民群众不断获得切实的经济、政治、文化利益。代表中国先进生产力的发展要求，代表中国先进文化的前进方向，代表中国最广大人民的根本利益，是统一的整体，相互联系，相互促进。发展先进的生产力，是发展先进文化、实现最广大人民根本利益的基础条件。人民群众是先进生产力和先进文化的创造主体，也是实现自身利益的根本力量。不断发展先进生产力和先进文化，归根到底都是为了满足人民群众日益增长的物质文化生活需要，不断实现最广大人民的根本利益。

尽管从语义和理论逻辑上来看，"三个代表"重要思想是对执政党的要求，但是这其中包含了十三届四中全会以来党的第三代领导集体,总结改革开放以来,特别是十三届四中全会以来,中国特色社会主义事业新经验的基础上的理论创新,是对马克思列宁主义、毛泽东思想和邓小平理论的丰富和发展,它是一个内涵丰富的理论体系。正如胡锦涛总书记《在'三个代表'重要思想理论研讨会的讲话》中指出:"十三届四中全会以来,以江泽民同志为主要代表的当代中国共产党人,高举邓小平理论伟大旗帜,准确把握时代特征,科学判断我们党所处的历史方位,围绕建设中国特色社会主义这个主题,集中全党智慧,以马克思主义的巨大理论勇气进行理论创新,逐步形成了'三个代表'重要思想这一系统的科学理论。这一科学理论在建设中国特色社会主义的思想路线、发展道路、发展阶段和发展战略、根本任务、发展动力、依靠力量、国际战略、领导力量和根本目的等重大问题上取得了丰硕成果,用一系列紧密联系、相互贯通的新思想、新观点、新论断,进一步回答了什么是社会主义、怎样建设社会主义的问题,创造性地回答了建设什么样的党、怎样建设党的问题。"[①] 这一论述精辟的揭示了"三个代表"重要思想是系统的科学理论。

这一系统的科学理论体现了我们党在改革发展稳定、内政外交国防、治党治国治军等各个方面取得的一系列理论成果,正确回答了建设中国特色社会主义实践中迫切需要回答和解决的一系列重大理论问题,提出了一系列新思想、新观念和新论断,从而构成了一个内容丰富的理论体系。其内容包括:强调坚持解放思想、实事求是、与时俱进的建设中国特色社会主义的思想路线;进一步阐述了发展是党执政兴国的第一要务;强调社会主义初级

[①] 《胡锦涛总书记〈在'三个代表'重要思想理论研讨会上的讲话〉辅导读本》,人民出版社2003年版,第3—4页。

九　中国共产党的第三代领导集体聚精会神抓执政党的建设

阶段是整个建设中国特色社会主义的很长历史过程中的初始阶段，并概括了初级阶段的基本特征，确立了初级阶段的基本纲领；指出社会主义的根本任务是发展生产力，增强综合国力，使人民的生活日益改善，不断体现社会主义优于资本主义的特点；强调搞改革是社会主义的自我完善和发展，是经济和社会发展的强大动力；强调要坚持"引进来"和"走出去"相结合，全面提高对外开放水平；强调坚持以经济建设为中心，不断解放发展生产力；指出发展社会主义民主政治，建设社会主义政治文明，是全面建设小康社会的重要目标；强调中国特色社会主义文化是凝聚和激励全国人民的重要力量，是综合国力的重要标志；指出建立巩固的国防是我国现代化建设的战略任务，是维护国家安全统一和全面建设小康社会的重要保障；指出要坚持和发展爱国统一战线，在爱国主义和社会主义的旗帜下实行广泛的团结；强调实现祖国的完全统一是中华民族的根本利益之所在；指出了和平与发展作为时代的主题没有改变，世界多极化的趋势没有改变，我国面临的国际环境依然是机遇大于挑战；强调办好中国的事情关键取决于我们党，必须毫不放松地加强和改善党的领导，全面推进党的建设新的伟大工程；强调我们全部工作的出发点和落脚点，就是不断实现好维护好发展好最广大人民的根本利益。

3. "三个代表"重要思想是对党的先进性的新概括

党的先进性是我们党存在和发展的根本前提，是党得到最广大人民群众信任和拥护的根本条件。在执政条件下特别是在长期执政的条件下，如何始终保持和实现党的先进性，是我们亟待回答的问题。而"三个代表"重要思想的提出，站在历史唯物主义的高度，科学地回答了这一问题。始终站在时代的前列是党的先进性的实质，也是党的先进性的集中体现。中国共产党要实现自身的先进性，准确把握并切实代表时代发展的要求，推动中国社会发展和全面进步，就必须始终代表中国先进生产力的发展要求，代表中国先进文化的前进方向，代表中国最广大人民的根本利益。

首先，始终代表中国先进生产力发展的要求，是中国共产党始终站在时代前列，保持先进性的根本体现和根本要求。一个政党要站在时代前列，保持自身的先进性，必须敏锐地洞察和把握生产力的发展趋势，反映和代表先进生产力的发展要求。生产力是人类社会发展的最根本的决定因素，先进生产力是推动人类社会发展的最根本动力，其发展是与人类社会的发展的大趋势同步的。因而代表先进生产力的发展要求，也就是顺应了历史发展的大趋势，站在了时代发展的前列。中国共产党必须主动把握和顺应现代生产力发展的客观规律，努力推动社会主义生产力的迅速发展，把社会主义现代化建立在发达生产力的基础之上，使党的先进性置于当代中国先进生产力发展的实践基础之上。正如江泽民所指出："敏锐地把握我国社会生产力的发展趋势和要求，坚持以经济建设为中心，通过制定和实施正确的路线方针政策，采取切实的工作步骤，不断促进先进生产力的发展，这是我们党始终站在时代前列，保持先进性的根本体现和根本要求。"[1]

其次，始终代表中国先进文化的前进方向，是保持党的先进性的文化根基。坚持什么样的文化方向，推动建设什么样的文化，是一个政党在思想上精神上的一面旗帜。一个政党要站在时代前列，保持自身的先进性，就必须在不断地吸纳一切有用文明成果的基础上推动思想文化建设，代表先进文化的前进方向。江泽民同志指出："牢牢把握中国先进文化的发展趋势和要求，坚

---

[1] 《论党的建设》，中央文献出版社 2001 年版，第 498 页。

持以马克思列宁主义、毛泽东思想、邓小平理论为指导,立足于建设有中国特色社会主义的实践,着眼于世界科学文化发展的前沿,不断发展健康向上、丰富多彩的,具有中国风格、中国特色的社会主义文化,满足人民群众日益增长的精神文化需求,引导广大人民群众从思想上精神上正确武装和不断提高起来。这也是我们党始终站在时代前列,保持先进性的根本体现和根本要求。"[1] 新的历史时期,中国共产党只有代表中国先进文化的前进方向,才能使自己执政的文化根基随着中国先进文化的前进而永葆先进性。

再次,始终代表中国最广大人民的根本利益,是中国共产党先进性的根本出发点和落脚点。唯物史观认为,人民群众是人类社会一切物质财富和精神财富的创造者,是历史发展的主体,是历史的真正创造者。一切先进生产力和先进文化都是人民群众所创造的。最广大人民的根本利益就反映了时代发展的本质要求,最广大人民的意志和愿望也就是时代发展的要求和呼声。因而,一个政党要保持自身的先进性,归根结底在于它能反映广大人民群众的愿望,真正代表最广大人民的根本利益。马克思、恩格斯在《共产党宣言》中指出:"过去的一切运动都是少数人的或者为少数人谋利益的运动。无产阶级的运动是绝大多数人的、为绝大多数人谋利益的独立的运动。"[2] 作为无产阶级先锋队的中国共产党,必须代表中国最广大人民的根本利益,并为最广大人民群众谋利益,只有这样才能够体现出党的先进性。正如江泽民所指出:"全心全意为人民服务,立党为公,执政为民,是我们党同一切剥削阶级政党的根本区别。任何时候我们都必须坚持尊重

---

[1] 《论党的建设》,中央文献出版社 2001 年版,第 502 页。
[2] 《马克思恩格斯选集》第 1 卷,人民出版社 1995 年版,第 283 页。

社会发展规律与尊重人民历史主体地位的一致性，坚持为崇高理想奋斗与为最广大人民谋利益的一致性，坚持完成党的各项工作与实现人民利益的一致性。"①

总之，在当代中国，中国共产党始终代表中国先进生产力发展的要求，始终代表中国先进文化的前进方向，始终代表中国最广大人民的根本利益，三者有机统一于党领导中国人民建设中国特色社会主义伟大实践之中，真正做到坚持"三个代表"重要思想是我们党在新的历史条件下保持先进性的集中体现。

4. 按照"三个代表"重要思想的要求推进党的建设

"三个代表"重要思想不仅提出了新世纪执政党建设的总目标，同时也指明了执政党建设的根本途径和道路，明确了党在新世纪加强和改进执政党建设的一系列新要求。江泽民指出："按照'三个代表'的要求抓党的建设，同新时期党的建设的伟大工程的总目标总要求是一致的。推进党的思想建设、政治建设、组织建设和作风建设，都应当坚持贯彻'三个代表'的要求。""三个代表"重要思想的提出，把保持党的先进性的基本要求，贯穿于执政党建设的全部理论和实践之中，使新时期党的建设的总思路有了具体的实施途径，也使党的建设的各项工作有了总揽全局的准则。这就是：在党的建设的伟大工程中，党必须坚持始终代表先进社会生产力的发展要求、代表先进文化的前进方向、代表最广大人民的根本利益。这是一个有机统一的整体，也是一个庞大的系统工程。江泽民指出："全党同志一定要坚持把全面落实'三个代表'要求，统一于党的建设的全过程。"② 其中最

---

① 《论党的建设》中央文献出版社 2001 年版，第 505 页。
② 《论"三个代表"》，中央文献出版社 2001 年版，第 163 页。

九　中国共产党的第三代领导集体聚精会神抓执政党的建设

重要的就是必须把"三个代表"重要思想的具体要求落实到坚定正确地执行党的路线方针政策中去，落实到党的各项具体工作中去，落实到建设高素质的干部队伍中去，落实到从严治党中去。只有在执政党建设的全部活动和各项工作中把实现"三个代表"重要思想的工作做好了，党才能在新世纪把自己建设成为中国特色社会主义事业的坚强领导核心，带领人民不断夺取新的胜利。

（1）始终做到"三个代表"重要思想，保持自己的先进性，关键取决于党的理论和路线的正确。

看一个党的先进性看什么？江泽民在"七一"重要讲话中指出："看一个政党是否先进，是不是工人阶级先锋队，主要应该看它的理论和纲领是不是马克思主义的，是不是代表社会发展的正确方向，是不是代表最广大人民的根本利益。"[①] 这是判断我们党的性质和先进性的主要标志。这个论断，是对中国共产党的历史经验的深刻总结，符合马克思主义建党学说。在中国共产党建党的时候，绝大多数党员和党的骨干不是工人或工人出身的。由于当时中国社会的特点，党的绝大多数党员来自农村和其他劳动者，也有不少来自知识分子，还有来自非劳动阶层的革命分子。但是，党的理论和纲领是马克思主义的，代表了中国社会发展的正确方向。党高度重视在思想上建设党，坚持用马克思主义理论教育和武装全体党员，不仅要求党员在组织上入党，而且要求党员首先在思想上入党，指导他们为实现党的纲领而奋斗，因而保持了党的工人阶级先锋队性质。可见，坚持党的工人阶级先锋队性质，并不是说中国共产党的党员都必须是工人或工人出身的成员，而主要是坚持正确的理论、纲领和路线。

---

① 《论"三个代表"》，中央文献出版社2001年版，第168页。

政党的性质不只是一种内在的规定性，而且还要体现在政党的实际行动中。因此，判断一个政党的性质，最主要的不是看它自己声明的是什么，而是看党的纲领和路线反映什么人的利益，看它的纲领和路线是不是真正得到了贯彻执行。在西方国家中，资产阶级性质的执政党是从来不声明只代表资本家的利益的，而总是把自己说成全体公民利益的代表。我们当然也就不能说这些政党就是人民的政党了，关键是要看它们的所作所为。中国共产党作为工人阶级的先锋队，反映在党的理论、纲领和路线上就是始终代表工人阶级和广大劳动人民的利益，并为实现和维护这个利益而奋斗不息。历史表明，正是因为把工人阶级和广大劳动人民的利益作为制定党的纲领、路线和目标的出发点，党才当之无愧地成为中国工人阶级的先锋队。

这些年来，我们党在贯彻落实党的路线方针政策方面总体而言是做得比较好的，取得了不少经验，但是也存在着一些值得总结的教训和不足。各级领导干部都要进一步加强学习，认真总结正确贯彻党的路线方针政策同全面体现"三个代表"重要思想要求有机结合的经验，提高自己的思想理论水平，增强政治敏锐性和政治鉴别力；要遵循现阶段我国社会主义生产力与生产关系、经济基础与上层建筑矛盾运动的内在规律，切忌任何形式的主观性、片面性，防止出现任何偏差，把工作做得更好。贯彻落实党的路线方针政策，一定要全面，善于把握大局，防止顾此失彼。坚持"一个中心，两个基本点"的路线，坚持以公有制为主体、多种所有制经济共同发展的基本经济制度，坚持"两手抓，两手都要硬"的方针。我们在任何时候都必须牢记和坚持"三个代表"的要求，善于及时识别和排除任何同"三个代表"重要思想相违背的因素干扰和影响，保证党的路线方针政策顺利贯彻执行。

九 中国共产党的第三代领导集体聚精会神抓执政党的建设

（2）我们必须坚持党的工人阶级先锋队的性质，始终保持党的先进性，同时要根据经济发展和社会进步的实际，不断增强党的阶级基础和扩大党的群众基础，不断提高党的社会影响力。

党是最广大人民利益的代表。我们党之所以为中国共产党而不是其他的什么性质的党，就是在于它既能够反映人民群众的利益、愿望和要求，又能够在马克思主义科学理论的指导下去研究和把握历史发展的规律，看到广大人民群众的长远利益，指引未来，引导人们为全人类解放而奋斗。这就是党的先进性所在。因此，只有保持党的先进性，党才能担负起领导和推进社会发展的重大使命，才能动员广大人民群众共同参与党所领导的社会主义事业。

但是党的先进性离不开党的阶级性和群众性。为什么党具有先进性？就是因为和它所代表的阶级和群众相比，党由于掌握了先进性的理论而更有远见，更能为人民群众创造历史的活动提供科学的指导。离开了它所代表的阶级和群众，离开了被领导和指导的对象，党的先进性就无从谈起。可见，党的先进性是建立在广泛的代表性基础上的。进一步说，只有有了群众，政党才能发挥它的作用。政党只有依靠广大人民群众的支持，才能实现自己的政治主张和纲领、路线、方针、政策。没有人民群众的支持，党就成了无源之水，无本之木。因此，党的先进性、阶级性、群众性是相辅相成的。作为一个执政党，更不能把党的先进性和阶级性、群众性对立起来。我们党作为执政党，面临着繁重的建设社会主义的任务。这个任务，只有动员全社会的力量才能完成。说到底，社会主义事业是多数人的事业，也是为了多数人的事业。执政党有责任把社会上不同阶级、阶层、集团、群众团体结合在一起，共同建设社会主义。这就要求执政党有社会整合的功能，并且能够不断解放思想、实事求是，不断进行理论创新和实践的创新，始终保持自身的先进性。只有这样才能始终保持自身的凝聚力和吸引力，使执政党的地位不断得到稳固和加强，社会主义伟大事业才能不断推向前进。

从民主政治的要求看，只强调党的先进性而忽视党的群众性也是不科学的。我们党作为国家和社会的领导力量，作为最有权威的政治组织，是整个国家政治运作的中枢。在建设社会主义民主政治的过程中越来越广大的政治参与是大势所趋。我们党必须为这种参与提供足够的渠道和途径。否则，一部分人从体制外寻求政治参与的可能性就会大大增强。出现这种状况，无论对社会发展还是对政治稳定，或者是对党的领导，都是不利的。政党发展的历史表明，一个党是朝气蓬勃、兴旺发达，还是暮气沉沉、垂老昏昏，很重要的一点就是看它有没有广泛地吸纳并以自己的世界观、价值观同化社会各个部分的先进分子的能力。

江泽民指出，贯彻"三个代表"重要思想要求，我们必须坚持民主集中制，建立健全科学的领导体制和工作机制，充分发扬党内民主，坚决维护党的集中统一，保持并不断增强党的活力。

（3）贯彻"三个代表"重要思想要求，我们必须全面贯彻干部队伍革命化、年轻化、知识化、专业化的方针和德才兼备的原则，深化干部人事制度改革，努力建设一支高素质的，能够担当重任、经得起风浪考验的干部队伍。

党领导的事业要取得胜利，不但要有正确的理论和路线，还必须有一支能坚决贯彻执行党的路线的高素质干部队伍。面对新世纪新阶段，我们党特别是党的各级干部肩负着重大的历史责任。实现中华民族的伟大复兴，解决前进道路上面临的各种困难，完成现代化建设的各项任务，都是离不开干部队伍的骨干作用的，都是要求不断提高各级干部的素质和能力的。从一定意义上讲,在新的形势和任务面前没,能不能把建设中国特色社会主义的伟大事业推向前进,取决于我们能否按照"三个代表"重要思想的标准和要求,培养、考察和使用干部,为党和国家的建设与发展提供坚强可靠的组织保障。把"三个代表"重要思想的要求落实到建设高素质的干部队伍中去,一方面,要用"三个代表"重要思想来教育和武装干部,着力提高干部队伍的思想政治素质。江泽民指出:"建设好我们的党,首先要提高党的各级领导干部的思想政治素质,特别是要努力提高中青年领导干部的思想政治素质,使之成为忠诚于马克思主义、坚持走有中国特色社会主义道路、会治党治国的新一代政治家。"他强调:"所有的共产党员和领导干部,都要深刻认识和牢牢把握这'三个代表',用以指导自己的思想和行为,这样才能使自己真正成为一个合格的党员,合格的党的领导干部。"[①] 广大干部树立了对"三个代表"重要思想的政治信仰,掌握了"三个代表"重要思想的精神实质,就会自觉地与党中央保持高度的一致,担负起带领广大人民群众认真贯彻执行党的路线方针政策的重任。另一方面,要按照"三个代表"重要思想的标准和要求选拔任用好干部,把那些群众公认是执行党的路线,对实现"三个代表"重要思想做出显著政绩的人,要及时选拔到各级领导岗位上来。考察识别和任用好干部,最重要的是看其是否能在自己的工作中真正实践"三个代表"重要思想,做到"三个代表"重要思想。

(4)贯彻"三个代表"重要思想要求,我们必须坚持党要管党的原则和从严治党的方针,各级党组织必须对党员干部严格要求、严格教育、严格管理、严格监督,坚决克服党内存在的消极腐败现象。

[①] 《十五大以来重要文献选编》(中),人民出版社2001年版,第1140页。

所谓从严治党,就是根据党的建设的总目标,"严格按照党章办事,按照党的制度和规定办事,就要对党员特别是领导干部严格要求,严格管理,严格监督,就要在党内生活中讲党性,讲原则,开展积极的思想斗争,弘扬正气,反对歪风;就要严格按照党章规定的标准发展党员,严格处理不合格党员,就要严格执行党的纪律,坚持在纪律面前人人平等"。江泽民在庆祝建党80周年讲话中,再次重申了这个问题并强调:"党要管党,从严治党,是保持党的先进性和纯洁性,巩固党的执政地位的重要保证。治国必先治党,治党必须从严。要深刻认识和吸取世界上的一些长期执政的共产党丧失政权的教训。党执政的时间越长,越要抓紧自身建设,越要从严要求党员和干部。"现在,党内存在的一些消极腐败现象之所以屡禁不止,有的情况还日趋严重,一个重要的原因就是相当一些地方和单位的党组织和领导者治党不严,对党员特别是领导干部疏于教育、管理和监督。事实证明,只有从严治党,才能及时而有力地打击各种腐败现象,使腐败分子受到严厉地惩治。所以,从严治党首先是要从思想上严格要求。所有党员都必须保持党员的先进性,有坚定的马克思主义信仰,坚定拥护共产党的基本路线方针政策,在思想政治上与党中央保持高度的一致性。其次,对党的组织建设要加大力度。要不断探索新的管理机制和体制,完善党的组织建设,其中很重要的是要坚持民主集中制,坚持依法治国,加强监督体制的建设和完善。对腐败现象予以坚决打击。最后,我们要大力挖掘和发扬我党的优良传统和作风。我们只有在反对消极方面的同时宣扬积极方面,我们党的建设才会更加凸显成效。

十
其他社会主义国家的执政党建设的历史、理论与实践

（一）越南共产党自身建设的历史、理论与实践

越南共产党创立于 1930 年 2 月 3 日，同年 10 月改称印度支那共产党，1951 年 2 月改名为越南劳动党，1976 年 12 月改称越南共产党。越南共产党建党以后先后领导越南人民进行反抗法国殖民者的革命斗争、反对日本帝国主义的武装斗争和艰苦卓绝的抗美救国战争。1975 年终于解放了南方，1976 年 7 月南北统一，改国名为越南社会主义共和国。

统一以后，越共领导越南人民迅速在全国进行社会主义改造和社会主义建设。但是受"苏联模式"的影响，加之越共思想认识上严重超越社会发展阶段、脱离本国实际，对外实行霸权主义和侵略政策，严重阻碍了经济社会的发展，国家陷入了困难和危机之中。面对困难和危机，越共从 1986 年六大开始，调整内外政策，走上革新道路。在革新开放过程中越南共产党重视党的建设，始终坚持马列主义和社会主义方向，把马列主义与越南的国情相结合，注重在革新开放的实践中不断加强执政党的政治思想、组织和作风建设，强调发挥党的领导核心作用和工人阶级先

锋队作用，使越南共产党经受住了苏东剧变的严峻考验，为越南人民建设有越南特色的社会主义事业提供了有力的政治保障。

1. 越南共产党革新开放道路的选择与执政党建设

20世纪80年代中后期，由于越共执行的错误路线和错误政策使越南经济发展缓慢，人民生活水平无法提高，不满情绪在不断增长。特别是随着苏东剧变、苏联解体，越南失去了经济上的外援，加上以美国为首的西方世界遏制和封锁，使越南几乎陷入困境。经济危机诱发了政治危机和信仰危机，致使社会上出现了政治多元化、多党制以及取消共产党执政的要求，而且越南共产党内部也有一部分党员、干部、群众对社会主义产生了怀疑、动摇，甚至对社会主义持否定态度。

面对困境，1986年越共六大后开始实行全面革新路线。与此同时，越南共产党也不断探索执政党建设。1988年6月，越共召开了六届五中全会，专门讨论党的建设工作。1992年6月，又召开了七届三中全会，集中讨论新的历史条件下执政党建设问题，全会还专门通过了一个《关于革新和整顿党的决议》，确定了要"以经济建设为中心，以党的建设为关键"。

越共这一时期的执政党建设主要突出以下几个方面：

一是正确认识苏东剧变，强调在越南必须坚持社会主义道路，坚持越南共产党的领导。越南共产党中央在1989年3月召开的六届六中全会上，就提出了有原则的改革思想。即改革必须坚持"五项基本原则"：坚持社会主义目标和思想，坚持马克思列宁主义，坚持无产阶级专政和党的领导，实行有集中的社会主义民主，将爱国主义与无产阶级国际主义相结合、民族力量与时代力量相结合。1991年6月召开的越南共产党七大，鉴于东欧剧变、苏联解体的教训，越南共产党中央进一步提出在整个革新

十　其他社会主义国家的执政党建设的历史、理论与实践

开放过程中必须坚持"五项基本原则"。此次大会认真总结了苏东剧变的原因和教训，认为，要用历史的观点评价苏联社会主义，不能片面地批评或者全盘否定；苏联模式社会主义的崩溃并不表明科学社会主义的失败；苏联模式的缺点和错误不是社会主义本身所固有的，而是对社会主义的教条观念所造成的。越共认为，苏联和东欧社会主义国家的垮台造成社会主义暂时处于低潮，但这并不能说明时代的性质已经发生变化，人类仍然处于从资本主义向社会主义过渡的时代。越共强调，对越南来说，坚持社会主义道路，坚持共产党领导，是符合人类历史发展的规律的，同时，也是越南唯一的选择。在1991年6月召开的越共七大中，越共中央总书记阮文灵代表第六届越共中央委员会作的《继续让革新事业沿着社会主义道路前进》的报告中说："我党和我国人民选择的社会主义目标，肯定了全党全民沿着达到这个目标的道路走到底的决心。"报告指出："在党的旗帜下，我国人民高度发扬了民族的英勇不屈传统，经过几十年不断的忘我战斗，人民民主、民族主义革命基本完成，已转向实现社会主义过渡时期的任务。没有任何理由，现在又转向与已选择的目标相反的道路。也没有任何理由，让我们退回已经历史地走过来的人民民主革命阶段。如果前一段时间内有还未完成的工作或是作的不好的工作，那么我们在过渡时期将其完成。正因此，我国人民决不会接受社会主义道路以外的任何道路。"随后在越南国会1992年颁布的新宪法中，重申了越南共产党是越南工人阶级的先锋队，是工人阶级、劳动人民以及全民族的忠实代表；党信仰马列主义和胡志明思想，是国家和社会的领导力量。所有的党员和党组织都必须在宪法和法律范围内活动。七大后的四年中，越共召开了八次中央全会，一次全国代表会议，反复强调要以马列主义、胡志明思想为指导方针，坚持社会主义发展方向，坚持民主集中制

原则，坚持党对国家政治、经济、文化和军事的全面领导。

二是加强党的自身建设和整顿，提高党的战斗力和凝聚力。在革新开放中，越共坚持把党的思想理论建设摆在首位，着重从政治思想上建设党，同时加强各级组织建设，着力提高党的生命力、凝聚力和战斗力。苏东剧变后，为巩固党的组织，越共对党组织进行整顿，整顿包括整顿党组织，特别是基层党组织；清理整顿和净化党员队伍。越共在1992年3—4月进行了一次整党，重新评估各级党组织的作用和重新审查党员的资格。从1993年到1994年对共产党进行了大规模的整顿，在1995年又对共产党进行了复查。

三是积极发展党员，提高党员质量，完善党的基层组织。针对苏东剧变之后，党员发展缓慢，甚至出现了党员数量以及党员素质下降，基层组织覆盖率低、组织涣散的状况，越共加大了发展党员和在广大农村健全党的基层组织的力度。在党员发展方面，1992—1995年新加入的党员人数逐年递增，仅1995年就比1992年增加两倍，克服了1988—1991年连续四年新党员人数连年下降的状况。在发展党员中，越共要求不断增加年轻力量，保证党员队伍发展的连续性，要求各级党组织经常关心群众的革命理想教育，从国营企业、私人企业、合资企业、生产合作社、武装部队和共青团中的优秀工人、农民、学生、知识分子和士兵中创造党员的发展来源，逐步降低平均年龄，降低各地区党员与居民的比例差距。特别要注重重点单位和党员人数较少的地方的发展工作。还要注意吸收在生产第一线的工人、学校的学生和知识分子、妇女和少数民族人士加入党组织，做到数量质量并举。为了提高党员质量，越共注意加强对党员培养教育工作的组织指导，引导党员自学，提高政治、知识、专业和社会经济管理的水平，以适应市场经济和扩大对外合作关系的要求。继续改进和提高组织生活质量,加强教育和管理党员队伍。及时严肃地审查处理那些违反党章和国法的党员,把那些政治和道德品质败坏的党员及时开除出党。越共还注重在广大农村健全基层组织,提高党的基层组织的覆盖率。据越共调查统计,1992—1994年三年中,在282个村、屯、寨消灭了无党员状况,在398个村寨成立了党支部。①

四是开展反腐败斗争。越南革新开放以来,经济持续高速发展,然而腐败现象也从被革新政策所激活的经济、社会生活中滋生、蔓延。在这一背景下,越共中央书记处于1990年1月10日发出了第64号指示,同年6月越南部长会议又颁布第240号决定,在全国范围内部署"开展反腐败斗争"。1994年1月在越共第七届中央委员会届中代表大会将腐败现象列为越南面临的"四大危机"之一,并在"八大"上被正式确认。而1996年越共"八大"的主要议题之一就是反腐败。1998年越南国会通过了关于反腐败的法令,对各种腐败行为进行了界定,并规定了相应的处罚措施。

2. 世纪之交越南共产党党内面临的新情况与执政党建设的全面展开

尽管越南共产党在革新开放的同时,注重加强党的建设,但是随着革新的不断深化,受苏东剧变的冲击和改革过程中市场经济的负面影响,越共党内面临着不少新情况和新问题。主要表现为:

(1) 部分党员干部对马列主义和社会主义丧失信心,革命

---

① 黄振壮著:《越共加强党建工作》,载《东南亚纵横》(季刊)1997年第3期。

意志衰退，一些党员甚至党的高级干部违背党的纲领、章程，违反国家法律；(2) 在复杂的国内外阶级斗争面前缺乏政治敏锐性和鉴别能力，丧失警惕性；(3) 违反民主集中制原则，党的纪律松弛，自我批评和批评流于形式，一些党组织内部严重不团结；(4) 缺乏全局观念，搞地方主义，无政府主义，无视人民的长远利益；(5) 官僚主义严重，脱离群众，对人民的疾苦漠不关心，甚至欺压百姓；(6) 追逐物质利益和个人特权，贪图享受，以权谋私，行贿受贿，贪污腐败，奢侈浪费，等等。① 特别是愈演愈烈的党内外腐败现象，更是激起了人民的愤慨，1997年夏天在越南北方的太平省还爆发了逾百个乡、近万名农民上街游行事件，反对基层干部乱集资、乱摊派、压制民主和贪污腐败。

越共认为党内的这种状况严重妨碍了党的路线、方针、政策和决议的贯彻落实，削弱了党组织的凝聚力和战斗力，极大损害了党和政府同人民群众的关系，必须坚决克服这些严重的消极现象，否则"就会使党变质，就会危及社会主义制度和国家的独立与安全"②。为了克服这种状况，1999年在越共中央八届六中全会第二阶段会议上再次专门讨论整顿和加强党的建设的任务，通过了《关于当前党建工作若干基本和急迫问题的决议》，决定对越共进行为期两年的整顿和建设运动。2月10日，越共中央政治局通过《关于落实八届六中全会第二阶段会议决议及开展党的建设和整顿运动计划》，对党建和整顿运动作出了具体部署。

---

① 参见孙京国著《越南共产党全面开展党的建设和整顿运动》，载《当代世界》1999年第9期。
② 同上。

十　其他社会主义国家的执政党建设的历史、理论与实践　523

具体内容包括:(1)加强党内的认识、意志和行动的统一,党员的言行必须符合党的决议,严格遵守党的纲领和章程以及国家法律等。(2)大力加强对国内外的实践总结和理论研究工作,进一步搞清实践中产生的急迫问题,搞清越南社会主义模式和走向社会主义的道路,为越共九大作准备。(3)革新政治思想教育工作,即有关马列主义和胡志明思想、党的观点和路线、国家法律的教育工作。(4)加强对党员、干部道德品质、生活作风的教育和培养。(5)集中指导反腐败、反浪费、反官僚主义斗争,使之更具实效。(6)在党内正确实行民主集中制原则和自我批评与批评制度。(7)巩固党的基层组织,增强它们的战斗力和领导能力。(8)精简党政机关、群众团体机构以及改革工资政策等。(9)1999年5月19日起到2001年5月19日在全党开展党的建设和整顿运动,开展自我批评与批评。(10)改进党作出决议和组织落实决议的工作。①

决议要求运动分四个阶段进行:(1)准备阶段。自八届六中全会决议发布之日起至1999年5月19日。主要任务:传达全会决议、全会公报和总书记在全会开、闭幕式上的讲话等;政治局集体和政治局委员个人进行自查,接受各机关、各部委、各部门、各团体的批评意见,进行自我批评和批评;由政治局通过关于党员、干部若干不准的规定;关于实行民主集中制的规定;关于党员政治学习的规定;关于干部制度的各项规定等。厉行节约,简化礼宾程序等各种规定。(2)第一阶段。自1999年5月19日至1999年9月2日。主要任务:由总书记在纪念胡志明主席诞辰109周年大会上作动员报告,宣布党的

---

① 参见孙京国著《越南共产党全面开展党的建设和整顿运动》,载《当代世界》1999年第9期。

建设和整顿运动开始；召开全国干部会议，贯彻六中全会第二阶段会议决议；组织学习全会决议、总书记在全会开幕式、闭幕式上的讲话和在纪念胡志明主席诞辰109周年大会上的讲话，以及党纲、党章等有关材料；各级党委、各党组制定行动计划，开展自我批评和批评。(3) 第二阶段。自1999年9月2日至2000年2月3日。主要任务：在提高认识基础上，联系实际，进行自查；对运动进行小结，由中央组织部主持并配合各部委、各部门、各团体准备小结草案呈报政治局审定。(4) 第三阶段。自2000年2月3日至2001年5月19日。主要任务：继续开展党的建设和整顿运动，迎接党的第九次全国代表大会和各级党代会，发动全党、全民讨论九大文件草案；在搞好党的建设和整顿运动的同时，做好2000年各大节日纪念活动的筹备工作；做好全国劳动模范和先进工作者大会的组织工作，以及完成好其他各项重大任务。

决议规定，运动的组织措施包括：各级党委、各党组负责制定本级的行动计划，做到言行一致；政治局和政治局常委直接领导并指导落实决议和党的建设和整顿运动；各省、市委书记、各党组书记直接指导本地区、本部门落实决议和开展党的建设和整顿运动；中央各部委协助政治局对每个阶段进行检查、小结和总结。

越南共产党高度重视这次党的建设和整顿运动。越共中央总书记黎可漂在纪念胡志明诞辰109周年大会上讲话指出，这是越南共产党为加强党的队伍建设、增强党的凝聚力和提高党在人民群众中的威望采取的重要举措，也是越共建党近70年来范围最广、时间最长的一次全面整党运动。

2001年4月，越共九大召开，其中的重要议题之一就是强调加强执政党的建设工作。越共认为，"尽管党的整顿运动已经

十　其他社会主义国家的执政党建设的历史、理论与实践

取得了初步成效和经验，但尚未达到提出的要求"①，为此在九大的政治报告中提出了加强党的建设的具体对策，包括：加强党的政治思想建设，保证党的统一意志和行动，提高领导干部的水平和能力，锻炼提高干部党员队伍的革命道德和生活方式；巩固党的组织，扩大民主，增强纪律性，维护党内团结；积极实施干部战略。培养和重用党内党外那些德才兼备的干部，严格执行党管干部原则和民主集中制原则，特别要保证党和国家的高级领导要由那些真正政治坚强、有本领、道德品质好、有领导能力的人来担任；继续改革党的领导方式，加强党和人民之间的关系；提高组织和指导执行党的决议、方针、国家法律的水平。② 并决定将党的建设与整顿运动继续开展下去。

总体来看，这一时期越共在执政党建设方面重点突出两个方面：

首先，突出党内民主建设，加强对执政党的监督。

在这一方面，越共主要从以下几个方面进行：

（1）注重把民主集中制制度化、具体化。革新开放以来，越共反复强调"以民主集中制为基本组织原则，实行集体领导，个人负责"；在总结几届中央领导机构工作制度的经验基础上，越共于2001年重新制定了中央委员会、政治局、书记处、中央检查委员会的工作制度，确定了每位中央委员的职责、权限和工作方式，规定所有中央委员都要积极参与中央委员会的集体领导工作，对有分歧的问题允许坦率争论；规定政治局委员、书记处书记和各位中央委员对自己分管的事务必须负责到底。

---

①　转引自《兴衰之路——外国不同类型政党建设的经验与教训》，当代世界出版社、中共中央党校出版社2002年版，第34页。

②　参见古小松著《越共九大报告提前曝光》，载《东南亚纵横》2000年第10期。

（2）在社会主义国家执政党建设史上，首创在中央全会上实行质询制度。农德孟当选为越共总书记后，逐步推广自己在国会主席任内开创的国会代表质询政府官员的做法，在越共九届五中全会上首次在越共中央委员会引入质询制度。除正常工作程序外，中央全会留出专门的时间进行质询，每位中央委员都可以对包括总书记、政治局委员和书记处书记在内的其他委员提出质询，也可以对政治局、书记处、中央监察委员会集体提出质询。如质询人对被质询人的回答不满意，还有权继续质询，直至满意为止。

（3）改革中央委员会的选举方式，公开被选举人的信息，实行广泛的差额选举。越共第九届中央委员会委员人选名单确定前，每一位八届中央委员都要表明自己是否进入新一届中央委员会的意愿，并对其他现任中央委员会是否能进入新一届中央委员会做出同意、不同意、不确定或不清楚的表态，同时也可推荐新的人选。还允许党员个人自荐参选。中央组织部、纪律检查委员会、内部政治保卫部、中央办公厅、中央党建和整顿委员会五个部委对中央委员人选提出评价意见后，中央政治局投票表决初步人选方案，并提交中央委员会讨论，最后在全国代表大会上进行差额选举。越共九大的150名中央委员就是从160名候选人中差额选出的。越共还要求省委书记及所有省级干部的产生均需至少有10%的差额比例，并在全省干部大会上进行无记名投票；每个省部级领导职位均需有3名后备干部，省部级以下领导职位需有3—4名后备干部，后备干部的情况均须向人民公开。在代表选举前，越共还公布包括国家领导人在内的所有代表候选人的家庭地址、电话、基本情况等，普通党员干部和群众可直接向其反映情况，并对其实施监督。通过对党的领导任职年龄设限的方法，推进干部年轻化，废除领导干部职务终身制，规定总书记、国家主席、总理、国会主席等重要职务均不能连任超过两届。

（4）实行党务公开，广开言路，充分吸纳党内外的智慧。早在1986年越共六大召开前夕，越共中央就开始在党内较小范围公布政治报告，以征求对政治报告草案的意见。此后，越共七大、八大都沿袭了这一做法。而2001年越共九大还首次通过新闻媒体提前公布政治报告草案。在九大报告草案征求意见的过程中，有意见认为草案中党建部分内容不全面，对党的领导方式、党的组织机构、党与政府部门的关系、党组与所在机关的关系、党组活动内容和形式、党与群众组织和祖国战线的关系、什么是剥削、党员能否经商等重大问题未讲清楚。越共对这些意见十分重视，逐条进行了补充修改。

其次，加大反腐败力度。

越共在九大《政治报告》中特别突出强调了"腐败现象"和"经济发展滞后"两大危机。将"腐败现象"置于"经济发展滞后"之前。在2001年8月召开的越共九届三中全会上，新任总书记农德孟提出要以明确、客观的态度处理已经揭露出来的腐败案件，对于有问题的人，无论社会地位多高都必须予以批评和惩处。在同年11月召开的越共九届四中全会上，农德孟再次要求花更大的力气根除腐败和官僚作风，因为"它是保证党完全纯洁和健康，巩固人民对越南党和国家的信心和信任的唯一手段"①。2004年上半年，越南成立了以政府常务副总理阮晋勇为主任的国家防范犯罪指导委员会，该委员会由政府13个部、委领导组成，主要职能是对市场经济条件下的腐败行为和经济犯罪、职务犯罪等进行综合治理。越南总理府设立了"反腐败反

---

① 转引自许宝友著《转型时期的越南执政党建设：特点、挑战与应对》，载《科学社会主义》2001年第6期。

走私常设咨询委员会",并在民间实行"人民监察员"制度。2005年11月底,越南十一届国会八次会议又通过了《预防和反对腐败法》。该法的颁布,标志着越南反腐败工作的正式法制化。越共还反复强调"反腐无禁区",越共九大以后从查处大案要案人手,已严厉惩治了一大批涉案的党政干部,多名中央政治局委员和中央委员受处分或被开除,一批政府部门和地方省市的高官或革职或被推上法庭。据统计,越共九大以来,已处分了近1%的党员,其中30%是各级党委委员。① 越共十大闭幕后,新当选的中央政治局委员、书记处书记、中央检查委员会主任阮文芝在接受采访时谈到,在九届中央委员会任期内,包括13名中央委员、19名部长、副部长、26名省市委书记、副书记在内的118名中央管理干部受到了纪律处分。

3. 继往开来,越共在新阶段的执政党建设蓝图

2006年4月18日至25日,越南共产党第十次全国代表大会在河内召开。这是越南政治生活中的一件大事。大会的主题是:提高党的领导能力和战斗力,发挥全民族力量,全面推进革新事业,早日使越南摆脱不发达状况。执政党建设是这次代表大会的重要议题之一,在这次代表大会上,还就执政党建设问题提出了专门的报告,报告强调指出,党建工作关系到越共生死存亡的重大问题。报告还全面总结了革新开放以来执政党建设工作的六条重要经验,并针对党内存在的建设和整顿工作没有达到要求、反腐反贪工作尚未取得积极成效、政治思想教育工作开展不力、与"和平演变"及敌对势力的反动宣传和错误观点的斗争不够主动

---

① 参见张向斌著《完善领导机制强化自身建设——越南共产党加强领导能力建设的措施》,载《当代世界》2006年第2期。

和敏锐等问题，提出了新时期党建工作的方向、目标、任务及采取的措施。强调"要从政治、思想、组织、作风上把党建设成为纯洁、坚强的党，提高党的执政能力和战斗力"。为此，要集中力量完成以下任务：一是创造性地运用和发展马列主义和胡志明思想，进一步认识社会主义理论及越南所走的社会主义道路，提高党的政治本领和知识水平。二是确保基层党组织发挥政治核心和基础作用，提高党员干部队伍素质；严格落实党内民主集中原则，密切党群关系，提高监督工作的质量和效果。三是革新干部工作，党的干部必须德才兼备，忠于党、祖国，全心全意为人民服务，有过硬的政治本领，坚定地走社会主义道路，在任何情况下不动摇，有足够的能力执行党的路线、方针、政策。四是革新领导方式，提高党的执政能力，特别是党对国家领导方式。五是加紧研究、制定、完善有关法规，明确党对国家领导的原则、内容和机制。①

总的来看，越共第十次代表大会以来，越共在执政党建设方面呈现出新的亮点：

一是进行理论创新，扩大执政党的阶级基础和社会基础。越共十大党章对党的性质有了新的认识，从原来的"越南共产党是越南工人阶级的先锋队"修改补充为"越南共产党是越南工人阶级的先锋队，同时也是越南劳动人民和全越南民族的先锋队，是越南工人阶级、劳动人民和全民族利益的忠实代表"。在这次代表大会文件中，还允许党员从事私人经济活动，并讨论了私人企业家入党的问题，这无疑扩大了执政党的阶级基础和社会基础。

---

① 参见黄海敏著《越共十大开启革新开放新时期》，载《瞭望新闻周刊》2006年5月8日。

二是突出强调党内民主，推出许多党内民主建设的新举措。主要体现在以下两个方面：（1）提前公布政治报告草案，充分发挥党员群众的集体智慧，在全国范围内广泛征求意见。越共十大强调，"党的一切政策和国家的任何法律的制定都要有人民的参与"，并"体现人民、国家、民族的意志和正当利益"。为了做到这一点，早在2003年3月，就成立了以农德孟总书记为主任的中央指导委员会，对十大政治报告涉及的重大理论问题展开全面、深入的调研。从2004年1月九届九中全会起至十五中全会，分别就十大开会时间、议程、文件、人事等进行了讨论和审议。2月3日，越共全文公布了十大《政治报告》草案。据越共中央办公厅统计，在草案公布的一个月时间内，办公厅就收到各方面的来信1400封，来自中央机关和各团体的综合意见反馈近80份，至于报刊、电台、电视台、网站收到的信件更是不计其数。不少合理意见被采纳。正如九届十四中全会公报所称，大会文件是越南全党和全民的智慧的结晶。（2）扩大中央委员会选举的差额比率。越共十大规定中央委员会的选举以差额方式进行，大会推举了206名候选人，共产生了正式中央委员160人，候补中央委员21人，差额率达13%。大会还允许代表自荐参选中央委员，甚至还允许提名非代表党员参选中央委员的选举。另外，在选举代表中，坚持"宁缺毋滥"的原则。最终选出的中央政治局成员只有14人，没有达到原定的15—17人，原定25名的中央政治局候补委员名额也因有的候选人票数未过半数而只选出21人，媒体公布的政治局成员名单顺序也首次按得票多少排列。（3）尝试差额选举党的总书记。越共十大推举了两位总书记候选人，一名是上届总书记农德孟，另一名是上届政治局委员、胡志明市市委书记阮明哲。尽管在代表大会对两位总书记候选人进行信任投票以后，阮明哲因得票率比农德孟低一些，在最后一轮的政治局内部投票中自动退出,因而正式选举时总书记仍然是农德孟一个候选人,但是越共在党内民主方面已经迈出了一大步。

三是大力推进领导干部的年轻化进程。按照越共中央的总体思路,在新一届越共中央委员会中,首次进入的委员不应超过50岁,个别例外,但不超过55岁。连任的委员一般不超过60岁。候补委员不超过45岁,个别例外的也不超过50岁。而首次进入越共中央政治局的不应超过60岁,连任者也不超过65岁。从选举结果看,160名新一届中央委员会委员中,新当选的占了一半,其中51岁以下的17人,51—60岁的131人,61岁以上的12人,中央委员平均年龄54.8岁,中央候补委员平均年龄只有43.4岁。在14名政治局委员中,保留了6名老成员,增加了8名新成员,平均年龄为59.3岁。其中,主要成员农德孟65岁、黎鸿英57岁、阮晋勇57岁、阮明哲63岁、阮富仲62岁、张晋创57岁。从年龄上来看,远远低于九届的68岁的平均年龄。[①] 此外,为培养年轻干部,保持最高领导层的延续性,越共十大改变了以往不设中央候补委员的作法,在选举产生了160名中央委员的同时,又选出了21名候补委员。

四是进一步加大反腐败力度。越共十大可以说是在全国反腐败斗争日益尖锐、广大干部和群众要求遏制腐败的呼声日益高涨的形势下召开的。因此,越共十大把反贪污腐败列为大会的重要议程。越共十大的政治报告承认,近几年党的反腐败总的说来没有达到要求,为数不少的党员政治思想衰退、道德败坏,机会主义、教条主义、个人主义、官僚主义进一步滋生,许多党组织陷

[①] 《越共十大和国会十一届九次会议》,http://news.phoenixtv.com/special/yn/200611/1128_360_40348.shtml。

于瘫痪，缺乏战斗力。组织、干部工作薄弱，监察工作不力。许多干部既无水平，又无责任心，无法发挥先锋模范作用，不能胜任所担当的工作。政治报告表示，造成这些问题的责任首先在于中央委员会，特别是政治局、书记处，为此中央委员会向大会作严肃的自我批评。政治报告强调必须进一步加大反腐败力度。报告强调将坚决反对党员干部在政治、思想、道德和生活作风上的蜕化变质。越共十大还向全党宣布遏制腐败的重大举措，包括：补充、完善经济、财政管理和国有财产、国家预算管理以及人民和国外捐助款项的法律法规，完善清查、检查、清算、监督机制；进一步推进行政改革，革新对干部和公务人员的教育、监察和管理工作，从而建设现代化的国家行政机构，建设一支纯洁、鞠躬尽瘁、德才兼备的干部、公务人员队伍；坚决、严明、及时、公开地处置贪污分子，不管其担任何职务、在职还是退休，要没收、充公贪污来的一切财产；严格按照党章、国家法律处理一切包庇贪污的分子、有蓄谋地阻止反贪污的分子以及诬告他人贪污的分子；等等。2006年4月25日，越南共产党中央总书记农德孟强调，越共正在采取一系列强有力的措施来防止和惩治腐败，以建设一个纯洁、强大的越南共产党。他指出，反腐斗争并非一朝一夕之事，既要依法严惩和不放过任何腐败分子，也要避免造成冤案。要考虑建设、完善反腐机制和法规，以避免管理上出现漏洞。反腐败斗争要从基层做起，从每一个单位和每一个人做起，为了保证从制度上遏制腐败，在这次越共十大新修改的党章中，增加了各级党委和各级监察委员会的监督职能，把监察、监督工作视为党委的首要任务，力争在问题的萌芽状态就克服它。

（二）古巴共产党自身建设的历史、理论与实践

古巴共产党是在革命胜利后由古巴人民社会党、三·一三革命指导委员会和七·二六运动三个革命组织合并而成的。革命胜利后，上述三个组织在1961年6月合并成"古巴革命统一组织"。1962年5月，古巴革命统一组织改名为古巴社会主义革命统一党。1965年10月将党改名为古巴共产党，并决定成立中央委员会，卡斯特罗担任第一书记。1961年4月，古巴军民胜利地反击了美国雇佣军的入侵，卡斯特罗宣布古巴进行"社会主义革命"，并把马克思列宁主义列为指导思想。从此，古巴走上了社会主义的发展道路。

古共在建党的初期就十分重视党自身的建设，并在长期的艰苦斗争中形成了许多自己的特点。

一是，坚持奉行马列主义，坚决捍卫社会主义制度。

古共一大通过的党的基本章程指出，古共的产生是"所有立意要搞社会主义的革命力量紧密团结的结果"。同时通过的党的基本纲领宣布，古共的"最终目标是在我国建设共产主义"，实现这一目标的理论基础是关于共产主义社会分为社会主义和共产主义两个阶段的论断；古巴现正处于社会主义阶段，其任务是"建立社会主义的物质技术基础"。1976年古巴全国人民政权代表大会通过的《古巴共和国宪法》规定，"由工人阶级以马克思列宁主义先锋队组成的古巴共产党，是国家和社会的最高领导力量，它组织和引导朝着建设社会主义和向共产主义前进的目标的共同努力"。古共的二大和三大，坚持并发展了党的基本章程和纲领，并认为，古巴"从资本主义向社会主义过渡的历史阶段已经完成"，正处于"全面建设社会主义的阶段"。80年代，苏

联和东欧的改革浪潮波及了古巴,国内一些人也想学苏东国家搞"改革",古巴领导人及时强调指出,古巴的国情不同,不能照搬别国的做法,并采取了相应的措施,将影响降低到最小。例如1989年8月,古巴政府决定禁止两份苏联刊物在古巴发行,并大幅度减少其他苏联刊物在古巴的发行量。

二是,高举爱国主义旗帜,发扬革命传统。

古共自建党以来,一贯高举爱国主义旗帜,将爱国主义精神贯穿于党的各种理论和实践活动中,将民族独立同社会主义结合起来。在古共的党纲和党章中,都以大量篇幅详尽地阐述了古巴光荣的革命传统,认为党就是这种传统的继承者和革命历史连续性的保证,并将古巴历史上的英雄人物作为共产党的革命先辈。在古巴社会主义革命和建设的征途中,在面对美国的经济封锁和军事打击中,爱国主义正是将古巴党和人民紧密团结起来,共同面对困难,并取得不断进步的重要保证。

三是,加强对党员干部的教育,不断提高党员干部的思想理论水平和知识文化素质。

早在革命胜利之后建立新的共产党之前,为了顺利进行组织的合并,以便思想上的统一,在卡斯特罗和人民社会党书记罗加的倡导下,于1960年12月成立了具有党校性质的"革命指导学校",以培训这三个组织的干部。这是古共党校的雏形。从那以后,党的培训体系不断扩大和发展。今天,古共已拥有一个覆盖全国的、多系统的、完善的教育培训体系,包括党校系统和政治思想培训中心系统。这对保证党员的先进性、纯洁性和战斗性起了重要的作用。在不断提高党员干部的思想政治素质的同时,古共还特别注重提高党员特别是基层党员的文化素质,为优化党员的综合素质奠定了基础。革命胜利后,古共除了领导层外,其他党员特别是农民和工人的文化程度普遍不高,这种状况无疑影响了党的领导作用的发挥。古共及时注意到了这一问题的重要性,从60年代初起便采取措施,在全国开展"扫盲运动",并"特别重视"这一工作,认为这是摆在所有党员面前的一项"革命义务"。经过长期的不懈努力,党员的文化水平有了较大的提高,到1986年,有72.45%的党员达到或超过九年级水平,这对坚持和发展古巴的社会主义事业发挥了极其重要的作用。

20世纪80年末和90年代初,苏联和东欧社会主义国家发生剧变,社会主义阵营随之解体,古巴遇到了建立社会主义政权以来的一系列的最大困难。在经济上陷入严重危机,自1989年起古巴进入和平年代"最困难的时期",人民生活水平大幅度下降。在思想意识上,动荡因素增多,苏东剧变使古巴一部分群众对古巴所走的社会主义道路产生了怀疑,甚至部分党员在思想上也出现了动摇,进而对古巴的未来失去了信心。除此之外,古巴的国际环境也不断地恶化。一方面,流亡美国的古巴反动派趁机加紧活动,妄图颠覆古巴政权。一些人甚至叫嚣着要"返回哈瓦那过(1990年)圣诞节"。另一方面,美国也变本加厉强化了对古巴的封锁与"和平演变"的力度,采取各种手段,千方百计在古巴社会制造裂隙,妄图分裂古共,使古共与社会、与人民脱离,与武装力量脱离,颠覆古巴的社会主义政权。美国前总统老布什称,已经听到古巴政权垮台的声音了。他甚至声称,"期待着成为踏上卡斯特罗之后的古巴自由土地的第一位美国总统"。面对如此严峻的国内国际形势,为顶住巨大压力,摆脱困境和巩固自己的执政地位,古巴共产党提出要"建设一个钢铁般坚强的党",与时俱进,采取各种灵活多样的政策、措施,大力加强执政能力建设,从容应付各种风险和挑战。苏东剧变至今,古巴社会主义政权非但没有垮台,却依旧傲然屹立在当代最强大的资本主义国家——美国的鼻子底下。古巴之所以能突破重重困境，取得社会主义建设的不断发展，其重要原因之一就是执政党不断加强自身建设。

1. 坚持社会主义方向不动摇，扩大意识形态的包容性，增强人民群众对执政党的认同感

20世纪90年代以来，国际上以美国为首的西方国家不断加大"和平演变"的力度，向古巴施加压力，企图以压促变；国内"持不同政见者"纷纷成立非法组织向古共发难，利用一部分群众因形势逆转而带来的经济困难和思想混乱而求变的心态，对古共的执政能力和地位提出质疑，要求实行经济自由化和政治多元化。面对各种困难和挑战，古巴共产党在以卡斯特罗为核心的党中央的领导下，坚定社会主义立场，毫不动摇地坚持社会主义发展道路。卡斯特罗强调："只有社会主义才能把广大人民群众如此紧密地团结起来，开展政治、经济和社会领域的伟大斗争。作为一种政治、经济和社会制度，只有社会主义才能实现正义。社会主义只能完善，不能破坏。我们面临的挑战是十分艰巨的，我们做好了誓死捍卫社会主义的准备。革命者永远不会放弃自己的原则，永远不会放弃我国人民斗争换来的成果，永远不会放弃理想和目标，永远不会放弃建设由我们人民自己选择的社会、经济和政治的权利。"因此，古共提出："古巴宁可沉入大海，也决不改变航向，任凭它惊涛骇浪。"[①] 1993年7月26日，卡斯特罗在纪念攻打蒙卡达兵营40周年群众大会讲话时说，"社会主义是社会公共发展的唯一选择"。1997年10月，古共召

[①] 参见中共中央党校党建教研部课题组编《古巴共产党密切党群关系的基本做法和经验》，载《当代世界与社会主义》2006年第4期

开五大，在政治报告中，卡斯特罗强调指出，捍卫社会主义制度，是古巴在美国的压制下谋求生存的唯一方式。如果有一天资本主义在古巴复辟，我们就永远失去独立和主权，就会成为迈阿密的延伸，成为美帝国主义的一个附庸。2002年6月，古巴还举行全民公决修改宪法，将社会主义制度以法律形式固定下来。修改后的宪法规定，古巴是一个独立的、属于劳动者的社会主义主权国家，共和国宪法规定的经济、政治和社会制度的人民意愿是不可触动的。从而古巴的社会主义性质以国家宪法的形式确定了下来，增加其权威性，表明了古巴共产党坚定社会主义信念、坚持走社会主义道路的决心和信心，并得到了广大人民的拥护。

古巴共产党还把坚持社会主义同维护国家主权独立、人民自决和反对帝国主义的斗争紧密联系起来，以加强社会主义政权的政治基础和凝聚力。1991年古共四大关于党章的决议指出，党的使命是把一切革命者和爱国者团结在一起，捍卫古巴革命事业、民族独立和社会主义。1997年10月，卡斯特罗在古共五大的政治报告中进一步指出，革命、祖国和社会主义是同一个含义，在今天，这点比以往任何时候都更加明确。他还指出，革命、社会主义和民族独立是不可分割地结合在一起的，我们今天的一切都应归功于革命和社会主义，"没有社会主义，就没有古巴的独立、主权和未来"。

古共坚持党的领导，主张一党制，不搞多党制，这对稳定政局，捍卫社会主义政权起了关键性的作用。古共认为，坚持一党制和社会主义道路是古巴长期革命斗争实践的必然结果。没有一个统一的党，古巴革命就不可能胜利；没有党的领导和人民的团结，就无法捍卫自由、民主和社会主义的古巴。古共还将党在国家中的领导地位和一党制写进党章和宪法，以确保其权威性和合法性。古共党章指出，古共是全社会的领导力量，是以何塞·马蒂思想和马列主义武装起来的古巴全民族的唯一的政党。古巴宪法指出，古巴共产党是工人阶级的先锋队，是国家和社会的最高领导力量，为组织和指导所有力量向着建设社会主义和迈向共产主义的最高目标而努力，从而再次确立了党在全国的领导核心地位和作用，保障了党的团结统一，保证了古巴的社会主义前进方向。

在坚持社会主义方向不动摇的同时，古巴共产党适时修改党的章程，将马克思主义与本国实际相结合，实现马克思主义的本土化。首先是把何塞·马蒂思想与马列主义并列为古共的指导思想。马蒂思想在过去的一个多世纪里在古巴民众中有着深远的影响。把马蒂思想与马克思主义相结合，融入党的指导思想，突出了古共和古巴革命的民族性和本土化，大大加强了古共的社会和政治基础。1991年10月，古巴共产党召开了第四次代表大会。四大修改了党章和党纲，在党章党纲修改决议中提出将何塞·马蒂的思想同社会主义的历史需要相结合。这是古巴共产党第一次将马蒂思想作为党的指导思想的组成部分。1992年通过的古巴宪法明确宣称："以马蒂思想和马列主义为指导的古巴共产党是古巴民族有组织的先锋队，是社会和国家最高的领导力量，它组织和指导为实现建设社会主义的崇高目标和向共产主义社会迈进的共同努力。"卡斯特罗还指出："马蒂思想同我们时代最崇高、最正确的思想是密切相联系的，是永存的。"1997年10月召开的古共五大再次重申古巴共产党以马克思主义、马蒂思想为指导思想，同时指出社会主义和共产党的领导是古巴唯一的选择。古共建立了"马蒂纲领协会"，并发行《马蒂手册》用于学校教育，将马蒂思想列入学生的必修课。古共五大还明确提出，"古巴共产党坚持马列主义、马蒂思想和卡斯特罗创造性思想和榜样"。古共将马克思主义本土化，增强了古巴人民对古巴共产党的认同感，大大提高了古共的威望并加强了执政的社会政治基础。

2. 加强党的各级组织建设，提高党员队伍的质量，构筑社会主义建设事业的坚强领导力量

主要表现在以下几个方面：

一是，加强党的干部队伍的年轻化，特别是加强党的中央机构的老、中、青三结合建设，确保党中央长期稳定地发挥领导核心作用。

1991年10月召开的古共四大，选出了由225人组成的中央委员会和由25人组成的政治局。在225名的中央委员中，自1965年起一直担任中央委员的只有26名，参加过攻打蒙卡达兵营的有7名，参加过《格拉玛》号远征的有5名；参加过反对巴蒂斯塔独裁斗争的有43名。在25名政治局委员中，年龄在60岁以上的有7名，占28%；年龄在50—60岁之间的有9名，占36%；年龄在40—50岁之间的有7名，占28%；年龄在30—40岁之间的有2名，占8%。1997年召开的古共五大，卡斯特罗指出，中年和青年一代是非常重要的，必须让新干部脱颖而出。据此，古共五大选出了由150人组成的老、中、青三结合的中央委员会，平均年龄47岁；24人组成的政治局，平均年龄54岁，比上届年轻了3.4岁，其中40岁以下的8人，最年轻的只有34岁。另一方面，大幅度精简中央和省委机构和人员，以提高工作效率。第五届中央委员由150人组成，比上届减少了75人；政治局委员为24人，比上届减少了2人。现任外长费利佩·罗克1991年当选中央委员时，才26岁。28岁时，他被任命为国务委员，34岁出任外长。①

---

① 数据来源参见徐世澄著：《古巴共产党是如何保持党的先进性的》，载《环球视野》2005年3月第2期。

二是，加强基层党组织建设，强化基层党组织的战斗堡垒作用。

古共自1991年以来非常注意发展新党员，壮大党的队伍，加强党的基层组织建设。到2001年，古巴共产党党员已由1991年的61.5万人发展到现在的83.8万人，10年间发展党员达20多万人，增加了约30%，古共党员人数已占全国人口的7.5%以上。到2001年，古共已建立了6.3万个基层党组织，遍及所有社区、合作社、学校、医院、文化团体等单位。退休党员的组织关系转到社区党支部，参加社区党支部的组织生活。从而保证了党对各方面包括各个基层单位的有效领导，党的方针政策能够得到全面贯彻。①

三是，严把入党关，保证发展党员的质量。

古共在基层普遍建立了劳动者代表大会推荐党员的制度。每个想入党的人都必须通过劳动者代表大会推荐。在劳动者代表大会推荐的基础上，党组织对被推荐的新党员发展对象进行逐个考核，派专人直接同发展对象谈话，然后将他们的履历和各方面表现公之于众，再次听取劳动群众的反映和意见，最后由党员大会通过，报上级审批。共青团组织也有责任推荐优秀团员入党，但也必须经过上述程序。团员在30岁以前入了党，可以同时保留团籍，使团组织不受到削弱。古共十分重视发展优秀工人特别是优秀产业工人入党。

四是，加强对党员的思想政治教育，不断提高党员素质。

古共四届五中全会专门讨论了改革开放时期如何做好思想政治工作的问题。在这次会议上，卡斯特罗明确指出："我们正在

---

① 参见《兴衰之路——外国不同类型政党建设的经验与教训》，当代世界出版社、中共中央党校出版社2002年版，第52页。

为革命和祖国的生存而战,而加强思想政治工作是我们生存的基础。"古共第二书记劳尔·卡斯特罗也强调指出:"我们现在比任何时候都更加需要把思想政治工作置于保卫祖国战斗使命的高度。"① 为了有针对性地进行思想政治教育工作,古巴共产党首先对人们的思想政治动向进行调查研究。古共四届五中全会专门对困难时期的思想政治工作进行了研究和布置。古共认为,如果没有有效的、经常性的调查研究工作,就不可能有效地做好思想政治工作。为此古共中央设立了社会舆论调查中心,定期或不定期地调查了解群众的情绪,及时为领导机关和有关部门提供信息,以便有针对性地做好思想政治工作。古共五大提出要提高工作效率,其中包括思想政治工作的效率,要求直接做人的工作,不搞表面的和形式的东西。为了使思想政治教育工作有效地开展,古巴共产党不断加强思想政治教育工作的组织力度。古共在全国建立了一套完备的党校系统。党的领导干部和每个党员,都要分别到不同级别的党校进行长期和短期的政治培训。特别是对即将提拔的干部,中央党校举办专门培训班,针对干部拟任职部门的特点进行培训。1990年以来,党员干部先后有50多万人次参加过各级党校的培训。每个新党员都要在基层党校接受100个小时的党性教育。

3. 加强党内民主建设

一是,严格执行民主集中制,坚持集体领导。

古共四大关于党章的决议指出,要坚持民主集中制,就必须把高度自觉的纪律性与广泛的党内民主真正有机地结合起来,高

---

① 转引自李锦华著《党的一切重大决定要广泛听取群众意见——古巴共产党如何抓党的建设》,载《环球视野》2004年3月第1期。

度重视实行集体领导和个人负责制。严格执行党内不允许搞宗派主义和派别活动的原则，提倡党内在讨论问题时畅所欲言，保证讨论和发表意见的充分自由。党的五大修改通过的党章第十五条规定，古巴共产党是根据民主集中制组织起来并进行工作的，这一原则规范全部党内生活，并且是保证党的意识形态一致、政治团结及行动统一的根本条件。该条第一款还指出，所有党的领导机构，从基层到最高机关，均由民主选举产生，并且有义务定期向选举它们的机构及上级机关汇报工作并对之负责。同条第二款还规定，所有机构、基层组织及其成员的行动要服从党的纪律。在最广泛自由讨论的基础上，获得多数通过的决议是每位党员必须执行的。在古共五大上，卡斯特罗在谈及如何保证革命及其连续性的问题时说，这"不靠个人，而要靠党，靠集体领导"。他强调："确实应该考虑得更远一些，应该考虑集体领导，即使菲德尔和劳尔不在了也应该保障党的领导，如果不考虑这个问题，确实是一些不负责和缺乏远见的人。"[①] 古共强调，集体领导的本身就是发扬党内民主的重要体现，因为集体领导是必须严格遵循少数服从多数的原则的。

二是，充分保障广大党员的民主权利，鼓励他们积极参与党和国家的重大事务。

古巴共产党在发展新党员和选拔党的领导干部时都要征求群众意见。古共吸收党员要经过群众的推荐，党章明确规定："接纳党员和预备党员只能在征求群众意见之后履行手续。"为此，古巴共产党在基层普遍建立了劳动者代表大会推荐党员的制度。古巴共产党还赋予群众在选拔干部时的发言权。干部的拟任职位

---

① 转引自《兴衰之路——外国不同类型政党建设的经验与教训》，当代世界出版社、中共中央党校出版社2002年版，第55页。

十　其他社会主义国家的执政党建设的历史、理论与实践

要有两名候选人，经过自下而上和自上而下的几次反复，最后召开由基层党支部书记参加的会议以无记名投票方式通过，口碑不好的干部不能提拔任用。古巴共产党的一切重要决策出台前，首先要在广大党员中进行讨论，征求意见，将意见统一后再对决策加以确定和实施。如古共四大的主要文件《号召书》，不仅在广大党员中进行了广泛、深入的讨论，而且还吸收350万党外群众对文件进行了认真讨论，共提出了100多万条意见。再如古共五大在1997年10月召开，但其政治文件草案早在1997年5月就公布并交党内外讨论，广泛征求意见。在历时两个多月的时间里，包括党员在内，全国14岁以上的650万人参加了大讨论。古共"五大"讨论气氛生动、热烈，卡斯特罗等党的领导人在大会上即席讲话，电视台、电台自始至终向全国直播了大会讨论实况。这些举措激发了广大党员群众的政治热情，也加强了党员对党的认同，让党员意识到自己是党的组成部分，不仅仅是要履行党员义务，同时还可以享受到党员的权利，为党的事业贡献一己之力，增强了党的凝聚力和战斗力。

4. 坚持党的群众路线，密切党群、干群关系

古巴共产党一贯重视党群、干群关系，始终坚持马克思主义的群众观点和群众路线。古共认为，苏共失败的一条重要的教训是，只注重党领导国家政权，忽视党的社会工作和群众工作。任何执政党的根基，都在于人民群众的拥护和支持。在"和平年代的特殊时期"，面对种种严峻形势，古巴共产党深刻地意识到要巩固社会主义政权，必须发扬光大党的群众路线，紧紧依靠本国人民群众，保持党同人民群众的血肉联系，获得广大人民群众的信任和支持，以调动广大人民群众积极参与社会主义建设事业。苏东剧变以后，古共在党群关系方面提出了一切立足于群

众,一切依靠群众,一切重大决定要广泛听取群众的意见,一切活动要有群众的配合的"四个一切"原则。通过建章立制等措施、手段使党和群众融为一体,干部、党员真正地融入群众中去,接受群众监督,代表广大人民群众的利益。

第一,要求领导干部深入群众,与人民同甘共苦。

为了密切联系群众,古巴共产党要求,中央和省市领导经常深入基层,倾听群众的意见,改进工作。古巴共产党五大通过的党章规定,党的组织"必须同劳动者、社区民众保持经常的联系,了解他们的疾苦,倾听他们的意见,向他们学习"。古共中央还建立了视察制度,规定每个政治局委员每年至少六次率中央视察组到地方视察,其中四次必须深入到基层。视察组每到一个地方都要召开干群联系会议,听取意见,指导工作,回来后要撰写视察报告,并且要在党报上公开发表。党的省市级领导干部也必须经常深入生产第一线,体察民情,了解情况,帮助解决各类问题。古共中央第一书记卡斯特罗率先垂范,经常深入基层,倾听群众意见,与群众进行直接交流,和群众交朋友、座谈、了解情况、听取意见、吸取知识、解决问题。他常常出席工会、共青团乃至少先队的重要会议,长时间倾听代表发言、提问、插话、交谈,少年儿童也在入会上与他直接对话。发生重大事件,卡斯特罗不仅通过广播电视向群众做解释、宣传和动员工作,还常常亲临第一线指挥。古巴省市级领导干部也经常深入群众,能叫出许多普通群众的姓名,人们也习惯直呼他们的名字,干群关系十分融洽。

第二,坚决反对党的领导干部特殊化。

古巴共产党要求党政高级领导干部以身作则,不搞特殊化。古巴共产党中除了个别党和国家领导人实行官邸制外,政治局委员和省、部级干部都没有专门兴建的高级住宅区,而是与普通群众住在一起；他们的住房与一般民众没有什么区别，即使提职提级也只能保留原住房。在生活用品和食品严重缺乏的情况下，他们和普通老百姓一样凭证到国营商店排队按规定数量购买商品和食品，没有特殊供应；在用车方面，允许部级以上领导干部配专车，但不准乘高档进口车；中央政治局领导人到地方视察工作，一般情况下要同随行人员一起坐面包车；即使有经济能力购买私人小轿车的领导干部，也不允许购买，很多党政领导干部都步行或骑自行车上下班，不坐国家配备的小轿车。国家领导人出国访问，家属不准随行，更不允许借机绕道旅行。古巴还规定，党政机关干部的工资不得高于同级的企业领导人的工资。目前部级领导人的月工资为400比索左右（不到20美元，古巴的最低工资收入在200比索左右）。自从20世纪90年代以来，古巴领导人的工资就一直没有增加。这些措施有效地密切了党群、干群关系，加强了党的凝聚力和战斗力，巩固了党的执政地位。正如一位原驻古巴的日本大使感慨地说"古巴是世界上最罕见的平等社会"，"一般国民并不对党和政府领导人感到嫉恨和抱怨"，"这一事实正是在经济危机中古巴能够保持政治安全和社会安全的最大原因"①。

第三，主动关心人民群众的疾苦，认真解决人民群众的紧迫问题。

苏东剧变前，古巴的粮食主要靠前苏联提供。苏联解体使古巴粮食供应出现极度困难。古共急人民之所急，竭力解决古巴人民的这一紧迫问题。1991年古共召开四大，制订了大力发展食品生产的计划，增加对农业的投入，大力推广农业科技成果，选

---

① 参见张登文著《苏东剧变后古巴共产党的自身建设》，载《上海党史与党建》2007年3月。

择优良品种，兴修水利和灌溉系统，合理使用土地，发展牧业和养殖业等，以解决食品供应问题。当时任古共第一书记的菲德尔·卡斯特罗特别关心食品生产，如1992年4月，阴天多雨影响了哈瓦那省土豆的收获，他常常在半夜起床，给当地的官员打电话询问天气的变化情况，并组织了声势浩大由成千上万名大、中学生、政府部门官员以及工厂工人参加的抢收土豆的运动。当时任古共第二书记的劳尔·卡斯特罗在一次视察首都菜园子时明确指示，最好的思想政治工作是让人民有饭吃。他还提出了"芸豆比大炮更重要"的思想。军队提出了"一手拿枪一手种豆"的口号，以解决食品问题。1997年10月，古共五大也强调，必须把食品生产搞上去，以改善人民的生活条件。

古共还非常注意实现和维护社会公平，注意维护广大群众的社会福利。古共领导人多次申明："我们用仅有的少量东西以最公平的方式进行分配"，"决不会遗弃一个人，决不让一个人流落街头，无衣无食，没有工作，不关闭学校和医院，不提高物价"。近10年来，古巴在美国的封锁下，经济虽然十分困难，但是每年国家仍拿出国内生产总值的9%和11%分别用于公共卫生事业和教育事业。就医疗而言，全国建立了社区、市级、省级、国家级四级医疗体系。社区医院医疗设备齐全、先进。全国城乡居民终生公费医疗。小病到社区医院，大病到中心医院，治疗和医药等全部免费，住院免交伙食费。古巴1000多万人口，拥有6.9万名医生，8.2万张病床；每千人拥有6.2名医生，7.9张病床。由于享有良好的医疗卫生条件，古巴人均寿命75岁，在世界名列前茅。古巴的教育体系也较完备。全国适龄儿童入学率达100%，在完成六年小学教育后，99%的学生可接受中等教育。学杂费一律全免，校服也由国家免费发送。虽然国有企业改革使不少职工下岗，但是政府规定，职工下岗四年内领取原工资的60%，再就业时其工资不得低于原工资的80%，以保证他们的基本生活水平。随着经济形势的逐步好转，古巴政府在社会保障方面的支出也在逐年增加。2003年，社会保障支出（不包括教育和卫生的支出）为21.01亿比索，占政府总支出的11.5%。①

5. 狠抓党风廉政建设，进一步提高党的威信和凝聚力

古共认为，腐败不仅会引起群众的反感，而且还会使党失去群众的信任，甚至危及党的生命和革命事业。为此，古共严加警惕并采取措施防止腐败现象的产生和蔓延。卡斯特罗强调指出："在腐败未侵蚀党的肌体之前，就必须把毒瘤切除。"劳尔·卡斯特罗强调："革命不仅受到美国的威胁，而且也受到腐败和容许腐败滋生的自由化立场的威胁。腐败将一直伴随着我们，但是我们必须将腐败控制在踝关节以下，决不能让它达到我们的脖子位置。"②

首先，加强对领导干部的制度约束，防患于未然。

为不给腐败行为以可乘之机，古共将党员干部应遵守的行为道德规范与法律结合起来，制定有关法规，使党员领导干部日常工作和活动都有法可依，提高廉政建设的可操作性。1996年7月，古巴专门制定和颁布了《国家干部道德法》，对国家机关工作人员规定了26条戒律，以此规范国家机关工作人员的行为。卡斯特罗等党的主要领导人出席了《国家干部道德法》的发布仪式，并带头在该法规上签字，表示坚决遵守。这部法规规定，

---

① 参见中共中央党校党建教研部课题组编《古巴共产党密切党群关系的基本做法和经验》，载《当代世界与社会主义》2006年第4期。

② 转引自张登文著《苏东剧变后古巴共产党的自身建设》，载《上海党史与党建》2007年3月。

高级干部除非公务，即使自己有外汇也不能去旅游饭店消费；高档礼品一律上缴；领导干部装修房子即使是用自己的钱也要经过批准；政治局委员、部长不得更换新型汽车；部以上干部及其家属不能在企业兼职或担任名誉职务；不允许高级干部子女经商；不允许企业领导人把家属和亲戚安排在本企业工作，等等。古共中央还制定相关制度，要求各级党组织包括省、市党委和各基层支部，每月讨论一次防止和反对腐败问题，检查本地本单位有没有腐败问题，出现问题要及时纠正。

其次，健全廉政建设监督机制，加大对腐败、违纪行为的监督力度。

一方面，加强组织监督。为了从组织上有效监督党的各级干部，古共设立中央、省、市三级申诉委员会，分别在同级党的代表大会上选举产生。其职责是受理对党员和党员干部违纪行为的举报以及审理对违纪党员和党员干部有关处分的申诉。该委员会作出的决定同级党委无权否定或修改。设立全国群众举报委员会，直属古共主管党务工作的政治局委员领导，以加大对干部的监督力度。建立了全国审计办公室，从属财政部领导，但拥有审计自主权；各省省委下设专事监督的审计局。这些措施，强化了财政监督。设立对公车私用行为的专门监督机构，经常在旅游区登记公车的车牌号码，进行跟踪处理。另一方面，加强群众监督。古共在基层进一步加强了全国统一监督体系，强化群众对包括政治局委员在内的党政干部的监督。政治局委员和省、部级干部与普通居民一样，都要接受居住地保卫革命委员会的管理和监督，参加有关集体活动和公益劳动，其家属也要接受群众的监督。保卫革命委员会有义务向党政干部所在单位报告他们及其家属和子女在社区的表现，对党政干部的年度考核、任用和选拔也有发言权。此外，古共中央经常安排政治局委员到各地进行突击视察，与群众接触了解干部的情况，加以监督。

最后，严惩各种腐败行为和现象。

卡斯特罗1995年7月9日参加市政选举投票后对记者说：必须采取严厉措施来严惩那些以权谋私的贪污腐败分子。采取的措施必须严厉。古共甚至把腐败当作是"背叛祖国"的行为。古共规定，领导干部贪污受贿金额在300美元以上，不论其职位高低，坚决免除其领导职位，需要法办的就要法办。1989年六七月，古巴掀起了一场规模宏大的肃贪反腐运动，原古巴驻安哥拉驻军司令阿纳尔多·奥乔亚中将等14名高级军官和官员因参与贩毒、走私和挪用公款被捕并判刑。奥乔亚是古巴五名"共和国英雄"之一，曾经屡立战功。1998年，卡马圭省省长因私自挪用企业公款为省机关购车、修房，被解职并劝其退党。一位管人事的干部因受贿10美元被劝退党。2001年，古巴渔业部长因对下属单位腐败问题监管不严而被免职。2004年夏季以来，古巴又开展了新的一轮反腐败运动。政治局委员分赴各地视察，要求对腐败行为者尽早进行清理，政府还对企业管理层的账户采取了严格的清理措施。

（三）朝鲜劳动党自身建设的理论与实践

朝鲜劳动党的建立经历了一个曲折的历史过程。受十月革命的影响，1925年朝鲜共产党成立。但是由于斗争环境的险恶和党内的宗派斗争，在1928年就遭到解散。1935年，金日成创立"祖国光复会"，与活动在中国境内的"朝鲜革命同盟"等革命力量联合抗日。1945年8月，朝鲜获得解放，同年10月10日，在平壤召开党的成立大会，成立了北朝鲜共产党中央组织委员会。1946年8月，北朝鲜共产党与朝鲜新民党合并成立北朝鲜劳动党。1948年9月9日，朝鲜最高人民会议第一次会议通过宪法，朝鲜民主主义人民共和国成立。1949年6月，北朝鲜劳动党和南朝鲜劳动党合并，发展成为今天的朝鲜劳动党。

朝鲜劳动党从组建新型革命政党之初就非常重视党的建设工作，并在长期的革命战争和社会主义建设过程中不断探索和发展，形成了符合朝鲜国情的、具有鲜明朝鲜特色的"主体的革命政党"理论。金正日在1997年当选朝鲜劳动党中央总书记之后，根据国内、国际形势的变化，发展和完善了"主体的革命政党"理论，进一步加强了朝鲜劳动党的自身建设。

1. 冷战前的朝鲜劳动党自身建设的理论与实践

（1）以"主体思想"为指导，加强党的建设。

朝鲜劳动党认为，只有在党内树立唯一的思想体系才能保证党在思想上和组织上的完全巩固。为了在党内树立唯一的思想体系，朝党提出了使党的思想"一色化"的口号。所谓的"一色化"，就是要在全党范围内树立主体思想的绝对权威，使每一位党员和干部充分认识到主体思想是"我们党建设和活动的出发点"[①]，是"从组织上和思想上巩固我们党的基础"[②]，"朝鲜劳动党的根本使命，就是为主体事业的胜利而斗争"[③]。

为了在党内更好地坚持和发展主体思想，就必须克服事大主义和教条主义等在党内长期存在的坏思想。朝鲜劳动党认为，由于朝鲜历史发展的特殊性和朝鲜所处的复杂环境，事大主义和教条主义在党发展的各个历史时期都存在，而且对党的生存和发

[①] 金日成著：《朝鲜劳动党的建设的历史经验》，朝鲜外文出版社1986年版，第14页。
[②] 同上。
[③] 同上书，第15页。

展、对革命和建设事业都产生了比较大的破坏作用。所以，要在实际工作中树立主体思想，建设具有本国特色的社会主义就必须在党内彻底消灭事大主义和教条主义。

除了事大主义和教条主义，朝鲜劳动党认为在党内还存在着宗派主义的毒瘤。朝鲜劳动党把宗派主义看做是破坏党的团结和统一的主要因素，认为宗派主义是"腐蚀党的统一和团结，破坏革命运动的反党反革命因素，其思想根源是资产阶级思想特别是个人英雄主义和名利思想"[1]，所以"宗派主义者为了实现自己争得名利地位的野心，就不择手段和方法。在党内哪怕是稍微允许宗派因素的存在，也不能实现党的队伍的统一和团结，最后，连党自身的存在也难以维持了"[2]。鉴于历史的经验教训，朝鲜劳动党从一开始就非常重视克服党内的宗派主义思想，经过长期的努力基本上肃清了党内的宗派主义思想，使劳动党达到了高度的团结和统一。

朝鲜劳动党把在党内树立唯一思想体系的工作当作是一项长期的工作，只要"工人阶级的党存在，就应该不断进行"[3]。朝鲜劳动党认为，为了随着革命的深入不断加强树立党的唯一思想体系的工作并保证这项工作的持久性效果，最根本的是教育干部和党员把对党的忠诚变为自己的坚定信念，"全体干部和党员只有把自己对党的忠诚变为坚定的信念，才能为反对同党的唯一思想背道而驰的异己思潮进行坚决的斗争，才能像保护自己眼睛一样维护党的统一和团结，无论党遇到什么样的风浪和考验，都能

---

[1] 金日成著：《朝鲜劳动党的建设的历史经验》，朝鲜外文出版社1986年版，第28页。
[2] 同上。
[3] 同上书，第31页。

永远同党共命运"①，这是"我们在树立党的唯一思想体系的工作中所得到的深刻启示，是宝贵的真理"②。

（2）加强党的组织建设，完善党的领导体系，充分发挥党组织的"战斗参谋部"作用。

为了使党能更好地执行领导职能，朝鲜劳动党在党内建立起了一套完整的工作体系。这个体系主要包括以下内容：第一，全党在党中央的统一领导下一致行动的革命制度和秩序。第二，各级党委会作为该单位的最高领导机构，统一领导一切工作。第三，党中央委员会和各级党组织，系统地掌握和指导下级党组织。朝鲜劳动党认为，革命的工作体系是提高党的战斗力，圆满实现党对革命和建设的领导的重要保障。如果没有革命的工作体系，党的团结和统一就会受到威胁，党的战斗力也会受到严重的削弱，党组织也无法在斗争中发挥它的"战斗参谋部"的作用。

朝鲜劳动党非常重视干部队伍的建设。朝鲜劳动党认为，"干部是党的骨干力量，是革命的指挥员。党是以干部为骨干组成的，党的一切活动是依靠干部的作用得到保证的。归根结底，干部是决定一切的"③。为了建设一支具有高素质的、无限忠诚于党的干部队伍，朝鲜劳动党采取了多种措施加强干部队伍建设，比如加强对干部的考察、选拔和分配，提高工人阶级出身干部的比重，注意中青年干部和老年干部的合理搭配。同时还要不断地加强思想政治教育工作，保证干部队伍在思想上不变质，永远跟党走。

朝鲜劳动党强调，在党内必须发扬民主，但同时还必须严格

---

① 金日成著：《朝鲜劳动党的建设的历史经验》，朝鲜外文出版社1986年版，第32页。
② 同上书，第22页。
③ 同上。

遵守革命纪律。朝党认为，只有在党内发扬民主，党员才能发挥高度的热情和创造精神，以主人翁的态度参加党的工作和活动。只有严格遵守党的纪律，才能使所有的党组织和党员都按照党的组织原则和规范进行活动，保证全党在党中央的统一领导下一致行动。

为了在组织上更好地建设党，朝鲜劳动党一直很重视加强党员的组织生活，把加强党员的组织生活当作党工作的基本环节。此外，朝鲜劳动党还非常重视加强各级党组织的职能和作用，保证各级党的组织能够根据自己的地位和任务搞好工作。

（3）改善工作作风，实现党和人民群众的团结和统一，更好地代表人民群众的利益。

朝鲜劳动党认为，作为工人阶级政党就必须同劳动人民打成一片。工人阶级的党只有同人民群众合成一个整体，"才能成为战无不胜的党"，"没有扎根在人民群众中，得不到人民群众拥护的党，就如同空中楼阁。这样的党是连自己的存在都无法维持的。只有扎根于人民群众之中，受到群众绝对的拥护和信赖的党，才能具有战无不胜的威力，才能不断地得到加强和发展"[1]。要实现这个目标，就要把党建设成为劳动人民的群众性政党，实现党和人民群众的团结和统一，并在活动中为人民服务，切实维护人民群众的根本利益。

为了实现党和人民群众的统一和团结，就要求在党的活动中贯彻群众路线。贯彻群众路线，要求党在日常的实际工作中要切实维护和实现人民群众的根本利益，同时又要提高劳动群众在革命和建设中的作用，充分调动广大劳动人民建设社会主义的热情

---

[1] 金日成著：《朝鲜劳动党的建设的历史经验》，朝鲜外文出版社1986年版，第90页。

和积极性。朝鲜劳动党在经济和生活的各个领域，都充分依靠人民群众，大力开展群众运动，不断提出各种口号，以激励群众的劳动热情。在1959年，朝鲜劳动党在全国范围内开展了"千里马作业班运动"，在70年代又开展了"争取三大革命红旗运动"，这一运动一直持续到现在。为加强对"三大革命红旗运动"的领导，从1973年开始，劳动党中央开展了"三大革命小组运动"，派出大量干部成立革命小组到基层联系、教育群众，协助基层干部开展工作。

为了使党适应不断变化的客观环境，推进革命的进一步深入，朝鲜劳动党十分重视树立不断革新、不断前进的斗争风气。朝鲜劳动党认为："工人阶级的党的事业，是在社会生活的各个领域除旧创新，建设社会的宏伟事业"[①]，"工人阶级的党不允许存在停滞不前的现象，应该以不断革新、不断前进的革命风气统率全党"[②]。面对实际工作中的各种困难，朝鲜劳动党还主张在全党范围内树立自力更生、艰苦奋斗的革命作风，依靠自己的力量来建设本国特色的社会主义和共产主义。

（4）重视培养继承党的事业的接班人。

为了实现这个目标，劳动党认为，"根本的是正确地解决政治领袖的接班人问题"，并认为接班人问题是关系到党的命运和革命前途的重大问题。为了保持党的稳定和政策的延续性，早在1973年就选举年仅31岁的金正日为劳动党中央委员会书记，1974年2月金正日又当选为朝鲜劳动党中央政治委员会委员，开始参与父亲金日成的日常工作。1980年10月，在朝鲜劳动党

[①] 金日成著：《朝鲜劳动党的建设的历史经验》，朝鲜外文出版社1986年版，第91页。

[②] 金正日著：《关于革命政党建设的根本问题》，朝鲜外文出版社1992年版，第7页。

第六次代表大会上，金正日当选为党中央委员会政治局常务委员会委员，党中央军事委员会委员，后任党中央军事委员会委员长。1982年2月任朝鲜最高人民议会议员。1991年12月，金正日成为朝鲜人民军最高司令官。1993年4月，金正日当选朝鲜国防委员会委员长。1997年10月18日，金正日出任朝鲜劳动党总书记。至此，朝鲜劳动党胜利完成了最高领导人的接班问题。

2. "苏东剧变"后朝鲜劳动党加强自身建设的理论与实践

东欧剧变和苏联解体之后，1993年12月朝鲜劳动党第六届二十一中全会举行。全会认为，朝鲜进入了"国内外形势最为复杂和尖锐的时期"，"严重的国际形势和复杂的事态给朝鲜革命和建设造成了严重的影响"。苏东剧变使社会主义事业遭受到了严重的挫折，国际共产主义运动也进入了低潮时期。以美国为首的国际反共势力加紧对朝鲜的渗透和"和平演变"。在国内，朝鲜也面临着严峻的经济政治形势。苏东剧变以后，朝鲜失去了主要盟国和经济伙伴，失去了原有的市场，基本上停止了传统的贸易往来，经济上受到了严重的影响。而且又遭受了严重的自然灾害。1994年金日成逝世，朝鲜政局进入了权力交接的关键时刻。在各种因素的综合作用下，从20世纪90年代开始，朝鲜经济连续9年出现年均约2%的负增长，1995年经济的负增长率高达4.6%。朝鲜的对外贸易额在80年代时为每年100多亿美元，到1995年，朝鲜的对外贸易额仅有25亿美元。

朝鲜劳动党作为执政党面对严峻的形势，并没有丧失对社会主义的信心，而是坚守住了自己的阵地，带领朝鲜人民进行了"苦难的行军"（1995—1997年），采取了多种方法克服了困难。经过努力，朝鲜劳动党最终实现了经济社会的恢复和发展。同时朝鲜劳动党也时刻没有放松党自身的建设和发展，采取各种方法在思想和组织上加强党，最终保持了党在组织上巩固和思想上的统一。

一方面，认真总结苏东剧变的深刻教训，坚持社会主义方向不动摇。

朝鲜劳动党认为，之所以会出现东欧剧变和苏联解体，主要的原因是这些国家的执政党未能看到马克思主义本身所固有的历史局限性。朝鲜劳动党认为，马克思主义是在反对资本斗争时期产生的革命学说，它反对剥削和剥削制度，为实现人民群众的阶级解放作出了不朽的贡献。但是，由于时代在变化，历史在发展，马克思主义也不可能不具有历史的局限性，它未能对社会主义制度建立后如何继续革命、建设社会主义和共产主义社会的问题提供正确的答案。本来应该根据社会主义新的发展阶段的要求，发展马克思主义理论，在此基础上制定适合本国国情的路线、方针和政策。可是这些建设社会主义的执政党并没有正确解决这一历史课题。这些党一方面"看不到马克思主义的历史局限性，并教条主义地运用这一理论"[1]；另外，这些政党还"修正了马克思主义的革命精华，走实行修正主义政策的道路"[2]。

朝鲜劳动党从"苏东剧变"中得到了深刻的经验教训，最重要的是认清楚了加强党的建设的极端重要性，因为"党的领导，是社会主义事业的生命"[3]。

（1）在社会主义建设过程中，必须致力于改造人的工作，那些国家的执政党之所以失败，就是因为"没有以历史的主

---

[1] 金正日著：《关于革命政党建设的根本问题》，朝鲜外文出版社1992年版，第7页。

[2] 同上书，第2页。

[3] 同上。

体——人民群众为中心来理解社会主义本质,也没有将在社会主义建设过程中加强主体和提高主体的作用作为根本问题来抓"①,使社会主义"失去了自身发展的强大推动力和巩固的社会政治基础。不具有坚强主体的社会主义,就不能发挥优越性和威力,就不能应付前进道路上遇到的挑战和考验"②。只有让人民群众做了社会的真正主人,一切以人民群众为中心,社会主义才能做到不可战胜。(2)在工人阶级政党的组织和建设活动中,最重要的就是巩固党的组织和思想基础。只有工人阶级政党在思想和组织上巩固了,才能粉碎"帝国主义和阶级敌人企图破坏社会主义执政党的一切阴谋活动"③。此外,在工人阶级政党内部出现的背叛行为更加可怕,对党造成的危害也更大。而能不能防止背叛行为的出现,就取决于党的思想和组织基础是否巩固。(3)在工人阶级政党的组织和建设活动中,另一个重要的问题是牢固地奠定党的群众基础。工人阶级政党作为人民群众的代表,扎根于群众之中,这是其存在的必不可缺的条件。离开了群众的支持,工人阶级政党就无法存在。要实现这个目标,执政党首先必须搞好社会主义建设,充分发挥社会主义制度的优越性。此外,工人阶级政党必须克服在党内存在的官僚主义等旧的工作方法和工作作风,必须严厉打击行贿受贿等腐败现象。最后,执政党还必须加强对人民群众的思想政治教育,用社会主义的先进思想来武装人民群众。(4)社会主义国家的执政党和社会主义制度不是在一两个国家而是在许多国家接连崩溃,这是同这些国

---

① 肖枫:《社会主义向何处去——冷战后世界社会主义运动大扫描》当代世界出版社1999年版,第411页。

② 同上。

③ 金正日著:《关于革命政党建设的根本问题》,朝鲜外文出版社1992年版,第3页。

家的执政党在党的建设活动和处理党际关系中没有树立主体思想有密切的关系。这些党在建设本国社会主义的过程中，没有站在主体的立场上，根据本国人民的要求和本国的实际情况去解决党的建设和活动中的一切问题，而是教条地吸收别国的经验，甚至当其他国家抛弃了社会主义原则走上了修正主义路线的时候，也照样把它吸收过来。因此，树立主体思想"是革命政党的建设和活动的根本要求"①。（5）必须看清社会主义和资本主义的本质区别，始终一如既往地坚持社会主义的根本原则，坚持社会主义思想的纯洁性。这些国家的执政党之所以失败，在很大程度上是因为他们在社会主义建设过程中受到了修正主义、教条主义和事大主义的侵蚀，一遇到暂时的困难就发生动摇，接受资本主义所有制关系和经济管理办法。（6）社会主义和"多元化"是势不两立的，"多元化"是资本主义的政治和生活方式。将"多元化"引入社会主义社会，就会助长个人主义和自由主义，破坏政治体系的团结和统一，最终会引起社会的无秩序和极度混乱。（7）一些国家社会主义执政党和社会主义制度遭到崩溃的又一个历史教训是，要彻底完成社会主义事业，就要正确解决领导的继承问题。只有正确解决了最高领袖的继承问题，才能保证革命领导的继承性，才能保证党的团结和统一，才能保证社会主义事业的兴旺发达。

另一方面，根据"苏东剧变"的历史教训，不断加强自身建设

（1）加强对全党的主体思想教育，保持全党在思想上的高度团结和统一。

---

① 金正日著：《关于革命政党建设的根本问题》，朝鲜外文出版社1992年版，第8页。

十 其他社会主义国家的执政党建设的历史、理论与实践

朝鲜劳动党历来重视以思想为主建党。面对"苏东剧变"后国际共产主义运动思想混乱的局面，朝鲜劳动党进一步加强了对全党的主体思想教育。朝鲜劳动党强调必须毫不动摇地坚持"党的唯一的指导思想"——主体思想，在主体思想的基础上实现党的团结和统一，在党内绝对不允许有与主体思想相悖的别的思想。朝鲜劳动党认为，如果允许党内有这样或那样的异己思想，允许党内思想的多元化，党就会从思想上瓦解，组织上四分五裂。同时朝鲜劳动党要求全党必须在思想上充分认识到坚持"主体的社会主义"道路的重要性，金正日曾经强调"不论伟大领袖金日成主席开创和领导的革命道路有多么漫长和艰难，我们都必须像他希望的那样坚定不移地坚持这条道路"。面对冷战后国际共产主义运动中思想混乱的形势，1991年金日成在一次讲话中突出强调加强党的思想工作，抵制西方的思想对党的渗透和"和平演变"的重要性。他指出，帝国主义和反动派对社会主义国家疯狂地进行思想文化渗透，稍微削弱坚持思想革命先行的原则，资产阶级的自由化之风就会吹进来。为了保持党在思想上的"纯洁"，必须高度重视党的思想建设，以思想为主建党。以思想为主建党主要表现在非常重视加强党的干部队伍的思想建设。朝鲜劳动党要求党政机关干部必须以领袖为中心，用一个思想团结起来。还要求党的干部要不断加强自身的革命化，经常到群众中去进行政治工作，把人民紧密团结在党的周围，充分发挥群众的力量和智慧，贯彻党的路线和政策。同时还要坚持每周参加一次报告会和集体学习，此外，干部每年必须到培养机关去学习一个月。

（2）以领袖权威为核心加强党的组织建设，打造一支高素质的干部队伍，维护党在组织上的团结和统一。同时加强党的基层组织建设，充分发挥基层党组织的战斗堡垒作用。

朝鲜劳动党认为,"党的统一和团结,是党的生命,是党的威力的源泉","党的统一和团结遭到了破坏,党就无法维持自己的存在"。但是"出自义务感的结合和事务上的团结,是长不了的,经不住革命的严峻考验的","党的最巩固的统一和团结,是以领袖为中心,全党在思想意志和道德道义上的统一和团结"①。因此,朝鲜劳动党非常重视以领袖权威为基础的党的团结和统一工作。为了实现这个目标,朝鲜劳动党同党内的宗派主义、事大主义和修正主义等腐蚀党的团结和统一的异己思潮进行了坚决的斗争。同时,朝鲜劳动党非常重视以党、领袖和革命的忠诚为主要标准加强干部队伍的建设。朝鲜劳动党认为,"党的巩固在很大程度上取决于干部队伍的素质","干部固然要有能力,但首先要思想坚定","对党、领袖和革命的忠诚,是干部最重要的标志"②。因此,在进行人事调整的时候,突出强调以对领袖的绝对忠诚作为首要条件选拔和使用党、政、军主要负责人,并坚决清除"动摇、犯罪"分子,以确保党中央对地方的绝对领导。2002年,朝鲜劳动党提出了领袖、思想、军队、制度"四大第一主义"。金日成逝世后,金正日任国防委员会委员长,全面领导国家政治、军事和经济。金日成在1997年任劳动党总书记。在1998年9月朝鲜修改宪法,删除国家主席一节,将政务院改为内阁,最高人民会议改为常任委员会,其中国防委员会权力最大,从中央人民委员会下独立出来,成为国家最高军事领导机关和全面管理机关。由于撤销了中央人民委员会,国防委员长行使原国家主席和中央人民委员会权力,实质上成了国家

---

① 参见金正日著《关于革命政党建设的根本问题》,朝鲜外文出版社1992年版,第20、21、23页。

② 同上书,第23页。

十 其他社会主义国家的执政党建设的历史、理论与实践

元首。

朝鲜劳动党还非常重视基层党组织建设，认为党的基层组织在加强党员的组织生活，教育广大人民群众，强化党的领导方面有着不可代替的作用。只有建立了党的基层组织，党才能"深深地扎根于人民群众之中，党的血脉才能通到每一个有群众的地方"[1]。特别是在冷战结束以后，朝鲜劳动党进一步强化了党员和群众的组织生活。朝鲜所有的劳动人民、工人、农民、妇女、青年、少年都参加一定的组织，并必须过严格的组织政治生活。

（3）重视群众工作，努力提高人民群众的思想觉悟，抵御资产阶级自由化和"和平演变"的威胁。

面对资产阶级自由化的侵袭和国际反共势力"和平演变"的威胁，朝鲜劳动党非常重视对广大人民群众的思想政治教育。金日成面对形势曾经指出，必须要坚持思想革命先行的原则，深化思想教育工作，"把我国人民培养成主体型的共产主义革命家"，使他们把对党和领袖、祖国和人民的忠诚看做是自己的信念和道义。同时为了保持全社会在思想上的统一性和继承性，朝鲜劳动党加大了对金正日的宣传力度。1994年7月8日金日成病逝，1997年10月8日，金正日正式出任朝鲜劳动党总书记和国防委员会委员长，顺利完成了最高权力的接班工作。为了把人民群众对金日成的崇拜转移到金正日那里，朝鲜劳动党指出："领袖就是我们的党，我们的党就是金正日同志"，"领袖（金日成）的将军（金正日）形象永远活在人民心中，而将军以领袖的形象引导我们走向胜利"[2]。突出强调金日成、金正日和朝鲜

---

[1] 金正日著：《关于革命政党建设的根本问题》，朝鲜外文出版社1992年版，第46页。

[2] 黄宗良、林勋建主编：《冷战后的世界社会主义运动》，北京大学出版社2003年版，第51页。

劳动党的等同性。通过一系列的措施，朝鲜劳动党树立了党的新领袖的权威，维护了全社会在思想上的统一，为社会的稳定奠定了坚实的思想基础。

朝鲜劳动党强调各级干部都要做好群众工作，并做了制度规定。即所有党的机关、行政机关、人民团体机关干部，每年必须用一个月时间做准备，到基层工作20天。同时朝鲜劳动党将党的组织和思想教育工作深入到户，即每5户一个单位，有专人负责。这样既便于对群众的宣传鼓动，又利于领导和群众之间相互监督。

（四）老挝人民革命党自身建设的理论与实践

早在20世纪30年代，老挝的革命者们就加入了印度支那共产党从事革命斗争。1951年2月，印支共二大决定在印支三国（越南、老挝、柬埔寨）分别建党。1955年3月22日，"老挝人民党"成立，1972年在党的二大上改称为"老挝人民革命党"。老挝人民革命党是在反对国内外反动势力，反对新老殖民主义的奴役中发展壮大的，所以在很长一段时间内，老挝人民革命党长期处于隐蔽状态，直到1975年10月才公开自己的组织。1975年5月在柬埔寨、越南抗美救国战争相继取得胜利的有利形势下，老挝人民在人民革命党的领导下奋起开展夺权斗争，相继建立各级革命政权。同年12月老挝人民革命党宣布废除君主制，建立老挝人民民主共和国。老挝人民革命党成为老挝的执政党。

老挝人民革命党经过30多年的执政考验，顶住了国内外复杂局势和"苏东剧变"的强烈冲击，在理论上和实践上日渐成熟，逐渐摸索出了一条适合老挝国情的社会主义建设和改革的道路。在这个过程中，老党结合自身实际，在党的自身建设方面积累了宝贵的经验。今天的老挝人民革命党,思想上统一、组织上巩固,正领导老挝人民探索和建设适合本国国情的社会主义道路。老挝人民革命党目前在全国共有14.8万名党员。在2006年9月的老挝人民革命党第八次代表大会上,朱马利·赛雅贡当选老挝人民革命党中央委员会总书记。

1. "冷战"前,老挝人民革命党进行自身建设的理论与实践

在夺取全国政权以后,老挝人民革命党开始了建设本国社会主义的历程。在建设本国社会主义的初期,老党由于受自身条件和当时印支半岛局势的影响,没有正确认识本国国情,盲目照搬照抄他国经验,提出了一些超越自身发展阶段的口号。同时,在工作中采取了不恰当的工作方法,造成了各方面关系的紧张。严峻的形势使老挝人民革命党开始反思自己对社会主义发展阶段的一些基本看法,开始改变一些具体政策,探索新的社会主义建设之路。在1979—1986年间,老挝人民革命党开始对原来的一些急于过渡的极"左"政策进行调整和再认识,开始考虑老挝自身的实际情况和现阶段生产力发展水平的客观要求。在1979年召开的二届七中全会上,人民革命党总书记凯山·丰威汉提出党的干部在进行生产关系革命中,要"考虑到目前老挝生产力的发展状况和水平",并同时承认"急于消灭资产阶级私有经济造成生产力的下降",还指出当时的价格、工资制度违反价值规律。1982年4月召开的党的三大和1984年8月召开的三届六中全会,都对老挝的国情有了新的认识。认为老挝的经济,总的来讲是"自然性质的、自给自足的小农经济"。在1986年的老挝人民革命党的四大上,实现了对社会主义认识的飞跃,彻底抛弃了急于向社会主义过渡的"左"的路线,认为老挝当前处于

"向社会主义过渡的初级阶段",以后还要经历若干阶段和相当长的时间。基于这种认识上的转变,老党对自"三大"以来急于向社会主义过渡的路线和政策作了全面、深刻的检查,同时还确立了"革新开放"的基本方针,进入了独立探索建设本国特色社会主义的历史时期。

与此同时,老挝人民革命党不断加强自身建设。

思想上,加强思想政治工作。在1982年4月召开的党的三大中,凯山·丰威汉总书记在谈到党的思想政治工作时指出:党的"思想政治工作不够深入细致和及时,造成一部分干部、党员和群众思想认识跟不上形势。一部分干部、党员的战斗进取精神和革命干劲不足,没有起带头作用,沾染了官僚主义、脱离群众的习气,有些人甚至蜕化变质,被敌人收买"。面对这样的状况,老挝人民革命党采取了各种措施加强思想政治教育工作。其一,高度重视思想政治战线的工作,经常性地对党员进行思想政治教育,使每个干部、党员理解党的革命新阶段的路线,使每个党员都成为政治思想战线上的一名战士。同时利用思想政治教育工作,统一全党的思想和认识,通过各级党的组织把每一位党员都紧密团结在党的周围。其二,非常重视对党的干部进行思想政治教育。凯山·丰威汉在三大政治报告中指出,党的每个干部都要发奋努力,掌握党的路线,学习科学文化知识,积累各方面必要的经验,以完成领导任务。党还要努力教育、培养、锻炼、提高干部、党员的品德,加强监察工作和遵守纪律的教育,使干部、党员不致被权力、地位、金钱所腐蚀,防止可能出现的消极影响。

在组织上,老挝人民革命党坚持党的领导地位和执政地位不动摇,反对多党制和多元化,不允许成立其他政党和政治派别;在党员发展工作中注重提高党员的质量,反对片面追求党员数量的倾向；注重加强党的组织、整顿党的机构，建立党的各级监察机关，坚决打击党内的贪污腐败现象和各种不良作风；重视干部队伍的建设，党的四大报告指出，干部是革命事业成功的决定性因素，但党员干部队伍还有许多缺点和不足，如文化、科学技术知识少，经济观念和综合思维能力差，经济、社会管理水平低，受小生产独自分散经营的思想和方式的影响严重。因此，迫切需要改革干部工作。要改变对干部的评价、选拔和配备等方面的传统认识，在此基础上重新系统地评价干部，公正、廉洁、无私地选拔干部，科学合理地配备干部。同时要加强对干部的培训，使其与新的管理体制相适应，接受新的经济观念和新知识，能够很好地肩负起领导和管理工作。为此，人民革命党建立和扩大了培养干部的各类学校，培养、提高和造就从事党务、政府、法院、检察院和各级政府直属机构的领导干部。

在作风建设上，在1986年11月召开的四大上，老挝人民革命党对自己在社会主义改造和建设初期的工作作风和思想作风进行了认真的反思和检讨。在大会的政治报告中，人民革命党中央主席凯山·丰威汉以客观、诚恳、坦率的态度指出，"前十年，在社会主义改造中犯了主观、急躁的错误"，他同时还要求党员干部"在制定政策、计划之前，要用马列主义的观点实事求是地、全面地分析老挝社会和经济状况"。此外，老挝人民革命党在党的日常工作中还采取各种手段坚决反对官僚主义、争权夺利、贪污浪费和侵犯人民集体当家做主权利的不良作风。

2. 苏东剧变后，老挝人民革命党进行自身建设的理论与实践

20世纪80年代末90年代初发生的东欧剧变和苏联解体，对老挝人民革命党产生了比较大的冲击和影响。苏东剧变后，国

际反共思潮的渗透曾使老挝党在思想上一度混乱。党内的一些干部和党员，特别是一些青年党员和干部对社会主义理想和信仰产生了动摇，对社会主义前途产生了怀疑。在党内，有些人主张搞多党制，并酝酿成立反对党，甚至有些党的高级领导干部也参与了这些活动。一些流亡海外的旧王室成员也趁机而动，图谋恢复旧王朝。还有一些极右分子组织反政府武装，举行武装暴动。在经济上，政权性质改变后的前苏联和东欧国家纷纷停止了对老挝的经济和军事援助，不仅如此，一些在苏东地区代替共产党上台执政的右翼政党还对老挝人民革命党施加压力，让老挝人民革命党支持和响应他们的"民主运动"。

面对如此严峻的形势，老挝人民革命党迅速采取措施，稳定党的思想，加强党的组织，统一了全党在一些关键问题上的认识。老挝党的领导人曾在敏感时期反复强调"无论在前进的路上还会遇到多少困难，世界局势还会发生多么严重复杂的变化，老挝党将绝不放弃社会主义革命目标"，"无论如何老挝党仍要坚持马列主义，坚持党的领导，坚持社会主义道路"[①]。通过一系列有力措施，老挝人民革命党加强了党的自身建设，强化了党对国家和社会的领导，稳定了国内的局势。

正确认识苏东剧变，认真总结经验教训。1991年12月召开的老挝党五届四中全会认为，苏联东欧剧变的原因：一是没有坚持马列主义原则，放弃了民主集中制，搞"民主化"和"多元化"；二是放松了思想政治工作，造成了思想的混乱；三是没有对过去形成的僵化的经济体制进行及时的改革，没有搞好经济工作；四是受国际上意识形态自由淡化思潮的影响，提倡"非意

---

① 肖枫著：《社会主义向何处去——冷战后世界社会主义运动大扫描》，当代世界出版社1999年版，第482页。

十 其他社会主义国家的执政党建设的历史、理论与实践

识形态化",放松了应有的警惕性。五届四中全会还同时指出,资本主义始终在向社会主义进攻,只是方法有所改变而已。对此要提高警惕,保持清醒头脑。

加强自身建设,巩固执政地位。面对"苏东剧变"所带来的强烈冲击,老挝人民革命党采取了各种手段加强党的自身建设,以应对形势剧变所带来的各种威胁和挑战,巩固党的组织和国家政权。主要表现在以下几个方面:

第一,面对各种资产阶级思潮泛滥的局面,迅速采取各种措施统一党的思想,清除党内的各种错误思潮,加强党在思想上的团结和统一。

苏东剧变以后,老挝党十分重视思想政治教育工作,注意反对资产阶级自由化思潮,抵制西方"和平演变"的图谋,维护社会稳定。在党出现思想混乱的时候,老挝人民革命党果断采取措施,取缔了首都万象出现的一些宣传资产阶级思想的"民主社团"和"自由化组织",对党内出现的"自由化"势力迅速作出了组织处理,依法逮捕了少数闹事的敌对分子,同时加强了对国内舆论工具的控制和管理。

在东欧剧变之后不久召开的老挝人民革命党四届八中全会上,提出必须坚持"六项原则",即坚持社会主义目标,紧紧掌握新时期老挝革命的性质;马列主义是党指导老挝人民革命事业的思想基础;老挝人民革命党的领导是老挝人民革命事业胜利的决定条件;提倡和发扬民主集中制原则;加强人民民主专政的力量和效力;把爱国主义和无产阶级国际主义、社会主义的国际主义相结合。老挝人民革命党还举办了各种学习班,宣传人民民主制度的优越性和新政权成立以来所取得的成就,说明苏联东欧剧变的性质,并通过发动全党全民讨论五大政治报告和新宪法草案,以达到统一全党全国思想的目的。

1991年3月，老挝人民革命党召开五大。在党的指导思想的问题上，老挝人民革命党在继续强调把马列主义的普遍原理作为党的基本指导理论的基础上，同时提出要根据老挝的具体实际，继承、吸收人类智慧的优秀成果，学习借鉴各国的科学理论和实践经验。在此次会议上，老挝人民革命党对以前的很多提法都作了修改。老挝人民革命党认为，老挝还不具备建设社会主义的物质条件，当前还处在"向社会主义过渡的初级阶段"，其任务是"巩固和完善人民民主制度"，为逐步向社会主义过渡准备物质基础。发展目标由建设"社会主义国家"变成建设"繁荣昌盛的国家"。在这次会议上，老挝人民革命党结合苏东剧变经验教训和自己社会主义建设的实践经验，正确认识了本国的国情，探索到了一条适合自己的发展道路，使党在思想上进一步成熟起来，成功地摆脱了苏东剧变在思想上所带来的负面影响。

在苏东剧变以后党的思想建设实践中，老挝人民革命党不断加强思想理论工作，深入研究马克思主义基本原理和关系老挝发展的重大现实问题，为老挝的革新事业奠定坚实的理论基础。老挝人民革命党在党的六大政治报告中指出，要继续改进加强党的思想政治建设、组织建设、作风建设，加强党的建设的目的是不断提高党的能力和战斗力，使党真正能够胜任政治体系的领导核心的职责，成为工人阶级、劳动者乃至全老挝民族利益的忠实代表。六大继续坚持五大提出的"有原则的全面革新路线"。六大的政治报告中指出："党领导全国人民进入革命的新阶段，即朝着社会主义的方向建设人民民主制度阶段。"2001年3月，老挝人民革命党召开第七次全国代表大会，在这次会议的政治报告中，继续强调在政治、思想、组织、领导作风上加强党的建设的重要性，提出建设思想政治成熟稳定的党。

在进入新世纪以后，面对内外环境所发生的新变化，在

2003年5月，老挝人民革命党七届六中全会通过了《关于新形势下政治思想工作的基本方针和措施的决议》。决议全面分析了党面临的思想政治工作新形势，分析了当前在党的思想政治建设方面存在的主要问题，提出了新形势下开展政治思想工作的基本任务。

第二，加强党的干部队伍建设，提高干部自身素质，打造一支革命化、年轻化、知识化的干部队伍。

在领导全国人民进行社会主义建设的实践中，老挝党进一步认识到，党员干部队伍是领导革命和建设的决定性力量。正是因为干部在社会主义建设过程中所具有的特殊作用，所以老挝党非常重视对干部的培养和选拔工作，着力打造一支有战斗力的干部队伍。

老挝人民革命党五大着重提出，干部的选拔任用要以国家的总的利益为重，工作与专业专长对口，避免因人设岗，以防止机构臃肿、效率低下。干部的选拔必须经由民主选举，集体产生，所选拔的干部要真正胜任所承担的工作。1993年下半年召开的老挝人民革命党五届七中全会就人才开发、培养一代新人作了决定，制定了通过党校培训和在实际工作中考察等渠道培养干部的计划。

老挝人民革命党六大强调，要高度重视干部的培养工作，不断提高干部的质量和能力，并决定增加干部的数量，解决长期存在的干部短缺问题。要制定长期和短期的干部培养计划。实行干部能力考核制度。改善干部管理工作，逐步形成统一、稳定、科学、现代化的干部管理体系。在六大党章修正案中特别增加了党员要"努力学习外语"的义务，要求党员提高自身综合素质。老挝人民革命党七大提出，要高度重视国内培养与实际工作相结合的干部培养方法，重视派干部到国外接受培训提出要继续研究制定对各类干部更具体的考核标准，特别是对骨干领导干部和重点培养对象的考核标准。挑选能够坚决执行党的路线、有突出成绩、清正廉洁的党员干部到重要岗位任职。

同时，老挝人民革命党在实际工作中还非常重视培养和选拔少数民族干部、妇女干部和年轻干部，为党的干部队伍增加新鲜血液。在党的八大上，坎代主席以年事已高需要休息为由，辞去了老党中央委员会主席一职。大会同时选朱马利·赛雅贡为党中央委员会总书记（前称主席），还选举产生了7名书记处委员、11名中央政治局委员、55名中央委员会委员和3名中央纪律检查委员会委员。在55名中央委员会委员中，有女委员4人。中央委员会委员平均年龄57岁，年龄最大的79岁；最年轻的38岁。60岁以上的20人，60岁以下的35人。其中，46岁至59岁的中央委员33人，45岁以下的2人。在55名中央委员会委员当中，有18人持有硕士研究生以上学历，占全体委员的12.72%，其中8人具有博士学历，而七大中仅有5名。

老挝人民革命党也非常重视党的基层组织建设。在基层组织建设过程中，老挝党注意加强对基层党组织的领导，并强调加强上下级党组织的联系和沟通，充分发挥党的基层组织的战斗堡垒作用。在1993年底召开的全国党支部工作会议上，老挝党中央要求各级党委加强对基层党支部的领导，结合各地特点，制定工作计划并定期汇报，使党委和基层支部的联系制度化，党委要建立下基层的制度，下去宣讲党的路线、方针和工作计划，帮助基层干部提高工作水平；要求各基层党支部要掌握党和政府的方针、政策，并坚持贯彻执行；并同时要求基层党组织对党的路线和领导要有统一的认识，对敌人的阴谋保持警惕，尊重集体决定，团结一致，积极进取。

在日常的基层组织建设过程中，老挝人民革命党也非常重视对基层党的干部的培养和教育，建立了体系完整的政治教育系统，加强了中央和地方两级政治学校的建设，特别是在县一级建立政治培训中心，用于提高乡村干部的政治思想觉悟。

第三，狠抓廉政建设，从严治党。

随着"革新开放"的不断深入，各种新情况对党的要求也不断提高，但是自1992年以来，在党员队伍中出现了一些以权谋私、贪污受贿的腐败现象。由于个别人利用职权谋取私利，使国有资产流失达210亿基普（约2900万美元），而老挝国民生产总值年仅10多亿美元。针对这种情况，老挝人民革命党采取了坚决的措施，从1993年开始，在全国范围内开展了大规模的反腐败斗争，取得了较大的成效。在党的七大政治报告中也明确提出，对有贪污、受贿、以权谋私污点的干部，要坚决给予纪律处分或依照法律处置。

为了有效地反对腐败，老挝人民革命党设立了党政监察委员会、反对和遏制贪污专门事务委员会，颁布并实施了《反贪污腐败条例》，为反腐败斗争提供了组织和法律制度上的保证。还从高级领导干部抓起，深入进行反腐败斗争。在五大的选举中，曾担任过政治局委员、书记处书记、总参谋长、万象市委书记兼市长等要职的西沙瓦·乔本潘因涉及家属的经济问题，未能进入政治局。在六大的选举中，上届中央委员中有17人落选，其中最引人瞩目的是原政府副总理兼经济计划合作委员会主任坎培乔·布拉帕因政绩不佳、不甚廉洁，未能进入中央委员会和政治局。在2003年5月召开的七届六中全会上，老挝党中央对部分省级领导人进行了调整，就地罢免了有严重经济问题或抓经济工作不力的波乔和甘蒙两省的省长和书记的职务。这些措施都充分显示了老挝党和政府对反对腐败、纯洁干部队伍的重视和决心。

第四，坚持群众路线，密切党群关系。

老挝人民革命党认为，党的事业、革命的事业就是群众的事业，是党生存发展的规律，要把"密切联系群众、加强党群关系"作为党的组织工作的一项重要原则。为此老挝人民革命党要求：中央领导要执行定期下基层的制度，通过下基层视察情况、指导工作和帮助地方制定经济社会发展计划，使党群关系得到加强；各级党员干部要通过理论学习和实际工作树立以民为本的意识，做到一切从人民的利益出发，制定工作计划时与群众协商并得到群众的理解和自觉支持，使各级政府真正成为"来自人民，为了人民，属于人民"的人民权利机构；在充分依靠群众的基础上，社会各领域要重视发扬民主，明确制定各群众组织、社会团体的职责、权利和义务，使群众的民主权利得到充分保障。①

---

① 参见《兴衰之路——外国不同类型政党建设的经验与教训》，当代世界出版社、中共中央党校出版社2002年版，第43页。

结　语

社会主义国家执政党自身建设的历史，给今天的社会主义国家的执政党留下了值得警醒的历史教训，也留下了弥足珍贵的经验。不同的人从不同的角度，可以总结出不同教训和经验。我们认为，纵观社会主义国家执政党建设的历史，有以下几个方面非常重要。

1. 应尽快实现由"革命党"向"执政党"的转变

这里所说的"革命党"和"执政党"，不是就政党的地位而言，这两个概念表述的是社会主义国家执政党在执政过程中特有的一个转变过程，其含义是指社会主义国家的执政党如何完成执政理念和治国路径上由"革命"思维向"执政"思维的转变。换句话说，也就是社会主义国家执政党在执政过程中，有一个如何克服在革命中形成的路径依赖问题，这是社会主义国家执政党特有的。

在西方发达国家，政党生长于民族国家已经建立、民主制度已经生成的前提下，政党仅仅是作为一个民主的工具而诞生的。尽管其阶级属性决定了这些政党总在试图影响和改变国家的政治权力，以获取自己所追求的利益，但是这些政党，无论是执政还是在野，都必须遵守业已形成的基本宪政制度，任何一个政党要谋求执政地位就必须在既有的国家民主制度规则之内，通过赢得选举而获得。对于西方发达国家的政党而言，基本上不存在民族国家的建构问题。这一前提也决定了西方国家政党与国家政权的关系，国家与任何一个政党相比较都有独立性和至上性，政党不是国家政权，政党不能僭越国家政权。

而社会主义国家的执政党与国家的关系，完全不同于西方。由于特殊的历史机遇和条件，社会主义国家都是诞生在经济文化比较落后的前提下。都是由无产阶级政党领导人民经过艰苦的民族、民主革命斗争，在彻底推翻旧的国家政权，打败民族敌人之后而建立的，也就是说，社会主义国家的执政党首先必须完成新的民族国家的建构，在国家与政党的历史顺序上，是先有无产阶级政党再有社会主义国家。在旧的国家机器被彻底推翻以后，新的国家机构的建立需要一个过程，而在长期的革命斗争中建立起来的完整的无产阶级政党结构，正好弥补旧的国家机构被打碎，新的国家机构又来不及建立的真空。这样在社会主义国家的政权建设史上就出现了一个由政党结构代替国家机构的时期。而这一时期对于刚刚获取执政地位的执政党来说又是历史任务非常艰巨的时期，一方面执政党必须主导完成对国家政权和社会的彻底改造，另一方面还必须应对外敌环伺和国内反动势力的垂死挣扎。正如邹谠先生所指出："只有先建立一个强有力的政治机构或政党，而后用它的政治力量、组织方法，深入和控制每一个阶级、每一个领域，才能改造或重建社会主义国家和各个领域的制度与组织，才能解决问题，克服全面危机。"[①] 由此，产生了两个对

---

① 邹谠著：《中国二十世纪的政治与西方政治学》，载《思想家：跨世纪的探险》，华东化工学院出版社1989年版，第19页。

后来影响深远的特点：一是政党的组织结构彻底取代国家机构，也就是后来难以克服的党政不分；二是由此而导致的执政党严重行政化、国家化和官僚化，国家权力集中于执政党，执政党的权力又集中于党的高层甚至是党的领袖。而后来高度集中的计划经济模式的选择又进一步强化了这两个特性。

而经过了长期的革命斗争历练的无产阶级政党，形成了结构非常严密的组织体系，这一组织体系不仅在革命中发挥了无与伦比的作用，而且在政权建立之初的社会改造中更是发挥了坚强的组织核心作用。这又使得执政的无产阶级政党对这种革命时期的行为方式情有独钟，甚至形成了对革命时期党的行为方式的严重依赖，也就是在执政过程中对革命时期的"路径依赖"。这是所有社会主义国家的执政党都存在的问题。在社会主义国家政权建立，甚至完成了对全社会的社会主义改造之后，执政党仍然用"革命"的思维治理国家。党仍然取代国家政权，居于国家之上；党的政策是治国的主要依据，党也习惯于用大规模的群众运动来完成自己设定的国家建设目标。在理想目标或者是党的政策遭遇到质疑或者是反对之后，执政党也习惯于以革命时期的做法划分明确的阶级界限、厘出敌友作为消除党内外异见的主要措施。我们看到在社会主义国家历史上反复出现的一浪高过一浪的政治运动，一方面是为了完成社会改造或国家建设任务，另一方面就是为了打击"阶级敌人"。这种治国方式在一定历史时期确实激发了人们的建设热情，对于迅速恢复国民经济，完成工业化积累，巩固国家政权起到了非常显著的作用，但是在建设的同时也在不同程度的破坏。既有对生产力的破坏，也有对人民理想信念的破坏，一定意义上不仅没有达到巩固党的执政地位的目的，相反还销蚀了党的力量。我们看到社会主义国家在20世纪中后期遭遇的体制危机无不与此有关。苏联东欧社会主义国家执政党的力量甚至就在这种体制中被消耗殆尽。正如苏联学者利比茨基所说:"斯大林模式的寿终正寝与其说是强力摧毁的结果,不如说是它耗尽内在的潜力。"①

可见,如何克服执政时期对革命的"路径依赖",对于社会主义国家有着生死攸关的意义。社会主义国家的执政党必须完成从"革命党"向"执政党"的转型。

2. 必须不断加强党内民主建设

无产阶级政党自成立之日起就将民主写在自己的旗帜上。社会主义历史经验表明,工人阶级政党只有不断发展党内民主,党的事业才能兴旺发达,社会主义事业才能兴旺发达。纵观社会主义的历史我们会发现,什么时候党内民主实现得好,发扬得充分,执政党就强大、就有战斗力,社会主义事业就能顺利发展,什么时候党内民主遭到削弱和破坏,执政党就会犯错误,社会主义事业就会遭到破坏和挫折。苏联和东欧共产党垮台的一个重要原因就是长期忽视了党内民主建设,实行党内高度集权,最终失去生机与活力。在我国,造成"文化大革命"10年内乱的重要原因之一,也就是党内长期忽略了民主建设。十一届三中全会以来,我们党之所以在领导社会主义改革开放和现代化建设方面取得前所未有的成就,一个重要原因就是我们党吸取了"文化大革命"中忽视党内民主建设的教训,认识到"没有民主就没有社会主义,就没有社会主义现代化"的深刻道理,在党内民主建设方面取得了明显的进展。

从党内关系来看,党内民主之所以对于社会主义国家的执政

---

① 马尔科维奇、塔克等著:《国外学者论斯大林模式》下册,中央编译出版社1995年版,第791页。

党具有生命的意义，主要在于党内民主是实现党的先进性的内在基础。

第一，只有加强党内民主建设，才能使执政党永远保持生机与活力。

党内民主对党的事业发展和社会主义事业发展的重要意义，是由党内民主的性质和功能决定的。从本质上讲，党内民主就是全体党员在党内当家做主的政治权利和政治制度。其功能在于党内民主能最大程度的调动全党的积极性、主动性和创造性，使党永葆生机活力。党内民主是对广大党员权利的尊重和保证，这是激发党员主体精神，激发党员创造力和创新精神的关键所在。党内充分民主，就能保证党员真正成为党的"主人"、主体，使党的一切权力属于党员，党员在党的政治生活中当家做主；保证党的各级领导机关及其领导人的权力来源于不同范围的党员，或者说是由不同层次和范围的党员通过直接或间接的选举授予的；保证党的各级领导机关对重大问题的决策必须由所有成员平等地集体讨论决定，而不能由个人独断；保证不论是担负领导职务的党员还是普通党员，在党内的政治生活中是完全平等的，都平等地享有一切应当享有的权利，履行一切应当履行的义务；保证所有党员在党的纪律面前人人平等，在党内没有特殊党员和家长式的人物存在。当党员的权利得到保障和尊重，党员在党章和党的纪律面前一律平等，党员真正体会到自己对党和党的事务的影响和作用，就会激发他们的主体意识，激发他们的主动性、积极性和创造性，从而更积极的参与党的事务，形成一种思想解放、畅所欲言、生动活泼、开拓创新、团结奋进的局面，也只有这样才能使我党永远保持生机与活力，使党的事业蓬勃发展。

第二，只有加强党内民主建设，才能保证党内政治生活正常化。

从民主的实际运作来看，它是一种运行机制，即表现为实现民主的具体体制、途径和手段。党内民主从党内权力运行过程来看，就表现为实现党内充分民主的有效途径和手段，这是党内民主落到实处的关键所在。如果没有具体体制、程序、途径和手段，党内民主就无法实现，甚至还会出现与党内民主目标相悖逆的现象，这在国际共运史上是有例可证的。作为无产阶级政党，其性质本身要求它是民主的，其目标之一也就是要实现人民当家做主。但是在国际共运史上，许多无产阶级政党都没有很好的解决这一问题，重要原因就是没有在权力运行过程中建立有效的实现民主目标的运行机制。党内民主作为保障党内政治生活正常化的运行机制，主要包含以下几个方面的内容：

一是，党内民主通过选举这一程序使党组织和党的领导机构的权力来源合法化。民主的本意就是人民的权力，即人民当家做主，一切权力属于人民。但现代民主的主要表现形式还是代议制民主，是一种间接民主，即人民通过选举，选出代表，将自己的权利委托给选出的代表，由代表行使自己的权利，而作为权力行使人的代表，其权力必须得到人民的委托和授予才具有合法性。而权力只有具有合法性，才能够为人民所接受和服从。党内民主的含义是由民主的含义所决定的，即党内的一切权力属于全体党员，党组织、党的领导机关和党的各级领导人都只是党员权力的代表，所有权力都必须经过一定的程序，由党员委托、授予才具有合法性，党内权力只有具有合法性，才能保证党员接受和服从。保证这种合法性的关键就在于通过完善的党内选举程序，使党的各级领导机关和领导人都由相应范围的全体党员或者是党员代表选举产生，从而获得相应范围全体党员或者是党员代表的授权，代表他们行使相应的权力。党内民主所提供的这种通过选举完成权力授受关系，保证权力来源的合法性，这是党特别是作为执政党获得生命的关键。

二是，党内民主提供一种决策机制，保证党的决策的民主化、科学化，并提供了相应的纠错机制，保证决策出现偏差和失误时得到及时的纠正、合理的调整和补充。决策是政党，特别是执政党的重要职能，决策也是民主管理的前提，决策的正误，直接影响到执政党的生存，一个重大的决策失误就可能导致政党失去政权，甚至导致政党分裂和解散。社会主义国家的执政党的决策科学与否直接关系到社会主义事业的兴衰。因此，始终保证决策的科学化是执政党获得生命力的重要途径。而决策的科学化必须由党内民主所提供的民主决策机制来保证。党内民主所提供的民主决策机制能保证党的决策不是党的个别领导或者是少数党员，而是使大多数党员甚至使全体党员普遍地、广泛地直接或者是间接地参与决策过程，充分发表自己的见解。这样就能集思广益，形成科学的决策，可以说，民主参与的程度越充分，决策的科学性就可能越高。

民主的决策机制并不能保证决策的绝对正确，但是民主的决策机制能提供纠偏的功能，能够及时发现决策的偏差，并通过民主程序使之得到及时纠正、调整和补充，使决策重新回到科学的轨道上。党内民主正是通过提供民主决策机制，保证决策的科学性，提供纠错机制，以保证决策出现失误和偏差时得到及时的纠正和修复，从而使党的决策永远运行于正确的轨道，提升党的政治权威，保证党的生命力。

三是，党内民主能够提供一种制约和监督机制，使党的权力不被滥用。党内民主能从组织结构、运行方式及其相互关系方面，实现党内权力的合理配置，使党的权力能够依一定程序，在全体党员授权的范围内行使，防止权力被滥用。同时党内民主还能提供一种机制，在权力被滥用的情况下，及时地收回权力，并对滥用权力的人实施惩罚。这就是通过党内民主所包含的弹劾和罢免程序对滥用权力的人进行惩罚,收回授予他的权力,使权力运行回到正确的轨道。权力不被滥用,才能得到党员的拥护和人民的拥护,而党员的拥护和人民的拥护是党获得生命力的最关键因素。

第三,只有加强党内民主建设,才能实现和维护党的团结和统一,实现党内的和谐。

党的八大党章指出:"党的团结和统一,是党的生命,是党的力量的所在。"① 江泽民同志也反复强调:"团结就是力量,团结出凝聚力,出战斗力,出新的生产力。"② 党的团结统一对党的事业发展极为重要,而要真正实现和维护党的团结和统一,不能只靠命令来维护,要实现党内长久的团结统一,必须依赖于党内民主。

从党组织方面来看,在党的上下级组织之间和同级组织之间,只有通过程序化和制度化的民主决策、组织生活和组织之间的交流沟通,才能保证党的组织之间相互了解,相互认识,才能更好地协调组织之间的关系,也只有组织之间相互了解,相互协调,才能使党的各级组织团结统一。从党的组织与党员的关系来看,只有党内民主才能把党员有效地整合到组织内部,达到党员对党组织的认同、参与和忠诚。因为党内民主是以保障党员的民主权利为基础的,在以实现党组织的整体利益为前提的条件下,充分尊重党员的权利和利益,在少数服从多数的前提下,尊重和认真考虑少数人的意见,最终形成统一意志,使得党员以党组织为归宿,服务于党组织,忠诚于党组织,从而保障党的凝聚力和

---

① 叶笃初著:《中国共产党党章史略》,湖北人民出版社1991年版,第403页。
② 《论党的建设》,中央文献出版社2001年版,第75页。

战斗力，保持党的生机与活力。

在思想上，党内民主是全党解放思想，统一认识的重要保证。要保证党内在思想上的统一，一个重要的方面就是不断的解放思想，以实践为基础不断进行理论创新，丰富和发展马克思主义，保持马克思主义旺盛的生命力。只有指导思想能够与时俱进，能够适应时代发展的需要，经得起时代发展的检验，才能为广大党员所接受、认同和支持，从而达到全党思想上的统一。这就要求党内有一个民主的理论环境，使思想解放成为可能。党内民主正提供了这种可能，正如邓小平所指出："民主是解放思想的重要条件"①，党内民主所提供的"又有集中又有民主，又有纪律又有自由，又有统一意志又有个人心情舒畅、生动活泼的这种局面"使广大党员能够敞开思想，畅所欲言，真正做到知无不言，言无不尽，使全党的思想认识从不合时宜的观念、做法和体制的束缚中解放出来，从对马克思主义错误和教条的理解中解放出来，从主观主义和形而上学的桎梏中解放出来，统一于适应党的事业发展和社会主义发展道路的思想和认识上来，推动党的事业和社会主义事业的发展，不断获得新的生命力。

从党与人民群众的关系来看，充分发展党内民主有利于巩固党执政的阶级基础和扩大党执政的社会基础非常必要。

第一，只有充分发展党内民主，才能在巩固党的阶级基础的同时，进一步扩大党的群众基础。在执政条件下，党在坚持党的阶级基础的同时，必须不断地扩大党的群众基础，这是保持党的先进性的重要要求。列宁指出："先锋队只有当它不脱离自己领导的群众并真正引导全体群众前进时，才能完成其先锋队的任

---

① 《邓小平文选》第2卷，人民出版社1994年版，第144页。

务。"① 工人阶级政党的先进性必须在人民群众的拥护和支持下才能实现。党推动社会向前发展的作用的发挥，从根本上有赖于党的纲领、路线、方针、政策能否转化为它所领导的人民群众的实践行动。因此，执政党必须不断的扩大自己的群众基础，争取最广大人民群众的拥护和支持。这与党内民主是分不开的。

首先，党内充分民主就能在尊重和保障大多数人的利益的同时兼顾各个阶层和不同利益群体的具体利益。民主的一个重要原则就是在少数人服从多数人的基础上，切实尊重和保障少数人的权利。党内民主作为民主的一种形式，它必须遵循这一原则。作为执政党，党代表人民执掌国家政权，党是人民利益的忠实代表。在社会主义国家，人民在根本利益一致的前提下，具体利益千差万别，因而利益矛盾必然存在。这些具体利益总是会反映到党内来，这就表现为党内代表不同人民利益的党员甚至是党的领导干部之间会存在意见上的分歧，这种基于代表不同阶层和利益群体而产生的意见分歧必须得到充分尊重，这就要求党内必须充分发展民主，真正做到在少数人服从多数人的基础上，切实尊重少数人的基本权利。

其次，只有党内充分民主才能充分吸收各社会阶层中的优秀分子，壮大执政党的力量。社会主义国家的执政党必须把社会各阶层中的优秀分子都吸收到党内，这既有利于在社会各个阶层中贯彻落实党的路线、方针、政策，增强党对社会各阶层的影响力，又有利于社会各阶层在党内都有自己的利益代表，从而扩大党的社会基础，巩固党的执政地位。这就要求执政党必须实现党内的充分民主，使党员能够充分表达社会各阶层的利益，同时通过党内民主机制有效地协调和整合社会各阶层的利益，在形成共

---

① 《列宁全集》第43卷，人民出版社1987年版，第23页。

同利益的同时，切实实现和维护各阶层的具体利益。

第二，只有充分发展党内民主，才能使党永远保持与人民群众的血肉联系。

人民群众是党的力量源泉和胜利之本。能否始终保持良好的党群关系，直接关系到党的前途命运。江泽民指出："历史和现实都表明，一个政权也好，一个政党也好，其前途和命运最终取决于人心向背，不能赢得最广大群众的支持，就必然垮台。"[①]因此执政党必须始终保持与人民群众的血肉联系，这离不开党内民主充分发展。

首先，充分发展党内民主才能保证党的路线、方针、政策切实反映最广大人民的根本利益。社会主义国家的执政党宣称自己是人民利益的最忠实的代表，因此，党的路线、方针、政策的制定必须以最广大人民的根本利益为依据，充分反映最广大人民群众的愿望，而且党的路线、方针、政策也必须在得到人民群众的支持和拥护的前提下才能落实。要保证党的路线、方针、政策充分反映最广大人民的根本利益，体现最广大人民的意志和愿望，就必须充分发扬党内民主作风，坚持一切相信群众，一切依靠群众，从群众中来，到群众中去的群众路线。通过党内民主机制及时准确的了解人民群众的利益要求和愿望，并通过民主集中制把人民群众的利益要求和愿望集中起来，制定出相应的方针、政策，从而实现和维护人民群众的根本利益。

其次，加强党内民主建设才能实现党风建设的制度化和法制化。党风建设的核心问题也就是保持党与人民群众的血肉联系。党风建设涉及方方面面，不仅仅是思想建设，更重要的是制度建设，需要党内必须有健康的政治生活，党内民主在这里起着非常

---

① 《论党的建设》，中央文献出版社2001年版，第442页。

重要的作用，民主本身就是党风建设的要求和重要内容。而党内民主的基本原则，民主集中制的有效贯彻和落实则是党风建设的重要制度保障。党风建设要求党内民主建设和发展，而党内民主建设和发展则有效地促进和保证党风建设。健全而成熟的党内民主必将使党风建设走向制度化、法律化和日常化。

再次，党内民主是党接受人民监督的先决条件。社会主义国家的执政党宣称代表人民行使执政权，领导和支持人民当家做主，这就要求执政党在加强自身监督的同时必须接受权力的真正主人人民群众的监督。无论是党内监督还是人民群众的监督，都离不开党内民主的发展。监督本身就是民主的重要内容和环节。只有党内民主，才能保证决策、管理等方面的透明性，从而保证人民群众的知情权得以实现。人民群众只有对关系到自身利益的决策、管理等具体行为和活动具有知情权，才能够有效地监督代表自己行使权利的人和机构。同时也只有党内充分民主，党员特别是领导干部才会自觉接受人民群众的监督。

从党政关系来看，充分发展党内民主对正确处理党政关系也非常重要。

党在执政以后，实现自身的先进性的根本手段就是运用国家政权的力量，实现好、维护好人民群众的根本利益，推动社会向前发展。因此，在执政条件下正确处理党政关系，协调好社会方方面面的利益也是实现党的先进性的重要途径。这同样离不开党内民主的发展。

第一，党内民主是克服长期以来党政不分的弊端的重要条件。党政不分，以党代政是社会主义国家执政党领导体制长期以来存在的一个弊端，造成党政不分的原因是多方面的，而党内民主不充分是其中的重要因素。党政不分制约了党内民主的发展，而党内民主不充分又使得党政不分的领导体制不仅无法得到有效克服，反而被强化。这又使得党内民主更缺乏必要的条件。尽管在现实的政治实践中，很难分清党政不分与党内民主不充分谁是因谁是果，但是可以肯定，要克服长期以来的党政不分、以党代政的历史积弊是离不开党内民主建设和发展的，因为党内民主的发展必然要求党从本不应该具有的行政职能中解脱出来，实现党的职能的回归。

第二，党内民主是人民民主的先导。社会主义国家的执政党大多是宪法规定的唯一合法执政党，其在国家和社会中的这种重要角色和地位，决定了它对社会主义国家的政治社会生活具有强大的驱动力和巨大的影响力，因而其自身的民主建设必将推动人民民主的发展。

3. 必须加强对执政党的监督

在社会主义国家如何监督执政党是一个十分重要的理论和现实问题，也是社会主义国家执政党建设必须解决好的难题。之所以说是难题，是因为现实中的社会主义国家的执政党几乎都是法定的唯一执政党，其执政是全面执掌国家的立法、行政和司法大权。而且社会主义国家的执政党还是领导党，领导国家的政治、经济、文化和社会各个领域。执政党权力之大、范围之广是西方发达国家执政党无法比拟的。但是，这就使得对执政党的监督非常困难，这是所有社会主义国家执政党都碰到的难题。加强对执政党的监督就成为直接关系到执政党自身的前途和命运的关键因素。苏东剧变的一个重要原因就在于没有解决好对执政党的监督问题，失去监督导致的权力滥用葬送了苏东国家一个个执政党。中国共产党在执政之初就强调对执政党进行监督的意义，邓小平也指出："党要受监督，党员要受监督"，"在中国来说，谁有资格犯大错误？就是中国共产党。犯了错误影响也最大。因此，我们党应该特别警惕"①。

在社会主义国家，无产阶级政党独一无二的法定执政地位决定了对执政党权力的监督和约束关键在于执政党的自觉。因而社会主义国家的执政党既要强化党内的监督机制，又要建立国家权力的监督制约机制。

首先，必须完善党内监督制度，关键又在于保证党内专门监督机关的独立性和权威性。以权力监督和制约权力，是最有效的监督措施，因为从一定意义上而言，监督首先是一种外在力量的制约，是某一相对客体对主体的制约。监督者与被监督者应该是异体的，也就是说，监督者相对于被监督者具有独立性和权力上的对等性。如果监督者与被监督者同为一体，监督者受制于被监督者，甚至是监督者的权力来自于被监督者，很显然这种监督是缺乏权威性，因而效果也不会很大。而这正是社会主义国家执政党党内监督体制最大的不足。因此，完善党内监督制度，必须克服这一问题，保证党的监督机关的相对独立性和权威性。从长远来看，最终的解决办法就是在党的代表大会实行常任制和职能归位的前提下，提升党内专门监督机关的地位，使监督机关成为与同级党的执行机关平行的机关，二者直接对党的代表大会负责，其权力统一于党的代表大会。

在社会主义国家执政党建设史上，列宁就探索过建立这样的党内监督体制。

十月革命胜利以后，在俄共（布）第九次全国代表会议上，就决定设立独立于中央委员会的监察委员会，专门负责党内的监督工作，并组织了临时监察委员会。在俄共（布）第十次代表大会上，肯定了第九次全国代表会议的决定的正确性，并通过了

---

① 《邓小平文选》第1卷，人民出版社1994年版，第270页。

《关于监察委员会的决议》，把临时监察委员会正式定名为中央监察委员会，建立起了党内独立的监察制度。确立了监察委员会相对于同级党的委员会和苏维埃机关的独立地位和监督权威。俄共（布）十大通过的《关于监察委员会的决议》强调党的监察委员会的地位同中央委员会平行，二者共同对本级代表会议和代表大会负责并报告工作；决议规定监察委员不得兼任党的委员会委员和行政职务，可以出席本届党委会和苏维埃委员会的一切会议以及同级党组织的其他各种会议，并享有发言权。决议要求各级监察委员会必须有专职的监察委员，以保证监督工作落到实处。决议还规定了监察委员会的决定，同级党的委员会必须执行而不得加以撤销，如果有不同意见，可以把问题提交中央委员会和中央监察委员会联席会议解决，如果同中央委员会不能取得协议，可以把问题提交党的代表大会解决。如果是区域或省监委与同级党委不能取得协议，可以把问题提交同级代表会议解决。在紧急情况下，还可以把问题提交上一级监察委员会解决。而且，中央监察委员会可以利用中央委员会的机构开展工作，并有权给所有的党员和党组织委托业务；中央监察委员会有权把定期向党组织做的报告发表在报刊上。这种结构对于今天如何建立党内监督制约机制仍具有重要的启发意义和参考价值。

其次，必须把党内监督与党外监督有机结合，提高监督效力。毛泽东早就指出："共产党是为民族、为人民谋利益的政党，它本身决无私利可图。它应该受人民的监督，而决不应该违背人民的意旨。它的党员应该站在民众之中，而决不应该站在民众之上。"[①] 邓小平也指出："同资产阶级的政党相反，工人阶级的政党不是把人民群众当作自己的工具，而是自觉地认定自己是

---

① 《毛泽东选集》第3卷，人民出版社1991年版，第809页。

人民群众在特定的历史时期为完成特定的历史任务的一种工具。""它之所以成为先进部队,它之所以能够领导人民群众,正因为,而且仅仅因为,它是人民群众的全心全意的服务者,它反映人民群众的利益和意志,并且努力帮助人民群众组织起来,为自己的利益和意志而斗争。确认这个关于党的观念,就是确认党没有超乎人民群众之上的权力,就是确认党没有向人民群众实行恩赐、包办、强迫命令的权力,就是确认党没有在人民群众头上称王称霸的权力。"[1] 社会主义国家的执政党是代表最广大人民根本利益的马克思主义政党,党的一切权力的根本来源是最广大人民,因此我们党与广大人民的关系从权力的角度来看是权力受托与委托的关系,执政党作为人民权力的受托者,必须接受人民的监督。而且只有改善和加强广大人民群众对党组织和党员干部的监督,才能使监督无处不在,并发挥重要作用。正如列宁所指出:"使所有的人都来执行监督和监察的职能,使所有的人暂时都变成'官僚',因而使任何人都不能成为'官僚'。"[2]

这要求,一方面拓宽监督渠道,除了党内监督以外,执政党必须接受法律的监督,其实质就是接受国家权力机关的监督,接受最广大人民群众的监督。社会主义国家执政党领导制定各项法律,而各项法律又是党集中最广大人民群众的意志,并通过法定程序将其上升为国家意志的具体表现形式,共产党也必须严格遵守法律,在宪法和法律范围内活动,接受宪法和法律的监督;必须接受舆论监督。新闻舆论在西方被称为第四种国家权力,它已经成为监督和制约国家权力的重要手段。马克思主义同样重视新闻舆论的重要性。马克思指出:"发表意见的自由是一切自由中

---

[1] 《邓小平文选》第1卷,人民出版社1994年版,第218页。
[2] 《列宁选集》第3卷,人民出版社1995年版,第210页。

最神圣的，因为它是一切的基础。"① 新闻舆论是人民意志和利益要求的表达，处于执政地位、代表最广大人民最根本利益的党必须接受舆论监督。另一方面，要接受人民群众的监督，执政党必须建立健全公开办事的制度，实行党务、政务公开，除了按照党章和党内有关法律的规定应该保密的信息以外，必须实行信息公开，党务、政务透明，保证最广大人民群众的知情权的落实，这是一切监督得以实施的最根本的前提。

4. 必须以改革创新的精神加强执政党的建设

对于社会主义国家的执政党来说，社会主义是前所未有的、全新的事业，社会主义建设是一个不断探索的过程，也可以说是一个不断变革的过程。另一方面我们可以看到社会主义制度诞生于一个急剧变革的时代，其诞生以后人类社会的发展也驶入了快车道，也就是说社会主义作为一种社会制度，从它建立开始就面临着一个不断变革，而且变革不断加速的时代。科学技术以前所未有的速度发展，生产方式不断变革和升级，社会结构不断变化，人类的生存和生活方式日新月异。在这样一个大变革时代，社会主义只有不断创新方能立于不败之地，这就给执政党提出了不断改革和创新的要求。这要求执政党能够以改革和创新的精神加强执政党的建设，在党内形成适应社会变革、促进发展和创新的理论与运行机制，使执政党能够始终走在时代的前列。

执政党对自身的改革和创新应该是全方位的和系统的。

首先，要在坚持马克思主义的前提下，把马克思主义与本国的实际和时代特征相结合，不断推动马克思主义理论创新。回顾

---

① 《马克思恩格斯全集》第 11 卷，人民出版社 1995 年版，第 573 页，转引自《〈中国共产党党内监督条例（试行）〉解读》，新华出版社 2003 年版，第 65 页。

十月革命以来社会主义的发展历程,我们可以看到,只有用发展着的马克思主义指导社会主义实践,社会主义才能健康发展。十月革命的胜利是列宁对马克思主义的创造性运用的结果;中国革命的胜利是中国共产党人把马列主义同中国国情相结合,把马克思主义中国化并用以指导革命实践的结果;苏东剧变以后,中国特色社会主义事业能够迅速发展,日益强大也正是中国共产党人总结社会主义历史经验教训,把握时代发展特征,把马克思主义与中国国情相结合,把马克思主义中国化,开辟了中国特色社会主义道路,形成了中国特色社会主义理论体系。而苏东社会主义失败的一个重要的原因就在于长期以来固守教条,不能科学地、辩证地对待马克思主义,导致党内思想僵化,教条主义盛行,执政党丧失了创新精神。长期以来,执政党沉迷于脱离实际、封闭的现成理论体系中,使理论越来越缺乏解释力和说服力。这种理论体系一旦进入开放的环境,面对新情况、新问题,就无法指导和驾驭新的实践,其结局就是从被固守走向被抛弃。执政党因此陷入了合法性危机,最终丧失了执政地位。正如瓦·博尔金在分析苏共失败原因时所说:"科学技术革命根本改变了形势,要求提出能够把群众联合起来富有成效的新思想,但是苏共被苏斯洛夫和波诺马廖夫为首的意识形态偶像弄得昏昏欲睡,不愿在这日新月异的世界里革新共产主义运动的思想。党依然坚持过去的立场,从而对于世界社会发展的认识失去了战略优势,丧失了主动权,无力地、教条地反抗着西方宣传的进攻。"[1] 可见,马克思主义作为党的指导思想必须坚持,但是不能把它变成僵化的教条,必须在坚持的前提下,不断地创新与发展才能保证其生

---

[1] [俄]瓦·博尔金著:《戈尔巴乔夫沉浮录》,中央编译出版社1996年版,第400—401页。

命力。

其次，执政党必须根据社会发展的需要，不断改革和创新自身的组织结构和组织方式，使执政党自身的结构、功能、机制和活动方式不断科学化、制度化和规范化。一方面，如前所述，社会主义国家的执政党在建立之初，其主要任务是民族、民主革命，其最初的目标就是推翻现存的统治秩序，建立新的社会制度。革命的内在逻辑决定了无产阶级政党的组织结构在建立之初都表现出集中性较强甚至是高度集权的特性。尽管无产阶级政党建立之初就把民主写在自己的旗帜上，但是在革命时期，民主还只是政党为自己设定的一个重要目标，而在实践中民主总是受到多种主客观条件的限制，无法展开。革命胜利以后又是由建立起新的政权的无产阶级政党来主导巩固新生政权和完成社会改造的艰巨任务，这使得无产阶级政党在取得执政地位以后仍然沿袭了组织结构的高度集中甚至是集权的特征。但是随着社会改造任务的完成，执政党的历史使命也发生了变化，其中实现建立"高于资本主义民主"的新的民主就成为执政党必须完成的历史使命，也是执政党获取新的执政合法性资源的重要手段。要完成这一历史使命，执政党必须首先实现党内的民主，在坚持最基本的组织原则——民主集中制的前提下，改革高度集中的组织结构，创新组织方式。另一方面，社会主义是一种全新的社会制度，而且社会主义建设面临着急剧变革的世界潮流，因此，社会主义要发展，必须不断变革和创新，而完成社会主义理论和实践变革的无产阶级执政党首先必须不断对自己进行改革和创新。理论创新是先导，同时执政党还必须对自己的组织结构和组织方式进行必要的改革和创新，以适应社会变革的需要，发挥新的功能，完成新的使命。

最后，执政党必须不断改革和创新领导方式和执政方式，提高领导水平和执政能力。执政党的领导方式和执政方式属于上层建筑的范畴，而上层建筑归根结底是由经济基础决定的。社会主义制度诞生以来，人类迎来了科学技术飞速发展的时代，科学技术的飞速发展引发了生产方式的深刻变革，而生产方式的变革最终导致了社会各个领域的深刻变革。回顾社会主义制度的发展史，我们会发现曾经生机勃勃的传统社会主义模式最终失去活力的重要原因之一，就是因为这种模式不能很好地应对由于科学技术的发展导致的人类社会的深刻变革，无法应对的根本原因则在于执政党僵化的领导方式和执政方法导致自己执政能力低下。比如长期以来的党政不分，导致执政党的严重官僚化；因为监督的缺位，导致执政党内腐败盛行，形成的既得利益集团，为了维护自己的既得利益而不愿甚至阻止改革。这些最终导致执政党失去了创新的动力。可见不断改革和创新执政党的领导方式和执政方式，既是是保持执政党先进性的重要措施，也是执政党先进性的重要体现。

参考书目

1. 《马克思恩格斯选集》第1—4卷，人民出版社1995年版。
2. 《列宁选集》第1—4卷，人民出版社1995年版。
3. 《列宁全集》第1—60卷，人民出版社1996年版。
4. 《苏共决议汇编》（第1—4分册），人民出版社1964年版。
5. 《斯大林全集》第1—13卷，人民出版社1958年版。
6. 《毛泽东选集》第1—4卷，人民出版社1991年版。
7. 《邓小平文选》第2卷，人民出版社1994年版。
8. 《周恩来选集》上卷，人民出版社1983年版。
9. 《论党的建设》，中央文献出版社2001年版。
10. 《苏联历史档案选编》第1—30卷，社会科学文献出版社2002年版。
11. 《苏联共产党章程汇编》，求实出版社1982年版。
12. 《赫鲁晓夫言论》第2集，世界知识出版社1964年版。
13. 《赫鲁晓夫言论》第3集，世界知识出版社1964年版。
14. 《赫鲁晓夫言论》第4集，世界知识出版社1964年版。
15. 《苏联共产党第二十次代表大会关于苏联共产党中央委

员会总结报告的决议》，人民出版社1956年版。

16.《赫鲁晓夫时期苏共中央全会文件汇编》，商务印书馆1976年版。

17.《赫鲁晓夫时期苏共中央全会文件汇编（1953年3月——1964年10月）》，商务印书馆1976年版。

18.《勃列日涅夫时期苏共中央全会文件汇编（1964年11月——1976年2月）》，商务印书馆1978年版。

19.《勃列日涅夫言论》第1集，上海人民出版社1974年版。

20.《苏联共产党第二十三次代表大会主要文件汇编》，生活·读书·新知三联书店1978年版。

21.《勃列日涅夫时期苏共中央全会文件汇编》，商务印书馆1978年版。

22.《苏斯洛夫言论选》下集，上海人民出版社1976年版。

23.《苏联共产党第二十四次代表大会主要文件汇编》，生活·读书·新知三联书店1976年版。

24.《苏维埃社会主义共和国联盟宪法（根本法）》，生活·读书·新知三联书店1978年版。

25. 中共中央办公厅编：《中国共产党第八次全国代表大会文献》，人民出版社1957年版。

26.《苏联共产党第二十五次代表大会主要文件汇编》，生活·读书·新知三联书店1977年版。

27.《苏联共产党第二十六次代表大会主要文件汇编》，生活·读书·新知三联书店1982年版。

28.《中共中央文件选集》第10册，中共中央党校出版社1985年版。

29.《任弼时选集》，人民出版社1987年版。

30.《张闻天选集》，人民出版社1985年版。

31.《建国以来重要文献选编》第4册，中央文献出版社1993年版。

32.《俄共（布）第十三次代表大会》（速记），人民出版社1978年版。

33.《戈尔巴乔夫言论选集》，人民出版社1987年版。

34.《在古巴共产党第一、二、三次全国代表大会上的中心报告》，王玫等译，人民出版社1990年版。

35. 中国社会科学院马列所编：《论布哈林与布哈林思想》，贵州人民出版社1982年版。

36.《苏联现代史论文集》，生活·读书·新知三联书店1985年版。

37. 邢广程著：《苏联高层决策70年——从列宁到戈尔巴乔夫》（第1—4分册），世界知识出版社1998年版。

38. 王长江著：《苏共：一个大党衰落的启示》，河南人民出版社2002年版。

39. 陆南泉主编：《苏联兴亡史论》，人民出版社2002年版。

40.《联共（布）党史简明教程》，人民出版社1975年版。

41. 周尚文、叶书宗、王斯德主编：《新编苏联史1917—1985》，上海人民出版社1990年版。

42. 刘克明、金挥主编：《苏联政治经济体制七十年》，中国社会科学出版社1990年版。

43.《编译参考》编辑部：《苏联持不同政见者论文选译》，外文出版局1980年版。

44. 刘彦章、项国兰、高晓慧编：《斯大林年谱》，人民出版社2003年版。

45. 陈之骅主编：《苏联史纲（1917—1937）》（下册），人民出版社 1991 年版。

46. 陈之骅、吴恩远、马龙闪主编：《苏联兴亡史纲》，中国社会科学出版社 2004 年版。

47. 冯佩成著：《苏联干部制度的形成发展与影响》，华东师范大学 2006 年博士学位论文。

48. 郑异凡著：《布哈林论》，中央编译出版社 2006 年版。

49. 《论布哈林和布哈林思想》，贵州人民出版社 1982 年版。

50. 沈志华、于沛等编著：《苏联共产党九十三年》，当代中国出版社 1993 年版。

51. 李宗禹著：《斯大林模式研究》，中央编译出版社 1999 年版。

52. 陈之骅主编：《苏联史纲（1953—1964）》，人民出版社 1996 年版。

53. 周尚文主编：《苏联兴亡史》，上海人民出版社 1993 年版。

54. 姚海等著：《当代俄国》，贵州人民出版社 2001 年版。

55. 王正泉著：《从列宁到戈尔巴乔夫——苏联政治体制的演变》，中国人民大学出版社 1989 年版。

56. 黄立茀著：《苏联社会阶层与苏联剧变研究》，社会科学文献出版社 2006 年版。

57. 周尚文主编：《新编苏联史 1917—1985》，上海人民出版社 1990 年版。

58. 程又中著：《苏联模式的兴衰》，湖北人民出版社 2000 年版。

59. 戈尔巴乔夫著：《对过去和未来的思考》，新华出版社 2002 年版。

60. 荣敬本主编：《政党比较研究资料》，中央编译出版社 2002 年版。

61. 俞可平著：《新思维与大改革》，陕西人民出版社 1988 年版。

62. 叶利钦：《叶利钦自传》，东方出版社 1991 年版。

63. 赵常庆、陈联璧著：《苏联民族问题文献选编》，社会科学文献出版社 1987 年版。

64. 江流、徐葵等著：《苏联剧变研究》，社会科学文献出版社 1994 年版。

65. 资中筠主编：《冷眼向洋》，三联书店 2000 年版。

66. 江流等主编：《苏联演变的历史思考》，中国社会科学出版社 1994 年版。

67. 黄苇町著：《苏共亡党十年祭》，江西高校出版社 2004 年第 2 版。

68. 李兴耕等编：《前车之鉴：俄罗斯关于苏联剧变问题的各种观点综述》，人民出版社 2003 年版。

69. 《遵义会议文献》，人民出版社 1985 年版。

70. 石仲泉等主编：《中共八大史》，人民出版社 1998 年版。

71. 万福义著：《党鉴》，山东人民出版社 2003 年版。

72. 肖枫著：《社会主义向何处去》（上、下册），当代世界出版社 1999 年版。

73. 梅荣政、何天齐著：《当代世界社会主义》，武汉大学出版社 1987 年版。

74. 马树洪、方芸著：《列国志—老挝》，社会科学文献出版社 2004 年版。

75. 毛相麟著：《古巴社会主义研究》，社会科学文献出版社 2005 年版。

76. 王坚红著:《冷战后的世界共产党》,中央党史出版社1996年版。

77. 黄宗良、林勋健主编:《冷战后的世界社会主义运动》,北京大学出版社2003年版。

78. 苏振兴主编:《2005年:拉丁美洲和加勒比海发展报告》,社会科学文献出版社2006年版。

79. [苏]K. Y. 契尔年科著:《党和国家机关工作问题》,中国对外翻译出版公司1984年版。

80. [美]罗伯特·文森特·丹尼尔斯著:《革命者的良心——苏联党内反对派》,北京出版社1985年版。

81. [英]伦纳德·夏皮罗著:《一个英国学者笔下的苏共党史》,东方出版社1991年版。

82. [苏]埃·鲍·根基娜著:《列宁的国务活动(1921—1923)》(内部发行),中国人民大学出版社1982年版。

83. [美]西达·斯考切波著:《国家与社会革命:对法国、俄国和中国的比较分析》,上海世纪出版集团2007年版。

84. [苏]罗伊·梅德韦杰夫著:《让历史来审判——论斯大林和斯大林主义》上册,东方出版社2005年版。

85. [比利时]厄内斯特·曼德尔著:《权力与货币——马克思主义的官僚理论》,中央编译出版社2002年版。

86. [俄]尤·瓦·叶梅利亚诺夫著:《斯大林:未经修改的档案—在权力的顶峰》,凤凰出版传媒集团、译林出版社2006年版。

87. [俄]德·安·沃尔科戈诺夫著:《斯大林》下册,国际文化出版公司、世界知识出版社2005年版。

88.《赫鲁晓夫回忆录》,东方出版社1988年版。

89. [意]维·维达利著:《"苏联共产党第二十次代表大

会"日记》，东方出版社2006年版。

90. ［俄］鲁·格·皮霍亚著：《苏联政权史（1945—1991）》，东方出版社2006年版。

91. ［苏］罗伊·A.麦德维杰夫著：《赫鲁晓夫的执政年代》，吉林人民出版社1981年版。

92. ［俄］亚历山大·佩日科夫著：《解冻的赫鲁晓夫》，新华出版社2006年版。

93. ［俄］米谢戈尔巴乔夫著：《戈尔巴乔夫回忆录》，中国社会科学文献出版社2003年版。

94. ［苏］罗亚麦德韦杰夫著：《赫鲁晓夫传》，中国文联出版公司1988年版。

95. ［俄］维·阿法纳西耶夫著：《〈真理报〉总编辑沉浮录》，东方出版社1993年版。

96. ［俄］瓦·博尔金著：《戈尔巴乔夫沉浮录》，中央编译出版社1996年版。

97. ［美］阿·阿夫托尔哈诺夫著：《勃列日涅夫的力量和弱点》，新华出版社1981年版。

98. ［苏］罗伊·麦德维杰夫著：《人们所不知道的安德罗波夫——前苏共中央总书记尤里·安德罗波夫的政治传记》，新华出版社2001年版。

99. ［俄］叶利钦著：《叶利钦自传》，东方出版社1991年版。

100. ［俄］别林斯基著：《18—19世纪俄国哲学》，商务印书馆1987年版。

101. ［美］西摩·马丁·利普塞特著：《政治人——政治是社会的基础》，上海人民出版社1997年版。

102. ［美］大卫·科兹著：《来自上层的革命——苏联体制

的终结》,中国人民大学出版社2002年版。

103. ［俄］阿尔巴托夫著:《苏联政治内幕——知情者的见证》,新华出版社1992年版。

104. ［俄］瓦·博尔金著:《震撼世界的十年——苏联解体与戈尔巴乔夫》,昆仑出版社1998年版。

105. ［澳大利亚］科伊乔·佩特罗夫著:《戈尔巴乔夫现象——改革年代:苏联东欧与中国》,社会科学文献出版社2001年版。

106. ［俄］尼·伊·雷日科夫著:《大动荡的十年》,中央编译出版社1998年版。

107. ［俄］戈尔巴乔夫著:《真相与自白:戈尔巴乔夫回忆录》,社会科学文献出版社2002年版。

108. ［美］亚当·普沃斯基著:《民主与市场——东欧与拉丁美洲的政治经济改革》,北京大学出版社2005年版。

109. ［俄］谢·卡拉·穆扎尔著:《论意识操纵》,社会科学文献出版社2004年版。

110. ［美］费正清著:《美国与中国》,世界知识出版社2002年版。

后　记

　　这是一部历经磨难而成的著作。早在2006年9月就完成了初稿的写作，只待修改完善交出版社出版，然而，2006年10月6日家中遭遇小偷洗劫，作者的笔记本电脑、两个移动硬盘和两个U盘及其他电子类产品被悉数窃去。所有书稿、讲义及长期积累的研究资料无一剩下，对于一个专门从事教学科研工作的学者来说，真可谓是"倾家荡产"，作者欲哭无泪。经历了近半年的惶恐和苦恼，直到2007年初才理出重写的念头，幸好绪论部分因给学生看而保留下来，让作者还能够回忆起第一稿的基本结构。重写的过程是一个遭受心灵折磨的过程，总是不断回忆第一稿的内容，却又记不清楚，此时总免不了痛恨可恶的小偷，烦恼不已。就这样断断续续，写写停停，在煎熬中前进。尽管重写终于完稿，但是质量已大不如第一稿了。

　　本书是华中师范大学211重点学科建设立项项目"社会主义建设的历史、理论与实践"的子项目的最终成果。该项目由李会滨教授主持，这也是李老师生前主持的最后一个项目，项目还没完成，李老师就住进了医院，在病榻上李老师仍惦记着项目的进展，每次到医院看望李老师，李老师都会仔细询问项目的情况，关心最终成果的出版，甚至急着想出院完成项目。本来李老师准备为丛书写一个总论，但是还没来得及写完，李老师就永远离开了我们。我曾试图顺着李老师的思路完成总论的写作，但是总担心驾驭不了如此宏大的话题，写得不好反而对不起恩师，只好作罢。丛书还未出版，李老师已然仙逝，本想尽快完成本书的写作，完成李老师的遗愿，不想又突生变故，无法如愿，更感伤怀。现虽已完稿，但如果用李老师生前严谨的治学态度来衡量，本书肯定不是合格之作，因此我不敢言"以此纪念李老师"之类的话。如不是迫于出版协议已签，迟迟未交稿已是违约，给出版社的工作带来诸多不便，我真想再花时间来完善本书。

本书由王建国拟定研究框架，在项目组讨论通过后由王建国组织人员编写。其中王建国完成了绪论、列宁时期、斯大林时期、赫鲁晓夫时期、勃列日涅夫时期、东欧国家的执政党建设以及结语等七个部分的写作。王洪江完成了中国的毛泽东时期、邓小平时期以及苏联的戈尔巴乔夫时期等三个部分的写作。李顺完成了中国共产党第三代领导集体执政党建设部分的初稿，常倩倩写了越共执政党建设、肖迟写了古巴共产党的执政党建设、赵大朋写了朝鲜劳动党的和老挝革命党的执政党建设的初稿。全书最后由王建国统稿。书稿重写时间仓促，加之学识有限，书中难免有许多不足之处，欢迎批评指正。在写作过程中，我们参考了国内外同行的许多研究成果，尽可能在注释和参考书目中列出，如有未及之作，还请谅解，我们也深表感谢。

本书得以出版，还得感谢中国社会科学出版社第三编室冯斌主任。在得知我的书稿因电脑被窃而丢失以后，冯主任一再宽限交稿日期，因书稿未能如期交印，给他的工作带来了诸多麻烦。

也感谢本书系的各位编辑,正是他们的创造性工作使本书系的装帧、排版都让人耳目一新。

王建国

2007 年 12 月 1 日于桂子花园寓所